先行

交通科学发展的探索与实践

（上册）

林志慧

人民交通出版社
China Communications Press

内　容　提　要

本书共分为：发展历程、发展战略、改革创新、运输安全、工程建设、交通文化六个篇章，全面介绍了湖北省交通运输系统2004年以来的理论探索、实践创新和发展成就。

图书在版编目(CIP)数据

先行：交通科学发展的探索与实践／林志慧著.—北京：人民交通出版社，2012.10

ISBN 978-7-114-10291-2

Ⅰ.①先…　Ⅱ.①林…　Ⅲ.①交通运输发展—研究—中国　Ⅳ.F512.3

中国版本图书馆CIP数据核字(2012)第315957号

Xianxing

书　　名：先行

交通科学发展的探索与实践(上册)

著 作 者：林志慧

责任编辑：谭　鸿　韩亚楠

出版发行：人民交通出版社

地　　址：(100011)北京市朝阳区安定门外外馆斜街3号

网　　址：http://www.ccpress.com.cn

销售电话：(010)85285966

总 经 销：人民交通出版社发行部

经　　销：各地新华书店

印　　刷：北京市密东印刷有限公司

开　　本：787×980　1/16

印　　张：33.25

字　　数：416千

版　　次：2012年10月　第1版

印　　次：2013年3月　第2次印刷

书　　号：ISBN 978-7-114-10291-2

印　　数：3001～4000册

定　　价：全套(上下册)96.00元

第十一届全国人大常委会副委员长陈至立为本书题写书名

▲2005年8月21日，胡锦涛总书记在武汉至十堰高速公路襄樊枢纽互通听取湖北省骨架公路网“十一五”规划汇报。

▲2006年5月29日，中共中央政治局常委、国家副主席曾庆红，中共中央政治局委员、中央书记处书记、中组部部长贺国强接见陈刚毅事迹报告团全体成员。

▲2008年1月30日，中共中央政治局常委李长春在湖北检查抗冰雪、保畅通工作期间，视察武汉市傅家坡长途客运站。

▲2009年12月10日，中共中央政治局委员、国务院副总理张德江在湖北视察长江和内河航运发展情况。

▲2006年教师节前夕，中共中央政治局委员、湖北省委书记俞正声视察湖北交通职业技术学院。

▲2012年5月15日，第十一届全国人大常委会副委员长陈至立在湖北襄阳视察。

序

第十一届全国人大常委会副委员长　陈至立

初识林志慧同志是在湖北参加全国人大环资委全体会议暨总结工作经验座谈会，并对南水北调工程进行调研期间。这位外表温文尔雅的省人大副主任，曾经却是一位长期战斗在交通战线，与路、桥、港站、钢筋混凝土打交道的女交通厅长。

林志慧同志是上海人，儿时在上海读小学的她，曾先后担任电影《今天我休息》、《风雪大别山》的小群众演员。一句“我们大家都要遵守交通规则”的台词，一次与“大别山”的天缘“巧遇”，似乎预示了她的人生轨迹。她不仅来到了湖北，而且“与交通为伴”32年。

林志慧同志亲历了湖北交通先行跨越发展的历程，见证了改革开放以来我国交通事业的历史巨变。作为同时期全国唯一的女交通厅长，她带领建设者跌打滚爬，奋战在修建高速公路的工地上，足迹踏遍湖北的山山水水；她带领全省交通职工抗击2008年严重冰雪灾害，保安全、保畅通，并总结出了宝贵的经验；她带领交通建设者打造了沪蓉西全国高速公路科技示范工程、杭瑞高速公路廉政阳

光示范工程、神宜科技环保示范路等，她是湖北交通运输行业又好又快发展的主要策划者、组织者、实践者和推动者，也是一位女中豪杰。

林志慧同志著的《先行——交通科学发展的探索与实践》一书，是她32年交通工作丰富实践经验和深刻理论思考的总结，饱含着一位交通人对交通事业深深的情感和心血。此书分为“发展历程”、“发展战略”、“改革创新”、“运输安全”、“工程建设”、“交通文化”六个篇章，全面反映了湖北省交通运输事业的发展思路、发展模式、发展路径、管理体制、运行机制和支持政策，体现了以人为本的科学发展观；充分反映了湖北省坚决遏制交通腐败，“物质文明和精神文明一起抓”的指导思想和坚定决心，具有鲜明的时代特点和行业特征，系统性、实用性、针对性都很强。

相信此书将成为交通人的一本好教材，也会为交通事业管理者提供有益的参考借鉴。

是为序。

2012年10月于北京

前　言

“知之愈明，则行之愈笃；行之愈笃，则知之益明。”“知”是基础，是蓄积思想力；“行”是关键，是彰显行动力。思想迸发的威力要靠行动来实现和验证，只有把思想力转化成行动力，才能真正使愿景落地，切实把宏伟蓝图变成美好现实。

毋庸置疑，交通是干出来的，也是谋出来的；经验源于实践，理性升华经验。《先行——交通科学发展的探索与实践》即是这样一部知行合一的著作。全书分为“发展历程”、“发展战略”、“改革创新”、“运输安全”、“工程建设”、“交通文化”六个篇章，既是湖北交通运输事业发展思路、发展模式、发展路径、管理体制、运行机制和支持政策的理论思考和制度设计，也是运输安全、工程建设、交通文化、品牌创建、典型培树的实践探索和经验总结。

历程，见证的不仅是湖北交通的发展与进步，更饱含湖北交通科学发展的探索与实践。2004年以来，湖北交通运输始终围绕“为促进中部崛起当好交通先行”这一重大战略目标，坚持一手抓交通建设，锁定加快交通发展不动摇，一手抓廉政建设，遏制交通腐败不松懈，先后组织开展了“湖北交通运输质量管理年”、“提速创优年”、“服务创新年”、“质量效益年”、“改革攻坚年”、“固本超越年”、“先行跨越年”等主题实践活动，深刻反映了湖北交通由“基本缓解”向“总体适应”的历史跨越。

战略，源于对行业发展愿景、目标、路径的清晰定位和准确把握。基于交通工作“为谁发展、靠谁发展、怎样发展”等全局性、根本性、前瞻性重大问题的思考和谋划，湖北交通确立和落实了“六个并举、六个统筹”的科学交通发展观，提出了“七个既要、七个又要”的交通发展新理念，进一步丰富和完善了“和谐交通”、“绿色交通”、“廉政交通”的科学内涵和实现路径。

改革创新，是推动交通发展的不竭动力。湖北交通经历并推进了高速公路建设与管理体制改革、投融资体制改革、车购税管理体制改革、长江水监体制改革、普通公路养护管理改革、行政审批制度改革、成品油和燃油税费改革以及取消政府还贷二级公路收费等深层次体制机制改革，为湖北交通科学发展上水平注入了生机活力。

运输安全，体现的是交通运输的本质属性，夯实的是交通运输的发展根基。秉承“建设是基础、运输是目的、安全是关键”的发展思路，湖北交通着力构建统一开放、竞争有序、便捷畅通、安全高效的交通运输市场体系，实践探索了

“除雪清障、重车碾压、路警开道、结队通行、限载限速、科学调度”的24字“抗冰雪、保安全、高速公路低速行驶法”，保障了经济大动脉的安全畅通。

工程建设，浓缩的是对工程质量、技术创新、科技进步、永续发展的不懈追求与生动实践。湖北交通人创新“适用就是最好的、自然就是最美的、优质就是最省的”生态文明交通建设理念，打造出沪蓉西全国高速公路科技示范工程，杭瑞高速公路廉政阳光示范工程，神宜科技环保示范工程，以鄂东、荆岳长江公路大桥为标志的世界级桥梁和崔家营航电枢纽“两型交通”示范工程等一批精品力作。

交通文化，则重在提升文化自觉，增强文化自信，实现文化自强，彰显了“以人为本”，物质文明、精神文明一起抓的指导思想。实践探索并总结形成了“廉政阳光六同长效”、“强基固本、六位一体”工作法，培育了以“份内事、马上办，厅内事、主动办，突发事、高效办，重大事、跟踪办，经办事、精细办，交通事、干净办”为主要内容的新型“交通办事文化”，培树了“时代先锋”、全国重大先进典型陈刚毅，“节油大王”王静，“见义勇为英雄”蒋雪峰，“平民英雄”李豪等先进群体。

湖北交通物质文明、精神文明的协调发展，得到了各级领导的高度重视和关心支持。2005年8月21日，胡锦涛总书记在汉十高速公路襄樊枢纽互通，亲自听取了湖北省骨架公路网规划汇报，对湖北在全国的交通区位优势和发展目标留下了深刻印象，为全省交通发展注入了巨大动力。2006年5月29日，中组部、中宣部等8部委在人民大会堂隆重举行了陈刚毅先进事迹报告会，中共中央政治局常委、国家副主席曾庆红，中共中央政治局委员、中央书记处书记、中组部部长贺国强亲切接见报告团成员并作了重要讲话，在全国各地、各行业掀起了学习“刚毅精神”的热潮。2008年元月30日和31日，中共中央政治局常委李长春视察了武汉傅家坡汽车客运站和京珠高速公路武汉西收费站，代表党中央、国务院亲切慰问湖北交通职工，充分肯定了湖北交通系统在抗击特大雨雪冰冻灾害实践中创造的“抗冰雪、保安全、高速公路低速行驶法”。2008年4月6日，中共中央政治局常委、国务院副总理李克强到湖北沪蓉西高速公路建设工地视察，并慰问了一线交通建设者。2009年12月9日至12日，中共中央政治局委员、国务院副总理张德江先后到湖北宜昌、荆州、武汉等地考察内河航运发展情况，召开了全国内河航运发展座谈会，明确了武汉长江中游航运中心的战略定位。2005年7月26日，中共中央政治局委员、湖北省委书记俞正声亲临交通系统调研，专题研究交通发展规划、高速公路建设招投标、农村公路建设政策，多次深入交通工程建设一线视察指导。党和国家领导人的重视支持，为湖北交通运输增添了浓墨重彩的历史记忆。

回顾过去，是为了更好地把握规律、谋划未来。《先行——交通科学发展的探索与实践》一书，全面涵盖了湖北交通2004年以来的建设发展、理论探索和实践成果，特别是在推动武汉城市圈、鄂西生态文化旅游圈、长江经济带、武汉新港、仙洪新农村试验区交通建设、服务全省经济社会发展中的理论创新、实践创新和制度创新，是对湖北交通运输科学发展、跨越发展的一次全景式的深度扫描。我们期待通过此书的出版，进一步助推湖北交通“打牢发展大底盘、建设祖国立交桥”总体战略部署，能为省域交通工作的统筹谋划提供一个可供借鉴的参考。

编　者

2012年10月

目　录

上　册

发展历程篇

发展战略篇

改革创新篇

运输安全篇

下　册

工程建设篇

交通文化篇

发展历程篇

发展，是兴国之要，对于全面建设小康社会、加快推进社会主义现代化具有决定性意义。科学发展既是一种理论信仰，也是一种执政理念，更是一种能力要求。2004年以来，湖北交通始终坚持一年一个新主题、一年一个新内涵、一年一个新重点、一年一个新突破、一年一个新台阶，成为湖北交通发展史上投资规模最大、发展速度最快、经济社会效益最好、人民群众受益最多、发展环境最佳的历史时期，全省交通运输与经济社会发展的关系实现了由“基本缓解”向“总体适应”的跨越。

回顾湖北交通运输发展，最具创造性的就是确立“六个并举、六个统筹”的理念践行科学发展观，最具前瞻性的就是果敢实施“四个转变”的交通体制机制改革，最具基础性的就是交通运输发展规划的科学制定，最具探索性的就是“投资多元化、管理一体化”的模式创新，最具保障性的就是法治交通、廉政交通建设的成功实践，最具影响力的就是陈刚毅这一全国重大先进典型的培树。

振奋精神　团结奋进
为促进中部崛起当好交通先行

在深入贯彻落实党的十六届三中全会和省委八届五次全会精神之际,省政府召开全省交通工作会议,其主要目的是:以科学发展观为指导,围绕促进中部地区崛起战略,全面分析交通工作面临的形势和任务,共商交通改革发展大计;总结前七个月的工作,部署下一阶段的各项工作,再鼓干劲,再添措施,确保全年工作目标任务的完成。

一、克难奋进,坚持加快交通发展不动摇

2004年前七个月是湖北交通克难奋进、稳中求快、健康发展的七个月。在国家实施一系列宏观调控政策的新形势下,厅党组坚持"三个文明"一起抓,坚持加快发展不动摇,坚持反腐倡廉目标不松懈,保持了班子和队伍的稳定性,保持了各项工作的连续性,保持了发展思路的创新性,保持了规划目标的先进性,团结和带领全省交通系统广大干部职工保持和巩固了交通发展的良好态势。其主要标志是:

1. 交通基础设施建设扎实推进

全省累计完成交通固定资产投资90.98亿元,为年初确定目标的55.14%,为省政府确定目标的50.54%。其中重点工程完成40.9亿元;公路完成46.4亿元;港航完成1.5亿元;公路客货站场完成9 261万元,分别为计划的40.64%、76.4%、77.09%、46.31%。

襄荆高速公路、巴东长江公路大桥已建成通车,武汉市外环高速

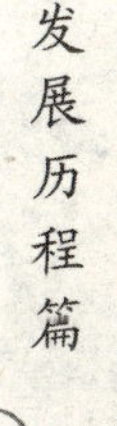

公路东北段年内有望通车;沪蓉西高速公路已正式开工;十漫、随岳南高速公路项目已进入招投标和征地拆迁阶段,有望11月份正式开工;阳逻长江公路大桥顺利完成了南北锚碇基坑封底和南北主塔基础;孝襄高速公路一期工程基本完成,路面工程全面展开;荆东高速公路等在建工程项目进展顺利。京珠高速公路湖北南段通过竣工验收。

全省共完成一级、二级公路路基1 162公里,路面869公里,分别为计划的96.6%、55%。县际及通乡公路分别开工建设239公里和4 920公里,完成路基2 350公里,路面1 575公里;通村公路完成路基5 083公里,路面2 900公里。有19个省市参加的中西部地区农村公路建设现场会在湖北召开,交通部①领导和与会代表参观并充分肯定了仙桃、潜江通乡公路建设全国示范点;省政府在大冶市召开了全省农村公路建设现场会,有力地推动了农村公路建设。

三峡库区交通复建工程,江汉平原航道网的黄石大冶湖、孝感汉北河大富水工程基本建成。全省公路客货站场建设新开工项目6个,建成3个。港航站场设施逐步配套。

2. 交通发展规划和前期工作超前谋划

《湖北省内河航运发展规划》、《湖北省港口布局规划》、《湖北省公路水路交通发展战略规划》、《湖北省骨架公路网规划》先后通过了省政府主持的评审、省发改委和省交通厅联合组织的评审,已正式上报待批;《湖北省交通发展"十一五"规划》已形成初稿。

武荆、宁樟、阿深高速公路等13个招商引资项目工可已全部上报省发改委,其中武汉至蔡甸、武汉至咸宁、随岳北高速公路和随岳中高速公路随州至京山段工可已批复。各项目初步设计工作正在稳步推进;以市(州)打捆的后三年路网工可均已获省发改委批复;崔家营

①交通部现已更名为交通运输部,下同。

航电枢纽工程预可已上报国家发改委。

3. 交通规费创历史新高

(1)全省交通规费实际完成42.8亿元,同比增长21.4%,增收7.5亿元。

(2)交通建设筹融资领域不断拓宽。楚天高速股票上市,募集资金8亿元;部分市(州)的站场和港航建设,成功引进了民间资本。全省公路建设贷款到位资金47.8亿元,为目标的60.1%。

4. 水陆运输总量与运行质量明显提高

水陆运输总量大幅提高。全省公路和水路旅客运输量、旅客周转量、货运量、货物周转量同比增长19.52%、20.03%、12.84%、11.95%。加快道路运输发展二十条意见得到全面落实,市场活力进一步增强。服务便民的农村客运网络建设起步良好。

水路交通安全态势保持稳定。全省本籍船舶共发生水上交通事故5起,死亡7人,直接经济损失268万元,同比分别下降33.3%,下降46.1%,上升129.1%。

5. 治理超限超载成效初现

治超组织、宣传落实到位。全面贯彻七部委《关于在全国开展车辆超限超载治理工作实施方案》,成立了工作专班,开展了全方位宣传,召开了现场会。投入2 000多万元设立第一批39个检测站,制定并印发了《湖北省超限车辆检测站工作标准》等8项规章制度。

路面治理工作力度加大。自6月20日全国治超统一行动以来,检查车辆133 206辆次,卸载车辆4 587辆次,清理出"大吨小标"车辆13 934辆,恢复吨位工作逐步展开。超限超载车辆及因超限超载引发的安全事故明显减少,运输价格趋向合理。

6. 交通立法、普法、依法治理取得新成果

《湖北省人民政府关于加快交通发展的决定》和《湖北省机动车维修管理办法》、《湖北省出租车客运管理办法》已正式颁发实施;省

厅向全社会推出了对运输鲜活农副产品的车辆开通绿色通道、对高速公路上发生故障的车辆免费牵引等8项便民措施,取得了良好的反响。

各级交通部门普遍开展了《中华人民共和国行政许可法》等法律、法规的培训,应培人员培训面达98%。7月1日,省依法治省领导小组在省厅召开了全省行业普法依法治理工作经验交流现场会,仙桃市港航局执法人员演示的"以案说法"受到与会代表赞赏。

7. 交通党风廉政建设不断加强

省厅连续5次召开全省交通纪检监察会议,特别是中纪委原常务副书记曹庆泽,交通部纪检组组长金道铭,省委副书记、省纪委书记黄远志等领导出席了5月24日举办的全省交通系统党风廉政建设座谈会,对源头治腐、反腐倡廉提出了明确要求。

厅党组提出了约束权力、政企分开、完善制度、建立反腐倡廉长效机制的6条措施。全省交通系统高度统一了对当前反腐败斗争严峻形势的认识,通过正反典型教育,进一步明确了"抓好机关、管好厅直、协调行业"的工作思路,加大了对"一把手"、对人财物、对招投标的监督力度。

8. 交通发展环境前所未有

部省领导心系交通,支持力度明显加大。省部领导先后有16人次亲临湖北交通指导工作。中共中央政治局委员、省委书记俞正声对交通工作作出的重要指示和批示,充分体现了对交通工作寄予厚望。省长罗清泉于8月23日与省委副书记陈训秋、副省长任世茂等领导视察了高速公路和农村公路路网建设,专题召开全省公路建设座谈会,听取交通工作汇报,并作了重要指示。省委副书记、省纪委书记黄远志专程到我厅听取党风廉政建设工作汇报;常务副省长周坚卫、副省长任世茂多次听取交通规划、高速公路建设等情况汇报;省人大副主任王守海等专题听取了全省农村公路建设情况汇报,均对加快湖北交通健康、持续发展提出了明确的指示要求。

交通部部长张春贤，副部长胡希捷、翁孟勇，纪检组组长金道铭，副部长冯正霖等多次听取湖北交通工作汇报并作重要指示。翁孟勇、金道铭、冯正霖等部领导先后6次亲临湖北检查工作，对交通建设管理、工程项目与资金、治理超限超载工作等给予了极大的支持和指导。

各市（州）党委政府把交通工作摆在重要位置，发展交通的热情空前高涨；省发改委、国土资源厅与交通厅多次研究交换意见，共商交通建设发展事宜；厅领导多次向交通部、省政府请示汇报，积极争取政策支持，为确保完成全年工作目标提供了精神动力，增强了必胜信心。

总体看，湖北交通面临着难得的发展机遇，但新形势对交通提出的“五个要求”和思想、工作等方面存在的“五个不适应”，也使我们面临着严峻的挑战。“五个要求”是：实施“中部崛起”战略，要求我们必须创新改革发展思路，明确战略重点；落实科学发展观，要求我们必须遵循“以人为本”、“人与自然和谐”的指导思想，探索新的交通发展模式；国家实施宏观调控，要求我们必须强化前期工作，夯实基础，做好项目储备；贯彻实施《中华人民共和国行政许可法》，要求我们必须加快职能转变，严格依法行政，依法治交；落实党风廉政建设责任制，要求我们必须改革机制、健全制度、超前防范、警钟长鸣。

“五个不适应”：一是思想观念不适应科学发展观的新要求。有的同志仍习惯于通过提高速度、扩大规模、增加投入等措施来推动发展，以至于有的建设项目超计划、超规模、重进度、轻质量现象较为突出，影响了交通规划、计划的严肃性，甚至带来质量隐患。二是管理工作不适应加快改革发展的新要求。有的单位改革措施不完善，跟踪管理不配套，引发一些不稳定因素。特别是项目群管理和招商引资监管还未破题上路。三是执法队伍素质不适应法制化的新要求。

有的单位将法律规章束之高阁,依法办事的自觉性不强,甚至少数管理人员的野蛮执法激化了矛盾,损害了交通形象。四是管理机制不适应廉政建设的新要求。部分单位多次出现的严重违反财经纪律现象和个别单位连续发生的腐败案件以及招投标中出现的违法违纪问题,充分暴露了机制自身的缺陷、管理的不规范和干部基本素质的差异性。五是工作作风不适应求真务实的新要求。有的单位结合实际落实不够,停留于照搬照抄或"等靠要",缺乏创新进取意识,缺乏亲民、为民的服务意识和扎扎实实的工作精神,亟待进一步改革、完善和加强。

二、继往开来,为促进中部地区崛起当好交通"先行官"

省委八届五次全会,对交通发展提出了明确目标:增强交通等基础产业对经济社会发展的支持能力,到2010年前建成高速公路3 000公里。围绕"中部崛起"战略,湖北交通必须当好先行,为全省经济社会发展作出新的贡献。今后一个时期全省交通工作的总体思路是:认真贯彻落实省委八届五次全会和《湖北省人民政府关于加快交通发展的决定》精神,围绕"为促进中部地区崛起当好交通先行"这一战略目标,坚持一手抓交通建设,锁定加快发展不动摇,一手抓党风廉政建设,遏制交通腐败不松懈;树立"五个并举"科学交通发展观;突出"四大重点",创建"三个一流";促进全省交通全面、协调、可持续发展。

(一)树立科学交通发展观,坚持"五个并举"

贯彻落实省委八届五次全会精神,首先要把思想统一到"为促进中部地区崛起当好交通先行"上来,树立科学交通发展观,坚持"五个并举"。即坚持"高速公路建设和农村公路建设并举",统筹高速公路、国省干线和各层次路网建设协调发展;坚持"水陆并举",统筹公路建设和港航建设协调发展;坚持"建设和运输并举",统筹基础设施建设和客、货运网络协调发展；坚持“建养管并举”，统筹交通建设、养护和管理协调发展；坚持“交通建设与生态环保并举”，统筹人和自然协调发展。

为了落实科学交通发展观，必须紧紧围绕“促进中部崛起”战略，科学制订交通发展规划，在规划指导下加快交通建设，形成“在建一批、规划一批、论证一批、储备一批、招商一批”的良性循环机制，建立交通项目库；必须严格规划与计划的严肃性，集中人力、财力和物力，优先保证计划内项目建设，确保规划目标的实现。由交通部规划研究院编制的《湖北省公路水路交通发展战略规划》和《湖北省骨架公路网规划》，明确全省骨架公路网由 6 条纵线（纵一为麻城至通山，纵二为大悟至赤壁，纵三为随州至岳阳，纵四为襄樊至荆州，纵五为老河口至宜都，纵六为十堰至恩施）、5 条横线（横一为麻城至竹溪，横二为英山至郧西，横三为黄梅至巴东，横四为黄梅至利川，横五为阳新至咸丰）和 1 条环线（武汉市外环）组成，简称“651”，总里程约7 300公里，其中高速公路约4 800公里，一级、二级公路约2 500公里。规划明确了到 2007 年交通运输与国民经济的关系由瓶颈制约向基本缓解转变，到 2010 年由基本缓解向总体适应转变，到 2020 年由总体适应向交通现代化跨越的分阶段目标。规划的编制经过了反复的调研、论证、修订和完善，注重了与湖北经济社会发展及国家高速公路网规划的衔接，注重了与地方城市规划布局及实际需求的衔接，注重了与其他运输方式及现代科学管理网络的衔接。规划的制订，将为进一步加快我省交通建设和发展提供科学的依据和指导。

（二）突出“四大重点”，推动交通事业健康、快速发展

贯彻落实省委八届五次全会精神，关键是要把工作重心转移到“确保完成 180 亿元投资，加快交通发展”上来，突出抓龙头带周边、抓骨架强基础、抓质量讲规范、抓法治重管理“四大重点”，调动全省力量，全力以赴保目标。

1. 抓龙头带周边，力保武汉市和江汉平原地区率先实现交通现代化

武汉市交通发展必须按照“锁定重庆、成都和西安市，建设成中西部交通强市”的目标，采取有效措施，确保率先实现交通现代化，充分发挥武汉市在城市圈中的龙头作用。当前的主要任务是：确保武汉市外环高速公路东北段年底建成通车，力争2007年阳逻长江公路大桥建成通车，抓好武汉市7条共计207公里出口高速公路建设；加快阳逻国际集装箱转运中心，郭徐岭、关山、蔡甸、郑店等6个货运站场和武汉客运西站，新荣村、青山、关山、武汉港旅游客运站等6个客运站场建设，以及武汉主枢纽港、汉江河口段航道整治工程建设。

在加快武汉市交通发展的同时，要抓好圈内周边8城市与武汉市、周边8城市之间的大通道建设，以及江汉平原相关水陆交通基础设施的联通配套、上等升级，使武汉城市圈和江汉平原率先构筑区域现代交通网。

周边8城市及江汉平原地区当前的主要任务是：抓好“六路一桥”建设，即武汉至荆门高速公路、武汉至英山高速公路、阿深高速公路湖北段、鄂东长江公路大桥、宁樟高速公路湖北段、随岳高速公路湖北中段、麻城至金寨高速公路等重点工程建设，尽快形成快速骨架公路网；加快以次主枢纽为重点的客货站场建设，全面提升运输服务功能；加快以四级航道为主的江汉平原航道网建设和引江济汉工程的前期工作步伐，充分发挥武汉城市圈和江汉平原的水运优势。

2. 抓骨架强基础，优化全省公路网络

根据《湖北省人民政府关于加快交通发展的决定》要求，2007年要建成2 100公里高速公路，2010年要建成3 000公里高速公路。2004年，省政府将开工建设4 500公里县乡公路和180公里的县际公路作为八件实事之一向社会做出了郑重承诺，因此，我们必须坚持高速公路建设和农村公路建设并举，为湖北经济发展和广大农民群众

提供良好的道路条件。

关于高速公路建设。目前，在建的586公里高速公路和刚开工的沪蓉西高速公路宜恩段要在保证质量、完成年度计划的基础上力争多超；十漫、随岳南高速公路要确保在11月份正式开工；武汉至蔡甸、武汉至咸宁、随岳北段、随岳中随州至京山段202公里高速公路要确保在今年底或明年初开工建设；其他约1 000公里的待批项目，要抓紧做好初步设计、施工图设计阶段的相关准备工作，保证明、后两年有足够数量的新开工项目做支撑。为确保高速公路规划目标的实现，各级交通部门、各建设指挥部要采取有力措施，强化质量监测，按照建设精品工程、安全工程、廉政工程的要求，切实加强在建高速公路重点工程的调度管理。各有关部门和各项目筹备组要进一步加强项目前期工作，对完成工可的1 000公里高速公路项目要着重做好各专题的评审和各相关要件的补充、完善工作，确保前期工作的深度和质量；要积极加强与有关部门的衔接、配合，积极争取省发改委、国土资源厅等部门的支持，以利于交通项目审批工作的顺利进行。

关于路网建设。首先，各级交通部门要保质保量地完成国家和省下达的公路建设任务，确保年度计划目标的实现。其二，要坚持实事求是的原则，严格控制建设规模和等级标准，杜绝不切实际的贪大求洋、“先斩后奏”和盲目提高标准、扩大规模。其三，要坚持质量为本，加强公路养护管理，确保农村公路建设的质量和效益。凡出现前修后坏、挪用资金、贪污腐败问题，一律扣减第二年的工程项目安排，调整到优质、高效、规范管理的先进市县。为了保证路网建设的健康、快速发展，在上半年广泛调研的基础上，省厅针对路网建设中由于新建路段工程量大，水网湖区路面造价高和地质灾害处理等因素形成的资金缺口，经集体研究，将根据实际情况，按照个案处理的原则给予一次性补助，资金控制在3亿元。针对国省经济干线由于大中修资金缺乏导致路况下滑的局面，决定在明年新增615公里路面改善工程计划;针对山区危险路段的整治现状,省厅将下发“湖北省公路安保工程实施规划”,改善公路交通安全条件。按照交通部颁发的《公路安全保障工程实施技术要求》,对危险路段进行整治,资金总额为4.4亿元,分三年实施,资金来源拟由交通部门和地方财政筹资解决。针对农民群众“行路难、乘车难”等问题,省厅将进一步坚持“以人为本”,在加快农村公路建设的同时,对具备条件的乡镇实施客运网络配套建设。拟将通村公路“1、2、5”奖励政策调整为“1、2、5、1”奖励政策,对按规划实施的通村公路候车站(棚)每建1个奖励1万元。采用依托乡镇、以奖代补和市场运作相结合的模式进行管理,先试点、后推开,以真正实现“把公路修到农民家门口,把站棚设到农民家门口,把班车通到农民家门口”,让农民群众走上水泥、沥青路,坐上安全车、方便车。

3. 抓质量讲规范,严格交通建设质量监测

一是严格基本建设程序,切实加强工程质量监管。要建立健全三级质量保证体系,实行全员质量终身负责制,推动质量管理科学化、规范化和制度化。要进一步宣传、学习、贯彻精品工程工作大纲,全面落实质量指标,加强现场监管。要严格落实工序、工艺、材料检测、验收签证等责任追究制度,超前做好后续工程的技术研究,采取多种有效措施,确保工程质量。

二是坚持将高速公路建设质量管理理念延伸到农村公路建设之中,确保“民心”工程的质量和效益。要继续推进农村公路建设示范工程,在施工技术、质量管理、资金监管、政策措施等方面总结新经验,探索新路子,以点带面、整体推动。要进一步加大农村公路建设检查指导力度,各级交通公路部门要抽调人员组建专业质量督导组,长期到工地进行质量巡检,对县际和通乡、通村公路建设项目进行专项督办,严格施工规程,规范质量管理,强化资金监管,严禁贪污挪用,建立养管机制,确保投资效益,努力实现农村公路建设由速度数

量型向质量效益型转变。

三是规范交通建设市场运作，建立正常的交通经济秩序。要认真贯彻落实《国务院关于投资体制改革的决定》、《中华人民共和国招标投标法》和《湖北省交通建设管理条例》等法规，一方面要鼓励民间资本全面进入交通领域，另一方面要严格执行法人责任制、资本金制、招标投标制、工程监理制和合同管理制，规范重点工程招商引资程序，切实加强对特许项目的全过程监管，加强交通建设市场的培育，确保交通基础设施建设质量。

4. 抓法治重管理，营造依法治交的良好环境

一是贯彻实施《中华人民共和国行政许可法》，推进职能转变和管理创新。要继续清理交通行政许可规定、项目和实施机关，确定和公布保留的交通行政许可项目和实施程序，对明令取消和其他没有法定依据的行政许可项目，一律停止执行。要切实转变政府职能，凡是公民、法人和其他组织能够自主解决的，市场竞争机制能够调节的，行业组织或者中介机构通过自律能够解决的事项，不要通过行政手段去解决。要充分利用经济和法律手段全面履行经济调节、市场监管、社会管理和公共服务的职能，切实做到权力与责任挂钩，权力与利益脱钩，既不能失职不作为，又不能越权乱作为。要大力推行行政许可制度创新，为社会提供方便快捷的服务。

二是坚持依法治运，规范运输市场。要贯彻落实好《中华人民共和国港口法》、《中华人民共和国道路运输条例》以及《湖北省维修业管理办法》和《湖北省出租车客运管理办法》等各项交通法律、法规、规章，抓紧修订《湖北省道路运输管理条例》，制定道路、水路运输配套工作规范。要培育和规范农村运输市场，争取省政府下发《关于加快培育和发展乡村道路旅客运输的意见》。要加强对重点水域、重点船舶的安全管理，依法整治“三无”船舶、船舶超载等行为，确保水上安全态势稳定。要加大推行客运线路经营权招投标和农村客运线路

经营权核准制的力度,促进运输市场主体公平竞争和资源优化配置。要遵循处罚与教育相结合、过罚相当的行政处罚原则,审慎行使行政处罚权和行政强制措施权,绝不容许乱罚款、乱收费。

三是坚持依法治理,深入抓好治超工作。要认真贯彻落实温家宝总理的指示精神和七部委实施方案,以及交通部、公安部、国家发改委《关于进一步加强车辆超限超载集中治理工作的通知》精神,建立省市县三级治超责任制,坚持依法治理,立足于打持久战,努力做到路面专项治理与源头长效治理相结合,部门联手与区域联动相结合,行政手段、经济手段和法律手段相结合,治理力度与社会可接受的程度相结合,严格处罚与人性化管理相结合。严格政策、规范执法,确保运输畅通。

四是坚持依法征费,保障资金使用安全。要严格执行《湖北省公路规费征收管理条例》,从源头上制止随意减免和乱收费行为。要加强和改进费收稽查工作,加强与有关部门的沟通配合,形成执法合力。要强化执法为民观念,做到文明规范执法,提高化解矛盾纠纷的能力,防止恶性事件的再度发生。对粗暴执法、野蛮征费、严重侵犯当事人合法权益的行为,依法严肃处理。

要严格执行部门预算、国库集中收付、收支两条线等相关法规制度,建立部门预算约束机制。要严肃财经纪律,建立健全内部会计控制制度和会计监督制度,强化资金监管和审计监督,坚决杜绝小金库、白条列支、挪用项目建设资金等严重违纪违法现象的发生。要进一步拓宽多元化的筹资渠道,借助银行、工商等外力,监督并确保建设资金全部用于建设项目。

五是坚持依法办事,用足用够用活政策。《湖北省人民政府关于加快交通发展的决定》的颁发,充分体现省委省政府对交通发展的重视、关心和支持,我们要深刻领会和把握其主要内容和精神实质,认真抓好学习和宣传,主动加强同相关部门的协调和配合,依据《决定》

中的七条政策，抓紧制定具体的实施意见，以真正形成加快交通发展的良好氛围。各级交通部门要积极争取党委政府的领导和支持，争取地方政府出台更多的有利交通发展的政策措施。

（三）狠抓反腐倡廉，争创“三个一流”

贯彻落实省委八届五次全会精神，必须把加强干部队伍建设的着力点放到“遏制交通腐败，落实党风廉政建设责任制”上来，狠抓反腐倡廉，争创“三个一流”。

一是全面落实党风廉政建设责任制。最近，俞正声书记对遏制“交通腐败”作出重要批示，我们将认真落实省委省政府、省纪委有关指示精神，把党风廉政建设作为保障交通经济发展的一项重要工作切实抓紧抓好。各级领导班子“一把手”要切实担负起第一责任人职责，认真组织学习和全面实施相关《条例》，建立和完善教育、制度、监督并重的惩治和预防腐败的体系。厅党组廉政承诺和厅机关公务员廉政守则将向社会公布，主动接受交通行业和社会监督。厅党组的廉政承诺为“五不准”，即：不准干预和插手交通建设招投标、营运线路审批等事宜；不准在企业担任任何职务和从事经商活动；不准收受任何形式的礼金、有价证券和贵重物品；不准配偶、子女、亲友和身边工作人员利用领导职权的影响牟取私利；不准违反民主集中制原则，搞个人说了算。

二是组织开展廉政建设巡视督察。针对交通点多、线长、面广的特点，省厅将组织廉政工作巡视督查组，直接对厅党组和派驻纪检组负责，直接派往各交通建设重点工程、厅直单位和各市（州）交通部门，采取明察暗访的方式，全面了解各地各单位的廉政实况，既发现问题，也总结经验，及时向有关部门通报情况，及时采取组织措施，加强动态管理，做到超前防范，发挥警示作用。

三是突出抓好招投标管理。针对招投标等关键环节和部位，我厅将采取有力的工作措施，加强源头治腐。其一，约束权力，规范行政监督职能。改革交通项目审批制度,推行核准制和备案制。省交通厅工作人员不准作为评标委员会成员参与评标、定标;不准打招呼、递条子;不准违背原则保护交通内部企业,干预依法进行的招投标工作。其二,政企分开,严格实行项目法人负责制。交通建设设计、施工、养护、监理企业在人、财、物上必须与主管部门彻底脱钩。其三,完善制度,改革机制。鼓励和推广无标底评标方法。其四,严格诚信评价,实行严厉的处罚制度。建立交通工程从业单位诚信评价制度和"建设工程行贿犯罪记录查询制度"。

四是坚持以人为本,争创"三个一流"。温家宝总理最近在视察交通工作时提出了"个人干一流工作、企业创一流品牌、社会造一流环境"的工作要求,交通部党组发出了开展争创"三个一流"活动的意见。为了进一步加强全省24万名交通职工队伍的建设,省厅下发了《在全省交通行业广泛开展"与时俱进,争创三个一流"活动的实施意见》,交通厅机关在这次会上向全省交通系统发出倡议:以一流的思想作风、一流的工作业绩、一流的窗口形象,率先垂范,发挥厅机关的龙头作用,努力把厅机关建设成学习型机关、服务型机关、清廉型机关。各级交通部门要紧紧围绕交通经济中心,将争创"三个一流"活动与"三新"主题创新活动等有机结合起来,精心部署,力求实效,为加快交通发展提供强大的精神动力和思想保证。要大力倡导求真务实的工作作风,讲大局、讲团结,做到工作不推诿、矛盾不上交、问题不回避,谁主管谁负责,一级对一级负责,为建设诚信交通和负责任的交通行业而共同努力。要立足当前,着眼长远,研究新情况,解决新问题。特别是在国家实施一系列宏观调控政策、《国务院关于投资体制改革的决定》颁发实施的新形势下,如何寻找新的增长点、加快交通发展;如何进一步加强招商引资项目监管,探索新的建设模式;如何实施高速公路建设管理和建立公路建养管长效机制;如何深化交通企事业单位改革,实行政企、政事分开,进一步转变职能,提高工作质量和效率；如何建立科学的“十一五”交通计划财务管理模式；如何建立一套反腐倡廉的长效机制，遏制交通腐败；如何进一步调动广大交通职工积极性，切实在政治上、工作上、生活上关心、爱护、培养职工，建立一支高素质的干部职工队伍等等。希望各级交通部门在实践中积极研究探索，成熟一个，突破一个，坚持抓大事、议大事，为湖北交通的可持续发展建言献策。

交通发展任重而道远，我们要紧扣工作目标，进一步振奋精神，团结奋进，开拓创新，狠抓落实，为促进中部地区崛起当好交通先行。

（2004 年在全省交通工作会上的讲话）

强化管理 确保质量
全面践行科学发展观

2005年全省交通工作会议的主要任务是:以邓小平理论和"三个代表"重要思想为指导,遵循党的十六大,十六届三中、四中全会和省委八届五次、七次全会精神,按照中央和全省经济工作会议及全国交通工作会议要求,以科学发展观为统领,总结交流经验,表彰先进群体,研究部署"2005——湖北交通质量管理年"工作,动员和带领广大交通干部职工,为全面实现"十五"交通规划目标,推动全省交通事业全面、协调、可持续发展而不懈努力。

一、2004年交通工作回顾

刚刚过去的2004年,是湖北交通不平凡的一年。全省交通干部职工克难奋进、继往开来、稳中求快、开拓创新,在交通现代化建设的征程中迈出了坚实的一步。一年来,全省交通系统在省委、省政府领导下,坚持以科学发展观统领交通工作全局已经形成共识;坚持以依法行政为主导的交通建设和行业管理日趋规范完善;坚持以提高质量效益为中心的交通基础设施建设健康、快速推进;坚持以招商引资为基础的多元化筹融资领域不断拓宽;坚持以提高科技含量为手段的交通规费征收创造历史新高;坚持以勤政廉政为重点的各级领导班子和职工队伍建设得到全面加强。全省交通物质文明、精神文明和政治文明协调发展,其主要标志为:2004年全省交通"十件大事"。

1. 交通固定资产投资完成188.52亿元，二路一桥建成通车。交通固定资产投资全面超额完成年度计划任务，同比增长19.55%。其中，公路建设完成184.25亿元，同比增长20.17%；港航建设完成2.24亿元，同比增长21.79%；公路客货站场建设完成2.03亿元，为年度计划的101.51%。襄荆高速公路、巴东长江公路大桥、武汉绕城公路东北段已建成通车，全省高速公路通车里程达到1 353公里。江汉航线航道工程竣工。沪蓉西宜恩段高速公路、十漫高速公路、随岳南高速公路、武汉至蔡甸、武汉青菱至郑店高速公路相继开工建设；荆东高速公路等在建工程项目进展顺利。

2. 交通规费完成73.5亿元，创历史最高水平。收费总额同比增长16.3%，增收10.76亿元。其中公路养路费、客运附加费、货运附加费三费征收合计完成21.60亿元。全省高速公路联网收费运转正常，京珠高速公路通行费年收入突破10亿元；面上收费公路管理日趋规范。2004年是自1997年以来交通规费增长最快、增幅最大的一年。

3. 省政府办实事的郑重承诺全面兑现，中西部地区农村公路建设现场会在湖北召开。交通部充分肯定了我省以及仙桃、潜江两市通乡公路建设全国示范点的成绩和经验。全省农村公路建设现场会和全省路网建设工作会先后在大冶市和孝感市召开，全省掀起了路网建设和农村公路建设热潮。截至12月底，县际及通乡公路开工建设5 164公里，完成路基2 838公里，路面3 664公里；通村公路完成路基7 096公里，路面8 237公里，全面超额完成了省政府承诺的县际和通乡公路建设任务。

4. 设立超限车辆检测站36个，超限超载车辆下降到30%。据统计，全省共检测车辆69.2万辆次，其中超限超载车辆10.6万辆次，卸载货物3.1万吨。经过集中整治，超限超载车辆由过去的90%下降到30%，因超限超载引发的道路交通事故明显减少，运输市场运价逐步恢复回升，治超工作初见成效。

5. 楚天高速股票上市，募集资金8.1亿元。楚天高速公路股份有限公司向社会公开发行2.8亿A股股票，楚天高速股票正式在上海证券交易所挂牌上市；楚天高速公路股份有限公司以8.16亿元收购汉宜高速公路江宜段22年的收费经营权。

6. 四个交通规划通过省政府评审，交通重点工程项目库建立健全。《湖北省公路水路交通发展战略规划》、《湖北省骨架公路网规划》、《湖北省内河航运发展规划》、《湖北省港口布局规划》，通过了省政府评审。武荆、宁樟、阿深高速公路等13个招商引资项目工可已全部上报省发改委；以市（州）为单位打捆的后三年路网项目工可均已获省发改委批复；崔家营航电枢纽工程预可已经国家发改委正式批复。一年来，共组织评审25个项目，批复8个项目。

7. 省政府作出加快交通发展的决定，两部政府交通规章颁布实施。《湖北省人民政府关于进一步加快交通发展的决定》于8月19日正式颁布实施，明确了湖北交通发展的指导思想和目标任务，制定了加大对农村公路建设的资金投入、增加对水运项目建设的投入、统一交通建设中的补偿标准、建立国省干线与县乡公路统贷统还制度、鼓励和支持国内外企业投资建设、经营高速公路等七条相关政策。湖北省政府分别颁布了《湖北省机动车维修业管理办法》、《湖北省出租汽车客运管理办法》两部交通规章。

8. 重点工程荣获国家奖，交通职业技术学院与外企联合办学成功。武汉军山长江公路大桥获第四届詹天佑土木工程大奖，京珠高速公路湖北省北段获交通部优秀勘察奖和优质工程奖。全省交通行业有7个科研项目荣获科技进步一等、二等、三等奖。湖北交通职业技术学院与日本丰田公司开办的《丰田技术教育项目》已经启动。

9. 厅、局领导班子调整配备，"三个一流"创建蓬勃展开。省委配备了交通厅新的领导班子，省公路局班子升格，省运管征稽局、港航海事局主要领导高配到位，班子建设得到加强。省交通厅机关率先开展“个人创一流业绩、企业创一流品牌、社会创一流环境”活动，向全省交通系统发出倡议，掀起了文明路、文明港站、文明客运示范线、文明单位创建热潮，厅直系统有1个集体荣获全国“五一劳动奖状”，1人荣获全省“五一劳动奖章”，1人被评为省级劳动模范。

10. 公开廉政承诺，开展反腐倡廉督察。厅党组郑重作出了不准干预和插手交通建设招投标等“五个不准”的廉政承诺，制定了厅机关公务员不参加用公款支付的高消费娱乐活动等十条《廉政守则》，并在《湖北日报》上刊登，广泛接受社会监督；制定了《湖北省交通厅反腐倡廉督察工作实施意见》，组织了三个反腐倡廉工作督查组，深入交通重点建设一线进行督察，加强了对重点对象、重点环节、重点部门的监督。

回顾2004年的交通工作，其主要特点是：

第一，确立交通发展新思路。新一届厅党组在深入分析交通工作形势、认真总结历史经验的基础上，以科学发展观为统领，明确提出了今后一个时期湖北交通发展要坚持“五个并举”、突出“四个重点”、争创“三个一流”、强化“两手抓”、实现“一个战略目标”的工作思路，即：坚持“高速公路建设和农村公路建设并举”，统筹高速公路、国省干线和各层次路网建设协调发展；坚持“水陆并举”，统筹公路建设和港航建设协调发展；坚持“建设和运输并举”，统筹基础设施建设和客、货运网络协调发展；坚持“建养管并举”，统筹交通建设、养护和管理协调发展；坚持“交通建设与生态环保并举”，统筹人和自然协调发展。突出抓龙头带周边，力保武汉市和江汉平原地区率先实现交通现代化；抓骨架强基础，优化全省公路网络；抓质量讲规范，严格交通建设质量监测；抓法治重管理，营造依法治交的良好环境。个人争创一流业绩，企业争创一流品牌，行业争创一流环境。强化一手抓交通建设，锁定加快发展不动摇；一手抓党风廉政建设，遏制交通腐败不松懈。努力构建和谐交通,为促进中部地区崛起当好交通先行。交通发展新思路的确立,深化了对交通发展规律的认识,符合国家宏观发展形势和我省交通发展实际,促进了各项交通工作的协调发展。

第二,实施建设管理新模式。根据省委、省政府的要求,依据新的法律法规,厅党组对企业投资项目的管理方式进行了不断探索,对实践中产生的问题进行了认真剖析,在深入调研、广泛征求包括投资商在内的各方意见的基础上,提出了“业主负责、政府服务、行业监管、依法行政”的建设管理新模式,并首先在随岳南、随岳北高速公路项目中得到实施。这一新模式的确立和运用,既符合《国务院关于投资体制改革的决定》、《收费公路管理条例》等一系列新的法规精神,又理顺了政府与投资商的关系,实现了政企分开,有利于政府服务和依法监管,有利于增强投资商对投资建设、运营管理的积极性和责任感,有利于保障招商项目的健康发展和顺利实施,为营造健康、规范的投资环境发挥了重要作用。

第三,建立依法治交新机制。2004 年国家实施《中华人民共和国行政许可法》、《中华人民共和国道路运输条例》、《收费公路管理条例》、《中华人民共和国港口法》等法律法规,为交通依法行政、依法管理奠定了重要的法律基础。各级交通管理部门以贯彻落实《中华人民共和国行政许可法》为契机,精简审批事项,简化审批手续,推行“一个窗口对外”、“一站式服务”等新的审批方式,服务水平、办事效率得到提高。省厅组织了法制培训和“12・4”法制宣传日系列活动;组织了全省交通行政执法资格考试,对全省 2 万名行政执法人员进行了闭卷考试;印发了《关于严格规范交通执法行为的通知》和《关于规范执法和提高服务质量的实施意见》;实施了在全省高速公路上免费牵引等八条执法便民服务措施,强化了执法监督,规范了执法行为。交通运输、公路、港航、征稽等执法部门以贯彻落实交通法规为契机,组织学法用法,开展专项整顿,促进了交通执法行为和交通建设与运输市场的规范化。省依法治省领导小组在省厅召开了全省行业普法依法治理工作经验交流现场会，推广了交通厅以案说法等普法新形式、新经验，展出了交通普法和依法治理成果。

第四，突出交通工作新重点。省厅组织力量对加快构筑武汉城市圈现代化交通网络进行了部署，召开了武汉城市圈“1+8”交通发展联席会，武汉市交委与周边8市交通局签订了《武汉城市圈交通合作框架协议》，确定了每季度督办调度制度。目前，武汉市高速出口公路和阳逻长江公路大桥建设进展顺利，与武汉城市圈建设密切相关的“六路一桥”建设项目稳步推进。省厅先后召开三次重点工程建设调度会、四次设计调度会，加强了高速公路、港航、站场建设的质量、进度、资金管理；调整实施了“1、2、5、1”通村公路奖励政策，采取积极的政策措施，加大了乡镇客运候车站棚配套工程的投资和建设力度，按照农村公路建到哪里，客运班车就通到哪里，候车站棚就设到哪里的要求，努力为农民群众走上水泥路、沥青路，坐上安全、经济车创造良好的交通条件。

第五，开创运输安全新局面。各级交通运管部门组织开展以查客运站、查客运车辆、查运输服务质量，打击“黑车”非法经营为主要内容的“三查、一打击”稽查行动，市场环境有所改善，安全质量意识有所提高，水陆运输能力明显增强。全省公路、水路旅客运输量、旅客周转量、货运量、货物周转量同比分别增长18%、10%、20.27%、12%。港航海事部门加强了对重点水域、重点船舶的安全管理，依法整治“三无”船舶、船舶超载等行为，开展了乡镇渡口达标活动，完善和创新了乡镇船舶安全管理责任制度、水上交通安全目标考核等“五项制度”，共改造乡镇渡口169处，更新、维修渡船185艘。全省水上交通事故件数、死亡人数和直接经济损失，同比分别下降53.5%、67.6%、23.7%，水上安全态势为近十年来较为稳定的一年。此外，交通重点工程建设施工安全提上了重要议事日程，特别是沪蓉西建设指挥部认真落实安全生产责任制,设置了专门安全管理机构,制订了一系列管理制度和安全生产规程,召开专题会议进行部署,做到安全生产有章可循。目前整个施工区域未发生大的安全责任事故。

第六,营造交通发展新环境。2004 年,省部领导先后有 16 人次亲临湖北交通指导工作,支持力度明显加大。中共中央政治局委员、省委书记俞正声对交通工作作出的重要指示和批示,充分体现了对交通工作寄予厚望。中共中央政治局委员、省委书记俞正声,省长罗清泉亲自参加了武汉绕城公路东北段通车仪式;省长罗清泉视察了汉孝高速公路和公路路网建设,专题召开全省公路建设座谈会,听取交通工作汇报,并作了重要指示。黄远志、周坚卫、任世茂等省领导分别参加了交通系统党风廉政建设、交通规划与建设、交通职业技术教育等会议,对加快湖北交通健康、持续发展提出了明确的指示要求。交通部部长张春贤,副部长胡希捷、翁孟勇,纪检组组长金道铭,副部长冯正霖、徐祖远等多次听取湖北交通工作汇报并作重要指示,先后 8 次分别亲临湖北检查工作,对高速公路建设管理、交通工程项目与资金、治理超限超载工作、水监体制改革等给予了极大的支持和指导。2004 年共争取国家投资湖北交通建设达 18.3 亿元。全省交通系统的老领导对交通发展给予了极大的关心和支持,多次参加全省交通工作会议和交通经济形势通报会,积极发挥交通各个学会的作用,对交通工作提出了中肯的意见和建议,为湖北交通发展倾注了心血。

2004 年是我省交通事业健康、快速发展的一年。之所以能够取得上述成绩,主要得益于省委、省政府,交通部的正确领导和省直有关部门的大力支持;得益于厅党组坚持发展第一要务,抓大事议大事,突出重点攻难点;得益于各级交通部门严格依法行政,转变工作职能,强化服务监管;得益于全体交通干部职工和广大交通建设者的辛勤工作和奋力拼搏;得益于全省交通系统老干部的关心、理解和帮助。

在总结成绩的同时，我们也清醒地认识到交通经济运行中的矛盾和问题仍然比较突出，交通执政能力建设的任务仍然十分繁重。主要表现在“三个不相适应”：一是交通建设理念与科学发展观不相适应。有的同志仍习惯于单纯靠提高速度、扩大规模、增加投入等措施来推动发展；有的建设项目超计划、超规模，有的重进度、轻质量，重建设、轻管养，影响了交通规划、计划的严肃性，加重了资金压力，甚至带来质量隐患。二是行业管理水平与交通经济快速发展不相适应。有的单位改革措施不够完善，跟踪管理不够配套，引发出一些不稳定因素；有的单位科学管理、依法管理和民主管理的意识不够强，管理的方式方法需要改进；有的地方对农村公路建设缺乏行业技术指导，专业力量薄弱，质量控制困难。三是干部综合素质与执政能力要求不相适应。少数执法人员法制观念淡薄，依法办事的自觉性不强，甚至野蛮执法，损害了交通形象；有的领导干部应对和解决复杂矛盾的能力亟待加强。这些问题务必引起我们的足够重视，切实加以解决。

二、以科学发展观统领交通工作全局

中共中央政治局委员、省委书记俞正声在全省经济工作会议上指出，科学发展观是必须长期坚持的重要指导思想。无论是消除当前经济运行中的不稳定、不健康因素，还是解决经济社会发展中的深层次矛盾，都要求我们全面准确地把握科学发展观的深刻内涵，坚持以科学发展观统领经济社会发展全局，把科学发展观切实贯穿于经济社会发展的各个方面。张春贤部长在2005年全国交通工作会议上也提出了全面落实科学发展观、不断加深对交通发展规律性认识的要求。各级交通部门必须进一步深化认识，坚持和落实科学交通发展观，树立全新的发展理念，促进湖北交通事业全面、协调、可持续发展。

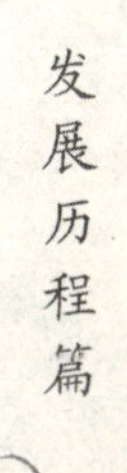

坚持和落实科学交通发展观,着重体现在以下五个方面:

第一,科学编制交通发展规划,是落实科学发展观的基础。编制规划是一项打基础、管长远的系统工程。2004 年 12 月 17 日国务院常务会议批准了《国家高速公路网规划》,确定了 7 条首都放射线、9 条南北纵向线和 18 条东西横向线(简称为"7918 网"),总规模大约为 8.5 万公里。省政府也已评审通过了《湖北省公路水路交通发展战略规划》等 4 个规划。规划明确了未来 10 年、20 年交通发展的战略目标:到 2010 年,全省公路水路交通与经济社会发展的关系由"基本缓解"向"总体适应"跨越,武汉市和江汉平原地区率先基本实现公路交通现代化;到 2020 年,全省公路水路交通与经济社会发展的关系由"总体适应"向"全面适应"跨越,全省基本实现公路水路交通现代化,湖北将成为中西部地区交通强省之一。公路方面:湖北省骨架公路网规划总里程约为 7 300 公里,其中高速公路 4 800 公里,一级、二级公路 2 500 公里,主要由 6 条南北纵线、5 条东西横线、1 条环线组成,简称"651"。其中,6 条南北纵线即麻城至通山(含麻城至武汉、黄石至咸宁两条支线)、大悟至赤壁(含汉南至监利一条支线)、随州至岳阳(含天门至赤壁一条支线)、襄樊至荆州(含荆州至监利、荆门至石首两条支线)、老河口至宜都(含丹江口至老河口、远安至宜都两条支线)、十堰至恩施(含恩施至黔江、兴山至五峰两条支线);5 条东西横线即麻城至竹溪(含红安至黄陂一条支线)、英山至郧西(含十堰至白河一条支线)、黄梅至巴东、黄梅至利川(含利川至苏拉口一条支线)、阳新至咸丰[含通山至嘉鱼、崇阳至通城、武穴至阳新(含武穴长江大桥)三条支线];1 条环线即武汉市外环线(含天河机场路、岱家山至黄陂、武东至沪蓉高速、武汉至洪湖、武汉至蔡甸、武汉至红安、武汉至英山、武汉至鄂州、武汉至咸宁、武汉至孝感、武汉至浠水等 11 条联线)。分阶段目标是:到 2007 年,高速公路约 2 100 公里;到 2010 年,高速公路约 3 500 公里,二级以上公路达到 2.4 万公里,所有行政村通公路,80%的通乡通村公路路面达到硬化标准;到2020年,湖北省骨架公路网全面建成,高速公路约5 000公里,二级以上公路达到3.9万公里,通乡通村公路路面全面达到硬化标准。水路方面:主要建设“三主一江一网”的航道体系(“三主”为长江、汉江、两沙运河3条全国水运主通道,“一江”为清江,“一网”为江汉平原五级以上骨干航道网),2010年基本完成。港口方面:规划分三个层次,一是加快建设武汉港、宜昌港、黄石港、荆州港、襄樊港等5个主要港口,将武汉港建设成华中地区和长江流域的物流中心和长江中游航运中心;二是长江干线的巴东港、秭归港、宜都港、枝江港、石首港、洪湖港、嘉鱼港、鄂州港、黄州港、阳新港、武穴港;汉江的丹江口港、钟祥港、沙洋港、潜江港、天门港、仙桃港、汉川港等18个重要港口;三是28个一般港口。

湖北交通规划的编制,注重了与国家高速公路网等交通规划和湖北省经济社会发展的衔接,注重了与地方城市规划布局及实际需求的衔接,注重了与其他运输方式及现代科学管理网络的衔接,得到了省、市(州)、县政府领导的高度重视,汇集了部省专家、学者的智慧。各级交通部门要以发展规划为导向,在研究制定本地交通“十一五”规划时,一定要自觉服从全省交通发展的整体规划,分期、分层、分步实施规划;要倍加珍惜和维护部、省交通规划,结合当地经济社会发展实际,将工作着力点放在积极争取地方党委、政府的重视和支持上,放在建立完善项目库、加快前期工作进程、提高工作深度和质量上,放在宣传和维护交通发展规划的严肃性上,保证交通在科学规划的框架内得到有序的发展。

第二,实现交通经济更快更好发展,是落实科学发展观的实质。发展是第一要务。落实科学发展观,其着眼点是要用新的发展思路实现更快更好发展。各级交通部门必须把握交通发展的战略机遇期,抓住交通发展不够这一主要矛盾,把发展放在首位,加快交通建设,增加交通供给,提供交通保障。2005 年国家实行财政和货币松紧适度的“双稳健”政策,说明实施了 7 年的积极财政政策逐步退出。这一外部环境的变化对交通发展的影响,各级交通部门要一分为二地看待。一方面,对交通微观环境而言,突出表现为资金筹措、征地和项目审批的难度加大。另一方面,宏观调控有保有压,中央经济工作会议提出仍要进一步加强交通、铁路等基础产业和基础设施建设。因此,在稳健财政政策下,交通仍然面临重要战略发展机遇。各级交通部门必须坚持在发展上做文章,在提高干部执政能力上下功夫。当前首要的问题是各级领导干部要找准湖北交通在全国和中西部的位置,清醒地看到湖北交通与东部省市的差距仍有拉大之势,与中西部地区相比,也呈两面夹击,前有标兵、后有追兵之势;要冷静地面对长期以来有效供给不足、服务水平不高等矛盾,切实增强加快交通发展的紧迫感和责任感,进一步加强交通执政能力建设,着重提高五个方面的能力,即:提高交通运输适应经济社会发展需求的能力、提高交通运输统筹规划和协调发展的能力、提高交通运输公共服务和组织保障的能力、提高依法监管交通运输市场和建设市场的能力、提高交通安全管理和重大突发事件应急处置的能力,不断适应新形势、新任务的需求,促进湖北交通更快更好地发展。

第三,建设“以人为本”的服务型交通,是落实科学发展观的核心。科学发展观的本质和核心是坚持以人为本。落实科学发展观,体现在指导思想上,必须坚持“以人为本”,把代表人民群众的根本利益作为交通工作的出发点和落脚点,不断提高交通行业公共服务水平,从注重考虑交通基础设施的功能性和管理的方便性,转到充分考虑社会公众、管理对象的实际需求上来。以多层次、多样化的交通产品以及安全、便捷、可靠、经济的运输服务,尽力满足使用者和消费者的需求,切实解决关系人民群众切身利益的突出问题,促进社会和谐与文明进步。

第四，提高交通发展质量和效益，是落实科学发展观的内在要求。中央经济工作会议强调，要妥善处理发展速度和质量效益的关系，把工作重点真正放在提高经济增长的质量和效益上。发展需要一定的速度，但决不能片面追求发展速度。新一轮的交通发展，应当是建立在优化结构、提高质量效益基础上的发展，应当实现速度、结构、质量、效益的统一。因此，各级交通部门必须针对交通经济增长主要靠投入、扩大投资规模，经营方式粗放、结构不尽合理等突出问题，牢固树立以科学发展观为统领，以提高质量效益为中心，推进湖北交通全面、协调、可持续发展的指导思想，按照"建设高质量工程就是最科学的发展，延长工程的使用寿命就是最好的节约，建设低劣工程就是最大的浪费，出现豆腐渣工程就是对人民的严重犯罪"的质量理念，突出质量在交通发展中的核心和基础地位，走科技含量高、经济效益好、资源消耗低、环境污染少、人力资源得到充分发挥的新型道路，加快推进结构调整，显著提高交通经济增长的质量和效益。

第五，统筹兼顾，协调发展，是落实科学发展观的根本保证。落实科学发展观，必须坚持"五个并举、五个统筹"的协调发展理念，做到区域交通、城乡交通一体化发展，区别对待，重点扶持，加强薄弱环节，实行区域交通差异化发展战略。必须坚持抓点带面，抓龙头带周边，进一步加快武汉城市圈"1+8"交通建设步伐，确保武汉和江汉平原率先实现交通现代化。进一步加强农村公路建设，支持革命老区、边远地区和少数民族地区解决出行难问题，让农民群众尽早走上沥青路、水泥路。落实科学发展观，必须转变传统的发展思维模式，坚持人与自然和谐，坚持交通建设与生态环保的和谐统一，把提高机动性与节约资源、保护环境、加强安全相统一的理念贯穿到交通建设、养护、运输、管理各个环节之中，科学、合理、高效地利用资源，合理确定建设规模和技术标准，合理确定路线走向和主要控制点，在设计、施工中最大限度节约土地，保护、利用自然环境和资源，做到节油、节能、节地、节约建设成本，努力建设节约型、集约型和循环经济型交通行业。

三、“2005——湖北交通质量管理年”的目标与任务

质量问题是经济发展中的一个战略问题。交通行业是一个社会性很强、服务面很广、灵敏度很高的行业。质量是交通行业的生命线，工程建设质量、运输服务质量、行业管理质量、科研教育质量的高低，无不直接关系到构建“和谐交通”、“责任交通”。近几年来，我省交通取得长足的进步，始终保持快速发展的良好态势，但在交通经济运行中，质量意识淡薄、质量监管不力、质量通病较多等问题还不同程度地存在，工程施工质量、客运服务质量、交管站规费征稽管理质量等问题日益显现，成为社会关注、群众关注、媒体关注的热点、难点和焦点，成为制约交通发展的关键因素。为促进交通经济更快更好地发展，从整体上提高全省交通行业的质量水平，省厅决定：2005 年为“交通质量管理年”。

“交通质量管理年”工作的总体要求是：认真贯彻落实党的十六大，十六届三中、四中全会，中央经济工作会议和省委八届五次、七次全会精神，坚持以邓小平理论和“三个代表”重要思想为指导，以科学发展观为统领，以提高质量效益为中心，以加强交通执政能力建设为重点，全面深化和落实“五个并举”的统筹发展理念，认真组织实施“高速精品工程”、“通畅安保工程”、“水运振兴工程”、“运输服务工程”、“资金保障工程”、“改革创新工程”、“廉政阳光工程”和“形象素质工程”，以硬措施改善软环境，以高质量塑造新形象，努力构建“和谐交通”、“责任交通”，促进全省交通事业全面、协调、可持续发展。

“交通质量管理年”的主要目标是：实现“五个明显提高”。

第一，工程建设和道路养护质量明显提高。

——交通固定资产投资确保 190 亿元，力争 200 亿元。其中：公

路重点工程122.51亿元(力争127.51亿元)、公路一般工程62.49亿元(力争67.49亿元),站场建设2亿元,水运建设3亿元。

——各项工程建设计划完成率100%,质量合格率100%,重点工程优良率达到精品大纲要求,公路一般工程、港航、站场工程优良率达到国家规范标准;高速公路养护质量指数(MQI)保持在88以上,各分项指标保持在83以上;干线公路好路率达90%以上,工程勘察设计成果审查率达100%,汉江襄樊以下航标维护正常率达99%以上,灯光保证率达99%以上;交竣工验收的重点工程争创部优、国优。

第二,道路、水路运输服务质量明显提高。

——完成公路水路客运量、旅客周转量、货运量、货物周转量分别比上年增长5%、8%、8%、10%。中高级客车比上年增长12%,船舶平均吨位达到300载重吨。

——市场监管全面加强,运输管理便民措施和服务承诺全面落实。客车挂牌率、进站率达95%以上,投诉处理率达100%。道路客运挂靠经营得到有效遏制,高速公路客运基本实现公车公营,高速公路上杜绝上下旅客的违规经营现象,大中城市客车站外揽客,围城打转,坑、宰、甩、卖旅客现象明显减少。

——船舶安全面达99%以上,每载重吨直接经济损失控制在5元以内,每万总吨死亡人数控制在0.5人以内;杜绝水上一次死亡失踪3人以上的重大责任事故;杜绝在交通建设工程、安保工程、行业管理中因管理部门失职造成一次死亡10人以上的特别重大责任事故。

第三,依法征稽和资金监管能力明显提高。

——交通规费任务全面完成,实征率达85%以上,入库率达98%以上,微机征费率达100%(交管站达50%);省管重点工程"封闭运行、双系统控制体系"覆盖率达100%,交通财务管理制度落实率达100%,无重大资金违纪违规问题发生。

——交通建设、管理资金到位率达100%,国债资金规范使用率达100%，省高路集团和其他企业投资资金到位率达100%，地方自筹、银行贷款资金到位率达100%。

——对省、市政府投资的重点项目的审计覆盖率达100%；对交通企事业单位领导干部的离任经济责任审计的覆盖率达100%；对部门预算执行单位的审计覆盖率达100%。

第四，依法行政能力明显提高。

——在岗45岁以下的持证执法人员全部达到大专以上文化程度，执法程序合法正当，执法行为规范，执法文书使用率达100%，准确率达98%；行政复议受案率达100%，结案率达95%以上，交通行政执法责任制落实率达95%以上，重大交通违法行为得到有效查处，建设市场和运输市场规范有序。

——质监人员持证率达100%，质监机构专业技术人员比例达70%以上，工程质量监督面达100%，质量管理责任制落实率100%，在建项目工程分部工程合格率达100%。

——交通企事业单位实行政务公开覆盖面达100%，机关干部深入基层调查研究每年不少于60天；交通文书档案达标率95%，信访件回复、回告率100%；人大建议、政协提案办复、见面率100%，满意率95%以上；机要保密工作安全无误，综合治理工作全面加强。

第五，职工队伍综合素质明显提高。

——在全省交通系统评选"十佳工程"、"十佳车船"、"十佳港站"、"十佳交通执法标兵"，新创建20个最佳文明示范窗口、10个最佳青年文明号、2条省级文明路、2条省级文明客运示范线、1条省级文明航线。

——加强交通人力资源开发，优化人才资源配置。继续实施"十、百、千"人才工程，按照实行重大项目首席专家负责制的要求，培养10名专业学科带头人、100名高级工程师、1 000名工程师；培养一支结构合理、门类齐全、数量充足的交通人才队伍，在职职工中中专以上学历、中级以上技术职称和技工人数分别达到30%、25%和60%,科技贡献率明显提高。交通职业技术学院成为培养交通技能型紧缺人才的重要基地。

——党风廉政建设责任制全面落实,工程廉政合同签订率100%,交通系统无大案要案发生;无违反党风廉政建设“五不准”的违纪行为发生;无严重损害群众利益的不正之风,群众举报的违纪案件查处率100%。

“交通质量管理年”的主要任务是实施“八大工程”:

(一)扎实推进“高速精品工程”

具体要求是:确保4条高速公路和2条一级公路建成通车,新增高速公路294公里、一级公路74公里(孝襄、樊魏、荆州桥与襄荆连接线、沪蓉西宜长段,黄冈江北一级路,天仙一级路)。续建8路2桥共636公里(沪蓉西宜恩段、十漫、荆东、荆宜、汉孝、青郑、汉蔡、随岳南高速公路以及阳逻桥、丹江二桥)。确保开工建设7条高速公路共477公里(沪蓉西恩施至鱼泉口段、随岳中、随岳北、汉洪、汉英、汉麻、武鄂)。力争开工建设5路2桥765公里(阿深南段、阿深北段,宁樟、武英、武荆高速公路和鄂东、荆岳长江公路大桥)。完成汉宜高速公路路面的沥青加铺工程,启动黄黄高速公路水泥混凝土路面的沥青加铺工程。

高速公路是交通现代化的主要标志之一。这些年来,我省高速公路、长江大桥等交通重点工程始终在高位增长,特别是今年全省续建的和确保开工的高速公路项目达21个、1 482公里,年度投资总额达111.85亿元。其中民营投资项目13个、714公里、年度投资额达39.46亿元。因此,进一步加强交通重点工程的建设质量管理显得尤为紧迫和重要,实施“高速精品工程”必须坚持以争创部优、国优为目标,牢固树立“百年大计,质量第一”的意识,突出工作重点,强化分类指导。

一要力保武汉市7条高速出口路上半年开工建设。加快推进武汉城市圈建设是省委、省政府做出的重大战略决策。2004年11月30日,省委书记俞正声在中央电视台《经济半小时》栏目中指出,振兴湖北首先是武汉的崛起,武汉城市圈是最重要的一个环节,武汉发展了,辐射力增强了,全省的经济才能带动起来。1月24日,罗清泉省长在湖北省第十届人大三次会议上的政府工作报告中明确指出:要加快武汉至周边城市的7条高速出口公路建设,力争两年内建成。根据省委、省政府的战略部署,省厅制订了武汉城市圈交通网络规划,重点启动了七路一环一桥,即:武汉市7条高速出口公路、武汉绕城高速公路东北段和阳逻长江公路大桥。目前,武汉绕城高速公路东北段已建成通车,阳逻长江公路大桥、武汉至孝感、武汉至蔡甸、武汉青菱至郑店高速公路正在续建。为确保其他4条高速公路出口路于6月底前正式开工,省、市交通部门必须进一步加强领导,明确工作专班,定期督办调度,建立激励机制,落实目标责任,严格奖惩兑现;必须将7条高速出口路纳入省、市交通部门的重点服务项目,进一步加强组织协调、技术指导和质量监督,认真落实省委、省政府指示精神。同时,省厅将定期进行“1+8”交通建设项目的研究、衔接和调度,武汉市和周边八城市交通局(委)要按照《武汉城市圈交通合作框架协议》要求,加强沟通协调,进一步加强前期工作和项目储备,推动武汉城市圈率先实现交通现代化。

二要全面实施建设管理新模式。2005年,我省在建项目中企业投资项目占50%以上,如何加强监管和服务,如何保证工程质量和进度,如何保证资金安全及规范运作,是各级交通部门面临的新课题和新考验。各有关部门和各级领导干部要认真学习贯彻《中华人民共和国行政许可法》、《公路建设市场管理办法》等有关法律法规,不断提高依法行政的能力,对企业投资项目全面实施“法人负责、政府服务、行业监管、依法行政”的建设管理新模式。要切实加强与投资、国土、工商、银行等相关主管部门的配合与联系，齐抓共管，全面履行行业管理和质量监督职责。要认真修订完善特许权协议等相关规章制度，既坚持对外开放，积极吸引社会资本投资交通领域，又规范运作，公开公平公正，严格依法监管。要进一步加强政府投资项目的管理，积极探索和总结项目群管理的新经验，进一步加强质量监管，规范建设管理，保证项目的顺利实施。

三要认真落实质量监督责任机制。实践证明，工程质量起始于"源头"，形成于"过程"，终结于"现场"。加强对"源头、过程、现场"的管理，是从规律上控制质量的有效途径。所谓"源头"是指工程设计、材料品质及队伍素质；"过程"控制主要体现于施工的技术能力与水平、工程监理的监控和施工工艺的管理；"现场"控制主要是建设项目各方人员控制质量形成的具体活动。抓好建设质量，关键是落实行之有效的责任制。要把责任机制落实到每一个工作岗位、每一个工作环节。建设从业单位要依据合同及国家标准规范对自己承担的业务承担质量责任。质量监督机构要建立规范性的监督检查程序，质量管理工作要真正做到零缺位。2005 年要把"工程勘察设计质量"、"高速公路建设质量通病"、"高速公路养护质量"作为质量监督工作的重点，切实下气力解决影响工程质量的突出问题。各建设指挥部和项目公司要成立质量管理年工作领导小组，切实加大工程质量管理的领导力度，要广泛应用新技术、新材料、新工艺、新手段，开展技术攻关，治理质量通病，增强工程的可靠性和耐久性，提高质量水平，创建"精品工程"。厅质监站每季度要组织一次质量大检查，并通报项目排名等次；要组建工程质量巡检专班，建立质监机制，加强日常巡检监督，发现问题及时处理、限期整改。

(二)加快推进"通畅安保工程"

具体要求是：完成一级、二级公路路基 389 公里，路面1 588公里，公路大中桥梁和隧道 194 座25 463 延米；完成通乡沥青(水泥)路

2 200公里,通村公路8 000公里,新增360个行政村通公路。

实施"通畅安保工程"要坚持建、养、管并重,突出重点,加强薄弱环节,促使全省路网结构进一步完善,公路路况明显提升。

一要确保全面超额完成省政府承诺的农村公路建设任务。农村公路建设是服务"三农"的一项实质性措施。2005年,罗清泉省长在政府工作报告中代表省政府再次郑重承诺,继续为贫困地区和困难群众办好八件实事,其中第二件就是:筹措20亿元资金,完成2 000公里通乡公路,实现乡乡通沥青(水泥)路;筹措3亿元资金,采取以奖代补办法,支持完成6 000公里通村公路建设。各级交通公路部门要按省厅下达的计划目标进行层层分解,狠抓落实,确保实事办实、办好。按照国家安排,2005年底全省必须全面完成规划内的300公里县际公路和7 500公里的通乡沥青(水泥)路建设任务。

在农村公路建设中,各级交通部门要严格遵循"一事一议"和群众自愿的原则,切实引导好、保护好、发挥好农民群众的积极性,维护好农民群众的利益;要尽量利用老路,节约用地,降低造价,不追求技术指标的统一,不增加农民负担,不强行征地拆迁,不搞非法集资和强行摊派,不拖欠农民工工资和征迁费等。要在加快发展的基础上,适当控制建设规模和标准,不搞互相攀比,不搞一刀切。各地要积极探索适合当地自然、地质条件的典型路面结构,在人口少、交通量小的地方可以搞一些砂石路,先通后畅。

根据各地的反映特别是贫困地区的要求,为了保质保量地建好通村公路,省厅决定对省政府承诺的6 000公里通村公路项目,预拨一定的启动资金,29个国、省贫困县市每公里按2万元、其他县市按每公里1万元预拨,年底验收合格后统一结算。希望各地认真组织实施,确保计划项目的严肃性。从2005年开始,对农村公路抽验合格率低于90%的市(州),当年农村公路奖励资金将不予兑现。各地要按照交通部《农村公路建设质量管理办法(试行)》要求,建立健全农村公路质量监管体系，落实县（市、区）农村公路质量监督组织，切实加强质量监管和技术指导，积极探索农村公路养护管理办法，保障农村公路建设的健康发展。

二要确保安保工程有所突破。公路安保工程总的目标是用3年时间完成全省931处共1 020公里危险路段的整治工作。去年是起步之年，取得了一定成效。2005年，省厅将加大工作力度，确保完成500处、500公里危险路段的整治，力求以“消除隐患、珍视生命”为主题的安保工程有新的突破。省厅决定将十堰市、神农架林区作为实施安保工程的示范市、区，把318国道宜昌至苏拉口段、325省道宜都至五峰段以及312省道作为实施安保工程的示范线路，以“一市一区三线”为重点，集中有限资金，进行集中整治。同时，抓好其他地区国省干线上交通事故频发路段的整治。各市（州）要高度重视，采取得力措施加强安保工程建设，严格规范施工，确保施工质量，真正发挥保障人民生命、财产安全的作用。

三要确保建设、养护、管理协调发展。建设是发展，养护管理也是发展。2005年是历时6年的路网建设全面收尾之年，也是我省道路养护全面加强的启动之年，各级交通部门要坚持建养管并举，把道路养护、危桥改造等提上重要议事日程，形成公路养护的热潮。各市（州）交通局要集中力量、集中资金打攻坚战，全面完成未完的干线路网工程，切忌贪大求洋、盲目扩大规模、提高标准，出现“半拉子工程”。省公路局要组织专班，对照规划，逐一进行督察，凡2005年底未完成前后三年路网建设任务的市（州），将相应扣减“十一五”建设项目的安排，以促其全力以赴完成路网建设任务。要全面落实公路养护管理规章制度，创新养护管理新机制，积极推行养护工程“四制”管理，全面加强普通公路养护。要健全桥隧管养制度，落实专职桥隧养护工程师，落实日常养护巡查规定，及时消除桥隧存在的病害和安全隐患。特别是要加大对重点桥梁和危桥的监测和管理，跨径超过

300米的特大桥梁都应进行技术检测,发现问题及时报告并解决。要进一步加强道路养护,确保完成新增的615公里路面改善工程任务,加大公路GBM工程实施力度,并适时启动国省干线出口路改造,完善公路网络,改善路容路貌,提升公路服务品质。

(三)全力推进"水运振兴工程"

具体要求是:建成丹江口至襄樊段航道整治工程;续建汉江河口段航道整治工程及江汉平原航道网工程;新开工建设崔家营航电枢纽工程;加强重点区域航运发展方向的研究。

一要加强长江航运发展和建设的政策研究。有关交通、港航部门要积极参与"建设长江中游航运中心"等课题研究,结合实际深入调研,认真学习借鉴国内外航运发展的先进经验,高质量地完成"结合长江航运开发,构建湖北现代航运体系"等课题研究和《武汉航运发展规划》、《武汉港口建设布局规划》的编制,从宏观层面研究制定政策性措施,为规划的实施提供保障。

二要确保崔家营航电枢纽年内开工。省港航局和筹备专班要继续抓紧做好崔家营航电枢纽世界银行程序相关工作和国内程序的前期工作,力争基本同步;要确保工程勘察设计的质量和深度,要加强与地方政府和相关部门的协调配合,进一步充实调整力量,确保崔家营航电枢纽顺利动工。同时,要结合南水北调中线工程积极做好引江济汉、江汉局部航道整治的前期工作,超前谋划全省航运发展大计。

三要确保水路交通安全形势持续稳定。各级交通部门要落实安全生产责任制,把安全工作作为头等大事切实抓紧抓好,最大限度地避免发生重特大事故,保持稳定的安全态势,确保人民群众的生命财产安全。要突出抓好水上交通安全专项整治,继续加强"四客一危"等重点船舶和重点区域、水域的安全管理,建立水上交通安全预警机制,完善重大事故应急处理预案,提高水上交通安全控制能力;要继续深化乡镇渡口达标活动,继续实施乡镇渡口改造的以奖代补政策,坚持把工作重点放在那些存在安全隐患的渡口、老百姓特别需要又无力解决的渡口、三峡库区支流新增渡口、学生渡口等,真正使乡镇渡口达标工程成为“民心工程”、“德政工程”。

(四)有序推进“运输服务工程”

具体要求是:续建新荣村客运站及郭徐岭、蔡甸、关山货运站;积极推进“路运一体化”,全省行政村班车通达率上升10个百分点;加大治超力度,力争将车辆超限超载率控制在6%左右;进一步加强运输市场监管,优化运力结构,确保春运和“黄金周”期间旅客投诉明显减少,运输服务水平明显提高。

交通运输科学发展是交通基础设施建设的最终目的。各级交通部门要坚持“建设和运输并举”,统筹基础设施建设与客货运输网络协调发展。组织实施“运输服务工程”,必须坚持以人为本、执政为民,始终把满足经济社会快速发展、人民群众日益增长的需求作为运输工作的出发点和落脚点,努力为全社会提供安全、优质、便捷、高效的运输服务。

一要加快“路运一体化”进程。2004年以来,省厅针对农民群众“行路难、乘车难”等问题,调整出台了“1、2、5、1”的农村“路运一体化”以奖代补政策,对按规划实施的通村公路候车站(棚)每建1个奖励1万元,采用依托乡镇、以奖代补和市场运作相结合的模式进行管理,并在部分市、县进行试点,取得了明显成效。2005年要在试点工作的基础上,认真总结经验,全面加快“路运一体化”进程,力争有新突破。农村公路建成后,具备条件的要在3个月内通客运班车,全省行政村班车通达率上升10个百分点。同时,要认真组织好客货站场建设,续建新荣村客运站及郭徐岭、蔡甸、关山货运站,完善公路客货运网络。

二要加大车辆超限超载运输综合治理力度。要按照“巩固成果,

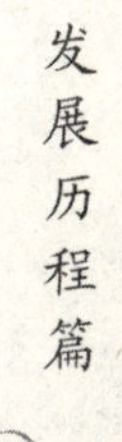

力度不减,突出重点,有效推进"的工作思路,坚持路面治理与源头治理相结合、规范执法与文明服务相结合、治超与保畅相结合,建立治理车辆超限超载运输的长效机制。各级交通主管部门要将治超工作列为交通工作的重要内容,积极争取地方党委、政府的理解和支持,要注重与公安、工商、质监、物价等部门的沟通和配合,加大经济调节力度,在降低车辆通行费标准,鼓励发展大型多轴运输车辆的同时,在收费公路上推广计重收费,规范计重设备,多管齐下,联合治超。力争今年将超限超载率控制在6%左右,并使80%以上的"大吨小标"车辆的标定吨位得到更正。

三要建立健全运输服务质量监督体系。要以全面提高运输服务质量为目标,修订《湖北省道路运输企业信誉考核暂行规定》,全面推行质量信誉考核制度、服务质量招投标制度、服务质量公示制度、服务质量投诉处理制度,建立"道路、水路运输服务质量黑名单";要开展专项整治,重点整治汽车客运站、出租车、客运车船的经营行为和机动车维修市场,加强农村客运市场秩序整顿,切实解决违法经营、侵害旅客货主利益、信誉低下等突出问题,逐步建立竞争有序、规范诚信的运输市场。

四要实施运输服务精细管理。一年一度的春运已经开始,在春运和"黄金周"期间,各地要进一步加强假日客流观测和分析,制订应急预案,加强组织协调,储备足够运力,落实安全措施,提高服务质量,努力满足人民群众出行需要,确保旅客走得了、走得好、走得安全。要把旅客运输和危险货物运输作为重点,完善制度,严格责任,严厉查处车辆和船舶带安全隐患运行、超载运营、疲劳驾驶等违规违章现象,确保春运和"黄金周"运输任务圆满完成。省厅在湖北日报开辟了"交通春运新风赞"有奖征文活动,并组成17个安全服务质量督察组到各市(州)进行微服私访,广泛征求旅客意见等,各级交通部门一定要将春运作为"2005——湖北交通质量管理年"的第一战役,切实抓紧抓实抓出成效。

（五）着力推进“资金保障工程”

具体要求：确保完成交通费收62亿元，力争67.5亿元，确保完成国内外银行贷款100亿元。

资金监管与工程质量一样，是事关交通健康发展的关键所在。各级交通部门要切实在管好用好资金上下功夫，在多元化筹资融资上下气力，在建设节约型行业上动脑筋，在企业投资项目的资金监管上做文章。

一要规范交通规费征稽行为，特别要加强对交管站征稽工作的严格管理。要坚持依法征费，文明稽查，建立健全费收质量考核办法，探索推行大型征费中心、银行联网收费等新的征管模式，发挥好征费广域网的功能；要推进交管站微机征费，改革拖养费征收办法，全面落实各项收费政策，提高服务质量。要结合“十一五”交通发展规划和财税体制改革的要求，研究制定“十一五”交通规费的征收和使用管理办法。

二要优化筹资与管理。要加大建设资金筹措力度，拓展建设资金筹措渠道。充分利用政策性银行投资，积极探索银团贷款新模式，不断拓宽贷款品种，优化贷款结构，努力降低融资成本，保障工程建设资金。要加强交通建设资金监管，对政府投资项目，建设业主要做到“四个严格”，即严格财经纪律，严格预算管理，严格成本控制，严格审计监督。对企业投资项目，项目业主要做到“四个确保”，即确保诚信守法，确保规范运作，确保资本金到位，确保资金安全。要建立严格的预算管理机制，提高预算编制质量，强化全过程管理。要加强对国有资产的管理，建立交通国有资产清查登记制度，实施分级分类管理，确保资产的安全和完整，要按照国有资产管理的有关权限，配合财政部门、国有资产管理部门做好产权的登记、界定、变动及资产的使用、处置、评估、统计和监督，保障交通国有资产的保值增值。

三要积极争取省政府支持,建立收费公路统贷统还制度,提高收费公路还贷能力。要认真贯彻落实国务院颁发的《收费公路管理条例》,规范全省收费公路管理。严格按照投资来源划分政府还贷公路和经营性公路,逐步建立政府还贷公路的统贷统还制度,尤其要积极探索公路债务偿还渠道,促进收费公路走上良性发展的道路。

四要积极探索建设节约型行业的路子。重点要把好四关:一是建设项目要把好概算关,通过加强合同管理,严格控制建设成本;二是管理部门要把好开支关,通过建立完善部门预算管理制度,严格控制管理机关的费用性支出;三是收费部门要把好成本关,通过微机征费、联网收费等科技手段,提高征费效率,合理降低征收成本;四是建设单位要把好质量关,牢固树立"高质量就是最好的节约"的理念,高度重视交通建设的内在质量,避免追求不切实际的高标准、高指标,避免重复建设或工程衔接不合理造成的资源浪费,在保证安全、满足功能的前提下,提高工程质量,降低工程造价,优化工程细部构造和建设方案,减少不必要的附属工程,增强工程的可靠性和耐久性,延长工程的使用寿命。

(六)积极推进"改革创新工程"

具体要求是:积极稳妥地推进水监体制改革、公路养护管理体制改革、交管站改革和高速公路管理体制改革,力求在解决制约交通发展的深层次问题上有所突破。

当前,交通的改革仍处在攻坚阶段,很多深层次的矛盾和问题需要通过改革才能解决。各级交通主管部门要坚持解放思想,勇于开拓创新,正确处理好改革、发展、稳定的关系,统筹协调好改革进程中的各种利益关系,为促进交通发展提供体制和机制保障。

一要确保3月底完成全省水监体制改革。省港航局、各有关市(州)交通局(委)要切实加强领导,明确专班,负责做好具体的人员、事权移交等各项前期工作，加强与长江航务管理局等相关部门的协商与沟通，尽快形成共识，达成协议，与此同时，要加快港航、海事部门的内部改革步伐，切实加强职工思想教育和队伍稳定工作，切实加强港航建设质量管理和水运安全管理，确保思想不乱，工作不断，顺利完成我省水监体制改革。要进一步深化港口体制改革，指导港口企业改制重组，做大做强。

二要深化公路养护管理体制改革。要进一步修订和完善《湖北省公路行业改革实施意见》和《湖北省公路系统人员定编计划》。认真总结在全省公路系统实施养老保险政策以来的改革进展情况，认真总结经验教训，切实加强配套改革，强化跟踪管理，在深入调研的基础上写出专题报告，以推动公路养护改革的不断深化。要加快推进公路养护市场化、社会化进程，区别不同情况进行分类指导，基础条件较好的县市，施工、养护改制力争一步到位。

三要积极稳妥地推进交管站改革。各级交通局(委)要根据省委省政府办公厅关于乡镇综合配套改革的有关文件精神，按经济区域跨乡镇设置交管站，从严控制编制，切实精简人员；要按照“精简、统一、效能”的原则对交管站进行全面改革，力争用两到三年的时间改革到位。对现有交管站人员，要优化结构，加强培训，提高综合素质。各级交通部门要进一步加强对交管站的领导和管理，既要关心支持交管站的工作，关心爱护最基层的交通职工，又要加强行业的指导和征稽、执法的监督，确保交管站各项管理工作规范有序，充分发挥交管站的职能作用。

四要深化高速公路管理体制改革。要贯彻落实《收费公路管理条例》和交通部《公路水路交通“十一五”发展规划纲要》精神，结合湖北实际，不断深化改革和完善高速公路管理体制，构建高速公路国有资产管理体系，巩固以省级交通部门作为国有资产出资人代表的高速公路国有资产管理框架，从公益性特点出发，探讨高速公路事业

制管理方式的实现模式。建立完善的特许经营制度,明确政府作为出资人与企业经营者之间的责任、权利、义务。建立高速公路收费价格听证制度以及包括养护维修水平在内的服务质量监管制度。大力推行高速公路不停车、联网收费技术,发挥网络功能。

(七)全面推进"廉政阳光工程"

廉政建设是交通事业健康发展的保障,阳光是最好的防腐剂。中共中央颁布了《建立健全教育、制度、监督并重的惩治和预防腐败体系实施纲要》,对廉政建设提出了新的更高要求。组织实施"廉政阳光工程",就是要求各级交通部门深刻认识新形势下推进反腐倡廉工作的极端重要性,清醒认识交通部门反腐倡廉工作所面临的严峻形势,坚定不移地坚持一手抓交通建设、锁定加快发展不动摇,一手抓党风廉政建设、遏制交通腐败不松懈。

一要建立健全教育、制度、监督并重的惩治和预防腐败体系。要以廉政教育为基础,加强理想信念和从政道德教育、党纪条规和国家法律法规教育,筑牢拒腐防变的思想道德防线;要以制度为保证,强化党风廉政建设责任制,落实"一岗双责"。要强化四种监督,即推行廉政合同,强化自律监督;加强纪检监察,强化纪律监督;规范权力运作,强化班子内部监督;面向社会,强化社会和舆论监督。要做到"四个结合",即抓案件查处与抓事前防范、源头治理相结合,抓全局性工作与抓重点项目相结合,抓直属单位与抓行业相结合,抓先进典型弘扬正气与抓反面典型警示教育相结合,积极探索建立具有交通特色的教育、制度、监督三者并重的惩治和预防腐败体系。

二要加强厅机关和厅直单位权力运行的制约监督。要严格执行中央对领导干部廉洁从政、廉洁自律的有关规定,加强对厅机关和厅直单位各级领导干部的监督,规范从政行为。以重大项目审批、重大资金拨付、重要人事任免、大宗物资设备采购和维修以及办公楼、住宅楼等基础设施建设为重点,进一步完善规章制度,严格执行审批程序，实行领导集体决策，防止决策失误、行为失范和违纪违法问题的发生。

三要继续加强交通基础设施建设管理领域反腐倡廉工作。紧紧抓住工程建设招标投标、转包分包、物资采购、设计变更、资金拨付、公路经营权转让等关键环节和重点部位，加强监督管理和源头治理。省厅反腐倡廉督查组要继续深入一线巡视督察，调查研究，认真落实反腐倡廉督察工作制度，不断完善和创新督察方式，真正做到防微杜渐，警钟长鸣。

（八）持续推进"形象素质工程"

具体要求是：确保争创"三个一流"和"三学四建一创"活动覆盖面达100%，保持共产党员先进性教育活动覆盖面达100%，交通执法人员持证上岗率100%，依法行政能力明显增强，职工队伍素质明显提高。

构建"和谐交通"，关键是要有一支负责任的、高素质的干部职工队伍。负责任的人，是负责任行业的基础，有了一支负责任的队伍，才能支撑交通成为负责任的行业，进而支撑经济社会全面协调可持续发展。实施"形象素质工程"，重点是要深入开展"三个一流"创建活动和保持共产党员先进性教育活动，切实加强干部队伍建设，提高交通行政能力，努力打造"负责任的行业、负责任的干部"，塑造良好交通形象。

一要突出以人为本，争创"三个一流"。各级交通部门要按照"全省交通系统规范执法、优质服务、文明创建推进会"的部署，深入开展"个人创一流业绩、单位创一流品牌、行业创一流环境"的活动，立足本职岗位，学习和弘扬"振超精神"、"家富精神"，掀起岗位练兵、技术比武、优质服务的创建热潮。要开展"学习型交通、学习型干部"创建活动，采取国内外培训等方式，加大交通干部职工继续教育力度，加强党政管理人才、专业技术人才、企业管理人才三支人才队伍建设，使“人才强交”战略得到落实,为“个人创一流业绩”奠定坚实基础。要突出以人为本、质量为本,认真解决人民群众反映强烈的突出问题,认真解决执法不规范、办事不公道、服务不周全、管理不精细等突出问题,真正在“2005——湖北交通质量管理年”里实现“五个明显提高”的目标,使“三个一流”创建活动充满生机和活力。

二要扎实开展保持共产党员先进性教育活动。开展保持共产党员先进性教育活动是推进党的建设新的伟大工程的一项基础工程。各级领导干部要充分认识在全党开展保持共产党员先进性教育活动的重要意义,结合本单位实际,认真制定实施方案,切实加强领导,力争通过开展保持共产党员先进性教育活动,达到五个“进一步增强”,即党建创新的意识进一步增强、执政为民的意识进一步增强、求真务实的意识进一步增强、依法行政的意识进一步增强、勤政廉政的意识进一步增强。要在“提高党员素质,加强基层组织,服务人民群众,促进各项工作”上下功夫,把先进性教育活动同推动交通工作紧密结合起来,围绕中心,服务大局,统筹兼顾,合理安排,真正做到两不误、两促进。

三要全面推进依法行政。各级领导干部要牢固树立“为官要学法、为政要用法”的观念,在学习法律法规和法制实践中不断提高依法办事的能力和水平。各执法单位要实行严格的执法人员资格管理,对不合格的,要坚决调整出执法队伍。要以交通职业技术学院为基地,开展经常性的专业培训,提高执法人员素质。各执法单位和执法人员要审慎行使行政处罚、行政强制措施,认真贯彻《全面推进依法行政实施纲要》,提高交通法律法规的执行效力。要强化执法便民措施,进一步推进行政审批制度改革,严格按照《交通行政许可实施程序规定》等规章,建立和完善“一个窗口”对外、行政许可实施程序、行政许可公示等工作制度,努力提高执法为民的服务水平。要认真贯彻实施《中华人民共和国港口法》、《中华人民共和国道路运输条例》、《收费公路管理条例》等交通法律法规，结合交通实际，抓紧修订或制定《湖北省道路运输管理条例》、《湖北省农村公路管理条例》等地方性法规和规章。

四要不断深化行业精神文明建设。要紧密围绕交通经济中心加强行业精神文明建设，充分利用新闻媒体和舆论工具，广泛开展“交通质量管理年”、“交通质量万里行”等专题宣传报道，形成人人讲质量、人人重质量、人人抓质量的气候；要倡导“团结、为民、务实、清廉”的行业风气，进一步增强行业凝聚力，创造相信基层、理解基层、依靠基层、支持基层、爱护基层的环境；进一步发扬求真务实的作风，营造讲实话、办实事、抓落实、求实效的氛围，努力为交通经济建设提供精神动力和智力支持。

交通是国民经济的基础产业，也是一个联系千家万户的“窗口”行业，交通的质量直接影响到经济社会的发展，交通的服务直接关系到经济发展的环境，省委、省政府高度重视交通，人民群众高度关注交通，各级交通部门一定要以对党对人民高度负责的精神，以饱满的工作热情、扎实的工作态度，一步一个脚印地做好“2005——湖北交通质量管理年”的各项工作，为交通“十五”计划的全面完成，为实现湖北交通事业的全面、协调、可持续发展作出新的更大的贡献。

（2005 年在全省交通工作会上的讲话）

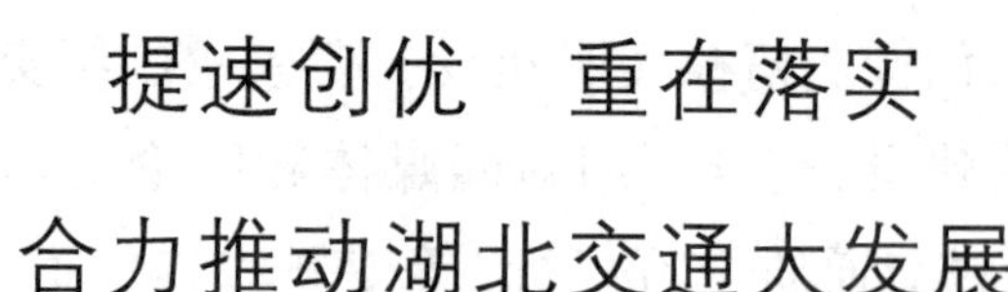

提速创优　重在落实
合力推动湖北交通大发展

2006年是“十一五”的开局之年,继全国交通工作会之后,省政府立即召开全省交通工作会议,充分体现了“2006——湖北交通发展提速创优年”对建设中西部交通强省、促进湖北真正成为中部地区崛起重要战略支点的深远意义。

一、“十五”湖北交通发展成效显著

“十五”以来,在省委,省政府正确领导下,全省交通职工坚持以科学发展观为统领,认真贯彻中央、省关于交通工作的方针政策和重要部署,团结拼搏,克难奋进,提前21个月实现了“十五”计划目标,完成交通固定资产投资791.2亿元,为“九五”的3.2倍,使“十五”成为我省交通发展史上投资最多、建设规模最大、经济社会效益最好的历史时期。

主要标志为“六个历史性突破”:

一是交通重点工程建设取得历史性突破。新增高速公路1 080公里,达到1 649公里;建成宜昌、荆州等11座长江、汉江公路大桥;崔家营航电枢纽工程开工建设。

二是农村公路建设取得历史性突破。基本实现乡乡通沥青(水泥)路,97.1%的行政村通公路,43%的行政村通沥青(水泥)路,乡(镇)和行政村通班车率分别达到98%和69%。

三是国省干线路网建设取得历史性突破。二级以上公路里程达到17 967公里，较"九五"末增长97%；公路通车总里程达到91 131公里，等级公路比重达到83.48%，公路密度达到49.02公里/百平方公里，国省干线渡口基本完成改渡为桥。

四是交通运输生产取得历史性突破。公路水路运输完成旅客运量、旅客周转量、货物运输量、货物周转量分别为30.74亿人次、1 631.13亿人公里、18.53亿吨、2 844.75亿吨公里，分别较"九五"增长13.40%、22.31%、19.75%和85.53%。水路交通安全保持了稳定态势。

五是交通多元化筹融资取得历史性突破。完成交通规费收入268.7亿元，争取交通部投资72.3亿元，组织国内外银行贷款372.2亿元，分别较"九五"增长77.2%、191.9%和218.3%。楚天高速上市融资8.1亿元；高速公路建设招商引资64.5亿元。

六是综合支持保障系统建设取得历史性突破。水监体制改革全面完成，81%的公路施工企业和53%的养护企业进行了改制，高速公路建设、管理体制逐步理顺，交通市场管理日趋规范，政策法制环境明显改善，科教创新水平和职工队伍素质明显提高，以"刚毅精神"为标志的行业精神文明建设全面加强，党风廉政建设取得明显效果。

2005年是湖北交通发展极不平凡的一年，集中体现为"三个前所未有"：

一是交通发展大环境前所未有。在这一年里，胡锦涛总书记视察湖北交通并亲自听取了湖北省骨架公路网规划汇报；中共中央政治局常委李长春同志对陈刚毅同志的先进事迹作出重要批示；俞正声书记先后三次到交通厅和沪蓉西高速公路调研和视察；交通部部长张春贤同志来湖北参加了孝襄、樊魏高速公路通车新闻发布会并与省委、省政府主要领导交换了"十一五"湖北交通发展的意见，明确表示"十一五"对我省资金支持将超过百亿；罗清泉省长，陈训秋副书记,周坚卫、任世茂副省长等省领导多次到交通厅现场办公、深入重点工程建设一线,全省交通干部职工备受鼓舞、备感振奋、倍增干劲。特别是2006年1月20日,新任交通部部长李盛霖同志在履新的第二十三天,在全国交通工作会议刚刚结束之际,就专程到湖北检查调研春运工作和农村公路建设情况,并作出重要指示,又给我们增添了新的强大动力。

二是交通发展好机遇前所未有。在这一年里,促进中部地区崛起战略、推进武汉城市圈发展战略的进一步深化,建设社会主义新农村重大历史任务的提出,《合力建设长江黄金水道、促进沿江经济发展》的高层领导座谈会的成功召开,省政府颁布了《湖北省公路水路交通发展战略规划》《湖北省骨架公路网规划》《湖北省内河航运发展规划》《湖北省港口布局规划》,为加快交通发展指明了前进的方向。

三是交通发展新成就前所未有。在这一年里,省交通厅全面组织实施"交通质量管理年",扎实开展共产党员先进性教育活动,成功应对汉江特大洪水等自然灾害的挑战,交通发展成就创"五个历史新高",即:交通固定资产投资规模创历史新高,首次突破200亿元大关,达到217.82亿元;在建高速公路里程创历史新高,达到1 456公里;新增通村沥青(水泥)路里程创历史新高,达到9 918公里;交通规费收入创历史新高,达到72亿元;行业精神文明建设成效创历史新高,陈刚毅同志作为全国重大先进典型推出,交通职工队伍的凝聚力、战斗力明显增强。2005年的交通工作为"十五"湖北交通发展描绘了浓墨重彩的一笔。

五年来的实践,使我们进一步加深了对"经济要发展、交通须先行"的认识,也积累了宝贵的经验。我们的主要体会是:坚持以科学发展观为统领,是交通发展的基本前提;坚持以人民的根本利益为价值取向,是交通发展的根本宗旨;坚持依靠各级党委政府和人民群众的支持,是交通发展的重要保证;坚持质量为本、科教兴交,是交通发展的生命；坚持深化改革、开拓创新，是交通发展的不竭动力；坚持多元化筹融资，是交通发展的重要支撑；坚持依法治交、依法行政，是交通发展的重要基础；坚持精神文明建设和党风廉政建设，是交通发展的重要保障。

我们也清醒地认识到，湖北交通与东部地区的差距仍呈拉大之势，与中西部20个省市区相比，仍面临"前有标兵，后有追兵"、"不进则退，慢进亦是退"的严峻形势和激烈竞争；发展不够、优势不优仍是湖北交通面临的主要问题和最大实际；建设资金匮乏、专业人才紧缺、深层次矛盾显现，仍是交通可持续发展面临的巨大压力。我们将通过又好又快的发展来解决发展中存在的困难和问题。

二、"十一五"湖北交通发展前景广阔

遵循党的十六届五中全会、省委八届九次全会和中央、省经济工作会议精神，结合交通实际，在组织召开全省交通局长座谈会，广泛调查研究，与17个市(州)委书记、市(州)长认真交换"十一五"交通发展意见的基础上，研究制定了《"十一五"湖北交通发展规划纲要》。

(一)"十一五"湖北交通发展的指导思想

以邓小平理论、"三个代表"重要思想和党的十六大，十六届四中、五中全会精神为指针，以着力自主创新、完善体制机制、促进科学发展、构建和谐交通为目标，以"六个并举"科学交通发展观为统领(即：坚持高速公路和农村公路建设并举、坚持水陆并举、坚持建设和运输并举、坚持建养管并举、坚持交通建设与生态环保并举、坚持科教兴交和依法治交并举)，统筹湖北交通全面协调可持续发展，为真正使湖北成为促进中部地区崛起的重要战略支点当好交通先行。

(二)"十一五"湖北交通发展的总体目标

"十一五"全省交通基础设施建设投资规模为1 330亿元，其中，高速公路855亿元、一级公路94亿元、国省干线二级公路27亿元、农村

公路229亿元、港航建设106亿元、站场建设19亿元。

总体目标是“努力实现五个翻番、五个基本形成、五个明显提高”:

1.“五个翻番”,即:投资规模、高速公路、一级公路、有铺装路面、规费总额较“十五”基本翻一番。全省公路水路运输与国民经济社会发展的关系由“基本缓解”向“总体适应”跨越,中西部交通强省初具雏形。

2.“五个基本形成”,即:“六纵五横一环”骨架公路网基本形成;“三主一江一网”的航道骨架体系基本形成;“四主十九重”的港口布局基本形成;“五主三网”的公路运输体系基本形成;社会主义新农村交通网络基本形成。

3.“五个明显提高”,即:职工队伍整体素质明显提高;交通行政能力明显提高;行业自主创新能力明显提高;服务质量和效益明显提高;安全保障水平明显提高。

主要任务是“着力推进八大工程”:

——着力推进“公路精品工程”,打造“承东启西、接南纳北、内畅外联、辐射全国”快速公路骨架网。

——着力推进社会主义新农村“通达、通畅工程”,打造“网络村镇、安全经济、人便于行、货畅其流”的交通环境。

——着力推进“水运振兴工程”,打造“干支相联、通江达海、港航配套、功能完善”的航运体系。

——着力推进武汉城市圈“交通对接工程”,打造“辐射周边、畅达全国、资源共享、集约高效”的现代化交通网络。

——着力推进“养护安保工程”,打造“科学养护、规范管理、快速优质、安全畅通”的养护管理机制。

——着力推进“运输服务工程”,打造“结构合理、便捷高效、环保节能、服务优质”的交通运输服务体系。

——着力推进“科教兴交工程”，打造“以人为本、自主创新、结构优化、素质精良”的支持保障体系。

——着力推进“素质廉政工程”，打造“清正廉洁、为民务实、文明诚信、充满活力”的交通行业新形象。

到2010年，全省高速公路达到3 500公里，武汉至市(州)均可通达高速公路，湖北与周边6省市全部实现高速互通；一级公路达到2 134公里，90%的县市通达一级以上公路；国省干线全部达到二级以上标准；基本实现“村村通公路，村村通客车”；新增船舶运力100万吨，武汉港集装箱年吞吐能力达到150万标箱，长江武汉航运中心初具规模。

(三)“十一五”交通发展的基本思路

为推进交通又好又快发展，交通厅研究确立了“整合资源，合力发展；统筹规划，科学预算；政策引导，分级管理；依法行政，公平和谐”的交通发展新理念，提出了完善管理体制和运行机制的“四个转变”：

一是变“部门办交通”为“社会办交通”，鼓励和支持以地方政府为主体加快交通建设。对列入交通发展规划的一级、二级公路、农村公路、乡镇渡口、客货站场和港航工程项目，积极鼓励和支持以地方政府为主体，组建项目业主负责项目建设管理，充分发挥各级地方党委、政府和交通部门的积极性和创造性，形成“合力加快交通建设，促进湖北经济发展”的新格局。

二是变“大包干”为“资金跟着项目走、项目跟着规划走”，实施以“规划项目管理”为核心的交通规费投资体制。积极适应“十一五”燃油税改革，实施更加符合经济社会发展的交通规费征收机制，建立与事权相匹配、以“规划项目管理”为核心的投资运行机制，确保有限的资金用在刀刃上，充分发挥其经济和社会效益。

三是变交通厅一级预算管理为交通厅、市(州)交通专项资金分级预算管理,认真落实财政四项制度改革。进一步严格交通建设资金监管,坚持与审计、检察等多部门联动,强化社会监督,强化源头治腐,确保交通资金安全和专款专用。

四是变粗放型管理为集约精细化管理,严格依法实施交通建设市场监管。进一步建立和完善遏制转包和违法分包的长效机制,确保工程质量和投资效益。对企业投资项目,进一步按照"法人负责,政府服务,行业监管,依法行政"的理念,全面履行行业管理和质量监督职责,努力构建诚信体系;对政府投资项目,通过试行项目代建制,组建专业化的建设管理队伍,提高集约精细化管理水平;通过高速公路管理局对全省高速公路实施统一、规范的行业管理。

为确保上述任务全面完成,我们必须认真分析形势,重点把握和研究解决事关全局的"六个重大问题":一是如何在建设项目不断增多、技术难度更为突出、资金压力日益加大、社会要求日益提高的情况下负重前进、向内挖潜、自主创新、提速创优,确保实现省委、省政府的既定目标;二是交通作为国民经济重要的基础设施和先行行业,如何将农村公路建设这一历史性战略任务组织好、实施好、完成好,为建设社会主义新农村作出交通部门应有的贡献;三是在以地方政府为主体、合力加快交通建设的新形势下,交通部门如何进一步加强统筹规划、协调服务、质量监督、技术指导和行业管理,真正形成共识、凝聚合力、构建社会办交通的新格局;四是随着交通建设和投资主体的多元化,特别是面临"十一五"期间民营投资项目占三分之一强的现状,如何进一步提高市场监管和控制能力,确保高速公路建设项目如期保质保量建成通车;五是在能源、资源和生态环保压力日益凸显的条件下,如何促进交通增长方式的根本转变,全面提高建设、设计、施工、监理水平;六是在投资规模不断加大、建设项目不断增多、建设战线不断延长的交通基础设施领域,如何全面落实党风廉政建设责任制,确保工程质量、安全和廉政。

三、2006年湖北交通发展任务艰巨

2006年是实现“十一五”规划目标的关键之年，做好今年的工作至关重要。为推进湖北交通更好更快地发展，省厅决定：2006年为“交通发展提速创优年”。

“提速创优”，就是要紧扣交通发展规划，坚持科学发展，立足好中求快、快中创优，确保交通发展速度、质量、安全和效益；就是要形成大办交通、服务经济的合力，最大限度地调动一切可能调动的积极因素，最大程度地发挥交通对经济社会的服务功能。

坚持提速创优，是湖北交通发展形势和任务的必然要求。从全国交通发展看，中西部20个省市区特别是周边省份高速公路的发展规模、速度、质量和效益，给湖北交通以强大的压力和推动力。从中央、省新的要求看，胡锦涛总书记在视察湖北交通时，对我省2007年高速公路总里程达到2 300公里、2010年达到3 500公里的目标印象深刻，并提出我省通村沥青（水泥）路比例达到60%的新的更高要求。2006年全国交通工作会议明确指出，“十一五”中部地区承东启西、连南接北的高速公路通道要基本贯通，基本实现所有乡镇和88%以上的建制村通沥青（水泥）路。省委、省政府强调，“十一五”要完善综合交通运输体系，加快高速公路、城市交通和乡村公路一体化建设，将武汉建成长江中游航运中心。从交通现状看，交通建设资金缺口大、土地资源紧、审批环节多、改革任务重、专业人才缺等矛盾日益显现。为此，我们要坚定不移地把思想统一到提速创优、又好又快地发展上来，进一步增强使命感、责任感和紧迫感，用坚持发展、提速创优来解决发展中存在的问题，用坚持发展、提速创优来开好局、起好步。

“2006——湖北交通发展提速创优年”的投资规模是：确保完成交通固定资产投资260亿元，其中，公路重点工程完成163亿元，公路一般工程完成78亿元，站场建设完成3亿元，水运建设完成16亿元。

主要建设目标是:续建“十七路一桥”1 456公里,力争建成高速公路187公里;确保开工“两路两桥”255公里,力争开工三条高速公路455公里;建设一级、二级公路1 000公里,改造县乡公路500公里,建成通村沥青(水泥)路18 000公里,新增1 500个行政村通客车;续建崔家营航电枢纽工程,力争开工建设引江济汉通航工程;建设荆州高速客运中心、宜昌货运中心,开工建设武汉换乘中心等站场项目。

“十一五”交通发展大计已定,2006年的工作目标已明,能否实现新目标,创造新业绩,关键在于落实,必须重点落实好“六件大事”:

(一)坚持提速创优,落实社会主义新农村通达、通畅工程

根据全国交通工作会议关于加快农村公路建设的精神,省交通厅在学习、调研的基础上,将2006年建成通村沥青(水泥)路18 000公里、年底实现60%的行政村通沥青(水泥)路,作为社会主义新农村交通建设提速创优的头等大事来抓,并提出了“因地制宜、合理规划,多方筹资、建养并抓,路基稳固、路面硬化,专群结合、联网畅达”的农村公路建设养护管理基本原则,各级地方政府和交通部门一定要站在全局的高度,合力推进农村公路建设。

一是围绕目标抓落实。按照18 000公里的计划目标分解,全省平均每月要建成1 500公里、每个县市要完成150多公里农村公路建设任务,发展机遇难得但是建设任务十分艰巨。各地要认真对照签订的目标责任书,抢抓冬春路基施工的有利时机,严格依法依规,广泛发动群众,抓紧路基施工。2006年,我们将上半年和下半年分别组织开展路基、路面两个“百日大战”,确保工程质量,力争多建多超。各级交通局长要沉到底抓到位,建专班定责任,排工期定方案,勤调度勤督办,保质量保工期,切实维护好规划项目的严肃性;要认真落实全省社会主义新农村公路建设工作会议精神,加强领导、抓点带面,建章立制,定期考核、公示通报,奖惩兑现,对进度滞后、质量低劣或计划失控的市(州)、县市及时处理,确保一个县市不掉、一个项目不

减、总体目标不变。交通厅将制定激励机制，按照谁积极支持谁的原则，把年度计划完成情况与今后项目安排及补助投资挂钩，构建提速创优的浓厚氛围。

二是政策保障抓落实。从2006年开始，对于纳入国家规划的4.5万公里通村沥青（水泥）路按每公里10万元补助，未通公路的行政村通等级公路按每公里10万元补助。对纳入省规划的2.3万公里通村沥青（水泥）路按每公里10万（省补7万元，市（州）、县市政府补3万元）补助。交通厅将筹集资金15.6亿元，并对列入省政府承诺的10 000公里通村公路项目，继续执行预拨启动资金制度。各级地方政府要督促财政部门将农村公路建设资金及时足额拨付到位，确保资金专款专用；要通过"一事一议"，充分依靠和发挥农民群众以及受益企业的积极性，加大社会筹资力度，鼓励地方政府组织相关部门、企事业单位加强对口支援，形成合力推进农村公路建设的热潮。

三是科教普及抓落实。各地要坚持科教普及保质量，认真落实应知应会、实用技术和质量监督知识培训，深入组织"送教到乡、送书到村"科教普及活动，推行干部包片蹲点制度，加强政策指导和质量巡检，加强县级质量监督人员配备，加强以群众为主体的松散性通村公路质量监督，借助社会力量和群众力量共同抓好工程质量。

四是建养并重抓落实。根据国务院颁发的《农村公路管理养护体制改革方案》，省交通厅已初步制定了《湖北省农村公路管理条例》，拟于2006年报请省人大批准执行，力争在三年内建立和完善农村公路管理养护体制，抓好危桥加固和重点危险路段整治，切实做到有路必养。

五是延伸服务抓落实。农村客运和乡镇渡口是农村公路建设的延伸。要按照"车头向下、村口始发，四定一挂、程序简化，通村达户、平安到家"的"路运站一体化"服务理念，建立农村客运发展导向资金，对符合规定要求的新增农村客车，按每客座400元标准实施定额补助;推行"定标准车型、定服务承诺、定服务价格、定运行区域、挂牌运行"的运营模式,降低客运经营门槛,鼓励探索农村客运班线公交化,让农民群众乘上安全、方便车。2006 年新增1 500个行政村通客车,行政村班车通达率达 75%;建成 100 个乡镇五级站、1 800个候车棚、3 460个招呼站。要按照"渡口建管、乡村主导,坡岸硬化、设施配套,渡船适航、渡工持照,安全渡运、方便可靠"的服务理念,坚持以学生渡口、重要风景旅游区渡口、客流集中的渡口以及三峡库区新增渡口改造为重点,全面完成365 处乡镇渡口改造,力争在汉江、清江沿线及大型湖泊、水库的渡口消除木质船、"聋哑"船、"三无"船,让农民群众乘放心船、过安全渡。

(二)坚持提速创优,落实公路精品工程

根据数据分析,要实现 2007 年高速公路达到2 300公里的目标,今明两年必须新增高速公路 651 公里;要实现 2010 年高速公路达到3 500公里的目标,5 年必须建成高速公路 1 851 公里。但由于十漫、沪蓉西宜恩段高速公路等项目地处鄂西山区,桥隧比例高、技术难度大、安全隐患多,工程十分艰巨;荆宜高速公路和武汉高速出口路个别项目因投资商问题,工程进度滞后。因此,要实现既定目标难度很大,形势十分严峻,各建设单位要切实增强危机感、紧迫感和责任感,进一步在提速创优上下气力,加强科学调度,确保目标实现。

一是内部挖潜抓落实。要进一步提速创优,向前期工作要进度要质量、向科学调度要进度要质量、向资金保障要进度要质量、向安全管理要进度要质量、向人员素质要进度要质量。2006 年必须确保建成汉孝、荆东、荆宜三条高速公路 187 公里,开工建设武英、大广南段高速公路和鄂东长江公路大桥、荆岳长江公路大桥共计 255 公里,力争开工武麻、杭瑞、宜巴高速公路共计 455 公里。要抓紧启动武麻高速公路红安连接线、东湖至葛店、仙桃至张湾、武汉至汉川等一级公路项目建设。

二是精细管理抓落实。要按照“人力资源最优化、经验积累最大化、前期工作专门化、建设管理专业化、技术管理专家化”的原则，组建专业化建设管理队伍，实施集约精细化管理。以武英高速公路为试点，试行项目代建制。要以抓紧抓实影响项目整体推进的控制性工程为重点，合理优化施工方案，及时研究解决技术难题，最大限度地保持工程建设的连续推进。要修订完善《湖北省交通工程精品大纲》，以强化质量通病整治为基础，以确保特大桥隧安全生产为重点，严格落实质量、安全责任制，建立健全质量、安全监控网络，确保质量、安全万无一失。对民营、企业投资项目，要进一步严格行业监管，加强协调服务，定期检查调度，确保政府宏观目标实现，真正做到互利、双赢。为进一步加强普通公路质量监管，省厅将适当解决质量监管经费问题。

三是依法监管抓落实。切实加强交通建设市场管理，进一步落实“黑名单”制度，对上了“黑名单”的单位和个人，必须依法依规办理；要坚定不移地遏制转包和违法分包行为，依法整治工程建设中的违规操作、弄虚作假、套取资金、拖欠工程款和农民工工资等问题。省交通厅即将成立交通重点工程稽查专班，加大工程项目稽查力度。

（三）坚持提速创优，落实湖北水运振兴工程

2005年11月28日，上海、湖北、重庆和交通部联合沿江七省二市召开了“合力建设黄金水道，促进长江经济发展”高层座谈会，黄菊副总理作了重要讲话，俞正声书记在会上的总结和罗清泉省长的发言，都明确指出了湖北水运发展的任务和措施。各级交通部门必须抢抓历史机遇，切实加快“振兴湖北水运工程”步伐，进一步提速创优，努力推动湖北由水运大省向水运强省转变。

一是突出重点抓落实。重点抓好崔家营航电枢纽工程建设，确保年底完成大坝主体结构，实现截流目标，力争开工建设引江济汉通航工程。重点抓好武汉长江航运中心建设，确保开工建设武汉港阳

逻深水港区工程、武汉港汉阳集装箱二期工程、荆州港盐卡综合码头二期工程、黄石港外贸码头改扩建工程、石首港工业综合码头、宜都枝城沙沱综合码头,加快“四主十九重”港口建设步伐。确保开工整治汉江蔡甸至兴隆和汉北河万台至南垸航道,完成香溪河航道二期整治工程。

二是优化结构抓落实。省交通厅将建立政策导向资金,鼓励发展标准化、大吨位船舶,优化湖北船舶运力结构。对在湖北省入籍的新建造船舶,集装箱船每载重吨补助25元,江海直达船舶每载重吨补助20元,液货危险品船、汽车滚装船和千吨级以上内河干散货运船舶每载重吨补助15元。力争年底全省地方船舶总运力达到220万载重吨。

三是安全保障抓落实。要认真落实水上交通安全责任制,认真落实各项安全管理规章,建立完善水上交通安全应急处理机制,全面开展客渡船、危险品运输船舶、船舶超载专项整顿,牢牢抓住船员管理、乡镇渡口、特殊时期等“三个关键环节”,保证水上交通安全态势基本稳定。

(四)坚持提速创优,落实运输服务工程

交通运输发展是交通基础设施建设的最终目的。各级交通运输部门必须坚持以服务对象为中心、创新服务手段,维护市场秩序,保障运输安全。

一是优质服务抓落实。要牢固树立“运输为民、运输便民”的全新服务理念,变“方便管理者”为“方便使用者”,努力实现运输服务的规范化、精细化、特色化和人性化。要进一步完善质量考核、公示、投诉处理制度,全面检查站运双方服务质量,认真落实服务承诺,制定完善班车晚点、延误的补偿服务措施以及突发性客流应急预案等。要进一步提升服务水平,努力打造一批具有品牌效应的优质服务车船、港站,树立一批优质服务标兵和单位。

二是规范管理抓落实。要以“客运站经营行为、客运车辆、运输服务质量”为重点，加强运输市场秩序整顿，严厉打击非法经营行为，切实解决违法经营、侵害旅客货主利益、质量信誉低下等突出问题。各级交通部门要切实加强运输安全管理，严格汽车客运站安全例检制度，全面排查安全隐患，加强危险品查堵，严防危险品进站上车，切实保障人民群众出行安全。

（五）坚持提速创优，落实综合支持保障工程

为促进交通可持续发展，必须不断增强资金保障能力，提高依法治交水平，完善交通科技创新体系，充分发挥支持保障系统作用。

一是资金保障抓落实。为确保实现82亿元的交通费收预期目标，省交通厅将会同有关部门，研究制订相应的激励机制，对全省交通征费人员实行综合目标考核；将建立交通应急保障专项资金，与交通建设、费收工作挂钩，实施综合考核；积极推行公路四费（养路费、客附费、货附费、运管费）合一；全面启动国家开发银行政策性贷款，积极争取银行对交通建设的贷款。各级地方政府要切实加强对交通规费征稽工作的领导，加大交通建设项目地方配套资金筹措力度，确保工程建设顺利实施；要在财政预算内确保地方交通主管部门编制内人员的基本经费及专项支出经费；对省交通规费用于市（州）交通的专项资金，必须专款专用，不得用于平衡地方财政预算，各级地方政府要协调财政部门及时、足额拨付到交通部门。认真落实财政四项制度改革，强化预算约束；加强重点工程和农村公路建设资金管理和跟踪审计；联合银行等有关部门加强企业投资项目资金监管，确保建设资金专款专用。

二是法制保障抓落实。要牢固树立执法为民的观念，切实加强交通执法队伍建设，严格交通行政执法资格管理，严格遵守交通行政执法程序，严格交通行政执法监督和责任追究制。特别是要加强交管站等基层交通部门和公路路政人员、规费征稽人员管理，确保严格

依法办事。继续治理车辆超限超载运输。积极探索交通综合执法改革。积极争取省人大2006年出台《湖北省农村公路管理条例》,建立健全各项交通行业法规。加大法制宣传教育培训力度,使“研究问题先学法,决策问题遵循法,解决问题依据法,言论行为符合法”成为广大交通干部和行政管理人员的良好素质和自觉行为,在全省交通系统形成“办事依法、群众信法、为官学法、为政用法”的浓厚法治氛围。

三是科技保障抓落实。要依托交通重点工程,加大山区高墩特大型桥梁、长大公路隧道和汉江航电等水上工程建设技术研究。进一步推广电子征稽网和运政管理信息系统,重点建设营运车辆卫星定位系统,道路客运微机联网售票系统。建成全省交通视频会议系统;完善全省交通出行信息服务系统。要高度重视生态环保,以神农架林区旅游公路建设为契机,实践“设计上最大限度地保护,施工中最小程度地破坏,完成后最大限度地恢复”的建设理念,尽量降低交通建设对自然生态的影响。要采取有效措施,确保公路营业性车辆、内河运输船舶单位运输量能耗下降4%~5%,努力建设资源节约型、环境友好型交通。

(六)坚持提速创优,落实素质廉政工程

“无私奉献的优秀共产党员”陈刚毅、“见义勇为英雄”蒋雪峰、“节油大王”王静作为我省交通系统的先进典型,在全省、全国引起了强烈反响。特别是陈刚毅同志的先进事迹得到了中央和交通部,省委、省政府的高度重视。中共中央政治局常委李长春同志和中宣部部长刘云山同志分别做了重要批示。中央领导同志的关心、重视和有关批示,既是对陈刚毅同志的充分肯定,也是对我省交通职工队伍主流的充分肯定,对进一步加快交通发展提供了重大的历史机遇和良好的发展环境。

为深入推动行业精神文明建设,交通厅决定在全省深入开展“学刚毅精神,创文明新风,建和谐交通”活动。全省交通职工要以陈刚毅同志为榜样，学习他忘我工作、献身事业的敬业精神，与时俱进、勤奋学习的进取精神，生命不息、奋斗不止的拼搏精神，心系藏胞、一心为民的服务精神，廉洁自律、淡泊名利的奉献精神。2006 年，在全省交通系统掀起向陈刚毅同志和先进典型的学习热潮，努力推进以文明系统、文明单位、文明窗口创建为主要内容的行业精神文明建设向纵深发展。

各地各部门要认真贯彻落实胡锦涛总书记在中央纪委六次全会上的重要讲话精神和全国交通系统廉政工作会议精神，坚持一手抓交通建设，锁定加快发展不动摇；一手抓党风廉政建设，遏制交通腐败不松懈。要重点抓好交通基础设施建设领域的反腐倡廉工作，重点抓好责任分解、责任考核、责任追究三个环节，全面落实党风廉政建设责任制，努力建立完善具有交通特色的教育、制度、监督并重的惩治和预防腐败体系，切实抓好落实，务求取得实效。

站在新的历史起点，我们将以新的思维适应新的形势，以新的举措抢抓新的机遇，以新的姿态迎接新的挑战，为合力推进湖北交通又好又快发展作出新的贡献！

（2006 年在全省交通工作会上的讲话）

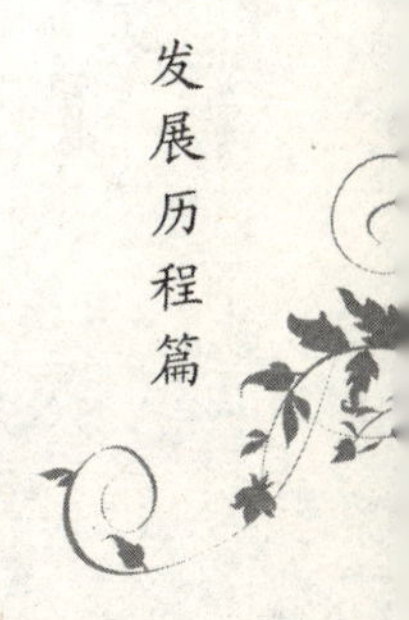

服务创新　和谐惠民
促进湖北交通又好又快发展

2007年全省交通工作会议的主要任务是:传达贯彻全国交通工作会议和长江水运发展协调领导小组第一次会议精神,总结经验,表彰先进,部署"2007——湖北交通服务创新年"工作,动员全省交通职工紧扣省委、省政府既定的发展目标,团结拼搏,克难攻坚,努力推进湖北交通服务创新、实现又好又快发展。

一、2006年湖北交通工作回顾

2006年是"十一五"规划的开局之年,也是全省交通物质文明和精神文明建设协调发展的一年。一年来,全省交通系统在省委、省政府的正确领导下,坚持以科学发展观为统领,坚持一手抓交通建设,锁定加快发展不动摇;一手抓党风廉政建设,遏制交通腐败不松懈,交通发展呈现良好态势。

刚刚过去的2006年,是湖北交通提速创优夯实基础的一年。

——交通固定资产投资创历史新高,完成投资293.3亿元,较2005年净增75.5亿元,年增长幅度达34.7%。其中公路建设完成273.9亿元,同比增长29.4%;港航建设完成16.1亿元,同比增长305.9%;公路客货站场建设完成3.3亿元,同比增长54.2%。

——高速公路骨架网日趋完善,荆东、汉孝、阳逻长江大桥北岸接线三条高速公路98公里建成通车,全省高速公路通车总里程达到

1 747公里。武英高速公路和鄂东、荆岳长江公路大桥150公里开工建设,全省在建高速公路里程达到1 488公里。

——社会主义新农村交通建设形势喜人,全省新增通村沥青(水泥)路23 216公里,新增5 163个行政村通沥青(水泥)路,行政村通沥青(水泥)路比例较2005年增长18个百分点;建成乡镇客运五级站102个,候车亭2 126个,招呼站3 705个,新增农村客车1 550辆、20 911客位,行政村通客车率达到75%;完成乡镇渡口达标改造429处。农民群众行路难、乘车难、过渡难问题得到进一步改善。

——水运振兴工程全面启动,崔家营航电枢纽顺利实现大江截流。香溪河干流航道疏浚工程、阳逻港集装箱转运中心二号泊位、武钢工业港码头改建工程等9个项目顺利完工,黄石港外贸综合码头等6个项目开工建设,武汉航运中心建设步伐加快。

——公路水路运输能力明显提高,完成公路水路旅客运量、旅客周转量、货物运量、货物周转量分别为7亿人次、380亿人公里、4.4亿吨、704亿吨公里,同比分别增长4.8%、5%、5.3%、1.4%;完成港口吞吐量1.46亿吨,其中集装箱吞吐量达到41.9万标箱,同比增长51.4%;全省地方船舶运力达到230万载重吨,同比增长14.7%。

——水上交通安全保持稳定态势,安全事故件数、死亡失踪人数、受伤人数、直接经济损失指标较2005年"三降一平",其中事故件数、死亡失踪人数分别下降28.6%、75%。公路安保工程全面实施,整治国省干线重点危险路段2 813处、1 135公里,改造加固危桥164座。

刚刚过去的2006年,是湖北交通改革创新初见成效的一年。

——交通管理体制机制改革顺利实施,变"部门办交通"为"社会办交通"、变"大包干"为"资金跟着项目走、项目跟着规划走"、变交通厅一级预算管理为交通厅与市(州)交通专项资金分级预算管理、变粗放型管理为集约精细化管理的"四个转变"已经初见成效。

——省交通厅制定并实施了交通基础设施建设定额投资政策和农村客运车辆、船舶运力发展导向资金政策,形成了"政策引导、多方筹资、合力建设、加快发展"的新格局。

——交通规费征收管理机制改革创新,全省交通规费收入达91.09亿元,同比增长26%。京珠高速公路通行费收入首次突破20亿元大关。公路计重收费和高速公路通行费调标工作全面实施。高速公路、普通公路及农村公路建设的"统贷统还"新机制初步建立。

——以沪蓉西四渡河大桥火箭炮"穿针引线"技术为标志的交通科技创新取得一批新成果,省交通厅与省科协联合组织的交通科技创新大会成功举行。全省交通视频会议系统已经建立。公路公众出行服务系统投入运行。全省公路水路运输节约汽柴油13.2万吨标准煤,交通运输工具节能降耗取得初步成效。

刚刚过去的2006年,是湖北交通依法行政全面推进的一年。

——交通法律法规体系进一步完善,省人大颁布了《湖北省道路运输条例》,一审通过了《湖北省农村公路条例(草案)》;省政府颁布了《湖北省港口管理办法》、《湖北省公路规费征收管理实施办法》;省交通厅制定了《关于进一步加强公路特许权及收费公路权益转让管理的通知》。

——交通战略规划研究进一步加强,省政府批复了《"十一五"湖北交通发展规划纲要》,省交通厅制定了《"十一五"社会主义新农村交通发展规划》、《"十一五"湖北公路养护发展纲要(试行)》等。

——交通建设、运输市场监管进一步强化,工程转包和违法分包、工程招投标、质量监理、施工安全和水上危险品运输、出租车经营行为等专项治理取得阶段性成果,"法人负责、政府服务、行业监管、依法行政"的企业投资项目管理机制规范运行。

——交通建设管理体制进一步理顺,以武英高速公路为代表的我省第一个高速公路代建制项目顺利推进;荆东、汉孝等企业投资项目“委托管理”新模式已经建立；省交通厅高速公路管理局经省编委批准成立，对全省高速公路费收、路政、养护、资产和投资等实施集中统一管理。

刚刚过去的2006年，是湖北交通先进典型走向全国的一年。

——陈刚毅先进事迹报告会在人民大会堂隆重举行，曾庆红副主席亲切接见了报告团成员并作重要讲话。中央电视台等30余家中央新闻媒体和省市媒体赴湖北、西藏对陈刚毅事迹进行了集中采访和深入报道，陈刚毅同志作为全国重大先进典型推出。

——全国交通行业精神文明建设工作会议在我省成功召开，“学刚毅精神，创文明新风，建和谐交通”活动在全省交通系统深入展开，一批“刚毅式交通英模”脱颖而出，“刚毅精神”成为新时期引领湖北交通发展的一面旗帜。

——沪蓉西高速公路成为全国交通廉政示范工程，廉政交通典型评学活动、商业贿赂专项治理在交通行业全面展开，“廉政交通”主题教育形成制度化，“廉政教育大家谈，反腐倡廉大家抓，党纪国法大家守”的反腐倡廉浓厚氛围逐步形成。

——省交通厅与国家审计署武汉特派办、省审计厅在全国率先签订了交通财务管理与审计工作共建协议并已付诸实施。省交通厅与省检察院联合开展的重点建设项目预防职务犯罪活动不断深化。

刚刚过去的2006年，是湖北交通发展环境前所未有的一年。

——俞正声书记三次亲临沪蓉西高速公路建设一线视察调研，亲自出席了陈刚毅先进事迹报告会并作重要讲话，专程到湖北交通职业技术学院慰问教师、勉励学生。

——交通部李盛霖部长上任一年以来，四次到湖北视察调研，对我省交通发展给予了大力支持。2006年交通部对湖北交通投资达25.38亿元。

——罗清泉省长出席全省交通工作会和“合力加快港航建设，促进沿江经济发展”工作会并作重要讲话,多次到武汉阳逻港、神宜生态公路、汉孝高速公路等视察调研,并亲自接见、慰问陈刚毅等交通劳模,参加“迎新春、话服务”劳模座谈会。周坚卫常务副省长、任世茂副省长多次专题听取交通工作汇报,亲自协调和研究解决交通发展中的突出问题,亲自指导交通物质文明和精神文明建设协调发展。

——省政府颁发了《关于加快全省长江水运业发展的意见》,首次从财政中安排 1 亿元,专项用于支持长江港口、崔家营航电枢纽等水运建设。市(州)、县(市)政府出台了一系列支持交通发展的具体政策,襄樊、孝感、荆州、天门、鄂州和谷城等市县为交通建设提供了成功经验,省直相关部门“合力办交通”的支持力度前所未有。

回顾一年来的交通实践,我们深切体会到,实现交通又好又快发展,必须始终坚持“六个并举”的科学交通发展观,着力调整交通结构,转变增长方式;必须始终坚持依靠各级党委、政府、相关部门、人民群众和离退休老领导、老专家的大力支持,着力营造交通发展的和谐环境;必须始终坚持质量为本、安全第一、科教创新、环保节约,着力提升交通发展质量和投资效益;必须始终坚持执政为民、依法行政、规范服务、清正廉洁,着力塑造勤政廉政的交通形象;必须始终坚持交通物质文明和精神文明建设两手抓、两手都要硬,着力提高交通职工队伍综合素质。

实践中,我们也清醒地看到交通发展中还存在不少突出问题,主要表现为:交通建设工程质量通病仍然存在,工程转包和违法分包屡禁不止;农村公路质量监管力量明显不足,养护管理长效机制尚未建立;港航建设发展不够,水运优势不优;交通建设、运输市场管理有待进一步规范,反腐倡廉形势依然严峻。我们将采取有效措施,通过又好又快发展来解决发展中的问题。

二、2007 年湖北交通发展目标和工作任务

2007 年是构建和谐交通的关键之年,也是确保全省交通规划阶

段目标实现的攻坚之年,各项任务十分艰巨。李盛霖部长在全国交通工作会议上提出了“服务国民经济和社会发展全局、服务社会主义新农村建设、服务人民群众安全便捷出行”的“三个服务”新理念。“三个服务”理念的提出,是对多年来交通实践经验的总结,也是对交通发展规律认识的深化,更是对交通工作全面落实科学发展观本质要求的新认识。学习贯彻全国交通工作会议精神,就必须站在国民经济发展的全局高度,站在科学发展的战略高度,认真审视湖北交通发展的经验和不足,着力唱响“三个服务”主旋律。为促进交通又好又快发展,省交通厅决定:2007 年为“湖北交通服务创新年”,主要发展目标和任务是:

(一)唱响“三个服务”主旋律,抓好“十件实事”促和谐

服务是交通发展永恒的主题,创新是交通服务的不竭动力,推进湖北交通服务创新,就是要坚持在服务中创新,在创新中服务,实现又好又快发展。总体要求是:

(1)唱响“三个服务”主旋律,推进交通服务创新,就是要加快推进交通由传统产业向现代服务业的转型,进一步创新交通服务理念,丰富交通服务内涵,主动为经济社会发展当好先行。

(2)唱响“三个服务”主旋律,推进交通服务创新,就是要围绕经济发展大局,紧扣交通规划目标,坚持好中求快、快中创优,努力夯实交通服务国民经济发展的物质基础,实现又好又快发展。

(3)唱响“三个服务”主旋律,推进交通服务创新,就是要始终坚持以人为本,以解决群众最关心、最直接、最现实的切身利益问题为切入点和落脚点,坚持从交通最薄弱的地方抓起,突出抓好社会主义新农村交通建设,认真解决群众最迫切的交通问题。

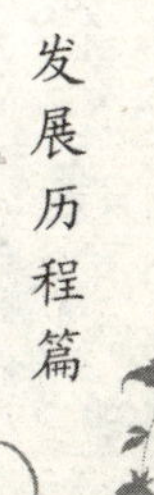

(4)唱响“三个服务”主旋律,推进交通服务创新,就是要高度重视能源、资源和环境对交通发展的刚性约束,摆正交通发展与资源节约和环境保护的关系,切实转变交通经济增长方式。

(5)唱响"三个服务"主旋律,推进交通服务创新,就是要根据构建社会主义和谐社会的战略目标,着力构建"便捷高效、安全优质、公平共享、法治有序、文明诚信、环境友善"的和谐交通,努力在发展中求和谐,在和谐中求发展。

全省交通系统要进一步统一思想、提高认识,切实增强"三个服务"的积极性、主动性和创造性,促进交通由外延式、粗放型增长向内涵式、集约型增长转变,由以生产增长为导向的发展向以服务质量为导向的发展转变,真正为经济社会发展当好先行。

"2007——湖北交通服务创新年"要着力实施惠民便民利农民工程,努力办好"十件实事":

一是"绿色通道"实行省内外车辆无差别政策,全省公路收费站点"绿色通道"开通率100%,优惠政策执行率100%。

二是推行同城通缴、银行代收、网上划账等缴费方式,实行公路规费缴费信息温馨提醒服务,最大限度方便车主缴费;实施一次性缴纳全年、半年以上公路规费分别减征10%、5%的优惠政策,优惠政策落实面达100%。

三是组织农村公路建设技术培训工作队,送教下乡,培训到人;省交通厅按每公里100元安排通村公路质量监管经费,切实加强农村公路建设质量监督管理。

四是实施公路安保工程,投入1.65亿元整治国省干线危险路段1 600处、1 233公里,设置防撞设施700公里、示警桩(墩)90 000个、标志牌3 000套,基本完成重点山区急弯险段防护设施建设。实施"年百座危桥改造工程",确保改造危桥100座以上。

五是投入农村公路客运运力发展引导资金400万元、船舶运力发展引导资金400万元,优化运力结构。

六是严格控制二级收费公路规模和收费站点,优化布局,合理归并,做到二级公路收费站点总量只减不增。

七是建立营运车辆GPS监控系统,安装GPS营运车辆达到8 000台,全省危货运输车辆安全监控面达100%,基本建成省市两级GPS服务平台;

八是全省一级客运站及新建二级客运站的门检系统、行包检测仪配置率100%,三级以上客运站"AAA"质量信誉等级达到90%。

九是推行"一站式"交通行政服务,市(州)、县(市)公路、运管、征稽、港航系统推行面达到90%以上;交通法律法规、行政执法许可事项公开率100%。

十是完善公众出行信息服务系统,公开交通专线服务电话,为社会公众提供及时、准确的交通信息服务,投诉处理率100%。

各级交通部门要把"十件实事"作为解决群众"三最"问题的重点提上议事日程,分解落实、责任到人,定期督办、务求实效。当前,各级交通部门要将春运安全作为"2007——湖北交通服务创新年"的重要战役打响打好,确保广大旅客走得了、走得好、走得安全、走得舒心。

(二)紧扣"又好又快"新主题,力争"五大突破"强基础

"2007——湖北交通服务创新年"的主要发展目标是:夯实服务基础,力争"五大突破";注重环保节约,确保"一个降低",具体为:

——全省交通固定资产投资规模力争突破300亿元,质量效益明显提高,公路水路交通协调发展。

——交通规费收入力争突破100亿元,实征率达85%以上,入库率达100%。

——高速公路通车总里程力争突破2 300公里,力争建成"九路一桥"597公里,分部、分项工程合格率100%,工程质量优良率90%。

——新增通村沥青(水泥)路力争突破18 000公里,行政村沥青(水泥)路通达率达到73%;行政村客车通达率达到81%;乡镇渡口达标率达到66%。

——全省港口集装箱吞吐量力争突破50万标箱,武汉航运中心建设步伐进一步加快;力争开工高等级航道200公里以上;全省地方船舶运力净增20万载重吨。

——全省营运车船单位平均能耗下降4%;高速公路附属区污水处理装置配置率达到90%,处理率达到55%;新建高速公路声环境达标率达到85%。

实现上述目标,各级交通部门必须认真贯彻中央经济工作会议和全省经济工作会议精神,紧扣"又好又快"新主题,强化"五大措施",做到好中求快、快中创优。

1. 克难攻坚保目标

要实现高速公路建设目标,2007年必须新增高速公路553公里。根据各项目单位的计划安排,年内拟建成"九路一桥"597公里,新开工麻武高速公路、三峡翻坝运输江南高速公路、大广南高速公路263公里。各建设单位和相关地方政府、相关部门必须进一步增强历史责任感和紧迫感,团结拼搏,真抓实干,奋力实现既定目标。

一是强化组织领导。围绕2007年计划建成的"九路一桥"(十漫106公里、随岳中153公里、荆宜95公里、青郑16公里、汉蔡36公里、汉洪46公里、汉麻28公里、汉英28公里,阳逻长江公路大桥3公里,以及沪蓉西宜恩段白氏坪至高家堰和高坪至恩施吉心两段高速公路86公里),省交通厅将按照"定项目,保质量、保安全、保廉政、保目标"的"一定四保"要求,进一步完善交通重点建设项目领导责任制,厅领导分工负责全程跟踪管理。凡境内有高速公路建设的市(州)、县(市),要根据省政府与市(州)签订的目标责任制要求,进一步加大组织领导、地方协调和监管力度,最大限度地为交通重点工程建设创造和谐的施工环境。

二是加强分类指导。各项目建设单位要切实加强工程重点、技术难点和项目控制点的服务、指导和督办,科学制定"以日保旬、以旬保月、以月保季、以季保年"的施工组织方案,集中力量解决直接影响项目整体推进的关键问题,最大限度地保持工程建设的连续推进。要按照《关于在全省交通重点工程组织开展"迎春创优杯"劳动竞赛的通知》要求,切实抓好以"比规范有序、比管理创新、比服务奉献,保质量安全、保规划目标、保勤政廉政"的"三比三保"社会主义劳动竞赛,动员设计、施工、监理、协调单位积极参与,并通过竞赛评选出"十佳农民工"、"十佳工区长"等优胜单位和个人,确保工程建设优质高效。

2. 创新思维兴水运

2006年11月21日,交通部在南京召开了"长江水运发展协调领导小组第一次会议",黄菊副总理为会议的召开作了重要批示:切实把长江水运能力提升到新的高度;李盛霖部长作了加快推进长江黄金水道建设的专题发言;交通部与沿江七省二市共同签署了《"十一五"期长江黄金水道建设总体推进方案》。省委、省政府主要领导高度重视湖北水运发展,省政府出台的《关于加快全省长江水运业发展的意见》,明确把航运发展摆在优先位置,指明了全省水运的发展方向、目标任务和政策措施。现在的关键是:各地要努力营造政府领导亲自抓、社会各方合力干的水运发展环境,在规划上把水运作为优先发展的重点,在布局上支持产业沿江、沿河布置,在建设上要以地方政府组建业主,出台优惠政策。各级交通港航部门要创新思维,切实增强"不进则退、慢进亦是退"的责任意识、"时不我待、稍纵即逝"的机遇意识、"又好又快、好中求快"的发展意识,一手抓安全管理,一手抓建设发展;一手抓规费征收,一手抓服务创新,扎实推进水运振兴工程,充分发挥湖北水运优势。

一是加快武汉航运中心建设。2007年,全省要以武汉航运中心建设为重点,全面推进武汉杨泗、阳逻、荆州盐卡、黄石外贸、宜昌云池五大集装箱港区的建设,提高我省集装箱吞吐能力。积极推进港口资源整合,合理定位各主要港口功能,提升整体竞争力,带动全省水运发展。

二是推进航道升等联网工程。以崔家营航电枢纽建设为重点,加快推进高等级航道建设。2007年崔家营航电枢纽主体土建工程混凝土浇筑、水轮发电机制造分别完成总工程量的60%、30%。汉江白河—丹江口段、兴隆—汉川段、汉川—蔡甸段的沿线地方政府,要抓紧航道整治工程的前期工作,积极研究政策,落实地方自筹资金,争取早日开工建设。引江济汉通航工程要争取水利部门支持,争取国家早日批复工可,超前谋划施工组织方案,力争年内开工。

三是优化船舶运力结构。要用足交通部船型标准化和我省船舶运力发展导向资金政策,引导船舶标准化、大型化、专业化,支持内河集装箱船、液货危险品船、江海直达船、汽车滚装船、大吨位干散货船等重点船舶发展。

3. 便捷交通惠三农

各地要严格按照省委、省政府“四控制一充分”的原则要求,积极稳妥地推进农村交通建设,努力为农民群众增产、增收创造良好交通环境。

一是对贫困地区实施“三个倾斜”政策,即在项目安排上倾斜,凡纳入省规划的农村公路项目,只要地方积极性高,可优先安排前期工作和投资计划;在资金兑现上倾斜,凡纳入年度计划的项目,启动资金由20%提高到40%;在技术指导上倾斜,加大农村公路建设技术指导和人员培训力度。

二是坚持“建养管运并重”。要力争年内颁布施行《湖北省农村公路条例》。各地要认真落实国务院《农村公路管理养护体制改革方案》和省政府批复的《“十一五”湖北交通发展规划纲要》,推进农村公路养护管理体制改革,建立稳定的养护资金来源,突出抓好农村公路建设养护质量。省交通厅2007年继续按县道每公里3 500元、乡道每公里1 000元、村道每公里500元标准,安排非列养农村公路的养护工程经费,各级交通公路部门要确保专款专用,切实将农村公路养护管理落实到位。同时,要继续加快路站运一体化进程,加大乡镇渡口达标改造及渡改桥力度;积极推进国省干线一级、二级公路建设和省际出口路、断头路建设,加快武汉城市圈交通对接工程建设步伐,提高干线路网综合服务功能。

4. 稽查服务促费收

各地要按照"征费法治化、稽查规范化、缴费人性化"要求,切实加大规费征管力度,力争实现交通规费"过百亿"的历史性突破。

一是精心组织开展"交通规费稽查服务万里行"活动,认真宣传贯彻《国务院办公厅关于在燃油税正式实施前切实加强和规范公路养路费征收管理工作的通知》精神,集中清理整顿"特权车"、"人情车"、外挂车,积极争取各级地方政府和相关部门支持,建立征费协调联动机制,严格依法征费、文明征费,严厉打击少数车主恶意逃费行为,努力堵漏增收。

二是按照交通部《关于进一步规范收费公路管理工作的通知》精神,对全省由政府投资的高速公路、长江大桥进行专项清理,按照事业化管理的要求进行属性复位,由省交通厅高速公路管理局对政府还贷高速公路、长江大桥实施集中统一管理。要修订完善《湖北省高速公路管理条例》。要建立健全高速公路与普通收费公路、农村公路统贷统还机制,切实加强交通资金管理和审计监督,确保资金安全,实现公路建设良性循环和滚动发展。

5. 注重环保降能耗

各级交通部门要始终把资源节约、环境友好作为推动交通增长方式根本转变的重要抓手,积极探索建设节约型交通、环保型交通的新路子。

一是把神农架林区旅游公路建成"路景相融、自然神宜"的生态环保示范公路,确保年底建成通车。要认真贯彻省政府"两个停止"、

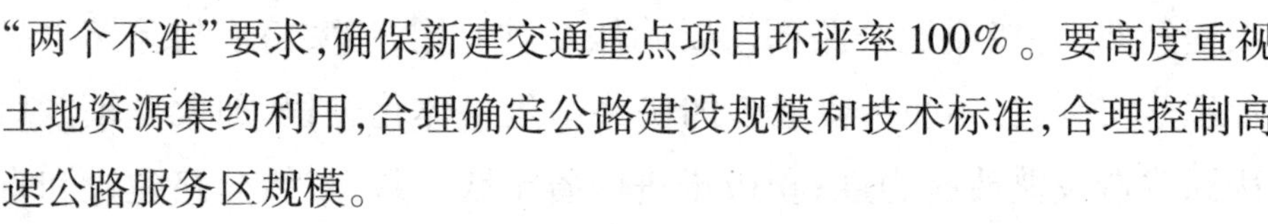

“两个不准”要求,确保新建交通重点项目环评率100%。要高度重视土地资源集约利用,合理确定公路建设规模和技术标准,合理控制高速公路服务区规模。

二是抓好交通运输工具节能减排工作。建立年耗2 000吨以上标准煤的交通运输企业联席会议制度、能耗统计分析报告制度,积极推广交通节能技术,努力建设低能耗、低污染、低成本的交通运输体系。

(三)提高“支持保障”创造力,推进“四大工程”塑形象

促进交通又好又快发展,必须依靠科教进步、自主创新,全面加强交通质量、安全管理,充分发挥支持保障系统作用。

一是继续推进“安全优质工程”。各级交通部门要始终将质量、安全管理作为交通工作的重中之重,严格工程质量终身负责制和安全生产责任追究制,切实加强交通建设、运输市场监管,建立诚信体系。要继续把“工程勘察设计质量”、“工程质量通病”、“工程质量举报”作为质量监督的重点,下气力解决影响工程质量的突出问题。要以确保山区高速公路长大隧道和高墩特大桥梁的施工生产安全为重点,深入开展交通建设安全专项整治,千方百计防止重特大安全事故的发生。要严格责任追究,对发现的质量、安全问题,要严肃处理,坚决消除隐患;对发生转包和违法分包以及行贿行为的单位,对纵容转包、违法分包、出具假资料的监理单位和人员,要采取果断措施予以通报批评、追究责任、依法清退、列入黑名单,并在一定时期内不准其在湖北境内参与任何建设工程招投标。要争取2007年内颁布《湖北省道路运输辅助业管理办法》,全面推行公路水路运输市场质量信誉考核制度、服务质量招投标制度等,建立运输服务质量黑名单制度,规范客运市场经营行为,加强道路运输安全管理,提高运输服务质量。要切实加强“四客一危”等重点船舶和重点区域、水域的安全管理,建立完善水上交通安全应急处理机制,确保人民

群众生命财产安全。

二是继续推进"科教创新工程"。各级交通部门要以完善群众投诉功能、如实公开涉及群众利益的项目资金、完整披露社会监督内容为重点,建设交通门户网站,全面推进交通电子政务公开;要进一步整合交通信息资源,提高交通信息化服务水平,促进交通部门自身建设和管理创新。要在积极引进、消化、吸收国内外先进成果的基础上,深入开展山区高速公路、长江大桥和航电枢纽建设技术研究,着力突破关键性技术,普及应用型技术,走科技引领交通发展之路。要继续实施"百、千、万人才培养工程",加大交通高层次技术人才、高素质管理人才和高技能紧缺人才培养力度。要大力加强交通职业技术教育,湖北交通职业技术学院要争创国家级和省级示范性高职学院,不断提高交通人力资源支持保障水平。

三是继续推进"素质形象工程"。全省交通系统要深入开展"学刚毅精神,创文明新风,建和谐交通"活动,积极响应刚毅同志"唱响三个服务主旋律,做推动交通事业又好又快发展的排头兵"的倡议,立足本职岗位,勇于服务创新,推进交通行业精神文明建设向纵深拓展。要创新机制,重心下移,推动文明创建进乡村、进工地、进车船、进站所,大力弘扬"刚毅精神",培养"刚毅式"职工,精心培育交通系统"十佳农民工"、"十佳工区长"、"十佳监理工程师"、"十佳养护能手"、"十佳收费状元"、"十佳司乘人员"、"十佳执法标兵"、"十佳青年"、"十佳科教带头人"、"十佳公仆",最大限度调动交通干部职工的积极性和创造性。要创建为民,打造品牌,精心培育一批文明示范窗口、文明通村公路、文明农村客运示范线、文明车船港站等,提升湖北交通新形象。要加强交通文化建设,举行第五届"先行颂"文艺汇演,营造奋发向上、文明和谐的创建氛围。要深入开展"五五"普法教育,将"研究问题先学法,决策问题遵循法,解决问题依据法,言论行为符合法"作为对交通干部职工的基本要求,努力构建"办事依法、群众信法、为官学法、行政用法”的浓厚氛围。要加大对干部职工的培训力度,选拔优秀市(州)、县(市)交通局长参加高层次学习深造,努力提高各级领导干部的执政水平。要关心职工生活,特别要落实好老干部的政治、生活待遇,进一步关心支持老干部工作。

四是继续推进“廉政阳光工程”。各级交通部门要大力倡导“勤奋好学、学以致用,心系群众、服务人民,真抓实干、务求实效,艰苦奋斗、勤俭节约,顾全大局、令行禁止,发扬民主、团结共事,秉公用权、廉洁从政,生活正派、情趣健康”等八个方面的良好风气,制定出台《关于进一步加强全省交通系统领导干部作风建设的意见》,切实加强领导干部作风建设。各级领导干部要深入一线大兴调查研究之风,沉到基层大兴督办落实之举。要切实解决交通建设征地拆迁、拖欠农民工工资等涉及群众切身利益的突出问题;要将严格执行“收支两条线”,不准下达罚没指标,作为源头治腐的一件大事,制定办法,加大惩戒力度;要严格执行省委关于津补贴“四个一律”的纪律要求,确保政令畅通;要切实加强对身边工作人员、配偶及子女的廉洁教育,不得借势牟利;要进一步规范公务接待和外出考察调研活动,狠刹奢靡之风;要严格遵守省纪委关于严禁党员领导干部参与“带彩”赌博等“五条纪律”,脱离低级趣味。在此,我代表厅党组郑重承诺,严格遵守“十不准”,即:(1)不准违反政治纪律搞自由主义,不背后乱发议论,自觉维护班子团结,与党中央、省委保持高度一致;(2)不准干预和插手交通建设招投标、营运线路审批等事项;(3)不准收受任何形式的礼金、有价证券和贵重物品,非紧急公务,谢绝下级、企事业单位负责人家访;(4)不准违反民主集中制原则和组织人事纪律搞个人“封官许愿”、“跑风漏气”;(5)不准在企业担任任何职务和从事经商活动;(6)不准配偶、子女、亲友和身边工作人员利用领导职权的影响牟取私利;(7)不准为配偶、子女、亲友经商提供方便牟私利;(8)不准拉帮结派,搞团团伙伙;(9)不准接受超标准接待和参与高消费娱乐活动；(10)不准配备超标准小汽车。全省交通系统各级领导班子都要出台约束性规定，作出承诺。要继续开展以“弘扬新风正气，抵制歪风邪气”为内容的廉政交通主题教育，营造“以廉为荣、以贪为耻、廉洁从政、从我做起”的良好氛围，深入开展交通建设领域商业贿赂专项治理工作，努力实现交通发展与廉政建设良性互动，为构建和谐交通提供坚强的政治保证。

2007年湖北交通发展目标宏伟、催人奋进，使命光荣、责任重大。我们将以邓小平理论和“三个代表”重要思想为指导，以科学发展观为统领，进一步弘扬“刚毅精神”，以“廉洁、高效、实干”的工作作风，服务创新、和谐惠民，努力为湖北真正成为促进中部地区崛起的重要战略支点当好交通先行，以优异的成绩迎接党的十七大胜利召开！

(2007年在全省交通工作会上的讲话)

以人为本　以质求效
着力打造湖北现代交通业

2008年全省交通工作会议的主要任务是:以党的十七大和省第九次党代会精神为指针,认真贯彻全国交通工作会、全省经济工作会议精神,总结经验,表彰先进,分析形势,部署“2008——湖北交通质量效益年”工作,动员全省交通职工进一步坚持以人为本,坚持以质求效、以效促质,着力打造现代交通业,推动湖北交通又好又快发展。

一、2007年和十六大以来湖北交通工作回顾

刚刚过去的2007年,是实现本届政府既定交通发展目标的攻坚之年,也是湖北交通发展史上极不平凡的一年。一年来,在省委、省政府的正确领导下,全省交通系统认真落实“2007——湖北交通服务创新年”各项部署,坚持在服务中创新、在创新中服务,全省交通面貌发生了深刻变化。

“2007——湖北交通服务创新年”最显著的成绩,就是全省交通固定资产投资规模首次突破300亿元大关,累计完成328.5亿元;“九路一桥”565公里高速公路(随岳中153公里、荆宜95公里、十漫107公里、沪蓉西白氏坪至高家堰段和高坪至吉心段90公里、武汉市高速出口路116公里和阳逻长江公路大桥4公里)胜利建成,全省高速公路总里程突破2 300公里,达到2 365公里(含武汉中环高速公路53公里),由2006年的全国第11位、中部第4位,跃居全国第8位、中部

第2位。除神农架林区外，市(州)基本实现高速通达，连接我省经济大三角、武汉城市圈及周边省会城市的“三纵两横一环”高速公路骨架网基本形成，成为湖北交通发展史上的重要里程碑。2007年12月26日，“九路一桥”胜利建成新闻发布仪式在随岳中高速公路隆重举行。与此同时，2007年全省港口集装箱吞吐能力突破80万标箱，地方船舶运力达到258万载重吨，崔家营航电枢纽建设顺利推进，汉阳集装箱港区二期工程投入运行，武汉航运中心建设步伐明显加快。

“2007——湖北交通服务创新年”最突出的标志，就是新增通村沥青(水泥)路22 389公里，交通“惠民利民十件实事”全面落实，人民群众“最关心、最直接、最现实”的交通问题得到根本改善。全省行政村通沥青(水泥)路率达到73%、通客车率达到81%，完成乡镇渡口达标改造1 000处。贫困地区农村公路建设“三个倾斜”政策全面落实；组织“送教下乡”培训农民技术员近千名；投入农村客运发展引导资金439万元，补助新增农村客运运力1 077辆、10 972客位；投入船舶运力发展引导资金173万元，补助新增地方船舶运力11万载重吨；一次性缴纳全年、半年公路规费优惠车辆39万台、4 983万元；“绿色通道”省内外车辆无差别政策落实率100%，优惠车辆468万辆、2.8亿元；投入公路安保工程1.73亿元，完成1 680处、1 300公里危险路段整治；8 000辆长途客车、危化品运输车辆安装了GPS，开展了为期100天、以桥隧安全为重点的拉网式安全隐患排查，水陆运输和施工安全管理全面加强。

“2007——湖北交通服务创新年”最鲜明的特点，就是交通电子政务建设取得突破性进展，全省电子政务工作会在我厅成功召开，交通公共服务理念深入人心，服务创新成效前所未有。省交通厅机关率先实现无纸化办公，建成了全省交通视频会议系统、交通公众出行服务系统、高速公路视频监控管理系统、普通公路通行费征收月票IC卡系统和水上交通微机征费系统，设立了厅(局)长信箱、投诉举报、留言咨询及在线沟通等网上公众交流栏目；交通厅新版门户网站、交通公众出行服务系统、高速公路视频监控系统的公众点击率分别达到66万、91万和78万人次，其中交通公众出行服务系统实现了图文、语音一体化服务的新突破，高速公路视频监控系统由京珠、汉十、汉宜、武黄高速公路管理向沪蓉西特大桥、荆岳大桥等施工现场延伸，实现了交通服务创新的新突破。

"2007——湖北交通服务创新年"最成功的探索，就是交通部批准的全国首条科技环保示范路——神宜公路顺利建成，李盛霖部长在交通工作报告中给予了充分肯定并要求在全国进行推广。神宜公路作为一条二级路，成功打造了"路景相融、自然神宜"的生态交通新景观；实践探索了将"保护好生态环境"作为设计的"第一追求"、将"恢复好生态环境"作为施工的"第一原则"、将"科技创新促进生态环保"作为建设的"第一动力"、将实现"自然环境原生态"作为验收的"第一关口"等"四个第一"的生态文明交通新理念；并有机地将"美人昭君、诗人屈原、圣人炎帝、神秘野人"等"美、诗、圣、野"文化元素联为一体，真正展示了"路在林中展、溪在路边流、车在景中行、人在画中游"，真正体现了"适用就是最好的"、"自然就是最美的"。

"2007——湖北交通服务创新年"最可贵的经验，就是探索总结了一套山区高速公路、特大桥隧项目的建设管理经验，取得了一批重大科研成果，沪蓉西高速公路被交通部批准为全国仅有的四个科技示范工程之一，交通科教取得新的成效。沪蓉西作为全国投资规模最大、建设周期最长、地质最为复杂、施工最为艰难的高速公路，在建设实践中研究形成了特长隧道(群)建设、高墩大跨径桥梁建设、高路堤、高陡边坡防护等一系列成套关键技术，为交通部西部科技项目研究提供了有益探索。地处秦岭山脉南麓的十漫高速公路，针对两郧断裂带地质灾害防治、大断裂区域软岩隧道动态设计施工等方面展开技术攻关，有力保障了项目顺利建设。以阳逻桥、鄂东桥、荆岳桥为代表的一批世界级公路桥梁项目，始终处于桥梁建设技术的前沿，主跨1 280米居国内第三、世界第八的悬索桥——阳逻桥成功建造了外径73米、深61米的“神州第一锚”，在国内首创了主塔“剪刀撑”新技术；主跨926米居同类桥型世界第三的鄂东桥、主跨816米居同类桥型世界第六的荆岳桥，积极组织了“钢筋—混凝土”结合段、“索—塔”锚固结构等一系列重大课题科研攻关；宜昌桥则攻克了钢桥面铺装和锚碇开裂技术难题，荣获两项国家专利；荆州桥首次采用斜拉桥合理成桥状态和合理施工状态等新的设计理念和方法，成功解决了跨度位居世界第二的预应力混凝土斜拉桥的设计关键技术问题，设计成果已被新编公路斜拉桥设计规范采纳。一年来，全省交通科研课题近百项，取得重大成果39项，8项获省政府科技进步奖，为重点工程建设提供了有力技术支撑。

“2007——湖北交通服务创新年”最有力的保障，就是交通规费突破100亿元大关，完成104.4亿元；依法行政能力明显加强，“廉洁、高效、实干”的工作作风明显加强，行业精神文明建设和反腐倡廉建设明显加强。2007年初，省厅就在全省组织开展了“迎春创优杯”劳动竞赛、“交通规费稽查服务万里行”等活动，厅长分工负责制、重点工程定期调度制、派驻工程一线调研督办制全面落实并取得实效；我国第一部由省人大颁布的、全面规范农村公路工作的地方性法规——《湖北省农村公路条例》正式施行；湖北交通职业技术学院跨入省级高职示范院校行列；陈刚毅同志光荣当选为党的十七大代表；“学习陈刚毅、喜迎十七大”、以荆岳桥为载体的“刚毅桥”创建、“庆七一·千名党员重温入党誓词·千人体操迎节会”、第五届“先行颂”和老干部“重阳节文艺汇演”等一系列文明创建活动全面展开并取得圆满成功；交通史志工作稳步推进；后勤服务保障进一步加强。“廉政交通”主题教育形成制度，厅党组公开作出“十不准”廉政承诺，与审计部门共建实施重点工程跟踪审计，与省检察院建立了联合预防体系"七项基本制度"。先后对8家违规施工单位给予了取消参与交通工程投标资格的行政处罚,严肃查处和清退了28名违规施工、监理人员。省委第二巡视组对省厅进行了为期两个月的集中巡视,省委组织部对厅领导班子进行了考核,省人大、省政协领导对交通重点工程进行了全面视察,对交通发展实绩给予了充分肯定。

2007年是本届政府的最后一年,广大交通职工克难攻坚、奋力拼搏,圆满实现了全年任务和本届政府确定的目标,从而使2003年以来的五年成为湖北交通发展史上投资规模最大、发展速度最快、经济社会效益最好、人民群众受益最多的历史时期。主要标志为"十大历史性突破":

一是交通固定资产投资取得历史性突破。新增交通投资1 184亿元,是上个5年的2.7倍,相当于建国53年交通投资总和的2倍,年均增长24.9%。

二是高速公路和国省干线建设取得历史性突破。新增高速公路20条1 422公里,建成阳逻、巴东等7座长汉江公路大桥。据统计,我省高速公路网络已经辐射全省86%的县市区,覆盖90%左右的人口和96%左右的经济总量。

三是社会主义新农村交通建设取得历史性突破。建设通村沥青(水泥)路70 222公里,覆盖了全省74%左右的农村人口,解决了13 910个行政村不通沥青(水泥)路的问题,行政村通沥青(水泥)路率、通客车率分别较2002年分别增加54.7个和12个百分点,完成乡镇渡口改造1 860处,农村交通发展日新月异。

四是水运振兴工程取得历史性突破。完成水运投资40.2亿元,是上个五年的6.3倍。我省交通发展史上第一个航电枢纽工程——崔家营航电枢纽建设顺利推进,武汉航运中心建设全面启动。

五是公路水路运输生产取得历史性突破。公路水路旅客运量、旅客周转量、货物运量、货物周转量分别较2002年增长32.3%、

34.2%、41.4%、43.2%，港口吞吐量和集装箱吞吐量分别较2002年增长86.5%、441%。高级客车、专用货车分别增长189.7%、55.9%，地方船舶运力增长48.3%，运力结构明显优化，水路交通安全保持稳定态势。

六是交通多元化筹融资取得历史性突破。完成规费收入404亿元，是上个五年的2倍；争取交通部投资115.5亿元，同比增长154%；新增世行贷款5.5亿美元，在全国交通名列第一；组织银行贷款568.1亿元，楚天高速上市融资8.1亿元，引进社会投资280.4亿元。

七是交通中长期战略规划研究取得历史性突破。省政府颁布了《湖北省公路水路交通发展战略规划》、《湖北省骨架公路网规划》、《湖北省港口布局规划》、《湖北省内河航运发展规划》以及《湖北省交通发展"十一五"规划纲要》等一系列行业规划。

八是交通法制和政策环境取得历史性突破。省人大颁发了《湖北省道路运输条例》、《湖北省农村公路条例》；省政府出台了《湖北省机动车维修业管理办法》、《湖北省出租汽车客运管理办法》、《湖北省港口管理办法》、《湖北省公路规费征收管理实施办法》，颁发了《关于加快交通发展的决定》、《关于加快全省长江水运业发展的意见》和《湖北省农村公路管理养护体制改革实施方案》等一系列支持交通发展的政策。

九是交通体制机制改革取得历史性突破。省厅确立了"六个并举、六个统筹"的科学交通发展观，实施了变"部门办交通"为"社会办交通"、变"大包干"为"资金跟着项目走、项目跟着规划走"、变交通厅一级预算管理为交通厅与市（州）交通专项资金分级预算管理、变粗放型管理为集约精细化管理的"四个转变"改革举措。经省编委批准成立了省交通厅高速公路管理局，探索了企业投资项目"委托管理"新模式，在全国率先实现了高速公路"多元化投资、一体化管理"

的新突破;经省政府批准,高路集团对武英高速公路实施代建,开创了我省交通政府投资项目代建制先例;车购税管理体制改革、长江水监体制改革顺利完成;公路行业改革、乡镇交管站改革和交通行政审批制度改革稳步推进。

十是交通行业精神文明建设取得历史性突破。陈刚毅作为全国重大先进典型推出,"见义勇为英雄"蒋雪峰、"节油大王"王静、"文明出租车司机"王书凤、"公路养护标兵"王长山等一批"刚毅式英模"脱颖而出。建成全国精神文明建设先进单位、国家级文明单位6个,全国创建文明行业先进单位1个,全国交通系统文明行业4个,全国青年文明号9个,全国劳模9名,省部级劳模71名,全国"五一"劳动奖状(章)19名,湖北省"五一"劳动奖状(章)39名。省交通厅、省公路局获得全国文明单位称号。

上述成绩的取得,主要得益于省委、省政府的正确领导和省直部门的大力支持,得益于厅党组一班人精诚团结、求真务实、改革创新,得益于各级交通部门通力合作、真抓实干、开拓奋进;得益于全体交通干部职工和广大建设者的辛勤劳动、忘我工作、无私奉献;得益于交通系统老领导、老干部、老专家的悉心指导和关心帮助。

回顾五年来的交通实践,我们深切体会到,实现交通又好又快发展,关键在于"六个必须始终坚持":一是"六个并举、六个统筹"的科学交通发展观必须始终坚持,真正做到好字优先、好中求快、快中创优,全面提升交通综合质量效益;二是"四个转变"的改革举措必须始终坚持,真正做到变"部门办交通"为"社会办交通",充分激发各级政府和社会各界"合力加快交通建设、促进经济社会发展"的积极性和创造性;三是"三个服务"的交通发展理念必须始终坚持,真正做到为国民经济和社会发展全局、为社会主义新农村建设、为人民群众安全便捷出行服务,认真解决好人民群众"最关心、最直接、最现实"的交通问题;四是"质量第一、安全至上、以人为本、科教创新"的交通发展战略必须始终坚持，真正落实“质量安全是交通的生命、自主创新是交通发展的引擎”，最大限度地提升交通质量安全保障能力和现代公共服务品质；五是打造节约型、环保型“绿色交通”的生态文明理念必须始终坚持，正确处理交通发展与资源节约、环境保护的关系，加快推进交通由传统的外延式、粗放型增长方式向现代的内涵式、集约型增长方式转变；六是交通物质文明、精神文明和政治文明一起抓、任务一起下、成果一起要的方针必须始终坚持，努力为实现湖北交通又好又快发展提供坚强政治保障。

实践中，我们也清醒认识到，近年来湖北交通发展虽然取得了长足进步，但跳出湖北看交通，发展不够、优势不优的最大实际没有变，“不进则退，慢进亦是退”的严峻形势没有变，经济社会日益增长的交通服务需求同“量不足、质不优”的交通供给之间的主要矛盾没有变。资金匮乏、人才紧缺、质量通病、安全隐患等仍是湖北交通面临的突出矛盾和巨大压力，加强交通市场监管和反腐倡廉建设的任务仍十分繁重。全省交通职工必须再识湖北交通省情，更加自觉地坚持发展第一要义，更加自觉地坚持居安思危讲忧患，更加自觉地落实好“三个服务”，努力以更坚强的决心、更开放的思维、更创新的举措推进湖北交通全面协调可持续发展。

二、湖北交通面临的新形势

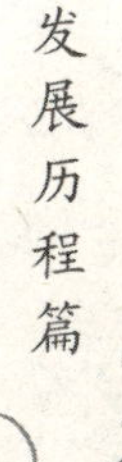

党的十七大全面阐述了科学发展观的深刻内涵，描绘了在新的时代条件下继续全面建设小康社会、加快推进社会主义现代化的宏伟蓝图。今后一个时期，是交通科学发展的重要战略机遇期，全省交通职工一定要深入学习领会中央、省一系列重大精神，正确认识交通发展面临的新形势，努力做到“八个适应”：

一是适应全面建设小康社会的新要求。十七大指出，今后五年是全面建设小康社会的关键时期，必须坚持把发展作为党执政兴国的第一要务。全省经济工作会议进一步强调,必须牢牢抓住发展这个根本,只要符合科学发展观的要求,符合国家产业政策,符合节能环保标准,能发展多快就发展多快。全省交通系统必须始终坚持发展第一要务,聚精会神搞建设、一心一意谋发展,努力夯实全面建设小康社会的交通物质基础。

二是适应加快发展综合运输体系的新要求。十七大强调,要加强基础设施建设,加快发展综合运输体系。省第九次党代会明确将打造"现代物流基地和综合交通运输枢纽"作为构建促进中部崛起重要战略支点的重要内容。各级交通部门必须坚持用综合交通发展的理念统筹各种运输方式的衔接优化和协调发展,努力打造湖北综合交通运输枢纽。

三是适应加快发展现代交通业的新要求。十七大强调,要发展现代服务业,提高服务业比重和水平。全国交通工作会明确提出了打造现代交通业的新要求。发展现代交通业是发展现代服务业的重要组成部分,各级交通部门要紧紧围绕做好"三个服务",加快发展现代交通业,提高交通现代化水平。

四是适应生态文明建设的新要求。十七大强调,要建设生态文明,增强可持续发展能力。交通行业作为资源依赖型、能源消耗型的传统行业,必须始终坚持交通发展与生态环保并举,牢固树立生态文明交通建设新理念,着力转变交通发展方式。

五是适应"两型社会"建设的新要求。十七大强调,要建设资源节约型、环境友好型社会。近期,武汉城市圈被批准为"全国资源节约型和环境友好型社会建设综合配套改革试验区",对交通发展提出了更高要求。各级交通部门必须在着力推进武汉城市圈公路、港航、运输和服务四个"一体化"的基础上,更加重视资源节约和环境友好,努力为"两型社会"建设当好交通先行。

六是适应服务民生、保障民生、改善民生的新要求。十七大强调,要更加注重社会建设,着力保障和改善民生。省第九次党代会强调,要将实现农村道路“村村通”作为“十个基本”重要目标之一。各级交通部门必须始终坚持将加快社会主义新农村交通建设作为解决人民群众“最关心、最直接、最现实”利益问题的重要内容,为农民增产增收提供交通保障。

七是适应安全发展的新要求。十七大强调,要坚持安全发展,强化安全生产管理和监督,有效遏制重特大安全事故。各级交通部门必须深刻汲取“6·15”广东九江大桥桥面坍塌事故、“8·13”湖南凤凰堤溪大桥特大坍塌事故等用生命和鲜血换来的教训,以更有效的措施、更务实的作风,全面加强质量安全管理,提升安全保障水平。

八是适应全面推进党的建设新的伟大工程的新要求。十七大强调,必须把党的执政能力建设和先进性建设作为主线,坚持党要管党、从严治党,贯彻为民、务实、清廉的要求。实现交通又好又快发展,各级交通部门必须坚持以改革创新精神加强党的建设,努力促进全省交通物质文明、精神文明、政治文明协调发展、良性互动。

遵循党的十七大和省第九次党代会精神,今后五年湖北交通发展的战略任务是:着力打造“生态文明、安全优质、互联高效、结构优化、创新驱动、法治有序、充满活力、永续发展”的现代交通业。主要目标是:到2012年,全省高速公路总里程达到4 000公里,国省干线全部达到二级以上标准;港口吞吐能力达到2.1亿吨,集装箱吞吐能力达到200万标箱,武汉长江航运中心初具规模;行政村通沥青(水泥)路率、通客车率均达到100%;交通支持保障系统更加完善,交通安全质量和应急保障能力明显提高,中西部交通强省初具雏形。根本保障是:坚持解放思想,推进改革开放,深化“四个转变”,做到“八个转向”:

——交通发展由“数量扩张型”转向“质量效益型”,以实现湖北交通又好又快发展为根本目标,更加重视交通发展的质量和效益,努

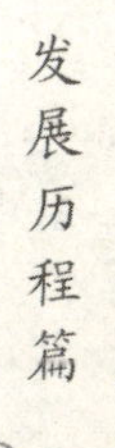

力实现交通发展规模、速度和质量、效益相协调。

——交通建设由"资源消耗型、依赖型"转向"资源节约型、环境友好型",将长汉江黄金水道建设、节能降耗作为"两型社会"建设的重中之重,着力在资源节约、环境友好的科学发展上一步到位。

——交通管理思维由"立足本部门"转向"立足大交通",以构建综合交通运输枢纽为交通发展方向,充分发挥湖北在全国交通运输格局中大进大出、快进快出、辐射周边的交通枢纽作用。

——高速公路招商引资及建设由"以省为主"转向"以市(州)为主"。对列入省"十二五"、"十三五"等中长期规划的高速公路项目以及地方区域高速公路,积极鼓励以地方政府为主体组建项目业主,实施招商引资和建设,进一步推动"部门办交通"为"社会办交通"。

——港航建设由"以部省投资为主"转向"多元化筹资",对列入规划的港航工程项目,要像高速公路建设那样大力实施招商引资,通过多元化筹资加快发展湖北水运。

——交通筹融资由"招商引资"转向"招商选资",着力提高招商引资质量,加强招商项目指导、协调、服务和监管,确保招商项目顺利推进。

——交通建设管理由以"指挥部为主"转向"项目代建制"等多种模式,推进交通建设管理专业化、规范化、集约化、精细化。

——交通行业管理由"方便管理部门"转向"服务社会公众",坚持将满足经济社会发展需要作为行业的不懈追求,强化交通公共服务职能,努力建设以人为本的服务型机关和负责任行业。

三、2008年湖北交通主要工作

2008年是全面贯彻党的十七大和省第九次党代会精神的第一年,也是打造现代交通业、实现"十一五"交通目标承上启下的关键年。为进一步推进湖北交通又好又快发展，省厅决定:2008 年为“湖北交通质量效益年”。

质量是交通发展的生命，效益是交通发展的目标，质量是效益的根本保证，效益是质量的集中体现。全面推进“2008——湖北交通质量效益年”，就是要更加注重交通发展的质量效益，坚持以质量求效益，以效益促质量。

——更加注重质量和效益，是落实科学发展观的本质要求。就是要始终坚持发展第一要义，科学规划，制订积极的发展目标，只要符合科学发展观的要求，能发展多快就发展多快。

——更加注重质量和效益，是实现交通又好又快发展的基本前提。就是要始终坚持好字优先、好中求快、紧中求活，使交通发展真正建立在结构优化、质量提高、效益提升的基础上，努力实现规模、速度和质量、效益相协调。

——更加注重质量和效益，是构建“两型社会”的根本要求。就是要牢固树立生态文明交通新理念，转变交通发展方式，坚持资源节约和环境友好，重视节能减排降耗，努力以资源环境代价的最小化实现质量效益的最大化。

——更加注重质量和效益，是打造现代交通业的重大举措。就是要按照发展现代服务业的总体要求，进一步创新交通服务理念，丰富交通服务内涵，唱响“三个服务”主旋律，着力营造和谐交通，做到交通发展服务民生、保障民生、改善民生。

——更加注重质量和效益，是贯彻“以人为本”的具体体现。就是要进一步突出科技教育、自主创新、优质服务，不断提高交通建设、养护、运输、安全等各个环节的质量水准，以质取胜、以质创效，着力解决人民群众最关心、最直接、最现实的交通问题。

——更加注重质量和效益，是增强交通执政能力的有效途径。就是要坚持科学管理、依法管理、规范管理、精细管理和廉洁从政，向管理要质量、向管理要效益，不断推进交通“三个文明”建设协调发展。

“2008——湖北交通质量效益年”的投资规模是：完成交通固定资产投资300亿元，其中，公路重点工程193亿元、普通公路86.7亿元、站场建设4.3亿元、港航建设16亿元。主要目标是：

——续建“九路三桥”939公里（沪蓉西宜恩段、恩利段、武英、武荆、随岳北、随岳南、和左、汉洪、大广北高速公路和荆岳、鄂东、东荆河大桥），建成沪蓉西宜恩段、和左、汉洪、随岳南等高速公路240公里，高速公路总里程突破2 600公里；确保开工麻武、三峡翻坝、大广南等高速公路265公里，力争开工杭瑞、宜巴、汉鄂高速公路左岭至花湖段430公里。分部、分项工程合格率100%，工程质量优良率90%。

——加快崔家营航电枢纽、汉江丹白段航道整治工程建设，建成荆州盐卡港、黄石港外贸集装箱码头；净增地方船舶运力20万载重吨、港口集装箱吞吐能力15万标箱。

——新增通村沥青（水泥）路12 000公里，新增农村客运车辆900台、10 800客位，全省行政村通沥青（水泥）路率达到80%、通客车率达到88%，乡镇渡口达标率100%。

——完成交通规费收入111亿元，确保入库率100%、微机征费率100 %、收费标准执行率100%、实征率88%；确保厅机关和厅直单位接待费、水电费、通信费各下降5%，厅机关处室行政经费下降5%，原则上不准新购非生产性车辆，确保无重大资金违纪违规问题发生。

——完成全省高速公路病危桥检测和加固改造，完成国省干线危桥改造255座，完成乡道大桥、县道中桥以上危桥改造45座；确保水陆安全隐患整改率100%，“五大制度”落实率100%；杜绝水上一次死亡失踪3人以上的重大责任事故；杜绝因管理部门失职造成一次死亡10人以上的特大责任事故。

——全省营运车船单位平均能耗下降4%；新建船舶安装、使用油水分离器100%;高速公路附属区污水处置率80%;新建高速公路声环境达标率88%。

——全国文明单位保持率100%,省级文明单位较上届增长5%;培树10名"刚毅式交通英模"和"王静式标兵",新创10个厅级文明示范窗口;确保无重大腐败案件发生。

"2008——湖北交通质量效益年"的总体要求是:坚持以提高质量效益为根本,以开展"创优杯"、"安全杯"、"节能杯"、"民心杯"、"征稽杯"等"五杯竞赛"为载体,突出抓好"七大重点":

(一)以推广"王静工作法"为抓手,全面提高运输服务的质量和效益

全国城市公共交通标兵、"刚毅式交通英模"、"节油大王"王静17年如一日,爱岗敬业,刻苦钻研,勇于创新,创造了节油4万升、安全行车51万公里、发动机运行40万公里无大修等3项纪录。她创造的节能、安全、服务、创新"四位一体"的"王静工作法",体现了科学发展的理念,体现了"三个服务"的内涵,体现了建设"两型社会"的要求,其实质是以人为本、安全优质;以车为本、节能降耗;以质量效益为本、自主创新。各级交通部门要深入学习宣传、全面推广"王静工作法",开展"学习王静工作法、争做王静式标兵"活动,努力提高交通运输质量效益。

一是学习"王静工作法",坚持节能降耗,努力建设节约型交通行业。"王静工作法"特点之一就在于节能降耗从我做起、从小事做起,把简单的事情坚持下来,在点滴中实现节约的积累。王静总结的"一查、二看、三配合、慢起步、柔进挡、中速行、缓进站"的节油驾驶方法,充分体现了资源节约、生态环保的理念。各级交通部门要在全省大力推广"王静节油法",广泛印发"王静节油法"明信片,开展"王静节油法"培训和"节油技术大交流"活动,激励广大驾驶员像王静那样"把车子当成自己的孩子"、"宁出一身汗少耗一滴油",牢固树立"节

油就是环保、节油就是效益”的意识,培育一大批王静式节油标兵和节能降耗示范企业,努力推动运输行业从资源消耗依赖型向资源节约环保型转变。各级运输部门要建立健全节能减排考评指标体系,督促运输企业建立单车单船油耗奖惩机制,优先发展节油环保型车船,鼓励出租车使用“双燃料”。

二是学习“王静工作法”,坚持优质服务,提高运输服务质量。“王静工作法”特点之二就在于以最优质的服务满足人民群众安全便捷出行的需求,她总结的“微笑多一点、嘴巴甜一点、语气柔一点、度量大一点、仪表美一点、服务好一点”的“六个一点”服务,充分体现了在创新中服务、在服务中创新。各级交通部门要在全省公路水路客运、出租、维修、驾培等行业开展优质服务竞赛,培树服务品牌,激励交通职工像王静那样始终“把乘客的需要当成自己的责任”,牢固树立窗口服务意识,在高速公路开展“荆楚快客”服务品牌创建活动,让乘客享受舒适安全的“空勤式”服务;在客运站开展服务信誉等级评定活动,让旅客享受温馨体贴的“家庭式”服务;在出租车行业开展以“诚信经营、文明服务”为主题的“双创”活动,让公众享受文明优质的“贵宾式”服务。公路管理部门要按照“满意在费亭、舒适在路途、服务在沿线、安全到终点”的要求,不断提高服务品质。要进一步完善运输市场诚信体系,加强质量信誉考核,严格“黑名单”制度。要重点抓好春运、黄金周和节假日等重点时段的运力调配和运输组织工作,确保广大旅客走得了、走得好、走得安全、走得舒适。

三是学习“王静工作法”,坚持安全至上,提供运输保障。“王静工作法”特点之三就在于始终把人民群众的生命安全放在首位。各级交通部门要切实加强安全教育,激励交通职工像王静那样把“开一辈子安全车”当作自己追求的目标,努力打造平安交通。要进一步严格“三关一监督”的安全监管责任,落实安全门检制度、行包安全检查制度和道路危险货物运输安全卡制度等，全面推行客运站“三不进站五不出站”制度，即：危险品不进站、无关人员不进站（发车区）、无关车辆不进站，超载客车不出站、安全例检不合格客车不出站、驾驶员资格不符合要求不出站、客车证件不齐全不出站、“出站登记表”未经审核签字不出站。切实加强道路客货运输安全管理，建立省、市、县三级GPS监控平台，安装GPS营运车辆9 200台，实施全程监控，确保运输安全。

四是学习“王静工作法”，坚持效益优先，加快建设综合交通运输枢纽。“王静工作法”特点之四就在于努力追求以最小的资源消耗和环境代价取得最大的经济社会效益。各级交通部门要牢固树立“建设是基础、运输是目的”的发展理念，着力推进交通运输结构调整，转变运输发展方式，积极推行公铁联运、公水联运、江海联运、水陆空联运，努力实现客运“零换乘”、货运“无缝衔接”，发挥多种运输方式的综合效益。要以武汉、黄石等7个国家公路主枢纽建设为重点，优先建设武汉杨春湖综合客运换乘中心示范点等具有集并转换功能的客货枢纽。积极引导营运车船向标准化、专业化、清洁化方向发展。积极鼓励公路、水路运输企业发展第三方物流，提升运输的专业化、社会化服务水平。

（二）以树立“前期就是投资、前期就是发展”的理念为要求，全面提高交通项目前期工作的质量和效益

一是充分认识前期工作的重要性和紧迫性。根据数据分析，要实现2010年全省高速公路3 500公里的目标，除在建的939公里高速公路要全面建成外，还必须根据交通建设的客观规律，以足够的项目为支撑，确保今年至少新开工200公里高速公路。当前国家实施稳健的财政政策和从紧的货币政策，前期工作已经成为确保规划目标实现的决定性因素。各级交通部门必须牢固树立“前期就是投资、前期就是发展”的理念，始终坚持“好中求快、紧中求活”，在宏观调控的新

形势下采取超常规措施，确保一季度麻武、三峡翻坝、大广南高速公路开工，力争汉鄂高速公路左岭至花湖段和杭瑞、宜巴高速公路年内开工，积极培育新的交通经济增长点。

二是认真组织开展“迎新创优杯”竞赛。各级交通部门要将前期工作作为“迎新创优杯”竞赛的重中之重狠抓落实，主要领导必须将其作为主要工作提上重要议事日程，分管领导要将主要精力放在抓前期工作上，抽调精干人员组建前期工作专班，认真落实前期工作目标责任制和协调调度制。省厅已经成立了交通重点工程前期工作专班，明确一位副厅长负责，下设办公室挂靠厅规划室，具体负责公路、港航、站场项目前期工作，厅计划、基建、财务、科教等处室职能不变。各单位要按照《关于开展2008年迎新创优杯竞赛的通知》要求，切实增强忧患意识和责任意识，以前所未有的决心和坚韧不拔的毅力，抓跟踪，抓落实，采取有效措施确保高速公路“保三争六”目标，积极推进武汉至监利、汉口至东山头、麻竹随州段、福银联接线湖北段和襄樊东外环高速公路的前期工作，确保实现普通公路“保三争四”目标和港航工程“保六争十”目标，真正形成“规划一批、论证一批、在建一批、储备一批”的前期工作机制。各建设指挥部要结合实际，创造性开展“迎新创优杯”竞赛，为全面超额完成年度计划目标夯实基础。

三是积极推进专项规划的修订和审批工作。要按照建设“两型社会”的总体要求和《武汉城市圈总体规划》有关精神，抓紧修订《武汉城市圈公路水路交通发展规划》并付诸实施。进一步抓好主要港口总体规划的报批工作，确保武汉、宜昌、荆州、黄石等港口总体规划上半年获得批复。

(三)以武汉航运中心建设为重点，全面提高湖北水运发展的质量和效益

一是千方百计拓宽港航建设筹融资渠道。长汉江黄金水道作为我省得天独厚的交通资源，具有占地少、污染小、成本低的天然优势。

各级交通部门必须坚持将长汉江黄金水道特别是武汉航运中心作为“两型社会”建设的重中之重，推进交通经济结构调整，努力建设低资源占用、低能源消耗、低环境污染、低使用成本的交通运输体系；必须坚持解放思想，大力实施开放先导战略，多渠道、多元化地吸纳社会资金投入水运建设，着力将湖北“水运大省”打造成为“水运强省”。港航部门要牢固树立“事在人为，业在人创”的发展意识、责任意识，精心策划，精心组织，建立健全港航建设项目库；要大力宣传湖北水运的比较优势，像高速公路那样大力实施招商引资，筛选一批有需求、有效益的项目，主动到资金雄厚、航运发达的上海、江浙、深圳等地招商选资，吸引更多的、更有实力的企业投资湖北水运，拓宽港航建设资金渠道。

二是千方百计加快武汉航运中心建设。要开工建设阳逻港二期工程、武汉石化80万吨乙烯配套码头，加快荆州盐卡、黄石外贸、宜昌云池等集装箱港口建设。确保崔家营航电枢纽工程船闸建成通航。加快汉江丹白段航道整治，完成巴河、汉北河航道整治主体工程，力争开工汉江汉川至蔡甸段、兴隆至汉川段航道整治工程。要坚持港航建设与生态环保并重，力争将武汉港阳逻港区、三峡库区童庄河航道、兴山县峡口港旅游码头等打造成生态环保示范工程，将丹江口、梁子湖等打造成船舶零排放示范区。要积极引导和支持内河大吨位干散货船、集装箱船、液货危险品船、江海直达船、汽车滚装船等重点船舶的发展，推进船舶标准化、大型化、专业化、清洁化。要大力支持长江中游过驳转运、江海直达运输、三峡翻坝运输和载货汽车滚装运输的发展，提高运输效率。积极推动武汉港、鄂州港资源整合，提升湖北港口竞争力。

三是千方百计夯实水上交通安全管理基础。要牢固树立“以人为本”的安全发展理念，广泛开展“千村百校水上交通安全宣传行动”、“救生衣”行动和“客渡船、危险品运输船舶、船舶超载专项整治行动”，强化重点水域、重点船舶、重点时段安全管理，确保安全生产责任制层层落实、安全规章制度层层落实、各项安全工作层层落实，确保水上交通安全态势平稳。

（四）以推广神宜科技环保示范路为契机，全面提高国省干线、农村公路建设的质量和效益

一是争创“一圈一市两条线”生态文明交通品牌。全国科技环保示范路—神宜公路的成功探索，对引领我省乃至全国二级公路新改扩建、提升环保服务功能具有重要的典型示范意义。根据发展规律，从“十一五”到“十二五”，我省乃至全国的高速公路、农村公路必将由建设高峰期逐步转向“建设平稳期”和“养护管理关键期”。特别是在当前国家实施宏观调控政策，交通重点工程审批更趋严格的新形势下，李盛霖部长已在全国交通工作会议上明确要求，加大国省干线改造力度，到2010年东中部地区力争实现所有国道达到二级以上标准，基本消灭国道网中的断头路。各级交通部门要认清形势、把握机遇，学习推广神宜公路的建设经验，牢固树立“适用就是最好的”、“自然就是最美的”生态文明交通新理念，真正做到不盲目追求宽平直、不轻易裁弯取直选新线、不牺牲环境大填挖，自觉地将资源节约、生态环保的要求落实到公路维修改造和养护管理的全过程。2008年，省厅、省公路局将在全省创建“一圈一市两条线”生态文明交通品牌，即：以服务“一江两山”国际旅游区为重点，打造“一江两山生态文明交通示范圈”；以水乡园林潜江市为重点，打造“江汉平原生态文明交通示范市”；以红安革命传统教育基地为依托，打造“红色旅游生态文明交通示范线”；以107国道为重点，打造“国省经济干线生态文明交通示范线”。各市县交通公路部门要结合实际，打造一批县乡公路、通村公路生态文明交通示范线。

二是合力共建“一镇十村”示范点。要积极开展以“生态环境好、质量效益好、养护管理好、客运服务好、渡口安全好、农民反映好”等

“六好”为主要内容的“民心杯”竞赛，着力建设“路站运渡一体化”的生态文明交通新环境。省交通厅将会同省建设厅等部门在全省选择“一镇十村”作为试点进行共建，其目标是“四个率先、一个确保”，即：率先实现行政村通沥青（水泥）路率100%，先行启动农、林、渔场道路建设；率先实现农村公路、站场及渡口养护管理长效机制落实率100%，确保市县财政安排农村公路建设、养护资金全面落实；率先实现农村路站运渡一体化，确保其通客车率100%、渡口达标率100%；率先实现农村公路生态环保化，做到土路肩完善，错车台配套，植物防护到位；确保国家计划项目完成率100%。

为进一步提高农村公路建设养护管理水平，各级交通公路部门要认真制订并实施农村公路建设养护“三大员”培训行动计划，2008年培训农民施工技术员3 000名、农民护路管理员3 000名、农民质量监督员1 000名，力争三年内全省行政村培训面达到100%。为支持各地加快农村公路养护管理体制改革，省交通厅将按县道每公里7 000元、乡道每公里3 500元、村道每公里1 000元标准安排非列养农村公路养护工程经费。各市（州）要根据《湖北省农村公路条例》和《湖北省农村公路管理养护体制改革实施方案》，抓紧制订本地改革方案并报省厅核备。

（五）以危桥改造为基础，全面提高交通安全管理的质量和效益

一是高度重视公路危桥改造。各级交通部门要集中精力、集中资金抓好危桥改造工程，确保用一年时间完成高速公路病危桥的加固改造，用三年时间完成国省干线危桥改造，用五年时间完成县乡公路及通村公路危桥改造。其中武汉城市圈力争用两年时间率先完成危桥改造。依据《中华人民共和国公路法》，农村公路危桥改造责任主体是地方政府，省交通厅将通过以奖代补或定额补助给予支持，对乡道大桥、县道中桥以上危桥加固改造，拆除重建类项目按概算的50%、加固改造类项目按概算50%且不超过1万元/延米的标

准进行补助;其他危桥改造,拆除重建类项目按8 000元/延米、加固改造类项目按概算的50%且不超过5 000元/延米的标准进行补助。各地在危桥整治中要将圬工拱桥作为重中之重,按照轻重缓急的原则制订改造计划,择优选择有资质的试验检测及加固方案设计单位,确保危桥改造质量,严格实行"销号制"管理,完成一处,销号一处。要切实加强病危桥安全管理,落实安全防范措施,完善限载限速等标志标牌,安排专人昼夜管护,严格超载超限车辆治理,严禁车货总重超过 55 吨的车辆上桥行驶,严防发生桥垮人亡恶性事件。对老旧桥梁、废弃桥梁,该封闭的封闭,该拆除的拆除,确保人民群众出行安全。

二是高度重视公路安保工程。2008 年计划投资 8 102 万元,完成 10 条国省干线公路安保工程;投资 8 442 万元,完成重要旅游公路和发生重大交通事故的 14 条县道安保工程。各地要加强地质灾害防治;启动重点防汛通道改造工程,保障防汛抗灾道路安全畅通。

三是深刻汲取湖南凤凰堤溪大桥"8·13"特大坍塌事故教训,严格落实工程质量终身负责制和安全生产责任追究制。各级交通部门一定要以此为鉴,认真结合实际、举一反三,排查隐患、堵塞漏洞,建章立制、狠抓整改,要以对党和人民高度负责的精神,始终绷紧质量安全这根弦、始终念好质量安全这本经、始终坚持质量安全抓落实,真正做到不违反程序开工、不违背规程施工、不牺牲质量安全赶工、不违背原则签字、不降低标准验收、不放任自流失职。

(六)以科教创新为动力,全面提高交通现代管理的质量和效益

一是深入推广高速公路、特大桥梁、长大隧道成套技术和管理经验。我省建成的 2 365 公里高速公路,或翻越崇山峻岭,或穿越平原冈地,或跨越大江大河,在地形上涵盖了山岭重丘、平原微丘、水网湖区,在地质上涵盖了软土、岩溶、断裂构造带、滑坡等极端地质现象,特别是阳逻等一大批长汉江公路大桥相继建成,使我省桥梁建设呈

现出“桥型种类齐、单跨跨径大、技术难点多、科技含量高”等显著特点。实践中广大建设者通过多年来坚持不懈的技术攻关和科技创新，总结探索了高速公路、特大桥梁、长大隧道的设计、施工和管理成套技术。大力总结、推广、应用这些宝贵的技术和管理经验，对攻克技术难关、消除质量通病、提高我省交通建设质量效益至关重要。当前，要重点推广高填石路堤施工成套技术、高边坡防护成套技术、软土路基处治成套技术、废旧橡胶改性沥青混凝土路面设计施工成套技术、特殊复杂地质条件下隧道动态设计施工成套技术、软土地基悬索桥锚锭施工成套技术、大跨度桥梁施工控制成套技术等，积极将这一系列成熟的新技术、新工艺、新材料、新设备应用到“九路三桥”工程项目，切实提高科技创新对交通建设的贡献率。要重点推广随岳中高速公路成功实践的招投标委托代理制、征迁资金拨付直通式、工程管理直达式、设计变更集体决策制、工程计量多方核实制，真正做到开工一步到位、竞赛持续创新、施工合理交叉、工序无缝衔接、审计跟踪共建、各方协调联动、工程环保和谐、建设又好又快，全面提高我省交通建设综合质量效益。特别是鄂东桥、荆岳桥等一批世界级的建设项目，要认真学习借鉴国内外桥梁建设管理的先进经验，立足自主创新，重点研究解决超高索塔混凝土泵送、养生，钢锚箱、锚固横梁吊装及精确定位等技术难题，积极开展主梁钢混结合段结构试验和施工工艺研究、超宽混凝土箱梁施工工艺和裂缝防治技术研究，进一步丰富特大跨径桥梁建设成套技术。

二是深入推进科技征费、依法理财。各级交通部门要深入开展以“费收创高、技术创新、服务创优、环境创佳、业务创精、管理创效”等“六创”为主要内容的“征稽杯”竞赛，不断提高费收工作科技含量和服务水平。“1+8”武汉城市圈要率先实现征费数据共享和通查通缴；长江干线地方船舶“一卡通”管理要全面推行；要建成普通收费公路数据传输、远程监控网络和高速公路联网协同办公系统。各级

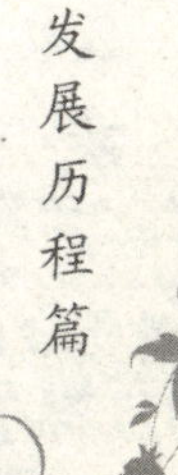

费收部门要全面实现交通规费微机征费，坚决杜绝手工票。港航海事部门要进一步加强费收票据的发放、审核和管理，严肃查处违规开票、串票等行为。要坚持依法理财，进一步加强资金监管和审计监督。按照“及时清缴、定期查对、不留余额”的要求，强化交通规费收入、路产赔偿收入等资金管理，完善制度，堵漏增收。对截留、挪用和违规使用交通资金等行为，发现一起，查处一起。

三是深入推进交通电子政务建设。牢固树立“硬件是基础、软件是根本”的行业管理新理念，着力整合信息资源，力争建成“一个中心、四大系统”，即：省交通厅数据交换处理中心、GIS(地理信息系统)查询分析系统、公路交通规费征收综合分析系统、交通行业信用信息分析系统、公众出行服务应用系统。完善高速公路视频监控系统，推进客运联网售票系统等建设。进一步加大办公自动化系统建设，厅直单位全面建成OA系统，积极推进交通行政许可在线办理。

四是着力培养创新型人才。要继续实施“百、千、万人才培养工程”，重点加强交通科技创新型人才、技能型人才培养，建立中青年科技英才库，充分发挥交通专家委员会作用。要进一步创新人才培养机制，坚持推荐和考试选拔相结合，选送优秀人才到重点工程挂职锻炼，到国内外高等院校进修，鼓励自学深造，鼓励海外学成归来，营造尊重知识、尊重人才、尊重劳动、尊重创造的良好氛围。湖北交通职业技术学院要以入围省高职示范性院校为契机，不断深化教育教学改革，为交通发展培养更多的交通适用型人才。

(七)以提高职工队伍素质为根本，全面提升交通综合支持系统的质量和效益

一是提高交通依法行政能力。争取省人大常委会修订《湖北省高速公路管理条例》，争取省政府出台《湖北省道路运输辅助业管理办法》。深入推进“五五”普法依法治理工作，制定文明执法行为规范，认真组织交通行政处罚自由裁量标准的研究制定和试点工作。

加强执法人员资格和执法证件管理，强化执法人员培训，努力在全省交通系统形成“办事依法、群众信法、为官学法、为政用法”的浓厚法治氛围。

二是深化“学、创、建”活动。坚持以改革创新的精神加强党的建设，按照“讲党性、重品行、作表率”的要求，切实加强交通干部队伍建设，深入开展“五好”班子创建活动。制定我省交通文化建设实施意见，开展车船港站文化建设研究与实践，大力建设社会主义核心价值体系。以“迎奥运、讲文明、树新风”为主题，进一步弘扬“刚毅精神”，积极实践“王静工作法”，努力创建一大批文明示范窗口、青年文明号、巾帼示范岗、刚毅号工程，积极倡导全民健身运动和文明礼仪伴我行活动，举行全省“迎奥杯”交通局(处)长乒乓球团体赛，推进群众性文明创建活动向纵深发展。要更加注重实施“交通一线工作法”，即到一线了解实情，到一线解决难题，到一线学习交流，到一线培育典型，到一线推广经验，努力形成“人人学习先进、人人创造经验、人人创新创效”的生动局面。

三是深入推进廉政阳光工程。坚持“标本兼治、综合治理、惩防并举、注重预防”的方针，更加注重预防，更加注重治本，更加注重制度建设，认真开展“廉政交通主题教育”、廉政交通典型巡回报告和“廉政交通三做起(从领导做起，从班子做起，从我做起)”主题实践活动，扎实推进交通廉政文化建设和具有交通特色的惩治和预防腐败体系建设。严格落实党风廉政建设责任制，严格遵守厅党组“十不准”廉政承诺和机关公务员廉政守则，认真落实《湖北省公路建设市场信用体系实施方案》，坚定不移地遏制交通建设领域违法分包、转包行为，着力规范和整治交通市场秩序。继续深化与审计署武汉特派办、省审计厅、省检察院的联合共建工作，坚决查处违纪违法案件，促进交通发展与党风廉政建设良性互动。

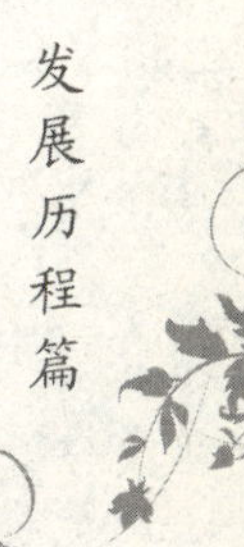

站在新的历史起点，我们一定要百倍珍惜来之不易的发展环境，

坚持以党的十七大精神为指针,以省委、省政府领导的重要指示精神为动力,奋力实干、奋力创新、奋力争先,努力为打造湖北现代交通业、服务我省“两型社会”发展作出新的更大贡献!

(2008年在全省交通工作会上的讲话)

改革开放　攻坚克难
推动湖北交通科学发展上水平

2009 年全省交通工作会议的主要任务是:以党的十七大,十七届三中全会、中央经济工作会议和省委九届五次、六次全会精神为指引,认真贯彻省十一届人大二次会议和全国交通运输工作会议精神,总结经验,表彰先进,分析形势,部署"2009——湖北交通改革攻坚年"工作,进一步动员全省交通职工解放思想,改革开放、攻坚克难,全力推动湖北交通科学发展上水平。

一、2008 年湖北交通工作回顾

2008 年是湖北交通发展极不平凡的一年。站在 2009 年的门槛上,我们深刻感受到 2008 年仍然环绕在我们的身旁,我们的手指能触摸到雪灾的冰凉,我们的心头还留着汶川的悲伤,我们的耳边还有奥运的欢呼和神七的欢畅。一年来,全省交通系统在省委、省政府的正确领导下,全面落实科学发展观,大力弘扬"刚毅精神",团结拼搏,克难奋进,全省交通经济保持了良好发展态势。主要表现在"十个方面":

一是成功应对雨雪冰冻等严重自然灾害,全力保障奥运会、残奥会和中博会等交通运输安全,交通应急决策指挥能力和快速反应能力明显提升。面对突如其来的雨雪冰冻灾害,全省交通系统坚持做到:科学组织,精心调度,对雪灾预报第一时间进行动员部署,对雨雪冰冻第一时间进行清障抢通,对滞留车辆第一时间进行帮扶解困,对路况信息第一时间进行社会公告,大力推行"交通一线工作法",创造了24字的"抗冰雪、保安全、高速公路低速行驶法",一大批刚毅青年突击队、抢险队在抗冰雪一线不分昼夜、连续作战,"刚毅精神"引领着湖北交通人最大限度地保障了交通大动脉和运输生命线的安全畅通,得到了中央、省委、省政府领导的充分肯定;在抗震救灾的关键时刻,武汉、潜江、咸宁、恩施等市(州)县交通部门以及厅机关、厅直单位,紧急组建了由200余名领导干部、工程技术人员组成的抗震救灾刚毅突击队,第一时间奔赴灾区,提前20多个小时将250吨战备钢桥运往灾区,打通了9.5公里的茶秀公路,抢运各类救灾物资近3万吨,湖北交通人召之即来、来之能战、战之能胜的良好精神风貌得到了交通运输部的高度赞扬并专此向省委、省政府发来感谢信;为加强交通维稳和奥运安保工作,省厅迅速成立了奥运火炬转场交通保障小组,由80名骨干组建的刚毅安保维稳应急突击队和由17辆大型高级客车组成的北京奥运服务车队,为湖北交通塑造了良好形象;为确保交通生产和运输安全,各级交通部门多次在沪蓉西、汉宜、汉十高速公路和荆岳、军山长江公路大桥、汉江汉川水域、金家墩客运站举行了安全应急处置演练,深入开展了隐患治理年、安全生产百日督察专项行动,为确保交通安全生产特别是水上交通安全处于平稳可控状态奠定了坚实基础。

二是成功新建高速公路348公里,完成交通固定资产投资320.5亿元,公路水路运输服务保障基础性作用进一步发挥。据交通运输部统计,2008年湖北交通固定资产投资规模居全国第四位、中部六省第一位;全省高速公路总里程达到2 719公里,由2007年的全国第八位上升到第七位;全省在建"十一路两桥"1 045公里,随岳北、武英、武荆等重点工程建设进展顺利,"四纵三横一环"高速公路网络初具雏形;全省客运量、客运周转量、货运量、货物周转量同比分别增长7%、

17.7%、18.4%、17.4%；港口吞吐量完成1.6亿吨，集装箱吞吐量达到59万标箱，净增船舶运力22万载重吨，交通运输服务保障能力进一步增强。

三是成功启动25条、2 048公里的高速公路前期工作和招商引资，新开工建设4条、467公里高速公路，交通建设成为我省拉动内需的重中之重。我省全年获得国家批准的高速公路项目及里程在全国位居前列；为确保总投资约1 390亿元、25条、2 048公里高速公路前期工作的顺利推进，省厅迅速组织召开了前期工作调度会，开展了前期工作辅导培训，印发了前期工作指南，对市(州)分管领导、交通局长及前期工作专班人员160多人进行了培训辅导；迅速建立了市(州)人民政府、省交通厅联合共建新机制，召开了"合力办交通，同心促发展"座谈会，与17个市(州)人民政府分别就加快2 048公里高速公路前期工作和招商引资等签订了共建协议。汉鄂、麻竹、洪监、研孝、十房等一大批以地方政府为主招商引资的项目前期工作取得实质性进展，11月9日随州市政府和楚天公司正式签订了麻竹高速公路大悟至随州段83公里、38亿元的投资协议，2008年1月9日汉鄂高速公路举行了奠基仪式，标志着我省高速公路招商引资建设由"以省为主"转向"以市(州)为主"取得了重大突破。罗清泉书记、李鸿忠省长分别就省交通厅抢抓机遇、加快发展、拉动内需的举措给予了肯定和勉励。罗清泉书记批示："交通厅认识高、见事快、抓得紧，抢抓机遇的工作力度大。应充分肯定并大力支持。明年交通投资规模还可再大一些，因这是我省拉动内需的重中之重。"李鸿忠省长批示："省交通厅见识快、抓得实。望一鼓作气，再接再厉，在这场扩大投资需求，抢抓发展机遇的战役中发挥好主力军作用，唱好主角戏；要把交通这一块作为拉动需求，扩大固定资产投入的重点，重中之重。"省委、省政府主要领导的重要批示，给全省交通行业以极大的鼓励和鞭策。

四是成功兑现省政府关于建设12 000公里农村公路的承诺,以仙洪试验区为重点的新农村交通建设整体推进,农村交通运输环境进一步改善。全省新增通村沥青(水泥)路16 200公里,行政村通沥青(水泥)路比例达到83.3%,20%的县市区实现村村通沥青(水泥)路;建成农村五级站98个,农村候车亭2 250个,招呼站4 460个,行政村通客车率达到88%;完成乡镇渡口达标改造571处;农村公路建设养护“三大员”培训行动深入推进,累计培训“三大员”8 000多名。仙洪新农村试验区交通建设累计完成投资3.2亿元,占年度计划的104.9%,“网络村镇、人便于行、货畅其流”的新农村交通环境将在全省率先形成。

五是成功拉开武汉新港规划建设序幕,崔家营航电枢纽土建工程和金属结构安装工程全部完成,湖北水运振兴工程步入新的发展阶段。根据清泉书记关于建设“亿吨大港、千万标箱”武汉新港的重要指示,省市交通部门着力加强规划研究编制和项目前期工作,着力推进武汉新港作为部省共建的重点项目并举行了两次部省高层领导专题会谈,武汉新港总体规划已通过部省联合评审,2008年11月12日省委、省政府和交通运输部主要领导亲自出席阳逻港二期工程、80万吨乙烯码头工程等武汉新港第一批项目启动仪式,襄樊崔家营航电枢纽工程顺利推进,宜昌香溪河航道整治工程等8个项目按期建成,武汉航运中心建设明显加快。

六是成功编制完成《武汉城市圈综合交通发展规划纲要》,综合交通协调机制已经建立,铁水公空管综合运输统筹发展破题上路。省政府成立了交通运输协调领导小组,办公室设在交通厅,承担全省综合交通运输的规划研究、综合协调、行业指导等具体工作;与交通运输部签订了《武汉城市圈“两型社会”建设交通发展合作协议》,召开了“部省共建、合力推进湖北交通又好又快发展”座谈会。武汉城市圈综合交通规划编制成为部省合作的重大项目,得到了交通运输部的鼎力支持，部省共建逐步深化。《武汉城市圈综合交通发展规划纲要》已经省政府批准实施，并建立了综合交通六项议事协调机制。12 月 24 日，省厅组织召开了武汉城市圈综合交通发展联席会，省支铁办、武汉铁路局、民航湖北安监办、长江航道局等部门参加会议并作了交流发言，综合交通运输统筹协调发展呈现新的态势。

七是成功推进以神宜公路为示范的生态文明交通建设，“两型交通”建设由点到面全面铺开，生态环保、可持续发展的新理念日益深入人心。交通运输部在湖北召开了神宜科技环保示范工程经验交流会，在全省、全国掀起了学习神宜公路经验、建设生态文明交通的热潮。根据省委、省政府构建鄂西生态文化旅游圈的战略部署，省厅及时开展了鄂西生态文明交通圈规划编制工作，并将武神公路和十房高速公路作为鄂西生态文明交通圈的首要项目，以“时不我待、只争朝夕”的精神和“超常规、超常态”的举措抓前期、抓建设。目前，以武神、赤壁公路和潜江“江汉平原生态文明交通示范市”为代表的“两型交通”建设示范工程深入推进并取得初步成效；以“节能、安全、服务、创新”为一体的“王静工作法”学习宣传活动在全省交通系统广泛开展，“节油大王”王静成功入选“改革开放 30 年、影响湖北 30 人”。

八是成功打造以沪蓉西为代表的科技示范工程，一大批高墩大跨桥梁、特大隧道工程平稳安全推进，全省交通安全质量效益明显提升。依托具有全国之最的沪蓉西山区高速公路建设，探索形成了特长隧道（群）建设、高墩大跨桥梁建设、高路堤、高陡边坡防护等一系列成套关键技术。交通运输部在湖北召开了沪蓉西科技示范工程技术交流会。鄂东桥、荆岳桥等一批世界级桥梁建设始终坚持质量安全管理“零起点”的理念，力保大桥建设质量安全处于可控状态。2008 年，我省巴东长江公路大桥获国家优质工程奖银质奖，全省交通系统有 11 项科研成果达到国际先进水平，8 项科研成果达到国内领先水平。

九是成功实现十项交通规费收入的持续快速增长,资金供给与保障作用充分发挥,全省燃油税改革平稳有序实施。全省十项交通规费完成收入108亿元,较2005年增长50%,增收36亿元,使“十一五”交通征费管理体制机制改革以来的三年成为我省交通发展史上交通规费增长最快、增幅最大的时期。厅党组前瞻性的科学决策和果断改革,为确保交通建设目标实现提供了有力资金保障,为燃油税改革后的交通可持续发展创造了高位起点。全省交通系统广大规费征管人员以高度的事业心、责任感和使命感,为湖北规费征收作出了重大贡献,他们讲政治、讲大局、讲奉献,“在岗一分钟、征费60秒”的精神风貌,充分体现了我省交通规费征管队伍是一支有凝聚力、战斗力的队伍,是一支勇于改革、勇于进取,经得起考验、能打硬仗胜仗的队伍。

十是成功培育以“六种意识”为核心内容的新型交通办事文化,交通行政效能明显提高,学习实践科学发展观活动取得明显成效。全省交通系统深入开展了提高执行力、思想大解放“两项讨论”和文明执法教育、廉政交通“三做起”、“两项活动”以及民主评议政风行风、学习实践科学发展观活动并取得明显成效。确立了“既要依法依规,又要超常规、超常态;既要严格程序,又要好中求快;既要解放思想,又要脚踏实地;既要超越创新,又要尊重科学;既要敢闯敢冒,又要遵章守纪;既要保质保量,又要安全有序;既要做大交通,又要青山绿水”的交通科学发展新理念;培育了以“份内事、马上办,厅内事、主动办,突发事、高效办,重大事、跟踪办,经办事、精细办,交通事、干净办”等“六种意识”为主要内容的新型“交通办事文化”;实现了厅机关无纸化办公与电子公文流转,提升了交通视频会议系统、公众出行服务系统、高速公路视频监控系统的服务功能;开展了民主评议政风行风和干部巡视工作,全省15个市(州)、86个县市区交通局被评为政风行风建设优秀单位,合格率100%;省委第四巡视组对省交通厅进行了选人用人公信度专项巡视并给予充分肯定；坚持了廉政交通主题教育制度化，省纪委书记黄先耀、交通运输部纪检组长杨利民专题为全省交通干部职工作了廉政报告；《湖北省高速公路管理条例》通过了省人大一审，省交通厅分别在全省交通执法教育活动情况交流会、省政府提高执行力大讨论活动情况交流会和省直机关学习实践科学发展观活动专项整改工作会上作了交流发言，取得良好反响。

外事、外经、审计、造价、老干、党建、工会、团委、史志、宣传、高路运营、职业教育、后勤管理等各方面工作都取得了新的成绩。

2008 年是我国改革开放 30 周年。30 年来湖北交通实现了跨越式发展和历史性巨变。到 2008 年底，全省公路总里程达到 18. 8 万公里，公路密度达到 101. 3 公里/百平方公里，均为 1978 年的 4 倍，高速公路从无到有，达到 2 719 公里，现代公路交通网络初具雏形；全省公路桥梁达到 2. 3 万多座、109. 3 万延米，分别是 1978 年的 4. 7 倍和 7 倍；全省高级次高级路面达到 11. 3 万公里，是 1978 年的 14. 7 倍；行政村通沥青（水泥）路比例达到 83. 3%，通客车比例达到 88%，乡镇渡口达标率达到 90. 7%，农村交通变化翻天覆地；全省港口生产性泊位达到 1 840 个，港口吞吐量达到 1. 6 亿吨，是 1978 年的 4. 1 倍；内河通航里程 8 385 公里，等级航道 5 843 公里；公路水路客运量、客运周转量、货运量、货物周转量分别是 1978 年的 10. 8 倍、18. 7 倍、8. 6 倍、25 倍；全省营运汽车达到 32 万辆，是 1978 年的 46. 2 倍；船舶运力达到 493 万载重吨，船舶平均吨位达到 1 132 载重吨，分别为 1978 年的 16. 2 倍、34. 3 倍；组织开展了 725 项科研项目攻关，其中获国家科技进步奖 5 项，省部科技成果、科技进步奖 419 项；建成国家级文明单位 9 个、省部级文明行业 10 个、省部级文明单位 125 个、全国青年文明号 22 个、省部级青年文明号 198 个，涌现出以全国重大先进典型陈刚毅、“节油大王”王静为代表的一大批先进个人，“三个文明”建设取得丰硕成果。

30年来,湖北交通在改革实践中积累了十分宝贵的经验。主要是:必须始终坚持发展第一要务,全面贯彻落实科学发展观,为经济社会发展当好交通先行;必须始终坚持解放思想、改革开放,建立充满生机与活力的交通发展体制机制,不断解放和发展交通生产力;必须始终坚持以人为本,坚持交通改革发展为了人民、交通改革发展依靠人民、交通改革发展成果由人民共享;必须始终坚持质量安全第一,坚持依法治交、科教兴交、人才强交战略,依靠科技进步促进交通质量安全,提升服务水平;必须始终坚持党的领导,不断加强行业精神文明建设和党风廉政建设,打造学习型、创新型、服务型交通,努力提高交通执行力和公共服务能力;必须始终坚持依靠各级党委政府和人民群众的支持,真正变部门办交通为政府、社会办交通,合力推进交通又好又快发展。

湖北交通改革开放30年来取得的巨大成绩,是省委、省政府和交通运输部正确领导和科学决策的结果,是各级地方党委政府、各有关部门和广大人民群众热情关心和大力支持的结果,是历届厅党组精诚团结、锐意创新、真抓实干的结果,是全省交通干部职工团结拼搏、无私奉献、忘我工作的结果,也是各级老领导、老干部、老专家悉心指导和关心帮助的结果。

与此同时,我们必须更加清醒地看到影响和制约交通科学发展的一系列突出问题,必须清醒地看到新形势下交通运输仍处于大建设大发展时期,交通改革、发展、稳定的各项任务还十分繁重,各级交通部门务必进一步增强忧患意识、危机意识、风险意识、责任意识和紧迫意识,始终坚持以科学交通发展观为统领,以新的思路和举措推进湖北交通又好又快发展。

二、交通发展面临的形势与任务

今后一个时期,既是推进新一轮交通大发展的关键期,也是交通改革、发展、稳定等各种深层次矛盾的凸显期，更是实现湖北交通科学发展的重要机遇期。全省交通职工一定要深入学习领会中央、省一系列指示精神，正确分析和把握湖北交通发展面临的新形势、新挑战、新课题和新任务。

一是国家积极有效应对国际金融危机，及时果断出台系列重大措施，为推进交通新一轮大发展带来新的机遇和挑战。当前，中央、省出台了一系列扩大内需保增长的政策措施，并把加快交通基础设施建设摆在了拉动内需的首要位置，要求充分发挥交通对经济社会发展的基础性作用和长远的带动作用，在通过加大投资力度刺激当前经济增长的同时，也为实现更长时间、更高水平的发展打下坚实基础。政策上的支持、投入上的倾斜，有利于交通行业抓住机遇、乘势而上、多上项目，有利于缓解地根、银根紧缩和项目审批困难的瓶颈制约，有利于充分利用当前物价整体回调、人力资源相对丰富、建设成本持续下降的重大机遇，全力推进湖北交通新一轮大发展。但我们也突出面临着项目多、投入大、分布广、时间紧、要求高、任务重等诸多挑战，如何引导好、发挥好、保护好各地大干快上的高涨热情，切实维护好交通规划计划的严肃性、科学性，有效保证交通建设人、财、物力的可行性，如何在加快交通建设的同时保障增长速度和质量效益的统一，都对各级交通部门提出了新的更高要求。

二是国家实施燃油税费改革，择机取消政府还贷二级公路收费，为转变交通职能、探索建立新的交通投融资机制带来新的机遇和挑战。自 2009 年 1 月 1 日起公路养路费等六费全部停止征收，取消政府还贷二级公路收费也将待国务院、省委、省政府决策后实施，这对交通发展是一场根本性的革命，交通机构、职能、体制机制、人员、投融资渠道等都将发生深刻变化。首先，交通发展资金来源发生根本性变化。燃油税收入由中央财政通过转移支付分配给地方，以公共财政保障公共交通建设的理念得到制度性确立。交通设施作为公共产品、交通运输作为公共服务,将逐步向以公共财政支出为主转变,交通的公共属性将逐步得到体现。其次,交通管理重心发生根本性转移。随着交通公共财政收付体制的逐步建立和完善,将有效改变过去重收费轻管理的倾向,更多地转向履行公共服务职责。特别是政府还贷二级公路取消收费后,将形成以高速公路为主的收费公路网络和以普通公路为主的免费公路网络,对普通公路的养护管理、危桥改造、治超管理等提出了严峻的挑战。其三,交通运输发展方式将发生根本性转变。随着燃油税的征收,不仅对交通行业的节能减排将起到重大推动作用,而且有利于规模化、集约化运输经营方式的形成,推动运输结构的调整。其四,交通费收征管人员职责将发生根本性改变。这次改革直接涉及我省交通征稽、运管、港航部门、普通公路收费站等1万多名干部职工,如何适应交通发展的新形势、新要求,把人员安置与促进交通发展有机结合,都对全省交通系统"谋远"与"应急"的能力提出了新的更高要求。

三是加快建设综合交通运输枢纽和现代物流基地,实施大交通试点改革,给交通发展体制机制创新带来新的机遇和挑战。省委第九次党代会明确提出,要加快形成更加便捷、通畅、安全的综合交通运输体系,把湖北建成中部乃至全国重要的现代物流基地和综合交通运输枢纽。2008年,省委、省政府正式批复了武汉城市圈综合交通发展规划纲要,成立了交通运输协调领导小组及办公室,并将研究启动实施我省大交通试点改革,交通运输业已经步入了由传统产业向综合交通运输体系和现代物流业转型的新时期。交通行业如何从"立足本部门"转向"立足大交通",充分发挥公路水路运输比较优势,自觉将公路水路交通发展统筹于综合交通运输体系之中,促进多种运输方式协调发展,构建大交通运输网络,这是新形势赋予交通行业的全新课题,也对交通干部职工的转型、学习、创新、协调能力等综合素质提出了新的更高要求。

四是交通投资体制多元化、市场化，建设模式多样化、社会化，给交通行业监管带来新的机遇和挑战。目前企业投资项目已在湖北高速公路建设格局中占据了半壁江山。特别是自去年实施高速公路建设由“以省为主”转向“以市（州）为主”的改革举措后，各市（州）招商引资、加快项目建设已经形成了蓬勃态势，但招商项目不定因素多的矛盾也日益凸显。加之我省高速公路建设逐步向山区延伸，高墩大跨桥梁、特大隧道比例越来越高，一批世界级桥梁建设还缺乏成熟技术管理经验，质量安全“不踏实”、“不放心”因素还比较多，转包、违法分包如同顽症具有极强的反复性，交通反腐倡廉形势不容乐观，这就对交通部门在扩内需、保增长、加快建设的同时，进一步保质量、保安全、保廉政、保目标提出了新的更高要求。

五是省委、省政府确立“两圈驱动”重大战略，统筹城乡经济社会发展，对交通行业提高“三个服务”的能力带来新的机遇和挑战。为加快实施“中部崛起”战略，省委、省政府审时度势提出了“1 +8 武汉城市圈”、“鄂西生态文化旅游圈”、“武汉新港”、“仙洪新农村建设试验区”等一系列重大决策，要求交通运输行业为重大战略决策的实施当好交通先行。党的十七届三中全会审议通过的《中共中央关于推进农村改革发展若干重大问题的决定》，明确要求加强农村公路建设，确保“十一五”期末基本实现乡镇通沥青（水泥）路，进而普遍实现行政村通沥青（水泥）路，逐步形成城乡公交资源相互衔接、方便快捷的客运网络。如何统筹推进综合交通一体化、区域交通一体化和城乡交通一体化，着力构建连接高速公路的城际高速运输网、连接国省干线的区域快速运输网、连接乡村公路的农村通达运输网，对交通部门服务经济社会发展全局、服务社会主义新农村建设、服务人民群众安全便捷出行提出了新的更高要求。

各级交通部门既要善于冷静分析新时期湖北交通发展面临的挑战，又要善于看到其中蕴含的重大机遇，更要增强信心，克难奋进，以新的思维适应新的形势，以新的举措抢抓新的机遇，以新的姿态迎接新的挑战。

三、2009年交通主要工作

2009年是新中国成立60周年，也是湖北交通抢抓机遇、科学发展、创新体制机制、推进“十一五”规划顺利实施的关键一年。做好2009年的工作，对实现交通平稳较快发展意义重大。为此，省厅决定:2009年为“湖北交通改革攻坚年”。

改革是动力，攻坚是关键，发展是目的，稳定是前提。“2009——湖北交通改革攻坚年”的总体要求是:深入学习实践科学发展观，全面贯彻落实党的十七大、十七届三中全会、中央经济工作会议精神和省委省政府的重大战略决策，坚持以事在人为、业在人创的坚定信心，以共克时艰、决战决胜的精神状态，以解放思想、改革攻坚的实际行动，在改革中探索新路，在攻坚中破解难题，在发展中保持稳定，在稳定中推进改革，努力实现湖北交通全面协调可持续发展。

——改革攻坚，就是要始终牢固树立信心，深化改革，攻坚破冰，坚定信心是最有力的武器，信心比“黄金”和货币更重要，黄金有价，信心无价。要把形势分析得更透彻一些，把困难估计得更充分一些，把措施考虑得更周密一些，把工作做得更扎实一些，大力弘扬伟大的抗震救灾精神和“刚毅”精神，以坚定的信念和必胜的信心，形成攻坚克难的强大合力，以非常时期的超常之举和“跳起来摘桃子”的精神状态，力求更好更快的发展。

——改革攻坚，就是要始终坚持解放思想，坚决破除因循守旧、急功近利、本位主义、得过且过的观念，切实增强科学发展、开放合作、敢闯敢试的意识，始终保持开拓进取、奋发有为的工作激情，积极深化交通体制机制改革，不断提高科学决策的前瞻性、系统性，不断适应新形势，认识新事物，应对新挑战，完成新任务。

——改革攻坚，就是要始终坚持发展第一要务，把不断解放和发展交通生产力摆在各项工作的首位，真正以时不我待、只争朝夕的紧迫感，寝食难安、拼搏争先的责任感，不进则退、慢进也是退的危机感，咬定目标不动摇，抓住机遇不放松，改革实践不懈怠，全力以赴保增长、保目标、保发展、保民生，努力在加大投资、扩大内需这一重大战役中唱好主角戏、当好主力军。

——改革攻坚，就是要始终坚持以改革为动力，着力破解“七难”，即破思想解放之难，不为现有做法所束缚，不为传统模式所局限，不为目前小富而停滞，坚决破除不敢解放思想、不愿解放思想、不会解放思想的传统思维定势和能力恐慌；破又好又快发展之难，牢固树立“七个既要、七个又要”的新理念，努力在“量的突破”和“质的提升”上实现双赢；破体制机制创新之难，勇于变革、勇于创新、勇于实践，永不僵化、永不停滞、永不落后，不断创新和完善适应、符合交通科学发展新的体制机制；破交通筹融资之难，充分用足用好国家实施燃油税改革相关政策，争取各级地方财政支持，不断拓宽多元化筹融资渠道，打造新的交通投融资平台；破现代交通物流开局之难，加强综合交通运输体系的理论学习、政策研究和规划协调，积极引导现代交通物流发展；破普通公路建设养护管理之难，创新体制机制，强化规范运作，为服务人民群众安全便捷出行提供交通保障；破交通高素质人才匮乏之难，创新人才培养选拔机制，为推进交通大建设大发展提供智力支持和人才保障。

——改革攻坚，就是要始终坚持理念创新，努力实现“七个转变”，即从部门办交通向政府、社会合力办交通转变；从注重数量规模扩张向提升质量效益转变；从重基础设施建设向建养管运并举转变；从单一的公路水路发展向铁、水、公、空、管等综合运输协调发展转变；从传统的客货运输向现代综合交通物流转变；从强化规费征收向强化公共交通服务职能转变；从重视交通“硬件建设”向重视科教人才"软实力"转变。

——改革攻坚,就是要始终确保行业稳定,真正把实现好、维护好、发展好最广大人民群众的根本利益作为处理交通改革发展稳定关系的结合点,坚持服务宗旨,坚持以人为本,坚持依法行政、标本兼治、综合治理,妥善处理行业深层次矛盾,统筹协调各方面利益,促进交通行业和谐稳定发展。

"2009——湖北交通改革攻坚年"固定资产投资规模是确保完成投资325亿元,其中:公路重点工程建设投资207亿元,公路普通建设投资97亿元,港航建设投资16.5亿元,站场建设投资4.5亿元。在交通系统内部,要以完成交通固定资产投资350亿元为奋斗目标进行分解和安排部署,其中:公路重点工程216.3亿元,普通公路110亿元,港航建设18亿元,站场建设5.7亿元。

"2009——湖北交通改革攻坚年"主要工作任务是紧紧围绕"七大目标",着力打好"七大攻坚战":

——续建"十一路两桥"1 045公里(沪蓉西宜恩段、恩利段、武英、武荆、和左、随岳北、随岳南、麻武、三峡翻坝、大广南、杭瑞高速公路和荆岳、鄂东长江公路大桥);力争建成高速公路559公里(沪蓉西51公里、武英132公里、武荆183公里、和左20公里、随岳北76公里、随岳南97公里),全省高速公路通车总里程达到3 278公里;建成武神、仙洪、赤壁等三大生态科技环保示范路;新开工13条、778公里高速公路(汉鄂55公里、宜巴173公里、十房65公里、麻竹随州段83公里、九江二桥北引道9公里、郧十69公里、硚孝35公里、机场二通道16公里、洪监95公里、咸通49公里、麻竹襄樊段48公里、黄冈段42公里、孝感段39公里);新增通村沥青(水泥)路12 000公里。

——积极推进阳逻集装箱二期工程、石化80万吨乙烯码头工程、唐家渡综合码头一期工程等武汉新港重大项目建设;崔家营航电枢纽工程实现三台机组并网发电;加快汉江蔡甸—汉川段、丹江—白河段航道整治工程建设,力争开工建设引江济汉通航工程,构建810公里千吨级航道圈;地方船舶运力突破300万载重吨;完成200处农村渡口达标改造。

——各分项、分部、单位工程质量合格率100%,重点工程优良率达到90%以上,公路一般工程、港航、站场工程优良率达到85%以上;工程质量监督覆盖率100%;高速公路养护质量指数达到90%以上;普通公路平均好路率达到80%,其中国省干线公路平均好路率达到90%以上;超限车辆控制在5%以下,路产路权得到有效维护。

——船舶安全面达98%以上,每载货吨直接经济损失控制在5元以内,每万总吨死亡人数控制在0.5人以内;杜绝辖区内水上因管理部门失职造成一次死亡10人以上的特别重大责任事故,确保交通系统安全稳定。

——全省高速公路通行费收入达到62亿元,增长10%以上,其中政府还贷高速公路通行费收入突破30亿元;完成水上规费收入1.38亿元,增长9%;完成普通公路通行费收入11.5亿元,过渡费收入0.22亿元;严格交通资金预算管理,无重大资金违纪违规问题发生。

——全省营运车船单位平均能耗下降4%;高速公路附属区污水处置率85%;新建高速公路声环境达标率90%。

——全国文明单位保持率100%,省级文明单位较上届增长5%;培树10名"刚毅式交通英模"和"王静式标兵",新创10个厅级文明示范窗口;确保无重大腐败案件发生。

交通是国民经济的重要基础产业,对拉动投资、扩大内需、促进就业、推动经济社会发展具有重要作用。交通行业应对全球金融危机加剧和经济增长趋缓的新挑战,就是要抢抓国家加快基础设施建设的重大机遇,全力打好"七大攻坚战"。

(一)立足扩大内需,全力打好上项目、保增长攻坚战

第一,全力以赴加快前期工作。前期工作是加快交通发展的决

定性因素。各级交通部门要坚定不移地落实“前期就是投资、前期就是发展”的理念,真正做到以前期赢主动、以前期上项目,以前期保增长。

一是落实市(州)政府、省交通厅联合共建新机制。根据省厅与17个市(州)人民政府签订的共建协议,各地要切实加强组织领导,成立由政府牵头,发改、交通、国土、环保、林业等部门组成的前期工作领导机构和工作专班,全力推进高速公路前期工作,确保2009年开工宜巴、十房等13条、778公里高速公路,并为2010年开工11条、1 069公里高速公路奠定重要基础。

二是落实前期工作目标责任制。各地交通部门主要领导是前期工作目标的第一责任人,要总负责、总协调,亲自部署、亲自督察,要将目标任务层层分解、落实到位,做到千斤重担众人挑,千方百计向前推,能提前到上半年开工的坚决提前,能提前到今年开工的坚决提前,牢牢把握前期工作主动权。设计单位要以设计质量、设计深度保目标、保进度,确保勘察设计质量和相关要件质量,力争一次成功,少修改、少变更、少返工、少折腾,以高质量的设计文件为加快审批进程、缩短前期工作周期创造基础条件。

三是落实前期工作指导协调制。厅党组将举班子之全力,将工作重心放在抓前期工作上,继续落实厅领导分片包干负责制,进一步充实厅交通重点工程前期工作专班和厅重点办力量,全力以赴抓好地方高速公路项目前期工作的督察指导和协调服务,坚持每月至少上门指导一次,充分发挥专业优势,主动做好地方高速公路项目与国家、省有关部委、厅局的协调工作。厅规划室、计划处、基建处、财务处、科教处等职能部门要进一步增强服务意识,要像抓省直管项目那样抓好地方项目前期工作的指导、协调。

四是落实前期工作定期调度制。省厅坚持每月对全省重点项目前期工作进行一次调度,重大问题及时研究解决。厅前期工作专班要坚持每月编发一期前期工作简报，掌握动态，跟踪督办，倒排周期，狠抓落实，真正建立"规划一批、论证一批、在建一批、储备一批"的良性前期工作机制。

五是落实前期工作考核奖惩制。省厅将建立前期工作与地方交通发展、设计单位诚信相挂钩的考核奖惩制。对严格基建程序、提前实现开工目标的市（州），省厅将给予表彰，并提前启动一个公路或站场、港航建设项目；对提前保质保量提交前期工作文件、专项要件的设计单位，省厅将给予表彰，提高其信誉度，增强其在设计招标市场中的竞争力。对未能按期完成目标任务的，省厅将予以通报批评或调减相关项目。

第二，全力以赴加快在建工程建设。2009 年我省在建高速公路将达 1 800 公里左右，根据力争建成 7 条高速公路 559 公里、年底全省高速公路通车里程达到 3 278 公里的目标，各地各单位都要以"等不起、坐不住、慢不得"的责任感、紧迫感，真抓实干，奋力实现既定目标。

一是狠抓一季度施工，确保开好局、起好步。各地各单位要认真落实全省交通重点工程调度会精神，突出抓好一季度生产，采取有效措施留住人力资源，加大设备投入，强化施工组织，做到节假日期间工程人员不散、施工不断、设备不歇、管理不松，千方百计争取全省交通固定资产投资一季度完成年度计划的 25%，其中 15 个在建重点工程建设项目完成 25% 以上。要突出加强 2009 年通车项目（武荆、随岳南、随岳北、武英、沪蓉西、和左等 559 公里高速公路）的工程调度，进一步优化施工方案，结合实际倒排工期，真正做到以日保旬、以旬保月、以月保季、以季保年、以质取胜。突出抓好杭瑞、汉鄂等新开工项目的统筹协调，通过创新建设理念，组织试验路段，真正做到开工一步到位、施工合理交叉、工序无缝衔接、各方协调联动、工程环保和谐、竞赛持续不断、建设又好又快，努力为 2010 年全省高速公路实现

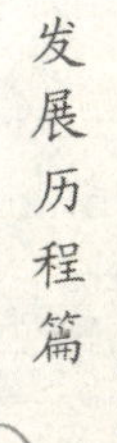

3 500 公里目标做出积极贡献。突出抓紧已建成项目的工程收尾、收费管理等工作，确保沪蓉西宜恩段、恩利段建成路段和大广北、汉洪、东荆河大桥在一季度全部投入通车试运营。突出加强通村公路国家新增项目建设的组织领导，将其作为一项重大政治任务切实抓好落实，确保 2 000 公里新增项目一季度建成，并形成实物工作量。突出加强武神、仙洪、赤壁等三大生态环保示范路建设，武神公路要全力加快隧道、大桥等控制性工程施工，赤壁公路要在抓好试验段的基础上确保一季度全线开工，仙洪试验区公路建设要进一步加强施工调度，确保 5 月份基本建成，为全省新农村建设现场会的召开提供良好的交通环境。突出加强武汉新港规划建设，重点推进阳逻集装箱码头二期工程、石化 80 万吨乙烯码头工程等第一批启动项目建设；加快汉江下游汉川—蔡甸航道整治工程建设，力争开工建设引江济汉通航工程；确保崔家营航电枢纽三台机组并网发电。

二是深入开展"诚信杯"竞赛，确保工程建设又好又快。2009 年，省厅决定在全省组织开展以"诚信建设"为主题的"诚信杯"重点工程劳动竞赛，并与各单位签订了目标责任书，其目的就是要倡导、鼓励各参建单位讲诚信、守合同、重承诺。无论是政府投资项目，还是民营投资项目，都要言而有信、诚实守信，不折不扣地完成年度投资计划和形象进度。各项目业主、投资商要严格履行合同，承诺的建设资金要及时足额到位；各施工、监理、设计单位要根据合同要求上足人员，配足设备，增加生产能力，抢抓晴好天气，扩大作业面，以建设成果取信于民，服务社会，实现政府与投资企业的双赢。省厅将抓紧建立健全业主、施工、监理、检测等从业单位信用评价体系和考核办法，加大考核力度，严格奖优罚劣，促进诚信履约；将进一步落实重点项目领导责任制和厅机关、厅直单位技术骨干挂职督导制；各市(州)县政府和地方协调指挥部要进一步加大协调力度，最大限度地为交通重点工程建设创造和谐的施工环境。

（二）立足资金保障，全力打好多元化筹融资攻坚战

第一，争取更多的财政资金投入交通建设，充分发挥资金使用效益。交通要发展，资金是保障。各级交通部门要严格落实燃油税返还资金的使用、分配和监管机制，确保燃油税转移支付资金“四不变”和“四不”的原则落到实处，即改革后形成的交通资金“属性不变、资金用途不变、地方预算程序不变、地方事权不变”和“不挤、不占、不拖、不欠”的要求，严格规范转移支付资金管理；积极争取各级财政确保将返还的燃油税增量部分全部用于交通建设、养护和公路建设债务的还本付息补助，逐年加大财政专项资金投入。各级交通部门要自觉树立预算约束观念，研究制定预算申报制度、预算审核制度和资金拨付管理制度；要主动争取财政部门支持，联合制定资金支付与质量、安全、进度、廉政挂钩的综合考核办法，确保公路建设养护始终处于有效的监管。要进一步深化审计共建工作，完善跟踪审计、绩效审计、预算审计配套办法，做到关口前移；要更加重视发挥内部审计的职能作用，切实加强对交通项目、资金和资产的监管，加强交通重点建设项目审计、交通企业经济效益审计和领导干部任期经济责任审计，确保资金和干部安全。

第二，充分发挥高速公路自身优势，确保通行费收入持续增长。随着政府还贷二级公路收费的取消，一定程度上将对高速公路的费源带来冲击和影响。省高管局和各高速公路管理部门必须围绕确保完成全省高速公路通行费收入目标，自我加压，内部挖潜，奋力超收。一是以“安全优质服务创建活动”保增长。全省高速公路系统要深入开展以“满意在费亭、舒适在路途、服务在沿线、安全到终点”为要求的文明创建活动，不断创新服务理念，丰富服务内涵，全面规范标志标牌，着力整治事故多发地段，改善服务区综合服务功能，以高速公路快捷、安全、优质、文明的服务优势稳定费源，在全国打响湖北高速公路服务品牌。二是以先进的科技手段保增长。积极采用“移动收

费"等方式,切实解决部分道口不足、车辆堵塞问题。车牌识别系统、电子稽查系统、电子支付系统要在去年已全面建成使用的基础上,进一步加以完善。不停车收费系统(ETC)要在4个试点站的基础上,扩大试点范围,争取在14个收费站口安装、使用。要运用科技手段重点解决绿色通道车辆识别难、管理难等问题;加强对路径识别系统的研究,最大限度避免通行费流失。三是以严格的目标责任管理保增长。各级高速公路管理单位要切实加强组织领导,局、处(公司)、所、站必须层层落实"一把手"负责制,要按照应收尽收、颗粒归仓的新理念狠抓堵漏增收,深入开展特权车、人情车专项整治,严格减免政策和减免范围;要组建专项稽查队伍,加大军民联查、路警联动的稽查力度,共同维护收费秩序,严厉打击逃费行为,净化依法征费环境;要加强省际联动,统一政策标准,建立数据共享交流平台和突发事件通报协调制度,千方百计提高通行费征收水平。在省政府正式取消政府还贷二级公路收费之前,各级交通公路部门要一如既往地加强公路通行费征收管理,确保人心不散、工作有序;取消政府还贷二级公路收费后,要重点抓好一级收费公路的监督管理,千方百计营造良好的征费环境。各级港航部门要进一步完善水上交通微机征费系统,严格依法征费,严格规范管理,千方百计全面完成航政费、港务费征收任务。

第三,搭建平台,探索建立交通投融资新机制。各级交通部门要牢固树立交通投融资市场化改革的新理念,按照市场经济的规律和要求,以全新的方式整合资源,打造投融资平台,努力用市场的方法、资本运作的手段,吸引资金、土地等资源更多地投向交通,着力破解交通筹融资之难。一是开辟新的政府投资渠道,认真学习借鉴咸宁等市以土地资源支持交通发展的成功经验,通过置换、划拨土地等资源实施捆绑开发,将公路沿线土地增值部分直接用于交通建设,坚持以地方政府为主体加大交通投入。二是探索新的交通投融资平台,以武汉、咸宁、襄樊、宜昌市等为试点，鼓励各市（州）通过整合现有交通资源、划拨土地、财政资金等组建地方交通投融资机构，打造市（州）交通投融资平台，通过资本运作、筹集资金加快地方交通建设。省厅将积极探索整合高速公路、航电枢纽等区域性、流域性交通资源，构建依托政府、面向市场的全省交通建设投融资平台，为加快交通发展提供资金保障。同时，积极争取省政府支持，将中央转移支付资金、省级财政资金注入省、地方交通投融资机构，以增强资本实力，改善现金收益和财务状况，不断增强信贷能力，放大交通投资效益。鼓励各地政府出台政策，对公路通行条件改善后产生的沿线土地增值效益，按省市投资比例予以分享，省投资收益仍全部滚动用于该地区交通建设投入，吸引地方政府将更多的土地、财政资金等资源倾斜到交通上来，形成滚动发展的良性机制。三是拓展新的银行合作和信贷领域，鼓励各地以每年中央转移支付的燃油税资金为质押，以政府信用为依托，积极争取银行信贷融资，支持交通建设。继续以高速公路、一级公路收费权为质押向银行融资，完善全省高速公路、普通公路和农村公路建设统贷统还机制。以省高管局存量资产为基础搭建融资平台，争取两年内银行贷款规模达200亿元以上。继续充分发挥高路集团、楚天高速公路股份有限公司等交通企事业单位的投融资功能。用足、用好、用活信贷政策，灵活运用开行新的金融产品，吸引其他商业银行信贷资金的注入。按照省厅与省农行签订的合作协议落实贷款资金，推进与农行的实质性合作，并积极加强与工行、建行、中行等银行的合作；积极争取世行和亚行贷款，吸引外资投入公路建设。四是继续全面开放交通投资市场。大力推进高速公路招商引资由“以省为主”转向“以市（州）为主”，推动交通筹融资由“招商引资”转向“招商选资”，着力提高招商引资质量，加强招商项目指导、协调、服务和监管，确保招商项目顺利推进。

（三）立足职能转变，全力打好体制机制改革攻坚战

第一，积极推进大交通改革试点。认真履行省交通运输协调领

导小组办公室的综合交通运输规划研究、综合协调、行业指导等职能,认真落实综合交通发展联席会议制度、综合交通发展联络员制度、综合交通资料及统计信息定期报送制度、重大项目前期工作跟踪协调制度、重大建设项目定期调度制度和重大政策、信息资源交流共享制度等六项综合交通发展协调机制,切实加强综合交通各运输方式间的衔接与沟通,实施共建共享,推动铁、水、公、空、管道运输协调发展。

第二,完善高速公路建设、管理体制机制。进一步完善省高管局统一管理政府还贷公路建设的新机制,加快推进国高网项目建设,完善建设指挥部、项目代建制等建设管理模式,努力实现交通建设管理专业化、规范化;进一步推进地方区域性高速公路建设由"以省为主"转向"以市(州)为主",由市(州)政府组建项目业主,履行主体责任;进一步完善"投资多元化、管理一体化"管理新模式,根据省编办关于成立京珠、汉十、鄂西、随岳、黄黄、武黄等六个事业性管理处的批复,积极探索完善高速公路区域化管理,形成以高管局为龙头、以路段管理处(公司)为主体的统一集中管理,切实做到:统一政策、统一标准、统一规范。省高管局要切实加强联网收费、通信监控等行业管理职能,积极推进企业投资高速公路项目委托管理新模式,各委管单位要进一步落实和完善委管路段联席会议制度,合力保障委管路段安全畅通。

第三,积极推进普通公路养护管理改革。一是抓紧制定政府还贷公路"撤除收费站、保安全畅通"工作方案,各级交通公路部门要超前组织安排专业化的撤站队伍,确保在省政府决定撤站后 15 天内快速安全有序地撤除相关收费设施。在撤站期间要确保 24 小时都有专人负责保障车辆安全畅通和收费设施监管,有效杜绝安全事故。二是进一步完善普通公路养护管理运行机制,建立完善公路养护工程招投标制、小修保养定额管理制,积极推进养护生产市场化、养护队伍专业化、养护施工机械化，突出加强公路日常性养护、预防性养护、科学性养护、安全性养护，做到“修补坑槽晴天不过夜，雨后不过三天”，做到花小钱、防大病，力戒小修变中修、中修变大修；突出加强危桥改造和危险路段治理，严格落实“档案制”、“销号制”，加强养护改造路段的施工组织，确保车辆通行安全；突出加强农村公路养护管理，认真落实《湖北省农村公路条例》和《湖北省农村公路养护管理改革实施方案》，进一步加强农村公路“三大员”培训，建立农村公路养护管理长效机制。三是全面加强治超管理。合理布局治超站点，严格依法治超，坚持文明服务，严禁乱收乱罚，严禁只罚不卸，要充分利用现有场地加大卸载力度，加强物资保管，坚决杜绝路政执法中出现“三乱”行为，确保良好的路容路貌路况。

第四，积极推进公路专业汽车渡口改革。按照“企业经营管理、社会化转型”的思路，通过船舶更新改造、政策扶持等措施，将长江沿线公路行业管理的汽车渡口逐步移交地方政府管理。

第五，着力深化交通行政审批制度改革。继续做好交通法规、规章和规范性文件的清理工作，根据省政府“三个一律”的要求，进一步做好省级管理权限下放工作，积极落实拟取消或下放的9项行政许可和6项省级业务审批事项；进一步推进交通综合执法改革试点和客运线路服务质量招投标制度；进一步推行“一站式”服务、网上审批等服务方式，切实通过简政放权，精简审批项目，简化审批环节，转变政府职能，大力提高行政管理效率和效能。

（四）立足一体化，全力打好综合运输体系建设攻坚战

第一，以建设武汉杨春湖综合客运换乘中心为示范，着力推进客运“零换乘”。进一步加快武汉、襄樊、荆州、宜昌、黄石、十堰、恩施等7个国家公路主枢纽建设，切实加强客运站场设施与铁路、轻轨、城市公交的规划衔接和配套建设。要进一步加快武汉杨春湖客运换乘中心前期工作，确保年内开工建设，努力将其建成为实现铁路、轨道交

通、长途客运、城市公交、出租汽车等多种运输方式之间零距离换乘的综合客运换乘中心。

第二,以建设宜昌、襄樊两个省域副中心物流基地为示范,着力推进货运“无缝衔接”。认真贯彻国务院《关于加快发展现代服务业的若干意见》,积极推动现代物流业发展,提高物流的专业化、社会化水平,大力发展第三方物流。积极支持物流园区公共交通运输基础设施建设,培育发展物流市场。以原有的全省电子征稽网络平台为依托,探索构建公共综合交通物流信息平台。积极支持宜昌三峡物流中心和襄樊西北物流基地建设,充分发挥长江汉江黄金水道作用,着力推进水运、公路、铁路、空运等无缝衔接。

第三,以仙洪新农村试验区为示范,积极探索农村公共交通新体系。按照“农村公路通到哪里、客运班车就通到哪里”的总体要求,积极争取地方政府支持,研究制定进一步支持农村客运发展的相关扶持政策,探索农村公共交通新模式。仙桃、洪湖、监利要通过开通1~2条公共客运示范班线,试行农村客运线路公交化运营模式和区域经营模式,努力促进城乡公共交通服务均等化,探索建立农村客运“开得通、留得住、有效益”的长效机制。

(五)立足又好又快,全力打好交通质量安全攻坚战

第一,加强前期工作质量安全控制,建立全过程的质量安全监督新机制。设计是工程建设的灵魂。只有设计深度和设计质量到位,才能保证工程建设的质量安全。在扩大内需、加快交通建设的形势下,为确保交通重点工程质量安全,省厅决定进一步延伸质量安全监管范围,赋予厅质量监督局对交通重点工程勘察设计文件实施质量安全专项审查的新职能,从源头避免或减少质量安全隐患,做到关口前移,建立全过程的质量安全监管新机制。要严格落实设计质量责任制,推行全寿命周期成本理念,严格规范设计变更管理办法,防止工程变更的随意性,从源头上提高工程的耐久性、安全性和防灾减灾

能力。要切实提高专家评审质量，加大评审意见整改落实力度，试行评审专家评审意见原始记录报备制，省厅将据此适时组织对评审专家进行考核评定，实行优胜劣汰，择优聘用；试行评审意见整改落实反馈制，设计修编文件要报请评审专家组长签字认可，省厅组织抽查核实，对修编过程中出现重大遗漏或整改落实不到位不彻底的设计文件，省厅将对设计单位进行经济处罚或信誉降级，直至禁入交通勘察设计市场。

第二，加强质量安全现场巡检，落实全面质量安全管理新理念。要始终以邵怀高速公路“我修的高速公路有质量问题”这一案例为警示，切实提高全员质量安全意识，加强农民工技术培训和职业教育，落实技术工种持证上岗制，提高一线作业人员的质量安全意识和操作技能。要严格落实企业自检制度、监理旁站制度和质量巡检抽检制度，突出抓好隐蔽工程、重点部位、关键工序的工程监理和监督检查，对玩忽职守、不负责任、以权谋私，对施工单位吃、拿、卡、要的监理人员，要依法依规严肃处理，坚决予以清退。要按照“杜绝特大事故、遏制重大事故、减少一般事故”的总体要求，进一步夯实工程建设安全基础性工作，继续深入开展隐患排查治理活动，严格落实隐患整治“档案制”、“销号制”、“通报制”、“安全风险评估制”和“重大事故第一时间报告制”，切实加强对重点项目的安全督察，建立大型桥梁隧道工程和水上结构工程的施工安全风险评估制度，实现安全风险的预控、预防、预报、预警管理。对排查出的质量安全隐患，必须以“三铁”措施进行整改落实，真正做到思想认识上警钟长鸣、制度保证上严密有效、技术支撑上坚强有力、监督检查上严格细致、事故处理上严肃认真。要以沪蓉西、武神路、鄂东桥等一批科技示范工程为重点，攻克一批公路建设技术难题，推广应用一批先进科技成果，努力在促进工程质量、安全、效益等方面取得新突破。

第三，加强源头监管，确保水上交通安全和道路运输安全。要认真落实“安全第一、预防为主、综合治理”的方针,严格执行安全生产的各项规章制度,确保各级交通运输部门承担起安全生产监督主体责任,确保交通建设和运输企业承担起安全生产责任主体的职责,把安全生产的各项要求落到实处。要深入开展“平安水域创建行动”,强化对乡镇客渡船舶、危化码头作业的现场监督检查,千方百计地杜绝重特大安全事件发生。要严格落实“三不进站、五不出站制度”,切实加强道路客货运输安全管理,完善运输服务质量考核体系。当前,要把春运工作作为全年交通工作的第一战役,科学调配运力,严格安全检查,文明优质服务,确保旅客走得了、走得好、走得安全、走得舒适。

(六)立足以人为本,打好交通行业维稳攻坚战

第一,全力做好人员安置工作。各级交通部门要把思想和行动进一步统一到中央的决策部署上来,在各级人民政府的领导下,采取切实有效的措施,积极稳妥地推进改革,特别是做好改革涉及人员的安置问题。要按照国家“转岗不下岗、待安置期间级别不变、合规合理的待遇不变”的总体要求,切实做到“人人有去向”,确保行业稳定。要加强全省交通费收征管队伍的培训,当前要坚持一手抓清欠清缴,一手抓学习培训,不断学习新知识,增强新本领,努力为走上新岗位、适应新领域、胜任新工作做好知识储备,以充分发挥这支队伍的自身优势和生力军作用。各地要认真落实省委、省政府办公厅通知精神,在当地政府领导下,把交管站改革纳入乡镇综合配套改革的范围并积极付诸实施。

第二,全力维护出租车行业稳定。各级交通运输管理部门要认真贯彻交通运输部、省委、省政府文件精神,将“加强管理,抓好稳定”作为第一任务,进一步落实“政府负责、交通主管、部门联动”的工作机制,在当地政府领导下做好发展规划,调控市场总量,解决供求矛盾,规范出租车运输市场,调整处理好出租车经营收益分配关

系，积极推行服务质量招投标制度，探索建立出租车经营期限制，完善市场退出机制。要进一步联合有关部门加大打击黑车力度，改善出租汽车市场经营环境；进一步落实交通一线工作法，对发生的集体上访、停运等突发群体事件，必须在地方政府的统一指挥下，第一时间赶至现场，第一时间采取有力措施控制事态，坚决将不稳定因素消除在萌芽状态；进一步加大责任追究制度，对于未按政策、规定执行、工作不力而引起群体性事件的，要严肃追究有关负责人的相关责任。

第三，全力提高应急反应能力。积极争取交通运输部支持，以部省共建形式建设交通移动应急通信指挥平台。继续完善“一案三制”应急预案体系，加强交通应急专业保障队伍建设，加强应急处置培训演练，建立防范与处置突发事件的长效机制，形成信息畅通、反应迅速、保障有力的应急交通运输保障体系。

（七）立足提高素质，全力打好勤政廉政建设攻坚战

一是深入开展学习实践科学发展观活动。严格按中央、省部署，认真做好学习实践活动第三阶段各项工作，重点抓好制订整改落实方案、集中解决突出问题、完善体制机制三个环节，做到整改目标、责任主体、整改时限“三明确”，做到真查真改、边学边改，以解决问题的实际成效取信于民。要坚持学以致用，运用科学发展观指导实践、推动工作，及时把学习研究成果转化为保障和促进湖北交通科学发展的工作思路和政策措施，确保“党员干部受教育、科学发展上水平、人民群众得实惠”。

二是大力加强交通各级领导班子建设和干部队伍建设。全面实现“2009——湖北交通改革攻坚年”各项目标，关键在于强有力的领导班子和高素质的干部职工队伍。要着力增强宗旨观念，提高执行能力，强化责任意识，不断提高交通干部职工干事创业、应对复杂局面的综合素质，努力保持和巩固求真务实、无私奉献、聚精会神搞

建设、一心一意谋发展的浓厚氛围。要进一步深化干部人事制度改革，提高选人用人公信度，努力建设政治强、业务精、作风廉的干部队伍。要更加重视和加强科技、教育及人才培养工作，探索建立高层次、高技能人才培训机制和选拔机制，继续实施“百、千、万人才培养工程”。进一步重视和加强离退休干部工作。要进一步丰富和深化以“六种意识”为主要内容的新型“交通办事文化”，坚持交通一线工作法，不断提高交通执行力。扎实推进党的基层组织建设和精神文明建设，大力弘扬刚毅精神，深入开展“学习王静工作法、创王静式标兵、建节约效益型企业”活动，将节油大王——王静培树为践行科学发展观、服务“两型社会”、展示交通行业新风尚的又一重大典型。争取出台《湖北省高速公路管理条例》和《湖北省道路运输辅助业管理办法》，进一步完善交通法制体系；深入开展创建“法治交通”活动，规范执法行为，优化法治环境，努力提高交通执法队伍素质和依法行政水平。

三是深入开展党风廉政建设和反腐倡廉工作。各级交通部门要牢固树立“交通建设大发展、廉政教育大加强”的责任意识，认真落实《湖北省交通厅关于在加快交通基础设施建设中进一步加强廉政交通建设的实施意见》，进一步加强廉政交通建设重点环节的监督管理，全面落实和完善政府投资交通重点工程纪检监察员派驻制、重点工程廉政建设领导联系制、领导干部任期经济责任审计制和工程建设项目纪检监察巡视制，建立健全拒腐防变长效机制，从源头上防治腐败；继续深化与审计署武汉特派办，省审计厅、公安厅和省检察院的联合共建机制，加强对工程建设等重点部位和重点人员的监督，坚决查处违纪违法案件。各级领导干部要大力发扬艰苦奋斗精神，牢固树立过紧日子的观念，坚持勤俭办交通，厉行节约，杜绝铺张浪费。

“2009——湖北交通改革攻坚年”各项目标已经明确，任务艰巨，使命光荣，全省交通系统要以坚定的必胜信心、以全新的发展理念、以饱满的工作激情、以良好的精神风貌，全力推进湖北交通快速发展、科学发展、安全发展、协调发展，以优异的成绩迎接新中国成立60周年！

（2009年在全省交通工作会上的讲话）

固本强基　创新超越
为中部崛起支点战略奋力先行

2010年全省交通运输工作会议的主要任务是:以党的十七届四中全会、中央经济工作会议精神为指引,认真贯彻全省经济工作会议和全国交通运输工作会议精神,总结经验,表彰先进,分析形势,部署"2010——湖北交通固本超越年"工作,进一步动员全省交通职工团结拼搏,固本强基、创新超越,奋力开创湖北交通运输发展新局面。

一、改革攻坚,新一轮交通大建设大发展成效显著

2009年,中国经济考验空前,中国经济辉煌依然。2009年,湖北交通挑战空前,交通发展喜讯连连。一年来,全省交通运输系统广大干部职工在省委、省政府的坚强领导下,坚决贯彻扩内需、保增长的方针政策,当好主力军,唱好主角戏,全力推动新一轮交通大建设大发展并取得显著成效,使2009年成为交通改革力度最大、投资增幅最快、发展势头最猛的一年。

2009年,湖北交通最具标志性和影响力的数据和大事为:

(1)交通改革力度前所未有。2009年1月1日公路养路费等"六项规费"全面取消。5月1日全省103个政府还贷二级公路收费站全部取消收费。6月26日省交通运输厅挂牌,"三定"方案已正式批准实施。9月27日全国首家交通物流发展机构——省交通运输厅物流发展局正式运行。

（2）交通投资规模创历史新高。2009 年，全省交通固定资产投资规模首次突破 400 亿元大关，达到 431.4 亿元，同比增长 34.6%，提前 13 个月完成“十一五”交通规划投资目标，位居全国第六。带动相关投资 1 720 亿元。

（3）高速公路发展提档进位。2009 年，全省高速公路通车里程突破 3 000 公里大关，达到 3 282 公里，新增高速公路 563 公里，高速公路通车总里程由全国第 7 位上升到第 6 位。新开工高速公路里程突破 1 000 公里大关，在建高速公路里程 1 481 公里，已建及在建高速公路里程达到 4 763 公里。

（4）农村交通环境全面改观。2009 年，全省新增通村沥青（水泥）路 26 569 公里，为年度计划 12 000 公里的 221%，行政村通沥青（水泥）路比例和通客车比例均达 94%。全省农村公路总里程达到 17 万公里，公路网密度达到 101.3 公里/百平方公里。仙洪试验区新农村交通建设示范作用日益显现。

（5）内河航运发展态势强劲。2009 年，温家宝总理、李克强副总理分别对开发长江水运潜力作出重要批示；张德江副总理专题到湖北调研并召开全国内河航运发展座谈会。武汉长江中游航运中心上升为国家定位，长江黄金水道开放开发全面加速，“以港兴城、港城互动”成效显现。武汉新港阳逻集装箱码头等 36 个重点项目启动实施；投资 21.4 亿元、全长 67 公里的引江济汉通航工程开工建设；我省第一个交通航电枢纽——崔家营航电枢纽三台机组并网发电。省交通运输厅分别与上海市建交委、重庆市交委、安徽省交通运输厅、长江航务管理局签署了航运业交流与合作协议。

（6）交通运输生产持续增长。2009 年，全省完成公路水路客运量 9 亿人次、客运周转量 564.8 亿人公里、货运量 7.3 亿吨、货运周转量 1 764.1 亿吨公里，同比分别增长 7.4%、7.6%、11.3%、10.3%，占全社会综合运输比重分别达到 93%、49%、79%、56%；港口吞吐量完成

1.63亿吨,集装箱吞吐量达到67.5万标箱,公路水路运力结构不断优化。

(7)交通发展规划科学配套。2009年,"两圈一带"综合交通规划编制完成,综合交通运输协调机制初步建立并有序运转;《武汉新港总体规划》经交通运输部和省政府联合颁布实施;《脱贫致富奔小康试点县(市)交通支持规划》、《大别山红色旅游公路专项规划》等一批交通专项规划相继制发。

(8)交通质量安全维稳平稳可控。2009年,省交通运输厅数十次召开质量安全、行业改革、信访维稳、综合治理、依法治超等专题视频会,交通质量安全维稳专项行动抓有实效;沪蓉西高速公路安全建成;低温雨雪、安全保畅等交通应急保障成效明显,运输安全总体平稳可控。

(9)交通能力作风建设常抓常新。2009年,省交通运输厅创造性地组织开展了"通车559公里、开工1 000公里"、"大战200天、一天一亿三"和千名公务员"进村入户走村路、十万公里大巡访"等三大专项行动,在省委、省政府"作风建设年"活动动员会上作了交流发言;参加了中国文明网关于学习宣传"刚毅精神"和提高交通窗口服务质量在线访谈;与省直机关工委、省文明办、武汉铁路局、长江航务管理局、民航湖北监管局、省邮政公司联合成功举办了首届全省交通运输行业"祖国颂、交通情"文艺汇演;参加了省直机关职工迎国庆60周年歌咏比赛并荣获一等奖。

(10)交通党建和廉政建设特色鲜明。2009年,湖北交通"强基固本、六位一体"党建工作法创新实践,厅党组坚持将支部建到工地站所一线、把党建拓展到参建各方、将教育覆盖到基层干部职工和一线农民工,创建"网上交通党校"、创新"网上支部生活"、创办"网上农民工论坛";12月26日,省委领导参加了全省交通党建工作会议,开通"网上交通党校"并与交通建设一线的农民工党员、养护管理一线的基层党员进行交流互动,学习实践科学发展观活动落实到了交通一线。厅党组坚持以省纪委、省监察厅领导对口联系交通重点项目为重大契机,湖北交通建设“廉政阳光六同长效”工作法全面推进,交通建设领域“十查十治”、交通法制建设和党风廉政建设不断深化。《湖北省高速公路管理条例》颁布实施,依法治交能力日益提高。

(11)交通综合支持保障规范有力。2009 年,全省交通规费征收 68.6 亿元,筹融资 328.6 亿元,招商引资 420 亿元,绿色通道优惠减免 5.8 亿元;交通审计共建成效明显,资金管理更加规范;科技教育、外事外经、信息、宣传、工会、团委、审计、老干、史志、造价、后勤服务等各方面工作都为交通发展提供了有力的支撑和保障。

回顾 2009 年,在应对金融危机冲击的重大考验中,湖北交通抢抓机遇,克难攻坚,弯道超越,在推进新一轮交通大建设大发展中积累了宝贵经验。一是深化部省共建,全力争取支持,最大程度地为加快湖北交通运输发展营造良好政策环境;二是坚定发展信心、奋力改革攻坚,始终坚持发展第一要务,负重前行,超常发展;三是狠抓作风建设、弘扬“刚毅”精神,充分发扬湖北交通人“特别能吃苦、特别能战斗、特别能拼搏、特别能奉献”的优良传统;四是上下合力同心,省市齐抓共建,真正变部门办交通为政府、社会办交通,合力推进交通又好又快发展。

2009 年,是湖北交通史上浓墨重彩的一年。湖北交通发展成绩的取得,是省委、省政府正确领导的结果,是各级地方党委政府、各有关部门和广大人民群众大力支持的结果,是全省交通运输系统干部职工团结拼搏、无私奉献的结果,也是各级老领导、老干部、老专家悉心指导和关心帮助的结果。

在总结成绩的同时,我们必须清醒地看到,当前全国交通运输发展呈现出百舸争流、千帆竞发的激烈竞争态势,湖北交通正面临着前有标兵、后有追兵、周边强手如林的严峻形势,面临着六大压力:一是构建综合交通体系、引领现代运输产业发展的压力巨大;二是长江黄金水道开发“两头强、中间弱”的压力巨大;三是鄂东、荆岳两座世界级长江公路大桥进入攻坚阶段,1 481公里的高速公路建设进入施工高峰期,质量安全隐患排查整治的压力巨大;四是交通建设领域确保工程优质、干部优秀的压力巨大;五是交通建设筹融资和招商引资的压力巨大;六是交通职工队伍素质全面适应新形势、新任务的压力巨大。对上述问题,全省各级交通部门必须进一步创新思维,采取有力措施,认真加以解决。

二、固本超越,奋力打造畅通高效安全绿色的现代交通运输体系

2010 年是巩固新一轮交通大建设、谋划“十二五”交通大发展、构建综合交通运输大格局的关键年,也是推进交通运输快速发展、高效发展、绿色发展、安全发展的远谋近施之年,做好 2010 年的工作至关重要。遵循党的十七届四中全会,中央、全省经济工作会议和全国交通运输工作会议精神,为进一步推进湖北交通运输提档进位、科学发展,省厅决定,2010 年为“湖北交通固本超越年”。

固本超越,就是要固本强基、创新超越;就是要立足当前、着眼长远。基础不牢,地动山摇;百舸争流,不进则退。固本超越,就是要固交通先行之本、强运输发展之基,固质量安全之本、强服务民生之基,固人才队伍之本、强交通后劲之基;就是要超越自我,永不自满、永不懈怠、永争一流,不断创新交通发展理念、拓展交通发展领域、转变交通发展方式、调整交通发展结构;就是要超越常规,多位一体、齐抓共建、统筹协调,不断加强基础建设、建强基本队伍、完善基本规范、夯实基础保障,努力推动湖北交通运输实现更长时间、更大空间、更高水平的科学发展。

(1)“固本超越”,就是要坚持发展为本,实现跨越发展。推进湖北交通“固本超越”,必须坚持发展第一要义,紧紧围绕省委、省政府

“两圈一带”重大发展战略，坚定不移地上项目、保增长、谋发展，全面超额完成“十一五”交通规划目标，以全新的视角谋划大交通、做大水文章、构建大网络、发展大物流，全力推进湖北交通运输新一轮大建设大发展。

(2)“固本超越”，就是要坚持效益为本，实现绿色发展。推进湖北交通“固本超越”，必须坚持效益第一准则，紧紧围绕转变发展方式、加快发展现代交通运输业，坚定不移地转方式、调结构、促转型，加速推进综合运输、内河航运、现代物流、低碳运输、公共交通和信息网络建设，全力推进交通运输由传统产业向新型产业战略性转型。

(3)“固本超越”，就是要坚持质量为本，实现内涵发展。推进湖北交通“固本超越”，必须坚持质量第一生命，全面贯彻落实“适用就是最好的”、“自然就是最美的”、“优质就是最省的”交通科学发展新理念，坚定不移地抓源头、抓过程、抓现场，全面提升建设养护质量、运输生产质量、规费征收质量、行业管理质量等，全力推动交通运输发展由“数量扩张型”转向“质量效益型”。

(4)“固本超越”，就是要坚持安全为本，实现平安发展。推进湖北交通“固本超越”，必须坚持安全第一保障，紧紧围绕提高安全监管和应急保障能力，坚定不移地开展安全隐患大排查、大化解、大治理，始终坚持用铁的面孔、铁的标准、铁的手腕抓好安全生产和应急处置，全力保障权力运行安全、资金使用安全、工程建设安全和干部成长安全。

(5)“固本超越”，就是要坚持民生为本，实现和谐发展。推进湖北交通“固本超越”，必须坚持民生第一大事，紧紧围绕人民群众最关心、最直接、最现实的突出问题，坚定不移地服务民生、保障民生、改善民生，优先发展城市公共交通，统筹城乡区域交通运输一体化、推进新农村路站运渡一体化、推行“一站式”服务、“一条龙”审批，不断提高“三个服务”的能力和水平。

(6)“固本超越”,就是要坚持以人为本,实现持续发展。推进湖北交通“固本超越”,必须坚持人才第一资源,紧紧围绕加强交通职工队伍建设,紧紧围绕交通农民工队伍建设,坚定不移地抓基层、打基础、强基本,全面践行湖北交通“一线工作法”、“强基固本六位一体”党建工作法和“廉政阳光六同长效”工作法,把加强农民工队伍教育培训作为保障工程建设质量安全的源头,充分挖掘潜力、激发活力、增强动力,形成现实生产力,在巩固和扩大科学发展成果的同时,增强并积蓄可持续发展后劲。

“2010——湖北交通固本超越年”主要发展目标是:

(1)确保完成交通固定资产投资400亿元,力争完成420亿元。其中:公路重点工程283亿元,普通公路110亿元,港航建设22亿元,站场建设5亿元。全省交通运输系统要以“跳起来摘桃子”的精神,按照完成交通投资450亿元的规模分解指标、落实项目。

(2)续建“十九路两桥”1 481公里,新开工高速公路18条、1 044公里,建成鄂东、荆岳两座世界级长江公路大桥和麻武、三峡翻坝、杭瑞等高速公路,全省高速公路总里程突破3 500公里,力争达到3 600公里。

(3)新增通村沥青(水泥)路12 000公里,全省行政村(除恩施州外)通沥青(水泥)路率100%,全省具备条件的行政村通客车率100%,乡镇渡口达标改造率100%;完成国省干线路网改造、建设3 834公里,省际出口路、断头路及县乡道改造1 435公里。

(4)完成港口货物吞吐量1.8亿吨,集装箱吞吐量75万标箱;船舶运力达到580万载重吨;汉江崔家营航电枢纽工程建成投产,6台机组并网发电;新开工汉江兴隆至汉川等航道整治工程,续建武汉新港、引江济汉通航工程等。

(5)各分项、分部、单位工程质量合格率100%,重点工程优良率达到90%以上,公路一般工程、港航、站场工程优良率达到85%以上;

高速公路养护质量指数达到90%以上；普通公路平均好路率达到85%，其中国省干线公路平均好路率达到90%以上；超限车辆控制在5%以下。

(6)船舶安全面达98%以上，每载货吨直接经济损失控制在5元以内，每万总吨死亡人数控制在0.5人以内；杜绝辖区内水上因管理部门失职造成一次死亡10人以上的特别重大责任事故，确保交通安全稳定。

(7)全省交通规费收入75.1亿元，其中高速公路通行费收入73亿元，政府还贷高速公路通行费收入突破35亿元；严格交通资金预算管理，无重大资金违纪违规问题发生。

(8)全省交通运输系统基层党建覆盖面100%，党的组织生活开展率100%，交通建设领域流动党员组织生活参与率100%。

(9)全省各市(州)、县市区交通局长及厅机关、厅直单位中层干部轮训率100%，全省交通重点工程指挥长、总监理工程师、项目经理、工区长培训率100%，培树1 000名交通农民工"技术能手"。

(10)全国文明单位保持率100%，省级文明单位增长5%；培树10名"刚毅式交通英模"、10名"王静式标兵"、10名交通执法标兵；确保无重大腐败案件发生。

为确保完成"2010——湖北交通固本超越年"各项目标任务，必须突出抓好以下五项重点工作：

(一)以转变发展方式为主线，固现代交通运输之本

胡锦涛总书记在中央经济工作会议上深刻指出："国际金融危机对我国经济的冲击，表面上是对经济增长速度的冲击，实质上是对经济发展方式的冲击。"总书记的讲话，深刻阐明了加快经济发展方式转变的极端重要性和现实紧迫性。各级交通运输部门要深入学习领会，进一步落实"六个并举、六个统筹"科学交通发展观，着力转变交通运输发展方式，拓宽交通运输服务领域，加快实现由传统产业向现

代交通运输业转型。

第一，要像抓铁路、高速公路那样抓内河航运建设。一是牢固树立“绿色发展、绿色增长”的交通新理念。内河航运是发展绿色经济、促进绿色增长的重要支撑，是建设“两型交通”、发展综合运输的战略重点。各地各部门要认真贯彻张德江副总理关于“下决心把内河航运搞上去”的指示精神和省政府《关于进一步促进全省水运事业又好又快发展的意见》要求，真正像抓铁路、高速公路那样抓内河航运建设，在思想认识上高度重视，在发展规划上优先考虑，在工作实践中重点推进，努力营造政府领导亲自抓、社会各方合力干的内河航运发展环境。二是加快建设1 756公里的高等级航道网。按照畅通长江、渠化整治汉江、打通江汉运河的总体思路，进一步争取交通运输部支持，着力加快长江中游航道系统整治，力争到2015年，武汉以下航道水深达到6米，宜昌至武汉段航道水深达到4.5米；着力加快江汉运河和汉江下游航道整治步伐，确保崔家营航电枢纽工程全面建成，实现六台机组并网发电；加快引江济汉通航工程、汉江丹江口至白河段航道整治工程和陆水河节堤航电枢纽建设；开工汉江兴隆至汉川段等航道整治工程；完成汉江汉川至蔡甸段和香溪河、童庄河、巴河、汉北河航道整治工程。三是全力打造以武汉新港为龙头的“四大港口集群”。以阳逻港区集装箱二期工程、金口重件码头、80万吨乙烯码头和南车集团金口码头等工程为重点，加快“亿吨大港、千万标箱”武汉新港建设。以黄石棋盘洲、武穴综合码头为重点，加快鄂东组合港建设。以荆州盐卡港为重点，加快荆江组合港建设。以云池深水港区、枝城铁水联运港区等为重点，加快三峡航运转运中心建设。

第二，要像抓铁路、高速公路那样抓综合运输体系建设。一是积极加强综合交通运输行业管理和服务。党的十七大把加快发展综合运输体系作为一项战略任务，要求加快行政管理体制改革，形成权责一致、分工合理、决策科学、执行顺畅、监督有力的行政管理体制。各级交通运输部门要认真履行“三定”方案赋予的职责，围绕发展综合交通运输体系的共同目标，认真编制“十二五”发展规划，齐心协力，齐抓共建，合力打造适应湖北经济社会发展要求的现代综合交通运输网络。会上印发了《关于加强综合交通运输行业管理的实施意见》讨论稿，经大家讨论修改后，将尽快报请省政府批准实施。二是积极推进各种运输方式的“无缝衔接”。进一步加强铁、水、公、空等各种运输方式专项规划的有效衔接，科学编制全省综合交通运输发展规划；积极推行江海联运、公铁联运、公水联运、铁水公空联运，充分发挥各种运输方式的比较优势和组合效率，努力形成宜水则水、宜陆则陆、宜空则空、水陆空联运的综合交通运输体系。三是积极推进客运“零距离换乘”。加快武汉、襄樊、荆州、宜昌、黄石、十堰、恩施等7个国家公路主枢纽建设，确保武汉市杨春湖客运换乘中心一季度投入运营，充分发挥其铁路、轨道交通、长途客运、城市公交、出租汽车等零距离换乘的示范效应。四是积极推进交通综合运输管理和公共交通建设，逐步实现铁路、公路、水路、航空信息共享、协调发展，不断提高管理效能和服务水平。按照“公交优先”的发展战略，认真研究制定公共交通客运相关政策，逐步建立起公共交通客运管理的法规体系；深入开展以“创文明优质企业、创文明示范车”为主要内容的出租车行业文明创建活动，不断提高公共交通服务质量。

第三，要像抓铁路、高速公路那样抓现代物流发展。现代物流业是融合运输业、仓储业、货代业和信息业等复合型服务产业，是最具有成长性的产业和新的经济增长点之一。各级交通运输部门要把促进物流业发展作为转变发展方式，加快发展现代交通运输业的重要途径。一要加快交通运输与物流服务的融合与发展，鼓励交通运输企业功能整合和服务延伸，加快向现代物流企业转型，积极发展甩挂运输、滚装运输、江海直达运输、集装箱联运等先进运输组织方式。积极拓展港站枢纽物流服务功能，新建港站枢纽运输功能和物流功能要统一规划、同步建设,现有港站枢纽要改造植入物流服务功能,加强港站枢纽与后方物流园区的衔接。二要加大物流示范区和示范企业培育力度。以武汉高桥保税物流中心、宜昌三峡物流中心、襄樊西北物流基地为示范,着力支持三大物流园区的交通基础设施建设;着力培育楚通(上海)国际物流公司、湖北省捷龙物流公司、湖北省邮政速递物流公司等八家物流示范企业。三要加强“交通物联网”建设。以我省交通运输信息网络为平台,大力推广先进适用技术,积极完善物品编码体系,打造标准化、一体化的物流公共信息平台,通过推广应用射频识别、GPS 等信息传感技术,探索建设“交通物联网”,努力实现货运物流化、管理智能化。

(二)以完善路网结构为重点,固人民便捷出行之本

交通运输具有很强的“网络性”特征,只有布局合理、均衡发展、贯通成网、四通八达,才能最大限度地发挥整体效益和服务水平。

第一,高速公路要加速成网。一是 2010 年年内要再开工 1 044 公里高速公路,力争年底全省已建和在建高速公路里程达到 5 800 公里左右。按照省政府高速公路建设的行动计划和省政府与各市(州)签订的责任状,2010 年还有 18 条、1 044公里高速公路(郧县至十堰 69 公里、松滋至石首 110 公里、黄冈至鄂州 29 公里、黄石至咸宁高速黄石段 53 公里、黄石至咸宁高速咸宁段 22 公里、嘉鱼长江大桥及南岸接线 35 公里、嘉鱼长江大桥北岸接线 15 公里、孝昌至洪湖高速孝感段 120 公里、孝昌至洪湖高速仙桃段 47 公里、利川至苏拉口 50 公里、宣恩至黔江 76 公里、保康至宜昌高速襄樊段 63 公里、保康至宜昌高速宜昌段 60 公里、麻竹高速襄樊至保康段 117 公里、通城至界上 25 公里、荆门市西北环 32 公里、谷城至孟楼 33 公里、恩施至来凤 88 公里)需要开工建设,建设任务十分繁重。各地要进一步创新省市齐抓共建、社会合力办交通的体制机制,全力加快前期工作进程,全力加大招商引资力度,全力巩固和推进新一轮的高速公路建设热潮。

一季度要确保郧十高速公路、鄂黄高速公路(含唐家渡长江大桥)开工建设,力争开工建设保宜高速宜昌段。二是确保建成两座世界级长江公路大桥和麻武、三峡翻坝、杭瑞部分路段等高速公路,确保年底全省高速公路通车总里程突破3 500公里,力争达到3 600公里。各级交通部门要认真贯彻全省交通基础设施建设推进会精神,突出抓好“十九路两桥”1 481公里(鄂东桥、荆岳桥、麻武、三峡翻坝、杭瑞、大广南、宜巴、汉鄂、大随、十房、九江桥北接线、谷竹、十白、洪监、硚孝、机场二通道、机场北接线、咸通、襄樊东外环、麻竹黄冈段、麻竹孝感段),迅速掀起“双创双优”竞赛热潮。

第二,国省干线要提档升级。一是全面完成2 000公里的国省干线大修工程,1 000公里的中修工程,834公里的一二级公路改建工程,努力打造一个“结构合理、便捷高效、安全舒适、环保美化”的高等级公路网,以优异成绩迎接全国公路养护管理大检查。二是全面提升国省干线服务品质。坚持以神宜、武神公路为示范,认真落实“适用就是最好的”、“自然就是最美的”、“优质就是最省的”的新理念,着力提升公路内在质量、外观形象和服务功能,真正做到资源节约、环境友好、安全优质。一季度要确保武神、赤壁生态环保示范路全面建成,黄冈大别山红色旅游公路路基工程基本完成。三是全面加强国省干线日常养护。切实加强养护道班等基层组织建设和“星级道班”创建,认真落实公路养护技术规范等基本制度,提高公路养护机械化水平,确保国省干线好路率达到90%以上。四是全面加强超限超载车辆治理,由路面治超单一方式向源头治超、联动治超转变,杜绝以罚代管、粗暴执法等行为,建立超限治理长效机制,保障公路路况完好。

第三,农村公路要通达通畅。一是继续加大农村公路建设力度。新增通村沥青(水泥)路12 000公里,除恩施州外,全省行政村通沥青(水泥)路比例达100%。继续抓好省际出口路、断头路、县乡公路改造1 435公里。积极支持仙洪试验区、脱贫奔小康试点县、鄂州城乡一体化试点、全省新农村建设试点乡镇和“616”工程等农村交通建设,为促进农民群众增产增收创造良好交通条件。二是着力创新农村客运发展。按照城乡一体化的理念,大力推行“农村班车进城,公交客车下乡”,力争6月份全省具备通车条件的行政村实现客运网络全覆盖;继续实施农村客运运力发展导向政策,推进农村客运文明示范线、“荆楚新农巴士”品牌创建,建设五级站98个、候车亭2 205个、招呼站3 390个。三是继续实施乡镇渡口、渡船双达标工程,确保新增的203处乡镇渡口达标改造全面完成,更新改造船龄二十年以上的老旧渡船200艘以上,完成农村公路渡改桥2 000延米。四是落实农村公路养护长效机制,认真贯彻《湖北省农村公路条例》和《湖北省农村公路管理养护体制改革实施方案》,落实县级财政每年每公里不低于1 000元的通村公路养护管理资金,推进专业养护与群众养护相结合,真正实现有路必养。

(三)以提升质量效益为目标,固质量安全之本

质量安全是交通的生命。最近,省外一些地方“问题桥”事件频发,引起了媒体和社会的高度关注。各级交通运输部门一定要引以为戒,举一反三,排查隐患,狠抓整改,始终绷紧质量安全这根弦、念好质量安全这本经、坚持质量安全抓落实。

第一,突出加强农民工队伍的质量安全素质培训。一线建设者特别是农民工对工程建设质量安全进度举足轻重,在全面落实工程建设“四制”和“政府监督、法人管理、社会监理、企业自检”四级质量保证体系的同时,加强农民工质量安全意识和操作技能培训至关重要。不管是政府投资项目,还是企业投资项目,都要大力加强基层一线农民工队伍的教育培训。一是在全省形成重视农民工、关爱农民工、培训农民工的浓厚氛围,各地各项目要切实关心农民工的生活、维护他们的权益,不断增强广大农民工的归属感、荣誉感和质量安全意识。二是在全省交通重点工程组织“网上农民工专题培训”,开办

“网上农民工夜校”、“网上农民工讲堂”，通过组织身边的“能工巧匠”，制作“农民工操作规程示范光碟”，让优秀的农民工传经送宝、网上示范、以点带面，让更多的农民工看得懂施工图、学得会新技术、干得了新工艺。三是全面开展“技术大比武、通病大治理”专项行动，各建设指挥部要以“钢筋混凝土保护层厚度”、“桥面铺装平整度”等质量通病治理为重点，组织开展技术比武、劳动竞赛，大力提高一线操作人员的职业道德意识、质量安全意识和操作技能，努力从源头上防治质量通病，夯实质量安全基础。

第二，突出加强重点项目科技攻关。一是加强长江公路大桥建设技术攻关。目前，我省在建的鄂东、荆岳长江公路大桥均为大跨径斜拉桥，其跨径在全世界位于前列，建造技术十分复杂。为确保安全、优质建成这两座世界级的长江公路大桥，项目指挥部要认真学习借鉴国内外桥梁建设管理的先进经验，立足自主创新，积极开展特大跨径桥梁建设成套技术科研攻关；要坚持集思广益，充分发挥国内知名专家、院士顾问组的作用，坚持定期深入现场检查、咨询、会诊，确保质量安全平稳可控。二是加强山区高速公路建设技术攻关。要高度重视和总结推广沪蓉西等高速公路建设成套技术成果，积极将成熟的技术成果应用到在建的高速公路项目。宜巴等山区高速公路要结合项目特点，加强复杂地质条件下的建设、质量、安全等重大技术研发，组织省部级重大科技项目攻关，在特大桥隧建设、公路抗震减灾等关键技术方面取得新进展。三是加强交通科技创新人才的培养。要以建立“学习型指挥部”为目标，以长江公路大桥建设、山区高速公路建设技术研讨为载体，营造科技攻关、技术研发的浓厚氛围，培育一批在全国交通建设、设计、施工、管理领域有影响的权威专家。

第三，突出加强安全源头治理。一是深入开展“平安水域”建设主题活动，持续加大船舶超载、“三无”船舶非法载客等安全隐患整治力度，全面加强船员、船舶和船公司“三准入”管理，坚决遏制重特大水上交通事故的发生。二是深入开展“六大行动”,以“打基础、抓源头、保安全、促发展”为主题,在全省道路运输行业组织开展安全警示大讨论、安全运输大教育、安全隐患大排查、安全质量大巡访、安全措施大落实、安全环境大改善等行动,严格执行“三关一监督”、“三不进站、五不出站”等安全制度。三是深入开展施工生产安全隐患大整治,重点加强山区高速公路的高边坡、高墩大跨桥梁、长大隧道,以及在建的长汉江大桥、引江济江通航工程、航电枢纽工程的安全管理,突出加强挂篮、架桥机、支架、围堰等临时大型设施、设备的安全监管。特别是边施工边通行路段必须设置醒目安全标志,严格落实安全保障措施,确保施工安全和道路畅通。四是深入开展危险路段整治和公路危桥改造,确保改造危桥350座、21 782延米,消灭国省干线已有危桥;完成公路安保工程1 598公里。春运将至,各级交通运输部门要坚持预防为主,认真做好雨、雪、冰、雾等恶劣气候条件下的运输安全保障工作,严格落实应急预案,确保应急反应快捷高效。

(四)以建立投融资平台为依托,固资金保障之本

推进新一轮交通大建设,资金保障是关键。各地各部门要进一步深化改革、整合资源、创新机制,积极探索研究燃油税改革、取消政府还贷二级公路收费后的交通基础设施建设投融资平台,不断拓宽多元化筹融资渠道。

第一,堵漏增收,增强费收保障功能。一是深入开展“基础保障杯”竞赛活动,各高速公路管理部门要切实加强领导,层层落实“一把手”负责制;层层落实费收“四定一保”领导分工负责制,即“定人、定点、定额、定责、保目标”;层层落实全年费收工作督导制,由机关干部组织督导组,轮流驻扎收费所站,进行调研督导、协调服务。二是完善征费稽查手段,大力推广车牌识别系统、电子储值卡和ETC等科技手段的应用,千方百计提升通行费征收水平。严格执行绿色通道政策,切实做到应征不漏、应免不征。深化与公安交警、部队等部门的

共建联动，强化特权车和人情车专项整治，狠抓堵漏增收。三是广泛开展"扎根费亭、优质服务"、"费收标兵"培树活动，评选一批在费收岗位连续工作十五年以上的"金牌收费员"、十年以上的"银牌收费员"，并组织巡回演讲，大力弘扬"爱岗敬业、无私奉献"的交通精神，充分调动一线收费员的积极性、主动性和创造性。

第二，整合资源，增强多方筹融资功能。一是积极争取地方财政加大对交通基础设施的投入，出台"土地资源捆绑"等支持交通发展的政策措施，将资金、资本、资源向交通倾斜。二是进一步加大招商引资力度，2010 年拟开工的 18 条、总投资规模 720 亿元的高速公路项目均为地方政府招商引资项目，各级交通部门要在市（州）党委、政府的领导下，认真学习借鉴成功经验，以顽强的毅力、扎实的作风保开工、保目标。三是进一步争取国家部委支持，坚持以诚求援、以干求助，力争中央投资超过 40 亿元。四是进一步完善"以政府投资为主导、以企业融资为补充、以银行信贷为支撑"的湖北交通 GEB（Government，Enterprise，Bank）投融资平台，不断拓宽多元化筹融资渠道，最大限度地发挥财政资金、社会资本和银行信贷的比较优势和综合效应。

（五）以增强发展后劲为保障，固人才队伍之本

基层扎实，坚如磐石。实现湖北交通科学发展上水平，必须有一支数量充足、结构合理、素质精良、充满活力的交通基本队伍为保障，着力提高全员素质，增强发展后劲。

第一，着力建设"三大平台"。针对交通运输点多线长面广，从业单位众多、人员高度分散的特点，各级交通运输部门要进一步创新理念，以信息技术为依托，创新党建活动平台，推进党建工作信息化、组织生活网络化、党务工作科学化。一是办好"网上交通党校"，着力解决交通运输系统党员分散、集中学习困难的问题。各级交通党委书记、支部书记要牢固树立"围绕发展抓党建、抓好党建促发展"和"抓好党建是尽职、不抓党建是失职、抓不好党建是不称职"的理念，加大

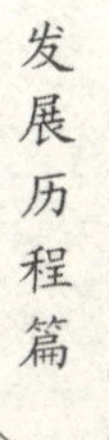

投入,整合资源,办好“网上交通党校”,使每个党员能随时随地学习党的知识,感受到组织的关心和爱护。各级交通部门都要结合实际进一步加强交通基层党建工作,切实做到工程建到哪里、党的基层组织就跟进哪里、党员先锋模范作用就发挥到哪里。二是过好“网上组织生活”,将互联网作为开展党的组织生活的主阵地,让出差在外、工作在一线的党员,能随时随地参加党的组织生活。各基层党支部要结合实际,积极探索“一方为主、接续培养、两地考察、相互衔接”的优秀农民工入党办法和“流入地党组织为主、流出地党组织配合”的流动党员教育管理服务工作机制。2010 年“五一”、“七一”,各重点工程指挥部要在广大农民工建设者中发展一批积极分子入党并组织开展重温入党誓词活动。三是建好“网上党员论坛”,通过网络这一开放式平台畅所欲言、集思广益,真正把网上党员论坛建成密切党群关系、推动党的工作、展现党的形象的平台,不断增强党的凝聚力、吸引力。

第二,着力践行“三大工作法”。一是践行交通一线工作法。各级交通部门要大兴密切联系群众之风,大兴求真务实之风,大兴艰苦奋斗之风,坚持情况在一线了解、问题在一线解决、服务在一线体现、工作在一线推进、典型在一线培树。交通各级领导干部要高度重视和关心改革涉及人员安置工作,紧紧依靠地方党委、政府的领导,按照“转岗不下岗”和“待安置期间,合规合理的待遇不变”的总体要求,多渠道安置人员,确保人人有去向。交通各级领导干部要确保全年下基层调研时间不少于三分之一,着力提高应急事件处置能力,做到突发事件领导必到现场、重大事故领导必到现场、灾情灾害领导必到现场,坚持在实践中提高执行力、增强战斗力,坚持以优良的党风促政风带行风,以坚强的党性和扎实的作风确保交通各项任务全面完成。二是践行湖北交通“强基固本、六位一体”党建工作法,即:把握基本规律,促进交通发展、交通党建一体化;健全基本组织,促进机关建设、基层建设一体化;完善基本阵地,促进理论学习、创新实践一体化；提升基本素养，促进党风建设、行风建设一体化；建强基本队伍，促进班子建设、队伍建设一体化；提供基本保障，促进党政工团、齐抓共建一体化，促使全省交通系统基层党建全覆盖，充分发挥基层党组织的战斗堡垒作用和共产党员的先锋模范作用。三是践行湖北交通“廉政阳光六同长效”工作法，即：优质高效目标与廉政阳光目标同确立，交通运输工作与党风廉政建设合同同签订，交通公路、运管、港航与纪检、检察、司法、审计部门联动机制同建立，基层党建与“两型交通”建设同探索，质量安全进度与廉政阳光公开同考核，经济社会效应与“刚毅品牌效应”同发挥，真正做到交通发展与廉政建设目标同向、工作同力、发展同步。各级交通领导干部要认真学习落实胡锦涛总书记1月12日在中纪委十七届五次全会上的重要讲话精神，以更加坚定的信心、更加坚决的态度、更加有力的措施、更加扎实的工作，加强反腐倡廉教育制度、监督制度、预防制度和惩治制度建设，加快构建交通特色惩治和预防腐败体系，努力营造“研究问题先学法，决策问题遵循法，解决问题依据法，言论行为符合法”的法制法纪氛围，为推进湖北交通发展又好又快提供坚强政治保障。

长期以来，省委、省人大、省政府、省政协领导高度重视交通运输工作并给予了大力支持。省政府继2007年通令嘉奖省交通厅之后再次对全省交通运输系统通令嘉奖，省交通重点建设领导小组表彰了20名支持交通发展的优秀县市长、乡镇长和10名交通工程优秀农民工，全省交通干部职工备受鼓舞、备感振奋。湖北交通人将百倍珍惜来之不易的发展环境，百倍珍惜齐抓共建的发展机制，百倍珍惜蓬勃向上的发展态势，固本超越，科学发展，为构建中部崛起重要战略支点奋力先行。

（2010年在全省交通工作会上的讲话）

创先争优　先行跨越
谱写湖北交通运输发展新篇章

一、回眸"十一五"，展望"十二五"

"十一五"是湖北交通运输发展极不平凡的五年，透过一圈圈的年轮印记，感受那一串串的历史足音，品读那一组组不断刷新的数字，清晰地记载了省市共建、部门同心、社会合力办交通的发展历程。作为"十一五"交通发展的建设者和见证者，让我们共同回眸"十一五"。

"十一五"期间，全省交通干部职工在省委、省政府的正确领导和社会各界的大力支持下，坚持以科学发展观为统领，以胡锦涛总书记亲自听取湖北骨架公路网规划汇报为巨大动力，团结拼搏、克难奋进，提前13个月实现"十一五"交通固定资产投资目标，使"十一五"成为我省交通发展史上投资规模最大、发展速度最快、经济社会效益最好、人民群众受益最多、发展环境最佳的历史时期，全省公路水路运输与经济社会发展的关系实现了由"基本缓解"向"总体适应"的跨越。主要表现在以下几个方面：

——交通固定资产投资规模创历史新高。完成交通固定资产投资突破1 900亿元，是"十五"投资的2.4倍，相当于新中国成立后55年交通投资总和的1.6倍。

——"四纵四横一环"高速公路网基本形成。新增高速公路里程突破2 000公里，超过2005年以前全省高速公路建成里程的总和。全省高速公路里程达到 3 673 公里，建成了以沪渝高速宜恩段为代表的一批全国科技示范工程和以鄂东、荆岳等为代表的一批世界级长江公路大桥。高速公路网辐射全省 90% 的县市区、96% 左右的人口和 98% 左右的经济总量。

——国省干线公路优质环保。以全国科技环保示范路——神宜公路为标志的“两型交通”建设成效明显。全省公路通车总里程达到 199 400公里，一级公路达到 2 337 公里，分别为“十五”末的 2. 16 倍、2. 14 倍，全省国省干线公路基本达到二级以上标准，路网结构明显改善，抗灾能力明显增强。

——农村交通变化翻天覆地。省政府每年承诺的农村公路建设任务全面超额完成，新增通村沥青（水泥）路突破 10 万公里；除恩施州外，全省实现 100% 的行政村通达沥青（水泥）路、100% 的行政村通达客车、100% 的乡镇渡口达标，农民群众行路难、乘车难、过渡难问题得到显著改善。

——水运振兴工程取得历史性突破。全省港航建设完成投资 107 亿元，是“十五”的 9. 63 倍。武汉长江中游航运中心建设上升为国家战略的重要内容。武汉新港建设打破行政区划，30 多个在建项目进展顺利，全省新增吞吐能力 7 200 万吨，新增集装箱吞吐能力 140 万标箱。汉江崔家营航电枢纽建成运营，汉江航道整治工程顺利推进，引江济汉通航工程全面开工，千吨级航道圈初现雏形。

——公路水路运输生产持续增长。全省公路客运量、旅客周转量、货运量、货物周转量分别比“十五”末增长 40. 7%、66. 5%、99. 2% 和 326. 3%；水路货运量、货运周转量分别比“十五”末增长 82. 6%、103. 2%。集公路、铁路、公交等多种交通运输方式于一体的杨春湖综合客运换乘中心开通运营；以武汉高桥物流中心、宜昌货运中心为代表的物流园区示范效应日益明显。

——交通安全监管与应急体系全面完善。全省运输船舶事故起数及死亡人数均较“十五”期下降70%以上。实践创造了“除雪清障、重车碾压、路警开道、结队通行、限载限速、科学调度”24字的“抗冰雪、保安全、高速公路低速行驶法”,成功应对2008年雨雪冰冻等严重自然灾害,成功保障汶川地震各类救灾物资运输,成功保障奥运会、中博会等交通运输安全。节假日旅客运输平稳有序。

——多元化筹融资能力显著增强。争取交通运输部“十一五”期对湖北投资突破210亿元,是“十五”的3倍。交通建设投资市场全面开放,企业投资高速公路占全省高速公路通车里程的48%,占在建高速公路的44%;“以政府投资为主导、以企业融资为补充、以银行信贷为支撑”的湖北交通GEB投融资平台为加快湖北交通建设提供了重要保障。

——交通科技创新能力明显提升。探索形成了特长隧道(群)建设,高墩大跨桥梁建设,高路堤、高陡边坡防护等一系列山区高速公路成套关键技术。交通公众出行服务、营运车辆GPS监控等一批交通应用系统投入运行并取得了良好的经济社会效益。

——行业重大改革平稳有序。公路养路费等“六项规费”全面取消,燃油税改革平稳有序;全省103个政府还贷二级公路收费站全部取消收费;交通投资体制改革、车购税管理体制改革、长江水监体制改革、高速公路建设管理体制改革等重大改革平稳有序推进;省交通运输厅、省交通运输厅物流发展局正式运行。

——交通规划和法制建设科学规范。省政府颁布了《武汉城市圈综合交通规划》、《鄂西生态文化旅游圈综合交通规划》等一系列行业规划;颁发了《关于加快全省高速公路建设的意见》、《关于进一步促进全省水运事业又好又快发展的意见》等支持政策。省人大颁发了《湖北省道路运输条例》、《湖北省农村公路条例》、《湖北省高速公路管理条例》,省政府出台了《湖北省农村公路管理养护体制改革实施方案》等5部政府规章。

——交通行业精神文明建设成果丰硕。培树了"时代先锋、全国重大先进典型"陈刚毅及蒋雪峰、王静、王书凤、王长山、李豪等一批"刚毅式英模",以"廉政阳光六同长效"工作法为标志的"廉政交通"建设常抓不懈,形成了"想干事、敢干事、会干事、干成事、不出事"的"交通干部干净干事文化",交通干部职工的执行能力和服务意识显著增强。

回顾"十一五"交通运输发展,最具创造性的就是确立"六个并举、六个统筹"的理念践行科学发展观;最具前瞻性的就是果敢实施"四个转变"的交通体制机制改革;最具基础性的就是交通运输发展规划的科学制定;最具探索性的就是"投资多元化、管理一体化"的模式创新;最具保障性的就是法治交通、廉政交通建设的成功实践;最具影响力的就是陈刚毅这一全国重大先进典型的培树。但发展不够、优势不优仍是湖北交通发展面临的主要问题和最大实际,不进则退、慢进亦是退仍是湖北交通发展面临的最大挑战,交通基础设施规模总量和运输服务质量有待进一步提升,交通运输结构和发展方式有待进一步优化,综合交通运输体系有待进一步完善,交通筹融资等体制机制改革有待进一步深化,交通质量安全和党风廉政建设有待进一步强化。

"十二五"期是湖北交通运输新一轮大建设大发展的战略机遇期,加快转变发展方式、调整交通运输结构的转型关键期,构建综合交通运输枢纽、发展现代交通运输业的重要成长期。"十二五"我省公路水路交通运输发展的指导思想为:坚持以党的十七届五中全会精神为指针,以科学发展观为统领,以推进湖北交通跨越式发展、构建全国重要综合交通运输枢纽为目标,以加快转变交通运输发展方式为主线,以结构调整为主攻方向,以完善综合交通运输体系、振兴湖北水运、促进现代物流发展、提高交通公共服务能力为重点,努力实现全省交通运输与国民经济社会发展的关系由"总体适应"转向

"全面适应"。

"十二五"我省公路水路交通固定资产投资规模为3 059亿元,其中高速公路1 850亿元,普通公路850亿元,港航工程269亿元,综合运输枢纽及交通物流工程90亿元。具体目标为:

——"六个翻番",即全省交通固定资产投资规模较"十一五"翻番,由1 330亿元增长到3 059亿元;内河航运投资规模翻番,由106亿元增长到269亿元;综合运输枢纽及交通物流工程建设投资规模翻番,由22亿元增长到90亿元;一级公路里程翻番,由2 127公里增长到5 000公里;新增高等级航道里程翻番,由60公里增长到300公里;港口集装箱吞吐能力翻番,由150万标箱增长到400万标箱。

——"六个形成",即形成通江达海、辐射中部、面向全国的武汉长江中游航运中心;形成布局合理、无缝衔接、便捷高效的全国重要综合交通运输枢纽;形成资源集聚、功能健全、管理科学的现代物流基地;形成承东启西、接南纳北、内畅外联的高速公路网;形成四通八达、沟通城乡、安全环保的普通国省干线公路网;形成干支相连、通村达户、惠民便民的新农村公路网。

——"六个提高",即交通行业自主创新能力明显提高;交通GEB平台投融资能力明显提高;交通服务质量和效益明显提高;交通依法行政能力明显提高;交通队伍整体素质明显提高;交通应急安全保障水平明显提高。

——"六个转向",即部门职能由单纯的公路水路行业管理转向"铁、水、公、空、管"等综合交通运输协调服务;交通发展由"数量规模扩张型"转向"质量安全效益型";交通建设由"资源消耗型、依赖型"转向"资源节约型、环境友好型";港航建设由"以部省投资为主"转向"多元化筹资";高速公路招商引资及建设由"以省为主"转向"以市(州)为主";交通服务由传统的客货运输转向现代交通运输业。

落实"十二五"我省公路水路交通运输发展总体要求,将从以下六个方面重点推进：

一是着力调整结构，振兴湖北水运。全力建设航运资源高度集聚、航运服务功能健全、航运市场环境优良、现代物流便捷高效的武汉长江中游航运中心。畅通大通道。重点推进长江中游航道治理，力争武汉军山大桥以下航道维护水深达到6米，宜昌至武汉军山大桥段航道维护水深达到4.5米；加强汉江航道整治，打通江汉运河，建成连接长汉江经济带、环绕江汉平原的长江—江汉运河—汉江810公里高等级航道圈。建设大港口。武汉新港货物吞吐能力达到1.5亿吨，集装箱吞吐能力达到325万标箱；全省港口吞吐能力达到3亿吨，集装箱吞吐能力达到400万标箱。基本建成以武汉新港为龙头，以宜昌三峡物流中心、鄂东组合港、荆江组合港为支撑的现代港口群。发展大运能。重点加快长江干线、三峡库区船型标准化工作，加快发展大型化、专业化运输船舶。全省船舶运力达到1 000万载重吨。三峡库区船型标准化率达到80%以上。培育大企业。培育一批运力规模达到10万载重吨以上的骨干航运企业和4家吞吐能力达到2 000万吨以上的港口企业，航运市场主体竞争力明显提升。完善大枢纽。基本形成以武汉、宜昌、黄石、荆州、襄阳为重点，以高等级公路、高等级航道和铁路为主力的现代港口集疏运体系。构建大物流。阳逻港保税物流中心基本建成，形成临港工业区、港口物流园区、仓储保税区、加工包装区等多元综合体，构建中西部地区通江达海、走向世界的现代物流基地。集聚大产业。促进中石化80万吨乙烯、武钢200万吨钢材深加工、三峡1 000万吨涂镀板等一批大项目向沿江集聚，形成石化、冶金、建材、化工、汽车工业等沿江经济走廊。保障大安全。加大内河危险品运输安全监管力度，完成1 000艘老旧客渡船更新改造，建立健全"一江十六湖"重点水域搜救体系，确保水上安全平稳可控。

二是着力完善网络，提高服务品质。全面建成6 500公里的高速公路骨架网、28 000公里的普通国省干线公路网、170 000公里的社会主义新农村惠民便民公路网。"十二五"期,全省高速公路规划为"七纵五横三环"、7 069公里,力争实现全省县县通高速公路的目标。"七纵"具体如下文所述:纵一:麻城至阳新。全长174公里。"十二五"规划建设。纵二:麻城至通山。国家高速公路网大广高速公路湖北段,全长266公里,已建成大广北、鄂东长江公路大桥158公里,大广南108公里年内将建成通车。纵三:大悟至赤壁。国家高速公路网京港澳高速公路湖北段,全长294公里,已建成通车。纵四:随州至岳阳,全长335公里,已建成通车。纵五:襄阳至公安。国家高速公路网二广高速公路湖北段,全长311公里,已建成通车。纵六:郧县至宜昌,全长423公里,在建郧十、十房、保宜等高速公路327公里。纵七:建始至来凤。陕西安康至广西铁山港高速公路湖北段,全长163公里,在建恩来高速公路86公里。"五横"具体为,横一:麻城至竹溪,全长569公里,已建成麻竹高速大随段20公里,在建黄冈段、孝感段、襄保段、保竹段等高速公路435公里。横二:麻城至巴东。国家高速公路网沪蓉高速公路湖北段,全长594公里,已建成麻武、武荆、荆宜等高速公路421公里,在建宜巴高速公路173公里。横三:英山至郧西。全长678公里,已建成通车。横四:黄梅至利川。国家高速公路网沪渝高速公路湖北段,全长822公里,已建成通车。横五:阳新至来凤。全长553公里,已建成杭瑞高速公路156公里,在建江南高速公路等153公里。"三环"具体为,环一:武汉市九峰到吴家山,是沟通武汉市六大新城组群、水港、空港、保税港、物流园区、产业园区等的快速通道。全长135公里。环二:武汉市高速公路外环,是沟通武汉市远城区的快速通道。全长191公里,已建成通车。环三:武汉城市圈高速公路环线,是连接"1+8"城市圈外围8个城市的快速通道,全长541公里,已建成150公里,在建296公里。

"十二五"期,全省普通国省干线公路规模为28 000公里,进一步加强普通国省干线改造力度,主要省际通道、重要经济区的过境路段、部分高速公路连接线以及主要港口、机场、铁路枢纽通道达一级公路标准,建制乡镇通二级以上公路。进一步完善农村公路网结构,提升整体服务能力,加强断头路、循环路及农、林、渔场公路建设,在有条件的地区实施通自然村公路建设,打造安全舒适、畅洁绿美的170 000公里社会主义新农村公路网。进一步创新公路养护管理体制机制,坚持预防性养护和周期性养护相结合,全面提高路网服务水平,建立完善农村公路养护管理长效机制,实现“有路必养”。

三是着力整合资源,构筑综合枢纽。统筹各种运输方式发展,全面提升湖北在全国综合交通网中的枢纽地位。以武汉、襄阳、荆州、宜昌、黄石、十堰、恩施等7个公路运输枢纽城市为重点,加快构建多种运输方式高效衔接、城际交通和城市交通相互融合的综合交通运输枢纽。重点支持中心城市、高速铁路客运专线、城际轨道沿线市县及主要机场的综合客运枢纽建设,重点支持与铁路货站、港口、物流园区等衔接的货运枢纽的建设,努力实现“零距离换乘、无缝衔接”。

四是着力培育市场,发展现代物流。引进、培育和壮大10家专业化、规模化的现代物流企业;建成武汉新港物流园区、宜昌三峡物流中心、襄阳鄂西北物流基地等10大物流示范基地。积极推进全省物流标准体系建设及物流公共信息平台建设。做大做强邮政快递物流,加快推进农村邮政物流发展。

五是着力转变方式,发展低碳交通。加快构建低碳交通运输体系,力争营运车辆综合单耗下降10%,营运船舶燃油单耗下降10%,港口生产单位吞吐量综合能耗下降10%。进一步提高岸线利用效率。优先发展公共交通,大力发展节能环保的运输装备。利用信息化与智能化技术,提高交通管理水平和交通系统运行效率。

六是着力夯实基础,保障交通安全。进一步强化水上交通安全监管,加强重点时段、重点船舶、重点河段和重点环节的安全监管。进一步完善道路运输安全监管体系,认真落实“三关一监督”职责。

进一步加强应急保障体系建设,加快区域应急处置中心和平台建设。继续实施公路安保工程、危桥和渡口改造工程、公路灾害防治工程。

到2015年,力争实现100%的县市通高速,100%的县市通国道,100%的县级以上城市通一级以上公路,100%的建制乡镇通国省道及二级以上公路,100%的行政村通沥青(水泥)路;武汉城市圈各县市实现15分钟上高速,鄂西生态文化旅游圈基本实现30分钟上高速;全面实现“村村通”,真正做到农民群众出家门、上车门、进城门;实现铁、水、公、空、管等运输方式高效衔接,内河航运在综合运输体系中的地位显著提升,湖北“得中独厚、得水独厚”的交通区位优势充分发挥,人便于行、货畅其流的现代交通运输全面适应湖北经济社会发展。

“十一五”的画卷,壮美而宏阔;“十二五”的蓝图,绚丽而磅礴。站在新的历史起点,湖北交通人将进一步抢抓机遇,乘势而上,团结拼搏,再创辉煌。

二、“固本超越”强基础,“先行跨越”谱新篇

2010年是“湖北交通固本超越年”,也是湖北交通运输发展史上浓墨重彩的一年。2010年12月31日,在两个“五年规划”交替的关键节点,部省领导于百忙之中莅临湖北交通,亲切慰问交通产业大军,亲临见证“十一五”圆满收官,亲自开启“十二五”先行跨越的航程,这是对湖北交通运输发展的充分肯定和巨大鞭策!2010年,湖北交通发展势头迅猛,后劲十足。全省完成交通固定资产投资首次突破500亿元,争取中央投资突破60亿元,“五路两桥一枢纽”成功建成,全省高速公路通车总里程跃居全国第6位,武汉新港年吞吐量突破亿吨大关;全省新开工14条、935公里高速公路,已建及在建高速公路总里程达5 733公里。首批12个、总投资达30亿元的“十二五”港航项目提前开工,成功开创了湖北交通水陆并举、蓬勃发展的新篇

章;2010 年,湖北交通发展创新超越,进军前沿。全国科技示范工程沪蓉西高速公路,位居世界同类桥梁跨度第一、第二的鄂东、荆岳长江大桥,全国廉政阳光示范工程崔家营航电枢纽、湖北杭瑞高速公路等,依靠科技进步、自主创新,敢为人先,勇攀高峰,成功在工程"禁区"打造出世界"桥梁博物馆"、"隧道博览会"、"路桥大学堂"和世界第一高桥、世界第一高墩、世界第一跨、神州第一锚、亚洲第二的龙潭隧道等经典力作,为湖北交通先行跨越积累了山区高速公路、长汉江特大桥特别是高墩大跨桥梁、特长隧道群、特大高边坡和大型水电项目建设管理的宝贵经验,标志着湖北高速公路建设由平原走向山区闯入禁区,湖北由桥梁大省迈入桥梁强省;2010 年,湖北交通发展强基固本、效益彰显。全省交通运输产业大军大培训专项行动蓬勃兴起,全国首套农民工培训实用教程、"刚毅工法"、网上交通党校、网上党员论坛、网上农民工夜校、网上农民工讲堂熠熠生辉,累计培训农民工38 766人,组织农民工技能鉴定10 209名,培养首批农民工党员 8 名,践行了质量安全抓源头、以人为本强素质的科学发展之路;2010 年,湖北交通发展群英荟萃、亮点纷呈。武神生态旅游路、赤壁生态文化旅游路、大别山红色旅游路竞相争艳,"王静工作法"荣膺全国交通"节能减排"示范项目、全国 "车、船、路、港"千家企业低碳交通运输专项行动现场会在湖北召开,"平民英雄"李豪、"三代艄公义渡百年"渡工万其珍感动湖北,"春满大交通"、"先行者之歌"等活动成功举办,交通干部"干净干事文化"、"强基固本、六位一体"党建工作法、"廉政阳光六同长效"建设新模式等抓有实效并在全国推广。固本超越,功在当前,志在长远。

2011 年是中国共产党成立 90 周年,是实施"十二五"规划开局之年。为充分发挥交通运输在湖北全局性跨越式发展中的先行引领作用,省厅决定,2011 年为"湖北交通运输先行跨越年"。

百舸争流,奋楫者先;奋勇争先,跨越者胜。先行跨越,就是要先行引领、跨越发展,适度超前、争先进位,坚持在跨越发展中先行、在先行引领中跨越。先行跨越,重心在"跨越",关键在"先行",内涵就是要以高于全国平均的发展水平、高于中部平均的发展业绩和走在行业前列的示范效应,不断实现弯道超越。

——坚持思想观念先行跨越。就是要进一步思想大解放,敢闯敢试、敢为人先,敢于负责,敢于负重,不断向更高水平、更高目标跨越;进一步大开放,全开放,营造"你投资、我投力,你发财、我发展,你创业、我创先,你惠企、我惠民"的发展环境,瞄准世界五百强和央企,由大招商、大融资向招大商、融大资跨越。

——坚持总量规模先行跨越。就是要紧紧围绕构建中部崛起重要战略支点、全面实施"两圈一带"总体战略和大别山革命老区经济社会发展试验区建设,加快建成"七纵五横三环"骨架高速公路网、免费国省干线公路网、惠民便民新农村公路网和七个国家公路运输枢纽,全力打造全国重要综合交通运输枢纽和现代物流基地,由区域性"九省通衢"向全局性"九州通衢"跨越。

——坚持结构方式先行跨越。就是要全力推进以长江、汉江黄金水道为重点的"绿色交通"建设,切实将水运发展作为转方式、调结构的重中之重,作为建设"两型交通"、发展综合运输的战略重点,真正像抓铁路、高速公路建设那样抓内河航运建设,加快构建绿色、低碳交通运输体系,着力打造武汉长江中游航运中心、推进湖北由"水运大省"向"水运强省"跨越。

——坚持质量效益先行跨越。就是要牢固树立质量是交通发展的生命,效益是交通发展的目标,以质量求效益,以效益促质量的发展理念;始终坚持好字优先、好中求快、又好又快,促进交通发展结构优化、优质高效,努力实现规模、速度和质量、效益相协调,着力推进交通运输发展由数量规模扩张型向质量安全效益型跨越。

——坚持人才培育先行跨越。就是要坚持以人为本,促进人的全面发展,营造尊重知识、尊重人才、自主创新、科教兴交的良好环境,全面实施百千万人才工程,全面加强以全国知名中青年交通英才、专家学者、学科带头人为代表的高层次人才、以优秀农民工为代表的交通运输产业大军技能型人才队伍建设,着力推进交通运输发展由劳动密集型向知识密集型跨越。

“2011——湖北交通运输先行跨越年”主要发展目标是:

——确保完成全省公路水路交通固定资产投资450亿元,力争向600亿元大关跨越。其中:高速公路380亿元,普通公路160亿元,港航建设42亿元,交通物流、枢纽站场18亿元。

——确保全省高速公路总里程达到3 950公里,力争向4 000公里大关跨越。其中,续建谷竹、宜巴等31条高速公路2 060公里,完成利万、太张等21条、1 335公里高速公路的前期工作并力争全部开工,确保建成大随、大广南等高速公路6条、共计335公里。

——确保国省干线公路养护管理综合服务水平进入全国先进行列,力争向前10名跨越。其中,完成一二级公路1 696公里;新增农村公路10 000公里;完成国省干线大中修2 080公里,安保工程3 425公里,危桥改造256座。

——确保全省港航在建项目投资规模达80亿元,力争向100亿元跨越。全省港口货物吞吐量达2亿吨、集装箱吞吐量达90万标箱。续建引江济汉通航工程、汉江兴隆至汉川航道整治工程和武汉80万吨乙烯码头等武汉新港建设项目;完成500艘渡船达标改造;杜绝辖区内水上因管理部门失职造成一次死亡10人以上的特别重大责任事故,确保交通运输安全稳定。

——确保培育10家物流示范企业,建设10个物流园区,实现传统货物运输向现代物流业跨越。优化运力结构,中高级客车、厢式货车比重分别达到53.5%、20%,运输船舶标准化率和专用船舶比重分别达到50%、40%。公路、水路交通运输及城市客运的能耗及二氧化碳排放强度比2005年分别下降2%、3.2%、3.8%。

——确保全省交通规费收入97.6亿元,力争向100亿元跨越。其中,政府还贷高速公路通行费收入突破50亿元;严格交通资金管理,无重大违纪违规问题发生。

“2011——湖北交通运输先行跨越年”的主要任务是:

(一)转变方式先行,着力推进武汉长江中游航运中心跨越发展

加快转变发展方式,是今后一个时期交通运输发展的重大战略任务。各级交通运输部门要坚持把转变方式贯穿到交通运输发展的全过程,着力推进“三个转变”,即由主要依靠基础设施建设投资拉动向建养管运协调拉动转变;由主要依赖物质资源消耗向科技进步、自主创新、素质提高转变;由主要依靠单一运输方式向综合运输体系发展转变。湖北是千湖之省,加快转变发展方式,首要的是发挥水运优势、补齐水运“短板”、发展绿色低碳运输,加快推进武汉长江中游航运中心跨越发展。

一是畅通大通道。在全国交通运输工作会上,张德江副总理听取了湖北内河航运发展情况汇报,对武汉长江中游航运中心建设和长江中游航道整治给予极大关心。畅通长江中游、渠化整治汉江、打通江汉运河是武汉长江中游航运中心建设的关键环节,各地要切实加大环境保障力度,合力促进长江中游航道整治工程建设。要进一步加快高等级航道建设,确保引江济汉通航工程桥梁建设项目全面开工、汉江高石牌船闸主体工程和长江龙州垸船闸一期工程基本完工;确保汉江仙桃以下150公里航道达到1 000吨级标准。

二是建设大港口。重点推进以“亿吨大港、千万标箱”武汉新港为龙头,以宜昌亿吨新港、鄂东组合港、荆江组合港为支撑的现代港口群建设。确保武汉新港白浒山港区一期工程等5个港口项目建成,加快26个、总投资50亿元的在建港口项目建设;加快推进港口项目前期工作,确保武汉新港阳逻集装箱三期等26个项目开工建设,确保

2011 年新增港口吞吐能力2 000万吨。

三是发展大运能。积极支持港航企业壮大规模，力争全省新增船舶运力 100 万载重吨，船舶总运力向 800 万载重吨跨越，船舶平均吨位达到1 350载重吨。积极推进长江干线、三峡库区船型标准化工作，确保三峡库区船型标准化率达到 60% 以上。

四是构筑大平台。积极推进长江航运联动发展，积极推动武汉新港公共物流信息交换平台和武汉船舶交易中心建设。建成省级水上搜救应急协调指挥中心一期工程，基本实现汉江仙桃至河口段水域船舶电子监控全覆盖。大力发展现代航运服务业，促进航运金融、保险机构落户武汉，力争 3 家以上世界航运十强企业在武汉设立服务基地或业务处理中心。

(二)调整结构先行，着力推进综合运输体系跨越发展

十七届五中全会要求，按照适度超前原则，统筹各种运输方式发展，构建便捷、安全、高效的综合运输体系。各级交通部门要把结构调整作为转变交通运输发展方式的主攻方向，进一步创新思路，加大力度，务求实效。

一是建设大枢纽。进一步完善武汉杨春湖综合客运换乘中心功能，优化铁路、轨道交通、长途客运、城市公交、出租汽车等运输组织，推进公铁售票系统共享，满足铁路旅客疏运需求，提升客运“零换乘”服务水平。着力建设武汉天河机场大型综合交通枢纽中心，努力实现航空、高铁、地铁、长途客车、公交、出租车、社会车辆等多种运输方式的水平无缝衔接、垂直上下叠合。加强武汉阳逻港综合物流枢纽示范工程建设。加快推动传统的客运站、货运站向区域性综合换乘枢纽转型，打造一批市县“零距离换乘”示范工程。

二是发展大物流。紧紧围绕我省汽车、钢铁等六个千亿产业和农村生产生活需求，积极培育交通物流新的经济增长点。重点加快交通物流人才培养和市场主体培育，打造一批采用多式联运等先进

运输方式的物流企业、农村冷链物流企业、农资物流配送企业等;整合邮政物流网络和农村五级客运站,改造、建设100个集客运、小件快运、邮政快递、信息于一体的农村综合运输服务示范站,建立"直通车配送"的农村物流服务网络。重点支持湖北省交通物流公共信息平台和鄂西北物流基地襄阳物流信息中心、三峡物流信息中心建设,力争推广应用率达到40%,不断提高物流标准化程度和信息化水平。

(三)服务民生先行,着力推进路网品质跨越发展

公路作为公共产品,其基本属性是公益性基础设施。要坚持把服务经济、惠民利民作为交通发展的第一追求,着力打造交通民生工程。

一是完善大骨架。湖北交通面临着"不进则退,慢进亦是退"的严峻挑战,各地各部门必须敢于负重,争先进位,必须进一步树立"前期就是投资、前期就是效益、前期就是发展"的理念,坚持前期工作和招商引资同步实施、合理交叉、平行推进;坚持前期工作报批联合办公、联合评审、联合审批,凡是纳入"七纵五横三环"7 069公里的高速公路项目,今年必须完成前期工作和招商引资,建立"规划一批、论证一批、在建一批、储备一批"良性循环机制。要全面深化1月4日启动的"先行号"劳动竞赛,确保利川至万州、武汉城市圈环线仙桃段1月份开工,确保新开工项目尽早形成实物工作量,在建项目尽快形成生产高潮,拟建成项目尽早发挥效益,一季度完成交通固定资产投资突破150亿元,实现"十二五"首季开门红。

二是迎接大检查。各级交通部门要以"迎国检"为契机,全力以赴打好"迎国检、创国优、大干100天"攻坚战,确保进入全国先进行列,力争进入前10名。省公路局、高管局及各市(州)交通部门要对全省干线公路管养情况再进行一次彻底的大检查大督办,严格实施分片包干责任制、责任追究制。要按照"适用就是最好的,自然就是最美的,优质就是最省的"和"建设是发展,养护管理也是发展"的公

路建设理念，全面提升公路品质和使用寿命。坚持建养管并重，全面加强预防性养护，全面提高养护机械化水平，建立健全公路养护管理长效机制。

三是服务大民生。要加快推进交通运输基本公共服务均等化，优先发展城市公共交通，统筹城乡区域交通一体化，推进新农村路站运渡一体化。要重点加强断头路、循环路及农、林、渔场公路建设，打造干支相连、通村达户、惠民便民的新农村交通网。根据李鸿忠书记、王国生省长关于大别山革命老区经济社会发展试验区建设的指示精神，交通部门认真研究加快大别山革命老区经济社会发展试验区交通建设的政策措施，确保6月份建成“红安生态交通示范县”和大别山红色旅游公路。认真解决人民群众“最关心、最直接、最现实”的交通问题，进一步加快恩施州通畅工程、7个脱贫致富奔小康试点县、88个新农村建设试点乡镇、仙洪试验区、“616”工程及鄂州市城乡一体化交通建设；进一步完善农村公路养护管理机制，做到机构、人员、资金“三落实”，建立农村公路养护评价体系，实现“有路必养”。

（四）质量安全先行，着力推动交通综合效益跨越发展

各级交通部门要把农民工作为保障工程质量安全的主力军，创新质量安全抓源头的新途径。

一是强化大培训。要进一步完善“网上交通党校”、“网上农民工夜校”，普及农民工工艺、工法技能教育，努力提高交通产业大军整体素质。进一步组织开展项目法人培训，坚持以规范化、标准化、精细化施工为重点，以项目群管理、代建制管理为主要内容，全面推行“五个标准”、“三个集中”，用现代工程管理理念提升质量安全水平。进一步发挥交通职业技术学院的教学资源优势，把交通职业技术学院打造成交通产业大军技能型人才培训基地、交通干部职工培训基地。

二是保障大安全。深入推进“平安水域”、“平安工地”建设，全面构建交通运输安全应急工作长效机制，坚定不移地开展安全隐患大

排查、大化解、大治理,始终坚持用铁的面孔、铁的标准、铁的手腕抓安全生产和应急处置,坚决遏制重特大水上交通事故,确保交通安全平稳可控。春运工作即将全面启动,各地各单位一定要认真践行交通一线工作法,创新春运服务举措,加强现场安全监管,严格落实"三不进站、五不出站制度",严格加强"四客一危"船舶监管,严厉打击船舶超载和非法载客等违法行为,确保广大旅客走得了、走得好、走得安全。

(五)改革开放先行,着力推进交通筹融资跨越发展

实现交通先行跨越,解放思想是前提,招商选资是关键。要通过进一步解放思想,进一步扩大开放,努力开拓更远、更大、更多的发展空间和资源。

一是推进大招商。各级交通部门要在市(州)党委、政府的领导下,进一步优化投资环境,出台优惠政策,以坚韧不拔的毅力、攻坚克难的信心招商引资,要瞄准世界五百强和大型央企,坚持大招商、招大商,力争21条、1 335公里高速公路招商引资项目全面落实投资主体,完成前期工作,力争实现年内开工。

二是推进大融资。1月14日,我厅与开行、工行、建行、农行、中行等五家银行签署了金融合作协议,"以政府投资为主导、以企业融资为补充、以银行信贷为支撑"的湖北交通GEB平台投融资功能显著增强。各级交通部门要积极争取地方政府支持,出台"土地资源捆绑"等政策,将资金、资本、资源向交通倾斜;要进一步发挥省高管局、省交投公司投融资功能,完善全省高速公路、普通公路和农村公路建设"统贷统还"政策。进一步加强交通规费征收,全面开展"先行保障杯"竞赛,确保全年交通规费突破100亿元大关,为交通跨越发展提供有力的资金保障。

(六)人才培育先行,着力推动交通队伍素质跨越发展

先行跨越,人才队伍是根本。要以迎接建党90周年为重要契机,

进一步深化创先争优活动，全面提升交通执行力。

一是队伍大建设。全面开展“庆七一·迎国庆·创先争优我先行”主题实践活动。坚持创先争优在一线，在基层党组织和广大党员中营造学先进、赶先进、作贡献、当表率的良好风气。坚持创先争优在岗位，培树一批交通青年文明号、文明示范窗口。坚持创先争优在工地，加大优秀农民工培养力度，“七一”前发展一批优秀农民工入党，组织建党90周年、湖北交通农民工入党宣誓仪式。进一步弘扬“刚毅精神”，深入开展学习李豪同志和襄阳公交27路文明示范线活动，培育一批刚毅式交通英模。

二是廉政大加强。认真贯彻胡锦涛总书记在十七届中纪委六次全会上关于“以更加坚定的决心和更加有力的举措坚决惩治腐败、有效预防腐败，进一步提高反腐倡廉建设科学化水平”的指示精神，认真践行湖北交通“廉政阳光六同长效”、“强基固本、六位一体”工作法，大力弘扬交通干部干净干事文化，全面推进交通廉政阳光工程全覆盖，确保工程优质、干部优秀。要牢固树立执法为民的观念，坚持依法行政、依法建设、依法管理，规范行政行为，推行政务公开，精简办事程序，营造“研究问题先学法，决策问题遵循法，解决问题依据法，言论行为符合法”的交通法治环境，努力为湖北交通先行跨越提供坚强有力的法制保障。

（2011年在全省交通工作会上的讲话）

发展战略篇

战略，既是对全局性、长远性重大问题的谋划，也是对前瞻性、规律性重大问题的思辨。古人云：不谋万世者，不足谋一时；不谋全局者，不足谋一隅。交通运输作为国民经济的重要基础产业，对经济社会发展起着重要的支撑、保障和引领作用；交通行业作为具有公益性、社会性的窗口服务行业，与人民群众生产生活息息相关。交通运输发展，必须置于经济社会发展的大格局中去考量、去谋划、去推动。

湖北交通始终坚持解放思想、改革创新、开放先导的发展战略，始终坚持“为促进中部崛起当好交通先行”的战略目标，确立和落实了“六个并举、六个统筹”的科学交通发展观，提出了“七个既要、七个又要”的交通发展新理念，实施了“四个转变”、“八个转向”的改革新举措，在全国率先实现了“多元化投资、一体化管理”的新突破，进一步丰富和完善了“和谐交通”、“综合交通”、“绿色交通”、“廉政交通”的科学内涵和实现路径。

向胡锦涛总书记汇报湖北交通规划

这是一张湖北省骨架公路网规划示意图，它浓缩了我省高速公路发展的历史、现状和未来。我们现在所站的位置是武汉至十堰高速公路的襄樊枢纽互通。汉十高速公路东起武汉，西接西安、银川，全长516公里，是国家高速公路网规划的福州至银川高速公路的重要组成部分，也是交通部规划的八条西部大通道之一。2007年全线建成通车之后，将为服务汽车工业走廊、服务西部大开发，发挥重要作用。

自1991年我省第一条高速公路——全长70公里的武黄高速公路建成通车以来，到2005年底，湖北省高速公路里程将达1 647公里，图上黄色镶红边的线路是已经建成的高速公路，我们可以直观地看到：已经初步形成了以武汉为中心，连接湖北省经济大三角及周边省会城市的“两纵两横一环”高速公路主骨架。

湖北在全国具有“得中独厚”的交通区位优势，省会武汉素有“九省通衢”之称，按照“承东启西、接南纳北、内畅外联、辐射全国”的理念，省委省政府制定了“六纵五横一环”的《骨架公路网规划》，简称“651”工程，总里程7 500公里，其中高速公路5 000公里（纳入国家高速公路网规划的有3 282公里）、一级、二级公路2 500公里。

六条南北纵线是：

纵一（麻城至通山）：“十一五”期间可建成通车。

纵二（大悟至赤壁）：是京珠高速公路湖北段。已全部建成通车。

纵三(随州至岳阳):“十一五”期间可建成通车。

纵四(襄樊至荆州):明年可全线建成通车。

纵五(老河口至宜都):规划2020年前建成。

纵六(十堰至恩施):规划2020年前建成。

五条东西横线是:

横一(麻城至竹溪):其中金寨至麻城段“十一五”期间可建成通车。

横二(英山至郧西):全线“十一五”期间可建成通车。

横三(黄梅至巴东):力争“十一五”期间全线建成。

横四(黄梅至利川):“十一五”期间可全线建成通车。

横五(阳新至咸丰):“十一五”期间开工建设。

一环:武汉市外环,已全部建成。

到2007年,全省高速公路达2 100 ~2 300公里,形成武汉城市圈“环形放射状”高速公路网,建成武汉市到圈内县市区“2小时交通经济圈”。

到2010年,高速公路里程达到3 442公里,“651”骨架公路网基本形成。武汉至市(州)均可通达高速公路,湖北与周边6省市全部实现高速互通,武汉市和江汉平原地区率先基本实现公路交通现代化。

2020年全省高速公路达5 000公里,湖北“得中独厚”的区位优势将充分发挥。

在建设大通道、保障大动脉的同时,我们按照“修好农村路,服务城镇化,让农民兄弟走上油路和水泥路”的目标,坚持以“扶持农村、反哺农业、回报农民”为出发点,全面加快农村公路建设步伐,到2005年底,全省除恩施州3个乡镇外均通了油路和水泥路,96%的行政村通了公路(还有815个不通公路),40%的行政村通了油路和水泥路,69%的行政村通达了客运班车。广大农民“行路难”“乘车难”的问题得到有效缓解。

我们将以总书记视察湖北交通为巨大动力，进一步以科学发展观统领交通工作，努力建设节约型交通、廉政交通，为促进中部地区崛起当好交通先行。

（在2005年8月21日胡锦涛总书记视察湖北交通时的发言）

附：

亲切的关怀　巨大的鼓舞

——胡锦涛总书记视察湖北交通侧记

2005年8月21日上午，初秋的细雨无声地滋润着荆楚大地。两条高速公路交会于此的襄樊枢纽互通犹如一朵绽放的菊花，一侧矗立着“卧龙腾飞”的标志性雕塑。

2005年8月21日11时43分，几辆中巴车沿着襄十高速公路徐徐驶来，在尚未开通的襄樊枢纽互通缓缓停稳。在中共中央政治局委员、湖北省委书记俞正声，中共中央政治局候补委员、中央书记处书记、中央办公厅主任王刚和湖北省省长罗清泉的陪同下，中共中央总书记、国家主席胡锦涛面带笑容走下车来。湖北省交通厅党组书记、厅长林志慧快步迎上前去，“总书记，您好！我们交通职工都向您问好！”总书记亲切地说：“交通厅长，女同志啊！”他高兴地与林志慧握手。随即林志慧陪同总书记走到高速公路中央隔离带，这里已悬挂起一张大幅湖北省骨架公路网规划示意图。“总书记，我把湖北交通情况做个简要汇报。”林志慧轻举起指示棒，“这是一张湖北省骨架公路网规划示意图，它浓缩了我省高速公路发展的历史、现状和未来。我们现在所站的位置是武汉至十堰高速公路的襄樊枢纽互通。

汉十高速公路东起武汉,西接西安、银川……”

风雨之中,林志慧的介绍声清晰流畅:“自1991年我省第一条高速公路——全长70公里的武黄高速公路建成通车以来,到今年底,湖北省高速公路里程将达1 647公里……”这时,总书记插话问道:“湖北第一条高速公路是哪一年建成的?”林志慧回答:“是1991年,武汉至黄石高速公路建成通车。”总书记颔首默许。

“……湖北在全国具有‘得中独厚’的交通区位优势,省会武汉素有‘九省通衢’之称,按照‘承东启西、接南纳北、内畅外联、辐射全国’的理念……”随着话语,林志慧手中的指示棒在规划图上由东向西、从南至北清晰准确地作出示意,这时,总书记脸上露出了笑容。

在凝神倾听完林志慧的汇报后,总书记兴致勃勃地向前跨了一步,指着示意图上的规划线路,问道:“已经通车的两纵两横一环是多少公里?”林志慧回答:“1 647公里。”俞正声插话说:“算大数,1 700公里吧。”“2007年多少公里?”“2 300公里。”“2010年呢?”罗清泉接道:“3 500公里。”“5 000公里是哪一年?”俞正声答道:“2020年。”总书记伸出手掌,数道:“嗯,2020年5 000公里,2010年3 500公里,2007年2 300公里,年底1 700公里。”王刚同志说:“一个省高速公路搞到1 700公里,不简单!俞正声马上接道:还要加快发展,这个水平不算高的。”

总书记对农村公路建设格外关注。林志慧汇报说:“我们按照交通部‘修好农村路,服务城镇化,让农民兄弟走上油路和水泥路’的目标,坚持以‘扶持农村、反哺农业、回报农民’为出发点,全面加快农村公路建设步伐。”总书记关切地问:“现在通油路的村是多少?”林志慧回答:“通公路的行政村达到96%,40%的行政村通了油路和水泥路。通客车的行政村达到69%。”总书记欣然道:“哦,到40%了!”

感受着总书记对湖北交通发展的强烈关注,林志慧满怀激情地说:“我们将以总书记视察湖北交通为巨大动力,进一步以科学发展观统领交通工作，努力建设节约型交通、廉政交通，为促进中部地区崛起当好交通先行。”

总书记和林志慧亲切交谈着，全然没有注意到雨势渐大。原定十分钟的汇报时间也已经超过了。俞正声提醒道：“总书记，我们上车边问边汇报吧。”总书记笑着点点头，让林志慧陪同上车，坐在对面的座位上。总书记继续认真地询问起通乡油路和通村公路的资金来源情况，林志慧回答说：“交通部关于‘通村公路10万元/公里，通乡公路30万元/公里，县际公路50万元/公里’的政策，极大地调动了地方建设农村公路的积极性，特别是通村公路建设，地方积极性很高，有的修到村委会后，大家还要求户户通。”总书记略一沉思后说：“户户通，特别是边远山区，还不太现实。”罗清泉补充说：“湖北由于撤乡并镇，改革步伐较早，在通乡公路项目安排上受了影响，少了2 000公里。”

俞正声介绍说：“2000年以来，湖北的高速公路发展很快，在建的沪蓉西高速公路建设环境非常艰险，交通行业的同志们真辛苦，但与周边省市比还有差距，江西省现有通车里程就比我省长。”总书记对湖北的“六纵五横一环”骨架公路网规划记忆犹新，面带赞许地说：“你们现在的高速公路通车里程比不上江西，但你们的规划是5 000公里啊！而且有3 200公里列入了国家高速公路网规划。”林志慧应声道：“我们还有些项目已经纳入中部崛起的发展规划。”车上大家你一言我一语，言谈甚欢。不知不觉中，又过去了半个多小时。

总书记视察湖北交通、听取高速公路规划汇报的一幕一幕，总书记慈祥的笑容、亲切的话语、关注的神态、殷切的期望，深深印在了湖北交通干部职工的心中。

（摘自《湖北交通报》2005年8月29日第一版）

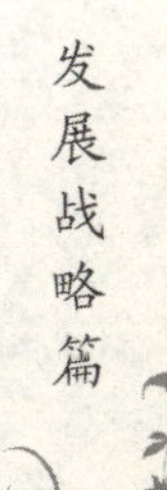

以胡锦涛总书记视察湖北交通为巨大动力 努力实现湖北交通更好更快发展

2005年8月21日至23日，中共中央总书记、国家主席、中央军委主席胡锦涛和随行的中共中央政治局候补委员、中央书记处书记、中央办公厅主任王刚，在中共中央政治局委员、湖北省委书记俞正声和省长罗清泉等陪同下，先后到湖北省襄樊、武汉等地，就“十一五”时期我国经济社会发展规划和落实科学发展观进行调查研究。总书记十分关心与全省经济社会发展和广大群众切身利益密切相关的交通发展情况，在十分紧张的考察期间专门到汉十高速公路和天兴洲公铁两用长江大桥施工现场视察。2005年8月21日上午，总书记冒雨来到汉十高速公路襄樊枢纽互通，听取了湖北高速公路建设现状、“十一五”骨架公路网规划和农村公路建设情况的汇报。总书记一边听，一边看，一边问，时而指着示意图，时而询问相关数据，时而点头表示赞许，对湖北交通发展现状和规划的5 000公里高速公路中已有3 282公里纳入国家高速公路网规划等留下了深刻印象。

总书记视察湖北交通、听取工作汇报的一幕一幕，他和蔼的笑容、亲切的话语、关注的神态，他心系交通、情注交通、对湖北交通发展的殷切希望，深深印在了湖北交通干部职工的心中，使广大交通干部职工备受鼓舞、备感振奋！

为传达好、贯彻好总书记视察湖北交通的有关精神，厅党组迅速召开了厅机关、厅直单位负责人和老厅长等会议，分别传达了总书记视察湖北交通的全过程。机关全体干部职工群情振奋，一致认为总书记视察湖北交通是对我们亲切的关怀、巨大的鼓舞，同时也意味着加快交通发展的责任更大了、担子更重了，要求更高了。大家纷纷表示要以总书记视察湖北交通为巨大动力，促进交通事业更好更快发展。老厅长、老领导们也深受鼓舞，认为这是湖北交通发展史上具有里程碑意义的一件大事，并建议厅党组要紧紧抓住这一重大契机，鼓舞士气、凝聚人心、激发活力，努力促进交通大发展。省外兄弟交通部门反响也十分热烈，认为总书记视察湖北交通是千载难逢的，充分体现了交通在湖北经济社会发展中的重要地位，体现了省委、省政府对交通工作的高度重视和充分肯定，全国交通人都为之感到自豪。

胡锦涛总书记亲自视察交通并专题听取湖北交通建设情况汇报，是对全省交通系统干部职工的极大鼓舞和激励，更是我们全力以赴加快湖北交通发展、为促进中部地区崛起当好交通先行的巨大动力。全省交通干部职工一定要认真学习和深刻领会总书记视察湖北交通的重大意义，主要体现在以下五个方面。

一是总书记视察湖北交通，体现了交通基础产业在国民经济社会发展中的重要地位和作用。总书记到湖北考察工作，专题就“十一五”时期我国经济社会发展规划和落实科学发展观进行调查研究，在前后不到三天、安排十分紧张的行程中，把视察交通作为一项重要内容，专门听取交通“十一五”规划汇报，这在湖北交通发展史上是前所未有的，充分体现了交通运输的战略地位和重要作用。

二是总书记视察湖北交通，体现了对湖北省乃至全国交通行业的肯定和鼓励。在听取汇报过程中，总书记对湖北承东启西、接南纳北的交通区位优势和我省高速公路“十一五”规划的发展前景给予了充分肯定，对农村公路建设成果表示了充分赞赏。随行的中央办公厅主任王刚同志感叹地说:"一个省的高速公路建到近1 700公里,不简单哪!"这些都是对我省交通乃至全国交通为促进经济社会发展所作贡献的肯定和鼓励。

三是总书记视察湖北交通,体现了促进中部崛起交通必须先行的战略和方针。"促进中部地区崛起"是党中央、国务院在继沿海开放、西部大开发和振兴东北老工业基地之后做出的又一项重大战略决策。2005年7、8月份以来,总书记连续对山西、河南、江西、湖北等中部四省进行考察,并先后听取了山西、湖北两省交通情况汇报,充分体现了中央对促进中部地区崛起战略的高度重视,体现了促进中部崛起交通必须先行的战略和方针。

四是总书记视察湖北交通,体现了以科学发展观统领交通发展全局的要求和期望。考察期间,总书记强调:做好"十一五"时期经济社会发展工作的关键是要坚持以科学发展观统领经济社会发展全局,推动经济社会发展转入科学发展的轨道。这为我们坚持以科学发展观为统领,坚持发展第一要务,做好"十一五"交通发展规划,促进交通更好更快发展指明了方向。

五是总书记视察湖北交通,体现了"以人为本"、"执政为民"的交通发展思想和理念。总书记对农村公路建设格外关注,仔细了解了农村公路建设政策和实施效果,关心、关切之情溢于言表,充分体现了党中央、总书记对"三农"问题的高度重视,体现了中央领导时刻关注最广大人民利益和愿望的执政理念。

深入学习领会和贯彻落实胡锦涛总书记视察湖北的讲话精神,深刻认识总书记视察湖北交通的重大意义,是全省交通系统当前和今后一个时期极其重要的政治任务,也是交通系统第二批先进性教育活动的一项重要内容。各级交通部门要以增强行业的凝聚力、激发队伍的创造力为主题,迅速组织全省交通干部职工开展大学习、大讨论活动,把全省交通干部职工的思想统一到总书记视察湖北交通的讲话精神上来，统一到省委省政府的决策和部署上来，努力实现湖北交通更好更快发展，不辜负总书记和省委、省政府的殷切期望。

（节选自2005年在省交通厅党组中心组理论学习扩大会上的讲话）

抢抓“中部崛起交通先行”战略机遇

温家宝总理在2004年的《政府工作报告》中对“促进区域协调发展”作出了重大战略部署,提出“促进中部地区崛起”,“形成东中西互动、优势互补、相互促进、共同发展的新格局”。胡锦涛总书记在全国人代会上与湖北代表团座谈时,提出了中部崛起的战略构想。中央提出了继续推动东部地区发展、实施西部大开发和振兴东北地区老工业基地、加快中部地区发展的区域发展战略,形成了新世纪、新阶段中国区域经济发展布局中相互倚重、相互促进、协调发展的战略决策。这一决策体现了中央对中部地区的关心和重视,将为中部带来难得的发展机遇。

一、中部崛起是湖北交通加快发展的新机遇

区域经济发展不平衡是我国经济社会发展中的一个突出问题。促进区域经济协调发展,是党的十六大提出的一项战略任务。我国经济建设的历程,与区域政策的调整变化有着密切联系。从“一五”时期重点在“三北”(东北、华北和西北)地区安排基建项目开始,经过始于20世纪60年代的“三线建设”、80年代实施的沿海地区经济发展战略,到目前正在实施的西部大开发战略,我国在不同时期的区域发展的目标定位、政策导向、具体措施具有明显差别,从总体上看取得了巨大成功。但由于多种原因,我国的区域经济发展还呈现从东到西的较大落差。从1991年到1999年,东、中、西部的国内生产总值

占全国总量的比重，分别由55.07%、28.62%、16.31%变为58.71%、27.53%、13.76%，中、西部分别下降1.09、2.55个百分点，表明东部与中西部的差距进一步拉大。中、西部地区幅员广阔，人口占全国的62.45%，如果只有东部的快速发展，而中、西部长期落后，就会影响和制约全面建设小康社会目标的顺利实现。因此，加快中部地区发展，对于确保全面建设小康社会奋斗目标的实现，具有重要的战略意义。

实施中部崛起既是全面建设小康社会的必然要求，也为湖北省交通发展提供了难得的历史机遇和广阔的发展空间。中部崛起实际上是加快中部地区的现代化进程，而现代化建设过程中，交通是先行产业。加快交通建设，是社会生产力发展的内在要求，通过交通发展，可以加快中部地区的人流、物流、信息流，促进资源的转化和开发；有利于打破内地特别是山区和广大农村的封闭状态，促进经济文化交流；符合广大人民群众的愿望和要求。中央在实施西部大开发时，就高度重视交通先行发展，强调"以公路建设为重点，全面加强铁路、机场、天然气管道干线建设"。为保证西部公路建设，国家提高了对公路建设的投入比重，研究发行公路建设债券或西部公路交通基础设施投资基金，优先安排国际金融组织贷款和利用政府优惠贷款用于西部地区公路建设。交通部专门制定了《西部地区公路交通发展规划纲要》《西部地区内河航运发展规划纲要》，力争用5～10年使西部地区交通基础设施建设有突破性进展，10年内公路建设里程为35万公里。可想而知，在推动中部崛起过程中，交通发展也必将得到高度重视，国家也将陆续出台一些支持中部地区交通发展的政策措施，中部交通将获得一次难得的发展机遇。我们要充分利用中央实施中部崛起的战略机遇，进一步完善交通发展规划，争取中央和省加大对湖北省交通建设投入，争取积极的财政政策支持，使交通真正得到优先发展。要认真贯彻落实中央决策和省委、省政府工作部署，抢抓本世纪头二十年重要战略机遇期,对湖北省交通来说就是要抢抓前十年战略机遇期,聚精会神搞建设,一心一意谋发展。

二、交通先行是抢抓中部崛起机遇的总目标

最近几年,湖北交通有了长足的发展。但是,从中部崛起的要求看,发展不够、优势不优仍是最大差距,交通在中部崛起中大有文章可做。交通行业必须抢抓中部崛起的机遇,继续坚持"只求所在、不求所有"的改革发展思路,突出抓好以下三个重点。

(一)认清形势,明确中部崛起的关键点

湖北地处我国中部腹心地带,具有承东启西、接南纳北的区位优势。湖北交通在全国交通网络中具有重要作用。湖北交通不通,全国交通难通。湖北独特的区位优势,是我们争取各方面支持交通发展的关键点。

省委、省政府要求全省上下紧紧抓住"促进中部崛起"这个战略机遇,同心协力,求真务实,进一步加快湖北发展,使湖北社会经济发展走在中西部前列。各级交通部门必须牢牢把握中部崛起机遇,进一步增强加快发展的责任感、使命感和紧迫感,充分认识"前有标兵,后有追兵,不进则退,慢进也是退"的严峻形势;进一步明确中部崛起交通先行的关键点,坚持一心一意谋发展,聚精会神抓建设,努力当好交通先行官。

(二)优化环境,使交通成为中部崛起的热点

各级交通部门要正确认识国家实施宏观调控政策的形势,继续争取社会资源向交通流动,使交通成为各界关注和社会投资的热点;继续把社会投资交通的热情保护好、发挥好、引导好,保持交通发展投资增长、规模扩大、速度加快、后劲增强的良好态势。要广泛宣传交通加快发展的大环境依然没变,坚定社会投资者的信心,用足用好各项支持交通发展的政策措施,营造交通发展的良好环境。要继续

改善服务和管理，积极争取省直有关部门和各市（州）政府大力支持交通建设，为社会资源向交通流动提供便利条件。

各级交通部门要继续抓好规划，组织好项目前期工作，完善工作程序，加强监督检查，强化资金监管。要继续扩大招商引资，争取在路网、港航站场的招商引资上取得重大突破，实现港航站场建设投资主体多元化。鼓励民间资本收购、经营现有客运站，投资新建客运站。

（三）扎实工作，打造交通发展的亮点

实施中部崛起，交通必须先行崛起。交通如何先行崛起？这就要求交通部门围绕大局、团结拼搏、奋发进取；这就要靠创新的交通思路，超常的交通工作，发展的交通亮点来支撑、来展示。

各级交通部门要认真抓好建设项目管理。特别是在当前国家实施宏观调控政策、加强信贷管理、严格土地审批和基本建设程序的新形势下，要针对部分投资商思想比较活跃，各种疑虑、不够稳定情绪比较多等问题，进一步加强高速公路招商项目的建设管理，以增强投资商信心，确保全省高速公路建设目标的全面实现。要制定全面开放交通市场的政策措施，加强技术、人才和管理服务，继续为投资商在湖北参与交通事业提供良好的服务，在招商引资上走在中部各省前列，形成自己的特色。

要进一步深化高速公路体制和机制改革，加快推进公路行业的改革，形成有特色的体制模式，争取走在全国公路行业的前列。要全面推行事业单位改革，实施交管站改革，巩固和深化行政审批制度改革。

要加快交通企业的改革，加快全省交通企业民营化的进程，推动企业抢占发展的新高地，加快物流业发展，巩固扩大快速运输的成果，提升农村客运的质量。要坚持抓好道路、水路运输管理，进一步发展和规范农村客运市场。加强和规范出租客运市场管理。合理布局检测站点,完善管理办法和检测手段,规范执法程序,保障运输安全畅通。要继续稳定安全管理态势,抓好水上交通安全、企业安全评估、公路安全保障工程等三大重点工作。

要继续保持交通规费良好的增长势头,认真落实"三个理财、五个成本控制"的管理要求,形成湖北费收工作的特色。要继续加强资金使用监督管理,最大限度地发挥资金的使用效率,在规范投融资建设项目管理上取得明显成效。

要全力抓好党风廉政建设。坚持以工程建设为龙头,严格规范工程招投标,纠正和预防招投标工作中存在的突出问题,充分发挥交通建设市场机制的作用。要坚持实行工程建设项目责任制,"一把手"要做到"一岗双责",既保质保量完成工程建设任务,同时也要带好班子、带好队伍打造责任交通、廉政交通。

(节选自2004年在厅党组中心组学习会上的讲话)

构建"和谐交通"

交通是社会关注的窗口行业,便利与否、服务质量高低,直接关系到湖北的投资环境和形象,构建"和谐交通"成为湖北省交通厅服务经济社会发展的重要目标和抓手。

如何构建"和谐交通"？在加快交通基础设施建设步伐的同时,要大力推进规范执法、优质服务和文明创建,做到硬件建设和软件建设并重,努力为社会提供良好的交通环境。

近几年来,湖北省交通事业取得了令人瞩目的成绩,交通"瓶颈"制约得到基本缓解,运输网络日趋完善,市场监管得到改善,服务理念进一步转变,文明创建进一步深化。但是,交通行业仍然存在一些社会关注、群众关心的热点和难点问题,主要表现为"四个不适应":运输发展与基础设施建设的速度不适应;服务质量与社会需求的提升不适应;执法水平与依法行政的要求不适应;运输企业改革与经济市场化的进程不适应。

构建"和谐交通",必须从根本上解决"不适应"的问题。各级交通部门要进一步坚持"多位一体,齐抓共管"工作法,实行"下去一把抓,回来再分家",克服"两张皮"、"单打一"等现象,牢固树立"一二三四五"发展思路。

"一个战略目标":构建六纵五横一环高速公路骨架网,为促进中部地区崛起当好交通先行。"二手抓":一手抓交通建设,锁定发展不动摇;一手抓党风廉政建设,遏制交通腐败不松懈。"三个一流":个人争创一流业绩,单位争创一流品牌,行业争创一流环境。“四大重点”:突出抓龙头带周边,力保武汉市和江汉平原地区率先实现交通现代化;抓骨架强基础,优化全省公路网络;抓质量讲规范,严格交通建设质量监测;抓法治重管理,营造依法治交的良好环境。“五个并举”:树立科学交通发展观,坚持高速公路建设和农村公路建设并举,统筹高速公路、国省干线和各层次路网建设协调发展;坚持水陆并举,统筹公路建设和港航建设协调发展;坚持建设和运输并举,统筹基础设施建设和客、货运网络协调发展;坚持建养管并举,统筹交通建设、养护和管理协调发展;坚持交通建设与生态环保并举,统筹人和自然协调发展。

通过三至五年的努力,湖北交通条件将明显改善,服务质量将明显提高,建设环境将明显和谐,行业形象将明显好转,将不断满足人们对交通安全、经济、快捷、舒适的需要,真正成为促进中部崛起的先行官。

(节选自2004年在全省交通局长座谈会上的讲话)

科学把握和谐交通的总体要求和基本内涵

公路、水路交通作为国民经济重要基础设施，对经济社会发展起着重要的支撑、保障和引导作用。交通行业是公益性、社会性很强的窗口行业、服务行业，与人民群众生产生活息息相关。交通发展和谐与否，直接关系人民群众根本利益，直接关系湖北经济社会发展。进一步深化和谐交通建设的认识，积极探讨和谐交通的科学内涵和基本要求，是湖北交通发展的当务之急和长远大计。

一、和谐交通的总体要求

根据中央关于社会主义和谐社会“民主法治、公平正义、诚信友爱、充满活力、安定有序、人与自然和谐相处”的总体要求，结合交通行业性质特征和工作实际，构建和谐交通的总要求是：实现交通发展“便捷高效、安全优质、公平共享、法治有序、文明诚信、充满活力、环境友善”，实现交通又好又快发展。

——便捷高效，就是要使交通发展最大限度地提高覆盖率、通达度和机动性，保障货畅其流、人便于行，不断满足经济社会发展和人民生活水平提高对交通发展的更高要求。

——安全优质，就是要使“质量第一，安全至上”成为全社会所有交通参与者的共同理念，不遗余力地提高交通质量，强化安全保障，减少交通伤亡，完善公共服务，在确保质量安全的基础上实现交通的可靠性。

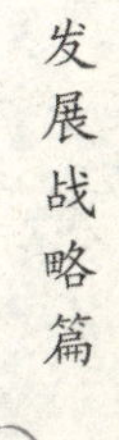

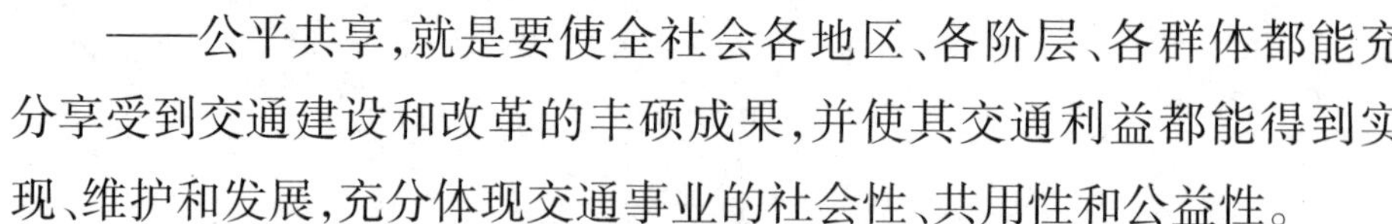

——公平共享，就是要使全社会各地区、各阶层、各群体都能充分享受到交通建设和改革的丰硕成果，并使其交通利益都能得到实现、维护和发展，充分体现交通事业的社会性、共用性和公益性。

——法治有序，就是要有完善的法规体系，使所有交通参与者遵纪守法，规范各自的交通行为，维护共同的交通秩序，保障各方的交通权益，保证交通的有序运行。

——文明诚信，就是要使全体交通从业者、经营者积极践行“八荣八耻”的社会主义荣辱观，大力弘扬“刚毅精神”，树立行业新风，提升窗口服务水平，增强从业单位诚信意识，打造诚信、和谐交通。

——充满活力，就是要立足自主创新，深化行业改革，推进体制机制创新，充分激发交通人才的进取精神，建设具有行业特色的交通文化，使交通发展始终充满生机和活力。

——环境友善，就是要建设低能源消耗、低资源占用、低环境污染、低使用成本的交通运输系统，以最小的资源环境代价实现交通的发展目标。

概而言之，就是要在资源与环境约束下，以安全、便捷、优质、可靠、经济的运输服务和多层次、多样化的交通产品，公平有效地满足广大运输服务消费者和交通设施使用者的需求，进一步促进湖北交通和谐发展。

二、和谐交通的基本内涵

构建和谐湖北交通，必须始终坚持以科学发展观为统领，认真坚持和落实“六个并举”的科学交通发展理念，不断丰富和完善和谐交通的具体内涵。

——坚持发展第一要务是构建和谐交通的根本要求。社会要和谐，首先要发展。必须坚持用发展的办法解决前进中的问题，大力发展社会生产力，不断为社会和谐创造雄厚的物质基础。“十五”以来，湖北省交通运输紧张状况基本得到缓解，但随着促进中部地区崛起战略的提出，对湖北交通发展提出了新的更高的要求。跳出湖北看全国，目前东中部地区交通发展势头迅猛，周边安徽、江西等省市发展尤为强劲。因此，湖北交通仍面临着"前有标兵，后有追兵"、"不进则退，慢进亦是退"的严峻形势和激烈竞争，发展不够、优势不优仍是湖北交通面临的主要问题。解决好这一主要矛盾，关键还是要靠发展。只有坚持发展第一要务，充分发挥湖北"得中独厚、得水独厚"和"承东启西、接南纳北"的独特区位优势，使交通发展适度超前于全省经济社会发展需要，才能为构建"和谐交通"奠定坚实的物质基础。

——确保交通发展质量是构建和谐交通的重要基石。质量是交通的生命，是交通振兴和发展的基石，也是交通行业管理水平的综合表征，更是广大交通职工队伍综合素质的集中反映。只有高度重视交通发展质量，千方百计提高交通发展质量，才能为人民群众创造良好的交通环境，才能为湖北经济社会发展提供坚实可靠的物质基础，才能真正为促进湖北中部地区崛起当好先行。

——坚持以人为本、惠民利民是构建和谐交通的价值取向。发展交通的最终目的，在于为人民群众提供便捷、快速、高效、安全的运输服务，使人民群众得到更多的实惠。只有牢固树立宗旨意识，进一步加快公路、桥梁、港航、站场建设特别是社会主义新农村交通建设步伐，加大安保工程实施力度，规范运输市场秩序，优化运力结构，实现交通运输服务的规范化、精细化、特色化和人性化，才能使最广大的人民群众共享现代交通发展的成果。

——坚持依法治交是构建和谐交通的根本保障。社会的安定和谐和经济的有序发展必须依靠法治来保障。当前是湖北交通发展的黄金机遇期，也是各种深层次矛盾和问题的凸显期，交通干部职工必须坚持将"研究问题先学法，决策问题遵循法，解决问题依据法，言论行为符合法"作为行为准则，认真落实"法人负责、政府服务、行业监管、依法行政”的建设管理模式，按照合法行政、合理行政、程序正当、高效便民、诚实守信、权责统一的基本要求，提高依法行政能力，加强交通市场监管，努力为市场培育与监督管理营造和谐的法治环境。

——注重环保节约是构建和谐交通的必然选择。构建和谐社会，就是要求资源的数量、质量和生态环境能够满足当代和后代可持续发展的需要。实现交通可持续发展，必须按照科学发展观的要求，转变交通运输的增长方式，将“人与自然和谐发展”的理念贯穿到交通发展的各个环节，坚持最大程度的保护，努力以最小的资源环境代价实现交通的发展目标，实现交通文明与生态文明的协调发展。

——切实加强党的领导是构建和谐交通的关键。构建社会主义和谐社会，关键在党。各级党组织都要把构建和谐交通作为交通工作的一项重大任务，列入重要议事日程，创新组织领导工作机制，全面审视各地交通发展情况，深入一线调查研究，广泛听取群众意见，认真分析影响各地交通发展的不和谐因素，认真研究解决群众反映强烈的问题和影响交通和谐发展的突出问题，为构建和谐交通夯实基础。

(节选自2006年在党的十六届六中全会精神专题学习会上的讲话)

发展大交通　推进产业化

一、树立"大交通"观念,促进交通全面协调可持续发展

一是注重"铁、水、公、空、管"大交通的统筹协调。在编制"十一五"交通发展规划过程中,省交通厅充分考虑交通运输方式、路线走向的合理布局,注重公路、水路与铁路、航空、管道交通运输规划的有机衔接。省厅加强了综合交通运输体系和物流中心建设,先后启动了武汉市客运零距离换乘中心和荆州、宜昌、襄樊、十堰、黄石等市高速客货运输枢纽、集装箱中转中心、物流中心及道路运输信息中心建设。为最大限度利用有限的通道资源,省厅多次就麻武高速公路建设与铁道部门沟通协调,为拟建的沪汉蓉高速铁路预留通道;为确保沪蓉西高速公路、宜万铁路、西气东输管道建设,省厅加大了对318国道的管理养护力度;为缓解三峡永久船闸完建期间单向通航逾10个月所带来的翻坝运输压力,省厅按照"早做打算、早做准备、早抓落实"的原则,制订了三峡翻坝运输应急预案。

二是注重与周边省份,特别是中部省份交通运输的统筹协调。"十一五"期间,湖北相继有14条、约1 448公里的高速公路开工建设,这些高速公路均属于连通周边中部省份、继而与沿海地区相接的跨省通道。结合交通实际,省厅对中央《关于促进中部地区崛起的若干意见》进行了认真学习,研究提出了一系列加快交通发展的意见和建议,多次到交通部就具体项目建设问题进行汇报,争取政策和资金

支持；主动与三峡总公司进行协调，争取其对三峡翻坝高速公路建设的资金支持；加强与周边省市的沟通衔接，签订了《湖北、湖南两省关于杭瑞高速公路边界接点问题的协议》等一系列文件，协调解决了杭瑞高速公路、荆岳长江大桥、麻武高速公路、宜巴高速公路的跨省接点问题和有关建设事项。

三是注重“水运振兴工程”的统筹协调。为充分发挥湖北的水运优势，省厅坚持“水陆并举、以陆补水”的政策，着力推进“水运振兴工程”。按照省政府召开的“合力加快港航建设，促进沿江经济发展”工作会议精神，省厅赴宜昌、武汉、荆州、襄樊等地主要港口和汉江崔家营航电枢纽工程进行专题调研，制订完善了港口航道建设、乡镇渡口达标改造、船舶运力结构调整等一系列定额投资、以奖代补政策，促进了我省港航事业的协调发展。

四是注重“社会办交通”的统筹协调。省厅积极研究出台了鼓励和支持以地方政府为主体组建项目业主，负责公路普通工程和港航站场建设的新模式，努力变“部门办交通”为“社会办交通”。各市（州）相继出台了加快“十一五”交通发展的决定以及一系列具体政策，地方党委、政府主要领导对交通工作的重视和支持力度明显增强，地方财政投入交通建设的资金明显加大，初步形成了“社会办交通”的新格局。同时，省厅积极引进民营企业、社会资本投资我省高速公路建设，我省在建高速公路项目中，政府还贷性项目投资约占总投资的60%，经营性项目投资约占40%，其中荆东、汉孝高速公路年内将建成通车，随岳南、武荆、大广北高速公路建设正在稳步推进。

二、树立“产业化”观念，提升交通经济发展水平

一是推行建设市场产业化，实施集约精细化管理。根据国务院颁布的《关于投资体制改革的决定》，按照“人力资源最优化、经验积累最大化、前期工作专门化、建设管理专业化、技术管理专家化”的原

则，省厅拟订了项目代建制管理办法，组建了专业化建设管理队伍，积极推行项目代建制。省政府正式批准了以武英高速公路为试点，由省高速公路集团实施项目代建，目前已完成项目征地拆迁等开工前的各项准备工作。此外，根据交通部关于"高速公路管理无特区，投资主体可以多元化，管理必须集中统一"的指示精神，省编委批准成立了省交通厅高速公路管理局，具体负责我省高速公路费收、路政、养护、资产和投资等行业管理工作。对经营性收费公路，省厅正积极探索通过与投资方协商签订委托管理合同等方式，实行全省高速公路集中统一管理的新模式。

二是推行养护市场产业化，全面提升公路养护水平。根据交通部《"十一五"公路养护管理纲要》精神，省厅积极探索公路养护体制机制改革，打破任务指令下达、经费计划安排的传统养护方式，引入竞争机制，建立健全养护工程施工招投标制，规范养护市场管理，推进养护的社会化。通过养护体制改革，全省组建了136家具有一定实力的公路专业养护企业。全省高速公路，特别是京珠、汉十高速公路管理处通过招投标，已经全面实现社会化养护。

三是推行运输市场产业化，适应经济社会发展需要。我省运输部门坚持以人为本，以市场配置资源为主导，以"长途客运安全舒适化，短途客运公交便捷化，货物运输优质快速化"为目标，优化运力结构，提高运输能力，努力建立统一开放、竞争有序的交通运输市场。

（节选自2006年在湖北省交通工作座谈会上的发言）

唱响“三个服务”主旋律

全国交通工作会议提出了关于服务国民经济和社会发展全局、服务社会主义新农村建设、服务人民群众安全便捷出行的“三个服务”新理念、新要求,结合湖北实际,通过认真学习、深入调研和理论思考,我们深刻体会到:

做好“三个服务”,是部党组站在国民经济发展的全局高度、站在科学发展的战略高度、站在服务“三农”的政治高度,对交通运输本质属性认识的创新,也是对交通发展规律认识的进一步深化,更是对交通科学发展观认识的本质要求,是今后一个时期交通行业必须坚持的重大战略指导思想。

落实“三个服务”,就是要更加重视和加快由以生产增长为导向的发展向以质量提升为导向的发展转变,更加重视和加快由粗放型增长向集约型增长转变,更加重视和加快由资源消耗型向环保节约型转变,进一步强化服务意识,创新服务内涵,转变服务方式,提高服务能力,确保服务质量,充分发挥交通在国民经济社会发展中的基础性、服务性和先导性作用,努力实现又好又快发展。

着力唱响“三个服务”主旋律,不断增强做好“三个服务”的主动性、积极性和创造性,是当前各级交通部门面临的重大历史任务,务必创造性地抓好落实。

(节选自2007年在部长省长与交通系统劳模代表座谈会上的发言)

深刻认识“好”与“快”的辩证关系

实现又好又快发展，是科学发展观的集中体现和内在要求。在发展问题上，“好”与“快”历来是矛盾的辩证统一体。“好”，注重的是经济发展的质量、效益；“快”，强调的是经济发展的速度、规模。从“又快又好”到“又好又快”，虽然只是“好”与“快”两个字顺序的变化，但含义十分深刻，反映出经济发展理念的重大转变。这个重要调整，强调的是更加注重发展质量和效益，走生产发展、生活富裕、生态良好的文明发展道路。

从哲学意义上讲，“好”是质的规定性，“快”是量的规定性。“好”与“快”的关系是辩证统一的。其一，“好”与“快”是有机统一的整体。二者互为条件，既相互促进又相互制约，统一于科学发展的全过程。抓住了“好”就抓住了关键；实现了“快”，就具备了基本条件，只有抓住关键又具备条件，才能实现又好又快发展。其二，要把“好”放在更加突出的位置。“快”不容易，“好”更难。只“快”不“好”，不仅是无用功，而且具有破坏性。只“好”不“快”，就无法适应发展的需要，无法支撑经济社会的繁荣与稳定。只有“好”字当头，加快发展，才是有效的发展、协调的发展、可持续的发展。要把“又好又快”作为目标，坚定不移地为之努力。

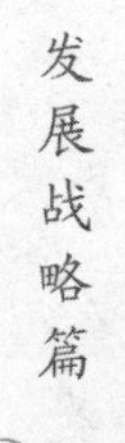

从近年来湖北交通的实践看，厅党组旗帜鲜明地提出了“六个并举、六个统筹”的科学交通发展观，为推进湖北省交通又好又快发展奠定了坚实理论基础。但还有部分领导干部在实际工作中，没有理

清“好”与“快”的辩证关系，动辄把“好”与“快”二者割裂开来或对立起来，认为“好”与“快”难以同时兼顾。这种认识是极其片面，也是十分有害的。随岳中、崔家营等项目的建设实践充分证明，只要我们坚持科学指挥、科学调度、科学管理、科学组织、科学施工，就能够而且是可以较好地实现“好”与“快”、“发展速度”与“质量效益”的统一。这是成功的建设实践所充分证明的事实。各级交通领导干部、广大建设者一定要更加自觉地和党中央保持高度一致，全面把握“好”与“快”的辩证关系，深刻认识质量效益与发展速度的辩证关系。必须始终坚持工程进度服从质量，做到没有质量的进度不要，不合格的工程坚决推倒重来，努力探索一套科学的、有效的建设管理新模式、新机制，确保质量、安全和效益提高，真正做到质量效益、发展速度两个成果一起要、两个目标一起保，坚持好中求快、快中创优、优中求进、又好又快。所有参加湖北交通建设的投资方、建设者，都要认清“好”与“快”的辩证关系，立足长远，多算远期的质量账、安全账和综合效益账，切实加大人财物力投入，确保资金足额到位，采取更加积极的措施，保障投资的项目又好又快地向前推进，真正实现企业发展目标与社会公共利益的共赢。

（节选自2007年在四季度交通工程调度会上的讲话）

坚持传承创新　推进交通转型

全面实现省第九次党代会明确的目标，必须坚持传承与创新并举，进一步落实“六个并举”科学交通发展观，真正使我们的思想和工作体现时代性、把握规律性、富于创造性。

一是更加重视交通经济结构调整，要像抓公路建设那样抓港航建设，努力实现交通发展转型。要充分发挥水运在减少土地占用、降低能源消耗、加强环境保护等方面的优势；充分发挥水运资源的综合效能；充分发挥公路、水路交通在综合运输体系中的比较优势，做到“宜水则水、宜陆则陆”，坚持以大力发展水运为交通发展转型的突破口，突出“六大重点”，着力提高水运生产力水平。第一，以落实地方政府责任主体为重点，着力构建“政府主导、部门推动、社会联动、多元融资”的振兴水运发展新格局。最大限度地争取各级政府在产业布局、土地、税费、筹融资等方面出台优惠政策，落实地方配套资金；积极争取更多的项目纳入部省投资支持范围，充分发挥交通港航部门的行业管理、指导服务作用。第二，以水运主通道为重点，着力推进航道升等联网工程。加快实施长江中游航道畅通工程，着力提高长江中游航道保证能力。重点加快崔家营航电枢纽、引江济汉通航工程、汉江局部航道整治和江汉平原骨干航道网建设步伐。第三，以武汉港为重点，着力推进武汉航运中心建设。加快武汉阳逻、汉阳杨泗港、荆州盐卡、黄石外贸和棋盘洲、宜昌云池等集装箱码头建设；积极推进“四主十九重”港口布局建设，加大港口资源整合力度，加快武汉、鄂州港整合步伐,努力形成层次分明、重点突出、功能互补、协调发展的港口新格局。第四,以优化运力结构为重点,着力推进船舶标准化工程。进一步落实政策引导资金,积极鼓励和支持大型化、专业化、标准化船舶发展。第五,以服务社会主义新农村建设为重点,着力推进乡镇渡口达标改造工程,努力让农民群众乘上放心船、过上平安渡。第六,以建立完善项目库为重点,着力形成"规划一批、论证一批、在建一批、储备一批"的前期工作良性循环机制,为全面加快港航建设、振兴湖北水运奠定基础。

二是更加重视提高运输能力,要像抓基础设施"硬件建设"那样抓现代服务"软件建设",努力构建交通综合运输枢纽。据统计,2006 年湖北省公路水路货物周转量在综合交通运输中所占比重为 47.3%,较全国平均水平(73.3%)低 26 个百分点,其中公路货物周转量在综合交通运输中所占比重仅为 17.9%,在中部六省中位居最后;水路货物周转量在综合交通运输中所占比重仅为 29.4%,在沿江七省二市中位居第四。以上数据表明,湖北省交通运输能力亟待提高,构建综合交通运输枢纽的任务十分紧迫。为此,各级交通部门在加强交通基础设施建设的同时,必须高度重视交通运输能力的提高,牢固树立"建设是基础、运输是目的"的发展新理念,坚持交通建设与运输管理并举,不断提升公路水路运输在综合运输体系中的基础性地位,充分发挥湖北在全国交通运输格局中的大进大出、快进快出、辐射周边的通道作用和集散作用,努力构建湖北综合交通运输枢纽。第一,要充分发挥公路水路运输大通道作用,更加注重"651"骨架公路网与周边省市的衔接、公路与水路的衔接,优先建设湖北省承东启西、接南纳北的公路大通道和主要港口、长汉江黄金水道。第二,要充分发挥综合交通运输集并转运功能,更加注重运输站点建设,按照"布局合理、衔接紧密、便捷通畅、服务优质"的原则,着力抓好武汉、黄石等七个国家公路运输枢纽城市的客货运站场建设;着力推进公路运输与铁路、航空、水运、城市公交等其他运输方式的衔接，让枢纽城市的交通集散功能更加高效，让多种运输方式之间的内畅外连更加紧密。第三，要充分发挥交通运输的综合效益，更加注重提高运输组织化程度。在运力结构调整上，要积极引导发展高效低耗运输车船，鼓励采用国内外先进运输组织方式；在发展多式联运上，要积极推行公铁联运、公水联运、江海联运、水陆空联运等，真正实现"无缝对接、零距离换乘"；在发展智能运输上，要努力搭建以"大物流、大口岸、大通关、大平台"为特征的物流信息网络，提高物流信息化程度，提升公路水路综合运输效益。第四，要充分激发交通运输企业活力，更加注重公路、水路运输企业的规模化、集约化发展，通过强强联合、企业兼并、租赁经营等方式，做强做大公路水路运输企业，依靠先进技术和管理创新，努力提高运输企业的现代化管理水平，打造公路水路运输企业在综合运输体系中的新优势。

三是更加重视资源节约和生态环保，要像抓交通建设那样抓节能减排，努力实现全面协调可持续。交通行业作为一个资源依赖型和能源消耗型的传统行业，必须始终坚持交通发展与生态环保并举，转变交通经济增长方式，努力打造节约型交通、环保型交通。神宜公路作为湖北省首条生态环保科技示范公路，在实践中始终坚持将"保护好生态环境"作为设计的"第一追求"，坚持将"恢复好生态环境"作为施工的"第一原则"，坚持将"科技创新促进生态环保"作为建设的"第一动力"，坚持将实现"自然环境原生态"作为验收的"第一关口"，确立了"路景相融、自然神宜"的建设目标，探索了宜路则路、宜桥则桥、宜隧则隧、半路半桥、悬挑帮衬、桥隧相连的公路建设新理念，创造了将工程建设、科技应用与生态环保有机结合的新经验，使"美、诗、圣、野"文化元素有机地联为一体。特别是神农架林区党委、政府从自然环境保护大局出发，将神宜公路设计标准由高速公路调整为二级公路，充分体现了生态文明建设的极端重要性，充分说明公路建设不能单纯地追求高标准、高等级,而应更加注重优质、环保、经济、适用。神宜公路的建设实践给各级交通部门以深刻的启示:第一,“适用就是最好的”。不论是高速公路建设、一级公路建设,还是通村公路建设,都必须合理确定公路建设规模和技术标准,不盲目贪大求洋,真正做到“适用就是最好的”。第二,“自然就是最美的”。不论是在规划设计环节,还是在工程施工阶段,都必须在保质量、保安全的同时,更加注重环保服务功能,真正做到“自然就是最美的”。只有这样,才能促进交通由外延式、粗放型增长向内涵式、集约型增长转变。

(节选自2007年全省交通局长座谈会上的讲话)

打造“绿色交通”的探索与实践

一、实现全面协调可持续是历史赋予21世纪的最大课题

19世纪以来,科学技术的加速发展给人类改造自然提供了前所未有的强大工具,人类开始骄傲地提出“征服自然”的口号。在19世纪的公众看来,“科学的胜利一个接着一个,其结果纵然缓慢却是所向无敌。人类对自然的控制能力扩展似乎没有止境”。特别是此后的20世纪,科学技术突飞猛进,推动了整个世界生产力的空前发展。但与此同时,生态环境和工业污染问题日益突出,日益严峻。在100多年以前的西方,恩格斯就曾指出:“我们不要过分陶醉于我们人类对自然界的胜利。对于每一次这样的胜利,自然界都报复了我们。”然而恩格斯的忠告,并没有引起人们的注意,以牺牲自然资源和生态环境为代价换取经济一时发展的不可持续行为,触目惊心,比比皆是。

据报道,从1972年至1992年间,世界范围内的重大污染事件屡屡发生,其中著名的墨西哥湾井喷事件、印度博帕尔毒气泄漏事件、切尔诺贝利核泄漏事件、德国莱茵河污染事件、海湾战争油污染事件等,被称之为“十大事件”。其中:

——1984年印度博帕尔毒气泄漏事件,导致2 500人死亡,20万人受害。

——1986年德国莱茵河污染事件,使靠近事故地段河流生物绝迹成为死河,100英里处鳗鱼和大多数鱼类死亡,300英里处的井水

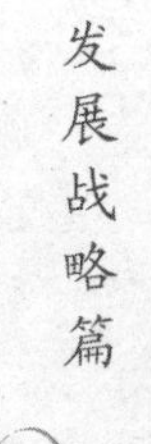

不能饮用,德国和荷兰居民被迫定量供水,使德国几十年来为治理莱茵河投资的210亿美元付诸东流。

——1991年海湾战争造成迄今为止世界上最大的原油泄漏事件,泄漏入海洋的石油数量高达150.7万吨,使当地沿岸生态遭受毁灭性破坏,生态恢复至少需要100年时间。

随着环境问题的日益严峻,人类与自然环境和谐共处和实现人类社会可持续发展的必要性日益凸现,环境与可持续发展问题已成为全人类普遍关注的热点,并受到各国政府的高度重视。历史赋予21世纪的最大课题是:人类需要寻求既能满足当代人的需要,又不对后人满足其需要的能力构成威胁的新的发展模式。

从我国看,近年来也相继发生一系列重大环境污染事件,并造成重大损失。2005年11月中国石油集团公司吉林石化发生爆炸,造成松花江跨省跨国水污染事件,引起国内外高度关注。特别是突如其来的非典事件、高致病性禽流感事件在严重危及人类生命安全和身心健康的同时,也更加尖锐、鲜明地提出了"经济增长"与"人民健康及人的自身发展"的相互关系问题,给我们以深刻的启迪,即:不能单纯地追求传统的GDP增长,而是要注重社会的可持续发展,还要更加关注人自身的健康和全面发展。因此,在新的历史发展时期,牢固树立并落实全面协调可持续的科学发展观,具有极其重大而深远的意义。

(一)全面协调可持续是科学发展观的基本要求

——1995年9月,江泽民同志在十四届五中全会上第一次明确提出:"在现代化建设中,必须把实现可持续发展作为一个重大战略。"

——2003年7月28日,胡锦涛总书记在全国防治非典工作会议上指出,要更好地坚持协调发展、全面发展、可持续发展的发展观。同年10月中旬,党的十六届三中全会明确提出了"坚持以人为本,树立全面、协调、可持续的发展观,促进经济社会和人的全面发展",从而从时代的高度指明了中国未来发展的必由之路。

——2004 年 3 月 10 日，胡锦涛总书记在人口资源环境工作座谈会上强调，坚持以人为本，全面、协调、可持续的发展观，是我们以邓小平理论和“三个代表”重要思想为指导，从新世纪新阶段党和国家事业发展全局出发提出的重大战略思想。全面发展，就是要以经济建设为中心，全面推进经济、政治、文化建设，实现经济发展和社会全面进步。协调发展，就是要统筹城乡发展、统筹区域发展、统筹经济社会发展、统筹人与自然和谐发展、统筹国内发展和对外开放。可持续发展，就是要促进人与自然的和谐，实现经济发展和人口、资源、环境相协调，坚持走生产发展、生活富裕、生态良好的文明发展道路，保证一代接一代地永续发展。

——2007 年 10 月 15 日，胡锦涛总书记在党的十七大报告中进一步强调指出，科学发展观，第一要义是发展，核心是以人为本，基本要求是全面协调可持续，根本方法是统筹兼顾。必须坚持全面协调可持续发展。坚持生产发展、生活富裕、生态良好的文明发展道路，建设资源节约型、环境友好型社会，实现速度和结构质量效益相统一、经济发展与人口资源环境相协调，使人民在良好生态环境中生产生活，实现经济社会永续发展。

党和国家领导人对可持续发展战略所做的一系列科学论断，并将全面协调可持续作为科学发展观的基本要求，充分表明党中央把可持续战略放在了极其重要的位置，对全面推进我国社会主义现代化建设具有非常重大和深远的意义。

（二）可持续发展思想的形成与发展

可持续发展思想在人类社会初期的农业实践中就可见其萌芽。中国古代哲学家提出的“天人合一”的观点，《吕氏春秋·义赏》中提到的“竭泽而渔，岂不获得，而明年无鱼；焚薮而田，岂不获得，而明年无兽”，都反映出朴素的可持续发展思想萌芽。科学完整的可持续发展思想，则是随着人类生态环境意识逐渐增强，在对人与人、人与自然的普遍联系认识过程中形成的。

——1972年3月,罗马俱乐部一份题为《增长的极限》的报告,首次对人类高生产、高消耗、高消费、高排放的经济发展模式进行了认真反思。这项研究得出的结论是:地球是有限的,人类必须自觉抑制增长,否则随之而来的将是人类社会的崩溃。报告的发表引起了爆炸性的反响,为后来的环境保护与可持续发展理论奠定了基础。

——1972年6月,联合国在瑞典首都斯德哥尔摩召开第一次人类环境会议,通过了著名的《人类环境宣言》。1987年4月,世界环境与发展委员会一份题为《我们共同的未来》的报告,第一次阐述了可持续发展的概念,即可持续发展是满足当代人的需求,又不损害子孙后代满足其需求能力的发展。这一定义得到国际社会的普遍关注和广泛认同,实现了人类有关环境与发展思想的重要飞跃。

——1992年和2002年,联合国在巴西和南非召开了世界环境与发展大会、可持续发展世界首脑会议,通过了《里约宣言》和《二十一世纪议程》等一系列纲领性文件,明确提出"人类要生存,地球要拯救,环境与发展必须协调",确定了可持续发展是人类发展的必由之路。

经过多年的努力,人类终于从环境与发展相对立的观念中醒悟过来,终于认识到可持续长久的发展才是真正的发展,并开创了一条人类通向未来的新的发展之路——可持续发展之路。联合国前秘书长安南说:"只有充分了解环境及其运转方式,我们才能做出必要的决策来保护它;只有对宝贵的自然及人类资源进行评估,我们才有希望实现可持续的未来。"可持续发展作为一种新的发展观、价值观,已经成为当代环境与发展关系中的主导潮流,作为一种新的观念和发展道路在全球形成了广泛的共识。

二、打造"绿色交通"是实现全面协调可持续的战略选择

自古以来,"吃、穿、住、行"是人类生存的四大基本需求。交通运输

是人类社会最基本的生产和生活方式之一，是社会运动发展的前提。现代经济学奠基人亚当·斯密在《国富论》中指出："在一切改良中，以交通运输改良最为有效。"世界上很多国家，评价社会发展的最重要最综合的指标之一是人的机动性，这是衡量人类发展、社会进步、人民生活水平提高的重要标志。但交通行业也是一个资源依赖型和能源消耗型的传统行业，对不可再生资源的依赖性强，对环境影响大，传统的交通运输发展模式在解决人流和物流问题的同时，资源占用、能源消耗、环境污染等问题也日益突出，主要表现在以下五个方面：

表现之一：土地资源占用问题。交通运输的资源消耗，主要表现为所需的土地、原材料和能源消耗。根据国家发改委综合运输研究所统计，"十五"期间全国共新增建设用地3 285万亩，其中新增交通用地546万亩，占建设用地增量的16.6%，平均每年新增交通用地109.2万亩。根据我国交通中长期发展规划，交通建设的用地总规模还将有相当的增长。

表现之二：能源消耗问题。在发达国家，由于私人小汽车的普及，其交通能耗在国家总能耗中占到30%左右。以国际通用口径估计，目前我国交通能源消费量约占全国总用能量的10%，大约95%的汽油、60%的柴油和80%的煤油被各类交通工具所消耗。目前我国正进入快速机动化阶段，2001~2005年全国民用汽车拥有量由1 802万辆增加到3 159万辆，其中私人汽车由771万辆增加到1 848万辆，并且在未来相当长的时期内仍将保持这种增长态势，保守预测到2010年我国民用汽车拥有量将达到5 000万辆，能源消耗问题将更为突出。

表现之三：环境污染问题。从发达国家情况看，一些主要污染物如一氧化碳、二氧化碳、一氧化氮、细小颗粒物、挥发性有机复合物等的排放量中，交通运输所占比重仅次于工业，其中公路运输污染物排放量又占交通运输污染物排放量的60%~90%。此外，噪声污染问题也日趋严重,对人们的身心健康造成极大危害。

表现之四:温室气体排放问题。在产生二氧化碳的人类活动中,交通运输排放的比例占总排放量的20%以上。因此,减少排放量,以稳定温室气体的浓度,也是交通运输系统面临的问题。

表现之五:交通事故问题。据有关报道,自有汽车事故死亡记录以来,全世界已有3 900余万人死于道路交通事故,超过第二次世界大战死亡总人数。2006年,我国道路交通事故死亡人数为8.9万人,受伤人数为43.1万人,直接经济损失14.9亿元。

综上所述,交通运输对经济社会发展影响巨大。2005年8月,经济学家胡鞍钢在"交通行业高级管理人才培训班"上说,交通运输业的发展将直接影响未来中国的发展模式。胡鞍钢表示,交通运输业与国民经济发展密切相关,交通运输业的大发展也将贡献于中国经济的大发展。交通运输业的发展模式对于中国的"绿色"发展至关重要。他分析说,中国是资源匮乏的发展中大国,能源资源和生态环境挑战是中国长期发展的最大"瓶颈","跨越式""绿色"发展这一非传统的现代化发展模式将是中国发展的必选之路。交通部门要进一步研究中国交通业的未来发展目标,以交通运输的可持续发展支撑中国经济社会的可持续发展,以"绿色交通"支持中国的"绿色崛起"。因此,以可持续发展的理论和原则重新审视交通运输发展,既是交通运输自身实现全面协调可持续发展的必然要求和战略选择,也是实现经济社会可持续发展的客观需要和迫切任务。

在深入贯彻科学发展观及学习相关可持续发展思想的基础上,省交通部门对"绿色交通"的内涵与特征进行了初步研究。我们认为,交通运输要实现既满足当代人的需求,又不对后代满足其自身需求的能力构成危害的可持续发展,就必须着力打造"绿色交通"。"绿色交通"的基本内涵为:资源节约、环境友好、安全优质、经济耐久、循环利用、永续发展。

——资源节约，就是要建设低资源占用、低能源消耗、低环境污染、低使用成本的综合交通运输体系，充分发挥公路、水路、铁路、航空、管道等运输方式的比较优势，特别是注重发挥水运投资大、运量大、成本低、能耗小、安全性高、占地少、污染轻等优势，真正实现多种交通运输方式的协调发展，努力以最小的资源代价实现交通发展目标。

——环境友好，就是要高度重视能源、资源和环境对交通发展的刚性约束，摆正交通发展与资源节约和环境保护的关系，以节能降耗减排为重点，切实转变交通经济增长方式，努力实现交通文明与生态文明的协调发展，促进人与自然、社会的和谐相处。

——安全优质，就是要使"以人为本，质量第一，安全至上"成为全社会所有交通参与者的共同理念，不遗余力地提高交通质量，强化安全保障，减少交通伤亡，增进公共安全，努力在保证质量、保障安全的基础上实现交通运输的可靠性。

——经济耐久，就是要通过加强养护管理，以保持存量交通基础设施的完好率、耐久性和经济性，延长交通基础设施使用寿命，降低交通资源消耗速度，努力以最小化的资源使用达到最优化的服务质量、最大化的性价比。

——循环利用，就是要以科技进步为支撑，大力研发和推广新能源、新技术、新材料和新工艺，切实加强交通能源和材料替代工作，通过推动交通运输业与其他行业之间产业链的延伸和耦合，实现废旧路面材料、废旧建材等交通资源的循环再生，促进国土资源、水资源、通道资源等的综合开发利用。

——永续发展，就是在交通基础设施建设、运输生产及装备等领域，在建设、养护、运输、管理和服务等各个环节，坚持走集约型、内涵式发展道路，努力形成绿色交通消费方式，既达到发展交通的目的，又保护好人类赖以生存的大气、淡水、海洋、土地和森林等自然资源和环境，使子孙后代能够永续发展和安居乐业。

三、打造"绿色交通"的探索与实践

近年来,全省交通系统坚持以科学发展观为统领,确立和落实了"六个并举、六个统筹"的科学交通发展观,即:坚持高速公路建设和农村公路建设并举,统筹高速公路、国省干线和各层次路网建设协调发展;坚持水陆并举,统筹公路建设和港航建设协调发展;坚持建设和运输并举,统筹基础设施建设和客货运输协调发展;坚持建养管并举,统筹交通建设、养护和管理协调发展;坚持交通建设与生态环保并举,统筹人与自然协调发展;坚持科教兴交和依法治交并举,统筹交通全面协调可持续发展。结合我省实际,我们在打造"绿色交通",实现全面协调可持续上进行了一些理论思考和探索实践。

(一)更加重视资源节约和生态环保,像抓高速公路建设那样抓以二级公路为主的"绿色交通"建设,努力提升国省干线公路的环保服务功能。

2007年4月,温家宝总理在全国节能减排电视电话会议上强调,不加快调整结构、转变增长方式,资源支撑不住,环境容纳不下,社会承受不起,经济发展难以为继。交通行业作为一个资源依赖型和能源消耗型的传统行业,必须坚持交通发展与生态环保并举,转变交通经济发展方式,努力打造节约型交通、环保型交通。神(农架)宜(昌)公路是我省首条生态环保科技示范路。在项目立项之初,沿线地方党委、政府多次向中央、省有关领导汇报,强烈呼吁采用高速公路建设标准,交通部门始终从资源节约、生态环保的角度进行反复宣讲,促进了地方党委、政府公路建设理念的转变,特别是通过实地学习考察川九公路,地方党政领导进一步加深了对资源节约、生态环保的认识,主动将建设标准由原来的高速公路调整为一级公路,又将一级公路调整为二级公路,《人民日报》还为此发表了《呵护神农架保护区,生态旅游高速公路改为二级公路》的文章。这一科学决策，不仅使工程造价由原来的20多亿元调整到不足4亿元，而且避免了大填大挖对沿线生态资源的大量破坏。在神宜公路建设实践中，我们按照“路景相融、自然神宜”的建设目标，始终坚持将“保护好生态环境”作为设计的“第一追求”、将“恢复好生态环境”作为施工的“第一原则”、将“科技创新促进生态环保”作为建设的“第一动力”、将实现“自然环境原生态”作为验收的“第一关口”等“四个第一”理念贯穿到项目设计和施工管理全过程，并将“美人昭君、诗人屈原、圣人炎帝、神秘野人”等“美、诗、圣、野”文化元素有机地联为一体，充分展示了神宜公路丰富的文化内涵，力求打造“路在林中展、溪在路边流、车在景中行、人在画中游”的神宜公路生态新景观。

神宜生态环保科技示范公路的探索实践，给我们以深刻的启示：第一，“适用就是最好的”。不论是高速公路建设，一级、二级公路建设，还是通乡通村公路建设，都必须合理确定公路建设规模和技术标准，不随意浪费资源、不牺牲生态环境、不盲目贪大求洋，真正做到“适用就是最好的”。第二，“自然就是最美的”。不论是在规划设计环节，还是在工程施工阶段，都必须在保质量、保安全的同时，更加注重环保服务功能，坚持保护自然资源、保护生态环境，真正做到“自然就是最美的”。根据公路建设规律，从“十一五”到“十二五”，我省高速公路、农村公路必将由建设高峰期逐步转向“建设平稳期”和“养护管理的关键期”。我们必须前瞻性地看到，今后一个时期，公路交通工作的重点将会由高速公路建设、农村公路建设逐步转向以二级公路为主的国省干线公路的建设、改造和维护上来，这就对国省干线公路的综合服务功能提出了新的更高要求。神宜公路作为一条生态环保科技示范二级路，它的成功探索，对引领我省乃至全国二级公路新改扩建、提升环保服务功能具有典型示范意义。

(二)更加重视交通经济结构调整,像抓公路建设那样抓以长江、汉江黄金水道为重点的"绿色交通"建设,努力实现交通发展转型。

水运是一种最古老的运输方式,在人类文明史上,一直是行人载物、通商兴埠的主要形式。我国早在隋朝就修建了世界闻名的京杭大运河,用漕运来完成南粮北调工作,明代的郑和下西洋更是开辟了我国远洋航海之先河。当年从武汉循长江水道行进,可西上巴蜀,东下吴越,向北溯汉水而至豫陕,经洞庭湖南达湘桂,素有"九省通衢"之美誉,在中国商业文明和水运发展史上留下重要印记。现今的德国莱茵河、美国密西西比河通过治理与开发,已经成为世界上最繁忙的航运大河。莱茵河每年仅干流货运量就接近3亿吨,成为莱茵河流域经济的大动脉,被誉为"欧洲黄金水道"。与其他运输方式相比,水运利用天然河道和历史上形成的人工河道,不占地或少占地,并具有运量大、成本低、能耗小、污染少等突出的比较优势,在煤、矿、油等大宗货物、重大件货物运输方面具有不可替代的优势。在全国水运工作会议上,曾培炎副总理强调,要按照健全综合运输体系的要求,注重发挥水运占地少、污染小、成本低的优势,积极发展水路运输,加快推进我国水路交通现代化。李盛霖部长在会上明确表示,"十一五"中央用于内河航运的投资将超过200亿元。在"十一五"、"十二五"乃至更长的时间内,内河航运建设必将成为交通运输发展的新亮点,这一古老的运输方式将以其独特的优势不断焕发出新的活力。

湖北是水运大省,具有"得天独厚、得水独厚"的水运优势,长江、汉江黄金水道贯穿全省,全省通航河流229条,通航里程8 385公里,居全国第六位。国家规划的长江11个内河主要港口,湖北就有武汉、宜昌、荆州、黄石等4个主要港口。长江、汉江沿线集中了湖北省75%以上的大中城市,湖北省90%的煤炭、85%以上的石油、96%以上的电煤等大宗货物可以通过水上运输,95%的外贸集装箱经由水路中转。随着"中部崛起"战略的实施和武汉城市圈的建设,湖北客流物流发展迅猛，对水运的依存度将进一步增强。但相对于公路运输的快速发展，湖北水运仍呈现与自身条件不相称的滞后态势，发展不够、优势不优是湖北水运发展面临的主要问题和最大实际。因此，摆在我们面前的一项紧迫任务，就是要着力推进以长江、汉江黄金水道为重点的“绿色交通”建设，不断提高湖北省水运生产力水平，努力将湖北由“水运大省”打造成为“水运强省”，这对节约土地资源、减少能源消耗、降低运输成本、满足环保要求，建设资源节约型、环境友好型社会具有长远意义，对促进湖北交通全面协调可持续，实现交通经济结构调整和发展转型也具有重大现实意义。省委、省政府高度重视长江、汉江黄金水道建设。自 2005 年 11 月 28 日交通部与沿江七省二市联合召开“合力建设黄金水道，促进长江经济发展”高层座谈会以来，省政府分别于 2006 年、2007 年连续两年召开了“合力加快港航建设，促进沿江经济发展”会议和全省公路水路交通工作会议，制定颁发了《湖北省交通发展“十一五”规划纲要》和《关于加快全省长江水运业发展的意见》，明确将着力推进水运振兴工程，打造“干支相连、通江达海、港航配套、功能完善”的航运体系作为全省“十一五”经济社会发展的重要目标，并确定了每年安排 1 亿元支持水运发展的财政专项资金，有力促进了以长江、汉江黄金水道建设为重点的全省港航建设发展。省第九次党代会报告明确要求以铁路、公路、航空和水运特别是长江黄金水道等建设为重点，加快形成更加便捷、通畅、安全的综合交通运输体系，增强运输能力，不断提升湖北的交通枢纽地位。这充分体现了省委、省政府对进一步加快交通发展的重视程度，为促进新时期湖北交通又好又快发展指明了方向，明确了任务。

“十一五”时期，湖北将重点推进水运振兴工程，努力实现“三个基本形成”，即：以“三主一江一网”的高等级航道为骨架，干线畅通、干支直达的航道体系基本形成；以武汉港为核心，以“四主十九重”港口为支撑，功能完善、布局合理的武汉航运中心基本形成；以船型标准化为重点,结构优化、相互衔接的专业化运输体系基本形成。到2010年,基本实现“航道网络化、港口机械化、船舶标准化、管理信息化”,中西部水运强省初具雏形。当前,我们正按照建设大水运,发展大交通,构筑大产业的总体思路,制定并实施了以陆补水、扶持水运发展的政策,努力像抓公路建设那样抓港航建设,着力推进“四大工程”:一是以水运主通道为重点,着力推进航道升级等联网工程。为支持航道建设,省厅对纳入省规划的水运主通道三级航道按不超过项目总投资的40%给予定额投资,四级航道和非主通道三级航道按不超过项目总投资的30%给予定额投资,五级航道按不超过项目总投资的20%给予定额投资。二是以武汉港为重点,着力推进武汉航运中心建设工程。对列入全省水运“十一五”规划的项目,4个主要港口按不超过项目总投资的15%给予定额投资,19个重要港口按不超过项目总投资的10%给予定额投资。三是以优化运力结构为重点,着力推进船舶标准化工程。省厅对入籍的新建造船舶,集装箱船每载重吨补助25元,江海直达船舶每载重吨补助20元,液货危险品船、汽车滚装船和千吨级以上内河干散货运船舶每载重吨补助15元。四是以服务社会主义新农村建设为重点,着力推进乡镇渡口达标改造工程。对渡改桥项目按1万元/延米实施定额投资,其他渡口改造每个补助1万~10万元。

在各级党委、政府的高度重视和大力支持下,全省港航“合力共建”的氛围日益浓厚,湖北水运振兴工程全面启动并取得初步成效,有力促进了沿江经济发展。目前,我省交通发展史上第一个航电枢纽工程——崔家营航电枢纽工程大江截流目标顺利实现,主体工程整体推进;以武汉航运中心为龙头的“四主十九重”港口建设顺利实施,湖北水运已经进入了一个前所未有的黄金发展机遇期。

(节选自2007年在中国科协年会湖北交通建设可持续发展论坛上的发言)

发展中的湖北交通

交通是国民经济的基础产业和先导产业，也是直接关系人民群众生产生活的服务行业，对经济社会发展起着重要的支撑、保障和促进作用。随着市场经济的发展，大至经济贸易，小至日常生活，交通与人们的联系已越来越密切。“要想富，先修路”，“发展快，高速带”，已被更多的人认同。

湖北地处我国中部腹心地带，在全国经济发展格局中处于承东启西、接南纳北、通江达海、内畅外连的得中独厚的战略地位，省会武汉素有“九省通衢”之称，一直是我国内陆最大的水陆交通枢纽。回顾湖北交通三个阶段的大发展，“九五”期，荆楚行路难，我们重点解决的是“通”的问题；“十五”期，围绕公路水路安全畅通，我们重点解决的是“适应”的问题；“十一五”期，围绕又好又快发展，我们重点要解决的是“三个服务”的问题，即交通更好地服务经济社会发展全局、服务社会主义新农村建设、服务人民群众安全便捷出行。进入新世纪，特别是省八次党代会以来，在省委、省政府的正确领导和市（州）、县市党委、政府及省直各部门的关心、支持下，我们坚持以科学发展观为统领，坚持一手抓交通建设，锁定加快发展不动摇；一手抓党风廉政建设，遏制交通腐败不松懈，湖北交通步入了令人瞩目的良性发展快车道。

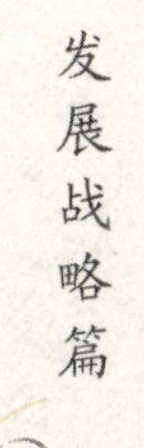

一、数字变化勾勒湖北交通迅猛发展

发展看变化。透过几组关键数字的变化，我们可以更直观地了解湖北交通过去五年的辉煌发展历程。

五年新增交通固定资产投资1 157亿元,相当于建国后53年交通投资总和的2倍。省八次党代会以来的五年,是我省交通发展史上投资最多、建设规模最大、经济社会效益最好的五年。

五年新增高速公路近1 400公里,相当于从湖北武汉通达海南三亚。湖北高速公路通车里程,由2002年的943公里,发展到2006年的1 747公里,四年新增高速公路11条804公里。五年新增荆州、鄂黄、巴东等长江、汉江公路大桥8座。

五年开工新建高速公路1 866公里,相当于从上海到重庆。2003年以来,全省开工新建的23条、1 866公里高速公路中,宜长、荆东、汉孝、阳逻大桥北岸接线4条高速公路115公里已经全部建成通车。

五年内新增农村沥青(水泥)路近80 000公里,相当于绕赤道2圈。截至2006年底,湖北基本实现了乡乡通沥青(水泥)路,97.72%的行政村通公路,其中行政村通沥青(水泥)路率达61%,较2002年增长36个百分点,行政村通客车率达到75%。

五年全省公路交通主要指标排名跃居全国前11位。截至2006年底,全省高速公路里程达1 747公里,居全国第11位;二级以上公路里程达18 585公里,居全国第6位;等级公路比重达到74.7%,居全国第6位;高级次高级路面里程达到75 000公里,居全国第7位;全省公路总里程达181 791公里,居全国第4位;公路网密度达到97.8公里/百平方公里,居全国第9位。

五年全省道路运输占综合运输的比重达90%以上。2006年,全省公路水路旅客运量、旅客周转量、货物运量、货物周转量分别达到7亿人次、380亿人公里、4.4亿吨、704亿吨公里,较上一个五年同比增长13.5%、21.1%、23.9%、10.9%;完成港口吞吐量1.46亿吨,其中集装箱吞吐量达到41.9万标箱,同比增长51.4%;全省地方船舶运力达到230万载重吨,同比增长14.7%。

五年培树全国和省级先进典型714个。截至2006年底,全省交通系统共建成全国精神文明建设先进单位、国家级文明单位、全国和省级青年文明号等先进集体386个,涌现出全国和省级劳模、全国和省级青年岗位能手等先进个人328名。陈刚毅作为全国重大先进典型和时代先锋,在全国产生了积极而深远的影响。

数字是枯燥的,但它标志着交通的发展与变化,是让人信服的,也是令人振奋和喜悦的。

二、百姓生活见证湖北交通深刻变化

首先,交通发展便捷了百姓出行,促进了社会文明。京珠、汉十、宜黄、襄荆等高速公路已构筑起湖北纵横交错的骨架公路网,构筑起武汉至周边黄石、黄冈、鄂州、孝感、仙桃、潜江、天门、咸宁"1小时交通圈";武汉至荆州、宜昌、襄樊等"3小时交通圈";武汉至长沙、郑州、九江等"5小时交通圈",到北京、上海、重庆、成都、西安、广州、南京等,也可朝发夕至。高速公路的快速发展,给公众出行带来了前所未有的便利,节假日、黄金周,举家自驾出游也是一路畅通。老百姓感慨地说:交通的发展,使城市的距离拉近了,旅途的时间节约了,工作的效率提高了,让大家有更多的时间与家人和朋友团聚的时间增多了。

在建设大通道、保障大动脉的同时,我们按照"修好农村路,服务城镇化,让农民兄弟走上油路和水泥路"的目标,坚持以"扶持农村、反哺农业、回报农民"为出发点,全面加快农村公路建设步伐,着力将社会主义新农村交通建设打造为"关注民生、温暖民心、造福民众"的民心工程,使农民群众不仅从此告别了"晴天一身灰,雨天一身泥"的历史,而且从根本上缓解了农民群众行路难、乘车难、过渡难的突出问题。新洲区高山村原是个黄泥岗,当地村民戏言:"天晴一把刀,下雨一团糟,不扭秧歌步,随时要摔跤。"自从村里通了沥青(水泥)路,

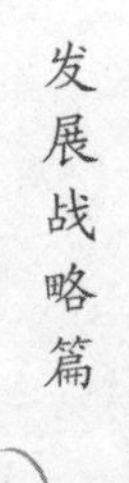

村民们感叹:“现在啊,出门到县里,来回不沾泥,安全又便利。”襄樊一位双目失明的老太太听说村里通了水泥路,高兴得光着脚徘徊在通村公路上,她动情地说:“自己从来就不敢奢望有一天能走出这闭塞的小山村,如今村里通了水泥路,还通了客运班车,尽管我眼睛看不见,但我光着脚能感觉得到,这通村路的平坦,这客运班车的快捷,总算没白活啊!”现在公路修到家门口,客车开到咱村头,交通顺畅促增收,老百姓忠心跟党走!交通人虽然修通的只是一条路或一座桥,开通的只是一班车或一条船,但联通的却是群众的心,体现的是民生情。

其二,交通发展拉动了经济增长,增加了就业机会。在市场经济条件下,交通的规模决定流通的规模,交通的速度决定流通的速度,交通的效率决定流通的效率,经济发展的三驾马车,都离不开交通发展带来的人流、物流、资金流、技术流和信息流,交通发展本身对经济增长的拉动作用也是十分强劲的。据专家测算,现阶段交通建设每投资1亿元,可以带动GDP增长0.42亿元。省八次党代会以来,全省累计完成交通固定资产投资达1 157亿元,从而可带动GDP增长486亿元,年均对社会经济发展的贡献率在4%左右。2007年全省拟完成公路水路交通建设投资300亿元,可拉动GDP增加120多亿元。有的经济学家坦言:“看公路包括高速公路建设的效益,视野要宽一点,眼光要远一点。实践证明,在现代经济生活中,‘修路就是发展生产力’。”

交通作为基础产业和服务行业,其产业链条之长,涉及面之广,就业容量之大,也是有目共睹的。资料统计显示,每增加100亿元投资,就可以解决七八万人就业,交通行业一年300亿元的投资,就业容量可达二十余万人。交通基础设施建设,不仅带动了冶金、建材等行业的发展,也为大中专学生、农民工队伍创造了大量的就业机会,更为交通运输服务业提供了成百上千万的就业岗位。特别是扩大了农民群众的就业门路，为农民增收打下了重要基础。2007 年 4 月份，在全省交通系统“迎春创优杯”劳动竞赛总结表彰大会上，省厅首次表彰了为全省交通重点工程建设作出突出贡献的“十佳农民工”。一位农民工代表在大会发言中感慨：是交通的大发展和公路建设，给我们提供了就业机会，使我们练就了技能，增强了自信，增加了收入，改善了生活。看着在我们手中建成的一条条路、一座座桥，我们自豪地称自己是“交通人”了。

其三，交通发展催生了产业集聚，推进了城市圈和县域经济发展。“发展快，高速带”。高速公路建设，促进了沿线经济带的形成，推进了现代物流业的发展，带动了沿线整个三产业的蓬勃兴起。比如依托武汉市 188 公里高速公路外环线，集聚了东湖高新开发区、沌口经济技术开发区、东西湖台商开发区、阳逻经济技术开发区等大型产业园，形成了以富士康、东风、神龙等一大批骨干企业为龙头的快速经济走廊和物流枢纽。2007 年 4 月上旬，居世界 500 强第 206 位的富士康科技集团公司，其选址就在京珠高速公路凤凰山收费站附近。又如，依托汉十高速公路，形成了初具规模的“武汉——十堰”汽车工业走廊，带动了沿线武汉、孝感、随州、襄樊和十堰汽车工业和汽车零配件业的持续升温；依托汉十、汉宜高速公路和 209 国道，形成了荟萃湖北旅游资源的“一江两山”精品线路（即：长江三峡、神农架和武当山）；依托武汉城市圈交通对接和一体化建设的加速，特别是年内阳逻长江大桥和武汉市 5 条高速出口路的建成通车，将有力推动武汉“1 + 8”城市圈建设进程，从而为实现武汉“1 + 8”城市圈的战略规划打下坚实基础。

同样，依托国省干线和县乡公路的发展，有力地促进了县域经济的大发展。比如，神农架林区通乡油路酒九线建成后，九湖乡通过及时调整农业结构，发展高山无公害蔬菜，农业增加值比同期增长了 10%；仙桃市彭场镇沿仙彭公路，大力发展无纺布产业群，引进无纺布企业近100家,仅2003年出口创汇就达7 000万美元,成为全国无纺布制品出口第一镇;襄樊市谷城县五山镇利用四通八达的农村公路将2.6万亩茶叶基地连成一片,形成了茶叶产业化格局,吸引了大量的农村剩余劳动力务工采茶,南来北往的客商云集五山,集市贸易日益繁荣,以茶文化为特色的山水园林小城镇迅速崛起,被建设部确定为"全国小城镇建设管理试点镇"。

五年来,湖北交通的发展、变化,看得见、摸得着、实实在在。但湖北交通与东部地区的差距仍呈拉大之势,与中西部20个省市区相比,仍面临"前有标兵,后有追兵"、"不进则退,慢进亦是退"的严峻形势和激烈竞争,发展不够、优势不优仍是湖北交通面临的主要问题和最大实际,建设资金匮乏、专业人才紧缺、深层次矛盾显现,仍是交通可持续发展面临的巨大压力。面对这些矛盾和问题,我们既要有清醒的认识、客观的判断,更要有只争朝夕、奋力赶超的信心和决心,坚持把握机遇,乘势而上,坚持好中求快,快中创优,不断推进我省交通事业又好又快发展。

三、发展规划绘就湖北交通美好蓝图

围绕"促进中部崛起,当好交通先行"这一重大战略目标,我省研究制定了《"十一五"湖北交通发展规划纲要》,明确了公路水路交通发展的总体目标和主要任务。"十一五"时期,全省公路水路交通基础设施建设投资规模将达到1 330亿元,其中,高速公路855亿元、一级公路94亿元、国省干线二级公路27亿元、农村公路229亿元、港航建设106亿元、站场建设19亿元。总体目标是"努力实现五个翻番、五个基本形成、五个明显提高":

"五个翻番",即投资规模、高速公路、一级公路、有铺装路面、规费总额较"十五"基本翻一番。全省公路水路运输与国民经济社会发展的关系由"基本缓解"向"总体适应"跨越,中西部交通强省初具雏形。

“五个基本形成”，即：“六纵五横一环”骨架公路网基本形成；“三主一江一网”的航道骨架体系基本形成；“四主十九重”的港口布局基本形成；“五主三网”的公路运输体系基本形成；社会主义新农村交通网络基本形成。其中：

“六纵五横一环”，即：6 条纵线（纵一为麻城至通山，纵二为大悟至赤壁，纵三为随州至岳阳，纵四为襄樊至荆州，纵五为老河口至宜都，纵六为十堰至恩施）、5 条横线（横一为麻城至竹溪，横二为英山至郧西，横三为黄梅至巴东，横四为黄梅至利川，横五为阳新至咸丰）和 1 条环线（武汉市外环）。

“三主一江一网”航道骨架体系中，“三主”是指长江、汉江、江汉运河 3 条全国水运主通道，“一江”是指清江，“一网”是指江汉平原骨干航道网。

“四主十九重”港口布局中，“四主”是指武汉、宜昌、黄石、荆州 4 个主要港口，“十九重”是指长江干线上的巴东、秭归、宜都、枝江、石首、洪湖、嘉鱼、鄂州、黄州、阳新、武穴和汉江干流上的襄樊、丹江口、钟洋、沙洋、潜江、天门、仙桃、汉川等 19 个重要港口。

“五主三网”公路运输体系中，“五主”是指武汉、襄樊、荆州、宜昌、黄石 5 个公路运输主枢纽，“三网”是指以一级客货运站场为中心、连接高速公路的城际高速运输网，以二级客货运站场为基础、连接国省干线的区域快速运输网，以农村客运站点为依托、连接乡村公路的农村通达运输网。

“五个明显提高”，即：职工队伍整体素质明显提高；交通行政能力明显提高；行业自主创新能力明显提高；服务质量和效益明显提高；安全保障水平明显提高。

“十一五”的主要任务是“五个着力推进”：

一是着力推进“公路精品工程”，打造“承东启西、接南纳北、内畅外联、辐射全国”的快速公路骨架网。

二是着力推进社会主义新农村“通达、通畅工程”,打造“网络村镇、安全经济、人便于行、货畅其流”的交通环境。

三是着力推进“水运振兴工程”,打造“干支相联、通江达海、港航配套、功能完善”的航运体系。

四是着力推进武汉城市圈“交通对接工程”,打造“辐射周边、畅达全国、资源共享、集约高效”的现代化交通网络。

五是着力推进“科教兴交工程”,打造“以人为本、自主创新、结构优化、素质精良”的支持保障体系。

四、科学发展引领湖北交通腾飞之路

当前,世界交通发展呈现出三大趋势、五大热点和六大领域。

三大趋势:一是加强生态环保,二是坚持以人为本,三是发展智能交通。

五大热点:一是利用全球定位系统(GPS)实现测试自动化;二是利用交通地理信息系统(GIS)促进公路建设管理现代化;三是利用计算机辅助设计技术(CAD)促进设计集成化;四是利用高科技检测技术促进工程质量监测和道路养护规范化;五是利用信息网络技术促进运输系统智能化。

六大领域:一是新材料新工艺的推广使用;二是快速无损检测设备的广泛应用;三是交通地理信息(GIS)和三维计算机辅助设计(3D—CA13)的开发应用;四是废旧材料的综合推广利用;五是智能化运输系统(ITS)的诸多使用;六是山区高速公路建设关键技术的研究应用。

审视当前世界交通发展潮流,纵观交通发展热点领域,为推进湖北交通事业又好又快发展,“十一五”期间,我们将认真贯彻落实“六个并举”的科学交通发展观,按照“整合资源,合力发展;统筹规划,科学预算;政策引导,分级管理;依法行政,公平和谐"的交通发展理念,进一步创新交通管理体制和运行机制,努力实现"四个转变",突出抓好"四大重点":

首先,要坚持质量第一。质量是交通的生命。交通质量,涵盖工程建设质量、运输服务质量、行业监管质量、规费征稽质量和科研教育质量等。工程质量水平和技术进步水平是人类文明发展的主要标志之一。比如:名扬中外的赵州桥距今已有1 300多年的历史了,至今仍坚固完好,为我国古代文明赢得了荣誉。四川的都江堰更有2 200年的高寿,至今仍屹立于岷江之上,分流、蓄水、灌溉、泄洪功能仍然完好。

确保交通质量安全是抓好交通各项工作的根本要求。从我省交通基础设施建设看,也存在着结构耐久性不够、使用周期有限等突出问题。为此,我们要严格工程质量终身负责制和安全生产责任追究制,实行有奖举报、动态稽查、电子监察等多措并举,从遏制交通建设领域违法转分包入手,着力查处商业贿赂,建立质量、安全黑名单制,健全市场退出机制。要筑牢质量保证体系,强化一线质量控制。坚持做到巡查在一线工地、隐患在一线发现、问题在一线解决、制度在一线落实。要狠抓细节。汪中求先生在《细节决定成败》一书中说:"中国人不缺勤劳不缺智慧,我们最缺的是做细节的精神。"确保质量,必须把项目管理细化并落实到每个设计、每个流程和每个环节。要真正落实交通质量"一把手工程",做到主要领导亲自抓,分管领导具体抓,坚持一级抓一级,一级带一级,层层抓落实。

其二,要坚持技术创新。创新是一个民族进步的灵魂,也是一个国家兴旺发达的不竭动力,更是推进交通事业又好又快发展的引擎。纵观交通发展历程,处处可以看到创新对交通发展的支撑和引领作用。蒸汽机的发明带来了交通运输的革命性进步;高速公路的出现极大地拓展了公路运输的发展空间;集装箱的诞生引发了全球运输组织方式的变革；信息技术、网络技术和卫星定位技术的应用促进了智能交通的发展。

当前，湖北省高速公路建设由平原向山区延伸，地质地形条件日趋复杂，特大型桥梁和特长隧道等控制性工程很多，许多工程技术难题有待我们一个个进行研究和突破。2006 年 10 月 9 日，中央电视台《新闻联播》专门报道了湖北沪蓉西高速公路四渡河大桥利用火箭炮为架桥"穿针引线"的创新举措。利用"火箭弹"不到 3 分钟，就在跨度达 900 米、桥面距谷底深 500 多米的悬崖峭壁之间架起大桥先导索，解决了悬索桥的重大施工难题。

回顾湖北交通发展的历程，就是一个不断改革创新的过程。我省是个桥梁大省，规划建设的长江大桥就达 23 座，其中已建成 13 座，在建 2 座，待建 8 座，平均每隔 62 公里就有一座长江大桥，长江已经成为一条名副其实的现代桥梁艺术的"走廊"。1993 年建成通车的郧县汉江大桥，是当时国内首座主跨突破 400 米的 PC 斜拉桥，荣获国家优秀设计银质奖、省科技进步一等奖和省优秀设计一等奖；2001 年建成通车的宜昌长江公路大桥，是当时国内第三大跨度悬索桥，荣获了省科技进步一等奖、詹天佑奖和鲁班奖。在实践中，我们深刻体会到，只有始终坚持思维和理念的创新，始终坚持交通科学技术和生产工艺的创新，始终坚持改革开放和管理体制机制的创新，才能引领交通发展的方向，才能为交通快速健康可持续发展提供保障。交通创新关键在人才，人才成长根本在教育。要大力提倡创新面前人人平等，不以权威压制人，不以名望排挤人，不以资历轻视人，努力构建创新型交通行业。

其三，要坚持优质服务。服务是交通的本质属性，也是交通发展永恒的主题。马克思在《资本论》中对交通运输的作用作过经典的论述：商品在空间上的流通，即实际的移动，就是商品的运输，这种位置的变化就是向乘客和货主提供的"服务"。按照为民、便民、利民、惠民的交通服务理念，我们通过推进交通电子政务建设，在政务公开、公众出行服务、网上公众交流等方面作了一些有益尝试。据统计，近年来已处理各类投诉近万件。2007年“五一”、“十一”黄金周期间，有7万多人次点击了湖北交通公共出行服务网，较好地发挥了服务公众出行的功能。

如果大家点击进入湖北交通的公众出行服务系统，就能体验到更便捷和温馨的交通服务。比如，进入高速公路动态路况栏目，可以点击查询整点路况信息，比如实时路况信息，大家不仅可以看到路况信息的图文显示，还可以清晰地听到语音播报；进入高速公路通行费查询栏目，我们可以选择任一高速公路进出站点，输入车型后，就可以查询到沿途行驶里程和所需通行费情况；如果输入你的车牌号，便可直接查到该车缴纳养路费的情况；如果节假日、黄金周要外出旅游，则可上网查询实时路况信息等，可以在网上直接看到高速公路收费站广场的运行情况。由此可见，交通电子政务建设对交通服务创新起到了重要的促进作用。

其四，要坚持反腐倡廉。当前，反腐败已成为世界各国、各行业面临的共同课题。交通腐败问题也一直是全国广泛关注的热点。近年来，我们从体制、机制、制度等方面深刻反思和查找原因，针对工程招投标、物资采购、设计变更、资金拨付等环节存在的漏洞和缺陷，加强教育，完善制度，强化监督，坚持源头治腐。但是在交通大发展的进程中，如何真正做到“工程优质，干部优秀”，“规范做人，干净做事”，“建一个工程，树一座丰碑”；如何保持清醒头脑，做到警钟常鸣，“把住底线，不踩黄线，不触高压线”，这是交通行业反腐倡廉面临的永恒课题。交通人必须学会做“五种人”，即政治上的“明白人”，经济上的“清白人”，作风上的“正派人”，工作上的“带头人”和群众的“贴心人”；必须学会算“四笔账”，即政治账、经济账、亲情账和自由账；必须树立正确的权力观，做到“六慎”，即慎初、慎欲、慎权、慎独、慎微、慎交;必须坚持学法、用法、守法,做到"研究问题先学法,决策问题遵循法,解决问题依据法,言论行为符合法";必须培养健康的生活情趣,保持高尚的精神追求,规范自己的工作圈,纯洁自己的社交圈,净化自己的生活圈,管住自己的活动圈,始终保持一身正气,不以事小而不为,不以小事而为之。

湖北交通的巨大变化,虽然只是我省经济社会强劲发展的一个缩影,但却是省八次党代会以来全省综合经济实力迅速提升的写照。湖北交通的巨大变化,源于省委、省政府的正确领导,源于科学发展观的贯彻落实,源于荆楚人民的聪明才智与辛勤劳动。风正潮平,自当扬帆破浪;任重道远,更需策马扬鞭。在省委、省政府的正确领导下,我们将进一步开拓创新,奋发进取,扎实工作,努力推进湖北交通服务创新,实现交通事业又好又快发展。

(节选自2007年在湖北省委党校的报告)

思想大解放　交通大发展

新的历史起点，新的发展要求，呼唤着新的发展思路、新的工作举措。十七大指出："解放思想是发展中国特色社会主义的一大法宝，改革开放是发展中国特色社会主义的强大动力。"一个行业、一个地方的发展，物的因素固然重要，但人的思想观念所催生的内生动力才是决定性因素。如果没有思想解放、观念更新，深圳还是渔村，浦东依然沉寂。可以说，发展是我们党执政兴国的第一要务，解放思想、改革开放则是发展的第一动力。

经济要发展，交通须先行。实现湖北交通新发展，关键在于坚持解放思想、改革创新、实施开放先导战略，各级交通部门必须坚定不移、坚持不懈地把解放思想、改革开放摆到更加重要的位置，通过思想大解放，引领交通大发展，这是推进交通又好又快发展的根本保障。必须进一步推进交通改革，更新交通理念，大力实施开放先导战略，努力做到"六个转向"：

一是高速公路招商引资及建设管理由"以省为主体"转向"以地方政府为主体"。对列入省"十二五"、"十三五"等中长期规划的高速公路项目以及地方区域高速公路，积极鼓励以地方政府为主体组建项目业主，实施招商引资，加快辖区高速公路建设，进一步推动"部门办交通"为"社会办交通"。在筹资中，要从主要靠政策筹资转向依靠政策与利用市场相结合，广泛吸纳各个渠道的资金；要从主要靠交通部门筹资转向交通部门与国有企业和其他经济组织相结合，形成

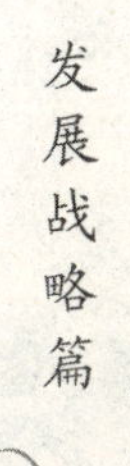

新的投资主体;要从主要靠部、省筹资转向各级政府共同筹资,调动和发挥各个方面的积极性;要从主要靠国有资本和银行贷款的单一筹资转向多种方式筹资,努力实现"双赢"和"多赢"。

二是港航工程建设由"以部、省投资为主"转向"以多元化筹资"为主。对列入规划的港航重点工程,要像高速公路那样大力实施招商引资,通过多元化筹资加快实施湖北水运振兴工程。长汉江黄金水道作为湖北省得天独厚的交通资源,具有占地少、污染小、成本低的天然优势,但要真正让其独特的优势焕发出新的活力,使其成为湖北交通运输发展的新亮点,必须着力加大港航建设投融资体制改革。省港航部门要切实加大引江济汉通航工程等港航项目前期工作力度,筛选一批有较大社会需求、有较好经济效益、有一定社会效益的港口和航道项目,精心策划、精心包装、精心组织,主动到资金雄厚、水运发达的地区进行项目推介、招商选资,加大湖北水运优势、支持政策的宣传力度,吸引更多、更有实力的集团、企业投资湖北水运。

三是交通筹融资模式由"招商引资"转向"招商选资",着力提高招商引资质量,按照"服务与监管并重"的原则,加强招商项目的指导、协调、服务和监管,努力构建诚信体系,确保招商项目顺利推进。

四是交通建设管理方式由传统的"指挥部模式"转向"项目代建制"等多种模式,着力推进交通建设管理专业化,在总结武英高速公路实施代建管理经验的基础上,积极推广项目代建制,实施集约精细化管理。

五是交通管理思维由"立足小部门体制"转向"立足大部门体制",促进大交通、实现大发展。十七大提出探索实行"职能有机统一的大部门体制",为新的历史条件下的政府机构改革明确了具体目标。只有摒弃过去的立足"小部门体制"编规划、搞建设,转向"立足大部门体制"的综合规划、综合运输,坚持用综合交通发展的理念统筹各种运输方式的衔接优化和协调发展,才能站得更高、看得更远、抓得更实，才能真正实现客运“零换乘”、货运“无缝衔接”，才能充分发挥公路、水路、铁路、航空、管道等运输方式的综合效益。

六是交通经济发展方式由“资源消耗型、依赖型”转向“资源节约型、环境友好型”，为推进武汉城市圈“两型社会”建设当好交通先行。国务院批准设立武汉城市圈综合配套改革试验区，对交通工作提出了更高的要求。在总结神宜公路建设经验的基础上，交通部门结合学习十七大精神，初步形成了打造“绿色交通”的生态文明交通新理念，其基本内涵是：“资源节约、环境友好、安全优质、经济耐久、循环利用、永续发展”。各相关单位要按照建设“两型社会”的新要求、新理念，及时修订完善《武汉城市圈公路水路交通发展规划》并积极付诸实施，为武汉城市圈进一步转变交通发展方式、率先构建综合交通运输体系提供理论指导和规划保障。要将长汉江黄金水道特别是武汉航运中心作为“两型社会”建设的重中之重，积极探索建设低资源占用、低能源消耗、低环境污染、低使用成本的交通运输体系，努力实现交通经济结构调整和发展转型。要将提升公路综合环保服务功能作为“两型社会”建设的重要内容，像抓高速公路建设那样抓以国省干线公路改造为重点的“绿色交通”建设，努力转变公路建设方式，做到不盲目追求宽平直等高标准、不轻易地裁弯取直选新线、不牺牲环境大填挖，坚持以人为本、坚持人和自然和谐、坚持路与自然和谐，更加重视质量、更加重视安全、更加重视节约资源、更加重视生态环保，真正做到“适用就是最好的”、“自然就是最美的”。

（节选自2008年在“湖北交通迎春创优专项活动”动员仪式上的讲话）

“七个既要、七个又要”的交通发展新理念

思想是行动的先导。面对新的发展形势、发展任务和发展要求,省交通厅在全省交通系统部署开展了“思想大解放、交通大发展”学习讨论活动,真正把学习实践的过程,变成调查研究的过程,变成解放思想、查摆不足、整改提高的过程。在此基础上,厅党组就实现湖北交通又好又快发展明确提出了“七个既要、七个又要”的新理念,引导交通职工正确认识“好”与“快”的关系,努力在“量的突破”和“质的提升”上实现双赢。

一是既要“依法依规”又要“超常规、超常态”。市场经济既是竞争经济,也是法制经济;既要依法依规,又要超常规、超常态。依法依规,就是要坚持学法用法、信法守法,坚持依法行政、文明执法,切实将“研究问题先学法,决策问题遵循法,解决问题依据法,言论行为符合法”作为对交通干部职工的基本要求,将依法行政、依法治交贯穿于交通工作的各个环节,努力构建“办事依法、群众信法、为官学法、行政用法”的浓厚法治氛围。超常规、超常态,就是牢固树立“等不起”的紧迫感、“慢不得”的危机感和“坐不住”的责任感,以通为要、以通为先,让规矩、程序服务发展、服从实际的需要,大力倡导和弘扬“新型交通办事文化”,做到“份内事、马上办,厅内事、主动办,突发事、高效办,重大事、跟踪办,经办事、精细办,交通事、干净办。”

二是既要“严格程序”又要“好中求快”。发展是解决湖北交通所面临困难和问题的“总钥匙”。把湖北建成促进中部崛起的重要

战略支点,最根本、最关键、最有效的办法就是加快发展。在当前宏观调控的新形势下,正确处理“严格程序”与“好中求快”的关系,必须牢固树立“前期就是投资、前期就是发展”的理念,积极争取国家部委和省直相关部门的支持,全力加快交通重大项目的前期工作和招商引资工作,必须坚持好中求快、快中创优,着力提高前期工作质量和深度,加快前期工作报批周期和进程,努力培育新的交通经济增长点。

三是既要“解放思想”又要“脚踏实地”。学习实践科学发展观,是一场深刻的观念变革。我们必须清醒认识存在的问题和不足,不为过去的成绩而自满;必须清醒认识面临的困难和挑战,不为现在的做法所束缚;必须清醒认识所处的阶段和特征,不为传统模式所局限;必须清醒认识在全国的位次和水平,不为目前的小富而停滞不前。我们必须坚持不懈地开展“思想大解放、交通大发展”学习讨论活动,开阔眼界、开阔思路、开阔胸襟,勇于变革、勇于创新、勇于实践,永不僵化、永不停滞、永不落后,不为任何风险所惧,不被任何干扰所惑,着力解决不敢解放思想、不愿解放思想和不会解放思想的问题,着力解决夸夸其谈、只说不干、心浮气躁的作风,着力构建一心一意谋发展、聚精会神抓建设、脚踏实地抓落实的交通环境,着力构建充满活力、富有效率、更加开放、有利于交通科学发展的体制机制。

四是既要“超越创新”又要“尊重科学”。创新是交通发展的引擎。厅党组始终坚持科教兴交和依法治交并举的科学交通发展观,在积极引进、消化、吸收国内外先进成果的基础上,着力增强自主创新能力,突破关键性技术,普及应用型技术,在走科技引领交通发展之路上取得一系列新突破。推进湖北交通又好又快发展,必须更加重视超越创新,努力营造尊重科学、尊重劳动、尊重知识、尊重人才的浓厚氛围,努力打造支持创新、保护创新、鼓励创新的良好环境,大力提倡创新面前人人平等,不以权威压制人,不以名望排挤人,不以资历轻视人,鼓励大家在工作实践中、在本职岗位上,积极开展多种形式、各具特色的创新活动,使尊重科学、超越创新在交通行业蔚然成风。

五是既要"敢闯敢冒"又要"遵章守纪"。不论是建设武汉城市圈"资源节约型、环境友好型"交通,还是建设鄂西生态文化旅游交通圈,都需要我们在实践中探索,在探索中突破,在突破中前进;需要我们有敢闯的胆量、敢冒的魄力、敢试的勇气;需要我们坚决破除那种"只防出错、不求出新,只图保险、不担风险"的思维定式,坚决克服"只会唯书唯上、照搬照套"的办事模式。但我们绝不能以敢闯敢试为由违法乱纪,务必在遵循法律、纪律的前提下突破一切有碍改革试验的陈规旧矩和思想藩篱,瞄准破除不利于综合配套改革试验的体制机制等问题,大胆地提出新构想、新思路、新举措,以百折不挠的精神、放开手脚大胆地去闯、去冒、去试、去干。

六是既要"保质保量"又要"安全有序"。质量安全是交通的生命。推进交通又好又快发展,必须牢固树立以人为本、质量第一、安全发展的理念,任何时候都不能以牺牲人民群众生命财产安全为代价换取发展;必须严格落实交通质量安全责任追究制,大力推行质量安全管理一线工作法,强化现场监督,推行精细管理;必须坚持以铁的手腕、铁的面孔、铁的标准,抓好质量安全隐患的排查整治,严格实行挂牌督办、整改销号制度,坚决遏制重特大事故的发生。

七是既要"青山绿水"又要"做大交通"。实现科学发展,打造"两型交通",既要解决交通发展不够的问题,又要解决交通可持续发展的问题;既要追求科技含量,又要强调绿色内涵。青山绿水是我们的宝贵财富,在加快发展、做大做强交通的同时,必须更加重视资源节约和生态环保,更加重视"铁、水、公、空、管"综合交通运输建设,要像抓高速公路建设那样抓"绿色交通"建设,自觉将"适用就是最好的”、“自然就是最美的”及“施工中最大程度的保护、最小程度的破坏，施工后最大限度的恢复”等建设理念和要求贯彻落实到交通工程设计、施工、监理全过程，真正做到“建设时绿水青山，建成后锦上添花”，努力实现交通发展转型。

（节选自2008年在学习实践科学发展观专题会上的讲话）

打基础　管长远　谋全局

全面实现"十一五"交通规划目标、科学谋划"十二五"交通发展规划,必须积极应对国际金融危机,保持和巩固新一轮交通大建设大发展态势;必须强基固本,开创综合运输发展新局面。

——"强基固本",是推进湖北交通实现更长时间、更高水平科学发展的根本前提。就是要始终坚持以科学交通发展观为统领,着力打基础、管长远、谋全局,努力为实现湖北交通又好又快发展奠定坚实基础。基础不牢,地动山摇。夯实基础,既是一个巩固与提高的过程,也是一个积蓄后劲、不断发展的过程。只有抓好基层、打好基础、练好基本功,在全面超额完成"十一五"交通发展任务基础上,以全新的思维认真总结,以全新的视野科学谋划,才能为实现"十二五"湖北交通更高水平的发展打下坚实基础;只有基层稳固、基础厚实、基本功扎实,实现湖北交通快速、科学、安全、协调发展才有后劲。

——"强基固本",是落实省委省政府"两圈一带"重大战略决策、构建湖北促进中部崛起重要战略支点的重大任务。就是要始终坚持发展第一要务,紧紧围绕省委、省政府"两圈一带"的重大决策,努力夯实交通运输服务经济社会发展的物质基础。要进一步抢抓历史机遇,着力加强交通基础设施建设,加快构筑"五五二"高速公路网,加快建设武汉长江航运中心,加快完善社会主义新农村交通网络,进一步推动湖北交通新一轮大建设大发展,为实现湖北"弯道超越"、奠定坚实的交通条件和基础。

——“强基固本”,是转变交通职能、加快构建综合交通运输体系的客观要求。就是要始终坚持改革创新,勇于变革、勇于创新、勇于实践,为推进湖北交通真正实现由传统基础产业向综合交通运输体系和现代物流业的转型奠定坚实基础。根据省政府机构改革实施意见和省编委“三定”初步意见,省厅将承担协调服务民用航空、铁路、邮政等工作,新增指导城市客运、指导城市地铁和轨道交通运营、指导铁路运营服务文明窗口创建等一系列新的职责;经省编委批复,湖北省交通运输厅物流发展局成为全国第一家交通物流发展机构。要履行好省委、省政府赋予的新职能,开创湖北交通运输发展的新局面,就必须坚持从调查研究入手,推行一线工作法,了解新情况、研究新问题、制定新思路、探索新政策、拓宽新领域、搭建新平台、建立新机制、培育新队伍,着力夯实建设大交通、发展大物流、促进大发展的体制机制基础。

——“强基固本”,是体现“以人为本”、着力提高人民群众对交通运输工作满意度的实际行动。就是要始终坚持以人为本,坚持交通发展为了人民,交通发展依靠人民,交通发展成果由人民共享。2009年10月7日,胡锦涛总书记在考察北京交通工作时,作出了“交通问题是关系群众切身利益的重大民生问题”、“为广大群众提供快捷、安全、方便、舒适的公交服务,使广大群众愿意乘公交、更多乘公交”等重要指示。学习贯彻胡锦涛总书记重要指示精神,必须立足交通发展服务民生、交通发展保障民生、交通发展改善民生,着力解决好人民群众最关心、最直接、最现实的交通运输问题,进一步抓好社会主义新农村交通建设,进一步抓好危桥改造和安保工程,进一步提升公共交通服务质量和水平。

——“强基固本”,是筑牢基层堡垒、锤炼交通队伍的重大举措。就是要始终坚持重视基层、加强基层、服务基层,全力加强交通基层组织建设、基层党的建设和交通干部职工基本素质建设,努力培育一支政治素质高、工作作风实、业务技能精的交通队伍。按照围绕中心、服务大局、拓宽领域、强化功能的要求，结合交通实际，弘扬“刚毅精神”，全力推进指挥部、工作站、监理站、质监站、服务区、养护中心、收费站、治超站、客运站、物流所、科研院所等基层党组织建设，通过开辟交通党建网站、网上大讲堂、建立党建知识库等方式，创新交通基层党组织的教育、培训、管理形式与活动方式，真正做到交通领域拓宽到哪里，党的组织就建设到哪里；交通队伍走到哪里，党的思想政治工作就做到哪里；真正把基层一线作为广大党员进行党性锻炼的现实课堂，鼓励基层干部扎根基层、建功立业，把交通党的基层组织建成推动发展、服务群众、凝聚人心、促进和谐的坚强堡垒。

——“强基固本”，是提高交通管理水平、增强交通执政能力的有效途径。就是要坚持依法行政、科学管理、精细管理和廉洁从政，着力完善法制、健全制度、堵塞漏洞、加强监管、规范市场，全面提高交通依法行政能力。要坚持“制度管权、制度管事、制度管人”，进一步把制度建设贯穿在交通建设、养护、运输、质量、安全以及思想建设、组织建设、作风建设、反腐倡廉建设等各个方面，不断提高交通运输工作的制度化、规范化、精细化、科学化、信息化管理水平，促进湖北交通运输“三个文明”协调发展、良性互动，真正做到强基固本、科学发展。

（节选自2010年在全省高速公路“2009—费收攻坚杯”总结表彰暨费收工作动员会上的讲话）

聚焦“弯道超越”

当前,国际金融危机正伴随着经济发展的“弯道”期,这一时期既是生产要素重新组合、产业资本转移的关键期,也是后发赶超、科学跨越的重要机遇期。作为国民经济的重要基础产业和拉动经济增长的主力军,湖北交通必须奋力抢抓“弯道”机遇,推进全省新一轮高速公路大发展。

一、打造“552”高速公路网,为构建战略支点当先行

根据国家、省保增长、保民生、保稳定的指示要求和全省加快高速公路建设动员会议精神,坚持以科学发展观重新审视湖北交通发展,研究制定了全省高速公路网总体规划。根据规划,湖北省高速公路网总体布局为“五纵五横二环”,总里程6 040公里,其中通车2 719公里,在建1 045公里,拟建2 276公里。

“五纵”具体如下:

纵一,麻城至通山。国家高速公路网大广高速公路湖北段,全长271公里。其中,大广北148公里已经建成,大广南108公里、鄂东长江公路大桥15公里正在建设。

纵二,大悟至赤壁。国家高速公路网京港澳高速公路湖北段,全长294公里,已建成通车。

纵三,随州至岳阳。全长326公里,其中,随岳中153公里已建成通车,随岳北76公里、随岳南97公里将于2009年建成,全线通车。

纵四,襄樊至公安。国家高速公路网二广高速公路湖北段,全长311公里,已建成通车。

纵五,郧县至宜昌。全长334公里,其中2009年开工214公里,2010年开工120公里。

"五横"具体如下:

横一,麻城至竹溪。全长586公里,其中,2009年开工376公里,2010年、2012年共开工210公里。

横二,麻城至巴东。国家高速公路网沪蓉高速公路湖北段,全长594公里,已建成147公里,在建284公里,2009年开工173公里。

横三,英山至郧西。全长678公里,已建成547公里,在建131公里。

横四,黄梅至利川。国家高速公路网沪渝高速公路湖北段,全长822公里,已建成756公里,在建66公里,年内将全线通车。

横五,阳新至松滋。全长310公里,在建201公里,2010年开工109公里。

"二环"具体如下:

环一,武汉市高速公路外环。是沟通武汉市远城区的快速通道。全长191公里,已建成通车。

环二,武汉城市圈高速公路环线。是连接"1+8"城市圈外围8个城市的快速通道。全长535公里,已建成114公里,在建38公里,2009年、2010年共开工383公里。

到2015年,全省高速公路通车总里程达到5 500公里,力争6 000公里,提前5年实现"五纵五横二环"高速公路网建设目标,96%的县市区通达高速公路。全省高速公路密度达到3.01公里/百平方公里,较2008年翻番。其中武汉城市圈达到4.48公里/百平方公里,鄂西生态文化旅游圈达到2.35公里/百平方公里,全部超过2公里/百平方公里高速公路的交通现代化指标,承东启西、接南纳北、内畅外联、辐射全国的湖北高速公路网全面形成。

二、聚焦弯道超越，促新一轮高速公路大发展

新一轮高速公路大建设大发展的目标已经明确。各级交通部门必须进一步认清形势，统一思想，切实增强当好中部战略支点先行官的责任感、赶超先进省份的危机感、加速弯道超越的紧迫感，奋力拼搏，奋力实干，奋力超越，全力构筑湖北高速公路骨架网。

弯道蕴藏胜机。一是发展机遇。张德江副总理在全国交通运输工作会议上明确指示：要切实加快交通基础设施建设，努力实现交通运输业快速发展、科学发展、安全发展和协调发展。省委、省政府高瞻远瞩作出了"两圈一带"的战略决策，罗清泉书记、李鸿忠省长明确要求把交通作为我省拉动内需的重中之重，交通部门要在这场扩大投资需求、抢抓发展机遇的战役中发挥好主力军作用，唱好主角戏。二是建设机遇。为应对金融危机，国家实行积极的财政政策和适度宽松的货币政策，着力加大铁路、公路等基础设施建设投入。与此同时，钢筋、水泥等主要建筑材料价格相继回落，工程建设成本明显降低，弯道超越适逢其时。

弯道充满挑战。一是前有标兵，后有追兵。跳出湖北看全国，湖南省现有高速公路2 001 公里，近两年新开工 3 147 公里，2012 年通车总里程将突破 5 700 公里，发展势头十分迅猛；山西、河北、广东、广西、辽宁 2009 年计划开工里程均在 1 000 公里以上。我省高速公路建设正面临"不进则退、慢进亦是退"的严峻形势。二是先行超越，资源紧缺。经济社会发展和人民群众迫切要求高速公路先行发展。高速公路的快速发展需要充足的资源保障。两年内全省将开工 29 条、2 005公里高速公路，需要 1 400 亿元的巨额资金、15 万亩的土地和具有实力的规划、设计、施工、监理等专业队伍，实现"弯道超越"，面临着资源、人才紧缺的严峻挑战。

“弯道机遇”稍纵即逝,“弯道挑战”催人奋进。弯道转得好,就会赢得新一轮发展机遇,掌控新一轮发展的主动权。转不好,就只能成为被动的跟跑者甚至落伍者。加速“弯道”超越,实现规划目标,前提是创新理念,重点是前期工作,关键是上下联动。

(一)部门同心,省市合力

加快全省高速公路建设是各市(州)政府、省直各部门的共同目标,加速高速公路前期工作是我们的共同责任,抢抓高速公路发展机遇是我们的共同要求,实现高速公路“弯道超越”是我们的共同期望。只有部门同心、省市合力,才能创新省市齐抓共建、社会合力办交通的体制机制,才能形成新一轮高速公路建设热潮,实现“弯道超越”。省厅将全力抓好国家高速公路网项目的组织实施,全力配合省直相关部门加快前期工作进程,全力支持各市(州)政府提前实施境内“十二五”、“十三五”规划建设的高速公路项目,为湖北高速公路建设“弯道超越”创造条件,奠定坚实基础。

(二)超前谋划,超常推进

为确保两年内全省新开工29条、2 005公里高速公路,各地各部门要按照省委、省政府要求,牢固树立“前期就是投资”、“前期就是发展”理念,坚持前期工作和招商引资同步实施、合理交叉、平行推进;坚持解放思想,千方百计优化投资环境,千方百计引进有实力、讲诚信的战略投资者,千方百计加强监管服务,确保项目顺利推进;坚持“马上就办”,根据目标责任书要求,倒排工期,狠抓落实,真正建立“规划一批、论证一批、在建一批、储备一批”良性循环机制;坚持质量标准,确保前期工作深度,做到少变更、少返工、少折腾,以高标准的设计文件、高效率的前期审批、高质量的招商引资为高速公路按期开工创造良好条件。

(三)好中求快,又好又快

实现弯道超越,既要加速度、高效率,又要保安全、高质量。推进高速公路建设好中求快、又好又快，既要加快进程、做大规模，又要安全优质、廉洁高效。高速公路建设必须进一步落实建设项目法人制、招标投标制、工程监理制、合同管理制，着力规范高速公路建设市场；进一步严格质量安全终身责任制、工程建设和党风廉政建设双合同制，质量真正做到一丝不苟，安全真正做到万无一失，廉政真正做到一尘不染；进一步深入开展“双优双创”活动，真正做到干部优秀、工程优质，全力创建“廉政阳光”示范工程和“两型交通”示范工程。

（节选自2009年在全省加快高速公路建设动员会上的发言）

水运兴则湖北兴

一、中游畅则长江畅

湖北的优势在水,水是湖北经济社会发展的命脉。长、汉江沿线集聚了我省85%的大中城市,88%的人口和92%的经济总量,境内长江干线航道1 064公里,占长江干线通航总里程的三分之一,建设武汉长江航运中心浑然天成、得天独厚、不可替代。“中游畅,则长江畅”,“中部活,则全国活”。加快武汉长江航运中心建设,不仅是湖北经济社会发展的需要,也是湖北真正成为中部崛起重要战略支点的需要,更是放大长江经济带在全国经济社会发展全局中重要地位作用的需要。从国内外发展实践看,大江大河等流域经济的开放开发对提升所在地区的经济实力和竞争力起着决定性作用。密西西比河流域的发展推动了美国的崛起,莱茵河流域的发展促进了法国、德国和荷兰的繁荣。长江作为世界第三大河流,长江流域已经成为支撑和引领我国经济发展的引擎,最具生机与活力的经济带。最近,温家宝总理、李克强副总理对加快长江水运发展又作出了新的重要指示,进一步深化对湖北水运的再认识,切实把武汉长江航运中心提升到落实新一轮长江经济带开放开发重大战略决策中来,恰逢其时,大有可为。

武汉长江航运中心东接长三角城市群,西联成渝城市群,贯穿武汉城市圈和鄂西生态文化旅游圈,具有巨大的发展潜力。但“跳出部门看行业”、“跳出湖北看全国”，在长江沿线七省二市中，我省长江通航里程位居第一，但每公里航道运量居第六；港口数量和吞吐能力位居第三，但每百米港口岸线的吞吐能力居第六；港口吞吐量位居第四，但每亿元 GDP 产生的港口吞吐量居第七。特别是与上海、江苏、重庆等省市的差距更呈拉大之势。奋力加快建设武汉长江航运中心，已经成为事关长江经济带新一轮大开放大开发最紧迫的重大课题。

二、水运兴则湖北兴

站在湖北乃至全国经济社会发展全局的高度，以展望世界水运发展趋势的视野审视湖北水运，我们必须坚持高起点谋划布局、高标准规划实施。湖北现代航运发展的总体思路是：畅通大通道，建设大港口，发展大运能，培育大企业，完善大枢纽，构建大物流，布局大产业，保障大安全，加快推进高等级航道圈、武汉新港集群、现代航运集疏运体系和现代航运服务体系建设，为“两圈一带”经济发展当好交通先行。到 2015 年，基本建成航运资源高度集聚、航运服务功能健全、航运市场环境优良、现代物流便捷高效，通江达海、辐射中部、面向全国的武汉长江航运中心。

“八大目标”是：

畅通大通道。力争到 2015 年，武汉军山大桥以下航道维护水深达到 6 米，宜昌至武汉军山大桥段航道维护水深达到 4. 5 米；全面建成连接长汉江经济带、环绕江汉平原的长江—江汉运河—汉江 810 公里千吨级航道圈。

建设大港口。力争到 2015 年，武汉新港初具规模，货物吞吐能力达到 1. 5 亿吨，集装箱吞吐能力达到 325 万标箱；全省港口吞吐能力达到 3 亿吨，集装箱吞吐能力达到 400 万标箱。基本建成以武汉新港为龙头，以宜昌三峡物流中心、鄂东组合港、荆江组合港为支撑的现代港口群。

发展大运能。力争到2015年,全省船舶运力达到800万载重吨,其中江海直达船舶运力达到150万载重吨,基本实现船型标准化、大型化、环保化、专业化。

培育大企业。力争到2015年,培育10家运力规模达到10万载重吨以上的骨干航运企业,10家具有较高产业核心竞争力的船舶工业企业,4家吞吐能力达到2 000万吨以上的港口企业,航运市场主体的竞争力明显提升。

完善大枢纽。力争到2015年,基本形成以武汉、宜昌、黄石、荆州、襄樊为重点,以高等级公路、高等级航道和地方铁路为主力的现代港口集疏运体系,实现铁水公空管等综合交通运输方式的高效衔接。

构建大物流。力争到2015年,阳逻港保税物流中心基本建成,形成临港工业区、港口物流园区、仓储保税区、加工包装区等多元综合体,构建中西部地区沟通沿海、走向世界的现代物流基地。

布局大产业。力争到2015年,中石化80万吨乙烯、武钢200万吨钢材深加工基地、武汉稻米交易中心等一批大项目基本建成,形成石化、冶金、建材、化工、汽车工业等沿江经济走廊。

保障大安全。力争到2015年,全省2 346处乡镇渡口全面达标,完成1 000艘老旧客渡船更新改造,建立健全"一江十六湖"重点水域搜救体系,确保水上安全平稳可控。

三、大开放则大发展

实施"两圈一带"发展战略,交通运输势必先行;建设"两型交通",发展水运首当其冲。"十一五"以来,全省完成港航建设投资62亿元,是"十五"期投资总和的5.5倍。投资增幅上升的背后是能力的显著提升和运输的快速增长。与2005年相比,港口吞吐能力达到2亿吨,船舶运输能力达到501万吨,分别增长25%和76%。水运对经济社会发展的服务保障作用也日益显著。2008年,全省水路货运量完成1.27亿吨，水路货运周转量完成810亿吨·公里，与2005年相比，分别增长60%和83%。全省95%以上的外贸物资集装箱运输通过水运完成，水运在矿石、电煤、石油大宗物资运输上担当主力，水路货运周转量占全社会货运周转量的25%。全省水上交通安全形势逐年好转并总体趋于稳定，事故起数、伤亡人数较“十五”同期下降70%以上。

“十一五”以来，湖北水运发展最坚实的基础是规划布局的科学完善；最突出的成效是规划项目的逐个“落地”；最有力的举措是筹融资渠道的全面拓宽；最根本的转变是实现了由“部门办水运”向“社会办水运”；最成功的探索是武汉新港建设打破传统的行政区划和管理体制的战略决策，最大限度实现了资源整合，为振兴湖北水运注入了强大动力。

四、大联动则大突破

为进一步加快武汉航运中心建设，推进湖北长江经济带新一轮开放开发，各级交通部门要进一步解放思想、更新观念、创新思维，坚持以大联动促进湖北水运大突破。

一是坚持布局规划大联动，着力在以港兴城上实现新突破。要牢固树立“以港兴城、港城互动”的发展理念，抓紧修编《湖北省内河航运发展规划》，高度重视本地航运规划与其他运输方式发展规划、临江工业发展规划、区域经济发展规划和水资源综合利用规划的相互衔接和支撑，通过实施港口规模扩大、港口腹地扩张的“双扩”战略，使港城互动区、港口辐射区成为拓展城市发展空间、促进区域经济发展的重要依托和载体。

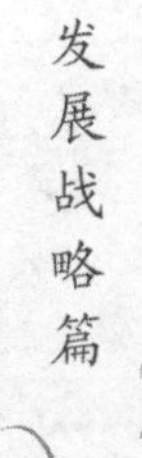

二是坚持全省上下大联动，着力在合力共建上实现新突破。要真正像抓公路建设那样抓港航建设，认真落实港航建设目标责任书的各项任务。省交通港航部门将重点抓好崔家营航电枢纽工程、引江济江通航工程等重点工程建设，并继续实施“以陆补水”、“以奖代补”政策，积极支持以地方政府为主体组建项目业主，通过市场运作，吸纳社会资金,加快港航建设。各地可学习借鉴赤壁陆水节堤枢纽建设经验,通过置换、划拨土地与港口、航道、枢纽进行捆绑开发,多形式、多渠道筹集水运建设资金;可积极探索利用深水岸线建设公用码头,依托码头陆域腹地规划综合试验区,采取特惠的土地和财税政策,联合对外开放、招商引资,促进航运与区域经济的联动发展,进一步营造"上下联动、合力共建抓水运"的浓厚氛围。

三是坚持上中下游大联动,着力在江海直达上实现新突破。进一步落实沪鄂、渝鄂、皖鄂航运业交流与合作协议,以港航联动、口岸联通、江海联运、信息联网为重点,加强与海关、检验检疫、税务、商务、口岸等部门的合作,力争实现武汉港先行试点启运港退税;实现沪鄂两地电子口岸全面对接;实现港航信息全面共享;大力发展江海直达标准船型,大力发展集装箱直达运输,促进湖北外向型经济发展。

四是坚持协调服务大联动,着力在优化环境上实现新突破。要树立"管理就是服务"的思想,做到常怀为民之心、常思为企之策、常兴服务之举。积极运用市场调节机制,促进现有资源港口码头有机整合,促成企业联合、重组,促进资源配置合理化、高效化;积极加强与金融业、租赁业、造船业等行业的合作,用足用好船舶发展引导资金补助政策,扶持骨干港航企业做大做强;积极引入国际国内高端航运服务企业,大力拓展航运金融、船舶交易、航运经纪、信息咨询等服务产业链,支持沿江港口城市培育航运服务聚集区,为建设武汉长江航运中心创造良好的发展环境。

新一轮湖北水运大发展的目标已经明确。我们将以时不我待、只争朝夕的责任感和紧迫感,奋力打造武汉长江航运中心,让水运这一最古老的运输方式在"两型交通"建设、综合交通运输枢纽建设中焕发新的生机与活力!

(节选自2009年在全省水运发展推进大会上的讲话)

坚持水运优先　发展绿色交通

固本超越，振兴水运，就是要紧紧围绕转变发展方式、加快发展现代交通运输业，充分发挥水运成本低、效益高的比较优势，坚持水运优先，发展港口物流，促进水运高效发展；就是要紧紧围绕发展低碳经济和循环经济，发挥水运资源丰富的天然优势，以及能耗低、污染轻的独特优势，做好科技创新，推进节能减排，促进水运绿色发展；就是要紧紧围绕提高安全监管和应急保障能力，发挥水运安全"政府统一领导、部门依法监管、企业全面负责、全社会广泛支持"的联动优势，全面排查治理隐患，加强应急搜救体系建设，促进水运安全发展；就是要紧紧围绕省委、省政府"两圈一带"发展战略，充分发挥水运对流域经济社会发展和城市化进程的带动优势，加快水运建设，提升通过能力，促进水运快速发展。

2010年，是全面完成"十一五"目标任务的决战决胜之年，也是做好"十二五"规划编制的关键之年。各级港航海事部门要紧扣目标，做到"五个坚持"：

一是坚持规划先导，引领水运长期健康发展。

规划是水运发展的重要基础和项目审批的重要依据。在内河航运上升为国家战略、"两圈一带"发展战略深入实施、武汉航运中心定位明确的新形势下，要加快用新理念思考、用新目标定位、用新标准编制全省和本地区航运发展规划。

二是坚持项目带动，推动港航建设大干快上。

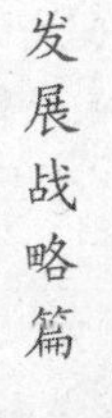

项目是投资的载体,发展需要项目特别是大项目的支撑。港航建设大干快上必须要有扎实的前期工作为支撑,必须要有区域性龙头工程来带动,必须要有过硬的质量管理作保障。

三是坚持政策驱动,拓宽水运建设筹资渠道。

水运大建设、大发展,资金保障尤为重要。各级港航海事部门务必充分调动各方面积极性,建立多渠道、多元化水运建设投融资机制。大力推广"土地置换、捆绑开发"的建设模式,加快组建省港航建设投资公司,鼓励各市(州)打造或借助本地区各类投融资平台,多层次、多渠道、多方式筹措水运发展资金。

四是坚持结构调优,精心培育内河航运市场。

调优结构是提高水运市场运行质量,从根本上提高水运行业竞争力的重要着力点,是建设绿色水运的必然选择。要用足用好推进长江干线船型标准化补助资金和省厅船舶发展政策引导资金,鼓励老旧船舶更新改造,加快标准化船型研发,千方百计推动船舶运力结构优化升级,积极发展滚装运输、江海直达运输、集装箱联运等先进运输组织方式;积极推进水运企业改革重组,鼓励进行功能整合和服务延伸,加快向现代物流企业转型;积极拓展港口服务功能,大力发展港口物流,以武汉航运中心、宜昌三峡航运中转中心建设为切入点,构建干支直达、江海联运、水陆联运的物流网络;加大科技创新和节能减排工作力度,打造梁子湖等船舶零排放示范区、丹江口库区内河绿色航运发展示范区。

五是坚持机制创新,强化水运发展支持保障。

水运经济的健康快速发展,需要良好的安全环境、稳定的资金保障和干事创业的人才队伍,更需要改革创新为水运发展注入不竭动力。创新水上交通安全监管机制,必须坚持责任第一,引导和督促"县、乡、村、船主"牢固树立"尽责才能免责"的理念,强化目标考核,层层落实责任制;坚持建养并重,明确县乡政府渡口安全管理主体责任，完善达标渡口长效管理机制；坚持标本兼治，切实抓好重点船舶、重点水域、重要时段、重要码头的一线监管；坚持预防为主，不断健全省水上应急搜救体系，对“一江十六湖”的重点客渡船试行GPS监管，坚决遏制重特大水上交通事故、污染事件的发生，确保水路重点物资运输，确保旅客及时疏运，确保人民群众水路出行安全。创新水路交通规费征稽机制，必须坚持立足发展、培植费源，加强科技征费、依法征费，用足用好规费征收政策，确保应征不漏；坚持以人为本，提高素质，加强队伍建设，提高规费征收的执行力；坚持层层落实“一把手”负责制，落实费收“定人、定点、定额、定责、保目标”的领导分工负责制。创新港航海事党风廉政建设机制，必须将党风廉政建设和文明行业创建融入水上安全、建设养护、规费征稽、行业管理、运输服务各个环节，突出抓好工程建设领域的反腐倡廉，确保工程优质、干部优秀，努力打造廉洁高效、风清气正、服务为民、团结协作的港航海事新形象。

（节选自2010年在全省港航海事工作会议上的讲话）

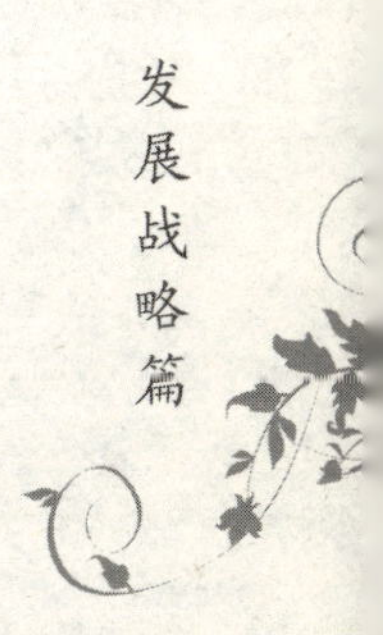

改革创新篇

创新，是一个民族进步的灵魂，也是一个国家兴旺发达的不竭动力。《诗经》曰：“周虽旧邦，其命维新。”其意为周朝能延续几百年，依靠的是不断地革新。纵观湖北交通发展历程，无不体现出改革创新的支撑引领作用。正是依靠不断的改革创新，湖北交通才有了今天的发展进步。

改革创新，是促进湖北交通科学发展、跨越式发展的内在驱动力，是加快构建充满活力、富有效率、更加开放、更加有利于科学发展的体制机制的持久推动力。湖北交通经历并推进了高速公路建设与管理体制改革、投融资体制改革、车购税管理体制改革、长江水监体制改革、普通公路养护管理改革、行政审批制度改革、成品油和燃油税费改革以及取消政策还贷二级公路收费等深层次体制机制改革，打造了沪蓉西全国高速公路科技示范工程、杭瑞高速公路廉政阳光示范工程、神宜科技环保示范工程以及鄂东、荆岳等世界级桥梁和崔家营航电枢纽等“两型交通”示范工程，使湖北交通发展焕发出新的生机与活力。

浅谈高速公路建设与技术创新

大力推进技术创新，是党中央的重大决策和战略部署，是迎接21世纪和知识经济挑战，实现经济发展新跨越的现实选择，也是交通改革发展的内在需要和客观要求。高速公路是交通现代化的重要标志，是现代经济的驱动器。高速公路建设是现代新技术、新材料、新工艺的结晶，是不断践行技术创新的产物。最近几年，我国公路建设进入了新的发展时期，特别是1998年以来，为了扩大内需，拉动经济，国家加大了对公路建设的投资，掀起了高速公路建设的热潮，为了确保高速公路建设的质量和速度，必须高度重视技术创新，认真总结全国、全省高速公路建设的成功经验，结合建设实际，采取有效措施，在技术创新上迈出坚实的步伐。

一、技术创新是我国高速公路建设的客观要求

技术创新是指应用创新的知识和新技术、新工艺，采取新的生产方式和经营管理模式，提高产品质量，开发生产新的产品，提供新的服务，占领市场并实现市场价值。1912年，美籍奥地利经济学家熊彼特首先提出经济发展的实质是在市场中不断引进以技术为基础的创新。这一思想在二次世界大战后为学者、企业家和政府官员广泛认同，技术创新已被西方国家视为经济发展的引擎，成为一个新的经济发展战略。技术创新的理论和实践，在许多国家取得了成功，也成为正在进入市场经济和知识经济时代的中国经济发展的一项必然选择

和紧迫任务。江泽民同志指出:“创新是一个民族进步的灵魂,是国家兴旺发达的不竭动力。”

党的十五届四中全会明确提出:“要实现国民经济持续快速健康发展,必须适应全球产业结构调整的大趋势和国内外市场需求的变化,加快技术进步和产业升级。”“技术进步和产业升级的主体是企业,要形成以企业为中心的技术创新体系。”作为交通工作者,特别是高速公路的建设者,必须从迎接知识经济挑战的高度,认真领会、深入贯彻党中央关于技术创新的要求,承担起大力推进技术创新的历史使命。

改革开放以来,我国的高速公路建设发展较快,呈现出四大特点:

一是发展起步较晚。从20世纪70年代起,我国开始论证修建高速公路的可行性,到1984年才开始对此作出肯定回答,并着手加快建设高速公路。“七五”期间,我国建成高速公路522公里,“八五”期间建成1 619公里,到1998年底已建成高速公路4 771公里。

二是建设速度较快。特别是最近几年我国高速公路发展迅猛。从20世纪80年代中期我国开始建设高速公路起,我国高速公路总里程将突破1万公里(截至1999年底),目前在建的高速公路有1.4万公里,高速公路的里程已经居世界第四位和亚洲第一位,几年以后,在全世界的名次还会上升。

三是综合效益较好。公路特别是高速公路的迅速发展为21世纪中国经济腾飞积蓄了强大后劲。许多省市形成了沿高速公路的“数小时经济圈”,对当地经济发展形成超强的推动作用。

四是科技含量较高。高速公路的科技含量直接影响着社会生活。高速公路建设带来“出行革命”,正在改变中国人的生活节奏乃至生活方式,对社会发展产生积极的影响,高速公路建设的质量和速度直接影响社会经济发展的质量和速度,成为社会各界关注的焦点。

我省高速公路起步较早,1991 年武黄公路建成通车,标志着我省高速公路建设实现了零的突破。到 1998 年底,全省高速公路里程达 538 公里,目前已建成的主要有沪蓉国道主干线的宜昌至黄石段 350 公里和黄石至黄梅段 110 公里,正在建设的有沪蓉国道主干线黄梅至小池段、京珠国道主干线湖北北段,即将建设的有京珠国道主干线湖北南段和汉十、襄荆高速公路,我省高速公路建设正进入了一个新的发展阶段,全省将每年保持 100 亿元左右的建设规模,主要用于高速公路建设。

我国高速公路建设的新形势,决定了只有依靠科技进步,只有大力开展技术创新,才能保证建设的质量和速度。最近,国家计委和科技部共同编制完成了《当前国家优先发展的高新技术产业化重点领域指南》,确定 138 个领域为今后 2 ~ 3 年内我国高新技术产业化发展的重点领域。包括智能运输系统(ITS)和高等级公路施工、养护成套设备及路用新材料等。大力开展高速公路建设的技术创新,符合国家技术创新的政策要求将获得国家的政策支持和资金支持,必将成为交通部门培育交通经济新的增长点的重要途径。

二、技术创新是确保黄黄高速公路建设质量、进度的重要支撑

黄黄高速公路是我省"九五"计划重点建设的启动项目,是国家"两纵两横三条路"中沪蓉国道的组成部分,由于沿线地形复杂,山地、丘陵、平原、湖汉交错其间,工程十分艰巨。在黄黄高速公路建设中,始终坚持科学技术是第一生产力的原则,注重加大科技含量,认真贯彻"引进、创新、实践、总结、提高"的方针,积极引进科技成果,推广、应用了一批新技术、新材料、新工艺,实现了六大创新,推动了我省高速公路建设的新突破:

一是在路面和桥梁结构上创新。沥青混凝土路面由于行车的舒适性,受到交通部的大力推荐,但是这种路面结构在我省高速公路建

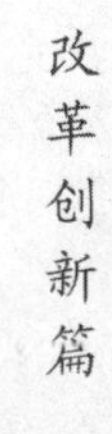

设的历史上尚属空白。为了改变我省高速公路路面结构单一的局面,经过广泛咨询和科学认证,黄黄高速公路在30公里的路段采用了沥青混凝土路面,实现了路面结构创新。同时,黄黄高速公路沿线大中桥梁上部结构首次推广应用了“预应力空心宽幅板梁”,提高了工程质量,节省了建设经费。

二是在施工技术上创新。黄黄高速公路水泥混凝土路面采用了当今世界上最先进的滑模摊铺技术,突破了原来以固定模板修筑水泥混凝土路面的传统工艺,研究解决了水泥混凝土路面滑模摊铺对原材料的技术要求、高性能道路混凝土配合比设计新技术、粉煤灰利用技术、外加剂使用等技术问题。在国内首次采用滑模摊铺悬臂式施工硬路肩并连体一次铺筑缘石和桥面连续摊铺技术并获得成功,创造了日滑模摊铺水泥路面1.6公里的全国最快纪录,确保了水泥混凝土路面的质量和进度。

三是在建设材料上创新。综合利用粉煤灰是黄黄高速公路建设的科研项目之一。在黄黄高速公路水泥路面施工中掺用10%～15%的粉煤灰替代水泥,改善了水泥混凝土的工作性和收缩性,提高了后期强度,降低了建设成本。在沥青路面二灰稳定碎石的基层施工中首次采用粉煤灰,提高了基层质量;在沥青路面施工中采用了沥青玛蹄脂混合料(SMA),填补了我省使用这种新型沥青路面结构的空白。

四是在施工设备配置上创新。黄黄高速公路建设指挥部集中使用设备购置费,科学配置,引进了德国维特根水泥混凝土滑模摊铺机、美国莱克斯康布料机和国内自主研发的两级连续式水泥混凝土拌和机、拉毛养生机及轨道式锯缝机等一批成龙配套的先进设备,达到了国内领先水平,为我省高速公路建设的技术发展奠定了物质基础。

五是在质量控制上创新。质量是公路建设的生命,质量控制是技术创新能否转化为现实生产力的关键。黄黄高速公路建设的质量控制注重发挥制度和机制的作用，培养高素质的建设队伍，形成了技术创新与质量控制的双向共振、良性循环。在建设过程中，开展了"质量保护神"活动，提高全员质量意识；建立了质量保证金制度，设立优质工程奖、技术创新奖、指挥长奖励基金等，形成了质量控制的激励约束机制。开展了创建"青年文明号"、"岗位建功"活动，培养了一大批适应高速公路建设的技术骨干；开拓了产学研的联合之路，组建施工技术指导小组，推动新技术运用，攻克技术难题，治理质量通病，强化了整个生产流程和各工艺环节的质量控制。

六是在建设体制机制上创新。黄黄高速公路在建设中率先落实"四制"，实行了高速公路项目法人责任制、征地动迁合同管理制、工程招标投标制、工程建设社会监理制。体制机制的创新推动了建设模式的改革，促进了质量管理的规范化，取得了良好的社会、经济效益。

面对加快交通建设的新形势，面对知识经济的新挑战，高速公路建设技术创新的任务十分艰巨，技术创新作为确保工程建设质量和进度的重要支撑，必须在更大范围、更高层次上进一步加大力度。

三、进一步加快高速公路技术创新的主要途径

遵循党中央、国务院和省委省政府关于技术创新的指示精神，为了进一步推动我省高速公路建设的技术创新，突出抓好以下五个重点：

一是认识先行，进一步重视高速公路建设的技术创新。提高认识是大力推进技术创新的前提。要将技术创新作为提高高速公路建设质量效益的根本保障，充分认识高速公路建设与技术创新的内在联系。要进一步牢固树立"科学技术是第一生产力"的观念，根据高速公路建设的实际，解放思想，大胆创新，形成具有高速公路建设特色的科技发展战略；要将高速公路发展的思路由依靠资金投入、人力

投入转变为依靠技术创新和智力投入。注重发挥典型的示范引领作用,善于总结高速公路建设中技术创新的经验,并将其加以理论提升,推动全省高速公路建设的技术创新。

二是培养人才,进一步加强高速公路技术创新队伍建设。人才不足,缺乏跨世纪的高速公路建设技术带头人和具有丰富实践经验的技术骨干,是湖北交通部门面临的突出问题。高速公路建设技术创新,必须进一步挖掘人才潜力,培养多层次的技术创新人才,确保“自主创新”与“引进再创新”的同步推进。要坚持人才选拔、人才引进和人才培养并举,形成人才竞争激励机制,要特别注重培养技术带头人和技术骨干,并将其作为开展技术创新的根本。

三是健全制度,进一步建立多层次的技术创新激励约束机制。制度建设是技术创新的保障。科学技术来不得半点虚假,技术创新必须常抓不懈。因此,必须结合社会经济发展的实际,结合高速公路发展的客观需要,正确处理高速公路建设技术创新和其他交通工作领域技术创新的关系,制定成熟的高速公路技术创新中、长期规划,并将其纳入交通工作总体规划之中。必须通过制度建设保证技术创新的计划性、科学性和可行性,必须保障技术创新的规划安排、技术力量、资金落实,必须建立技术创新的激励约束机制。把技术创新的效益和风险与科技人员、职工、管理人员的利益挂钩,充分调动各方面的积极性、创造性,推动技术创新的不断发展。

四是面向实际,进一步强化技术创新的成果转化。注重技术创新与高速公路建设相结合,将技术创新转化为交通现实生产力,是实施技术创新的落脚点。要围绕高速公路建设的关键技术开展重点课题研究,充分发挥产学研联合攻关的优势,依托重点工程,研究解决工程技术难题。推广应用项目要注意优选综合性和实用性强的成熟技术,提高成果的转化率、应用率和推广率,使科技进步对交通增长的贡献率有一个较大幅度的提高。

五是深化改革，进一步创造良好的高速公路建设技术创新环境。改革是发展的动力。要制定加快高速公路技术创新的指导性意见，通过体制改革创造技术创新的外部环境，通过人事制度改革，提高干部职工的素质，特别是科技管理部门领导干部和专业技术干部的素质，增强管理部门为技术创新服务的意识。要尽快实施科研院所体制改革，促使科研机构走向市场，发挥技术创新主力军的作用，成为高速公路建设技术创新的主体。

大力推进技术创新是我们的神圣使命，也是高速公路建设发展的不竭动力。高速公路建设的技术创新大有可为，有待各级交通部门和高速公路建设者广泛参与和积极探索、思考。

（摘自2000年黄黄高速公路建设论文集）

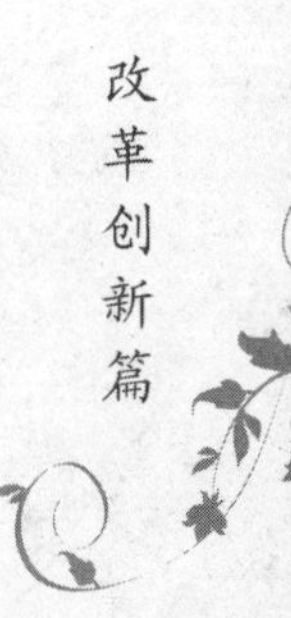

实施交通建设管理新模式

为了确保企业投资项目健康有序地发展,根据《中华人民共和国行政许可法》、《国务院关于投资体制改革的决定》、《收费公路管理条例》等一系列新的法律法规精神,我省企业投资高速公路和长江大桥工程项目实施“业主负责、政府服务、行业监管、依法行政”的建设管理模式。

业主负责。建设项目由投资人依法组建的项目法人作为项目的责任主体,按照“谁投资、谁决策、谁受益、谁承担风险”的原则,全面负责项目的投资、建设、营运等全过程管理。

政府服务。为加强政府对建设项目的领导、服务和协调,湖北省交通重点工程建设领导小组全面负责建设项目征地拆迁政策、建设环境协调等领导和组织工作。工程沿线地方政府组建地方协调指挥部,负责建设项目的征地拆迁和地方协调的具体工作。项目公司与沿线地方指挥部以合同方式来明确征迁协调等具体工作任务和要求,按合同实施管理。省厅交通重点工程建设办公室和工程专业技术干部具体组织实施交通重点工程的领导和管理。

行业监管。高速公路建设项目投资规模大、涉及部门多、线长面广、公益性强、管理难度大。项目业主应接受政府、投资、国土、林业、环保、文物、水利防汛、交通、银行、工商等相关主管部门的监督和指导,主动办理相关手续。相关行政主管部门应依法行政、有效监管,高效服务于国家重点建设项目。省厅作为交通主管部门,履行行业管理与监督职责，主要负责基本建设程序管理、建设市场监管和工程质量监督。

依法行政。建设、管理各有关方面应严格依据《中华人民共和国行政许可法》、《中华人民共和国合同法》等一系列法律法规，严格依法办事，严格依法行政，提高依法执政能力。

新的建设模式，既理顺了关系，转变了职能，实现了政企分开，又还权于企业，明确了定位，强化了责任，体现了"谁投资、谁决策、谁受益、谁承担风险"的原则。从政策的信息、政策的导向来看，企业投资的项目要一次性核准或核备，严格按照《中华人民共和国行政许可法》、《国务院关于投资体制改革的决定》来落实。

"业主负责、政府服务、行业监管、依法行政"是科学决策、依法执政的体现，是真正转变职能、实现政企分开的必然趋势，是扭转既当裁判员又当运动员的新开端。对业主来讲是拥护和欢迎的。但是，不可否认，在职能转变的过程中，各种思想也是比较活跃的。比如：有的投资商认为没有关系不好办事，担心省厅派出人员回撤后，有些项目评审、立项核准等问题和困难不易解决；有的对省厅能否继续做好协调服务有疑虑；有的担心某些征地拆迁、收费经营等特许优惠政策得不到落实；有的担心施工建设环境得不到保障；有的担心物色不到工程专业技术人员等。这些都是改革、调整中的正常反映，说明各有关方面已经认真学习了相关法律、法规和省厅文件，正在认真思考和筹划下一步工作方案，这是一种好的现象。

据调查、了解、分析，目前投资方对项目管理新模式的看法基本上可以分为两类：一类是拥护。因企业本身就具备一定的实力，对省厅以前的管理模式存在一定异议，认为省厅对项目的具体运作干预太多、太深。另一类是疑虑。因企业本身实力有限，缺乏项目建设管理的经验和相应的管理技术人才，担心项目实施困难大，仍希望沿用过去的项目管理模式。高速公路是公益性基础设施，高速公路建设是公益性事业,无论哪类投资商,都应全面理解“业主负责,政府服务,行业监管,依法建设”这个新的建设管理理念和模式,充分认识高速公路这个产品的特点。“业主负责”应该是在严格遵守国土资源、环境保护、安全生产、城市规划等法律法规,严格执行产业政策和标准,维护国家和公众利益,在确保工程质量的前提下,追求企业自身的最大利润和投资回报。也就是诚信守法地运作,对项目负责,对政府负责,对人民负责,而不是一味追求自身利益最大化。在项目建设和经营过程中,政府将保护投资者的合法权益,努力营造公平、有序竞争的市场环境,促进生产要素的合理流动和有效配置,对企业进行规范、热情地服务。企业要主动接受指导,自觉地将各项工作置于行业监管之下。“依法”是前提,“负责”是基础,“服务”是宗旨,“监管”是保障,四者有机结合,才能做好项目。

(节选自2004年在第三次全省交通重点工程调度会上的讲话)

大力推进水监体制改革

长江干线水上安全监督管理按照“一水一监”的要求，由交通部水上安全监督机构统一管理，是党中央、国务院关于推进行政管理体制改革和政府机构改革、加强执法监管部门所采取的重要措施，是理顺和完善水上安全监督管理体制，更有效地履行国家水上安全监督管理和行政管理职能，进一步适应发展社会主义市场经济的需要。

省政府和交通部在武汉正式签订的《湖北省长江干线水上安全监督机构划转交通部管理交接协议书》（以下简称《交接协议》），标志着湖北省长江干线水监体制改革进入到具体实施的关键阶段。我们必须统一思想、顾全大局，树立全省“一盘棋”的观念，采取有效措施，按省政府、交通部要求积极推进。

分析当前形势，湖北省长江沿线水监体制改革划转移交工作面临以下几个特点：一是时间要求较紧。必须在不到20天时间内，全面完成湖北省长江干线水监体制改革的划转移交任务。二是涉及单位较多。此次水监体制改革划转移交工作涉及湖北省长江沿线39个港航海事部门，是长江沿线省（市）中涉及改革单位最多的省份，而且39个单位要在一个月之内，同步实施，同步完成，任务繁重。三是改革难度较大。长期以来，湖北省港航海事系统实行条块结合、以块为主的管理体制，“三航一港”（航道、航运、航政、港口）合署办公，对改革、划转移交人员、财务、资产的工作带来了相当大的难度。要保证改革

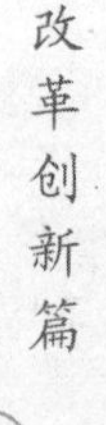

期间人员思想不散、工作秩序不乱，任务艰巨。四是长江干线安全监管责任重大。长江干线横贯湖北省东西，通航里程达1 038公里，在长江沿线的各省（市）中，通航里程最长，占整个长江总里程的35%。要确保在改革期间水上交通安全稳定，责任重大。

各级交通、港航海事部门要充分认识长江水监体制改革的艰巨性、重要性，变压力为动力，采取强力措施，按要求在规定时间内顺利完成改革任务。要按照《湖北省水监体制改革交接工作实施方案》，结合本地实际，制订详细的落实措施。要严格按政策办事，顾全大局，坚持以人为本，以高度负责的精神和实事求是的态度、扎实细致的作风，严格执行《交接协议》。要确保队伍不散、工作不断、秩序不乱，把水监体制改革的人员、财务、资产的划转等移交工作作为当前头等大事，紧紧依靠当地党委、政府，认真抓好落实。

一、统一领导，分级负责

一是凡属此次改革的港航海事单位，其交通主管部门主要领导要亲自抓，并明确一名分管领导具体抓，要成立工作专班，积极稳妥进行改革，确保人员稳定，确保工作不越线，确保安全管理到位。港航海事单位的划转移交工作，要结合实际研究制定详细工作方案、时间日程表，对涉及人员稳定问题，各级领导要亲自过问，及时协调解决。

二是各市（州）、县（市、区）港航管理海事部门在当地党委、政府及交通主管部门的领导下，负责制定交接工作方案，具体组织实施。

三是8市（州）港航管理海事局分别与长江海事局5个筹备组组成联合工作专班，负责指导所属各县（市、区）划转单位的交接工作。

四是省港航海事局与长江海事局联合成立湖北省水监体制改革交接领导小组及监督组，负责长江干线湖北段水监体制改革交接工作的指导、协调、督办。

二、把握政策，做好人员划转移交工作

人员划转移交工作，关系到划转人员的切身利益，关系到港航海事队伍和水上交通安全态势稳定。各级交通、港航海事部门必须以高度的政治责任感，准确把握落实政策，做实、做细各项工作。

一是严格执行水监体制改革相关文件及协议的规定。移交的800名职工要切实按照人员划转的基本原则、人员范围、去向等有关规定，要制定统一的人员划转标准，增加人员划转政策的透明度，自觉接受群众监督，在执行过程中绝不许变形走样。

二是严格遵守人事管理各项规定，要对照人事交接中的具体要求，认真做好划转人员的档案工作，对档案资料不全的，要及时按照管理权限和规定程序予以补齐，为顺利划转人员奠定基础。

三是按照省政府办公厅通知要求，自现在起，各划转单位人员只出不进，凡是新进人员的工资及工作经费，不得在部门预算中列支。凡违规进人，必须追究领导责任，所进人员一律退回，这作为一条铁的纪律，必须严格遵守。

四是确保地方港航海事队伍稳定。水运监理体制改革不可避免地会引起港航海事队伍的波动。各级交通、港航海事部门要有针对性地做好思想指导工作。要向职工说明白、讲清楚，划转到交通部直属海事部门工作是改革的需要，留下来也是工作的需要，都是组织上根据实际需要作出的负责任的安排。对于划转移交人员要通过召开恳谈会、欢送会等形式，充分肯定他们在地方港航海事系统作出的积极贡献，同时要热情鼓励他们继续保持良好的工作传统和作风，加强学习，不断进取，尽快适应新环境，再创新佳绩。特别是对划转移交的离退休老同志，一定要仔细了解他们的想法和要求，及时研究解决他们的实际困难，切实做好相关服务工作。对于留下来的同志，也要关注他们的所思、所想，根据每个人的具体情况，深入细致地做好思

想工作，切实维护团结稳定。

三、严肃纪律，做好财务资产划转移交

财务资产的划转移交工作比较具体复杂，但不能因此而拖延时间，必须采取超常规的工作方式，实事求是，相互配合，确保如期完成。

一是要严格遵守财经纪律。严禁突击花钱、挪用资金等违纪行为。严禁转移资金财产、私分钱物，确保资产安全完好，确保国有资产不流失。对徇私舞弊、弄虚作假的，一经发现要严肃处理，并追究直接负责人和有关领导的责任。

二是要与长江海事局等部门密切配合。对移交中出现的问题，要本着顾全大局、实事求是的态度，互谅互让、求同存异的态度，积极协商，妥善处理。

四、积极主动，加强配合

此次水监体制改革的对象虽然只是39个港航海事部门，但是在具体划转移交过程中，可能会涉及人事、编制、财政、劳动保障等部门，各级交通、港行海事部门要主动加强与各有关部门的衔接和沟通，主动争取支持和配合，确保本行政区域内划转移交工作顺利进行。

五、确保水上交通安全稳定

各级交通、港航海事部门必须坚持一手抓水监体制改革、一手抓水运安全，要在当地安全监督管理部门的指导下，按照年初水上交通安全工作的统一部署，落实安全管理责任，查隐患，纠违章，确保改革期间湖北省长江干线水上交通安全稳定，水上交通行业管理工作有条不紊，真正做一个负责任的部门。

（节选自2005年全省港航海事工作座谈会上的讲话）

全面实施“资金保障工程”

交通资金是交通事业发展的物质基础和重要支撑。筹好、管好、用好交通资金，是交通事业持续、健康、快速发展的前提条件和内在要求。全面实施和推进“资金保障工程”，就是要求各级交通部门既要拓宽资金“入口”，又要严把资金“出口”，在加大筹资力度的同时，强化资金监管；全面实施和推进“资金保障工程”，就是要求各级交通部门既要增加可用资金的数量，又要提升资金使用的质量，在增收的同时，强调节约；全面实施和推进“资金保障工程”，就是要求各级交通部门既要制订和完善资金管理办法，又要理顺资金管理体制，在致力于提高资金管理水平的同时，注重消除一些资金管理体制上的障碍。

一、以依法行政为核心，规范交通规费征稽行为

按照依法行政的要求，坚持做到依法征费，文明稽查，规范服务。加强费收政策研究，建立健全费收质量考核办法，积极探索公路规费“一站式”收费、征费中心、银行联网收费等新的征管模式，充分发挥征费广域网的功能。全面落实各项收费政策，积极做好养路费调标工作，拓展费源，努力增收。

二、以财务收支管理为重点，加强交通建设资金监管

采取有力措施落实“四个严格、四个确保”，通过《特许权协议》的修订和完善，加强对企业投资项目的资金监管。要强化预算管理，对预算实行全过程管理,做到预算编制科学化,预算执行规范化,预算检查责任化。要加强交通国有资产管理,确保资产的安全和完整,发挥资产的使用效益。

三、以贯彻《收费公路管理条例》为契机,理顺收费公路管理体制

按照《收费公路管理条例》的规定,严格按投资来源的不同划分政府还贷公路和经营性公路。在省政府已经批准将京珠、襄十等政府性投资的高速公路项目纳入全省收费还贷公路进行管理的基础上,进一步深化高速公路管理体制改革,积极探索高速公路建、养、管的新模式。充分发挥公路资产的使用效益,进一步增强公路存量资产的融资能力。

四、以提高收费还贷公路还贷能力为目的,建立收费还贷公路统贷统还制度

按照《收费公路管理条例》和省政府《关于加快交通发展的决定》要求,建立全省收费还贷公路统贷统还制度。积极研究建立政府性投资的高速公路与一般收费公路统贷统还制度的具体实现形式和长效机制,缓解一般收费公路的还贷压力,促进收费公路的良性循环和滚动发展。

五、以控制成本费用为目标,努力构建节约型交通

建立严格的成本控制制度,严格审核,严把"出口"。要强化概预算管理、合同管理以及部门预算制度。资金筹措应坚持效益和需求并重的原则,合理确定资金使用计划。要进一步拓宽贷款品种,优化贷款结构,降低筹融资成本。

(节选自2005年在全省交通财务工作会上的讲话)

创新是交通发展的引擎

进入21世纪,科学技术已经取代资本和劳动力成为第一生产力,成为促进经济发展和社会进步的内在驱动力。科技的本质是创新,是一个不断有所发现、有所发明、有所创造的过程。纵观交通发展历程,处处可以看到创新对交通发展的支撑和引领作用。蒸汽机的发明带来了交通运输的革命性进步;高速公路的出现极大地拓展了公路运输的发展空间;集装箱的诞生引发了全球运输组织方式的变革;信息技术、网络技术和卫星定位技术的应用促进了智能交通的发展。展望未来,湖北交通发展任务十分艰巨,基础设施建设规模越来越大,技术难度越来越高,经济社会发展对交通质量、安全、节能、环保、信息、管理、服务的要求也越来越高。因此,如何努力推进创新型交通行业建设,促进湖北交通又好又快发展,是我们当前面临的重大课题。

一、创新引领经济社会发展的重大作用和科学内涵

自古以来,人类经济社会经历的每一次重大变革,都依赖于科学的重大发现和技术的重大发明,以及由此形成的技术科学和工程技术的发展和应用。可以说,人类的文明史实际上就是一部创造史,正是依靠不断地创造,人类才取得了今天的繁荣昌盛。早在17世纪,以蒸汽机为代表的科技发明导致了工业革命的爆发,产生了席卷全球的第一次产业革命,迎来了工业化新时代;20世纪初,以电气化生产

为主，迎来了电气化时代，不仅发展了钢铁、化工和电力“三大生产文明”，还发展了汽车、飞机和无线电“三大生活文明”；第三次技术革命，又称现代技术革命或信息技术革命，使六大高新技术（信息技术、生物技术、新能源技术、新材料技术、空间技术和海洋技术）成为现代技术革命的主战场。当今社会，世界各国都把创新和创新能力建设提到了重要位置：

（一）党和国家领导人历来高度重视创新工作

1956年1月14日，毛泽东同志向全党、全国人民发出了“向科学进军”的伟大号召。

1978年3月18日，邓小平同志在全国科学大会开幕式上明确指出：科学技术是第一生产力。

2002年11月8日，江泽民同志在十六大报告中指出：“创新是一个民族进步的灵魂，是一个国家兴旺发达的不竭动力，也是一个政党永葆生机的源泉。”

2006年1月9日，胡锦涛总书记在新世纪召开的第一次全国科学技术大会上指出：“自主创新能力是国家竞争力的核心，是我国应对未来挑战的重大选择，是统领我国未来科技发展的战略主线，是实现创新型国家目标的根本途径。”

温家宝总理在部署实施《国家中长期科学和技术发展规划纲要》大会上指出：“自主创新是科技发展的灵魂，是一个民族发展的不竭动力，是支撑国家崛起的筋骨。没有自主创新，我们就难以在国际上争取平等地位，就难以获得应有的国家尊严，甚至难以自立于世界民族之林。”

（二）世界各国和各大企业视创新为兴衰成败的关键

瑞典，是世界公认的第一创新国家。瑞典，因颁发诺贝尔奖而名闻天下，在联合国教科文组织的2005年科学报告中，瑞典是全世界科学创新第一的国家。瑞典人的创新技术已经为包括中国人在内的全世界民众带来了生活便利。除了爱立信移动通信、宜家家居、伊莱克斯家电、沃尔沃汽车这些耳熟能详的品牌之外,平常喝的牛奶和果汁饮料等,使用的都是利乐公司提供的无菌包装。

——美国,其经济持续增长源于创新。据统计,近半个世纪以来,美国至少一半的经济增长来自科技创新,高新技术产业对美国经济增长的贡献率已经达到55%以上,以电子计算机、光缆通信、生物工程、航空航天、金融服务为代表的先进技术席卷整个经济领域。自1901年首届诺贝尔奖至今,该奖项全部672名得主当中,有284名美国人,占总数的42%。伴随科技创新,大批高新技术企业应运而生,充满活力,并已成为经济增长的主导力量。

——日本,视创新为全民族的共同价值取向。日本国民历来崇尚资源有限、创新无限,强调人无我有、人有我精、人精我强。20世纪90年代以来,日本每年的贸易顺差基本上都保持在1 000亿美元上下,产品出口成了推动日本经济发展的主要动力之一。而自主创新则是提高产品附加价值、维护竞争力的根本保证。有人形象地比喻,日本人每引进100美元的技术,会用200美元来进行学习、消化和创新,并用创新出的专利技术赚回300美元。

——西门子,其成功源于对未来技术和产品的不懈探索。西门子是现今世界上最大的电气工程和电子公司之一,位列全球500强第21位。仅2004年,西门子共实现了9 000项发明,申请专利6 000多项,并有3 800多项专利转化为产品。在西门子德国总部的研发中心内,有震撼人心的近80万平方米场地和1万多研究人员的规模。正是源于其强大的创新实力,西门子是唯一一家同意把磁悬浮技术带到中国并转让现时技术的外国企业,而且他们一直深信自己能永远引领这一技术的国际潮流。

——海尔,其创新推动"中国制造"为"中国创造"。2004年初,世界品牌实验室评选出"世界最具影响力的100个品牌",海尔成为国内唯一入选的品牌,实现了中国自主品牌零的突破。目前,海尔申请发明专利已达249项,是国内专利申请数量最多的家电企业。业内人士称,专利影响的只是一个或若干个企业,标准影响的却是一个行业,甚至是一个国家的竞争力。海尔“双动力”入围国际标准,不但将推动洗衣机产业向更高层次发展,还标志着中国企业正在提升在全球制造产业链中的地位,把“中国制造”变为“中国创造”。

——英特尔,是期盼创新再造奇迹的全球IT巨人。英特尔通过不断推出更高主频和更快速度的芯片产品,从而成为最成功的IT公司之一,2004年的销售额达342.1亿美元,净利润75亿美元,接近22%。然而近几年,英特尔只顾在提高芯片主频上不遗余力,忽视了芯片的创新设计,由于无法解决新“P4”处理器的散热问题,2005年10月英特尔不得不取消了新“P4”芯片的上市计划。目前,英特尔毛利率由过去的70%以上,下降到现在不足50%,暂时失去部分优势和丰厚的利润。英特尔能否化解危机,只能寄希望于英特尔自己是否具备突破瓶颈的创新能力。

(三)深刻领会创新的定义和科学内涵

自党的十六届五中全会把“提高自主创新能力,建设创新型国家”作为“十一五”重大战略目标之后,“创新”已成为社会各界十分关注的话题。那么,究竟什么是“创新”呢?关于“创新”的概念,各学科有不同的解释。

——著名人类学家霍默·巴尼特在其名著《创新:文化变迁的基础》一文中将创新定义为:“所有的创新都是一种观念;但某些创新按其属性,必须仅存于心理组织中,而另一些创新则可能具有明显的和有形的表现形式。”在他看来,创新有四个基本形式:一是长期的变迁而引发的创新,指某种思想和行为模式等文化因素经长时期的微弱变化的逐渐积累,最终导致质变而引起的创新;二是发现,即使某些已经存在,但过去不为人所了解的事物变得为人所知的行动,并由此引起文化创新；三是发明，即对先前存在的各种材料、条件和风俗的新综合而引发的创新；四是通过传播或借用新的事物、新的观念而引发的创新。

——著名经济学家熊彼特最早从经济学的观点提出“创新”的概念，他在所著的《经济发展理论》中认为经济发展是对旧模式的突破。他指出，创新不同于技术发明，而是企业家把一种新的生产函数或生产要素的新组合引进经济体系中，创新不是技术范畴而属于经济概念。熊彼特把技术创新活动归纳为5种：(1)生产出新产品；(2)采用新工艺；(3)开辟新市场；(4)发现和控制原材料的新供应来源；(5)实行新的组织方式或管理方法。

——著名管理学家罗宾斯认为，创新是新产品的开发、新市场的开拓、新生产要素的发现、新生产经营管理方式的引进以及新企业组织形式的实施。1916年，他在《管理是金》一书中将创新定义为“形成创造性思想并将其转换为有用的产品、服务或作业方法的过程”。从系统论的角度看，创新实质上就是要建立一个创造性的“生产要素集成系统”，追求最佳“系统组合效应”所带来的综合效益。

综上所述，创新不但是发明、发现，也不仅仅是新思想、新行动，而且也是把新思想、新行动、新事物、新工艺在社会中推广开来，并得到足够数量认可的活动。简而言之，创新就是一种把新方法或新方式和新观念应用于改变社会文化和生产方式并获得重要变革的过程。发现、发明、革新等创新形式都对经济社会文化发展变迁起着极为重要的作用。推进创新建设，我们必须不断深化对创新内涵的认识与实践。

——创新并不神秘。创新包括原始创新、集成创新和引进消化吸收再创新。最高层次是原始创新，就是首创、原创、独创；第二层次是集成创新，就是把各种创新技术集成起来成为一种新的技术应用；最低层次是引进消化吸收再创新，实际上是一种改进。交通是以技术应用为主的行业，交通科技创新应在重视原始创新的同时，更加注重集成创新和引进消化吸收再创新。交通行业的全国劳模、创新楷模，从一名码头工人成长为教授级高级工程师，现任上海国际港务（集团）有限公司副总裁的包起帆谈起创新，有着更多的感慨。他认为：每一个职工都应该意识到创新其实并不神秘，创新就在你的岗位上，创新就在你的身边，创新不应好高骛远，创新要立足本职岗位，立足解决实际问题。回顾创新历程，包起帆始终说，他一直在寻找两个交叉点：一个是世界上最新的科技发展前沿和自己本职工作前进方向的交叉点，一个是世界上已经成熟的科技成果和自己本职工作所碰到难点的交叉点。他认为，找到了交叉点就是找到了创新的方向。

——创新存在于细节之中。有人认为：创新始于宏伟的目标、终于备受瞩目的结果，而往往忽略细节是创新之源。海尔集团总裁张瑞敏在谈到创新时说："创新不等于高新，创新存在于企业的每一个细节之中。"日本丰田公司的经验也证明，通过细节的创新可能实现对整个企业的持续不断的改善，从而获得巨大的成效。虽然每一个细节看上去都很小，但是这儿一个小变化，那儿一个小改进，则可以创造出完全不同的产品、工序或服务。如果说创新是一种"质变"，那么这种"质变"经过"量变"的积累，就自然会达成大的变革和创新。管理大师彼得·杜拉克说："行之有效的创新在一开始可能并不起眼。"而这不起眼的细节，往往就会造就创新的灵感，从而让一件简单的事物有了一次超常规的突破。

——创新源于辛勤的工作。有人认为，创新大多具有偶然性。事实上，认为发明和发现都有侥幸为之的成分，是本末倒置、以偏概全。譬如，大家大多知道这样一个故事：1928 年的某一天，细菌学家亚里山大·弗莱明的培养皿中碰巧长了霉菌，结果他发现了青霉素这种新药。然而，这些事例是否真能说明创新的根本就在于一种机缘巧合呢？答案当然是否定的。爱迪生说："我做的任何一件有价值的事情都非偶然,我所有的发明创造也并非出于巧合,而是源于辛勤的工作。”爱迪生很清楚,发现碳丝作为白炽灯的发光材料绝非偶然。这一切浸透了他和助手整整一年的心血,对各种材料进行了几百次的试验。

人类社会的发展和进步,是通过不断创新来实现的,创新源于实践,源于细节,源于勤奋。正如著名教育学家陶行知强调:处处是创造之地,天天是创造之时,人人是创造之人。

二、建设创新型交通行业的重大意义和历史机遇

2006 年初,党中央、国务院召开了全国科学技术大会,作出了走自主创新道路、建设创新型国家的战略决策。交通部召开了建设创新型交通行业工作会议,深刻分析了交通发展面临的形势,围绕交通发展目标,提出了建设创新型交通行业的重大战略任务。努力建设创新型湖北交通,既是贯彻党中央关于建设创新型国家战略,落实交通部工作部署的客观要求,也是湖北交通自身发展成功经验的总结,更是在新的历史时期推进湖北交通实现又好又快发展的战略选择。

(一)创新是湖北交通实现跨越式发展的巨大动力

改革开放以来,在省委、省政府关心和支持下,湖北交通取得了长足发展。2007 年底全省高速公路达到 2 365 公里,由 2006 年的全国第 11 位、中部第 4 位跃居全国第 8 位、中部第 2 位。除神农架林区外,市(州)基本实现高速通达,连接我省经济大三角、武汉城市圈及周边省会城市的“三纵两横一环”高速公路骨架网基本形成;全省行政村通沥青(水泥)路率达到 73%、通客车率达到 81%,完成乡镇渡口达标改造 1 000 处;全省港口集装箱吞吐能力突破 80 万标箱,地方船舶运力达到 258 万载重吨,崔家营航电枢纽建设顺利推进,汉阳集装箱港区二期工程投入运行,武汉航运中心建设步伐明显加快;神宜公路被交通部批准为全国首条科技环保示范路,沪蓉西高速公路被

交通部批准为全国仅有的四个科技示范工程之一,交通电子政务建设实现突破,交通科教创新取得新的成效,运输生产稳步发展,综合支持保障系统明显增强,交通职工队伍素质明显提高。特别是陈刚毅同志作为重大先进典型在全国推出,使交通行业精神文明在继承中创新、在创新中发展,交通工作呈现出良好的发展态势。回顾我省交通发展的历程,就是一个不断改革创新的过程。据不完全统计,2003 年以来我省交通行业科研攻关课题近 300 项,取得 159 项成果,其中 40 项获省政府科技进步奖和成果推广奖。依靠科技创新,黄黄、京珠等高速公路和宜昌、军山等长汉江大桥相继建成通车,创新为湖北交通重点工程建设提供了强有力的技术支撑。

——创新促进了我省高速公路科技含量的提升。1987 年,我们依托宜黄高速公路,开展了"公路膨胀土路基病害防治技术研究",采用中弱膨胀土掺生石灰或固化剂改良路床土壤取得了显著效果,为高速公路治理膨胀土路堤提供了成功经验;1996 年,我们依托黄黄高速公路,进行了"沥青玛蹄脂混合料 SMA 在高速公路上的应用研究",填补了湖北省使用这种新型沥青路面结构材料的空白;进行了"水泥混凝土路面滑模施工技术的研究",引进了德国维特根的水泥混凝土滑模摊铺机、美国莱克斯康的布料机和交通部新津建筑机械厂研制的两级连续水泥混凝土拌和机等一批成套先进设备,为我省高速公路大型机械化施工奠定了坚实基础;1998 年,我们依托京珠高速公路,大胆借鉴应用了美国高级路面技术,开展了"京珠高速公路岩石高边坡优化设计及施工工艺研究",采用穿索压浆工艺解决了锚固问题,采用喷锚防护工艺解决了强风化高边坡稳定问题;我们还依托地处秦岭山脉南麓的十漫高速公路,针对断裂带地质灾害防治、大断裂区域软岩隧道动态设计施工等方面展开技术攻关,有力保障了项目顺利建设;依托全国投资规模最大、建设周期最长、地质最为复杂、施工最为艰难的沪蓉西高速公路,在建设实践中开展了特长隧道

（群）建设、高墩大跨径桥梁建设、高路堤、高陡边坡防护等一系列成套关键技术研究，为交通部西部科技项目研究提供了有益探索，特别是施工单位利用“火箭弹”仅用不到3分钟，就解决了建设跨度达900米、桥面距谷底深约500多米的悬索桥的重大施工难题。2006年10月9日，中央电视台《新闻联播》栏目就沪蓉西高速公路四渡河大桥利用火箭炮为架桥“穿针引线”的创新举措作了重点报道。

——创新促进了长汉江大桥自主建造技术的提升。湖北是桥梁大省，其独特的地理条件决定了跨越江河山川的桥梁数量多、跨径大、建造技术复杂。自1957年建成第一座武汉长江大桥以来，全省规划建设的长江大桥就达23座，其中已建成13座，在建2座，待建2座，规划6座，平均每隔62公里就有一座长江大桥，长江已经成为一条名副其实的现代桥梁艺术的“走廊”。1993年建成通车的郧县汉江大桥，是当时国内首座主跨突破400米的PC斜拉桥，荣获国家优秀设计银质奖、省科技进步一等奖和省优秀设计一等奖；2001年建成通车的宜昌长江公路大桥，是当时国内第三大跨度悬索桥，攻克了钢桥面铺装和锚碇开裂技术难题，荣获“大跨度公路桥钢箱梁桥面板的横向支撑”和“大跨度公路桥梁钢质支座”两项专利技术，荣获了省科技进步一等奖、詹天佑奖和鲁班奖；2001年建成通车的军山长江公路大桥，成功研究和应用了“斜拉桥索塔锚固区小半径环向预应力体系”，获得了省优秀设计一等奖和詹天佑奖；2002年建成通车的荆州长江公路大桥，是当时国内首座主跨达到500米的梁板式断面PC斜拉桥，首次采用斜拉桥合理成桥状态和合理施工状态等新的设计理念和方法，成功解决了跨度位居世界第二的预应力混凝土斜拉桥的设计关键技术问题，设计成果已被新编公路斜拉桥设计规范采纳，并获得了省科技进步二等奖；2004年建成的巴东长江公路大桥，开展了《大体积混凝土防裂与高性能混凝土研究》，配制出了可泵性良好、坍落度损失小、缓凝时间长、早期强度高的高强高性能混凝土。2007年建成的武汉阳逻长江公路大桥，主跨1 280米，是居国内第三、世界第八的悬索桥，成功建造了外径73米、深61米的“神州第一锚”，在国内首创了主塔“剪刀撑”新技术。

在全省高速公路和长汉江大桥建设的实践中，我们深刻体会到，只有紧紧抓住一个前提，始终坚持思维的创新和理念的创新，才能不断地解放思想、突破传统、开拓进取，引领交通发展的方向；只有紧紧抓住一个根本，始终坚持交通科学技术的创新，才能不断攻克交通发展面临的关键技术和管理难点，提升工程质量水平；只有紧紧抓住一个关键，始终坚持改革开放和管理体制机制创新，才能为交通创新提供保障，实现交通快速健康可持续发展。

(二)创新是推进湖北交通又好又快发展的战略选择

近年来，尽管湖北交通发展取得了显著成效，但应该清醒地看到，随着经济社会的发展，特别是工业化、城市化、区域化、机动化进程的进一步加快，生产要素流动和产业转移日趋频繁，基础设施建设和交通运输需求规模空前，人民群众对日常出行更加追求舒适、快捷、便利和安全，对货物运输更加要求准时、完好、便利和灵活，对交通基础设施建设和行业服务质量的期望值日益提高。为不断满足人们日益增长的物质文化生活需求，依靠科技进步和创新来促进湖北交通又好又快发展，是适应经济社会和人民需求的战略选择。

——创新是世界交通科技发展的引擎。交通行业是科学技术应用的重要领域。经历20世纪的快速发展，发达国家交通已经基本形成了一个系统规划、科学设计、整体建设、综合管理的完备体系。目前除继续将部分精力放在道路修建上外，已将相当的精力转移到提高基础设施的使用功能，以及改善交通对周围环境、人文景观的影响方面，相继进入了提高运输服务质量、运营管理水平的阶段，并通过技术创新、装备创新、理论创新、体制创新、管理创新等带动交通向高速化、信息化和智能化方向快速发展。当前，世界交通科技发展呈现出三大趋势、五大热点和六大领域：

三大趋势：一是提高通行能力，加强环境保护，开展智能化运输和环保专项技术的研究；二是坚持以人为本，实施安保工程，开展交通安全技术的研究；三是确定科学目标，优化交通结构，促进新材料的广泛应用和开发。

五大热点：一是利用全球定位系统（GPS）实现测试自动化；二是利用交通地理信息系统（GIS）促进公路建设管理现代化；三是利用计算机辅助设计技术（CAD）促进设计集成化；四是利用高科技检测技术促进工程质量监测和道路养护规范化；五是利用信息网络技术促进运输系统智能化。

六大领域：一是新材料新工艺的推广使用；二是快速无损检测设备的广泛应用；三是交通地理信息（GIS）和三维计算机辅助设计（3D—CA13）的开发应用；四是废旧材料的综合推广利用；五是智能化运输系统（ITS）的诸多使用；六是山区高速公路建设关键技术的研究应用。

就公路交通运输而言，发达国家在公路运输方面对高新技术表现出巨大的应用潜力，特别是汽车货运管理信息系统和电子数据交换信息网络技术发展很快，大型化、专业化、拖挂化的运输车辆发展迅猛，有效提高了行驶速度，降低了单位能耗和运输成本，形成了高效、快速的汽车货运系统。在公路交通科技的支撑下，纵横交错的高速公路骨架网络基本形成，逐步使公路交通在综合交通系统、物流配送系统中发挥大通道和基础性作用。

就水路交通运输而言，发达国家采用先进的科学技术，使水运资源得到充分开发和利用，促进了经济发展和国际交流。主要表现在：航道向等级化、网络化方向发展，大力构筑四通八达的高等级航道网；港口向大型化、专业化方向发展，大力推动外贸经济发展；船舶向大吨位、节能型方向发展，大力开发高速客船和各种节能船型；集装箱船向大型化、高效化方向发展,电子数据交换(EDI)网络系统也日趋成熟。

——创新是促进湖北交通又好又快发展的客观需要。2006 年 4 月,党中央、国务院颁布了《关于促进中部地区崛起的若干意见》,其核心就是对中部地区的一个定位,即 4 个基地和 1 个枢纽,其中 1 个枢纽就是综合交通运输枢纽。2005 年 8 月,胡锦涛总书记在视察湖北时提出,湖北应该加快发展,走在前列,成为促进中部地区崛起的重要战略支点。这就对湖北交通成为促进中部地区崛起的先行官提出了新的更高要求。跳出湖北看全国,目前东中部地区交通发展势头迅猛,周边省市发展尤为强劲,安徽、江西省高速公路到 2007 年将达到 2 500 公里。因此,湖北交通仍面临着"前有标兵,后有追兵"、"不进则退,慢进亦是退"的严峻形势和激烈竞争。进一步加快湖北高速公路建设,实现省委、省政府确定的 2007 年我省高速公路达到 2 300公里,2010 年达到 3 500 公里的任务十分艰巨。

与此同时,随着湖北高速公路向山区延伸,地质地形条件日趋复杂,特大型桥梁和特长隧道等控制性工程多,许多工程技术难题有待我们一个个进行研究和突破。比如在建的沪蓉西高速公路集地质病害之大成,全线桥隧比高达 56%,其中部分路段桥隧比达 88.9%;全线单跨 200 米以上的特大型桥梁 10 座,连续刚构 100 米以上高墩 12 个,其中龙潭河大桥以墩高 179 米位列同类桥型世界第一;全线隧道单线长度 110 公里,3 000 米以上的特长隧道 10 座,其中龙潭隧道 8.6 公里的长度位列全国第二,是迄今为止我省投资最大、工程最为艰巨、地质最为复杂的高速公路工程,也是目前全国建设难度最大的山区高速公路。在建的鄂东、荆岳长江公路大桥均为大跨径斜拉桥,其跨径在全世界位于前列,建造技术十分复杂。其中,鄂东桥为七跨连续钢混梁双塔双索面斜拉桥,主跨 926 米,居同类桥型世界第三;荆岳桥为六跨连续钢混梁双塔双索面斜拉桥,主跨 816 米,居同类桥型世界第六，采用了高塔、高低塔、钢混结合段的设计，且地处Ⅶ度地震活跃区，抗震要求高，其工程建设难度之大、科技创新要求之高是可想而知的。如此一批世界级的公路、桥梁、隧道项目建设，一方面为我们交通建设者提供了施展才能的广阔舞台，另一方面也对我们提出了技术管理与创新的严峻挑战。只有立足自主创新、注重消化吸收新技术，积极开展特大跨径桥梁和山区高速公路建设成套技术研究，着力突破重大技术难题，着力培养一批高级技术管理人才，着力创造一批国内领先甚至世界级的研究成果，才能确保这些交通重大项目顺利建成，进而带动全省交通建设整体技术水平的提升。

总之，站在世界交通发展趋势、发展规律的角度审视湖北交通，站在湖北乃至全国经济社会发展全局的角度审视湖北交通，我们还有很多领域和课题亟待创新和突破。站在新的历史起点，我们必须切实增强创新的紧迫感和责任感，努力建设创新型交通行业。

三、创新型交通行业的工作重点和政策措施

“十一五”是构建社会主义和谐社会的关键时期，也是湖北交通为促进中部崛起当好先行的重要战略机遇期。实现湖北交通又好又快发展，必须坚持以科学发展观为统领，以创新为引擎，通过理念创新引领交通发展，通过科技创新提升交通质量，通过管理创新增强交通服务能力，努力建设资源节约型、环境友好型、质量效益型和安全便捷型交通。

（一）明确创新重点，力求五大突破

建设创新型交通行业，必须紧扣交通发展战略目标，明确创新重点，不断增强自主创新能力，促进交通增长方式从粗放型向集约型、创新驱动型转变。

——坚持理念创新，实现结构调整新突破。当前，交通运输正由传统产业向现代服务业转型，要求我们的交通发展思路和工作实践

必须体现时代性、把握规律性、富于创造性。一是要更加重视交通经济结构调整,像抓公路建设那样抓港航建设,努力实现交通发展转型;二是要更加重视提高运输能力,像抓基础设施"硬件建设"那样抓现代服务"软件建设",努力构建交通综合运输枢纽;三是要更加重视资源节约和生态环保,像抓交通建设那样抓节能减排,努力实现全面协调可持续。

——坚持设计创新,实现设计质量新突破。设计是工程的灵魂,设计创新是建设创新型交通的重要基础。要把"以人为本"、"节约资源"、"生态环保"、"协调发展"和"可持续发展"作为交通设计创作的核心理念,在实践中始终坚持将"保护好生态环境"作为设计的"第一追求",将"恢复好生态环境"作为施工的"第一原则",将"科技创新促进生态环保"作为建设的"第一动力",将实现"自然环境原生态"作为验收的"第一关口",从勘察设计手段、工程设计方案、材料、结构和工艺入手,不断与时俱进、开拓创新,确保设计深度,提升设计质量。

——坚持科技创新,实现关键技术新突破。科技创新是推动交通生产力发展的主导力量。未来交通发展对工程建设、运输安全、节能环保、信息服务等提出了越来越高的技术要求。要实现交通又好又快发展,必须结合我省交通发展的客观需求,在积极引进、消化、吸收国内外先进成果的基础上,着力推进交通科技创新,增强自主创新能力,突破关键性技术,普及应用型技术,走科技引领交通发展之路。依托年内即将开工建设的鄂东、荆岳长江公路大桥,要积极开展结构抗风抗震、钢混结合段设计、防止超宽混凝土梁开裂、结构耐久性等科研项目研究;依托沪蓉西、十漫、随岳中等高速公路建设,要积极开展高路堤新支挡结构与技术研究、高边坡稳定性和监测措施研究、高墩弯桥建设技术、长大隧道安全节能技术以及道路防雾、防雪、防滑、防撞等安全技术研究;依托神宜生态公路建设,要积极开展生态环保型公路设计理念与修筑技术研究;依托普通公路新改建项目,要积极开展沥青再生关键技术应用、水泥混凝土破碎利用、桥梁病害成因及危桥加固技术研究;依托崔家营航电枢纽工程等港航项目,要积极开展内河疏浚的弃泥处治、内河航道护岸结构形式、生态护岸建设、深水岸线资源综合利用等课题研究,努力突破交通建设关键性技术难题。

——坚持服务创新,实现交通信息化新突破。要以实现"长途客运安全舒适化,短途客运公交便捷化,货物运输优质快速化"为目标,着力打造车辆调度信息平台、长途客运联网售票系统、车辆维修检测电子档案系统、专业运输车辆 GPS 系统、公交客运管理系统和货运交易信息系统,努力提高运输市场信息化、集约化、专业化水平,为群众出行提供良好的运输服务。要以建设全省交通系统视频会议系统、公众出行服务系统、办公自动化和交通网站为重点,进一步整合交通信息资源,从政务公开、在线办事和公众参与三个方面加强交通网站建设,满足行业和公众需求,着力推进信息网络发展。

——坚持体制机制创新,实现交通行业管理新突破。体制机制创新是交通发展的重要保障。要用创新的思路和办法,推进交通各项改革,加快政府职能转变,理顺管理体制,完善运行机制,提高管理效能。要按照"人力资源最优化、经验积累最大化、前期工作专门化、建设管理专业化、技术管理专家化"的原则,组建专业化建设管理队伍,对政府投资项目逐步推行项目代建制,积极探索实施集约精细化管理;要按照"业主负责、政府服务、行业监管、依法行政"的管理模式,加大对招商项目的指导、协调、服务和监管力度,努力构建诚信体系;要按照"投资主体可以多元化,管理必须集中统一"的原则,通过高速公路管理局对全省高速公路实施统一、规范的行业管理;要坚持"生财为本,聚财有度,用财有效,理财为民"的指导思想,全面提升"生财、聚财、理财、用财、管财"能力,努力实现交通财务管理规范化、财会方法科学化、财会队伍知识化、管理手段现代化,为交通事业又好又快发展提供可靠的资金保障和财会服务;要建立健全交通法规体系,抓紧修订完善高速公路特许经营权协议,争取尽快出台农村公路管理条例,不断创新交通执法方式,积极推行"一个窗口"对外制度,统一办理、联合办理、集中办理制度,实现行政许可信息共享,探索电子政务、网上并联审批等新型工作机制,尽量方便人民群众,加快建立权责明确、行为规范、监督有效、保障有力的行政执法体制和运行机制,切实提高交通行业管理水平。

(二)加强人才培养,营造创新环境

交通创新关键在人才,人才成长根本在教育。建设创新型交通行业,必须坚持以人为本,着力培养创新型交通人才。

——大力实施人才强交战略。要牢固树立人才资源是第一资源的理念,着力加强管理人才、专业技术人才和技能人才三支队伍的建设,积极实施"百千万"交通人才工程,努力培养高层次交通专业技术人才100名、高素质交通管理人才1 000名、高技能交通紧缺人才10 000名;建立完善交通专家库,充分发挥交通专家的作用。鼓励交通各类专业学会、协会开展技术咨询、交流、讲座等教育培训活动,完善全省交通教育培训网络。鼓励并组织交通干部职工在职参加高层次学历学位学习。要充分发挥交通职业技术学院培养交通专门人才的作用,努力将湖北交通职业技术学院建成国家级示范性高职学院,积极探索校市、校企办学的新路子,使交通职业技术学院真正成为全省交通实用人才培养的摇篮。

——着力营造交通创新的良好环境。目前,社会上有一种浮躁的、功利的风气。有的急功近利,为了创新而创新,为了科研而科研,追求短平快,以成败论英雄,在创新领域单纯追求论文数量的积累,忽视科研成果的质量;有的安于现状,拒创新于千里之外。建设创新型交通行业,必须努力营造尊重劳动、尊重知识、尊重人才、尊重创作的浓厚氛围,努力打造支持创新、保护创新、鼓励创新的良好环境,努力创造有利于创新发展、多出精品、多出人才的管理体制和运行机制。要提倡创新面前人人平等，不以权威压制人，不以名望排挤人，不以资历轻视人；要扶持和培育交通行业创新型先进群体，营造崇尚创新、勇于创新、善于创新、勤于创新和胜不骄、败不馁的浓厚氛围，鼓励大家在工作实践中、在本职岗位上，积极开展多种形式、富有成效的创新活动，使创新在交通行业蔚然成风。

（三）加强组织领导，加大创新投入

各级交通部门要切实增强建设创新型交通行业的责任感和紧迫感，把提高创新能力作为交通发展的大事来抓，把建设创新型交通行业的工作作为贯彻落实科学发展观和树立正确政绩观的重要内容来考核。

——切实加强组织领导。省厅建立了科技开发和成果推广应用领导小组、信息化工作领导小组、环境保护（节能）工作领导小组、教育培训工作领导小组和专家咨询委员会，在此基础上，将组建全省创新型交通行业建设领导小组。各级交通部门要认真贯彻落实省厅印发的《湖北省交通科技创新体系建设纲要》以及《“十一五”湖北交通科教发展规划》，切实加强组织领导，深入调查研究，找准创新工作的切入点和着力点，按照长远规划、年度计划有重点地制定创新活动实施方案，做到总体部署、分步实施、重点突破，确保各项任务顺利完成。

——切实加大创新投入。推进创新型交通行业建设，必须加大创新投入，建立完善多元化、多渠道的科技投入机制。“十一五”期间，省交通厅将进一步加大科技、教育、信息化建设资金投入，不断完善交通自主创新体系，提高交通综合支持保障能力，促进交通经济增长方式的转变。

（节选自2006年在湖北省公路学会会议上的讲话）

创新发展思路 实行“四个转变”

2006年是“十一五”交通发展规划的开局年、关键年，各级交通部门既面临着有利的发展机遇和良好的发展环境，也面临着资金缺口大、土地资源紧、审批环节多、改革任务重、专业人才缺等诸多困难，必须坚持以新的思维适应新的形势，以新的姿态迎接新的挑战，按照“整合资源，合力发展；统筹规划，科学预算；政策引导，分级管理；依法行政，公平和谐”的交通发展理念，不断创新发展思路、创新管理体制，创新运行机制，确保交通发展目标的全面实现。

一、变“部门办交通”为“社会办交通”，鼓励和支持以地方政府为主体加快交通建设

在省委、省政府的直接领导下，对高速公路、长江公路大桥和航电枢纽等交通重点工程以外的一级公路、二级公路、农村公路、乡镇渡口、客货站场和港航工程建设项目，省交通厅积极鼓励和支持以地方政府为主体，组建项目业主负责项目建设管理。按照“政策引导、多方筹资、合力建设、加快发展”的原则，对规划项目实施分类定额投资和以奖代补政策，以充分发挥各级地方党委、政府和交通部门的积极性和创造性，掀起交通基础设施建设热潮，形成“合力加快交通建设，促进湖北经济发展”的新格局。

二、变“大包干”为“资金跟着项目走、项目跟着规划走”，实施以“规划项目管理”为核心的交通规费投资体制

为适应“十一五”时期即将实施的燃油税改革，省交通厅将实行更加符合经济社会发展的交通规费征收机制，建立与事权相匹配、以“项目管理”为核心的“资金跟着项目走、项目跟着规划走”的资金运行机制，把有限的资金用在刀刃上，充分发挥其经济和社会效益。

三、变省厅一级预算为省、市（州）两级预算管理，认真落实财政四项制度改革

为确保资金安全，狠抓源头治腐，省交通厅将改变“十五”期由省厅集中编制部门预算的方式，实行省厅部门预算和市（州）交通专项资金预算的两级预算管理机制；将进一步严格交通建设资金监管，坚持与审计、检察等多部门联动，强化社会监督，强化源头治腐，确保交通资金安全和专款专用。

四、变粗放型管理为集约精细化管理，严格依法实施交通建设市场监管

将进一步加强交通建设市场监管，建立和完善遏制违法分包、转包的长效机制，确保工程质量和投资效益。对招商引资项目，按照“法人负责，政府服务，行业监管，依法行政”的管理理念，全面履行行业管理和质量监督职责，努力构建诚信体系；对政府投资项目，将通过组建专业化的建设管理队伍，试行项目代建制，实施集约精细化管理，将通过高速公路管理局对全省高速公路实施统一、规范的行业管理；对“十一五”交通发展规划项目，将通过上下衔接，完善规划，制定规章，进一步加强项目前期工作和基本建设程序管理，进一步突出武汉城市圈交通对接、长江黄金水道开发和社会主义新农村交通建设等重点，举全省之力，加快交通发展，为湖北真正成为促进中部地区崛起的重要战略支点当好交通先行。

（节选自2006年交通工作报告）

“十一五”交通体制改革势在必行

按省政府要求,“十一五”全省交通管理体制和运行机制实施了变“部门办交通”为“社会办交通”、变“大包干”为“资金跟着项目走、项目跟着规划走”、变交通厅一级预算管理为交通厅与市(州)交通专项资金分级预算管理、变粗放型管理为集约精细化管理的“四个转变”改革举措。实施这一重大改革的根本出发点,在于以地方政府为主体加快交通建设和发展,其本质和核心就在于破除制约交通又好又快发展的瓶颈制约和体制障碍,确保“十一五”交通发展规划目标的全面实现。

实施四项改革的意义在于:

(一)打破了“交通一家办”的模式

光靠交通一家办,交通来投资,交通来建设,显然无论是人力、物力、财力等方面都与交通大发展的形势需求不相适应。只有坚持“交通社会化,社会办交通”,坚持以地方政府为主体建设普通公路、客货站场和港航等基础设施,才能充分调动各级地方政府的积极性、主动性和创造性,才能促进交通又好又快发展。

(二)打破了交通规费“一定五年不变”的刚性计划管理机制

在“八五”、“九五”、“十五”期间,实施“大包干”、“超收分成”等政策和机制,对促进交通发展起到了至关重要的作用。但是随着市场经济发展,随着改革开放的系列政策,过去交通规费“一定五年不变”的5.3%的增长指标,显然已不适应大发展的形势和需求了。因为按照过去的体制和规则实施,实践的结果都是第二年确定的规费目标比第一年实际征收的还低。“十一五”国家实施燃油税的改革已势在必行，如果“十一五”湖北交通规费继续延续老政策、老办法，那么燃油税改革后国家转移支付资金，若按照前几年各省交通规费入库的一个基数来测算，则湖北将无法得到应有额度。交通厅党组站在全局的高度，组织各级交通部门从上到下、从下到上，充分调研、反复酝酿、深入研讨，在统一广大交通干部思想的基础上，报省委、省政府研究决定打破过去计划经济模式，对增强决策的前瞻性、科学性，主动适应燃油税改革是具有必要性和可行性的。

（三）打破了以“定比分成、超收全返”为核心的“收支挂钩体系”

随着四项财政制度改革的实施，过去的体系已被打破，因此，各单位必须建立与改革相适应的政策措施，只有通过部门预算、经过项目审批以后才能落实和使用资金。

（四）打破了省里集中统一编制预算的模式

省统一编制预算的最大弊端是：职责不清、监管不到位，不利于各市（州）、县（市）、基层乡镇交通部门严格履行资金管理职能、严格规范资金管理，不利于资金使用的合理性、安全性，不利于有效地发挥综合效应。

综上所述，实施四项改革是国家宏观形势、宏观政策对于湖北交通发展的必然要求。省委、省政府全力支持“十一五”交通经济体制机制改革，体现了落实科学发展观、牢固树立“全省交通一盘棋”的创新理念。各级交通部门要进一步统一思想认识，按照既要加快高速公路重点工程建设，又要全面推进农村公路发展；既要加强公路、港航工程建设，又要注重公路、航道的养护管理；既要重视武汉城市圈交通建设，又要兼顾其他区域的交通发展的工作思路，实施宏观调控，集中财力物力，确保资金投向交通发展重点，努力推动全省交通步入全面协调可持续发展的轨道。

（节选自2006年全省交通局长座谈会上的讲话）

高速公路"投资多元化,管理一体化"

随着高速公路的快速发展和投资主体的多元化,高速公路的社会公益性与企业追求利润最大化之间的矛盾日益凸显,出现了一系列新的情况和问题。根据《中华人民共和国公路法》和《收费公路管理条例》以及交通部关于"高速公路管理无特区"、"投资多元化,管理一体化"的重要指示精神,省交通厅积极争取省委、省政府支持,就理顺高速公路管理体制进行了深入的调研和实践。

一、理顺高速公路管理体制,实施统一规范行业管理

自1991年湖北省第一条高速公路——武汉至黄石高速公路建成通车以来,随着对高速公路管理认识的不断深化,全省高速公路管理体制大体上经历了一个从事业化管理到公司化管理,再到以事业化管理为主的过程。1991年,湖北省成立了省高等级公路管理局,对高速公路进行统一管理,取得了良好的经济效益和社会效益。1999年,为拓宽高速公路建设筹资渠道,经省政府批准,成立了湖北金路高速公路建设开发有限公司(后改名为湖北省高速公路集团有限公司),将高速公路和长江公路大桥资产授予公司经营管理,实行公司化运作,加快了高速公路建设招商引资的进程。但随着我国高速公路的快速发展,高速公路的社会公益性与企业追求利润最大化之间的矛盾日益凸显,特别是在规范路政执法,整合高速公路优质资产,进一步提高收费公路整体还贷能力和公路建设筹融资能力等方面面临着

一系列突出的政策障碍。为进一步理顺高速公路管理体制，省交通厅认真贯彻《收费公路管理条例》，认真学习借鉴兄弟省市高速公路管理的经验，组织有关部门和工作专班，积极争取省人事厅、省编办的支持，就理顺高速公路管理体制进行了深入的调研和实践。

（一）学习、宣传《收费公路管理条例》，严格依法行政

省交通厅认真学习宣传《收费公路管理条例》，及时将交通部关于认真落实《收费公路管理条例》的指示要求向省委、省政府领导汇报，坚持依法行政，按照投资来源的不同，划清政府还贷公路和经营性公路的界限，将政府性投资的收费公路全部纳入全省政府还贷公路范围，实施统一规范行业管理。

（二）争取政府支持，依法理顺体制

一是报请省编委批准设立了“湖北省交通厅高速公路管理局”，负责全省高速公路收费、路政、养护、资产以及投资等行业管理工作。

二是报请省政府和省编委批准，将原来省高路集团管理的京珠高速公路湖北段（包括军山长江大桥）、襄十高速公路等政府性投资的高速公路项目纳入全省收费还贷公路实施统一管理，成立了京珠高速公路管理处和汉十高速公路管理处，并相应撤销了京珠高速公路公司和襄十高速公路公司。

三是报请省编委批准，设立了沪蓉西高速公路管理处和随岳中高速公路管理处，负责在建的沪蓉高速公路湖北西段和随岳高速公路湖北中段项目的建设和管理。

四是明晰资产管理。对凡属政府投资形成的资产以及债权债务全部移交给省高速公路管理局，作为行政事业性资产进行管理。武黄、汉宜、黄黄、京珠、襄十、襄荆、孝襄、宜长高速公路以及黄石、鄂黄、荆州、宜昌、巴东长江公路大桥等项目中，由省交通规费和中央车购税（费）等政府性投资形成的资产及其收益全部移交给高速公路管

理局。湖北省形成了以省高速公路管理局为龙头、以高速公路管理处(公司)为主体的集中统一、规范管理的新格局。2006 年,交通部在我省召开全国收费公路管理座谈会,充分肯定和推广了全省高速公路管理体制改革经验。

二、积极探索“委托管理”新模式,实现高速公路“投资多元化、管理一体化”

省交通厅对新建成通车的企业投资项目,积极协调投资商,通过签订委托管理合同的方式,由高速公路部门实施集中统一管理。经过反复沟通协商和深入细致的工作,荆东、汉孝高速公路公司分别与我省汉十高速公路管理处签订了“委托管理协议”,由汉十高速公路管理处具体承担收费、养护等管理业务,在全国率先实现了高速公路“多元化投资、一体化管理”的新突破。从运行实践看,委托管理新模式进展顺利,并在实践中创造了轮值主席制度、交叉稽查制度和联席会议制度,既维护了高速公路网络的完整性,体现了交通行业管理的统一性,又保障了高速公路服务的规范性,促进了实现社会公众利益与企业经济效益的“双赢”。

（节选自 2006 年全国公路养护工作会上的发言）

创新管理　依法理财

2006年是"湖北交通发展提速创优年"。这是厅党组站在新的历史起点上，面对新形势，抢抓新机遇，迎接新挑战，以全新的发展思维和发展理念，合力推进湖北交通又好又快发展做出的一项重大战略决策。提速创优，重在落实。交通财务费收工作要重点"围绕一个中心，发挥两大作用，解决三个问题，实现四个突破"。

一、围绕一个中心

就是要围绕"发展第一要务"这个中心。

交通财务费收工作提速创优，必须坚持以科学发展观为统领，必须与财务费收工作实践紧密结合起来，紧扣"十一五"交通发展规划和2006年的各项目标任务，深入分析财务费收工作面临的新形势和新问题，抓住重点工作和重要环节，采取积极有效的措施和办法，为确保交通发展目标任务的全面完成提供有力支撑。

二、发挥两大作用

就是要充分发挥财务工作的资金保障作用和财务监督作用。

（一）充分发挥资金保障作用

交通要发展，离不开强大的资金保障。充分发挥财务工作的资金保障职能作用，多渠道筹集资金，增强资金保障能力，是实现湖北交通又好又快发展的物质基础。发挥资金保障职能作用，就是要努力做到“保投资,抓规范,促发展”。

——保投资。2006年交通固定资产投资要确保完成260亿元。交通财务费收工作要紧紧围绕实现这一目标,制订科学、合理的筹融资方案,广开筹资渠道,确保完成全年的投资任务,确保完成交通规费82亿元的预期征收目标。

——抓规范。要规范政策,进一步建立和完善费收政策、交通专项资金政策和财政资金政策,确保交通发展有一个稳定的资金来源;要规范行为,严格按照依法行政的要求,坚持做到依法征费,文明稽查,规范服务。建立健全费收质量考核办法,积极推进公路“四费合一”收费,加大科技征费力度,确保交通规费稳定增长。

——促发展。要进一步坚持发展第一要务,将促进交通又好又快发展作为发挥资金保障作用、增强资金保障能力的出发点和落脚点。要紧扣“十一五”交通发展的总体目标,为实施交通“八大工程”提供强有力的资金保障。

(二)充分发挥财务监督作用

充分发挥财务监督作用,就是要切实抓好“两个监管”,即资金监管、资产监管。

——资金监管。要加强对重点工程和交通系统内部的资金监督,保证做到交通资金专款专用,不得挤占、挪用。要完善资金使用的内部控制制度,规范资金支付程序,坚持重大资金使用领导班子集体审批制度,不断提高资金的使用效益,杜绝违法违纪问题的发生。要加强对企业投资项目的资金监管,建立一套企业投资项目监管体系,充分利用银行网络的先进功能,对企业投资项目资金使用进行监控,确保资金用于项目建设。

——资产监管。管好用好国有资产,使其发挥最大的经济效益和社会效益,是交通财务部门义不容辞的职责。要按照国家国有资产管理的要求,不断完善交通国有资产管理体制,理顺产权关系,明确管理主体,特别要把好资产流转关,严格审批程序,防止暗箱操作,化公为私,造成国有资产流失。要着重加强对高速公路资产的管理和市(州)交通国有资产的委托管理工作。

三、解决三个问题

一是要解决交通预算管理体制改革中的问题。交通预算管理体制改革是适应国家财政四项改革要求,适应即将实施的"燃油税"改革而作出的一项改革措施。各级交通部门要深刻领会交通预算管理体制改革的重要意义和科学内涵,充分认识这是一项势在必行的改革,必须主动适应改革的要求,紧密结合交通实际积极加强与财政等有关部门的衔接、协调,自觉遵循有关规定依法规范资金的使用和管理,消除思想、工作上存在的困惑和疑虑。

二是要解决交通规费征管模式改革中出现的问题。交通规费征管模式的改革,是解决交通部门多头收费、收费行为不规范而作出的一项改革,是一项涉及费收计划管理方式、征收方式以及激励机制等多方面的改革,也是一项关系到能否保持交通规费收入稳步增长和收费队伍稳定的改革。各级交通部门务必积极、稳妥地推进这项改革,及时调查分析和研究解决改革中出现的新情况、新问题,并积极与省财政等有关部门联合制订费收激励办法,建立综合费收考核机制。

三是要解决交通发展债务压力日益增大的问题。交通建设要快速发展,必然需要大量的资金作保证。在财政投入、规费收入和自筹能力有限的情况下,依靠银行贷款搞建设是必然的,交通部门负债发展也是正常的。但对此问题,必须有一个清醒的认识和科学的把握,必须通过发展和改革的思路加以解决。一方面不能因为怕背债务而停止或放慢建设步伐;另一方面应积极想办法应对交通建设债务问题,特别是积极争取政府支持,加大财政投入,降低建设、管理和融资成本；建立统贷统还机制；积极规避和防范金融风险，利用一系列金融工具和产品化解潜在的汇率、利息风险，提高偿债能力等。

四、实现“四个突破”

交通财务费收工作要适应国家投资体制、财税体制改革要求，结合实际着力实现“四个突破”。

一是实现筹融资渠道的新突破。在资本金方面，要按照以地方政府为主体组建项目业主，负责对列入交通发展规划的一级、二级公路、农村公路、乡镇渡口、客货站场和港航工程项目进行建设管理的要求，明确地方政府的筹融资主体地位，加大地方财政对交通建设的资金投入。在贷款方面，一方面要积极争取银行对交通厅提供贷款，采取统贷统还的方式，保证重点工程项目资本金和省以奖代补、定额投资的资金来源；另一方面要充分调动地方贷款的积极性，保证地方建设项目的资金来源。在融资方式上，要利用楚天公司的融资平台，研究和探讨多种融资方式，充分发挥其持续融资能力。

二是实现项目资金管理的新突破。要按照“资金跟着项目走、项目跟着规划走”的要求，实施“项目库”管理。要合理规划建设项目，做好项目的前期准备工作，严格按照规划项目安排资金。要严格按照省厅确定的以奖代补和定额投资标准安排和使用资金，加强项目资金的使用和监管，确保专款专用，严格禁止截留、挪用。要严格控制项目成本，提高资金使用效益。

三是实现依法理财的新突破。要按照财政四项改革和交通分级预算管理的要求，建立依法理财的“四个机制”。即：制订和完善一套交通预算、资金管理办法，规范理财行为和程序，建立依法理财的约束机制；制定科学、合理的预算编制程序，制定加强预算编制、执行的监督检查办法，建立依法理财的运行机制；制定违反财经纪律和预算管理行为的处罚规定，建立依法理财的惩戒机制；制定实施“阳光预算”的方案，提高预算透明度，主动接受人大、财政、审计等部门的督察，建立依法理财的监督机制。

四是实现财务费收管理质量效益的新突破。要认真学习“刚毅精神”，增强财务费收人员的责任感和使命感；全面提高财会费收队伍综合素质。要坚持学习理论、钻研业务、树牢宗旨意识；坚持立足本职，恪尽职守，严格依法理财；坚持清正廉洁，克己奉公，做到科学严谨，努力培育一支政治强、业务精、作风实、素质高的交通财务费收队伍，为交通又好又快发展管好钱、用好钱，为交通又好又快发展提供有力的资金保障。

（节选自2006年在全省交通财务费收工作会上的讲话）

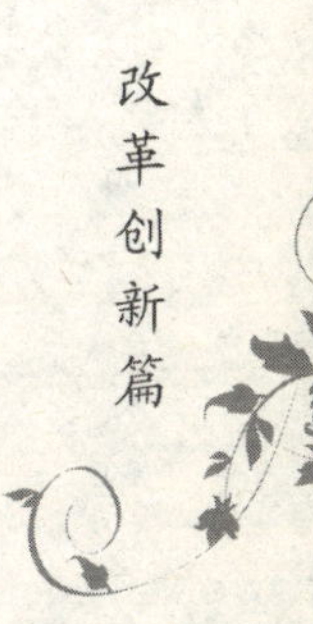

率先建立交通电子公共服务平台

构建服务型交通,必须依靠科技支撑和现代技术。建立交通电子公共服务平台是便民利民的一个重要手段,湖北交通为提升服务效能率先进行了成功的有益探索。

一、为民便民,交通电子公共服务平台已经形成

省交通运输厅坚持将推进电子政务建设作为提升公共服务质量、促进交通管理创新的重要抓手,在"为民便民、服务公众、政务公开"等方面做了积极探索和实践,全省交通电子政务架构粗具雏形。

四网并举的交通电子政务网络初见成效。建成了全长 1 747 公里、覆盖全省高速公路的光纤数字传输主干网;1 000 兆主干、100 兆到桌面的厅机关局域网;通过光纤链接厅直单位的 100 兆城域网和联通省政府、交通部的专线网,形成了主干网、局域网、城域网、专线网"互联互通"的交通电子政务网络。以此为支撑,建立了以交通厅网站为龙头,以厅直单位和市县交通部门网站为窗口的交通网站群,为交通政务公开提供了平台。省厅信息中心连续多年被交通部评为全国交通行业先进单位。

为民便民的交通电子公共服务系统初见成效。交通公众出行服务系统和高速公路监控管理系统已经建成并投入使用,为群众出行和广大驾乘人员提供了方便,广大出行群众可在互联网上直接查询出行线路、通行费用、实时路况、服务区、加油站、客运线路和气象服

务等综合信息。高速公路服务热线 96576 开通三年来，共受理来电 5 万多人次，其中咨询服务的占 94.5%，寻求援助的占 5.5%。湖北交通音乐频道路况信息整点播报栏目的开通，有效地扩大了交通信息服务覆盖面，受到了社会公众的好评和欢迎。

便捷高效的交通专业应用系统初见成效。依托高速公路光纤主干网，设置了 24 个分会场，建成了覆盖 17 个市(州)的交通视频会议系统，提高了工作效率，降低了行政成本；建成了高速公路联网收费"一卡通"系统，使广大驾乘人员"一卡在手走遍荆楚、千里高速畅通无阻"；推广应用了道路运政管理系统、电子征费稽查系统、短信缴费提醒系统和"掌上通"、"车牌通"，实现了行业管理部门网上办公、网上办事、网上稽查等服务，广大车主、运输业户可在互联网上直接查询客运线路审批、规费缴纳等情况，使交通服务更加人性化、科学化。

渠道畅通的群众投诉监督机制初见成效。建立了重点项目招标投标和中标结果公示、交通运输服务质量信誉公示、工程质量和安全黑名单公示等制度；建立了厅(局)长信箱、投诉举报、留言咨询等网上公众交流栏目，初步形成了处理有时限、投诉有结果、建言有回音、双向互动的公众诉求工作机制；开通了全省联网的 96595 运管征稽电话投诉热线，成立了省、市、县三级运管征稽部门专门的电话投诉处理中心，累计处理各类投诉近万件，对规范行政行为、提高服务质量、加强党风廉政建设起到了积极的促进作用。

二、勇于实践，交通电子政务建设破题上路

电子政务建设是一个长期、艰巨、复杂的系统工程。推进交通电子政务建设，前提在于转变观念，关键在于组织领导，重点在于资源整合，保障在于机制创新，根本在于服务公众；推进交通电子政务建设，必须坚持理念、机制同步创新，软件、硬件同步建设，机关、基层同步实施，公众、部门同步受益。

(一)树立"三种理念",实现"三个转变"

一是树立"公开上网是原则,不公开上网是例外"的政务公开新理念,努力变"内部封闭操作"为"政务信息公开";二是树立"双向互动、公众参与"的交通服务新理念,努力变"服务行业管理为主"为"服务社会公众为主";三是树立"硬件是基础、软件是根本"的行业管理新理念,努力变"重建设轻应用"为"网络基础建设和学习应用推广并重",为推进交通电子政务建设奠定了坚实的思想基础。

(二)狠抓"三个环节"

推进交通电子政务建设,关键在于组织领导,着力抓好"一把手"工程、推广应用和典型示范三个环节,坚持出实招、求实效。

一是狠抓组织领导,落实"一把手"工程。省厅成立了厅长挂帅的交通信息化工作领导小组,下设办公室,由厅长助理任办公室主任,主要履行全省交通电子政务建设工作的组织领导、统筹规划、综合协调和推广应用等职责,较好地解决了多年来信息化建设多头管理、各行其是等问题,较好地发挥了协调、指导、服务、监督、检查等作用。同时,将交通电子政务建设作为"一把手"工程,将电子政务建设列入厅直各单位和厅机关各处室目标责任考核管理范围,切实加大了检查督办力度。

二是狠抓推广应用,促进上下联动。厅党组成员,特别是主要领导坚持带头学习、带头应用、带头推广,坚持每天上网看交通新闻、查动态信息,对发现的网络问题、信息问题及时研究处理,对重要的投诉咨询亲自审阅答复;坚持通过发电子邮件、查文档数据、网上发布通知等形式,严格要求厅直单位负责人、处室领导定期上网,适应网上办公,努力营造领导带头抓电子政务建设的浓厚氛围。厅直主要领导多次在现场会、培训会上点击厅直单位和机关处室的网站、网页,逐一进行点评,使厅机关处室和厅直单位领导思想认识受到极大震动。大家纷纷建言献策,积极付诸行动,各级网站建设质量进一步提高,有力地推动了全省交通电子政务建设的发展。

三是狠抓典型示范,推动平衡发展。为进一步推动交通电子政务建设,我们坚持抓试点、树典型、促发展。学习推广了襄樊市交通局、南漳县交通局率先实现无纸化办公及运管征稽部门覆盖省、市、县三级的“三网一站一热线”(即:运政管理信息网、电子征稽网、OA网、运征网站、96595投诉热线)的先进经验。树立了全省交通电子政务建设的工作样板,有力地促进了全省交通各专业部门的电子政务建设。

(三)整合“三大资源”

针对交通系统门类多、领域宽、战线长、专业性强、服务面广而导致信息“部门化、分散化、孤岛化”等突出问题,省厅着力整合“管理、技术、人才”三大资源,充分发挥交通电子政务建设的综合效益。

一是整合管理资源,形成工作合力。省厅坚持以整合资源为重点,明确了机构、职能,落实了分工、责任,确定厅交通信息化领导小组及办公室下设“三个中心”,即:由交通网络数据交换中心提供技术支撑,保障电子政务后台运行稳定可靠;由交通电子政务信息处理中心负责处理公众咨询和投诉举报,落实网上信息处理24小时值班制度;由交通电子应用系统监控中心实时监测高速公路联网收费“一卡通”系统、高速公路监控管理系统、运政管理系统等各项交通专业应用管理系统的运转情况,实现了对全省交通电子政务建设的集中统一管理。同时,厅机关各处室、厅直各单位都明确了1位同志兼任信息员,将信息发布责任落到了实处。

二是整合技术资源,搭建统一平台。为推进高速公路联网收费“一卡通”系统、高速公路监控管理系统以及全省交通视频会议系统建设,省厅坚持“政府主导、法人负责,统筹规划、协调服务,互联互通、共享共用”的原则,在技术上实施统一标准、统一接口,在管理上实行统一安排、统一要求,既注重发挥各方积极性,又避免了各自为政、重复建设。

三是整合人才资源，优化人员配置。推进电子政务建设，人才队伍是基础。针对厅机关定编人员紧张的现实状况，为组建"三个中心"，省厅坚持面向行业、上下结合，通过借调、招聘、轮岗等多种方式整合人才资源，充分发挥厅直单位及全省交通行业的人才优势。为进一步提高交通电子政务应用水平，省交通厅采取走出去、请进来的方式，着力加强了干部职工新知识、新技能的教育培训，几年来先后送出20多批、100多人次到清华大学、长沙理工大学等院校学习深造，与华中科技大学、武汉理工大学、清华紫光、深圳金桥等院校企业联合进行软件开发和科技攻关，为交通电子政务建设提供了人才保障。

（四）创新"三项机制"

电子政务建设是构建公共服务型交通的助推器，也是转变行政管理方式的有效途径。推进电子政务建设，必须通过创新体制机制和加强自身建设来予以保障。

一是创新交通政务公开机制。为促使机关干部由"办传统政务"转为"办电子政务"，确保"公开上网是原则，不公开上网是例外"真正落到实处，在文件处理单上专门增设了"是否网上发布"选项，有效地解决了政务公开信息来源匮乏、内容无人把关的难题。在此基础上，省厅制定了《湖北省交通厅网站信息发布管理办法》等规章制度，促进了"阳光交通"建设。目前，省厅36项交通行政许可的办事依据、办事职责、办事程序、办事标准、办事时限已全部向社会公布，并按照"网上受理、后台办理、网站反馈"的要求逐步推进交通行政许可在线办理，提高了交通政务公开的主动性。

二是创新交通公共服务机制。交通具有极强的社会公共服务性。在电子政务建设中，省厅紧密结合交通实际，积极利用信息技术，在创新工作方式、优化管理流程、提升公共服务水平上进行积极探索。为了解决部分公路通行费征收随意性较大、监管不到位等问题，省厅组织开发了计算机收费监控管理系统和高速公路联网收费“一卡通”系统，提高了通行效率，堵塞了管理漏洞。为了服务人民群众安全便捷出行，帮助出行者迅速获取有效交通信息，省厅根据公众出行需求，集中人财物力，整合各方资源，着力加强了交通公众出行服务系统和高速公路监控管理系统建设，初步构建了交通信息采集、数据交换、动态更新、信息发布和实时监控等一整套业务操作流程和管理机制，为向公众出行提供“一站式”信息服务奠定了重要基础。“湖北交通公众出行服务网”不仅有文字信息，而且有语音播报；不仅可以点击查询整点路况信息，还可以看到全省高速公路地图和相应的实时视频。交通网站上还开设了特色服务栏目：如高速公路各路段和17个市（州）的气象服务信息、高速公路服务区、加油站情况以及各地市旅游资源等，使公众在出行前可以通过门户网站、服务热线获得出行信息，规划好自己的行程，出行途中也可通过多种服务渠道获取即时出行信息，处处体验到“交通为人民、服务伴您行”。

三是创新公共参与和投诉监督机制。推进电子政务建设，离不开群众的参与和监督。围绕人民群众“最关心、最直接、最现实”的交通问题，厅党组明确将畅通监督渠道、完善群众投诉功能作为推进电子政务建设的重要切入点和突破口，建立了“公众交流”栏目，完善了厅（局）长信箱等网上投诉机制，开辟了“了解民情、倾听民意、集中民智”的新渠道，对接受社会监督、加强党风廉政建设起到了重要作用。据统计，仅半年来“公众交流”栏目就收到各类建议意见162件。其中“厅长信箱”27件、“投诉举报”60件、“留言咨询”75件。我们均通过互联网邮件、电话等方式给予了答复和解释，宣传了政策规定，查处了相关投诉，加强了交流沟通，做到来信有答复，问题有处理，件件有反馈，收到了较好效果。一个个普通群众的投诉和要求，得到了及时的答复和解决；一件件认真负责的办理和反馈，得到了群众的理解和肯定;一次次坦诚的交流与对话,凸显了政府网站的桥梁纽带作用,展现了政府部门亲民务实、人民群众支持参与的和谐氛围。

三、正视差距,构建公共服务型交通行业任重道远

交通电子政务建设正处于起步阶段,与社会公众的需求相比,与省委、省政府推行政务公开、建立公共服务型政府的要求相比,差距很大,一些深层次的问题也逐步显现出来。主要表现在:

一是交通电子政务的总体规划和统一标准亟待进一步完善。搞好总体规划和制定统一的技术标准,并在统一的规划和标准下,整合现有资源,防止重复建设和各自为政,这是国内外发展电子政务的普遍经验,也是推进交通电子政务发展的关键所在。由于缺乏科学的交通电子政务建设总体规划和统一标准,以致部分交通业务应用目标不够明晰,重建设轻应用、重硬件轻软件的现象不同程度存在,信息网络利用率不高,影响了建设目标的实现和综合效益的发挥。

二是交通电子政务建设发展还不平衡。部分交通子网站缺乏有效的组织协调,信息更新不够及时,服务功能不够健全、网站互动性比较薄弱,网上申请、网上受理和网上审批等在线服务相对滞后。

三是“大交通”的协同应用服务功能相对薄弱。交通公众出行服务系统除重点提供公路水路出行信息服务外,在航空、铁路等其他交通运输方式上还只是初步开展了一些出行信息服务。由于各类综合交通系统的电子政务模式不统一,航空、铁路、公路、水路等多种交通方式的协同集成服务还有待进一步提高,交通综合服务功能有待进一步加强。

四是机关电子政务应用整体水平有待提高。由于交通电子政务网络运行和维护的机构、人员之间及其工作有个磨合过程,“三个中心”的初级技术人员居多,中高级技术人才缺乏,因此,交通电子政务建设和管理水平有待进一步提高,交通职工全员信息技术知识和技

能培训有待进一步加强。

针对上述问题和不足，按照"统筹规划，分步实施，不断完善"的原则，省厅研究制订了《湖北省公路水路交通信息化建设"十一五"规划》，明确了交通电子政务建设各项规划目标，明确了进一步创新思维、科学组织、狠抓落实的具体举措，为努力构建公共服务型交通行业、促进湖北交通又好又快发展奠定了坚实基础。

（节选自2007年在全省电子政务会议上的发言）

《湖北省农村公路条例》填补立法空白

2007年3月29日,湖北省人大常委会通过了《湖北省农村公路条例》。这是我国第一部全面规范农村公路工作的地方性法规。《条例》共6章39条,内容涵盖了农村公路规划、建设、管理、养护各个环节。《条例》的颁布实施,对于加强全省农村公路的建设、养护和管理,促进社会主义新农村交通建设持续健康发展具有重大的现实意义。

一、有利于完善公路交通法规体系,推进交通依法行政

实行和坚持依法行政是我国社会主义现代化建设的一项根本任务和基本国策。1997年全国人大颁布了《中华人民共和国公路法》,从法律层面来看,《中华人民共和国公路法》对农村公路中的县道和乡道作出了原则性规定,但对村道的建设、养护和管理等问题并没有作出明确的规定。《湖北省农村公路条例》的出台,填补了全国农村公路建设养护管理特别是村道养护管理的立法空白,结束了村道管理无法可依的历史,为各级政府、交通主管部门规范和加强农村公路建设、养护、管理,建立人民群众普遍关注的农村公路长效发展机制,提供了强有力的法律依据。

二、有利于加强公路养护管理,促进农村公路又好又快发展

农村公路作为综合交通网络的毛细血管,是广大农村生产生活

最重要的公益性基础设施，也是全省社会主义新农村建设的重要内容。“十五”以来，围绕解决人民群众“最关心、最直接、最现实”的交通问题，全省交通公路部门坚持以“扶持农村、反哺农业、回报农民”为出发点，以打造“网络村镇、安全经济、人便于行、货畅其流”的农村交通网络为目标，全面加快农村公路建设，取得了明显成效。农村交通建设突飞猛进，日新月异，有力推动了农村经济社会发展。

但随着农村公路里程的快速增长，一些深层次的矛盾和问题不断显现，“重建轻养”倾向不同程度地存在，农村公路管养责任主体尚未真正落实，养护资金来源比较单一、缺少稳定可靠渠道，客观上导致绝大部分农村公路处于“失养”、“失管”的自然状态，“一年修、二年旧、三年大中修”的现象不同程度地存在，管理养护滞后问题日益突出，直接影响全省农村公路的持续健康发展。而《湖北省农村公路条例》的出台，就从法律的层面上，明确了农村公路建养管责任主体，确定了农村公路建养管资金来源，规范了农村公路养护管理组织形式，较好解决了农村公路发展中的体制性障碍和机制性缺陷，对促进农村公路又好又快发展起到了有力的促进作用，对维护好、实现好、发展好最广大人民群众的根本利益也提供了重要法制保障。

（节选自2007年在《湖北省农村公路条例》宣贯会上的讲话）

依法规范高速公路行业管理

在交通部和省委、省政府的正确领导下,省交通厅认真贯彻《中华人民共和国公路法》和《收费公路管理条例》,坚持依法行政、依法治交,着力完善收费公路运行机制,规范招商项目建设管理,并进行了一些探索和实践。

一、建立统贷统还机制,提高公路建设筹融资能力

根据《“十一五”湖北交通发展规划纲要》,“十一五”湖北省交通基础设施建设与资金供给之间的矛盾十分突出,筹资压力巨大,特别是农村公路建设面临着巨大的资金缺口,严重制约了公路交通事业的可持续发展。为切实增强普通收费公路还贷能力,拓宽农村公路建设筹融资渠道,省交通厅积极争取省政府支持,初步建立了全省高速公路、普通公路和农村公路建设统贷统还机制。

一是 2004 年省政府出台了《关于加快交通发展的决定》,明确将国、省干线公路建设贷款和县乡公路建设贷款按政策纳入通行费收费站还贷范围,对县乡公路按公路里程等合理核定投资额度,用通行费收入偿还。

二是 2005 年省政府建立了政府还贷高速公路和一般收费还贷公路的统贷统还制度。

三是 2006 年省政府明确对经批准的农村公路建设贷款实行统贷统还政策。

二、实施建设管理新模式，规范企业投资项目管理

“十一五”时期，全省高速公路招商项目达14个约960公里。为保障高速公路招商项目顺利健康发展，省交通厅在建设管理实践中不断摸索经验、汲取教训，坚持依法行政，努力实现由招商数量型向招商质量型转变，逐步规范企业投资项目管理。

（一）建立完善“业主负责、政府服务、行业监管、依法行政”的建设管理新模式

2004年，针对企业投资项目政企不分、责任不清、监管不力等突出问题，省交通厅根据《中华人民共和国行政许可法》、《国务院关于投资体制改革的决定》、《收费公路管理条例》等法规精神，经省委、省政府同意，决定对企业投资项目实施“业主负责、政府服务、行业监管、依法行政”的建设管理新模式。

按照新的建设管理模式，省交通厅顺利回撤了随岳南、大广北、武荆高速公路等8个招商项目筹备组的交通干部职工，实现了政企分开。为进一步理顺政府与投资商的关系，省交通厅修订完善了《特许权协议》规范文本，报省政府审批，依法与投资商严格按规范文本签订了《特许权协议》，促使投资商增强了投资建设、运营管理的积极性和责任心，交通主管部门加大了对企业投资项目的行业监管力度，有力保障了企业投资项目健康有序发展。

（二）建立投资商退出机制，保障高速公路建设正常进行

由于投资商的资金实力、工程管理能力、环境协调能力等参差不齐，缺乏成功经验借鉴，部分高速公路招商项目进度、质量控制等不能适应全省交通发展的要求，中途退出、工程瘫痪、工期延误、质量失控等现象时有发生。为确保省委、省政府“十一五”高速公路建设目标如期实现，省交通厅坚持依法依规，建立了投资商退出机制，先后妥善解除了杭瑞、武英高速公路和荆岳长江大桥的投资意向，并及时

争取交通部给予了项目投资。对经双方确认的审计单位审计后的投资商先期投入的项目前期工作资金,以及对已经用于项目前期工作的费用,由省交通厅全额支付给投资商;余下部分以及银行存款利息,由投资商抽回。项目前期工作的全部成果,由投资商移交给省交通厅。对由于投资商出现了重大违约行为,严重影响项目建设的,省交通厅根据《特许权协议》规定,积极主动与投资商进行沟通、协调,坚持依法依规,与投资商协商解除《特许权协议》。

(三)积极试行政府投资项目代建制,培育交通建设力量

在深化企业投资项目建设管理体制改革的同时,省交通厅对政府投资的高速公路建设项目积极试行"项目代建制",研究拟定了《湖北省高速公路建设项目代建制管理办法》和《湖北省高速公路建设项目代建合同(规范文本)》,由省高速公路集团负责武汉至英山高速公路的具体建设任务,努力推进高速公路集约精细化管理。

(节选自2007年湖北交通工作汇报)

湖北航运发展的现状及未来

尊敬的主席先生，女士们，先生们，大家好！

Mr. Chairman, ladies and gentlemen, good afternoon!

我非常高兴来到美丽迷人的瑞典，参加2007斯堪的纳维亚海事论坛。

I am pleased to be here in such a beautiful and attractive Uddevalla city of Sweden to attend the Maritime Partenariate Scandinavia 2007.

我代表湖北省人民政府、湖北省交通厅对论坛的召开表示热烈祝贺。

On behalf of the Government of Hubei Province, The Communications Department of Hubei Province, I would like to extend my warm congratulations to the opening of this Partenariate.

对论坛组委会为此次论坛所做的精细安排，表示谢意。

I also would like to extend my sincere thanks to the Partenariate host organizations for their considerate arrangement for the participants.

借此机会，我简要介绍一下湖北航运和海事企业的发展现状及未来发展机遇。

I would like to take this opportunity to briefly introduce the current status and future perspective of development of waterways transport and the shipbuilding industry in Hubei Province.

一、湖北在中国水路交通格局中的战略地位

The strategic position of Hubei Province in national waterways trans-

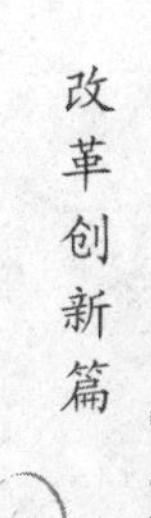

port system of China.

湖北省位于长江中游，中国的腹地，面积 18.59 万平方公里，人口 6 000 多万。

Hubei province is located at the middle reach of the Yangtze River in Central China. It has an area of 185,900 km^2 with a population of 60 million.

湖北历史悠久，是中华民族和中国古代文化的发祥地之一。

Hubei Province has a long history and is one of the birth – places of ancient Chinese people and Chinese culture.

在郧西、长阳等地发现的古人类化石，证明几十万年前这里就有人类生息。

It has been proved by the discovery of ancient human fossils in Yun'xi and Changyang counties in Hubei province that human beings existed in Hubei province more than hundreds thousands years ago.

湖北省在中国的交通运输格局中处于十分优越的中心位置，具有"得天独厚、得中独厚、得水独厚"的交通区位优势。

Hubei province enjoys a superior and central positions in the overall comprehensive transport system of China. Hubei province enjoys many transport advantages for its natural condition, geographical locations and water resources.

省会武汉是我国中部地区、长江中游地区的特大中心城市，水、陆、空交通十分发达，素有"九省通衢"之美称。

Wuhan, the provincial capital city, is a super – big city in central part China and the middle reach of the Yangtze River. It has a nickname of "the thoroughfare of nine provinces" because of its convenient land, water and air transport condition.

在全国水路交通布局中，湖北地跨长江和汉江两大水系，具有十分重要的战略地位。

Hubei province has a very important strategic position in national inland waterways transport system because it crosses Yangtze River and Han River water system.

湖北省共有通航河流 229 条，通航里程 8 385 公里，居全国第六位。

There are 229 navigable rivers in Hubei province with a total navigation length of 8 385 km, ranking the sixth in China.

世界第三大河，中国第一大河的长江，既是中国唯一贯穿东、中、西部的水路交通大通道，也是我国内河水运最发达、运输规模最大和最为繁忙的通航河流，被称为中国的“黄金水道”。

The Yangtze River is the longest river in China and the third longest river in the world. It is the main inland waterways transport corridor that goes across China from west to the middle and to the east. It is also the most advanced and busiest inland navigation river with the biggest transport volume. It is called the “Golden Waterways of China”.

长江在湖北境内里程为 1 038 公里，占长江干线航道的 36%。

The Yangtze River flows through the territory of Hubei province with a length of 1 038 km which takes up 36% of the whole length.

除长江外，湖北省境内的汉江和江汉运河均为国家规划的水运主通道。

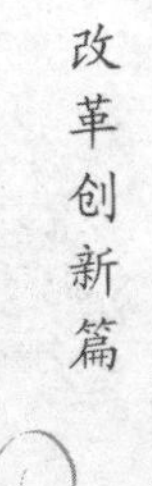

Besides the Yangtze River, the Han River and the Jianghan canal which are located in Hubei province are also planned as the National Trunk Waterways.

湖北现有港口 51 个，其中武汉、宜昌、荆州、黄石等 4 个主要港口均为国家规划的长江内河主要港口。

There are 51 river ports in Hubei province. Wuhan, Yichang, Jingzhou and Huangshi ports are classified as the key Yangtze River port by Chinese Central Government.

中国政府以及湖北省政府历来高度重视水运基础设施建设及海事企业发展。2005 年 11 月中国政府专门召开了“合力建设黄金水道,促进长江经济发展”的高层会议。

The Government of China and the Government of Hubei Province attach high importance to the development of the waterways transport and the related industry. In November 2005, the Government of China held a high - level national meetings with the topic “Integrate efforts to build the golden waterways to promote the economic development along the Yangtze River”.

2006 年 3 月湖北省召开了“合力加快港航建设,促进沿江经济发展”工作会议。

In March 2006, The Government of Hubei Province held a high - level working conference on the topics of “Integrate efforts to speed up the construction of ports and waterways to promote the economic development along the river”.

水路运输这一古老的运输方式正以其运量大、能耗小、成本低、占地少、污染轻的独特优势不断焕发出新的活力,为促进长江经济发展作出了积极贡献。

As an old transport means, the waterways transport is getting a new life and making positive contributions to the economic development along the Yangtze River due to its virtues of heavy transport volume, low cost, energy - saving, less land occupation and less pollution.

2006 年底,湖北省海事企业达到 366 家,船舶总运力达到 336.2 万载重吨,其中长航集团 106.2 万吨。

By the end of 2006, there are 366 waterways shipping enterprises in

Hubei Province with the total ship tonnage of 3. 36 million ton, among them China National Yangtze River Shipping (Group) Corporation owns 1. 06 million tonnage.

湖北共有船舶工业企事业单位337家,其中,既有一批以武昌造船厂、青山船厂、武汉船用机械厂、宜昌柴油机厂等为代表的现代造船企业和重点船舶配套企业。

There are 337 shipbuilding and ship accessory manufacture enterprises in Hubei such as Wuchang shipyard, Qinshan shipyard ,Wuhan factory of ship machinery and Yichang diesel engine factory.

湖北也拥有一大批以中国舰船研究设计中心、武汉第二船舶设计研究所、武汉理工大学、华中科技大学等为代表的国家级研究所和重点高校,还有以武钢为代表的船用材料生产企业。

Hubei Province has a number of national – level institutes and key universities for shipbuilding research and development such as China Ship Design & Research Center, The Second Ship Design Institute of Wuhan, Wuhan University of Science and Technology, Central China University of Science and Technology. Hubei Province also has a number of shipbuilding material manufacturers such as Wuhan Steel & Metal Complex.

据不完全统计,与2005年相比,2006年湖北船舶工业规模以上企业完成工业总产值增长21%。

According to uncompleted statistics, the total industry product value finished by shipbuilding industry in Hubei increases by 21% in 2006 compared to 2005.

2006年湖北船舶工业出口创汇增长2倍;造船完工量增长37%;新承接船舶和新承接出口船舶订单分别增长107%和103%,船舶工业发展势头强劲。

In 2006, the shipbuilding industry doubled its foreign currency earnings by expanding exports. The completed shipbuilding increased by 37% , The domestic and oversea shipbuilding orders increased by 107% and 103% respectively.

湖北已成为我国内陆重要的船舶工业基地,成为集科研、设计、教育、制造、配套、材料为一体的船舶综合实力强省之一。

Hubei Province has become an important shipbuilding base in inland China. It is also one of the leading provinces in China in the shipbuilding field in term of research and development, design, education, accessory and materials.

二、进一步发挥湖北港航海事企业发展的优势

Further explore the advantages of waterways transport and shipbuilding industry of Hubei Province.

随着经济规模的进一步扩大和运输需求的持续增长,进一步加快海事企业发展,充分发挥航运优势是中国实现可持续发展的必然选择。

With the rapid economic development and the demands for transportation continually increases, it is the inevitable option for China to further explore the advantages of waterways transport to realize its sustainable development.

这对有效缓解资源、环境的压力,推进工业化城市化进程,促进区域经济融入国际市场具有十分重要的作用。

By doing so, it will be significant for effective relieving the resources and environment pressures, promoting the industrialization and urbanization process, and helping integrate the regional economy into the international market.

"十一五"时期,为更好地服务经济社会发展,湖北省将立足长

远，科学谋划，全面推进“湖北水运振兴工程”，着力打造“干支相联、通江达海、港航配套、功能完善”的航运体系。

Hubei Province will implement the "Waterways Transport Revitalization Project of Hubei" during the" 11th five - year plan" to build a comprehensive waterways system in the province with the aims of "connecting the trunk waterways with the branch waterways, connecting the inland waterways with the coastal waterways, upgrading the ports to match the development of waterways".

到2010年，湖北省将基本实现“航道网络化、港口机械化、船舶标准化”的目标，即：

Hubei Province will basically achieve the goals of " waterways with network, ports operation with full machinery and ship with standardization" by the year of 2010:

以“三主一江一网”的高等级航道为骨架，干线畅通、干支直达的航道体系基本形成；

With the high - grade waterways as backbone, which includes "three majors, one rive and one network", the waterways system will be completed with a smooth connection between trunks and branches;

以武汉港为核心，功能完善、布局合理的武汉航运中心基本形成；

With the Wuhan port as core, the Wuhan waterways shipping center will be completed with comprehensive functions and reasonable layout;

以船型标准化为重点，结构优化、相互衔接的专业化运输体系基本形成。

With the ship standardization as a key work, the professional waterways shipping system will be completed with the optimized ship fleet and shipping structure.

到2010年,努力打造"三个基地,一个中心,两个产业链",实现我省由船舶大省向船舶强省的跨越。即:

Hubei Province will complete the building of " Three bases, one center and two industry chain" to realize the transition form a big province to a strong province in the field of shipbuilding industry by the year of 2010:

以武昌造船厂、青山船厂、宜昌船厂和武汉南华高速船舶工程股份有限公司为主体的特种船建造、出口基地;

The first base is the special – type ship building base for export with the Wuchang Shipyard, Qinshan Shipyard, Yichang Shipyard and Wuhan Nanhua High – Speed Vessel Engineering Company as the core;

以武汉船用机械有限责任公司、武汉重型铸锻有限责任公司、宜昌船舶柴油机厂和湖北登峰换热器有限公司为主体的船舶配套基地;

The second base is the ship machinery and accessory manufacture base with the Wuhan Marine Machinery Company, Wuhan Heay Casting Company, Yichang Marine Diesel Engine Factory and Hubei Dengfeng Heat – Exchange Equipment Company as the core;

以中船重工、长航集团在鄂研究院所和船舶专业院校为主体的研发设计和人才培训基地;

The third base is the shipbuilding research, development and training base with the Hubei – based institutes of China Shipyard Industry Corporation, China Yangtze River Shipping Group Corporation and some key universities as a core;

以上述三个基地为依托的船舶产、学、研中心,在强化船舶主链的基础上,形成船用配套产业链和船舶服务产业链。

The ship machinery and accessory industry chain and the ship service industry chain will be established supported by the above "three bases and one center".

今后几年以至更长时期，湖北将不断提高经济的一体化和国际化程度，将进一步加强与欧洲乃至世界经济的融合，共同加快港航海事、船舶制造业的发展。

In the future, Hubei province will continuously raise its level of economic globalization, further integrate its economy with the world's economy, further expand its exchange and cooperation with the outside world in the field of waterways shipping and shipbuilding industry.

女士们，先生们，湖北省与斯堪的纳维亚地区在海事等交通领域长期保持着良好的合作关系。挪威、瑞典和丹麦在航运技术和管理等方面的成功经验，对于促进湖北航运发展具有重要的借鉴意义。

Ladies and gentlemen, Hubei province maintains a good and long-term cooperative relationship with Scandinavia region in the maritime field. The successful experiences of technology and management in waterways shipping and marine industry of Norway, Sweden and Denmark will be good reference for Hubei province in developing its waterways shipping and marine industry.

去年5月，湖北同挪威泰勒玛克郡正式签订了建立友好省郡关系协议。

Last May, Hubei province signed a friendship agreement with the Telemark province of Norway.

此次论坛，又进一步密切湖北与斯堪的纳维亚地区的学习与交流。

This partenariate will further enhanced the exchange and friendship between Hubei Province and Scandinavia region.

今年6月，我们期待着挪威泰勒玛克郡郡长赫尔格森女士率政府

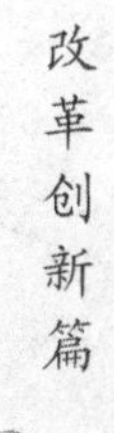

代表团访问我省。我们衷心希望并相信双方的交流将会有更多实质性的进展,一定能够实现双方共同发展之目标。最后,预祝本次论坛取得圆满成功。

谢谢!

We are looking forward to the visit by the Mayor Helgesen and her delegation of telemark province of Norway this June. We wish to further expand our exchange and cooperation to realize our common development. Wish the partenariate a complete success!

Thank you all!

(在"2007 斯堪的纳维亚海事论坛"上的发言)

发展黄金水运

水运既是国民经济的基础性产业，也是服务性行业。我们要紧紧抓住国家、省和武汉城市圈经济发展战略转型的历史机遇，不断深化认识新时期水运发展的阶段性特征，加快推进水运由传统产业向现代服务业转型的进程，发展黄金水运，努力实现水运科学发展。

一、进一步发挥比较优势，着力提高水运在流域综合运输体系中的地位

在综合运输体系中，各种运输方式都各有特点和优势，需要协调发展，发挥比较优势，“宜水则水、宜陆则陆”。大力发展水运，充分发挥运能大、占地少、能耗小、污染轻、成本低的突出优势，是贯彻落实建设资源节约型、环境友好型社会战略部署和发展现代交通业的重要举措，是构建综合交通运输枢纽、实现可持续发展的必然要求。我省水运发展的潜能巨大。

二、必须加快推进我省水运行业结构调整和产业升级，大力发展现代航运业，着力提高水运服务能力

推进水运向现代服务业转型，必须大力加快水运基础设施建设，大力推进信息化与传统水运业融合，加快构建水运综合服务信息系统，为行业转型和水运现代化发展提供有力的技术支撑；必须加快水运结构调整，大力发展水运现代物流，着力提高水运质量和效益；必

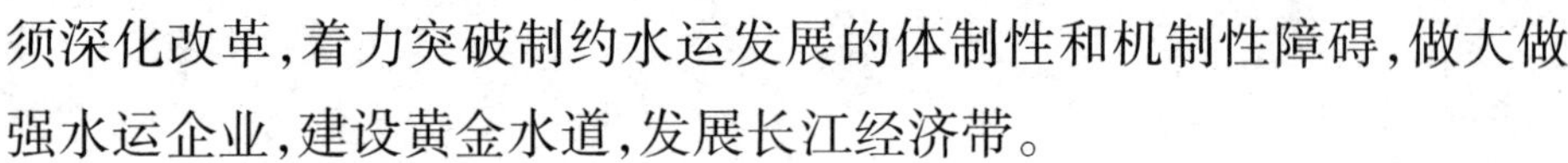

须深化改革，着力突破制约水运发展的体制性和机制性障碍，做大做强水运企业，建设黄金水道，发展长江经济带。

三、必须坚持以人为本，着力提高水运安全保障能力

要坚持“安全第一”，强化安全生产管理和监督，有效遏制重特大安全事故；要始终保持清醒头脑，加大安全投入，加大落实力度，确保湖北水运科学发展、安全发展！

（节选自2008年在全省港航海事工作会议上的讲话）

湖北交通发展的最大潜力是水运

湖北是千湖之省、水运大省。湖北交通发展的最大潜力是水运，湖北交通发展的最大短板是水运，湖北交通发展的最大亮点是水运。进一步解放思想、改革创新，敢于负债、敢于负重，抢抓机遇、乘势而上，真正以超常规、超常态的思路和举措抓水运，以时不我待、只争朝夕的精神抓发展，以人生能有几回搏的激情抓创新，始终坚持水陆并举的科学交通发展观，坚决破除“三种意识”，树立“三种观念”、推动“三个转向”，以思想大解放促进湖北水运大发展。

一是坚决破除小富即安、小进则满的思想，牢固树立永不懈怠、争创一流的观念。近年来湖北水运加快发展，取得了明显成绩。但从沿江省市的水运发展情况看，我省水运发展面临着“两头强、中间弱”的严峻态势，特别是与上海、江苏、重庆、安徽等省市的差距仍呈拉大之势。“十一五”江苏省明确提出打造水运强省的目标；重庆市明确要建成重庆长江上游航运中心。从安徽水运发展看，其航道里程没有湖北长，境内长江400多公里（湖北1 061公里），内河航道通航里程5 596公里（湖北通航里程8 385公里），但其港航建设投资规模、港口吞吐量、船舶运力都明显较湖北发展快。湖北作为水运大省，必须清醒看到自身的差距，坚决破除小富即安、小进则满的思想，瞄准先进、奋力拼搏、把握机遇，乘势而上，全力加快港航基础设施建设步伐。

二是坚决破除因循守旧、墨守成规的思想，牢固树立勇于创新、敢于担当的观念。湖北水运落后于周边省市,一个重要的原因就是开放不够、创新不力、力度不大。安徽、江西两省经验值得学习、借鉴。比如安徽省为解决水运建设资金严重不足的问题,在港航建设投资体制方面率先进行了一系列的改革创新:①组建港航建设投资公司,搭建港航建设融资平台。经安徽省人民政府批准,按照“盘活存量资产、搭建融资平台、改革投资体制、创新发展模式”的原则,组建了安徽省港航建设投资集团公司,建立了港航建设投融资平台,主要从事港口、航道、船闸等港航基础设施的建设、投资与运营管理以及综合物流业,通过采取与相关企业组建股份制公司等形式进行合作,地方政府给予土地、税费和财政资金等优惠政策,开工建设了一大批港航项目,激活了水运快速发展。江西省将南昌港作为试点,拟推行地主型港口开发建设模式。②探索收费航道建设模式,实行资源捆绑开发。安徽省拟按“自行建设、自行筹资、自行收费、自行还贷”模式对合裕航道试行收费航道建设,探索收费航道建设模式。江西省拟对黄砂资源丰富的赣江航道,开展收费航道建设试点。③出台船舶抵押贷款政策,畅通船舶运输企业融资渠道。为支持运力发展,安徽省由船舶公司、保险公司、担保公司、银行签订四方协议,建立了船舶抵押贷款政策,极大地促进了船舶企业发展。为了加快湖北新一轮水运发展,交通港航部门必须破除因循守旧、墨守成规的思想,牢固树立勇于创新、敢于担当的观念,在学习借鉴外省市成功经验的基础上,结合我省实际,大胆创新、大胆改革,对“五自”航道、地主港、捆绑开发等模式进行积极探索,力争有新的突破。

三是坚决破除内陆意识、小码头情结,牢固树立开放包容、敢于竞争的观念。我省水资源十分丰富,长江有相对优良的岸线资源,汉江有丰富的水电水利资源,梯级开发可以新增土地资源,有些支流有丰富的黄砂资源。武汉至黄石一线的长江沿线钢铁走廊,武汉至十堰一线的沿汉江汽车工业走廊,武汉至宜昌一线的沿长江化工走廊初步形成，襄樊、宜昌两个省域副中心城市发展势头强劲，枝城、襄樊、武汉三个配煤中心依水而建，必将对水运产生巨大运输需求。但我省水运的发展、水资源的综合利用还比较落后，缺乏开发开放意识，缺乏创新性、竞争性，没有把资源优势变为经济优势、水运优势。交通港航部门必须坚决破除内陆意识、小码头情结，牢固树立开放包容、敢于竞争的观念，抓住机遇，克难奋进，求真务实，干事创业，让湖北水运振兴发展，更好地服务于长江经济带开发开放。

在此基础上，交通港航部门必须进一步树立合力建设、综合开发、以港兴城、以水兴城的新理念，努力推动"三个转向"。

一是由"以交通港航部门为主办水运"转向"政府社会合力办水运"。对列入规划的港航建设项目，鼓励以地方政府为主体组建项目业主，实施招商引资和建设，省给予一定资金补助，进一步推动"部门办交通"为"社会办交通"。

二是由"单一建设"转向"资源捆绑、综合开发"。大力推广赤壁市陆水节堤航电枢纽工程项目开发模式，通过置换、划拨土地等与港口、枢纽、航道进行捆绑开发，多种形式筹集建设资金。

三是由"以部省投资为主"转向"多元化筹资"。对列入规划的港航工程项目，要像高速公路建设那样大力实施招商引资；充分发挥交通企事业单位投融资功能，以崔家营航电枢纽优良资产为依托，合理确定上网电价，搭建省港航建设投融资平台，实现滚动发展。

（节选自2008年在加快湖北水运发展推进会上的讲话）

燃油税改革要研究“六大重点”

实施燃油税费改革,取消养路费等“六费”和政府还贷二级公路收费,是党中央、国务院作出的重大改革举措,有利于减轻社会负担,有利于扩大内需、刺激经济增长,有利于规范政府收费行为;也是促进交通可持续发展面临的新的重大挑战和历史机遇,有利于转变交通职能,有利于回归公路公益属性,有利于交通党风廉政建设。各级交通部门必须坚决拥护,坚决按照国务院和省委、省政府的统一部署实施。由于这项改革事关湖北省交通发展全局,事关改革大局,事关稳定大局,要确保改革顺利推进,必须重点研究和解决好“养护、化债、发展、人员、职能和稳定”等六大问题,为“费改税”在全省顺利实施打下坚实基础。

一、关于交通基础设施养护管理保障问题

建设是发展,养护管理也是发展,而且是可持续发展。实施燃油税改革,必须首先确保交通基础设施养护管理所需经费落实到位。根据方案,国家将通过燃油税替代养路费等六费基数的分配,确保地方所需资金落实到位,保证地方既得利益不受影响。但要真正保障资金需求落实到位,关键在于两个问题。

一是基数问题。据了解,“燃油税”改革方案是以2007年各地“六费”收入数为基数。“六费”中湖北省只有“五费”,无水运客货运附加费,也没有包括我省出台优惠政策减免的费收额度及企业、车

(船)主欠缴等费收额度。因此,在确定基数时应按全省实际车辆和吨位计算,并考虑水路客货附加费收入等因素,否则,会造成全省纳入燃油税改革范围内的规费收入基数偏小。

二是替代性分配的增长问题。从湖北省交通规费征收实际看,每年均有较大幅度的增长比例。这种自然增长幅度会随着国民经济的发展、汽车保有量的增加还会持续稳定地增长。因此,在确定替代性分配基数时,必须按照一定的比例考虑替代性分配的增长因素。

二、关于二级公路债务化解问题

“贷款修路、收费还贷”政策对促进公路交通发展起到了极为重要的作用。湖北省的高速公路、一二级公路主要是得益于收费公路政策发展起来的。但在促进交通快速发展的同时,交通部门也背负了沉重的债务,特别是普通收费公路普遍收不抵息,加之社会上要求撤站的呼声较高,对交通发展带来巨大压力。

此次国家在开征燃油税的同时取消政府还贷二级公路收费站,势在必行、人心所向。但要落实好这一艰巨任务,关键在于省市县各级地方政府和金融机构的大力支持。国家决定,在新增税收收入中每年安排一定规模的资金,按照地方为主、中央补助的方式,专项用于逐年解决公路债务、人员安置、养护管理和公路建设等问题,3 年内基本完成人员安置工作,6 年内还完贷款。鉴于中央资金只是补助性质,解决公路债务的主体还是省市县各级地方政府,地方政府必须将中央分配地方的增量资金优先安排用于还贷,每年安排一定规模资金专项用于解决普通公路贷款本息,以着力化解二级公路债务问题。

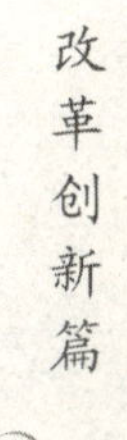

三、关于普通公路和港航建设加快发展问题

计入“燃油税”改革的“六费”,不仅是地方交通建设、养护和管理的主要资金来源,也是湖北省“贷款修路、收费还贷”政策的重要基础。为加快交通发展,湖北省交通部门放大了“六费”的作用,将其作为35%的资本金,取得65%甚至更大比例的银行贷款用于交通建设。取消了“六费”和二级公路收费,地方交通发展的筹融资平台将受到直接影响,普通公路的建设、养护将面临严峻形势,湖北省“以陆补水”的政策将不能延续,若没有新的交通筹融资政策出台和政府投资的长效机制建立,省委、省政府确定的交通建设任务和“十一五”交通发展目标将无法完成和实施。

目前正值国家要求加大基础设施建设、拉动内需的关键时机,进一步加快湖北省交通建设的任务十分艰巨。在取消“六费”和二级公路收费政策的新形势下,要实现交通发展既定目标,在积极争取中央加大投入的同时,必须进一步加大地方财政资金支持力度,必须进一步研究创新地方交通发展的筹融资平台,以建立支持普通公路发展的长效政策。否则,省政府加快交通发展的新目标难以如期实现。

四、关于妥善安置相关人员问题

妥善做好相关人员的安置工作,是推进燃油税费改革,撤销政府还贷二级公路收费站点的前提,也是关系改革方案能不能顺利实施的重大问题。国家明确要求,在养路费等六费取消后,相关人员必须全部妥善安置,在当前的经济和就业形势下,不能推向社会,增加社会就业压力。

目前,纳入费改税范围的费种中,征稽部门负责公路养路费、公路客货附加费征收,运管部门负责公路运管费征收,交管站负责拖拉机养路费及拖拉机运管费征收,港航部门负责航道养护费、水路运管费征收。由于历史原因,湖北省交通规费征收部门人员,特别是地方交通部门的派出机构——交管站人员超编严重。根据国家方案,公路征稽部门、港航部门、公路收费站人员可以通过税务部门分流、带编制划转公路局及公路、运管、港航部门内部转岗等方式进行安置,具体由省政府组织交通、编制、财政和税务等部门负责落实。但方案中并未明确交管站人员改革、安置问题。根据省委、省政府文件精神，县市委书记是改革的第一责任人。推进交管站改革，必须紧紧依靠地方党委、政府的领导和支持。由于交管站人员全部由地方政府负责，如何确定纳入"燃油税"改革范围的比例，应进行认真研究。

五、关于交通部门职能转变问题

实施燃油税改革，对交通部门既是挑战，更是机遇。随着费改税后交通部门规费征稽职能的取消，各级交通部门必须及时转变观念、调整职能、深化改革，建立与事权相匹配、科学高效的交通行政管理体系。一是进一步深化交通建设投资管理体制改革，真正变"部门办交通"为"政府办交通"，以财政投入为主加快交通建设，确保全省交通发展规划目标的实现。二是要建立交通税费投资新管理机制，真正做到"资金跟着项目走、项目跟着规划走"。三是要建立交通建设养护预算管理新机制，实行分级管理、科学预算。

六、关于改革中的稳定问题

改革方案中，明确了对农田作业、渔业捕捞、城市公交、林业、农村道路客运给予补偿，对长途客货运、出租车等用油大户增加的负担未予考虑。随着国内个别城市出租车行业出现的不稳定现象，我省的个别地区也出现了局部的出租车问题。这些事件已经向交通部门发出了强烈的信号，必须高度重视交通行业的改革稳定问题，必须重点排查、及时消除各类隐患，预防社会矛盾激化，提高妥善应对突发事件的能力，确保改革顺利实施。

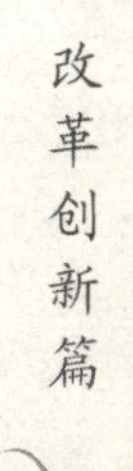

（节选自2008年在全省运管征稽工作会上的讲话）

收费公路管理实践与思考

根据《中华人民共和国公路法》和《收费公路管理条例》有关规定,省交通运输厅坚持依法治交、依法行政,着力理顺高速公路管理体制,完善收费公路运行机制,规范招商项目建设管理,并进行了一些探索和实践。

一、加强和改进收费公路管理的主要做法

第一,建立集中统一的高速公路管理体制。按照"高速公路管理无特区"、"投资主体可以多元化,管理必须集中统一"的精神,就高速公路集中统一管理进行了深入调研和实践。一是组建管理机构。在认真学习借鉴兄弟省市高速公路管理的经验基础上,争取省编委批准设立了省交通运输厅高速公路管理局(省交通厅高速公路路政执法总队,一门两牌)承担全省高速公路费收、路政、养护、资产、投资等行业管理职能。二是公路属性复位。将政府性投资的高速公路项目纳入全省收费还贷公路实施统一管理,对全省高速公路管理机构进行了统一更名,设立了6个高速公路管理处。三是明晰资产管理。对凡属政府投资形成的资产以及债权债务全部移交给省高速公路管理局,作为行政事业性资产进行管理。

第二,建立企业投资项目"委托管理"模式。企业投资项目在湖北高速公路建设格局中占据了半壁江山。为保障高速公路服务的规范性,省交通厅在实践中不断摸索经验,对新建成通车的企业投资项

目，积极协调投资商，通过签订委托管理合同的方式，由交通部门对民营和社会资本投资建设项目实施集中统一管理，实现了高速公路“多元化投资、一体化管理”的突破，实现了社会公众利益与企业经济效益的“双赢”。

第三，建立普通公路与高速公路统贷统还机制。为切实增强普通收费公路还贷能力，拓宽农村公路建设筹融资渠道，积极争取省政府支持，初步建立了全省高速公路、普通公路建设统贷统还机制。2004年省政府出台了《关于加快交通发展的决定》，明确将国、省干线公路建设贷款和县乡公路建设贷款按政策纳入通行费收费还贷范围，对县乡公路按公路里程等合理核定投资额度，用通行费收入偿还。2005年省政府建立了政府还贷高速公路和政府还贷普通公路的统贷统还制度。

第四，探索破解社会反映强烈的普通收费公路撤站难题。按照“只减不增、先行试点、逐步推开”的原则，省交通厅以武汉城市圈普通公路收费站撤并整合为试点，积极加强与地方政府的沟通协调，探索通过政府回购等方式撤销公路收费站，降低公众出行成本，解决债务和人员安置等问题。

二、关于收费公路管理的思考和建议

第一，支持通过政府回购等方式减少普通公路收费站点，并给予相应的公路建设养护资金支持。通过安排中央车购税建立地方撤站还贷补助资金，与地方财政预算资金形成合力，解决债务偿还、人员安置及公路养护等问题，支持地方政府通过回购方式解决撤并收费站点难题。用足用活“统贷统还”政策，允许地方将拟撤站的普通公路债务捆绑到高速公路上，通过研究出台支持政策，化解普通公路债务压力，降低国省干线出行成本。

第二，从严控制经营性收费公路，切实保障和体现公路的公益

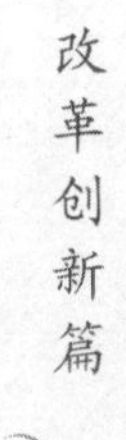

性。加强落实收费公路管理条例的监督检查,特别要加强对将政府还贷公路改变为经营性公路行为的监督,避免国有交通资产游离于交通行业监管之外,避免公路优质资产的衍生效益不能用于公路行业自身的还贷和滚动发展。对未依法转让收费权,将政府还贷公路按经营性收费公路进行管理的,加大清理和属性复位力度,推进高速公路的集中统一管理,强化行业监管职能。明确提出收费公路发展应当坚持"以不以营利为目的的政府还贷公路为主,从严控制经营性收费公路"原则,以还收费公路公益属性本来面目。对国家规划的骨架高速公路和长江大桥等国家战略性资源,制订积极的投资政策,支持和鼓励地方按政府还贷项目的方式组织建设,以保证国家对战略性资源的绝对控制地位,维护国家和社会公共利益。

第三,进一步明确"统贷统还"政策的具体规定,使之具有可操作性,以促进公路交通事业可持续发展。《收费公路管理条例》中关于省级人民政府交通主管部门对本行政区域内的政府还贷公路可以实行"统一管理、统一贷款、统一还款"模式的规定,有效地解决了普通收费公路特别是贫困地区收费公路还贷能力差等突出矛盾,对提高政府还贷公路的综合还贷能力,对推进普通收费公路撤并调整具有极大的促进作用。但这一政策与《收费公路管理条例》中收费年限期满必须终止收费、政府还贷公路还清贷款的必须终止收费等规定存在一定的矛盾。为真正落实和用足用活"统贷统还"政策,充分发挥其效应,建议对《收费公路管理条例》进行适当修订,使之更加完善,及时研究制订统贷统还管理办法。

第四,加大政策研究和宣传力度,理清政府还贷公路的负债性质,争取各级政府加大对公路建设的资金投入。从本质上讲,政府还贷公路的负债属于政府性债务,负债的主体和偿债主体均为各级人民政府,理应由政府安排财政性资金负责偿还。建议加强公路公益性和负债财政性的政策宣传,让各级政府和社会各界统一思想、达成共识，进一步加大国家对公路建设的财政性资金投入，加大中央财政补贴，缓解当前交通建设项目资本金严重不足的问题，并在通行费还本付息不足的情况下，用财政性资金进行补充。积极争取各级政府出台政策，将公路沿线土地增值部分用于交通建设，通过置换、划拨土地实施捆绑开发，支持交通发展。

（节选自2008年11月向交通运输部领导汇报时的发言）

全面提升高速公路管理质量效益

经湖北省政府批准,省交通运输厅高速公路管理局(省交通运输厅高速公路路政执法总队)对全省高速公路、长江大桥实行行业管理。这是理顺湖北省高速公路管理体制,推进交通事业又好又快发展作出的一项重大决策部署。全省高速公路广大干部职工要进一步统一思想认识,始终坚持以提高质量效益为目标,积极探索高速公路"投资多元化、管理一体化"的新途径,全面提升湖北省交通管理特别是高速公路管理的质量和效益。

一、坚持集中统一管理,全面提升高速公路管理质量和效益

(一)充分认识实施高速公路集中统一管理的必要性和重要性

第一,加强交通执法和高速公路集中统一管理,是整合各方资源,充分发挥高速公路整体效益的必然要求。自 1991 年武黄公路通车到 2007 年底"九路一桥"建成,全省高速公路通车里程达到 2 365 公里。目前,已建和在建的高速公路,按投资方式和收费形式划分,大体上可以分为四类:政府还贷高速公路(事业法人单位),国有企业和民营资本投资高速公路,转让经营权、合作高速公路,股份制高速公路(上市公司)。高速公路管理作为一项技术面广、科技含量较高的系统工程,对各类硬件和软件配置都有着严格的标准要求,随着高速公路里程不断延伸,如果因为投资管理主体的多元化导致互相封锁、重复建设,势必会造成交通资源的极大浪费。加强高速公路集中

统一管理,有利于充分整合各方资源,充分发挥资源的最大使用效益,有利于加快高速公路自身发展。

第二,加强交通执法和高速公路集中统一管理,是坚持依法行政、依法治路的必然要求。国务院《全面推进依法行政实施纲要》,要求一切行政执法机关和工作人员都必须严格按照法律的规定,在法定职权范围内,充分行使管理国家和社会事务的行政职能,做到既不失职,又不越权。加强高速公路集中统一管理,有助于促进各级路政部门从切实保障道路安全畅通、维护人民群众生命财产安全的目的出发,调和由于经营管理体制不同可能带来的某些执法矛盾,促进政企分开、政事分开,做到执法不缺位、不越位、不失位,有效提高依法行政、依法治交和依法治路的水平。

第三,加强交通执法和高速公路集中统一管理,是实施统一指挥调度,夺取抗灾保畅全面胜利的必然要求。抗雪灾保畅通的实践证明,最有力的保障就是高速公路集中统一管理。根据交通运输部"投资多元化、管理一体化"的指示精神,湖北高速公路实行了企业投资项目"委托管理"新模式和联网管理新机制。全省高速公路不论是企业投资项目,还是地方管理项目,均由省高速公路管理局对其实施统一行业管理和调度,有力保障了全省高速公路抗灾保畅的政令畅通和协调联动。

第四,加强交通执法和高速公路集中统一管理,是提高服务质量效益,树立行业良好形象的必然要求。高速公路作为国家基础设施,具有很强的社会属性和公益属性,与广大人民群众的生产生活密不可分。加强高速公路集中统一管理,有利于通过科学管理手段,有效调节人、车、路等交通三要素的关系和供需状态,营造"安全畅通、便捷高效、法治有序、设施完备、环境友好"的高速公路通行环境,不断提高交通公共服务的质量和效益,树立服务型、责任型交通行业的良好形象。

(二)积极探索规范交通执法和高速公路管理的新途径

第一,对现有政府投资的经营性高速公路和长江大桥进行属性复位。由于历史原因,部分地方的政府还贷收费高速公路和长江大桥实施了公司化改造,已成为经营性收费公路,致使公路优质资产的衍生效益不能用于公路行业自身的还贷和滚动发展。2004 年 9 月 13 日,国务院出台了《收费公路管理条例》,其第 11 条明确规定:“建设和管理政府还贷公路,应当按照政事分开的原则,依法设立专门的不以营利为目的的法人组织。”2006 年 11 月 27 日,交通部印发了《关于进一步规范收费公路管理工作的通知》,要求“对未依法转让收费权,将政府还贷公路按经营性收费公路进行建设管理的,要进行清理和属性复位”。据此,有关单位要抓紧进行现有政府投资的经营性高速公路和长江大桥的属性复位。

第二,对新建成的社会资本投资的高速公路和长江大桥,实行委托管理。荆东、汉孝、荆宜高速公路公司分别与汉十管理处签订了“委托管理协议”,由汉十管理处具体承担收费、养护等管理业务,实现了高速公路“多元化投资、一体化管理”的新突破,从实践看,委托管理新模式进展顺利,效果良好。为了维护高速公路网络的完整性,保障高速公路服务的规范性,进一步实现社会公众利益与企业经济效益的“双赢”,今后,对新建成通车的社会资本投资项目,要继续通过签订委托管理合同的方式,由省高速公路主管部门实施集中统一管理。

第三,对新建成的高速公路和长江大桥,路政总队统一派驻路政机构和执法人员,行使路政管理职能,以维护交通行政执法的严肃性和权威性。

二、深入组织开展劳动竞赛

组织开展劳动竞赛,是确保交通质量效益的重要载体。各高速公路管理单位要结合实际，重点抓好“创优杯”、“安全杯”、“节能杯”和“征稽杯”竞赛，努力实现“养好路、收好费、服好务、保畅通”的目标。

第一，深入开展“创优杯”竞赛。要千方百计做好灾后交通基础设施恢复和养护管理工作。高速公路的灾后恢复由省高速公路管理局负责指导、管理和监督、检查，其中政府投资、收费还贷性高速公路由各高速公路管理部门负责实施；经营性高速公路由各高速公路公司负责实施。要抓住晴好天气，组织开展“春季养护创优杯”竞赛，基本做到雨后路面无积水，边沟排水畅通，路面坑槽修复率100%，路基缺陷修复率100%，路面灌缝率100%，安保工程修复率100%，满足安全行车需要。

第二，深入开展“征稽杯”竞赛。要以科技征费为重点，深入开展以“费收创高、技术创新、服务创优、环境创佳、业务创精、管理创效”等“六创”为主要内容的“征稽杯”竞赛活动，全面完成年度交通费收目标。要按照“满意在费亭、舒适在路途、服务在沿线、安全到终点”的要求，进一步延伸和完善收费站的服务功能，建成集“服务站、信息站、救助站、咨询站”于一体的多功能、综合型收费站，努力为社会提供高质量、高水平的服务。

要进一步加强资金监管和审计监督，按照“及时清缴、定期查对、不留余额”的要求，强化交通规费收入、路产赔偿收入等资金管理，认真开展“特权车”、“人情车”清理，完善制度，堵漏增收；对截留、挪用和违规使用资金等行为，发现一起，查处一起。

第三，深入开展“节能杯”竞赛。要认真学习宣传、全面推广“王静工作法”，开展“学习王静工作法、争做王静式标兵”活动，坚持以人为本、安全优质；以车为本、节能降耗；以质量效益为本、自主创新，确保高速公路附属区污水处置率达80%，新建高速公路声环境达标率达88%。

第四,深入开展“安全杯”竞赛。要集中精力、集中资金抓好危桥改造工程,确保用一年时间完成高速公路病危桥的加固改造。要切实加强病危桥安全管理,落实安全防范措施,完善限载限速等标志标牌,安排专人昼夜管护,严格超载超限车辆治理,严禁车货总重超过55吨的车辆上桥行使,严防发生桥垮人亡恶性事件,杜绝因管理部门失职造成一次死亡10人以上的特大责任事故。

(节选自2008年在全省交通执法暨高速公路路政管理工作会上的讲话)

坚持勤政廉政　确保资金安全

提高执行力,关键在于抓落实。交通财务费收管理工作是事关交通发展的重要基础性工作,加强交通财会队伍建设,对促进交通又好又快发展至关重要。

一、从转变作风入手抓落实,扎实推进财务费收工作

各级交通部门要提高认识,将财务费收工作作为本单位本部门一项十分重要的基础保障工作,切实抓紧抓好抓实。要实行目标责任制,按照分级负责的原则,各司其职,各负其责,一级对一级负责。要实行分工负责制,各单位分管财务费收工作的领导,要切实履行职责,坚持原则、敢抓敢管,扎实推进财务费收工作。要坚持调查研究,转变作风深入一线,了解基层财务费收工作情况,及时解决实际问题。要加强协调沟通,争取财政、审计、公安交警等有关部门的理解支持,和谐共建,努力营造良好的外部环境。

二、从规范管理入手抓落实,确保交通资金安全运行

各级交通部门要加强制度建设,根据当前的新情况新问题,对原有制度、办法进行修订和完善,需要重新制定制度、办法的,要尽快研究制定。要加强审批管理,按照“资金跟着项目走,项目跟着规划走”的要求,加强对各项交通资金、信贷资金的审批,防止资金的使用游离于监管之外,防止计划外贷款和随意贷款。要加强过程控制,坚持重大资金使用的集体决策制和部门共同审核制,防止个别人擅自动用、挪用交通

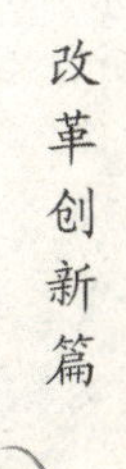

资金。要加强效益评价,加强对交通资金使用情况的追踪检查和效益评价,促进交通资金的合理使用,降低财务成本。要坚持报告制度,必须做到重大财务事项第一时间向省厅报告;需事先审批的事项,必须经批准后方可实施,不得擅自决策和随意决策。

三、从依法理财入手抓落实,规范财务费收管理行为

各级交通部门要加强银行账户管理,凡未经财政部门批准的银行账户,一律取消,否则视同“小金库”处理;单位所有收支都必须全部纳入单位财务部门统一核算和管理,不得设置“账外账”,不得游离于单位财务部门的监管之外。要加强票据管理,坚决取消“手工票”,严肃查处私印票据、私卖废旧票、回笼票,防止私吞、挪用票款等行为。要加强收入管理,各项收入均应按照“及时清缴、定期查对、不留余额”的要求,及时、全额上缴。对瞒报、截留、挪用收入等行为,要坚决予以严厉查处。要加强预算管理,按照财政四项改革和交通分级预算管理的要求,进一步建立和完善依法理财“四个机制”,进一步增强预算管理意识,切实做到“无预算不开支”。

四、从廉政勤政入手抓落实,提高财会人员的综合素质

各级交通部门要加强财会人员的廉政教育和素质建设,通过正面教育、反面警示等形式,促使财会人员树立正确的人生观、价值观、理财观;要加强对财会人员任用的审核管理,各单位财务负责人和主管会计人员的任免,应征求上级财务、监察部门的意见。要加强会计基础工作,通过组织厅直单位会计基础工作大检查,进一步规范交通会计行为。要加强会计人员培训,继续依靠会计学会的力量组织交通财会人员培训,学习专业、研究案例、交流经验,进一步加强交通财会人员的执行力建设,进一步提高全省交通财会队伍的综合素质。

(节选自2008年在全省交通财务费收工作座谈会上的讲话)

公路学会工作要实现“六个突破”

通过选举，产生了省公路学会新一届理事会。新班子承上启下，将承担起更加光荣而艰巨的使命，必须把握新机遇，迎接新挑战，开创新局面，实现新突破。

一、在明确自身定位上取得新突破

公路学会和其他许多社会组织一样，是社会转型中产生的一种社会组织，它为科技工作者有序参与社会活动，更好发挥作用提供了有效途径，不是一个单纯的学术交流团体。公路学会要发展，必须适应政府职能转变和市场经济发展需要，主动开展工作，争取政府职能的委托或转移，在项目和成果评估、岗位培养和继续教育等方面多做工作，并不断扩大成果。各有关单位要站在新的高度，充分认识学会工作的重要性，拓宽思路、主动作为，围绕中心、做好工作。

二、在创新服务思路上取得新突破

交通发展为公路学会工作提供了广阔空间，学会工作也必须紧紧围绕交通发展来展开。一定要牢固树立学会工作为交通科学发展服务，为一线排忧解难的指导思想，不断破解制约交通发展的技术难题、管理难题、政策难题，促进湖北交通科技水平的提高和政策法制环境的改善。只有坚持服务大局、服务交通，才能使学会工作充满生机活力。

三、在拓展工作平台上取得新突破

公路学会的一个重要职能是开展学术交流和技术咨询活动,要进一步改进活动形式,规范活动秩序,建立开放性的活动体系,把学术交流和技术咨询活动做大做好,注重突出重点技术,注重交流的深度、规模和效益;要紧紧围绕湖北公路建设发展中的重大技术问题,广泛开展调查研究和技术咨询服务,努力拓展工作空间。

四、在增强服务功能上取得新突破

要坚持"以人为本,服务会员"的理念,通过加强人员培训、职称评审、办好学会网页和会刊、创建"科技工作者之家"、评比表彰和大力宣传优秀科技工作者等途径,增强学会服务功能,更好地发挥学会的桥梁纽带作用、维权护权作用、推进和谐交通建设的作用。

五、在加强自身建设上取得新突破

公路学会是一个科技性社团,必须坚持民主办会的基本原则,学会发展的重大问题要集体讨论,实行科学、民主决策,克服行政化工作倾向。按照中央的有关要求,中国科协、中国公路学会、省科协等提出了协会、学会组织要逐步走职业化、年轻化、专业化之路。目前中国公路学会按照中国科协的部署正在进行这方面的试点,我们要以此为方向,加强学会自身建设,努力提高办事效率和工作水平。

六、在创造良好环境上取得新突破

做好学会工作,要紧紧依靠中国公路学会、省科协、省民政厅等上级有关部门的坚强领导,紧紧依靠科研和企事业单位的大力支持,紧紧依靠各级交通主管部门、市(州)公路学会和广大会员的积极参与,不断争取他们在政策上、项目上、人力物力投入上的支持帮助;各级交通主管部门、各相关单位对学会的工作也要给予高度重视和大力支持,努力营造良好的学会工作环境,建立整体联动、有效运行的机制,为学会工作的开展夯实基础保障。

(节选自2008年在省公路学会第七次会员代表大会上的讲话)

打造鄂西生态旅游交通圈

一、科学发展,高起点绘制鄂西圈综合交通规划蓝图

根据省委、省政府构建鄂西生态文化旅游圈的重大战略构想,省厅坚持从落实科学发展观的高度确立了"资源节约型、环境友好型"交通发展理念,制定了"打造两圈、构筑两网"的总体目标。即:着力打造"一线穿珠、路景相融、安全舒适"的特色旅游交通圈和"资源节约、环境友好、自然和谐"的生态文明交通圈;着力构筑"内畅外联、辐射全国、换乘便捷"的综合交通运输网络和"集约高效、安全优质、文明规范"的现代交通服务网络。规划了鄂西圈交通重点项目 467 个,总投资规模约 3 821 亿元。其中,到 2012 年近期规划重点项目投资规模约为 2 923 亿元,到 2020 年远期规划重点项目投资规模约为 898 亿元;公路投资约 2 000 亿元,铁路投资约 1 459 亿元,港航投资约 152 亿元,航空投资约 24 亿元,管道投资约 185 亿元;其他项目投资约 1 亿元。规划中含有重点专项旅游交通项目 186 个,投资约 340 亿元。通过规划的实施,到 2020 年鄂西生态文化旅游圈将全面形成"两纵两横"干线铁路网、"三纵三横"高速公路骨架网、"二干三支"航空体系和高等级航道网;95% 左右的县市区通达一级以上公路,国省道全部达到二级以上标准,所有重要景区均实现二级以上公路通达,公路绿化率达到 100% 。

二、超常运作，高强度推进鄂西圈交通骨架网络建设

一是以求真务实的作风加快高速公路骨架网络建设。为落实全省加快高速公路建设动员大会精神以及省政府与省直各单位、各市（州）政府签订的目标责任书，要着力在落实上狠下功夫，狠抓重大交通项目的策划推进工作，建立厅领导“一定四保”责任制、厅机关处长和交通技术骨干挂职调研督导制、重点工程质量安全和前期工作定期调度制等，全力抓好国高网项目的组织实施，全力配合省直相关部门加快前期工作进程，全力支持各市（州）政府提前实施境内“十二五”、“十三五”规划建设的高速公路项目，全力以赴上项目、保增长，加快构筑鄂西圈交通骨架网。

二是以争分夺秒的精神加快武神等生态旅游公路建设。全长224公里的武神公路作为鄂西生态文化旅游圈第一个重大启动项目，明确了“保质量安全、保勤政廉政、超常规运作、超常态发展、创科技示范、创生态文明”的武神公路建设指导思想和近期与远期相结合、十房高速公路建设与209国道改扩建并举的建设原则，坚持以神宜科技环保示范路为样板，精心设计，勇于创新，努力将武神公路打造成超越神宜公路的又一条科技环保示范路，并将旅程时间由6个多小时缩短为4个多小时。十堰市委、政府出台一系列优惠政策，全力推进十房高速公路建设招商引资工作。由十堰市交投公司与楚天公司、省高路集团联合组成的武当山高速公路有限公司共同融资53亿元，投资建设65公里十房高速公路。同时，要全面建成鄂西生态文化旅游圈的五峰柴埠溪谷底旅游公路、夷陵区大老岭至兴山旅游公路、远安灵龙大峡谷旅游公路、京山至绿林旅游公路、随州历山炎帝故里旅游公路、林区鸭子口至大界岭旅游公路、巴东县双神旅游公路、襄樊古隆中等219公里旅游公路，抓紧建设荆州古城至熊家冢旅游公路47公里、武当山南神道旅游公路35公里和恩施大峡谷大桥等项目，

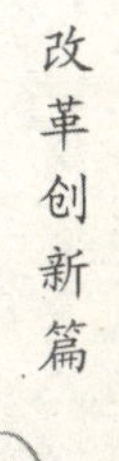

全面完成以318国道宜昌恩施段为代表的26条、632公里、投资5.42亿元的鄂西圈国省道路面改造工程。

三是以协调服务的举措推进铁、水、公、空、管综合交通建设。根据省政府机构改革实施意见,省厅立足大交通,积极推进宜昌三峡物流中心、襄樊西北物流基地、十堰、荆州、恩施等国家公路枢纽和铁路、民航、管道等重点工程建设。宜昌至万州铁路、武汉至宜昌铁路、十堰至宜昌铁路、荆岳铁路、长荆线电化工程、神农架机场新建工程、襄樊机场跑道应急改造工程和恩施机场扩建工程前期工作顺利推进;川气东送工程和兰(州)郑(州)长(沙)成品油管道主体工程全部完成、进入水试压准备阶段,西气东输二线进入试验性施工阶段,鄂西生态文化旅游圈铁水公空管等综合交通建设呈蓬勃发展态势。

(节选自2009年在全省鄂西生态文化旅游圈工作座谈会上的发言)

湖北成立全国首家交通物流发展局

在全国上下喜迎建国60周年之际,全国首家交通物流发展局——湖北省交通运输厅物流发展局正式成立了,湖北省交通厅道路运输管理局正式更名为湖北省交通运输厅道路运输管理局,这是湖北交通发展史上一件大事、喜事,标志着湖北现代物流基地建设和现代交通物流发展进入了崭新的历史阶段!

湖北承东启西、接南纳北、内畅外联、得中独厚,是全国重要的综合交通枢纽,具有加快发展现代交通物流的独特区位优势。最近,国家将物流业列为十大振兴产业之一,专门出台了《物流业调整和振兴规划》,为加快交通物流发展创造了前所未有的重大历史机遇。湖北省交通运输厅物流发展局的成立,是省委、省政府审时度势、统揽全局的科学决策,是深化燃油税改革、维护行业社会稳定的重大举措,也是建设现代物流基地、发展现代交通的客观现实需要。

站在新的历史起点,全省各级交通运输部门要进一步统一思想,提高认识,认真贯彻落实省编委批复文件精神,抓紧组建交通物流发展机构,并以此为契机,着力加强能力建设,着力提升干部队伍素质,着力推进传统道路运输业向现代交通物流业转型,为湖北真正成为中部崛起重要战略支点做出新的更大贡献!

(2009年在省全国首家交通物流发展局成立仪式上的致辞)

湖北交通 GEB 投融资平台优势独特

近年来,在省委、省政府的正确领导和大力支持下,省交通运输厅坚持解放思想、深化改革、整合资源、创新机制,最大力度争取国家部委支持,最大限度发挥市场融资功能,最大程度整合以省高速公路管理局为主体的政府融资平台、以省高速公路集团公司为主体的企业融资平台、以楚天高速公路上市公司为主体的市场融资平台,形成了"以政府投资为主导、以企业融资为补充、以银行信贷为支撑"的湖北交通 GEB(Government, Enterprise, Bank)投融资平台,使财政资金、社会资本和银行信贷的比较优势得到充分发挥,特别是财政性资金的放大效应达 8 倍之多,交通 GEB 投融资平台的整体效益充分显现并显著放大,交通融资规模与建设规模同步实现跨越式发展。

为了及时总结和完善湖北交通 GEB 投融资模式,省交通厅专门会同武汉大学经济与管理学院和世界银行专家开展了《湖北省交通可持续发展融资研究》的课题研究,并形成了初步成果。课题组分析了当前的国情、省情以及湖北交通面临的投融资难题,在考察了美国、日本、法国等发达国家典型交通投融资机制和国内辽宁、安徽等省份单一政府投资或企业投资的不同交通投融资模式的基础上,对湖北交通 GEB 投融资模式进行了全面分析和评价。课题组认为,国内外典型的交通投融资平台运行机制的比较分析以及近几年湖北交通建设的实践和成就充分证明,湖北交通 GEB 投融资平台集科学性和有效性于一体,具有单纯依赖政府资金或企业运作的投融资平台不可比拟的独特优势和运作机制，是湖北交通运输管理部门结合湖北省情进行的制度创新，具有在其他省市推广的价值，也是破解湖北交通发展投融资难题的最佳选择。

从湖北交通发展实际看，交通投融资管理体制经历了由事业到企业再到事业、企业并存的过程。实践表明，单一的企业运作模式还不能完全适应和满足交通大建设大发展的实际需求。主要表现为：

一是难以化解交通基础设施公益性与企业运作趋利性之间的根本矛盾。特别是企业所筹资金难以投入普通公路、港航特别是农村公路、航道等公益性项目的建设和还贷，难以解决当前和今后交通发展面临的本质性困难和问题。

二是难以发挥交通资源的统筹配置和整体效益，难以保障"统贷统还"机制的有效运行。目前，政府还贷高速公路通行费收入已经成为普通公路、农村公路筹集建设和还贷资金的重要基础和唯一支撑。但企业投资建设的经营性高速公路无法实现与普通公路统贷统还。

三是将会影响国家部委对我省交通投资补助。湖北省每年从交通运输部争取投资补助40亿元左右，占湖北省交通财政性资金投入的85%。但交通运输部投资为财政性资金投入，其投向为政府性投资项目。

一、湖北交通 GEB 投融资平台的架构与运行机制

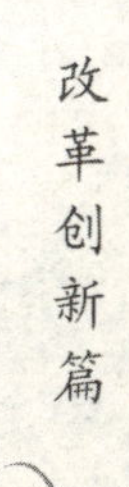

GEB 投融资平台实行"政府主导、企业补充、银行支撑"的运行机制，构建了符合交通实情、科学规范、有序有效的湖北交通投融资模式。

政府主导：(1)资本性投入。资金来源包括中央财政、省级财政、规费收入、通行费收入等，以资本性投入带动债务性资金的进入；(2)对交通企业和项目的管控，引导社会资金投向，提升投资效益；(3)利用政府信用，对政府投资的交通建设项目提供银行贷款的担保。

企业补充:包括高路集团、楚天公司和各项目公司,在政府的引导和管控下,广泛采用股权融资、债权融资、项目融资和经营性收入等实现交通建设资金的供给。

银行支撑:包括商业银行贷款、国际机构贷款和外国政府贷款,以贷款形式提供各类债务性资金来源,缓解交通建设资金缺口和短期资金供需矛盾。

二、湖北交通 GEB 投融资平台的特色与优势

GEB 投融资平台具有政府投资、企业筹资和银行信用三结合的特点,在支持全省交通运输事业发展过程中,体现出了与单一的政府或企业投融资平台运作模式不同的特色和优势。

1. GEB 投融资平台具有兼顾交通基础设施公益性与收益性的融通效应。

一般而言,高速公路属于准公共物品,普通公路、航道则是纯公共物品,它们都具有较强的社会公益性和经济效益的外部性特征。不同经济属性的交通设施实现收益的手段和方式也不一样。基于道路通行费,经营性公路可以实现正常的投资回报,而不收费的社会公益性公路则无法实现收益,必须依赖政府投资。GEB 投融资平台跨越了经营性资本和财政性资金的边界,兼顾交通的经济效益与社会效益,有助于社会资源的最优配置,确保交通发展的可持续性。

2. GEB 投融资平台具有政、企、银三方融资优势互补的协同效应。

在资金供给特性上,财政资金、社会资本、银行贷款分别具有不同的优势。GEB 投融资平台实现政、企、银三者的结合,能够稳定供给规模、降低融资成本、分担融资风险,具有多元化融资产生的协同效应。

3. GEB 投融资平台具有以财政性资金带动民间投资的杠杆效应。

湖北省交通建设资金缺口较大、负债较重,单纯依靠财政性资金难以满足需要。GEB 投融资平台充分发挥财政性资金的基础性和先导性功能,可以降低交通投资风险,利用财务杠杆效应引导和成倍放大民间资金向交通领域的投资。

4. GEB 投融资平台具有以丰补歉的统筹效应。

湖北省面临高速公路、普通公路、港航、站场等交通基础设施建设协调发展的艰巨任务。GEB 投融资平台统筹资金来源,统筹资金使用,能够实现不同交通建设需要的调剂和不同投资结构的转化,满足交通建设的全面协调可持续发展的需要。

三、湖北交通 GEB 投融资平台建设的设想与建议

根据湖北省"两圈一带"规划项目投资计划,"十二五"和"十三五"期间,湖北交通投资计划总额将达到 3 000 亿元。到 2015 年,全省高速公路通车总里程力争达到 6 040 公里,提前五年实现"五纵五横二环"高速公路网建设目标。为实现省委、省政府确定的既定目标,必须进一步强化 GEB 投融资平台建设,增强其对交通发展的支持和保障能力。

(一)加强组织领导,推进专业管理

建议组建"湖北省交通运输厅 GEB 投融资中心"。其职责主要为:(1)负责 GEB 投融资平台的管理与运行;(2)根据全省交通发展规划,统筹安排纳入平台的中央投资、燃油税返还资金、省财政投入等各项财政性交通专项资金;(3)利用平台内财政性交通专项资金作为担保,积极争取银行信贷支持,为全省高速公路、国省干线、农村公路以及港航、站场等交通基础设施项目筹措建设和还本付息资金;(4)负责平台内交通资产和债务管理,利用交通优质资产进行资本运作,通过信托融资、金融租赁等方式,放大财政性资金效益,解决交通基础设施项目资本金不足的问题;(5)指导高路集团、楚天公司等平

台内交通企业发挥市场融资功能,通过增资扩股、发行债券、资源开发等多种方式筹集资金投资交通建设;指导企业依托平台投资、建设、经营湖北省偏远地区投资较大、收益较差的交通基础设施项目;(6)行使平台内交通企业国有资产出资者职能。

(二)盘活资产存量,挖掘资源潜能

为打通资源向资金转化的通道,采用以下资产运作方式,盘活资产存量:(1)信托融资。将 GEB 投融资中心持有的资产打包组建资产池,以该资产池的现金流作为投资收益支付的来源和保障,发行交通信托融资产品。(2)增资扩股。采用定向增发的方式,扩充楚天公司的股本规模,有计划地将部分公路资产注入楚天公司,并在条件成熟时推进该公司到海外市场上市。(3)资源开发。对交通设施两侧或附近的配套建设进行招标,包括转让特定地段的广告插播权,或对特定路段进行冠名权的转让。

(三)优化资金结构,降低融资成本

充分利用市场化的融资方式和手段,优化资金来源结构:(1)加大财政性资金投入;(2)发行公司债券和交通建设债券,加大国际金融组织的融资力度,优化债务资金的品种、期限、来源结构;(3)创新项目融资方式,加大项目融资的力度;(4)统筹债务性融资和资本性融资的规模和结构。

(节选自 2009 年在全省交通建设筹融资工作座谈会上的讲话)

加快打造武汉长江航运中心

一、武汉长江航运中心地位显要

水是湖北经济社会发展的命脉。全省现有通航河流229条，通航里程8 385公里，居全国第六位；境内长江干线航道1 064公里，占长江干线通航总里程的三分之一；长江、汉江沿线集聚了我省85%的大中城市，88%的人口和92%的经济总量，建设武汉长江航运中心浑然天成、得天独厚、不可替代。“中游畅，则长江畅”，“中部活，则全国活”。加快武汉长江航运中心建设，不仅是湖北经济社会发展的需要，也是湖北真正成为中部崛起重要战略支点的需要，更是放大长江经济带在全国经济社会发展全局中重要地位作用的需要。

武汉长江航运中心东接长三角城市群，西联成渝城市群，具有巨大的发展潜力。奋力加快建设武汉长江航运中心，已经成为事关长江经济带新一轮大开放大开发最紧迫的重大课题。国务院总理温家宝、副总理李克强先后对加快长江水运发展作出新的重要指示，张德江副总理专程到湖北调研内河航运发展，专题研究全国水运工作，充分体现了国家加快水运发展的战略决策和发展定位，武汉长江航运中心建设恰逢其时，大有可为。

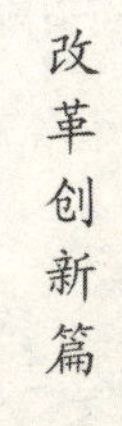

二、内河航运发展势头强劲

湖北省委、省政府作出了加快湖北长江经济带新一轮开放开发的决定,把开发长江黄金水道作为促进湖北经济社会发展的重要突破口,进一步明确了“畅通大通道、建设大港口、发展大运能、培育大企业、完善大枢纽、构建大物流、布局大产业、保障大安全”的湖北现代航运发展总体思路,到2015年,武汉新港初具规模,航运资源高度集聚、航运服务功能健全、航运市场环境优良、现代物流便捷高效,通江达海、辐射中部、面向全国的武汉长江航运中心基本建成。

围绕上述目标,省委、省政府采取了一系列加快水运发展的政策措施:一是将加快水运发展纳入全省经济社会发展战略。省委、省政府召开了全省水运发展推进大会,出台了《关于进一步促进全省水运事业又好又快发展的意见》,明确从2010年起,每年筹集5亿元专项资金用于水运事业发展。二是将跨区域的武汉新港建设作为内河航运发展龙头。为打造“亿吨大港、千万标箱”的武汉新港,省委、省政府打破行政区划和管理体制,全力推进横跨武汉、鄂州、黄冈、咸宁四地的港口建设,全面加快武汉新港项目建设。三是将引江济汉通航工程作为高等级航道建设发展重点。按照畅通长江、渠化整治汉江、打通江汉运河的总体思路,总投资21.4亿元、全长67公里的引江济汉通航控制性工程项目建成后,环绕江汉平原、连通长江汉江、沟通武汉城市圈和鄂西生态文化旅游圈全长810公里的1 000吨级航道圈将基本形成。四是将“以港兴城、港城互动”作为拓展城市空间发展方式。通过实施港口规模扩大、港口腹地扩张的“双扩”战略,使港城互动区、港口辐射区成为拓展城市发展空间、促进区域发展的重要依托和载体,并初步形成武汉—鄂州—黄石沿长江布局的国家重点冶金工业基地、十堰—襄樊—武汉沿汉江布局的国家汽车产业基地。

三、长江黄金水道开发蓄势待发

水运是发展绿色经济、促进绿色增长的重要支撑,是建设“两型交通”、发展综合运输的战略重点,亟待以新的定位实现新的发展。

第一，要像抓上海、重庆航运中心那样抓武汉长江航运中心建设。打造武汉长江航运中心，上可呼应重庆长江上游航运中心建设，下可顺应上海国际航运中心发展，使整个长江航运在空间布局上更加完善。建议国家明确武汉长江航运中心定位，并将武汉长江航运中心建设纳入国家规划，参照重庆、上海航运中心给予相应的政策支持。

第二，要像抓铁路、高速公路建设那样抓内河航运建设。2005年、2006年和2007年，我省水运货运量在综合运输中的比重分别仅为16%、15.6%、15.2%，呈逐年下降趋势。可见，加快内河航运发展、改变内河航运在综合运输体系中的基础薄弱现状任务紧迫，必须像抓铁路、高速公路建设那样抓内河航运建设，突出内河航道公益性基础设施属性，破解建设融资难题，促进资金、资本、资源向水运倾斜。建议扩大中央财政内河航运建设资金规模，建立稳定的资金来源；建议实行分级负责，形成长江航道国家投资，支流高等级航道以国家投资为主、地方配套，一般性航道以地方自筹为主、国家以奖代补的融资建设模式；同时对中西部地区港口和物流园区建设，国家继续实施资金扶持政策。

第三，要像抓长江口深水航道治理那样抓长江中游航道治理。长江航道总体上呈“两头深、中间浅”的态势。目前，长江口10米深水航道已延伸到南京；三峡水库蓄水至175米后，5 000吨级以上船舶可直达重庆；而湖北宜昌—武汉段最低航道水深为2.9米，仅能通过2 000吨以下船舶，严重制约了长江航运巨大效益的整体发挥。建议国家加快长江中游航道治理，提高长江中游航道的整治标准，武汉以下航道水深达到6米，宜昌至武汉段航道水深达到4.5米，形成长江上、中、下游整体联动格局。

第四，要像抓土地资源集约利用那样抓水资源综合开发利用。由于种种原因，部分水利枢纽碍航、桥梁碍航以及岸线资源被占用等

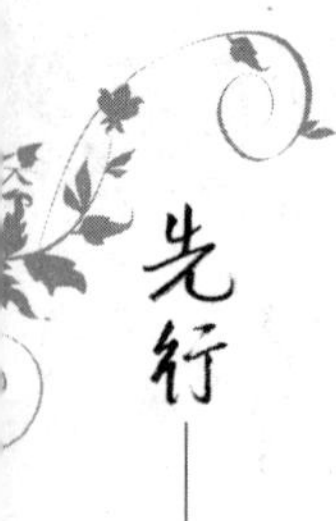

现象还不同程度存在。建议国家及时出台《中华人民共和国航道法》和《加快内河水运发展的指导意见》，对水资源综合利用、沿江产业布局、船型标准化、财税支持政策等作出明确规定，促进内河航运和流域经济协调可持续发展。

（节选自2009年在全国内河航运发展座谈会上的讲话）

科学谋划武汉长江中游航运中心

加快长江黄金水道开发、推进武汉长江中游航运中心建设，既是国家做出的重大战略部署，也是省委省政府和交通运输部深化部省共建的重大项目；既是转变发展方式的实际行动，也是建设“两型社会”的鲜明亮点；既是发展低碳运输的现实需要，也是实现绿色增长的迫切需求。湖北的优势在水，通江达海、干支相连、水网密布的水运网络为实现科学发展、绿色发展、低碳发展、可持续发展提供了天然的绿色通道。“中游畅，则长江畅”，“中部活，则全国活”。加快武汉长江中游航运中心建设，不仅是促进湖北经济社会发展的需要，也是统筹流域经济社会协调发展的需要，更是放大和发挥长江黄金水道整体效能的需要。

科学规划是加快新一轮水运大建设大发展的前提。湖北省联合交通部、长江水利委员会等国家部委以及水运规划专业编制单位全面启动了《武汉长江中游航运中心规划》编制工作并取得初步成果。

一是体现与武汉新港等规划研究成果的有效衔接。《武汉长江中游航运中心发展规划》的编制，不仅要注重吸收《全省内河航运发展规划》、《武汉新港总体规划》、《武汉新港空间发展规划》、《武汉新港集疏运网络规划》、《武汉新港产业发展规划》及其他航运规划研究成果，确保与其他运输方式发展规划、临江工业发展规划、区域经济发展规划和水资源综合利用规划的相互衔接和支撑，还要跳出一般性港口规划及航运发展规划编制模式，充分研究武汉作为长江中游

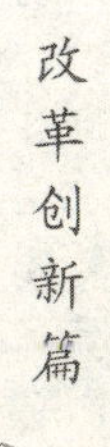

航运中心所应具有的基本内涵、主要特征及发展模式，尤其是要突出航运中心的综合服务功能，注重发挥航运中心对航运资源、产业资源、贸易资源和人才资源产的优化配置作用，实施港口规模扩大及港口腹地扩张的"双扩"战略，吸引航运、产业要素的沿江聚集，促进区域经济协调发展。

二是体现长江中游航运中心的功能定位和特点。航运中心的功能定位决定其服务和辐射范围。武汉长江中游航运中心建设，首先必须以武汉作为主要依托和中心平台，主要围绕武汉市的功能展开，引领和辐射周边区域。武汉作为长江中游航运中心，还应跳出武汉市乃至湖北省范围，充分体现其作为长江中游航运中心的特点，通过畅通大通道、建设大港口、发展大运能、培育大企业、完善大枢纽、构建大物流、布局大产业、保障大安全，推进高等级航道圈、武汉新港集群、现代航运集疏运体系和现代航运服务体系建设，基本建成以武汉为中心，以湘赣、豫皖为两翼，以长江、汉江、湘江、赣江等流域为腹地，通江达海、辐射中部、面向全国的武汉长江中游航运中心，推动长江中游产业带的形成和发展。

三是体现现代综合交通运输体系的发展要求。武汉有长江中游最大的港口、国家一类开放口岸，在基础设施、运输规模、航运市场等方面都具有明显的领先优势。建设武汉长江中游航运中心，就是要充分发挥武汉水运连接东西，融会南北、"九省通衢"的重要作用，构建以水运为重要组成部分的综合交通运输发展，要以长江深水航道，依托铁路、高速公路、管道、航空等各种运输方式组成的便捷顺畅的现代化立体集疏运系统，布局一批集装箱、钢铁、矿石、商品汽车等专业化港区，建设好以环绕江汉平原的长江——江汉运河——汉江810公里千吨级航道圈为重点的骨干航道体系，规划好一批港口集疏运通道，并与公、铁、空、管实现有机衔接。同时，要研究提出以港航联动、口岸联通、江海联运、信息联网为重点的长江上中下游大联动发展措施及支持政策，实现长江流域港航信息全面共享，切实把武汉建设成为长江中游航运发展的核心环节和中部地区陆水转运的主要枢纽。

四是体现港口在现代物流链中的重要节点地位。内河航运中心是腹地物流活动的转运中心。在编制武汉长江中游航运中心发展规划时，应充分依托航运在基础设施、口岸环境、运输规模、运输组织等方面的优势，开展港口物流技术研究，依托航运物流公共信息平台建设，加快发展多式联运、航运运输组织和信息技术，促进内河航运从传统的装卸、存储向流通加工、配送、包装等物流环节延伸，打造以主要枢纽港口为节点、其他运输方式有效衔接的物流枢纽，构建干支直达、江海联运、水路联运的物流网络，使武汉成为华中物流中心的重要组成部分。

五是体现集疏运体系和现代航运服务体系的协调发展。集疏运体系是航运中心建设的基础和核心，现代航运服务体系是航运中心建设的关键，配套支持政策是航运中心建设的保证。尽管武汉已经具备了建设航运中心的基础，但与成熟的国际航运中心相比，在诸多航运服务要素方面存在较大的差距。编制武汉长江中游航运中心发展规划要避免“重港航基础设施建设、轻现代航运服务体系、弱配套支持政策”的误区，要将集疏运体系、航运服务体系和配套支持政策结合起来，运用市场调节机制，促进资源配置合理化、高效化；要引入国际国内高端航运服务企业，大力拓展航运金融、船舶交易、航运经纪、信息咨询等服务产业链；要以信息、交易、咨询、金融保险、法律为核心，积极发展现代物流、贸易展示、研发加工等业务，拓展区港联动功能。

（节选自2010年在加快武汉长江中游航运中心建设暨港航重点工程项目开工新闻发布会上的讲话）

做好长江经济带综合交通“大”文章

湖北长江经济带得“水”独厚。湖北的优势在水，水是湖北经济社会发展的命脉。根据湖北长江经济带总体发展战略、经济地理特征和综合交通特点，充分发挥水运比较优势，突出综合交通基础设施的布局衔接和功能互补，重点是从四个方面做好大文章。

一、做大水文章，服务长江经济带大开发

以加强长江航道建设、开发长江水运潜力为切入点，着力畅通长江中游，加快长江中游航道系统整治，大幅提升长江中游航道通过能力，充分发挥长江黄金水道优势，带动两岸经济社会发展。

以建设集防洪、灌溉、发电、航运、生态等功能于一体的绿色汉江为目标，抓住南水北调工程实施机遇，加快汉江的渠化整治、使汉江中下游达到三级航道标准。

以打造干支相连、通江达海、港航配套、功能完善的航运体系为着力点，加快实施引江济汉通航工程，打造环绕江汉平原、连通长江汉江、沟通武汉城市圈和鄂西生态文化旅游圈的全长810公里的1 000吨级航道圈。重点将武汉新港建成我国货物吞吐量超过亿吨、集装箱规模超过千万标箱的内河港，努力打造以武汉新港为龙头，以宜昌三峡物流中心、鄂东组合港、荆江组合港为支撑的长江中游航运中心。

二、建设大枢纽，促进沿江城市大发展

以支撑长江流域的综合开发、承接国际国内资本和产业转移为

突破口,加快以重要城市为依托的综合交通枢纽建设,重点突出沿江各大城市的集并转运功能,充分发挥湖北长江经济带承东启西、承上启下的战略支点作用,促进沿江城市联动发展。

以有效满足沿江城市内外交通需求,拓展城市发展空间为重点,进一步加强沿江交通基础设施建设,加快推进沿江快速运输通道建设,完善港站集疏运体系,增强供给能力,促进水运与其他运输方式协调发展和衔接顺畅,积极推行江海联运、公铁联运、公水联运、铁水公空联运,努力形成“宜水则水、宜陆则陆、宜空则空、水陆空联运协调发展”的综合交通运输体系。

以港口规模扩大、港口腹地扩展、港口物流和港城一体化为切入点,着力促进以港兴城、港城互动,将综合交通枢纽建设与区域经济发展、临江工业发展和水资源综合利用相衔接,充分发挥空港、水港等综合交通枢纽的支撑作用,引导钢铁、石化、汽车、电力等产业向沿江聚集,加速形成沿江经济产业带,促进沿江城市经济社会发展。

三、构筑信息大平台,实现区域交通资源大融合

以推动不同交通方式的信息对接和资源整合为抓手,着力构建综合交通信息平台,提升交通公众服务能力。

以港航联动、口岸联通、信息互通为目标,着力构建长江航运公共信息平台,重点整合港口管理部门、口岸管理单位、物流企业等与港口运输市场密切相关的信息资源,建立一体化的信息服务平台,使得物流企业以及运输、港口、海关、银行等各行各业协同工作,提升运营组织管理水平与运输生产效率。在货流密集、通航环境复杂的航道上,有重点地推进数字航道建设,逐步建立高等级航道智能化船舶航行系统。

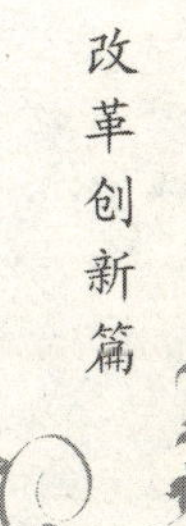

以加强水上安全监管能力建设为重点,进一步完善应急指挥系统,水上搜救组织协调系统、溢油应急系统及水上治安防控体系;进

一步推进长江干线水上巡航与救助一体化建设,提高船舶防污和治安预控能力。

以全方位的信息化、智能化为依托,巩固提升湖北交通公众出行服务系统、高速公路联网收费系统和监控管理系统运营服务水平;积极推进计算机联网售票系统、不停车自动交费系统建设。

四、发展大物流,推动区域竞争力大提升

以物流基础设施项目建设为基础,重点建设武汉高桥保税物流中心、宜昌三峡物流中心等物流示范园区,积极引进国内外大型物流企业,综合集成仓储、运输、货代、包装、装卸、搬运、流通加工、配送、信息处理等多种功能,着力提高现代物流的系统化水平。

以营造良好的政策环境为保障,加快建设"交通物联网",积极完善和推广物品编码体系,加快统一商品资料标准代码、车型标准代码和地域资料代码等技术标准体系建设,积极推广应用条形码、智能标签、无线射频等自动识别、标志技术以及电子数据交换技术,推进物流一体化运作,着力提高物流信息化和标准化水平。

以充分发挥市场配置资源的作用为突破口,提高货物运输组织效率,降低运输成本,积极推进多式联运、甩挂运输、集装箱运输、江海直达运输、特种货物运输、厢式货车运输以及重点物资的散装运输,着力提高物流服务的社会化和专业化水平。

(节选自2010年全省港航海事工作座谈会上的讲话)

打造富有创新活力、创新动力、创新实力的交通行业

科技创新是转变交通运输发展方式的必然要求，是实现可持续发展的内在需要，更是引领交通科学发展的支撑保障。纵观我国公路发展的历程，更加安全、更加便捷、更加环保、更加舒适的公路建设过程，就是科技创新持续不断的过程。只有始终坚持理念创新，才能不断解放思想、突破传统、开拓进取，引领交通发展的方向；只有始终坚持科技创新，才能不断攻克交通发展面临的关键技术和难点问题，提升工程质量水平；只有始终坚持机制创新，才能为交通发展提供动力，实现交通发展又好又快。

一、坚持科技引领、创新驱动，打造湖北沪蓉西全国科技示范工程

湖北地处中部腹地，具有承东启西、接南纳北、内畅外联、辐射全国的重要综合交通运输枢纽地位。1991 年，湖北第一条汽车专用公路——全长 70 公里的武黄公路建成通车，拉开了全省高速公路建设的序幕；2003 年，全省高速公路里程突破 1 000 公里，达到 1 073 公里；2009 年，全省高速公路里程突破 3 000 公里，达到 3 282 公里。无论是发展规模、发展速度，还是发展的质量和效益都取得了令人瞩目的巨大成就。特别是 2004 年，沪蓉西高速公路的开工建设，正式宣告湖北高速公路建设由平原走向山区、闯入“禁区”。六年栉风沐雨、六年创

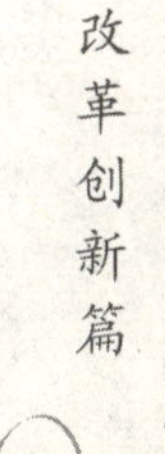

新超越,沪蓉西高速公路成为湖北高速公路建设史上的一个典范之作,一个山区高速公路建设的科技创新之作。

(一)以科技创新打造“平安沪蓉西”

安全发展是交通发展的永恒主题,更是山区高速公路建设的时代命题。湖北沪蓉西高速公路是国家“7918”网沪渝高速公路的重要组成部分,位于我省鄂西高原、秦巴山脉,全线峰峦起伏、沟壑纵横、悬崖峭壁,穿越14座高山,跨越13道深谷;沿线滑坡、岩堆、危岩体、岩溶、岩溶塌陷、地下暗河、崩塌、断裂带、冲积扇等不良地质一应俱全,堪称集地质病害之大成,被地质专家们长期视为工程“禁区”。全线桥隧里程占总里程的三分之二,尤其是技术复杂的高墩大跨桥梁、特长隧道、高危边坡众多,且工程施工通道狭窄,施工场地缺乏,地质灾害易发频发,存在大规模岩溶突泥突水、高地应力、软岩变形等重大地质灾害风险,工程地质状况之差、施工条件之难、工程建设之险、技术难度之大前所未有,被誉为山区高速公路“地质病害百科全书”。

为打造“平安沪蓉西”,我们牢固树立整体安全理念并贯穿于设计、施工、营运、维护等全过程,紧紧依靠科技创新,采用先进技术,利用信息手段,建立了全线320公里范围内特大桥梁、特长隧道等控制性工程视频实时监控系统,将施工生产安全过程纳入视频监控范围,只要登录湖北高速公路视频监控系统,就能看到施工现场的实时实景。我们在全线所有隧道均配备了瓦斯监测仪、电子监控仪,推行了TSP综合预报、地质雷达探测、RPD—150C高速钻机钻探技术等,施工企业自行采购了自升式爬模、高墩大跨桥梁施工电梯等。我们在全线组织开展了《大规模山区高速公路建设安全控制与预警系统研究》,自主开发了事故严重程度(MLES)危险源评价系统,建立了施工现场安全评价指标体系及预警防控机制,总结形成了山区高速公路隧道、桥梁、边坡施工安全操作规程。如隧道施工现场“五不挖”(不探不挖、不护不挖、不测不挖、不定不挖、不符不挖)、桥梁施工现场

“四防”（防水、防毒、防落、防爆）、“五查”（查特种机械、查安全通道、查高空防坠、查用电设施、查持证上岗）、边坡施工现场“三防”（防滑坡、防坍塌、防坠落）、“四必须”（必须分级开挖、必须边挖边护、必须扎牢支架、必须加强观测）操作法，等等。

湖北沪蓉西高速公路独具特色、系统完备、切实管用、执行到位的安全管理防控机制，有效化解了工程建设不放心、不踏实、不安全因素，有力促进了工程建设质量安全平稳可控。工程建设六年间，全线未发生重特大安全事故，项目安全管理工作连年获省政府表彰。2006 年 10 月，国家七部委安全督查组评价指出，沪蓉西高速公路安全生产管理代表了我国山岭重丘地区高速公路建设安全生产管理先进水平。

（二）以科技创新打造“桥梁博物馆”

湖北沪蓉西高速公路全线建有桥梁 370 座，其中拥有“世界第一高墩”、“世界第一高桥”、“世界第一上承式钢管混凝土拱桥”，斜拉桥、悬索桥、钢管混凝土拱桥、大跨径连续刚构桥等各种桥型齐全，可谓“桥梁博物馆”。

四渡河大桥：主跨为 900m 加劲钢桁梁悬索桥，桥面距谷底达 560 米，这是目前世界第一高桥，也是一座“科技创新之桥”。大桥建设首次将军用技术应用于工程建设，成功利用火箭抛送先导索，有效解决了先导索穿越峡谷的技术难题；首次在 900m 跨径悬索桥上使用隧道锚，减少水泥混凝土用量近 2/3，节约投资约 2 000 万元；首次采用了可单根抽换无黏结预应力锚固系统，提高了锚固系统可维护性；首次利用地形微缩模型进行风动试验，研究山区风环境和风特性对大桥影响，增加了中央扣，优化了桥梁受力结构。

龙潭河大桥：主桥为 106m + 3 × 200m + 106m 五跨预应力混凝土连续刚构桥，主桥墩高 178m，这是目前世界第一高墩连续刚构桥梁。为确保质量安全，我们紧紧依靠科技创新，有效解决了高墩泵送混凝土技术难题,直接将水泥混凝土泵送至178m以上高度;有效解决了高墩泵送混凝土性能和高墩稳定、抗风、施工控制等关键技术难题;有效预防了腹板开裂和跨中下挠等质量通病。

支井河大桥:主跨为430m的上承式钢管混凝土拱,这是目前世界同类桥型第一拱桥。成功采用了无支架缆索起重系统,直接将缆索锚在基岩上,起吊达300吨,跨径达756m,为同类起吊系统世界之最;成功实现主拱肋在无风缆条件下吊装,合龙误差仅9mm。

(三)以科技创新打造"隧道博览会"

湖北沪蓉西高速公路全线建有各类隧道46座,其中拥有华中第一、亚洲第二的龙潭隧道等10座特长隧道,形成了全国目前规模最大的特长公路隧道群,连拱隧道、小间距隧道、分离式隧道、分岔式隧道等结构形式多样,被誉为"隧道博览会"。

龙潭隧道:上下行分离式隧道,左洞长8 694m,右洞长8 599m;属高风险岩溶地质隧道,穿越高地应力软岩、断层和地下暗河,施工通风困难,软岩变形大,水文地质异常复杂;在龙潭隧道建设中,首次采用U形新式通风方式,解决了施工通风难题;首次采用大格栅支护,克服了高地应力软岩变形作用;首次在公路隧道中采用前进式注浆新工法,有效克服了突泥突水难题;并大胆采用了侧壁导坑工法,成功穿越了断层。

乌池坝隧道:上下行分离式双洞隧道,左洞长6 710m,右洞长6 695m;穿越2条暗河且暗河水量大、水位高、水压大;为确保工程质量安全,我们全面采用了红外线探水、瞬变电磁、地质雷达、TSP203等物理探测和地质钻探相结合的综合超前地质预报手段,有效避免了高风险岩溶隧道突泥突水事件发生。

八字岭隧道:分岔式隧道,左洞长3 521m,右洞长3 544m;分岔式隧道在公路隧道建设中尚属首例,其采用了从小间距段过渡到连拱再过渡到四车道大拱的设计施工;通过数字模拟、现场实测,解决了如何确定分岔式隧道夹心隔墙最小厚度的施工难题，为分岔式隧道在公路建设领域推广应用积累了经验。

（四）以科技创新打造“路桥专业大学堂”

回顾湖北沪蓉西全国科技示范工程建设历程，最宝贵的财富就是拼搏、进取、实干、奉献的“沪蓉西精神”。即敢闯禁区、敢为人先、敢于担当的拼搏精神，勇于探索、勇于创新、勇于实践的进取精神，精心谋划、精细管理、精益求精的实干精神，不畏艰险、不怕吃苦、不计得失的奉献精神；最有力的保障就是开放式合作机制。即中外合作、院所合作、部省合作、跨行业合作、跨项目合作、跨学科合作，联合攻关、联合试验、联合开发、联合推广、联合检测、联合评估；最成功的探索就是产学研一体化。即坚持工程科研同向、科技生产同力，科研服务工程，工程依靠科研；坚持理论实践结合、创新应用结合，科学技术引领，科技研究先行；最显著的成效就是“四个一批”。即攻克了一批技术难题，取得了一批科研成果，培养了一批懂技术善管理专业队伍，集聚了一批多学科高层次专家院士。据统计，先后荣获了“四渡河深切峡谷特大跨悬索桥关键技术研究”等2项省部级科学技术一等奖；“分岔式隧道设计施工关键技术研究”等5项省部级科学技术二等奖；“大跨度悬索桥先导索火箭抛送技术”等3项省部级科学技术三等奖；国家工程建设QC创新奖5项；工法创新20项；专利技术15项；《公路隧道施工地质预报技术规程》等专著3部。联合培养博士30余人（其中在读博士后4人）、硕士50余人，为2 000多名大中专毕业生提供了实习基地，为全省交通重点工程建设项目输送了5位指挥长、3位总工程师、10余位技术骨干以及市长、教授各1名。

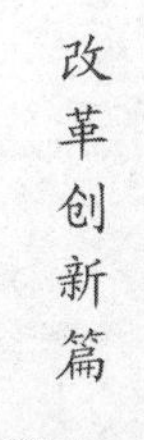

二、坚持传承发展、创新超越，打造鄂东、荆岳等世界一流桥梁工程

湖北是桥梁大省，其独特的地理条件决定了跨越江河山川的桥

梁数量多、跨径大、建造技术复杂。自1957年建成第一座武汉长江大桥以来,湖北规划建设的长江大桥就达23座,其中已建成13座、在建2座、待建2座、规划6座,平均每隔62公里就有一座长江大桥,长江已经成为现代桥梁艺术的"长廊"。2010年,湖北将建成鄂东、荆岳两座世界级长江公路大桥。其中,鄂东长江公路大桥为主跨926m的混合梁斜拉桥,位列同类桥型世界第三;荆岳长江公路大桥为主跨816m的高低塔非对称混合梁斜拉桥,位列同类桥型世界第六。实践中,我们研发并应用了众多新技术、新工艺和新工法:

(一)采用了全寿命设计和耐久性理念

鄂东大桥建设者首次将全寿命设计理念应用于大桥的设计和管理,研究制订了大桥结构可检查、可维修及可更换的设计方法和具体措施;研究编制了大桥耐久性设计方法及相应的养护手册;建立了大桥基本风险概率和风险损失模型,形成了适合项目的风险评估指标,明确了建设和使用阶段风险转移的基本方法和策略,为完善我国桥梁设计理论和桥梁设计规范的修订提供了可靠依据。

(二)探索了特大桥梁施工监控技术

鄂东大桥建设者根据特大跨径桥梁的特点,采用了不同的控制重点和控制方法:中跨以线形为控制重点,以全过程几何控制为控制方法;边跨以应力为控制重点,以高程线形控制为控制方法。根据2010年4月6日检测情况,成桥线形和应力状态最大程度满足了设计要求,取得了良好的控制效果。

(三)应用了宽幅混凝土箱梁综合防裂技术

鄂东大桥边跨PC宽箱梁达38米,其质量控制极具挑战性。鄂东大桥建设者在设计中根据施工期和运营期的受力模式及其转换,完成了结构设计,并通过模型试验优化了预应力体系和普通钢筋的配置;在施工中采用了"支撑排架法",将临时墩桩基础进入弱风化基岩,力求"零沉降";提出了缓凝低水化热、低收缩、高耐久性的混凝土配合比和施工防裂工艺方案，制订了“鄂东大桥箱梁高性能混凝土及施工专用技术指南”，有效指导了PC宽箱梁施工，经多次检测未发现结构性裂缝，有效解决了PC宽箱梁的防裂问题。

（四）开展了混合梁斜拉桥钢—混结合段结构形式研究

鄂东大桥建设者在设计中首次采用了多格室传力构造，分散剪力连接器的结构形式，通过1∶1模型荷载试验和工艺试验，验证了传力构造的可靠性和工艺的可行性，并按应力相似和几何相似原理设计制作模型，测试钢混结合面滑移分布和钢混结合段混凝土内部应力分布。在工程实施过程中，有效解决了混凝土浇筑时格室混凝土密实难、易出现裂缝等技术难题。

（五）创新了陡立破碎软硬相间的岩体钻孔技术

荆岳大桥建设者经过实践摸索、联合攻关，发明了一种带有自导向功能的钻头。钻头上设置了防跑偏的环向先导刀刃，在钻进时先导刀刃在倾斜的岩层上首先切割岩层，以定位钻机的钻头保证钻进过程中不偏位。该环向先导刀刃钻头及其施工技术获得了国家实用新型专利。

（六）采用了先进的混凝土梁预制拼装技术

荆岳大桥建设者积极探索采用预制节段拼装技术，有效解决了混凝土宽箱梁收缩变形产生的开裂病害，有效解决了宽38.5米、长7.5米、重1 200吨的主桥南边跨超宽箱梁预制节段的预制、存放、移动、拼装以及通过预应力连接等环节的技术难题。

（七）创新了桥面吊机吊装钢箱梁的施工技术

荆岳大桥建设者创新利用桥面吊机的臂杆和变幅功能，大大节约了钢箱梁吊装施工费用，加快了施工进度，降低了长时间大规模存梁的安全风险，并获得了大跨径钢箱梁斜拉桥塔下梁段安装方法、大跨径钢箱梁斜拉桥临时墩墩顶梁段安装方法和大跨径钢箱梁斜拉桥边跨梁段无隔梁支架施工方法等三项国家实用新型发明专利。

回眸湖北长江公路大桥建设历史,我们经历了从无到有、从弱到强的发展历程。十年间,我们建成了5座长江公路大桥,其中宜昌长江公路大桥荣获了省科技进步一等奖、詹天佑奖和鲁班奖,军山长江公路大桥获得了省优秀设计一等奖和詹天佑奖,荆州长江公路大桥获得了省科技进步二等奖等,为促进湖北由桥梁大省向桥梁强省迈进奠定了基础。2010年,鄂东、荆岳长江公路大桥将建成通车,我们将以科学严谨、精益求精、一丝不苟的作风,着力打造世界一流桥梁工程,为规划建设的嘉鱼、赤壁、香溪等长江公路大桥建设积累经验,着力打造桥梁之都、桥梁强省。

三、坚持生态环保、自然和谐,打造千公里鄂西生态文化旅游交通圈

交通行业作为一个资源依赖型和能源消耗型的传统行业,对不可再生资源的依赖性较强,如果不注重生态环保、转变发展方式,则资源支撑不住,环境承受不下,发展难以为继。为此,我们坚持以"两型交通"作为交通发展的第一选择并积极付诸实践,着力打造环"汉宜高速、武神—神宜生态公路和汉十高速"的千公里鄂西生态文化旅游交通圈;坚持秉承"适用就是最好的、自然就是最美的、优质就是最省的"生态文明交通建设新理念,着力打造"一线穿珠、路景相融、安全舒适"的特色旅游交通圈和"资源节约、环境友好、自然和谐"的生态文明交通圈。

(一)坚持"适用就是最好的"

不论是高速公路,一级、二级公路,还是通乡通村公路建设,始终坚持以人为本,合理确定公路建设规模和技术标准,做到不随意浪费资源、不牺牲生态环境、不盲目贪大求洋,特别是以二级公路为主的国省干线公路改扩建,不盲目追求宽平直,不随意裁弯取直选新线,不牺牲环境大填挖,真正做到"适用就是最好的"。神宜公路立项之

初，针对沿线地方党委、政府多次向中央、省有关领导汇报修建高速公路的要求，各级交通部门始终从资源节约、生态环保的角度进行反复宣讲，通过组织学习考察川九生态公路，有力的促进了地方党委、政府公路建设理念的转变，主动将建设标准由原来的高速公路调整为二级公路，并在《人民日报》发表了《呵护神农架保护区，生态旅游高速公路改为二级公路》的文章。工程造价由原来的20多亿元减少到3.84亿元，新征用土地从4 000多亩减少到了620亩。

（二）坚持“自然就是最美的”

不论是在规划设计环节，还是在工程施工阶段，我们始终坚持生态文明，更加注重环境友好、更加注重生态环保、更加注重自然和谐，努力将工程建设重点转到提升安全保障水平和生态环保服务功能上来，真正做到“自然就是最美的”。坚持将恢复公路生态环境与展示“绿色奇迹”有机结合，因地制宜采取多种绿化方式，充分考虑当地植物生长和植物群落演替的规律，注重植物景观随时间、季节逐渐变化的效果，力求“四季常绿，三季有花，错落有致，色彩丰富”的景观效果。注重将恢复公路生态环境和人文景观有机结合。通过游客休息区、观景台、文化墙、步游桥、石刻标志牌等服务设施和公路自身的路容路貌，将项目沿线自然天成的景观元素“橘香”、“茶韵”、“峡幽”、“石趣”、“木秀”、“水灵”等有机“珠链”成为溯源香溪、探秘神农、寻梦百里画廊的公园式通道，并将“美人昭君、诗人屈原、圣人炎帝、野人传说”等“美、诗、圣、野”文化元素有机地联为一体，充分展示了神宜公路丰富的文化内涵，打造形成了“路在林中展、溪在路边流、车在景中行、人在画中游”的公路生态新景观。

（三）坚持“优质就是最省的”

质量是交通的生命，也是交通内涵的体现。在公路建设中，我们始终坚持全寿命周期成本理念，千方百计延长工程使用寿命。在神宜公路建设中，始终坚持将高速公路建设的理念、技术、管理和要求拓展到项目建设管理中来,像抓高速公路那样抓普通公路项目建设,提升工程的内在质量、服务水平保证公路的使用寿命,真正以长寿命体现高质量,以长寿命降低总投入。

当前,湖北交通发展正处于新一轮大建设大发展的关键期。发展方式亟待转变,突破的关键在创新;产业升级迫在眉睫,振兴的出路在创新;区域竞争更加激烈,制胜的根本在创新。我们将始终坚持以创新发展为引擎,紧紧依靠科技创新打好“保增长、转方式、调结构”这场硬仗,真正使交通行业成为富有创新活力、具有创新动力、拥有创新实力的行业,努力为经济发展、中部崛起、社会和谐当好交通先行。

(节选自2010年全省交通重点工程调度会上的讲话)

着力打造免费公路网络

省十一届人大四次会议强调，要坚持把发展社会事业和保障改善民生放在更加突出的位置，以多办利民惠民实事为载体，提高人民群众的幸福指数。交通公路基础设施作为公共产品，必须始终坚持其公益性，坚持把为民、便民、惠民、利民、富民作为交通发展的第一追求，着力打造以普通公路为主体的免费公路网络，让人民群众最大程度地享受交通发展成果，做到交通运输发展以人为本、以民为先、民生为大、民生为最。

——建好管好19.6万公里的普通公路网是“十二五”交通服务民生的重大工程。交通基础设施的基本属性是公益性，是直接关系人民群众“衣食住行”的重要领域。“十一五”末，全省公路通车总里程达到199 400公里，除3 673公里的高速公路外，19.6万公里的普通公路（包括国省干线、农村公路）是直接服务全省最广大人民群众和县域经济、农业经济的最重要的公共基础设施，不断提高其通达深度、服务水平是交通服务人民群众的重大民生工程。“十二五”期间，必须始终坚持高速公路建设与国省干线、农村公路建设并举的发展战略，在全面建成6 500公里的高速公路骨架网的同时，坚持将普通公路网建设作为交通服务民生的重中之重，着力建设好、管理好28 000公里的普通国省干线公路网和170 000公里的社会主义新农村惠民便民公路网。

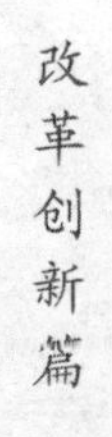

——建立以公共财政投入为主的投资发展机制是保障免费普通

公路长远健康发展的根本政策取向。政府还贷二级公路取消收费后，普通公路作为公共产品，其公共属性得到充分体现。从长远发展和制度设定上看，为保障普通公路健康持续发展，确保其服务民生的质量水准不下降，必须牢固树立以公共财政保障公共交通建设的理念，建立并落实以公共财政支出为主保障普通公路发展资金来源的制度性规定。国务院《关于进一步完善投融资政策促进普通公路持续健康发展若干意见的通知》明确规定：建设和维护好普通公路，是各级人民政府履行公共服务职能的重要内容。要按照加强政府公共服务职能的要求，建立以公共财政为基础、各级政府责任清晰、财力和事权相匹配的投融资长效机制，实现普通公路的持续健康发展。坚持政府主导，提高公共财政保障能力，以财政性资金为主解决普通公路投入问题，规范融资渠道，加强资金使用监管。各级地方政府必须认真落实国务院文件规定，进一步提高认识，抓紧制订以公共财政为基础保障普通公路持续健康发展的具体实施意见。

——坚持"统贷统还"是目前保障普通公路持续发展的最现实的、最有效的政策途径。2004 年以来，省政府出台了高速公路与国省干线、农村公路的统贷统还政策。省厅充分利用这一政策，以政府还贷高速公路通行费为依托，组织国内外银行贷款，全力加快高速公路及全省交通发展，使湖北省政府还贷高速公路不仅承担了高速公路建设的筹融资功能，同时还承担了全省普通公路、农村公路建设的筹融资功能，对解决普通公路还本付息资金不足和农村公路建设资金问题、缓解全省交通建设资金匮乏的突出矛盾、确保政府建设目标的实现发挥了至关重要的作用。但 2009 年湖北省政府还贷二级公路取消收费后，在贷款政策缺失和地方财力不足的情况下，加之各类经营性公司不可能无偿投入资金进行公益性普通公路建设养护的客观现实，政府还贷高速公路通行费已经成为高速公路和普通公路、农村公路等建设筹融资的唯一依托和主要来源。要保障普通公路持续健康发展，最有效的政策途径就是继续实施高速公路与普通公路、农村公路“统贷统还”政策，化解资金矛盾，实现高速公路、普通公路、农村公路捆绑发展、协调发展、科学发展。有关文件明确指出：逐步建立高速公路与普通公路统筹发展机制，新建、改扩建高速公路应将与之密切关联、提供集散服务的普通公路纳入项目范围，统一规划、统一建设。这一规定，为进一步完善和落实高速公路与普通公路、农村公路“统贷统还”提供了政策性指导和保障。

——及时妥善解决普通公路债务偿还问题是事关稳定第一责任和发展第一要务的重大问题。有关文件要求：妥善处理债务问题，地方各级人民政府要全面清理普通公路建设形成的债务余额，合理分担政府性债务还本付息责任，统筹安排财力，严格按规定和协议偿还普通公路发展形成的历史债务。为保障湖北省普通公路健康发展，必须高度重视普通公路债务问题，将中央补助资金、省交通偿债及发展准备金和燃油税增量资金优先用于支付普通公路债务利息，确保银行贷款利息偿付。

（节选自2011年在省交通运输厅党组中心组学习会上的讲话）

高速公路提档进位之思考

湖北省经济和社会发展“十二五”规划纲要明确提出,要加快完善布局合理、功能明晰的公路网络,基本形成承东启西、接南纳北的“七纵五横三环”7 069 公里的高速公路网。省厅深入分析了湖北交通面临的“标兵更强、追兵更近”的严峻形势,研究制定了确保实现省委、省政府关于高速公路提档进位目标的对策措施。

一、居安思危、忧危思进

近年来,湖北高速公路建设尽管平均一年进一位,跃居全国第六位,但跳出交通看交通,跳出湖北看交通,发展不够、优势不优仍是湖北交通的最大实际与主要问题。

一是东中部交通发展竞争激烈,巩固湖北高速公路全国第六的位次压力巨大。目前,全国高速公路 4 000 公里以上的有河南、广东、河北、山东、江苏五个省份,3 000 公里以上的有湖北、陕西、浙江、江西、辽宁、山西六个省份。从项目进展看,2011 年湖北省高速公路将力争达到 4 008 公里,而第五位的江苏将达 4 120 公里。特别是中部的山西、湖南和东北的黑龙江发展迅猛,山西连续三年每年建成 1 000 公里、今年高速公路总里程将达 4 000 公里;湖南在建项目近 4 000 公里,今明两年将建成 1 900 公里;黑龙江经过三年攻坚,今年将建成 1 800公里、总里程达 4 000 公里。全国高速公路建设你追我赶、奋勇争先的竞争加剧,形势严峻、催人奋进。

二是“地根”供需矛盾突出，高速公路建设用地压力巨大。据统计，湖北在建及拟开工高速公路用地需求量约1.8万公顷。而近年国家分配湖北的年用地指标总量约1.5万公顷，若高速公路全部使用省内用地指标，将给全省建设用地带来极大压力。为此，省国土部门在全力支持交通建设的同时，已商交通运输部门将尽可能使用国家高速公路用地指标问题提上了重要议事日程。

三是随着国家“银根”紧缩，高速公路建设资金筹措压力巨大。受国家宏观调控政策影响，银行信贷规模紧缩，存贷款利率连续上调，加之物价上涨和征地拆迁成本的攀升，高速公路造价明显增高。目前，湖北平原区高速公路平均造价已达到6 000万元/公里左右，山区高速公路平均造价将近1亿元/公里，进一步加大了高速公路项目特别是企业投资项目的融资压力，项目资本金和贷款难以及时到位，资金短缺成为高速公路工程建设又好又快推进的突出问题。

四是企业投资项目建设不定因素多，确保省委、省政府既定目标按期实现压力巨大。目前，我省已建成高速公路中，政府投资项目占52%、企业投资项目占48%；在建高速公路中，政府投资项目占37%、企业投资项目占63%。企业投资项目能否又好又快建成对确保省委、省政府既定目标按期实现至关重要。从近几年实际情况看，企业投资项目建设具有不确定性，对湖北高速公路提档进位、弯道超越带来新的挑战。

五是交通投资、建设、管理主体日益多元，质量、安全及廉政建设压力巨大。随着新一轮大建设大发展，各类民间资本及企业、社会资金全面进入交通领域，形成了交通建设多元化、市场化、社会化的可喜局面。但由于投资商专业人才储备、工程建设管理、环境协调能力等参差不齐，投资项目的工程质量安全管理出现了一系列不容忽视的问题，廉政风险日益加大，对交通部门严格履行“法人负责、政府服务、行业监管、依法行政”的职责,确保工程质量、安全、廉政和目标实现带来了极大的难度和巨大压力。

二、开放创新、担当有为

坚持用创新的方法和手段挖掘潜力、释放潜能,是破解交通发展要素资源瓶颈制约的战略选择。

一是全力争取国家支持,最大程度地将省高网项目纳入国高网调整规划,破解“地根”难题。根据国土资源部规定,列入国家高速公路网规划的高速公路项目,使用国家用地指标;地方规划的高速公路项目,使用国家分配给省里的用地指标。目前,湖北高速公路项目大部分为省高网项目,由省内核准、企业投资建设,故只能使用省内用地指标。为保障湖北省高速公路用地需求,必须尽可能多地将省高网项目纳入国高网调整规划,以争取国家用地指标。

二是全方位筹措资金,最大程度地发挥GEB(Government,Enterprise,Bank)投融资平台功能,破解“银根”难题。“十一五”期间省厅成功探索了“以政府投资为主导、以企业融资为补充、以银行信贷为支撑”的湖北交通GEB投融资机制,为确保“十一五”湖北交通规划目标提供了坚实保障。根据规划,“十二五”湖北交通固定资产投资规模将较“十一五”翻番,达到3 000多亿元,要有效解决资金投入不足的问题,必须进一步拓宽多元化投资渠道。

——将纳入国高网的高速公路作为政府投资项目,由交通公路部门作为项目业主负责建设,全力争取交通运输部支持湖北高速公路建设资本金。交通运输部已明确表示“十二五”对湖北的资金支持额度将较“十一五”增长40%,要将中央投资落实到位,必须进一步创新“以诚求援、以干求助”的工作理念,严格按照部投资政策规定,最大限度地争取将更多的项目纳入国高网,作为政府投资项目争取交通运输部给予资金补助。

——进一步创新合作模式，落实银行信贷资金。进一步创新政银合作模式，通过合作协议方式吸纳银行信贷资金。“十二五”开局之年，省交通厅已与国家开发银行、工商银行、建设银行、农业银行、中国银行5家银行签署了金融合作协议；拟通过探索融资租赁、发行交通信托融资产品、发行交通建设债券，加大国际金融组织融资力度等，充分发挥交通GEB平台的投融资功能。

——全力开放交通投资市场，吸引战略投资者投资地方高速公路项目，落实企业投资。根据国务院发布的新“非公经济36条”意见和省委、省政府“敢开放、真开放、先开放、全开放”的指示精神，进一步推进思想大解放、市场全开放，牢固树立“你投资、我投力，你发财、我发展，你创业、我创先，你惠企、我惠民”的交通发展投资服务理念，为实现湖北交通先行跨越创造更大、更远、更多发展空间和资源。更加积极地实施开放先导战略，全面总结湖北省高速公路招商引资经验和教训，进一步开放交通投资市场，积极指导市（州）政府紧密结合高速公路投资大、周期长、利润低、风险高等特殊性，由招商引资转向招商选资，瞄准有实力、讲诚信的战略投资者，坚持大招商、招大商，将地方高速公路和部分运输枢纽、港航项目捆绑打包，由省政府统筹协调市（州）政府研究出台统一优惠政策，争取大型央企对我省交通发展重点项目投资，由政府交通运输部门实施前期工作并经省政府授权与其签订战略投资协议，按照BOT + EPC等新模式进行投资建设。

三是全面加强交通队伍建设，最大力度地发挥交通公路部门的主力军作用，破解“又好又快”难题。经过多年的锤炼，湖北省交通公路部门在高速公路建设方面积累了丰富的建设管理经验，培育了一支敢打硬仗、能打胜仗、乐于奉献的“交通铁军”。又好又快实现省委、省政府既定目标，交通主力军必须勇于担当，充分发挥自身在政府投资高速公路建设中敢打硬仗、敢于负重、尽心履职的政治优势和

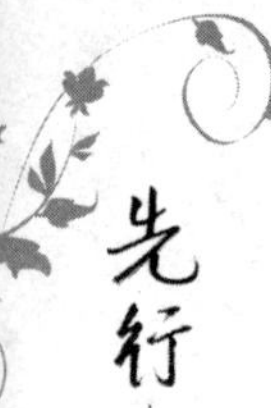

专业技术保障作用,创造性地采取一、二、三期工程合理交叉、平行推进等措施优化高速公路施工组织,以扎实的作风、拼搏的精神努力实现省委、省政府关于高速公路提档进位的目标。

(节选自2011年在省交通运输厅党组中心组学习会上的讲话)

运输安全篇

服务是交通运输的本质属性。为了把交通运输优势转化为经济发展优势和区域竞争胜势，湖北交通把加快综合交通运输发展摆在突出位置，不断提高交通运输供给能力和运行效率，提升交通运输组织化程度和信息化水平，降低人流出行费用和物流交易成本，大力推进城乡交通运输一体化、公共服务均等化，努力促进客运“零距离换乘”和货运“无缝衔接”。

按照“建设是基础、运输是目的、安全是关键”的发展思路，湖北交通着力构建统一开放、竞争有序、便捷畅通、安全高效的交通运输市场体系，着力打造铁、水、公、空、管综合运输枢纽，组建了全国首个省、市、县三级物流机构健全的交通物流系统，推动了城市公交、城际公交、城乡公交统筹发展，特别是在抗击2008年历史罕见的低温雨雪冰冻灾害实践中，探索创造了“除雪清障、重车碾压、路警开道、结队通行、限载限速、科学调度”的24字抗冰雪、保安全、高速公路“低速行驶法”，保障了湖北交通的安全畅通。

浅谈高速公路管理中的应急决策

应急决策是为应对突发事件而作出的快速决策。突发事件是行政管理中的一种偶发性事件,应急决策是行政管理中一种经常出现并且非常重要的决策类型。高速公路作为社会经济发展到一定阶段的产物,是交通现代化建设的重要标志,面对全新的工作领域和管理对象,面临着更多的突发事件和紧急状况。应急决策在高速公路管理中得到大量的运用,是管理者的一种重要决策手段。本文立足于高速公路管理的实际,通过对高速公路应急决策重要性、一般原则的分析和探讨,寻求加强高速公路管理应急决策的有效对策,从而达到提高高速公路管理决策水平的目的。同时籍此探讨信息社会日益高效化的行政决策的有效途径。

一、高速公路应急决策的重要性

(一)高速公路建设面临的复杂局面决定了应急决策的重要性

高速公路建设过程中从始至终涉及众多部门的配合与协调,其间难免会经常性地出现一些意想不到的问题和摩擦。如果处理不当、处理不及时,或决策违背客观公平公正,则不仅会耽误工期,而且会直接影响到公路的质量,对后续的有关工作产生不良后果,甚至直接影响到与当地政府、当地民众的关系等。这就需要高速公路建设部门具有较强的应急反应能力,具体领导者必须具有较高的应急决策能力。

（二）高速公路在公路运输中的重要地位决定了应急决策的重要性

高速公路作为现代化交通基础设施，摆脱了以往公路运输在综合运输体系中只具有短途、零散、中转、接卸功能的附属地位，在成为骨干运输力量的同时，以更高水平衔接铁路、水路、航空运输，共同组成更为强大的综合运输通道。但在高速公路日益显现出比其他公路运输更为强劲能力的同时，也日益呈现出其脆弱性和依赖性，一旦出现紧急情况，如果不及时处理，所造成的损失，以及对整个国民经济的发展和人民生活的影响比普通公路更为严重。高速公路特殊的社会政治、经济影响，对高速公路的应急管理和决策提出了较高的要求。

（三）高速公路管理的自身特性决定了应急管理的重要性

由于高速公路管理行业本身牵涉公路建设、管理与路政、费收、养护管理等多个领域，其中的每一个领域又有很多的变数，因此，应急决策在高速公路管理中又显得尤为频繁和突出。

高速公路的任何一处出现梗阻不畅的现象，都会影响到全线的行车速度与行车安全。从雨雾特殊天气的紧急情况处理到个别路段受各种自然或人为灾难损伤的修复，从高速公路上的车辆冲岗逃费问题的处理到打击高速公路上的车匪路霸等犯罪活动等，都需要各部门的紧密配合，以应对各种紧急问题。至于特殊时期，如抗洪防汛等，高速公路作为承载着物资、人员运输任务的大通道，其交通主骨干作用和地位更为突出，更是检验高速公路处理应急事项能力的最经常的场所。

为既能发挥高速公路对国民经济发展的巨大作用，又能最大限度地减少因突发事件的发生所造成的损失，我国高速公路管理部门在刚建立时就开始借鉴国外经验，尝试建立起各种应急系统。如建立和完善急救、消防、紧急救护通信等系统，安装了紧急电话，成立了消防指挥中心、急救中心,落实责任制。这些措施的落实和推行,对于及时地收集公路沿途的路况信息,及时地作出有针对性的决策起到了积极作用。随着我国对基础建设的投资日益加大,高速公路建设事业逐步进入高潮,掌握一套行之有效的高速公路管理办法,特别是应急决策的方法,对于提高高速公路整体管理水平,让高速公路在经济建设中保持安全畅通,发挥最大社会效益,是很有必要的。

二、高速公路管理中应急决策的一般原则

(一)应急处理与顾全大局相统一的原则

应急决策可能会在一定程度上因事出突然而在处理时兼顾不到各方利益,这是特殊时期不可避免的,但是任何应急措施的作出都不能以损害全局利益为代价,更不能以应急之名,行损害公众利益之实。在应急情况下,应本着“两害相权取其轻”、“两利相权取其重”的原则,把应急处理与顾全大局统一起来,坚持人民利益至上,这一点在我国高速公路管理中体现得尤为明显。

尽管高速公路管理在我国的实践不长,但影响重大,在高速公路管理中,对各种紧急情况的处理,直接关系到社会安全稳定的大局。因此,在采取应急决策时,对各种矛盾要立足于化解,避免不利于社会稳定的事态进一步扩大。对各种不利于安定团结和社会稳定的问题,应放在突出位置加以处理,采取适当的工作方法,慎重出台各种应急措施。

(二)应急决策与常规决策既相区别又相结合原则

决策是一个复杂的、动态的过程,但在应急决策中,整个过程的时效性要求较强,且事态在不断变化之中。因此,有些决策环节和程序应允许变通和省略,以尽快出台决策方案为出发点,体现高效敏捷的办事效率,而不宜用日常常规决策。在实际工作中,应注意界定何为紧急情况,划定应急决策的作用范围,明确需采取应急决策的具体

原则,确定某种应急决策合理的度。

(三)先治标后治本,治标与治本相结合的原则

应急先治标,再治本,即首先要防止事态朝不利的方向发展,以控制局势为主要目标,当事态被控制后,再求因溯源,从中汲取深层次经验教训,采取根治性措施。在高速公路紧急事件处理上,首要目标是确保安全和畅通。这应成为高速公路应急决策的首要目标,保证了这一目标,其他后续工作的开展就有了先决条件和坚实的基础。

(四)坚持集中力量保重点的原则

应急决策不宜追求多重决策效应和多个执行目标,而要区别对待不同的管理对象,采取"外科手术"式的措施。高速公路应急决策中,如遇到主线与匝道同时发生紧急的情况,首先要确保主线安全畅通,为确保主线,可以使匝道付出必要的代价,在处理突发的路政案件中,应先保畅通,再维护路产路权。二是要协调关系,确保应急决策得到各方支持。由于目标单一,重点突出,在作出应急决策的时候,要做好有关方面关系协调和宣传说明工作,取得社会各界和受决策影响地区广大群众的支持配合,避免因误解而引发新的矛盾和新的不利事态发生。

(五)首长负责制原则

应急决策要避免多头指挥、政出多门,宜采取首长负责制。但要注意做到:①要正确处理行政首长与技术专家的关系,在充分听取专家意见的基础上,实行首长决策。②在日常管理中对需要采取应急决策的首长赋予必要的权限,保障其指挥得力。③决策者要慎重对待应急决策。④要注意分清各级领导的职责范围,必须遵循分级管理的原则。

(六)亲临一线和直接指挥的原则

由于事件的突发性和紧迫性,争取时间成为第一位的问题。在紧急情况下,决策者应亲临第一线,直接指挥决策的实施,以便于决

策者抓住主要矛盾，把握现场事态的发展方向。

三、提高高速公路决策管理水平的主要途径和对策

（一）理顺管理决策体制

体制不顺是目前交通管理体制亟待改革的主要原因之一。现在交管体制是：高管局受交通部门委托负责行使保护路产、维护路权的路政管理，公安交警部门负责交通安全管理。实践证明，这种管理体制对紧急情况的处理难以令人满意，应急决策水平较低。主要原因是政出多门，职能交叉，互相牵制，难以协调；各自为政，缺乏合力，快速反应，难以保证。

为此，必须改革和完善国内现行高速公路管理体制，其中应该以交通安全管理体制为突破口，以此带动高速公路管理中应急决策水平的提高，为应急决策提供制度保障。同时，还应以立法手段形成全国统一的管理体制，使之法制化、统一化。

结合我国目前高速公路发展的实际情况，参照国际通行做法，在深化改革的基本思路上应坚持“精简、统一、效能”的原则，在具体操作上要本着“扬长避短，重在理顺职能，减少管理交叉”的稳妥办法。

（二）提高决策者素质

作为应急决策的主体，应该具备三个方面的素质：①较高的政治思想素质，能够把握大局、服务大局，具有实事求是和开拓进取的精神，全面掌握党的方针政策和法律法规；②必须具备良好的思维能力，较强的意志和个人决断力，较强的人格感召力和凝聚力，具有分析问题、抓住主要矛盾的思维能力；③具有较高的知识水平和较宽的知识面，掌握科学的预测方法。就高速公路管理领域而言，它是一种新兴专业行政管理，当前主要是要通过人才培训提高现有管理人员应急决策的素质，同时有针对性地开展相应的研究，慎重选拔高速公路管理干部，建立起一支快速反应、能征善战、科学决策的决策与执

行队伍。

(三)改革和完善应急决策的领导体制

应急决策是在非常规情况下进行的,因此,必须赋予决策者必要的充分的权力,同时增加决策者的责任。要建立应急决策责任制和激励约束机制,明确决策的领导层级负责制。在中枢决策方式上,宜采取首长负责制。对高速公路管理而言,建立便于应急决策的养护、路政体制,是当务之急,是否可以采取应急决策责任制,对于预案范围内的紧急事项,可以由相应级别的负责人在一定权限内独立处理,这样可以省去繁琐的报告批复程序,及时高效地解决问题,进行决策。

(四)提高技术手段

应急决策中,要充分利用高科技手段和设备,使应急决策朝高科技方向发展。我国高速公路管理,应该逐步向智能化方向发展,比如通过路面传感器、架设摄像机和可变情报板,建立灵敏的信息收集发布系统,一般在沿线安装必要的电子监控设备,流动管理人员配备现代通信工具;对路面交通状况进行24小时监控,向管理人员和驾驶员及时提供交通信息,以便疏导交通,救援抛锚车辆,处理交通事故,减少交通阻塞。同时,高速公路机械化养护,对于有效执行应急决策必不可少,这也是我国高速公路养护的必然发展趋势。

(五)建立应急决策的咨询系统

在日常管理中,要注重总结研究、归纳形成应急决策的基本模式,组建应急决策方案库。在高速公路管理的过程中,还应争取沿线城市、乡镇政府的支持配合,采取联系点的办法,形成沿线政府咨询系统,在应急决策过程中紧依靠当地政府,减少应急决策执行过程中的困难。同时,要发挥沿线群众在高速公路管理中的支持配合作用,逐步建立紧急情况的群众报警制度。

(六)完善交通应急预案

高效的应急决策,需要完善的应急预案做保障。应急预案要根据国家和省市地区的有关规定，结合本地本单位的实际情况，本着以人为本，以防为主、以效为先的基本原则制定；要根据新形势、新问题适时进行修订完善，以加强对交通事件处理的综合指挥能力，提高紧急救援的响应速度，确保能快速有效地处理各类重大交通事件，将交通事件对人员、财产和环境造成的损失降至最小程度，最大限度地保障人民群众的生命安全和财产安全。

尽管我国高速公路里程在全国各种等级的公路里程中所占比例不大，但是高速公路管理所面临的应急事项的决策和处理已对我国的行业行政管理提出了新的课题，对习惯于普通公路管理模式的管理者提出了新的要求。我们相信，随着我国高速公路里程的进一步延伸，人们对高速公路的应急处理与应急决策的研究会逐步深入和完备。

（节选自2000年在省委党校座谈会上的发言）

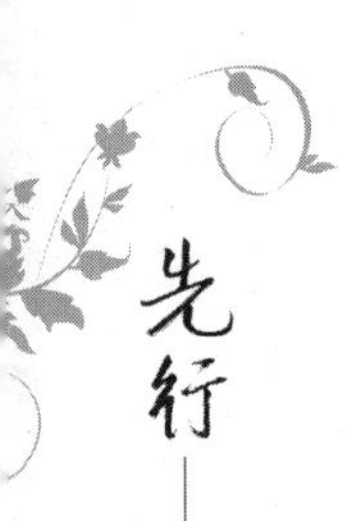

构建以民为本的农村客运

农村客运作为社会主义新农村交通建设的重要组成部分,对于解决农民出行难问题,促进农村经济社会全面发展,逐步改变城乡二元结构具有重大现实意义,是交通工作服务农村地区经济发展的最直接、最有效的重要举措之一。目前,我省广大农村客运班线通达深度不够,全省还有6 727个行政村不通客运班车,通村公路大多数没设候车棚,加上农村客运经营车辆技术状况普遍较差,道路运输安全隐患不断增多,农民群众“出行难、乘车难”的问题还比较突出。

根据《湖北省“十一五”社会主义新农村交通发展规划》,到“十一五”末,全省要实现90%以上的乡镇建有等级客运站,95%以上的建制村建有候车亭或招呼站,具备条件的行政村通车率达100%。要实现这一目标,全省交通运管部门必须紧紧依靠各级党委、政府和广大人民群众的大力支持,脚踏实地、真抓实干,着力提高农村客运服务质量和供给能力,努力让全省农民群众走上沥青(水泥)路、乘上安全方便车,为构建和谐交通奠定坚实基础。

一、进一步深化合力发展的理念,形成政府主导办交通、部门支持办交通、群众参与办交通的新格局,重点要正确处理好“三个关系”

一是部门办交通与社会办交通的关系。各地要切实树立和深化地方政府建设主体理念,建立并形成各级地方政府、村民委员会和交通运管部门等“多位一体”的建设管理新模式。要紧紧依靠地方政府，将农村公路建设、农村站点建设、农村客运发展规划纳入到当地政府的经济发展规划之中，充分发挥地方政府的组织领导、政策支持、多方协调的作用，争取地方政府及各有关部门进一步加大农村客运发展的支持力度。

二是农村公路建设和农村运输发展的关系。修路是基础，运输是目的，农村交通的路、站、运，是新农村交通建设不可或缺的三大要素。农村公路建设的加快发展，必须以满足农村生产生活的运输需求为出发点；农村公路建设的社会效益，必须通过客货运输的发展来体现。各级交通主管部门要把农村客运发展与农村公路建设放在同等重要关系，在加快建设农村公路基础设施，继续实施安保工程、危桥改造工程以及渡改桥等工程的同时，着力抓好农村运输发展，做到“路通车通”，推进客运网络化、货运便利化。

三是行政推动和市场拉动的关系。在农村客运发展中，行政推动是先导，市场拉动是关键。各级政府和交通部门要充分利用支农惠农政策引导社会各界参与农村客运发展，共同建设农村客运市场，各级交通运管部门要通过行业管理和服务进一步落实各项惠农政策，为农村客运经营者创造良好的发展环境，让经营者有利，让农民群众受益。

二、进一步规范站点设置，用足用好有关政策，确保“四个严格”

一是要严格按照《湖北省农村客运运力发展政策引导资金使用管理暂行办法》抓好落实。各级交通运管部门一定要依法依规、切实把好准入关，公开政策标准，公开办事程序，公开办事效果，并向社会公示，自觉接受监督，确保资金专款专用。

二是严格落实站点补助政策。各级交通主管部门要进一步加强与地方政府及当地财政部门的沟通，保障资金及时足额到位，不得挤占挪用。

三是严格落实站点技术规范。各级交通部门一定要加强农村客

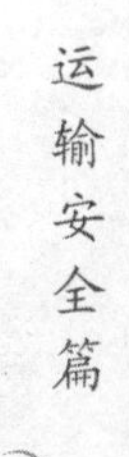

运站点建设质量监管,严格按省制订的农村客运站点技术规范建设;要针对一些农村客运站点建设中,存在着选型不规范、选材不合格,站务设施不完善,服务功能不明显、占地规模不达标等情况,严格依法管理,严格落实建设责任,打造"优质工程"、"放心工程"。

四是严格落实便民利民原则。在选址上,要以便民、利民为原则,遵循农民出行习惯,选择好客源聚散地,尽量不占用公路行车道;在站亭式样上,要以简捷、牢固为原则,严格控制标准和造价,确保工程建设不贪大求洋,注重满足农民群众出行的基本需要。

三、进一步优化农村客运运营模式,努力做到"三个优化"

一是注重优化农村客运经营主体结构。针对当前农村客运经营主体小、散、弱的现状,要积极鼓励大中型骨干客运企业"车头向下",开拓农村客运市场,要积极引导农村个体客运经营者按照自愿的方式采取联营、参股的方式组建农村客运专线运营公司,从事农村客运,着力提高农村客运的组织化程度、规范化管理和服务水平。

二是注重优化农村客运组织形式。要针对农村客运流时不确定、流量小、流向不均的特点,根据农民群众的出行需求、生活习俗、承受能力等,因地制宜地选择早晚班、学生班、赶集班等灵活多样的客运组织方式;要在农村经济比较发达、运力相对饱和的地区,积极推行服务质量招标配置客运线路;在地处偏远、经济落后、出行人流较少的地区,要通过冷线与热线捆绑招标方式配置客运线路,合理配置农村客运市场资源,提高农村客运效率。

三是注重优化农村运力结构。在车型结构上,要按照满足需要、适度超前、安全经济、同时尽量满足不同层次需求的原则,定位在安全、经济、实用上,不一味求大求新。在运力布局方面,要深入基层调查农村客货流量、流向和流时,合理调控和安排运力投放计划,保持运力与运量基本平衡。

四、进一步提高农村客运服务质量

农村客运点多、线长、面广，实施村村通客车工程，不仅要注重提高通车率，更要注重引导经营者规范经营，提高服务质量。

一是着力加强农村客运市场监管，优化农村客运市场环境。各级交通运管部门要高度重视并积极争取当地政府支持，与公安、工商、税务、技术监督、物价等部门联合整治农村客运市场上存在的非法从事客运的现象，为农村客运发展创造良好的经营环境。

二是坚持严把“三关”，切实加强农村客运安全管理。农村客运的快速发展，对车辆状况、人员素质和市场监管提出了高新要求。各级交通运管部门必须牢固树立安全第一意识，切实加强农村客运市场管理和监督，严把市场准入关、车辆技术关、从业资格关，督促农村客运经营者建立并落实安全生产责任制、安全生产和操作规程、安全生产监督检查等制度，切实保障广大农民生命财产安全。必须把提高农村从业人员素质作为当前和今后一段时间的重要任务来抓，加强从业人员的职业技能和职业道德培训，提高从业人员整体素质，着力扭转经营者不同程度地存在“重经济效益，轻安全、服务”的现象，切实使之自觉遵守和主动维护客运市场秩序，不断提高经济和社会效益。

三是坚持依法行政，提供优质文明服务。各地交通运管部门要以让农民群众坐上安全车、经济车、方便车为出发点和落脚点，进一步倡导以人为本、规范经营、文明服务理念，引导经营者遵守服务承诺，履行安全职责，严格执行核准运价，共同维护客运市场秩序，为推进农村路站运一体化创造良好发展环境。

（节选自2006年在全省路站运一体化现场会上的讲话）

水运安全管理重在落实

水上安全生产关系人民群众生命和财产安全，关系改革发展稳定大局。各级交通部门要从做一个负责任的部门和负责任的行业出发，坚持原则，绝对不能见利忘法、见利忘管、重利轻管。安全工作不搞花架子，重在抓落实。

一、强化责任抓落实

继续落实乡镇船舶安全管理责任制，定期检查每个乡镇、村组的责任落实情况，对落实不力的，联合安监部门进行通报并督促整改；继续落实各级交通部门对水上交通安全的行业管理责任，督促本地水运经营者落实安全制度；继续落实各级海事监管责任制，将安全监管责任层层分解，落实到基层和具体人员，并在年终考核兑现；继续落实水运企业或经营单位的安全生产主体责任，对违法违规或发生事故的，严肃处理，决不姑息迁就。

二、强化监管抓落实

各级海事部门是《内河交通安全管理条例》主要的执法主体，要加强日常监督检查，依法严肃查处各类违法行为，督促水运企业加强安全生产内部管理，落实安全生产各项保障措施，及时整改事故隐患，确保基本的安全生产条件，树立行政执法权威。

三、深化整治抓落实

要按照全省渡口渡船安全管理专项整治方案要求，在抓巩固、抓深化、抓提高上下功夫。对发现的各类事故隐患，要通过建立隐患排查督察制度，实行跟踪管理、分级动态管理与整改进展情况通报制。对存在重大事故隐患的单位，要责令停产停业整顿，限期整改到位。

四、强化基础抓落实

要把宣传、教育、培训作为安全生产的一项重要内容，广泛宣传安全生产方针政策、法律法规和安全知识，认真组织多层次、多形式的安全生产知识培训，扎实开展“安全生产月”活动，切实加强对企业主要负责人、安全管理人员和特种作业人员的培训和考核，提高从业人员的素质。

五、强化法制抓落实

按照“政府统一领导、部门依法监管、企业全面负责、群众监督参与、社会广泛支持”的安全生产工作格局的要求，依靠各级政府认真履行监管职责，依法实施监督管理。要与各有关单位和部门协调沟通，密切配合，齐抓共管，切实抓好安全生产各项工作的落实。要指导、督促企业全面贯彻落实安全生产法律法规和各项规定，强化企业是安全生产责任主体的意识，依法建立健全安全生产责任制，加强企业内部安全管理，保证安全经费投入，逐步建立起自我约束、不断完善的安全生产长效机制。

六、强化认识抓落实

各级交通部门一定要从构建和谐社会、执政为民、做负责任行业的高度，进一步提高对安全工作重要意义的认识，切实增强抓好安全

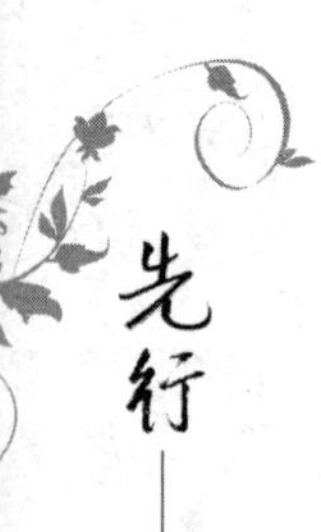

工作的责任感和紧迫感。各级交通部门要进一步更新安全理念，正确处理安全与发展的关系，决不能以牺牲安全为代价求发展；要进一步坚持以科学发展观为统领，坚持以人为本，坚持安全与发展并重，将安全工作贯穿于交通发展的始终，努力创造稳定的交通安全环境。

（节选自2006年在全省交通运输安全暨春运会上的讲话）

服务是交通运输的本质属性

服务是交通运输的本质属性。服务国民经济和社会发展大局要求我们不断提高交通运输有效供给能力,服务社会主义新农村建设要求我们不断提高运输网络化、组织化程度,服务群众安全便捷出行要求我们不断提高服务质量和服务水平。各级交通部门必须坚持建设和运输并举,在注重加快交通基础设施建设的同时,更加注重运输服务的质量提升,紧扣"三个服务",树立"四个理念",做到"四个切实":

一是树立以人为本的理念,切实把解决群众最关心、最直接、最现实的交通问题作为出发点和落脚点。发展农村客运,方便农民出行,是交通工作服务"三农"最直接、最有效的举措之一。要大力推进农村路站运一体化进程。要从深化合力、发展理念入手,正确处理好部门办交通与社会办交通、农村公路建设与农村运输发展、行政推动与市场拉动"三个关系";从用足用好有关政策法规入手,确保严格落实运力补助政策、严格落实站点引导资金政策、严格落实站点技术规范、严格落实便民利民原则。

二是树立服务经济社会大局的理念,切实把发展的重心调整到增强交通运输服务有效供给上来。要按照统筹规划、协调运作、重点突出、分步实施的原则,加强政策引导和服务指导,打破区域界限,整合各类资源,着力构建依托高速公路的快速城际客运网络,发展区、乡镇、村的层级客运网络;要扎实推进"湖北水运振兴工程",全面落实省政府《关于加快全省长江水运业发展的意见》,整合港口资源,提升港口现代化水平，鼓励和支持大型化、专业化、标准化、现代化船舶发展，加快推进武汉航运中心建设，为湖北经济社会发展提供强有力的交通运输保障。

三是树立结构调整就是发展的理念，切实把运输经济增长方式转变到高效率、集约型、现代化上来。要通过政策引导、行业指导和市场主导，大力发展安全经济、大型专用、高效低耗、环保节能的运输车船，促进车船运力结构的优化调整和上档升级。要通过深化企业改革，打造龙头企业，创树运输品牌，增强运输企业市场竞争力和抗风险能力。要通过加快信息化建设和科技创新，引导运输组织结构和运输经营结构向信息化、专业化和规模化方向发展。

四是树立质量代表形象的理念，切实把提高服务质量作为运输行业管理工作的重中之重。质量是运输服务的生命力，质量代表交通运输行业形象。交通服务质量高低与群众切身利益密切相关，唯有提高运输服务质量，才能实现覆盖范围更广、服务水平更高的货畅其流、人便于行，才能显现交通运输支持保障、基础先行的地位和作用。各级交通部门要以建设和谐交通文化为目标，以开展“学、创、建”活动为切入点，以解决交通运输服务最敏感、最薄弱问题为突破口，努力打造一批高标准、高质量的文明车、文明船、文明港、文明站，树立交通部门亲民、为民、利民、惠民的行业新形象。

（节选自2007年在全省交通运输安全暨春运工作电视电话会上的讲话）

抗雪灾保畅通的实践与思考

2008年,湖北省出现了近50年最严重的低温冰冻雨雪天气,连续4轮强降雪袭击我省,全省持续降雪天数超过20天,成为新中国成立以来我省持续降雪时间最长的年份,并超过1916年、1933年,为百年罕见。武汉市积雪深度最多达到27厘米,全省33个县市积雪深度超过10厘米,日平均气温达到-6~-2℃,很多地方最低气温达到-10℃左右,给全省交通运输、农业生产及人民生活造成严重影响。

一、抗雪灾保畅通的主要做法

面对这场突如其来的雨雪冰冻灾害,全省各级交通部门全面启动抗灾抢险应急预案,沉着应对,科学组织,精心调度,最大限度地保障了全省交通大动脉和运输生命线的畅通安全。我们的主要做法是:

(一)坚持"闻雪即动、及时清障"

中部通则全国通。湖北是"承东启西、接南纳北、内畅外联、辐射全国"的重要综合交通枢纽,确保交通大动脉的畅通,不仅是湖北自身的内在需求,也是确保全国交通网络顺畅运行的必然要求。特殊的使命,让我们更加清醒地认识到肩负的责任和重担。雪灾来临后,我厅在气象部门发出预警预报的第一时间就下发了紧急通知,成立了保畅通保安全领导小组,各级交通部门实行一把手负总责,分管领导全力抓,严格落实保畅通保安全一把手负责制。各单位积极动员,

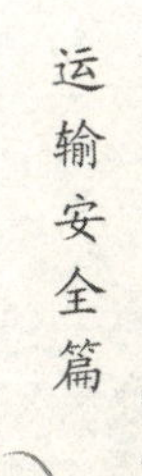

全面排查隐患,及时补充除雪清障物资设备。在全省高速公路配备的专用除雪设备的基础上,还迅速从省内建设项目、施工养护企业调集了一定数量的平地机和装载机等除雪设备,做好防灾的各项准备。迅速动员全省交通职工像应对"98 抗洪救灾"那样,全员上岗,全力以赴,有雪就扫,有冰就除,及时清障,不分昼夜,连续作战,坚持以机械除雪为主、融雪剂除雪为辅,在全省交通系统组织了一场下雪与除雪、结冰与除冰的大会战。

(二)坚持"交通一线工作法"

在抗灾保通过程中,我们大力推行"交通一线工作法"。即坚持在一线现场指挥、检查指导,在一线保障重点、排忧解难,在一线宣传发动、协调服务,在一线培树典型、弘扬"刚毅精神"。全省交通系统各级领导班子成员身先士卒、率先垂范,全部深入到抗灾保通现场指挥、现场办公,各级机关干部除必要留守的,全部下到基层,与养护、路政人员一起奋力抢通,真正做到情况在一线了解、问题在一线解决、矛盾在一线协调、服务在一线体现,领导干部和机关的"核心作用"得到充分发挥。

(三)坚持"高速公路低速行驶"

我们在实践中探索了 24 字的"抗冰雪、保安全、高速公路低速行驶疏导法",即"除雪清障、重车碾压、路警开道、结队通行、限载限速、科学调度"。全省高速公路管理部门集中力量除雪除冰后,先由重型车辆碾压破冰,再由警车、路政车进行开道,采取分时段、间断集队放行的方式疏导交通,高速公路路政人员沿路设点警示,限载限速,科学调度并及时提供免费救援。从实践效果看,这一套方法行之有效,对保障冰雪天气高速公路安全通行、减少滞留车辆发挥了至关重要的作用。其中,加强沟通协调,实施路警共建尤为重要。

(四)坚持"雪灾无情交通人有情"

为确保滞留驾乘人员能够喝上水、吃上饭、不受冻,有病能就医,各级交通部门积极调购食品，协调当地医院派出救护人员，及时组织交通职工为滞留驾乘人员和旅客送开水、送面包、送馒头、送鸡蛋，主动捐棉衣棉被。许多群众发自内心喊出了“感谢共产党！感谢政府！谢谢交通人！”各公路收费站努力拓展服务功能，收费站变成了“服务站”、“救助站”和“信息站”，及时为驾乘人员提供热水、食品、防冻膏、感冒药及出行信息等。全省各客运站坚持实行“六个24小时”服务，即：站场内清洁卫生24小时清扫、空调24小时开放、热水24小时供应、车站超市24小时营业、车站医护24小时值班、保安24小时巡查，想方设法解决乘客的候车环境、开水供应、就餐等生活需要。

（五）坚持“服从大局、服务民生”

在全力保障省内高速公路安全畅通的同时，积极支援湖南省高速公路除雪除冰任务，对因邻省高速公路封闭造成滞留的车辆全部免收通行费，保障大路网的畅通；全面落实鲜活农产品运输应急机制，对运输鲜活农产品车辆一律优先放行，免收路桥通行费，沿线服务区、收费站主动作好绿色通道车辆的服务工作，确保油料供应和通行服务工作；紧急调配货车，圆满完成了救灾物资运送到灾区的紧急任务。

（六）坚持“路况信息第一时间公布”

充分利用交通厅门户网站、交通公众出行服务系统、高速公路视频监控系统、GPS监控系统、96576高速公路服务热线和湖北交通音乐频道等综合信息发布平台，严格24小时值班制度，坚持每小时发布一次全省高速公路动态路况信息，确保路况动态信息第一时间向社会公布，及时引导车辆通行。为加强信息沟通、服务驾乘人员和旅客出行发挥了重要作用。

回顾抗雪灾保畅通工作，我们感受最深的体会主要有五点：

——最坚强的后盾，就是党中央、国务院的亲切关怀和省委、省政府、交通部的正确领导。交通部和省委、省政府主要领导对此次极端恶劣天气下的交通安全工作高度重视,专门作出重要批示,提出明确要求。李盛霖部长多次电话指示、协调,给全省交通职工以极大地鼓舞;翁孟勇副部长、冯正霖副部长多次组织视频会商会,协调解决湖北京珠高速公路南段拥堵问题;徐祖远副部长专门到我省抗雪灾保畅通一线湖北进行指导和帮助,与交通职工一起除雪除冰;黄先耀副部长、杨利民组长等领导和相关司局都对我省抗雪灾保畅通工作给予了极大的关心和支持,为确保湖北高速公路安全畅通发挥了重要的领导作用。

——最有力的体制机制保障,就是高速公路集中统一管理。根据交通部"投资多元化、管理一体化"的指示精神,我厅探索了企业投资项目"委托管理"新模式。全省高速公路不管是企业投资项目,还是地方管理项目,都无条件地服从交通部门的统一管理,由省高速公路管理局实施行业管理和指挥调度。省高管局专门成立了全省高速公路联动处置指挥中心和24小时值班的"应急办公室",依托全省各高速公路的信息监控中心成立联动处置指挥分中心,及时掌握路段一线信息,及时进行调度协调,有力保障了全省高速公路除雪保畅工作的政令畅通和协调联动。

——最强大的动力,就是"刚毅精神"。在抗灾保畅通过程中,全省交通职工坚持以"刚毅精神"为引领,顶风雪、战严寒,不分昼夜,连续作战,清雪除冰,疏导交通,充分发扬了交通人特别能战斗、特别能吃苦的大无畏精神,在一线涌现了一大批"刚毅式"先进群体和个人,涌现出大量可歌可泣的感人事迹,得到了中央、省各级领导的高度评价和充分肯定。新华社、中央电视台等中央和省市10多家新闻媒体先后多次宣传报道了湖北交通交通系统在抗灾保通战役中涌现出的众多感人事迹。

——最有效的做法,就是"交通一线工作法"。各级交通部门的领导和机关干部除必要留守的,全部下到基层一线协调服务,参与抗灾。

——最成功的探索，就是24字的“抗冰雪、保安全、高速公路低速行驶法”，尽量做到不封路、少封路，最大限度地保障公路通行。

二、灾害分析与对策措施

这次雪灾来势猛、强度大、范围广、时间长、破坏性强，给我省交通运输造成了严重影响，交通系统人财物力投入巨大，公路基础设施损失严重，后期修复资金投入巨大。分析这次冰雪灾害对公路桥梁的影响，主要表现在以下四个方面：

一是对公路路基路面产生冻胀破坏。零度以下的气温会使路面和路基中的水结冰产生冻胀，路面和路基边坡上的积雪在溶化过程中，渗透进入路面和路基后，将加剧冻胀病害，严重时将使路基路面产生裂缝，甚至出现路面龟裂、路基松软等严重病害，此时在车辆荷载的反复作用下，路基路面将发生严重破坏。普通公路上一般路面等级较低，路面无防水层，路基路面既有病害较多，冰雪灾害产生的冻胀破坏将更加严重。

二是增加了桥梁荷载，危及结构安全。桥面积雪将增加桥梁荷载，增加结构负荷，严重时会危及结构安全。桥梁跨度越大，雪荷载产生的荷载效应越大。以桥面宽24.5米(4车道桥梁)、主跨500米为例，当桥面积雪厚度为0.2米时，每延米桥面将增加4.9吨的荷载，500米主跨范围内将增加2 500吨的荷载，此时冰雪荷载总量与设计的汽车荷载基本相当。

三是融雪剂的使用对桥梁结构耐久性产生不利影响。采用融雪剂溶化桥面积雪时，融雪剂中的盐分将对钢筋混凝土和钢材产生腐蚀作用。一方面盐水将使钢筋和钢材产生锈蚀，另一方面盐中的氯离子将使混凝土劣化，从而影响结构的耐久性，降低桥梁使用寿命。

四是融雪剂将对沿线生态环境产生不利影响。融雪剂中的盐分将对公路沿线设施产生腐蚀,对植物和庄稼的生长产生不利影响。

为尽量减少上述不利影响,我们主要采取了下列对策措施:

一是坚持实施以机械除雪为主、融雪剂除雪为辅措施,尽量避免使用融雪剂等对结构可能产生不利影响的材料,减少对环境的影响。

二是坚持及时除雪除冰,避免积少成多,造成过厚的路面桥面积雪,减小桥面冰雪荷载,将积雪厚度控制在设计允许的范围内。

三是坚持加强公路日常养护管理。对路面出现的裂缝和坑槽及时进行修补,始终保持良好的路面状况,减少路面渗水。加强排水系统日常养护,保证渗入路基路面的积水能及时排出。冻融期间,严格限制超重车通行。

三、对策建议

这场突如其来的雨雪冰冻灾害,既是对各级交通部门"三个服务"水平、应急反应保障机制和行政执政能力的严峻考验,也在一定程度上暴露出极端恶劣天气条件下的交通保障能力的不适应,给我们以深刻的启示。主要有:

(一)必须进一步加快国家高速公路网建设,树立综合交通理念,才能适应交通服务国民经济和社会发展大局的需要

一是要更加重视国家高速公路网内项目的前期工作进程。这场雪灾对交通的启示,就是在国家实施宏观调控的形势下,国家高速公路作为国民经济的最重要的基础设施和战略资源必须坚持以保为主,必须进一步加快建设、形成网络;二是要更加重视国省干线公路建设,确保每一条高速公路附近都有一条与之相通的平行普通公路作为备用线路;三是要更加重视综合交通运输体系建设,在充分发挥公路"兜底"运输保障作用的同时,进一步加强与其他运输方式的衔接。同时建议从国家层面、省级层面加快推进"大交通"部门制度。

（二）必须跳出省市看全国，树立网络管理理念，才能适应服务人民群众安全便捷出行的需要

一是大力宣传高速公路、桥梁的公益性和战略资源唯一性，大力实施“投资多元化、管理一体化”，切实加强高速公路管理体制机制研究，特别是对企业投资项目要积极推行“委托管理”新模式，由省交通主管部门或授权的公路管理机构实施统一行业管理和调度；二是建立省际道路保通和车辆通行联动机制，管理理念和管理机制必须“高速化、一体化、信息化”。

（三）必须跳出部门看交通，树立统一、科学的交通管制理念，才能适应发挥高速公路基本通行保障能力的需要

一是进一步完善公路交通应急预案，将“高速公路低速行驶”等系列行之有效的应急措施充实到预案中，充分发挥预案的指导作用。二是建立交通部门与公安部门长效协调机制，实行高速公路路政、交警执法一体化，以便实施统一、科学的交通管制。三是进一步与气象部门的合作，建立完善交通灾害天气预警机制。

（四）必须加强科研创新、提高技术手段，树立科学抗灾理念，才能适应建设资源节约型、环境友好型交通的需要

一是加强公路、桥梁防雪防灾等设计标准、规范的研究。在技术规范中，增加结构物防盐腐蚀性能的要求，提高结构物的防腐性能标准，如使用高性能混凝土，加大混凝土的抗渗性；使用耐腐蚀的钢筋，或者在钢筋上使用防锈剂；增设桥面铺装防水层，完善桥面排水设计；在结构物外涂上防渗的外涂层，提高钢桥防腐涂装质量，提高桥梁抗腐蚀的能力。根据各地实际，合理降低山区高速公路的路线线位标高，以减少雨雪冰冻概率；提高路面及桥梁混凝土施工质量要求，严格限制裂缝产生。二是加强新型除雪设备、融雪剂的研究，最大限度提高交通除雪除冰效率，降低对交通基础设施及沿线生态环境的损害。三是制定出台南方公路除雪防冻技术指南，增强交通部

门应对极端恶劣天气下的交通保障能力。

（五）必须加大应急投入、提高防灾能力，树立应急保障理念，才能适应建立交通长效应急处置机制的需要

一是建立区域或省级的交通应急物资储备和抢险救灾中心，通过合同或协议方式，选择、鼓励和支持相关企业加强相应的除雪设备、防滑防冻等应急材料储备或纳入交通战备体系进行统一调度管理。二是在部门预算中列支应急保障专项资金，在平时就要有计划、有步骤地提高交通应急技术手段和保障能力，一旦遭受灾害就提前启动应急资金，及时支持基层交通部门抗灾救灾。三是加大国家在抗灾救灾方面的投入，以提高交通系统抗灾能力和安全救助能力。

（节选自2008年向交通部和中国公路学会领导的汇报）

交通应急管理初见成效

加强交通应急管理,是学习实践科学发展观、构建社会主义和谐社会的重要内容,也是有效应对各类突发事件、提高交通执行力、做负责任的交通行业的重要体现。我厅高度重视交通应急管理工作,落实组织机构,明确职责分工,建立管理体制,创新工作机制,交通应急管理工作取得了初步成效。

一、交通应急预案已成体系

我厅制订了《湖北省公路交通突发公共事件应急预案》《湖北省水路交通突发公共事件应急预案》等四个部门应急预案,以及《湖北省防汛运输保障工作预案》、《湖北省清明节期间运输保障工作预案》、《湖北省交通安全稳定和奥运安保工作预案》等专项预案,并积极配合长江海事局制订了《水上搜救预案》,配合省经委制订了《"十一五"期间全省应急体系交通运输保障能力建设规划》,加强了同相关应急预案的衔接。全省厅直各业务局和17个市(州)交通局均相应制订了应急预案,初步形成了"横向到边、纵向到底"的应急预案体系,为应对突发事件发挥了重要基础性作用。

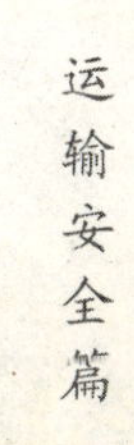

二、交通应急管理体制初步形成

为加强应急管理的指挥协调,我厅成立了交通应急工作领导小组和应急办,具体负责全省交通应急日常管理工作。按照属地管理和“一岗双责”的原则,各市(州)县交通部门和厅直各单位根据自身职能要求,结合实际成立了应急管理领导机构及工作机构,明确了分管领导及工作人员,为突发事件应对工作提供了有力的组织保证。全省交通系统统一领导、综合协调、分级负责为主的应急管理体制和分级响应、属地管理的纵向网络体系基本建立。

三、交通应急工作机制不断完善

我厅相继建立了全省交通部门维护行业安全和稳定工作一把手负责制、24 小时政务值班制、重大突发事件第一时间报告制、安全隐患排查制、路况信息实时发布制、政务督察督办制、领导干部外出请假报告制等,政务值班电话确保 24 小时畅通,单位主要负责人、班子成员、办公室主任、应急办负责同志确保 24 小时联络畅通,交通应急反应的时效性不断提高。特别是结合交通应急工作实际,积极探索建立了路警一体、联动共建、联合执法、联手合作的交通应急管理新机制。各级交通、公安部门积极沟通协调,通过路警共建、联合执法,在道路安全管理、养护路政管理、规费征收稽查、超载超限治理等多方面形成了合力。特别在抗击极端恶劣的雨雪冰冻灾害中,交通路政、公安交警携手并肩,联合抗灾,充分发挥路警共建体系和路警联合指挥中心作用,对保障我省高速公路安全通行发挥了至关重要的作用,得到了中央、省领导的充分肯定。我厅与公安厅正式签订了共建协议,从省级层面明确建立组织协调、联合执法、应急联动、信息共享、宣传教育等五大机制,对进一步提高路警协同作战能力将发挥积极的作用。

四、交通应急培训和实战演练规范有序

组织学习《突发事件应对法》,广大干部职工应急管理意识明显增强。紧密结合交通实际,多次开展应急预案演习,先后举行了高速公路剧毒化学品道路交通事故应急处置演练、隧道消防实战演练、船只擦碰桥墩突发事件应急演练、水上突发事件应急演练和水上搜救演习。锻炼了队伍,积累了经验,检验了预案的实用性和可靠性,有效提高了交通重点工程安全质量保障能力和交通系统应急反应启动、救援、指挥、协调、组织配合能力及实战能力。

五、交通应急管理信息平台已经建立

我厅依托高速公路光纤主干网,建成了覆盖17个市(州)的交通视频会议系统,形成了全省交通应急指挥系统,提高了工作效率,降低了行政成本;建立了高速公路视频监控管理系统,可以直接看到高速公路出入口、服务区、重要桥梁和隧道的实时运营图像,以及在建重点工程施工现场图像,为应急处置、路警联动、服务驾乘发挥了积极作用;建立了出租车GPS监控系统及车内摄像头、车载显示屏系统,可以实现实时安全监控和统一指挥调度,并及时将有关突发事件信息传递给社会公众;建立了交通公众出行服务系统、96576高速公路服务热线和湖北交通音乐频道路况信息整点播报栏目等信息交流发布平台,可以及时将路况动态信息第一时间向社会公布,为群众出行和广大驾乘人员提供了方便;建立了高速公路联网管理部,建立了高速公路联动处置指挥中心和以各单位监控中心为联动处置指挥分中心的信息报送网络平台,形成了信息传送、服务、处置紧密结合的"一条龙"工作模式,使交通突发事件的信息报告、预警发布、应急处置工作步入规范化。

(节选自2008年向交通运输部领导的汇报发言)

始终绷紧“质量安全”这根弦

十七大强调,要坚持安全发展,强化安全生产管理和监督,有效遏制重特大事故。提高交通运输发展质量效益,前提必须确保运输安全,忽视了安全的发展就不是科学发展,没有安全保障更谈不上质量效益。安全生产必须落实责任、完善措施、强化管理,要始终坚持“以人为本”,狠抓“两个落实”:

一、狠抓安全监督管理职责的落实

海事部门要进一步加大巡航工作力度,重点抓好客渡船和水上危险品运输安全监管,严禁船舶超载、无证无照、冒雾、冒险航行。要督促汽渡船设置完善防滑设施,对危险品运输船舶要严格执行出港申报制度,确保航行安全万无一失。要督促各地县乡(镇)政府切实履行乡镇船舶安全管理职责,落实事故预防措施,防止“三无”船舶事故发生。

运管部门要切实履行“三关一监督”职责,重点抓好山区客运、超长途客运、危险品运输管理工作,强化运输车辆技术管理、强化从业人员资格管理、强化汽车客运站安全门检、行包检查制度的落实,强化运输企业日常安全生产制度的落实。

高速公路、普通公路管理部门要以确保公路安全畅通为重点,做好公路的日常养护特别是公路除雪防冰工作,确保行车畅通。要切实抓好危桥的排查、治理和养护管理工作。对一时难以改造的,必须落实安全防范措施,安排昼夜看护,严防发生桥垮人亡的恶性事件。要注重防撞设施的及时检修,做到早发现、早处理。要抓好公路超载超限车辆的治理。各超限车辆检测站、收费路口坚持24小时值班制度，积极配备移动称重等相应设备，确保严禁车货总重超过55吨的车辆上桥行使的规定落到实处。

交通建设工程要以民用爆炸物品及管道、隧道、桥梁施工、机械设备、突发性地质灾害为重点，落实各项事故预防措施，确保施工安全。要落实长、汉江桥梁防撞设施的完善和监控，对涉及通航水域的施工桥梁，建设和管理单位与海事部门密切配合，落实防碰撞安全措施。

二、狠抓安全隐患排查治理的落实

各地要认真组织开展交通安全隐患排查治理“回头看”工作，对前段排查出的隐患整改情况进行再检查、再验收、再落实。重点抓好“五项制度”的落实。

落实交通安全隐患“档案制”。对运营项目，必须逐路、逐桥、逐隧、逐渡、逐船、逐车、逐站建立安全管理档案，建立交通风险隐患数据库，落实责任单位和人员，实施动态监控。

落实安全隐患整治“销号制”。对排查的安全隐患，必须进行分类汇总，按照职责分工制订整改方案，整改一个销号一个。对排查出安全隐患而不认真治理的企业，责令限期整改，直至停业整顿，确保不走过场。

落实安全隐患整治“通报制”，积极争取地方党委、政府的重视和支持，努力营造“合力抓安全”的浓厚氛围。

落实桥隧项目“安全风险评估制”，切实加大安全方案的审查，真正从设计源头强化安全意识和监管。

落实重大事故“第一时间报告制”，必须确保重大突发事件、工程质量安全事故在第一时间内上报。

（节选自2008年在全省交通运输安全暨春运工作会议上的讲话）

安 全 至 上

保障运输安全、提供优质服务，是交通运输工作的重中之重。各级交通部门要始终坚持“以人为本、安全至上、规范有序、优质服务、便捷通畅”的原则，牢固树立“安全无小事、责任大于天”的服务理念，切实增强治理安全隐患、确保安全稳定的责任感和紧迫感，抓好“一个重点”、“两个千万”、“三个坚决”、“四个强化”和“五个攻坚战”，全面提高交通运输服务水平和应急保障能力。

“一个重点”，即预防为主，标本兼治。安全生产重在预防，贵在坚持。隐患是滋生事故的土壤，是引发灾难的导火索，隐患不除，事故难绝，安全不保。“凡事预则立，不预则废”，预防的重点就是要彻底治理隐患，消除不安全因素。各级交通部门务必吸取血的教训，把隐患整治作为安全生产工作的头等大事来抓，在落实上狠下功夫。

“两个千万”，即在成绩面前千万不能沾沾自喜，在安全方面千万不能掉以轻心。各级交通部门要始终绷紧交通安全这根弦，念好交通安全这本经，在任何时候、任何地方、任何场合都必须牢固树立“安全至上、责任大于天”的宗旨意识、法纪意识和风险意识，始终站在零起点上抓安全、保安全。

“三个坚决”，即坚决克服那种对隐患视而不见、熟视无睹、心存侥幸、麻痹大意的思想；坚决纠正在排查治理工作中敷衍搪塞、推诿扯皮，重形式、走过场的行为；坚决遏制有令不行、有禁不止的现象。

“四个强化”，即强化责任意识，做到与时俱进：始终把安全生产作为一项重大的政治责任，更加重视，更加自觉，更加扎实地抓好安全生产工作。强化法治意识，做到令行禁止：对国家、省有关安全生产的政策法规和部署安排，必须坚决贯彻执行，不折不扣，必须一级抓一级，一级对一级负责，确保落实到位。强化忧患意识，做到忧危思进：必须清醒看到存在的安全隐患和风险，始终做到警示高悬，警钟长鸣，常抓不懈，持之以恒。强化进取意识，做到克难奋进：必须始终保持奋发向上、争先创优的精气神，迎难而上、克难攻坚，做到交通安全生产工作始终处于可控状态。

“五个攻坚战”，即打好水上交通运输安全攻坚战。重点加强三峡客运、滚装、危险品船舶、主要航道和港站等重点部位和环节的安全管理。打好在建重点工程施工安全攻坚战。深入开展不踏实、不放心因素的排查和治理工作，重点加强山区高速公路的高边坡、高墩大跨桥梁、长大隧道，以及在建的长汉江大桥、航电枢纽工程的安全管理。打好道路客货运输安全攻坚战。要围绕落实“三关一监督”职责，将确保汽车客运站、客车安全作为作重中之重，确保“三不进站”、“五不出站”等措施真正落到实处。打好费收资金安全攻坚战。重点要制订和完善资金安全管理操作规范，明确工作流程，切实做到收款、存放、交接、解缴等各环节的“无缝衔接”。打好交通行业矛盾纠纷排查化解攻坚战。要按照“属地管理”和“谁主管、谁负责”的原则，重点加强对出租车行业、重点客运班线、工程征地拆迁、农民工工资等涉及民生问题的协调工作，努力把矛盾和问题解决在基层，消除在萌芽状态，确保交通行业安全稳定。

交通安全工作是个系统工程，具有长期性、复杂性、艰巨性，各级交通主管部门要进一步总结经验教训，着力完善五大长效机制。即：以落实“档案制”为重点，完善交通安全隐患排查机制。以落实“销号制”为重点，完善交通安全隐患治理机制。以落实“通报制”为重点，完善交通安全隐患治理监管机制。以落实“安全风险评估制”为重点，完善交通安全隐患源头防范机制。以落实重大事故“第一时间报告制”为重点，完善反应敏捷、快速高效的交通安全隐患应急处理机制。要以特别扎实、特别严密、特别过硬的“三铁”措施确保交通安全工作取得实实在在的成效。

（节选自2008年在“发扬五一、五四光荣传统，开展交通安全生产百日督察专项行动”视频会议上的讲话）

铁腕治超

加强公路治超，确保交通安全，关键在于落实。各级交通运输部门要牢固树立抓治超就是促进经济发展、抓治超就是保一方平安的理念，紧紧依靠地方党委、政府的坚强领导，紧紧依靠相关部门的大力支持，以“铁腕治超”的果断措施和雷厉风行的扎实作风，全力以赴打好治超攻坚战，促进交通运输持续健康发展。

一、坚持政府主导与部门联动相结合，建立治超责任制

实践证明，哪里政府主导力度大，哪里治超效果就好。在治超工作中，各地要进一步强化政府主导、部门联动的工作机制，进一步落实市、县政府的主体责任，形成各负其责、齐抓共管的强大合力。各级交通部门要把治超工作作为公路保护、路政运政管理的重要组成部分，认真履行路面执法职责，查处违法超限运输车辆；深入货场码头等货源集散地进行源头监管；配合有关部门查处改装拼装车辆等违法行为，确保治超行动取得实实在在的成效。

二、坚持路面治超与源头治超相结合，建立治超长效机制

在治超对象上，要严禁总重超过55吨车辆收费放行，要严格落实治超工作倒查责任制度，凡是总重超过55吨以上的非法超限超载车辆必须坚持一查到底，查货物源头、车辆源头和监管源头，追究相关单位和部门的责任，对于治超不力、反弹严重，特别是发生超限、超载

车辆导致桥梁垮塌、人员伤亡等重大安全事故的地区，省厅将报请省政府进行通报批评，并研究采取交通建设项目限批或核减补助资金等惩罚性措施，绝不允许一边加大投资加快公路建设，一边任由超限超载车辆损坏公路基础设施的现象存在。

在治理方面要以取消二级公路收费后的普通公路为重点，加大整治力度，充实普通公路治超管理人员，调整增设必需的治超站点，全面加强停止收费公路养护管理和保护工作。

在高速公路治超上，要加大普通公路与高速公路平行路段的治超力度，按照“高速公路入口阻截劝返，普通公路站点执法监管”的原则，在高速公路入口设立流动的治超站点，严格落实对非法超限超载车辆的入口劝返和卸载纠正放行制度，实现普通公路与高速公路治超资源共享，治超联动，正确处理好计重收费与治超的关系，绝不能只搞计重收费、不开展治超执法工作。

在农村公路治超上，针对农村公路点多线长面广的特点，按照“农村公路限宽限高保护”的总体思路，在重要出入口及节点位置，设置限行设施，新建农村公路限行设施要与农村公路建设同步实施；各地应根据本地区农村公路特点、桥涵实际承载能力、安全设施是否完善等情况，本着安全通行、保护公路的原则，逐路制定通行标准，并通过媒体向社会公告。逐步建立健全有效的干线、农村公路联动，各相邻路段、区域联动的一体化治超网络，消灭农村公路绕行盲区。

在源头治超上，交通运管部门要配合工商、质监部门查处非法改装、拼装车辆，依法打击非法改装、拼装车辆行为。对货站、码头及大型厂矿等货物集散地，在源头进行运输装载的监管和检查，防止车辆在源头超限超载。对全省干线公路沿线货物装载源头进行分类处置、重点治理，实行“路政治路、运管治源”的方法，由各级运管部门与源头企业签订治超责任书，监督其规范装载，健全出厂车辆装载记录;路政部门使用流动检测车在源头企业集中路段加大巡查频率,加强路面检测。

三、坚持科技治超与保障桥梁安全相结合,建立桥梁健康安全监管机制

充分利用科技手段,改善桥梁治超检测设施技术水平。各级公路管理部门要按照部颁标准,做好桥梁技术检测和评定工作,及时排查安全隐患;要按照桥梁技术状况,分类采取安全防范措施,对技术状况为四类的桥梁,要采取交通管制措施,并设置明显的限行标志;对技术状况为五类的桥梁,要封闭交通,尽快制订加固改造方案,立即着手整治。对已建新桥,原有老桥旧桥,该拆除的拆除,该降等的降等使用。对于我省长江和内河上的特殊桥梁、特大桥要进一步建立和健全桥梁健康安全监测养护机制。

四、坚持依法治超与提升交通形象相结合,建立执法追究制

各级交通运输部门要始终把加强治超队伍建设作为强化治超的生命线来抓,确保治超的“五不准”禁令不折不扣地落到实处。五不准具体指:没有执法资格的人员,不准上路执法;上路执法人员,不准不开收费票据和乱收费、乱罚款;车辆没有称重检测的,不认定超限超载;车辆没有卸载消除违章行为的,不准放行;同一违章行为已被处理的,不准重复处罚。各级交通运输部门对转岗充实到治超岗位的收费人员要切实加强思想政治工作,加强岗前业务知识培训,促使广大收费人员尽快适应新的工作要求。

要全面加强治超站点的规范化建设和管理。全省要修订完善治超站点规划,按照部颁标准加快治超检测站规范化建设,保障路面执法的长期性和执法队伍的稳定性,推进治超长效机制的建立。要着力加强治超站点的内部管理,在治超站内明显位置公示批准机关和

监督电话、超限检测程序、超限认定标准;进行超限检测的货车应由超限检测人员引导至指定区域进行检测,车辆是否超限超载,必须经过称重检测后方可认定;对检测后认定的超限超载车辆,必须在实施卸载、消除违法状态后方可放行,严禁只罚款、不卸载;对公路造成损害的,严格按省物价、财政部门核定的标准收取赔补偿费;对同一超限超载违法行为,公安交管部门已查处的,各级公路部门不再处理。

要进一步提高治超管理工作水平。各级交通主管部门在治超执法工作中要做到:坚持进行明察暗访,各级领导要带头深入一线,及时纠正和查处以罚代管以及乱收费、乱罚款、重复罚款等行为;坚持加强宣传引导,在治超过程中始终保持正确的舆论导向,并及时曝光治超过程中出现的违法乱纪行为;坚持强化监督管理,治超检测站点要严格按规定设置,坚决杜绝违规设站,净化执法工作环境。

(节选自2008年在全省路政工作会上的讲话)

全力保障平安奥运

为确保实现平安奥运目标，各级交通部门必须充分认识做好奥运安保工作的极端重要性，把加强交通安全维稳工作摆在更加突出的位置，突出抓好“六项重点工作”。

一、突出抓好交通行业矛盾纠纷排查化解工作

胡锦涛总书记强调，发展是硬道理，是第一要务；稳定是硬任务，是第一责任；发展是政绩，稳定也是政绩。各级交通部门要结合实际，深入开展矛盾纠纷排查化解工作，坚持标本兼治，最大限度地增多和谐因素，最大限度地减少不和谐因素。要按照“属地管理”和“谁主管、谁负责”的原则，认真落实重大矛盾纠纷领导包案责任制，重点加强对出租车行业、客运班线、工程征地拆迁、农民工工资等重点、敏感问题的协调工作。对发生的突发事件，相关单位负责人必须坚持第一时间赶赴现场、第一时间现场解决、第一时间上报处置结果，避免矛盾积重难返，酿成重大事件，真正把矛盾和问题解决在基层，解决在萌芽状态。

二、突出抓好奥运会期间信访工作

奥运会期间，全世界都在关注中国，能否办好这次奥运会，是对我们党和政府执政能力的一次综合检验。切实做好奥运会期间的信访特别是进京、进省处置工作，是当前一项重要而紧迫的政治任务。

各级交通部门必须集中精力，全力以赴抓好信访工作。要严格落实责任追究制。各单位党政主要负责同志是第一责任人，对本单位、本系统信访稳定工作负总责，如因公外出，必须按规定请假，并至少保证有一位领导值守。对各单位、各部门因工作失职渎职、失责失误，工作不到位，责任不落实，造成不良影响和严重后果的，对相关责任人必须从严从重处理，并追究相关领导的责任。

三、突出抓好道路运输安全监管工作

要围绕落实“三关一监督”职责，重点加大对进出汽车客运站的人员、车辆进行安全检查力度，切实落实“三不进站”、“五不出站”，即危险品不进站、无关人员不进站(发车区)、无关车辆不进站，超载客车不出站、安全例行检查不合格客车不出站、驾驶员资格不符合要求不出站、客车证件不齐全不出站、出站登记表未经签字审核不出站。对进站旅客携带、托运行李物品进行严格安检，加大开包抽查力度，切实加强对危险品查堵工作的监督检查。要督促运输企业加强对驾驶员的教育和管理，避免疲劳驾驶。要充分利用GPS设备加强对营运车辆的动态监控，确保运输安全。

四、突出抓好水上交通安全监管工作

要深入开展“救生衣”行动和客渡船、危险品运输船舶、船舶超载专项整治行动，重点加强客运、滚装、危险品船舶、主要航道和港站等重点部位和环节的安全管理，船公司和船方要把好在港口开航前和航行途中的安全检查关，确保水上交通安全态势平稳。

五、突出抓好公路养护管理和危桥加固改造工作

要切实加强长、汉江公路桥梁、长大隧道等重要公路基础设施的养护管理和监测巡查力度，落实应急保障措施，加强超限车辆治理，

确保道路安全畅通。要高度重视道路改线、危桥改造后的老旧桥梁、废弃桥梁的管理问题，该封闭的封闭，该拆除的拆除，绝不能形成新的安全隐患。对一时还未安排加固改造的四类、五类危桥，要及时采取有效措施对桥梁实行安全监管，严禁超限车辆上桥行驶，杜绝由于垮桥而引起的各类安全事故。

六、突出抓好各单位的内部保卫工作

各单位要切实要加强对内部人员的安全管理，充分发挥内部保卫部门的职能作用，不断完善基层治安防控体系，完善监控、报警等安保设施装置，确保安保设备运行良好，确保安全防范措施到位，确保不出大的安全责任事故和失窃泄密等案件。

（节选自2008年在贯彻落实《突发事件应对法》学习讲座暨第三次厅党组中心组学习会上讲话）

加快交通运输发展方式转型

交通运输是国民经济的基础性产业。为切实解决交通运输供给质量不优、结构不尽合理、发展不够协调等突出问题,各级交通部门必须坚定不移地加快交通运输发展方式的转型,坚定不移地促进交通运输质量效益的提高,调整交通运输结构,转变交通运输方式,创新交通运输科技,开放交通运输市场;必须通过"五个加快"、"五个转变",促使交通运输结构更加合理、服务更加优良、保障更加有力、管理更加高效。

一、加快构建综合运输枢纽,实现交通运输发展由单一的公路水路运输向互联高效、优势互补的综合运输转变

要跳出部门看交通,努力推进"三个一体化"即多种运输方式一体化、城乡运输发展一体化、区域运输发展一体化;"三个有机衔接"即注重各种交通运输方式的衔接和协调,注重通道、走廊的衔接和协调,注重客货枢纽的衔接和协调。要在武汉城市圈率先推进综合运输体系建设,以实现客运"零换乘"、货运"无缝衔接"为目标,加强交通运输资源整合,注重城市圈内各种交通网络、运输枢纽、运输通道建设的衔接和协调规划,大力推进城市圈城乡交通发展、区域交通发展一体化,开展公水联运、公水与其他运输方式的多式联运,构建更加便捷、更加高效、更加安全、更加环保的武汉城市圈综合交通运输枢纽。

二、加快交通运输结构调整，实现交通运输发展从数量扩张型向质量效益型转变

只有鼓励、支持市场效益良好的新型运输工具和新型运输方式的发展，才能促进运输质量和效益的提高；只有积极引导、支持企业向规模化、集约化、网络化方向发展，才能够提高运输组织效率；只有鼓励道路货运企业向现代物流方向发展，大力发展快速、直达运输，交通运输业才具有新的生命力。各级交通运输部门要切实把交通运输的发展从数量、速度的增加向质量、效益的提高转变，大力调整运力结构，推进运输装备结构的优化；大力调整运输组织结构，推进运输经营结构的改善；大力调整运输服务结构，推进交通运输业竞争力的全面提升。

三、加快交通运输科技进步，实现交通运输发展从人海战术向信息化、网络化转变

科技进步是发展生产力的决定因素，是经济和社会发展的主导力量。各级交通运输部门要大力实施“科技兴运”战略，要依靠科技进步提高交通运输技术含量，通过科技进步改善运输服务、加强运输管理、保障运输安全；要抓好科技普及工作，提高行业管理人员和运输生产人员的专业技术能力，加强现代交通运输队伍建设；要通过科技进步加大信息化建设，实现以信息化带动交通产业升级和交通现代化；要加快建立 GPS 营运车辆运行管理系统，提高市场监管质量和效率；积极完善电子政务平台，推广“一站式”行政服务模式，推行信息公开和政务公开，提高行业管理的服务效率；要通过落实行政执法责任制，建立健全执法监督机制和评议考核制度，提高执法水平。

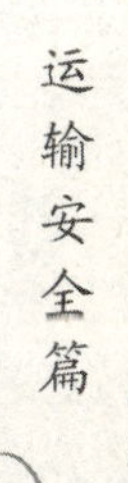

四、加快推进节能减排，实现交通运输发展从资源依赖型、消耗型向资源节约型、环境友好型转变

开展节能减排，不仅是缓解能源约束矛盾的重要措施，而且是提

高经济增长质量与效益的重要手段。要深入总结“节油大王”王静创造的“一查、二看、三配合”和“慢起步,柔进挡,中速行,缓进站”12字节油操作法,在全省深入开展“学王静工作法,创节约型司机”主题活动,全面提高一线驾驶员的节能意识,改变不良操作习惯,着力解决“人的不节约”行为。要加强在用车辆技术状况监管,研究制定激励政策推广节油型车辆,限制淘汰高耗老旧运输车辆,促进车型结构向更加环保、更加经济的方向发展,着力解决“物的不节约状态”,依靠信息技术促进“两型”行业建设。

五、加快推进交通运输改革开放,实现交通运输发展从地方保护、地域封锁向全方位、深层次开放转变

开放是运用市场机制解决发展矛盾和问题最现实、最直接、最有效的途径。只有大开放,才有大发展。各级交通运输部门要进一步解放思想、转变观念,摒弃一切不利于交通运输发展的禁锢;要分析影响和束缚交通运输发展的主要因素,合理调整运输管理政策,打破对开、对等经营的观念,实现交通运输大开放、大发展;要切实加大水运筹融资体制改革,要像高速公路那样大力实施招商引资,通过多元化筹资加快实施湖北水运振兴工程;要以武汉港为龙头,鼓励各港口企业以资产为纽带、以项目为切入点、以合资合作为主要形式,实施紧密型资源整合,提升湖北水运竞争力。

(节选自2008年在全省交通运输安全暨春运工作会议上的讲话)

打好春运第一战役

春运是交通行业每年的第一战役、第一硬仗、第一考场，事关人民群众切身利益，事关社会和谐稳定，事关交通行业形象。各级交通部门一定要打好春运第一战役，确保节日客货运输安全平稳有序，确保人民群众走得了、走得好、走得安全、走得舒适。

一、认真分析春运形势，充分认识春运工作的重要性、复杂性和艰巨性

春节是传统佳节，农民工可能提前或集中返乡，学生放假，探亲访友等，客流量将大幅增长，加之春运期间可能出现雨雪冰冻等恶劣天气，各种不定因素必须引起高度重视。各级领导要始终保持清醒头脑，不能有丝毫的麻痹大意，决不能掉以轻心，必须切实增强使命感、责任感和紧迫感，克服"春运年年搞，还是老套套"等不以为然的松懈情绪，以满腔的工作热情和与时俱进的工作精神抓好春运工作。

二、认真做好需求预测和运力调配，确保春运物资运输和旅客安全便捷出行

各级交通部门要提前做好本地区旅客流量、流向的调查和分析预测工作，不断完善预案，完善工作措施，进一步加强运输组织，统筹运力安排。对于重点地区和高峰时段的特殊情况，要及时进行运力调配，及时调整车船及班次(航班)密度；既要保证干线客运，也要确保农村、山区和边远地区的旅客运输;既要组织好重点物资和生活物资的运输,保障"绿色通道"畅通,也要严格依法加强危化品运输安全管理,确保不发生客货滞留、积压和严重超载现象。

三、加强市场监管和投诉处理,创新为民服务方式

各级交通部门要继续深化"两站一区"(客运站、收费站、服务区)优质服务"百日竞赛"活动,积极引导客运企业和客运站,推出多形式的便民服务举措,创新为民服务方式,努力提高运输服务质量,特别是要为农民工返乡过年提供优质服务。各级交通运输管理部门要严厉打击坑、宰、甩客等违法行为,严格执行春运价格政策,确保不发生重大服务质量事件。要加强运输服务质量投诉处理,接到举报要及时予以查处,真正做到事事有着落,件件有回音,尽最大努力让人民群众满意。

四、提高应急反应和保障能力,确保交通不断、安全畅通

各级交通运输管理部门要发扬抗雪灾的精神,严格执行应急预警和预防程序,认真做好各项应急准备工作,加强应急演练,全力做好防范工作,切实将防范冬季雨雪冰冻灾害工作落到实处,减轻极端天气事件对交通运输的影响。一旦发生突发事件,要迅速采取相应措施,形成反应快速、应对准确、处置果断的应急机制,及时、有效地控制事态发展,确保湖北经济大动脉的安全畅通。

(节选自2009年在全省交通运输安全暨春运工作会议上的讲话)

提高交通安全应急保通能力

一、进一步坚持一线工作法，狠抓落实，确保交通安全畅通

一要坚持抓早抓实。各单位要将安全应急工作部署传达到每一个基层站所、每一位交通职工，动员大家发扬"刚毅精神"、"抗震救灾精神"，全面落实应急保通专业队伍，全面落实防滑料、融雪剂、除雪车、养护机械，确保人员、设备、抗灾物资和应急保障资金关键时刻能够及时到位，确保各项准备工作有力有序有效。公路部门要重点加强路面、桥梁的巡查，及时投放防冻、防滑物料，及时出动扫雪机械上路扫雪，对危桥险路要加强值班看守，设置警示标志。运管部门要做好运输组织协调工作和紧急情况下运力调度的准备工作，进一步完善运力调度方案和紧急情况下的运力征调方案，做到领导责任落实、车船属单位落实、车船牌号落实、驾驶员落实、带队人落实、集结地点落实。要提醒班车驾驶员做好车辆发班前防冻、防滑工作，出站车辆必须携带三角木、防滑链等防冻、防滑设施；要加强监督指导，督促运输企业加强门检制度的落实，对车辆技术标准达不到要求的一律不准出站；港航海事部门要加强大风低温时港口作业和船舶航行的安全监管，采取有效措施坚决防止船舶冒险航行。对重点湖库区客运码头和渡口，要派出海事人员加强值守。重点工程指挥部要采取措施加强冬季安全生产，加强雨雪低温天气的

施工质量管理。

二要坚持"交通一线工作法"。坚持"闻雪即动,及时清障",各级领导干部要坚持身先士卒、率先垂范,真正做到情况在一线了解、问题在一线解决、矛盾在一线协调、服务在一线体现。各高速公路管理处、各普通公路养护站要坚持有雪就扫,有冰就除,及时清障,不分昼夜,连续作战,最大限度地将雪灾对交通的不利影响降到最低,保障交通不断、运输不停。

三要坚持"高速公路低速行驶"。坚决落实国务院明确提出的"不封路、少封路"的措施和要求,进一步完善和落实除"雪清障、重车碾压、路警开道、结队通行、限载限速、科学调度"的 24 字抗冰雪、保安全、高速公路低速行驶法。积极主动加强与公安交警、沿线地方政府的沟通协调工作,加强现场应急处置,做到尽量不封路、少封路,保障冰雪天气高速公路安全通行、减少滞留车辆。要积极关心、主动服务滞留驾乘人员,确保滞留驾乘人员能够喝上水、吃上饭、不受冻,有病能就医,树立交通良好形象。

四要坚持"路况信息第一时间发布"。要进一步发挥交通厅门户网站、交通公众出行服务系统、高速公路视频监控系统、96576 高速公路服务热线和交通音乐频道等综合信息平台作用,严格 24 小时值班制度,确保路况信息第一时间向社会公布。各单位要进一步强化突发事件第一时间报送意识,严格落实领导带班制和领导干部外出请假报告制,确保政务值守电话、传真24 小时畅通。全省高速公路实行分段分片责任制,路政、养护、收费和交警24 小时联合值班,各重点工程和公路水路客货运站场现场 24 小时值班,建立防冻防滑信息日报机制。每个单位都要明确一名应急信息报送员,进一步健全应急信息报送网络,确保信息报告及时、准确、简洁,坚决杜绝瞒报、迟报、漏报现象。

二、进一步加强应急能力建设，完善体系，切实提高交通应急保障水平

各单位要着力完善应急机制，健全应急体系，强化源头管理，夯实基层基础，努力建立横向到边、纵向到底的应急预案体系，全面提升交通运输基层应急管理水平和应急保障能力。

一要完善交通基层应急预案体系。各地各单位要及时完善应急预案，重点扩大交通应急预案覆盖面，推进预案编制向基层单位延伸，努力建立横向到边、纵向到底的应急预案体系；重点提高应急预案的可操作性，做到符合实际，职责清晰，简明扼要，让人一看就明白做什么、怎样做，防止照抄照搬，华而不实。

二要加强交通应急基本队伍建设。省厅建立了以交通各类各专业骨干为主的交通应急突击队。各地各部门都要加强应急保障队伍建设，做到24小时待命，一旦发生突发事件，保证做到召之即来，来之能战，战之能胜，提高交通基层应急管理的整体合力。

三要建立交通应急联动基本机制。要进一步落实省际、市县间的道路保通和车辆通行联动机制。结合交通实际，进一步完善建立路警一体、联动共建、联合执法、联手合作的交通应急管理新机制，通过路警共建、联合执法，努力在道路安全管理、养护路政管理、规费征收稽查、超载超限治理等多方面形成合力。

四要构筑交通应急信息基本平台。依托高速公路光纤主干网，进一步完善以覆盖17个市（州）的交通视频会议系统、覆盖2 895公里高速公路的高速公路视频监控管理系统及长途客车、出租车GPS监控系统、交通公众出行服务系统等为基础的全省交通应急指挥系统，进一步建立以高速公路联动处置指挥中心和以各单位监控中心为联动处置指挥分中心的信息网络平台，着力提高交通突发事件的信息报告、预警发布、应急处置工作的及时性、针对性和规范性。

五要强化交通干部基本素质建设。要积极开展交通应急教育培训,使大家都能熟悉掌握应急管理知识,提高应急管理水平。重点加强交通干部的文字基本功和业务培训,避免在出现应急情况上由于写不出来、写不准确、写不及时,影响应急信息的报送和处置。

(节选自2009年在全省交通运输系统应对恶劣天气确保交通安全畅通工作视频会议上的讲话)

强化隐患整治　确保桥梁安全

安全发展是交通部门的重要职责。随着交通建设快速发展和多条山区高速公路的开工建设,安全监管力量相对不足等矛盾日益突出,给安全生产带来了更多、更大的风险,对安全发展带来了巨大的压力。各级交通部门务必认清形势,高度重视交通安全特别是"千湖之省"的桥梁安全,严格对高速公路和撤销收费站后普通公路的桥梁安全隐患排查,做到思想认识上警钟长鸣、制度保证上严密有效、技术支撑上坚强有力、监督检查上严格细致、事故处理上严肃认真,切实加大交通安全管理工作力度,尽最大努力避免重特大安全事故发生,确保道路安全畅通。

一、抓好"三个关键",全面开展安全隐患摸底排查

"三个关键"即:排查项目、排查方法及事故处理。

在排查项目上,必须突出"四大重点"。即突出加强拱桥、在役病危桥和在建高墩大跨桥梁的安全检查;突出加强设计、施工特别是支架拆除等方案的安全审查;突出加强挂篮、架桥机、支架、围堰等临时大型设施、设备的安全监管;突出加强施工、监理单位安全管理制度及其执行情况的安全检查,对发现的隐患和问题严格督促整改,必要时责令停止施工。

在排查方法上,必须坚持"六查六看"原则。即一查立项审批,看是否合法合规,有没有做过安全评估论证;二查项目选址,看对桥墩

平台的地质条件是否经过了科学勘测,地质资料是否准确,是否安全可靠;三查工程设计,看设计原则是否合理,是否符合强制性规范的要求,是否对拱桥等桥型的质量、安全有保障性措施;四查工程施工,看是否遵守操作规程和技术标准,是否严格按照设计施工;五查工程监理,看是否监管到位,尤其对工程质量,安全问题,是否严格把关;六查项目管理,看是否落实了招投标等各项制度,是否存在层层转包,违法分包,以包代管等问题。

在事故处理上,必须坚持“四不放过”原则。即事故的原因查不清楚不放过,事故的责任者得不到处理不放过,事故出现后广大职工群众受不到教育不放过,防范措施没有落实不放过。要通过查阅原始资料,现场勘查,实物检测,找当事人询问,听取专家意见等方式,把事故搞准、摸实。在此基础上,以事实为依据,以法律法规为准绳,严肃追究事故责任人。认定事故的直接责任、主要责任、重要责任和领导责任,依据有关法律规定,对相关责任人严肃处理。还要查处失职渎职、违法违纪行为,构成犯罪的,要移送司法机关,依法惩处。

二、坚持“五个强化”,着力提升交通安全管理水平

(一)强化安全隐患档案管理

要逐桥建立安全管理档案,全面实行网上公示,接受公开监督。在摸底排查的基础上,通过加强地理信息综合应用系统建设,确保每座桥梁的安全档案都可以在网上查询,并实施动态管理。

(二)强化隐患整治责任制

建立实施病危桥项目“销号制”,确保桥梁安全隐患彻底整治。对病危桥隐患项目,将集中资金、统筹安排、科学整治。各地各部门要定期通报整治进度,并在网上进行公示。整治结束后,经验收合格方可销号。建立隐患管理档案,记录隐患整改、督办直至验收销号的

全过程。要严格实行目标责任管理制，各级交通部门作为本辖区交通安全隐患整治的责任部门，必须一级一级地落实责任，将责任分解落实到具体单位、部门和人员，确保当年计划当年保质保量完成。必须进一步加大资金投入，加大国省干线公路危桥改造力度；对农村公路上的危桥，要按桥梁长度、重要性和危险程度合理安排改造计划并加快实施步伐，及时消除安全隐患；对于已列入危桥的双曲拱桥，原则上要予以拆除重建，不再进行加固利用。

对暂时未列入整改计划的危桥，必须落实好安全防范措施，采取提前发布通告、设立限载、绕行标志等措施，提前向驾乘人员发出警示，并安排专人昼夜看护，严防发生桥垮人亡的恶性事件。各级公路部门要重点抓好超限车辆管理，对超限车辆必须进行卸载处理，决不能收费罚款就放任通行，对造成严重后果的，要严肃追究有关领导和工作人员责任。

（三）强化长江、汉江公路桥梁安全保障工作

各高速公路管理处（公司）要对所辖长、汉江公路大桥进行全面检测和观测，逐桥检查、逐桥分析、逐桥报告，对发现的安全隐患，要不惜一切代价，采取有力措施加以解决，确保桥梁防撞设施完善有效，确保桥梁安全运营。建设单位要切实加强长江、汉江桥梁建设过程中的质量安全监控，涉及通航水域的桥梁施工，必须落实防止船舶碰撞桥梁的安全措施。

（四）强化水上交通安全监管

认真落实水上交通安全责任制，依靠各级地方政府，全面开展铁砂船、挖沙船、船舶超载专项整顿，督促各企业认真落实各项安全管理规章，严防船舶撞桥事故的发生。

（五）强化重大事故第一时间报告制

各级交通部门要根据部《公路突发事件应急预案》，结合本地桥梁养护实际，认真做好以预防和处置桥梁坍塌等安全事故为重点的

突发事件应急预案,严格信息上报、分级响应、交通保障与恢复、事故调查等工作的职责和程序,切实做到一旦发生事故,确保能及时救援受困车辆和人员,疏导交通,并根据事故进展情况,认真做好续报工作。

(节选自2009年在进一步开展桥梁安全隐患排查和治理工作紧急视频会议上的讲话)

安全是水运发展的基础保障

湖北省以长江、汉江为两大水运干线，分布着4个国家主要港口、19个省重要港口和28个一般港口，通航里程8 800多公里，大小通航河流229条，较大的湖泊、水库共250个，乡镇渡口2 346处，水上安全管理责任重大、任务艰巨，安全生产是水运业持续发展的基础和保证。

一、水路安全管理情况

全省交通系统以“三项行动”（安全生产执法行动、治理行动和宣传教育行动）为载体，攻难点、保重点、抓起点，投入大量的人、财、物用于安全管理，努力减少水路交通生产的不安全因素，取得了积极成效。

（一）加大投入，夯实基础，打造安全便捷的农村渡运新格局

我省渡口总数、年渡运量位居全国第二，渡口、渡船安全管理责任重大。一是坚持“路站运渡一体化”，加快实施新农村渡口达标民心工程。通过“政府投一点、交通补一点、村船筹一点”，按照“渡口建管、县乡主导，坡岸硬化、设施配套，渡船适航、渡工持照，安全渡运、方便可靠”的工作理念，全省经县级人民政府审批的渡口100%实现改造达标，百姓乘船过渡与候船环境大大改善。二是将渡口达标提档升级，启动老旧渡船标准化改造工程。渡船安全是确保渡口安全的基础。全省启动了“渡口渡船双达标”活动，以学生渡船、旅游渡船、大流量渡船为重点，对船况差、隐患大、船龄超过20年的老旧渡

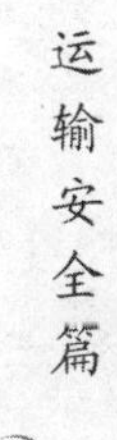

船,通过实行"以奖代补",进行更新改造,选择优良船型,保持稳定可靠,确保设施齐备,从整体上提升乡镇渡运安全保障水平。全省老旧渡船按照"县乡负责、村渡实施,交通补助、海事监督,突出重点、分批改造,优选船型、安全适航"的思路,实现乡镇渡船的钢质化、规范化。

(二)推广典型,落实责任,积极构建渡口渡船安全管理长效机制

机制建设,责任是关键。为推动建立健全"县市、乡镇、村组、船主"四级责任制,全省进一步明确县乡政府是乡镇渡口安全管理、达标改造、管理养护的责任主体,大力推广恩施州政府将渡口渡船纳入公益性财政补贴、建立公益渡口的经验,大力推广宜昌秭归渡船安全管理经验。为建立渡口安全管理长效机制,全省建立起分管县市长、乡镇长以及乡管员的水上交通安全分级培训制度。全省统一编写了县与乡、乡与村、村与船主的"责任状"范本,并对责任制签订情况实行动态报备。将构建"市县补贴、乡镇负责、村渡实施、海事监管"的渡口养护管理新机制贯穿到渡口渡船双达标活动中,从根本上杜绝"有建无养、建养脱节"现象。

(三)严格资质,配齐设施,确保三峡滚装运输安全营运

全省滚装运输企业均按要求建立安全管理体系,配备足够的具备从业资格的管理人员,通过了经营资质核查。滚装运输码头均按要求配备了车载货物安全检测设施以及滚装车辆地磅称重设施,划定了滚装车辆专用停车场、待检候车区、分航线候船区及应急通道,确保了滚装车辆调度工作统一、有序,并在码头各主要位置张贴了车辆乘船须知、车辆调度程序、安全注意事项等相关安全管理要求和警示标志,安全管理调度管理制度进一步建立健全。

(四)加强督办,定期交账,对久治不愈的隐患顽疾重拳出击

开展了水路交通安全隐患排查治理"回头看"活动,通过加大整改力度,突出对重点隐患、其他隐患、隐患排查治理档案开展复查。对无证渡运、三无船载客重点隐患实行挂牌督办,领导分片包干,市

(州)按照“属地管理”、“谁管辖,谁负责”的原则跟踪整改,每月一报、定期“交账”,治理工作取得重大进展。

(五)严格执法,加强宣传,扎实开展“三项行动”和安全生产月活动

港航海事部门根据交通运输安全生产“三项行动”工作方案和“执法要严,治理要实,教育要广泛”的要求,制订了水上交通运输安全生产“三项行动”具体实施方案。其主要包括对非法渡运、持假证书、超限超载等11种违法行为依法进行打击或查处;对隐患排查治理制度不健全、责任不明确、措施不落实、整改不到位等6类行为进行严格治理;并结合安全生产月深入开展宣传教育行动,全面巩固“百校千村”和“救生衣行动”成果,深入乡、镇、村、中小学校、公司、码头等场所,通过展示挂图、播放警示片、发放宣传水上交通安全知识宣传册等方式宣传水上交通安全生产法律、法规,普及安全文化知识,提高广大人民群众的安全意识和素质。

(六)管好源头,强化监管,筑牢船舶水上航行防护屏障

一是牢牢把住“船舶、船员、船公司”的源头管理三道关。组织了船员统考,举行了油船、化学品船、工程船船员特培,对船员培训机构实行了检查督导。调派审核组对航运公司进行了安全体系审核,对全省船舶签证站点进行重新核对,对长期未换发新证书的船舶进行了清理。二是继续严把危险品水上运输申报关、签证关、检查关,进一步加强了水上水下施工作业通航安全许可与安全维护监管,认真宣贯交通运输部《通航安全评估管理办法》,开展工程通航安全评估。

(七)争取政府支持,建设应急体系,不断提升突发事件应急反应能力

根据有关加强水上交通应急管理工作的要求,为加强我省水路交通应急管理工作,以政府支持为强大动力,坚持科技先导,全面推进省交通厅水上搜救协调中心及16个市(州)地方海事局指挥分中

心,建立了视频监控系统,开展了应急演练。

(八)提高服务质量,维护市场秩序,大力促进行业规范管理

质量管理是水路交通运输行业永恒的主题,按照“三个服务”的理念,我们把行业管理的重点和重心切实放在服务质量上来,以市场为基础配置资源,深入开展星级服务大厅建设,以服务质量为中心提升管理水平。启动了水路运输经营资质核查。重点核查经营人是否存在违法、违规经营行为,是否符合《国内水路运输经营资质管理规定》的有关要求,对资质达不到要求的、安全管理制度和责任不落实的经营人,按规定进行处理。部署并启动了为期半年的港口码头清理整治和内贸集装箱超载集中治理,进一步摸清了全省港口经营者的基本情况,建立健全了港口安全监管体系,并为探索和研究水运业融入现代物流业、发展现代水运业奠定了基础。

二、水路安全管理面临的挑战

虽然我省水上交通安全工作处于可控状态,但也面临着多方面的压力和挑战,一些突出问题亟待解决。主要是:船舶保有量增长迅速,新型水上游览设施和水上水下施工作业新情况不断出现;顽疾隐患的整治难度依然很大;部分地区渡船安全隐患仍然存在;水上搜救应急反应能力亟待提高;滚装运输企业资源整合和非标准滚装船退出三峡库区市场存在较大难度。

解决这些问题,需要我们对以前运行多年的思维定式、管理模式、工作方式进行变革创新;需要我们充分把握国家进一步扩大内需、加快交通基础设施建设给水运业带来的机遇,把应对挑战和抢抓机遇作为深入学习实践科学发展观的重要内容,摆在十分重要的位置,进一步增强责任感和紧迫感,坚定信心,着力从四个方面采取坚决有力的措施保障水运安全,充分发挥水运的比较优势。一是持之以恒落实水上交通安全管理责任制,从政府、交通、海事、船舶、船员

着手,构建横向到边、纵向到底的安全责任体系。二是将渡口渡船达标改造好事办好、实事办实,着力构建“和谐有序、安全便捷、管理规范”的农村渡运新格局。三是提高规范化管理水平,坚持一线工作法,加大隐患跟踪治理力度,加强对“四客一危”重点船舶和重大节假日的现场监管。四是坚持政府主导,因地制宜,结合实际,进一步加强搜救应急能力建设。

三、水路安全管理有关建议

(一)启动实施渡船更新改造工程

渡船作为公益性交通工具,经济效益低,改造资金缺乏,提高渡船整体安全技术水平依然任重道远。建议将新农村渡口达标改造向渡船达标改造延伸,利用已研究开发出的客渡船标准船型,实行“以奖代补”,对老化、危旧渡船进行船舶技改,从根本上改变船况差、抗风险能力低的落后面貌。

(二)对内河水网地区应急能力建设给予倾斜和支持

随着长江黄金水道建设、汉江清江梯级开发步伐加快,我省辖区航道等级化、船舶密集化、港口规模化、流量扩大化、水域拓展化,水上安全管理压力越来越大,水上安全应急救助能力与海事职责任务不相适应,建议加大对水路应急能力建设的支持力度。

(三)出台通航水域认定标准

按照《内河交通安全管理条例》的规定,通航水域的安全监管由海事部门负责,但海事部门对通航水域的认定无法可依。我省辖区水域分散、船舶种类多、经济成分复杂,建议出台通航水域认定标准,进一步明确对非运输船舶的安全管理主体责任和监管责任,以利于地方海事机构准确、全面履行职责。

(节选自2009年向交通运输部检查组汇报水运安全工作的发言)

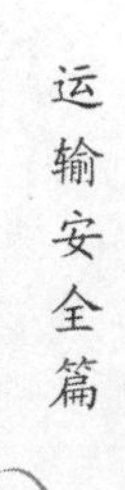

筑牢交通防汛“大堤”

一、加强领导,明确职责

交通部门主要防汛职责是,负责优先保证防汛抢险人员和防汛抗旱救灾物资的运输;分蓄洪区分洪时,负责群众安全转移所需地方车辆、船舶的调配;负责分泄大洪水时河道航行和渡口的安全;负责大洪水时用于抢险、救灾车辆、船舶的即时调配。交通防汛工作领导小组,由主要领导负总责,分管领导具体抓,各级交通部门各司其职、各负其责、齐抓共防。

运管部门负责抢险救灾车辆调度,做好运输防汛运力准备工作,摸清当地防汛物资器材的流量、流向、流时及运输线路,组织提供足够的运力,确保完成当地政府下达的防汛任务。同时要加强防汛期间运输市场管理,打击防汛期间抬高运价、杀价、坑客、宰客等不法经营行为,维护正常的运输市场秩序,保证防汛运输畅通无阻。

港航海事部门负责防汛期间抢险救灾船舶调度,做好人、畜疏散转移等运输工作。负责汛期船舶航行安全,及时掌握长江、汉江水情,发布限航禁航通知,落实船闸航道汛期安全工作。

普通公路、高速公路管理部门负责汛期公路的养护、路政、渡口等方面的管理,保障我省高速公路、主要干支线公路及渡口的安全畅通,及时传达防汛信息,确保防汛物资设备和人员的运输车辆安全通过。

二、完善预案，落实预案

凡事预则立，不预则废。在总结历年交通防汛工作经验的基础上，尽快完善防汛运输预案、应急方案，提前做好运力组织准备，加紧制订运力调度方案和紧急情况下的运力征调方案，做到领导责任落实、车船属单位落实、车船牌号落实、驾驶员落实、带队人落实、集结地点落实。

三、依法管理，确保畅通

要针对我省汛情和堤防、水库、分蓄洪区的分布，确定重点线路，确保安全畅通。各级公路、高速公路管理部门要以“统一调度、快速反应、全力抢险、确保畅通”为目标，确保全省高速公路、普通公路全天候畅通，确保防汛救灾物资、灾民的快速优先通过，确保汛期交通运输安全畅通。

四、严格检查，狠抓落实

各级公路养护和路政管理部门要加强路面巡查，尤其是对重点路段、桥梁、渡口的巡查和养护管理，确保防汛通道畅通；海事部门要加强内河支流水库的重点航段、船闸、港口和船舶航行的监控管理，并协助当地防汛指挥机关清理行洪障碍物，及时组织疏运港口物资。

（节选自2009年在全省交通系统防汛抗旱、防控甲型H1N1流感暨安全隐患整治工作视频会议上的讲话）

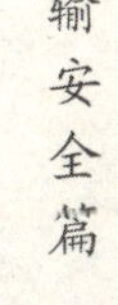

强化交通疾病防控责任链

一、加强组织领导，落实防控责任

按照“高度重视、积极应对、联防联控、依法科学处置”的原则，在地方党委、政府的统一领导下，与卫生、质监等有关部门密切配合，建立信息共享、分工协作、上下联动、左右互动的联防联控工作机制，齐心协力做好预防预控工作，防范甲型H1N1流感通过车船及乘运人员、货物传播蔓延。各级交通部门及运输企业、港站要成立相应的防控应急机构，各单位主要负责人是防控工作的第一责任人，各级公路、运输、港航等管理机构要分工负责、分口把关，真正把防控责任层层分解落实到每台车船、每个工作人员，建立严密的防控责任链，有力有效防范甲型H1N1流感通过车船交通工具传播。对玩忽职守、贻误工作，造成恶劣影响的单位和个人，依法严肃追究责任。

二、突出防控重点，落实防控预案

各级交通部门及相关企业要根据工作方案要求，组织制定本地、本单位“甲型H1N1流感防控工作实施方案”和“应急预案”，重点突出四大防控重点：

1. 道路运输：汽车客运站、班车客运、旅游客车、公交车、出租车等。

2. 水路运输：港口客运站、码头、客船、客滚船、旅游船、航行于疫区国家和地区的货船。

3. 高速公路：服务区、收费站。

4. 厅直单位：学校、医务室、宾馆、办公区、宿舍区等人员密集场所。一旦发生疫情时，按照规定及时启动相应的应急反应程序。

三、认真履行职责，落实防控措施

这方面应重点抓好四项工作：

1. 储备应急运力和必要的防疫物资。根据疫情变化和当地政府的要求，确保运力充足，确保应急物资、防疫物资和人员及时、快速运输。认真督促各客运站、港口码头和相关运输服务经营单位做好运输工具及场站内部的清洁、消毒和通风工作，有效预防各类疾病的发生和传播。

2. 设置临时隔离场所。根据疫情变化和当地政府要求，协助、配合卫生部门在汽车客运站、港口码头等设置临时隔离场所，防范疫情传播、扩散。

3. 加强疫情监测。按照当地政府的部署要求，做好与来自疫区人员有关的港站、车船等甲型 H1N1 流感疫情的监测检查工作。

4. 加强疫情报告。各级交通部门和运输企业要按照“早发现、早报告、早隔离、早治疗”的原则，发现病人必须立即向当地卫生部门、疾控机构报告。发生疫情时要按有关要求，第一时间上报。

（节选自 2009 年在全省交通系统防汛抗旱、防控甲型 H1N1 流感暨安全隐患整治工作视频会议上的讲话）

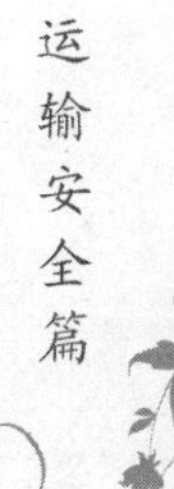

建立出租车行业管理长效机制

随着国家体制改革，出租汽车正式交由交通运输部门统一管理。城市出租客运行业作为窗口行业、服务行业，在促进经济发展、提升城市形象、扩大社会就业、方便居民出行等方面具有重要作用，在完善综合运输体系、服务民生中举足轻重。各级交通运管部门必须提高认识，切实增强做好出租汽车行业管理工作的责任感和紧迫感，以建立规范出租汽车行业管理的长效机制为目标，努力推进出租汽车行业稳定健康有序发展。

一、建立"督办有力、齐抓共管、快速反应"的稳定工作机制

出租汽车行业的稳定直接关系到社会的稳定。我省出租汽车客运行业总体上保持平稳态势，但仍然存在着潜在的不稳定因素。各级交通运管部门要克服松懈麻痹思想，克服盲目乐观情绪，进一步增强政治敏锐性，进一步提高对做好出租汽车客运行业稳定工作重要性和紧迫性的认识，在当地政府统一领导下，积极会同相关部门，认真分析和及时处理出租汽车客运行业所面临的问题，完善应急预案，搞好隐患排查与整改，加强政策法规宣传教育，建立出租汽车行业稳定工作报告制度、监督检查制度、责任追究制度，超前研究和采取有力措施，将各种不稳定因素消除在萌芽状态，确保出租汽车客运行业稳定。

二、建立"政府负责、交通主管、部门联动"的综合治理机制

领导重视是关键，部门配合是基础。实践证明，争取地方政府的

领导和相关部门的支持，是做好出租汽车行业管理工作的前提和条件。各级交通运管部门要充分发挥各地出租汽车客运清理整顿工作领导小组的作用，加强对出租汽车行业管理的协调、指导和监督，加强与当地政府和相关部门的沟通协调，定期召开联席会议，研究和解决出租汽车行业存在的问题，创造良好的出租汽车行业经营环境；要切实有效地加强对本地区内出租汽车行业管理工作，一是严格执行涉及出租汽车的收费项目和标准，推行收费明白卡制度；二是加大出租汽车基础设施建设，增设出租汽车临时停靠站点；三是适时调整运价，理顺价格关系，建立运价与油价联动机制；四是进一步加强宏观调控，新增运力必须严格按程序报省政府或省出租汽车管理部门批准；五是提高出租汽车客运行业科技含量，稳妥推进出租汽车油改气，引导、鼓励、支持出租汽车安装使用GPS。

三、建立“综合治理、标本兼治、依法监管”的打击非法营运机制

在省政府统一领导下，交通、公安、城管等多部门参与的打击非法营运已经取得明显成效，各级交通运管部门必须坚定不移地继续争取当地相关部门的支持，把打击非法营运工作纳入专班化、长期化、规范化。各地要做到队伍不散、人员不撤、力度不减。对查获的非法营运车辆，要严格按照道路交通、社会治安、出租汽车客运管理等相关法律法规进行处罚。

四、建立“政令畅通、运转高效、依法行政”的行业管理机制

各级交通运管部门要全面履行出租汽车管理职能，尽快理顺体制，明确机构和职责，争取将出租汽车行业管理工作经费全额纳入当地财政预算，以保证出租汽车管理机构正常运转。要在出租汽车客运行业大力推行六项制度：一是经营权证制度；二是经营权有效期制度；三是经营权服务质量招投标制度；四是经营权使用合同制度；五

是推行质量信誉考核制度;六是驾驶员诚信考核制度。要严厉打击私下转让和炒卖经营权行为,严格落实出租汽车质量信誉考核兑现。

五、建立"产权明晰、责任落实、行为规范"的企业营运机制

加强出租汽车企业管理,明确企业主体责任仍是出租汽车行业管理工作的重要内容。各地要按照出租汽车客运企业技术经济条件,严格市场准入,稳步有序推进公司化、集约化经营。实行公司化经营的企业必须全额出资购买车辆,企业不得一次性买断经营权,不得收取高额风险抵押金,向驾驶员转嫁投资和经营风险,不得利用经营权转包获取收益。要积极推行规范的劳动用工合同和经营示范合同,合理调节企业与驾驶员的利益分配关系,把握有利时机,采取积极稳妥的措施,推动现有企业向合格的市场主体转轨,落实企业的社会责任、管理责任和服务责任,进一步理顺管理部门、企业和驾驶员关系。各地要建立健全出租汽车行业中介组织,充分发挥出租汽车行业协会和工会的桥梁和纽带作用,加强信息沟通,切实维护驾驶员合法权益。

六、建立"诚信经营、文明服务、全员参与"的文明创建机制

省交通运输厅、省总工会、省文明办联合转发了交通运输部、全国总工会关于在出租汽车行业开展精神文明创建活动的意见,各地要以此为契机,继续深入开展创"文明优质企业"、创"文明出租车"的"双创"活动,创新载体、丰富内涵、树立典型、表彰先进、以点带面,逐步提高出租汽车服务质量和整个行业的服务水平;各地要进一步完善和落实文明创建奖励制度,把精神奖励与物质奖励相结合,有效引导从业人员积极参与创建活动,对连续获得全省"双创"活动表彰或表现突出的单位和个人给予重奖,对创建活动中涌现出来的先进典型进行广泛宣传,充分发挥模范企业、优秀驾驶员的示范作用,增强

出租汽车驾驶员爱岗敬业、创优争先的工作热情，推动创建活动向纵深发展，争取把出租汽车客运行业“双创”活动打造成为我省行业文明创建的品牌。

（节选自2009年在全省出租车规范管理现场推进暨“双创”表彰会上的讲话）

争当现代交通发展排头兵

站在新的起点,湖北交通发展机遇前所未有,挑战前所未有。武汉市要进一步解放思想,改革创新,攻坚克难,创造性推动武汉交通科学发展,充分发挥在全省乃至全国交通系统的龙头作用、示范作用、引领作用。

一、破现代物流开局之难,争当全国现代物流发展的排头兵

现代交通物流是衡量区域经济竞争力的重要标志。武汉市作为全国重要的综合交通枢纽,具有承东启西、接南纳北、通江达海、得中独厚的独特区位优势,在建设大交通、发展大物流上大有可为、大有作为。从地理优势上看,武汉与美国"联邦快递"总部所在地——田纳西州的孟菲斯十分相似,两市都依傍大江大河,同处于中游地区,都是重要的交通枢纽,主要工业门类也相近。孟菲斯位于密西西比河东岸,其客运机场和其他美国的机场相比很小,飞往阿姆斯特丹的航班是其唯一的国际直飞航班。但是其国际货运的吞吐量雄踞世界第一,远超过排位第二的我国香港。原因在于世界著名的联邦快递公司(FEDEX)的总部在此,包括信件等所有70公斤以下的包裹,都要在孟菲斯吞吐。孟菲斯成为联邦快递公司的全球转运中心,美国西北航空公司的第三大转运中心,美国重要的交通枢纽和运输业中心,拥有世界上最繁忙的货运机场,每年的货物吞吐量达350万吨。

目前,我省包括武汉市在内的物流总体水平并不高,多为作坊式、零散、没有集中度的物流公司,这些公司实质上只能称为运输公司或储运公司,配套基础设施和信息化程度不高,缺少大项目、大企业来带动物流业的发展,交通运输在现代物流产业发展中的支持与保障作用未得到应有发挥。武汉市要按照省委省政府建设综合交通运输枢纽和现代物流基地的战略部署,积极推动现代物流业发展,提高物流的专业化、社会化水平,大力发展第三方物流。要积极引导高效低耗的运力快速发展,引导有条件的交通运输企业向现代物流企业转型。要加强物流园区公共交通运输基础设施建设,培育发展物流市场,率先在破现代物流开局之难上发挥示范带头作用。

二、破综合交通一体化之难,争当全国现代综合交通枢纽建设的排头兵

综合交通运输体系建设的关键在于实现各种运输方式协调发展和顺畅衔接。武汉市作为武汉城市圈的极核中心和湖北省率先实现交通现代化的特大城市,必须按照省政府批复的《武汉城市圈综合交通发展规划纲要》,坚定不移地贯彻落实省委省政府“以交通基础设施为先导,积极推进基础设施建设一体化”的决策部署,着力“建设武汉新港、构筑两大交通圈、打造五大中心”,加快推进交通基础设施建设、运输服务一体化,率先实现武汉交通现代化。即:着力建设“武汉新港”,推进港航基础设施一体化。着力构筑“两圈”,以城市快速路、轨道交通和过江通道为重点,加快构筑武汉主城区核心交通圈;以武汉主城区与新城之间的连接通道、新城之间的互联环线、高速出口路等外环高速公路以内重要枢纽的集疏运体系建设为重点,加快构筑连接武汉市新城的紧密交通圈,推进公路基础设施一体化。着力打造“五大中心”,即全国铁路路网中心、长江航运中心、公路客货运中心、航空枢纽中心及物流集散中心。积极推行公铁联运、公水联运、江海联运、水陆空联运,努力实现客运"零换乘"、货运"无缝衔接",推进综合交通运输一体化。

三、破可持续发展之难,争当"两型交通"建设的排头兵

"节油大王"王静是武汉公交系统的先进典型。武汉市要在全省率先开展"学习王静工作法、创王静式标兵、建节约效益型企业"活动。真正将学习节油大王——王静与践行科学发展观、服务"两型社会"相结合。要进一步倡导绿色交通、低碳运输,着力培育一大批王静式节油标兵和节能降耗示范企业,在全省率先建立健全节能减排考评指标体系,督促运输企业建立单车单船油耗奖惩机制,优先发展节油环保型车船,让建设"两型交通"的理念深入人心、取得实效。

四、破体制机制创新之难,争当解放思想、勇于创新、勇于进取的排头兵

解放思想要以解放自己为重心,追求闭环效应;解放思想的核心和落脚点是解决不适应发展要求的具体问题;解放思想没有止境,不能停步。当前,湖北交通发展进入了改革攻坚的新阶段,省政府已经明确实施大交通改革试点,构建铁、水、公、空、管大交通部门管理体制机制,统筹综合交通运输发展。武汉市要认真总结现有的大交通协调服务机制,坚持与时俱进,锐意改革,攻坚克难,不断创新和完善统筹协调、科学分工、精简效能、适应交通科学发展的大交通管理体制。

(节选自2009年在武汉市交通工作会议上的讲话)

保畅通、保安全、保春运

春节临近，群众回家过年的心情十分迫切，大面积长时间的车辆滞留容易激化各种矛盾，引发群体性事件。因此保畅通、保安全、保春运的任务尤为重要。各地各单位要严格落实领导责任，严格落实一线工作法，千方百计保障春运期间道路畅通和群众安全便捷出行。

一、严密组织，千方百计保障春运期间道路畅通和群众安全便捷出行

一要从快从急组织除雪融冰，确保干线公路畅通。针对部分路段结冰情况，各地要重点防范高速公路和国省干线路面积雪结冰对交通运输安全的影响，各级交通公路部门要紧急调度机械、设备和融雪剂等，快速组织养护突击队除雪清障，除冰保畅，切实做到"六个及时"，即：设置警示标志标牌及时、清扫路面积雪及时、投放防冻防滑物料及时、修复被毁路面及时、补充防雪防冻防滑物料及时、发布路况信息及时。各高速公路服务区、公路养护道班要准备必要的防滑链等，为驾乘人员提供服务。交通部门各级领导要带头坚守岗位，严格落实保畅通保安全一把手负责制，真正将保畅通保安全的责任落实到每位领导、每个站所、每条路段，做到一把手负总责，分管领导全力抓，严格落实"一线工作法"，坚持一线调度指挥、一线组织动员、一线防范部署、一线除雪融冰，最大限度地保障交通大动脉和运输生命线的畅通安全。

二要从密从实加强路面管控,确保道路安全。各级高速公路管理部门要切实加强与公安交警部门的协调配合,认真落实“除雪清障、重车碾压、路警开道、结队通行、限载限速、科学调度”24字“高速公路低速行驶法”,确保道路安全畅通。在路面管控上,各级交通部门要与公安交管部门各司其职,各负其责,加强沟通协调。各级路政部门要增加巡查密度和次数,切实加强对极易诱发交通事故和拥堵的重点时段、重点路段的巡逻督察,尤其是要重点加强对容易结冰、起雾的夜间、凌晨等重点时段和桥涵、坡道、弯道、匝道、互通、山区高速公路等重点路段的巡守、除冰,确保路面全方位管理不失控。

三要从严从紧加强监管,确保运输安全。各级交通运输部门要加大监督检查力度,排查各类安全隐患,确保各项安全措施落到实处,安全责任落实到人。各级运管部门要严格督促客运站加强门检制度的落实,车辆技术标准达不到要求的一律不准出站,要加强对驾驶人员、车(船)运行状态的安全监控,做好车辆发班前防冻、防滑工作,确保行车安全。各级港航海事部门要加强大风雨雪低温时港口作业和船舶航行的安全监管,切实督促乡镇政府履行乡镇船舶安全管理职责,采取有效措施坚决防止船舶冒险航行,千方百计防止重特大安全责任事故发生。

四要从精从细加强调度,确保群众便捷出行。春节前,通过铁路、民航到达湖北的旅客流量及大中城市返乡探亲旅客流量较大,给道路旅客疏运造成很大压力;节日期间,中短途道路运输压力更为突出。道路运输部门要根据不同时段的特点,精心组织充足运力,强化现场统筹调度,认真做好衔接,保证经我省中转的旅客顺利回家。特别是要加强客运站场的科学管理,防止雨雪冰冻天气条件下出现旅客大量积压、滞留现象。各级领导要深入车站一线,实地掌握一手情况,及时采取措施,切实为旅客提供优质细致服务,确保每一位旅客走得了、走得好、走得安全、走得满意。

二、快捷反应,有力有效处置春运安全突发应急事件

一要加强信息报送,认真落实"四个第一时间"的要求。信息是应急处置的先决条件。国省干线、高速公路一旦发生重特大道路交通事故、遭遇雨雾、冰雪等恶劣天气、车辆严重拥堵等突发事件,各级交通部门要坚决落实"四个第一时间"的要求。即第一时间向上级领导、部门和当地党委政府报告;第一时间派领导率员赶赴现场指挥调度:第一时间按相应级别采取交通管制,并及时通过可变信息情报板、电子显示屏及长途客车、出租车GPS监控系统以及交通厅门户网站、交通公众出行服务系统、高速公路视频监控系统、96576高速公路服务热线、交通音乐频道等综合信息平台向社会发布信息,引导社会车辆分流,严防发生次生灾害事故和长时间的交通堵塞;第一时间组织力量开展清障施救,最大限度地降低突发事件对道路通行的影响。

二要加强政务值守,认真落实24小时值班制度。面对恶劣天气对春运工作的不利影响,主要领导要及时进岗到位,亲自指挥调度。分管领导要带队到重点部位或主要堵点,现场指挥处置工作。各单位春运办或应急办要及时掌握信息,加强调度。各地各单位要认真做好应对突发事件的各项准备工作,严格落实值班制度,实行领导带班,做好值班记录,不得脱岗离岗,确保政务值守电话、传真24小时畅通。遇有重大情况,及时上报。厅信息中心等部门要切实加强通信保障,确保信息畅通。全省高速公路要严格实行分段分片责任制,路政、养护、收费和交警24小时联合值班,各重点工程和公路水路客货运站场要实行现场24小时值班,建立防冻防滑信息日报机制,确保信息报告及时、准确、简洁,坚决杜绝瞒报、迟报、漏报现象。

(节选自2010年在应对雨雪冰冻天气确保安全畅通电视电话会上的讲话)

防汛抗洪保畅通

湖北河网密布、洪水频发，交通保畅是防汛抗洪抢险工作的重要前提，交通部门必须充分发挥在防汛抗洪抢险中的基础保障作用。

一、明确思路，突出重点，全力以赴投入防汛抗洪战斗

在指导方针上，要坚持以人为本，科学防控，依法防控，全员防控，把保障人民群众生命安全放在首位，千方百计减少人员伤亡和财产损失；在应对举措上，要坚持科学预报，落实预案，强化责任，严肃纪律。特别是要全面落实以行政首长负责制为核心的防汛抗洪救灾责任制，汛期各级领导务必坚守岗位。责任到位；在工作安排上，要坚持统筹兼顾、突出重点，确保交通运输正常运行，为经济发展提供保障。在工作机制上，要着力构建"组织健全、职责明确、装备精良、监管有力、运转高效、反应快捷"的交通运输安全生产和应急体系，为经济社会发展提供有效的交通运输保障。在具体要求上，各级领导干部要立足防大汛，抗大洪，坚持把防汛作为交通"天大的事"来抓，及早做好防范工作，及早做好各项预案及演练工作，确保交通运输安全和畅通。

二、全员行动，保通保畅，全力以赴确保人民群众生命财产安全和经济正常运行

一是坚持"快"字为要，闻"汛"即动。防汛工作"人命关天、刻不容缓"。汛情就是动员，灾情就是命令，哪里有灾情、汛情，哪里就要迅速打响、打胜交通运输保安全、保畅通战役。面对十分严峻的汛

情，各级领导干部要按照预案响应要求，带领基层干部职工深入一线抢险救灾。应做到第一时间掌握灾情信息，第一时间赶到灾区公路、桥梁水毁现场，第一时间组织抢修保通，第一时间上报情况。

二是坚持“干”字为先，科学防控。要以高度的事业心、责任感，结合实际创造性地抓好落实，切实提高防汛抗洪执行力、落实力，全力抢险救灾保通保畅保安全。三是坚持“严”字当头，整肃纪律。

重点要强化六个“进一步”，即：

进一步强化行政首长负责制。防汛抗洪一把手负总责，分管领导具体负责，其他领导分工负责，各职能部门各司其职；各单位负责人汛期一律要到岗到位，靠前指挥，不得擅自离岗。

进一步强化交通安全管理责任制。坚持安全第一、先通后畅、先急后缓，依法履职，依法防控，充分发挥各级交通安委会的职能作用，确保人民群众生命财产安全。

进一步强化交通防汛抢险保通保畅工作机制。切实落实防汛抢修队伍，储备抢通机械物资，保证紧要关头拉得出、顶得上、守得住、打得赢，真正做到：召之即来，来之能战，战之能胜。

进一步强化首问负责制。防汛抢险人人有责，要动员全体干部职工积极投入抢险工作，值班人员要严格落实首问负责制，严格信息报告报送制度，全面加强防汛值守，确保信息畅通。

进一步强化执行力建设。防汛预案的核心在执行，应急保障的关键是快速。突击队、抢险队要真正发挥骨干作用，求实务实抓落实，全力以赴打好防汛抗洪战役，为经济社会发展提供有效的交通运输保障。

进一步强化责任追究制。对工作不力或玩忽职守、失职渎职行为的党员干部严格按照有关规定查处，追究当事人及有关领导的责任，绝不姑息迁就。

（节选自2010年在全省交通运输防汛抗洪紧急视频会议上的讲话）

交通安全不能打一丝一毫的折扣

一、确保交通安全,关键靠认识,不管任何时候交通人对安全工作重要性的认识都不能打一丝一毫的折扣

交通无小事,责任大如天。这是反复强调、反复告诫、反复提醒的一个重要观点,绝不是一句轻飘飘的套话。交通安全的重要性,是由于交通运输工作的基础性、普遍性、公共性和服务性所决定的。不管是交通生产安全,还是交通运输安全,都事关广大人民群众的生命财产安全,事关人民群众的根本利益,事关党和政府的形象,必须引起每一位交通人的高度重视。人的生命是最宝贵的。我国是社会主义国家,我们的发展不能以牺牲精神文明为代价,不能以牺牲生态环境为代价,更不能以牺牲人的生命为代价。推进交通科学发展的一个重要标志,就是要实现交通安全发展。交通经济越发展,越是要求交通安全有保障;交通安全越加强,越是促进交通经济发展有质量。交通经济发展与交通安全管理两者相辅相成,相互推动,相互促进。

各级交通部门在任何时候都必须高度重视交通安全工作,始终保持清醒的头脑,不能有任何麻痹松懈,真正做到思想上安全这根弦绷得紧而又紧,工作上各项安全措施抓得紧而又紧,警钟长鸣,常抓不懈,坚决遏制安全隐患频发的势头,确保安全万无一失。

二、确保交通安全，关键靠落实，不管任何单位、任何人在落实工作部署时都不能打一丝一毫的折扣

推进交通发展，确保交通安全，关键在于落实。抓好落实，是一切事情成败的关键，更是保障交通安全的关键。各级交通部门要确保各项安全工作机制和措施不折不扣得到落实。

第一，要确保交通安全隐患排查治理“六大机制”即：“责任制”、“档案制”、“销号制”、“通报制”、“安全风险评估制”和“重大事故第一时间报告制”不折不扣得到落实。

第二，确保关于加强交通运输安全管理的关键性措施不折不扣得到落实。

一是对经排查桥梁技术状况为四类的桥梁，要立即进行交通管制，病害继续发展时要立即封闭交通；对技术状况为五类的桥梁，要及时封闭交通并制订加固维修方案，立即进行整治；对排查为危桥的双曲拱桥，原则上要予以拆除重建，不再进行加固利用。

二是对涉及通航水域的在建、在役桥梁，责任单位和主管部门必须组织专班对防撞措施逐桥检查、逐桥分析、逐桥报告，确保桥梁安全，严防船舶撞桥事故的发生。

三是对长江、汉江公路大桥，责任单位和主管部门必须每年组织一次安全“体检”，并记入档案。建立专职桥梁养护工程师制度，严格落实桥梁安全日常检查和定期排查制度。

四是对危桥、危隧、危险路段等实施交通管制的，必须协调当地公安交通管理部门，严格落实安全防范措施，在桥头设置明显的限载、限速、绕行等标志，提前发布通告，提前向驾乘人员发出警示，并安排专人昼夜看护，严防发生桥垮人亡的恶性事件。

五是对短途和夜间运输的超限超载车辆，必须集中执法力量，强化源头治理，以重点地区、重点路线、重点厂矿、重点港口为重点加大

治理力度。对所有经检测确定的超限超载车辆,一律先卸载、后处罚,坚持严管重罚,坚决消除违法行为,决不能放任通行。各超限车辆检测站、收费路口必须坚持24小时值班制度,确保严禁车货总重超过55吨的车辆上桥行驶的规定落到实处,并严防多辆超重车辆在桥上静态停留,确保桥梁安全。

六是对道路改线、危桥改造等造成的老旧桥梁、废弃桥梁,一律予以拆除或封闭,绝不能听之任之,形成新的安全隐患。

七是对公路危桥改造工作,要迅速建立危桥整治信息周报制,坚持每周报告全省公路危桥改造进展。

八是切实加强对铁路、民航等运输部门的有关业务指导。各地交通部门在当地政府的领导下,必须做好相关工作。

九是切实加强政务值班、应急值班和领导带班制度的落实,要按照部省有关规定,认真负责地做好信息上报工作。

(节选自2010年在全省交通运输安全工作紧急视频会上的讲话)

真正做到交通安全监管全覆盖

交通安全是关乎百姓的重大民生问题,各级交通运输部门必须以"四个全覆盖"的举措提高交通安全保障水平。

一是真正做到交通安全责任体系全覆盖。安全责任制是行之有效的工作方法,是把安全指标层层分解到地方政府、部门、企业、每一个责任人的具体措施。各级领导特别是分管安全的领导一定要如履薄冰地抓好安全责任目标的落实,切实提高执行力。各级交通运输安全监督部门要进一步坚持"一线工作法",深入每一个企业、每一个现场,严格检查交通安全责任制签订和落实情况,打造一个完整而无疏漏的安全责任网,确保安全责任体系覆盖交通运输的每一个角落,要采取科技等有效手段严格监测,确保交通安全生产保障体系有效运转。

二是真正做到交通安全隐患治理全覆盖。各级交通运输安全监督部门要像啄木鸟一样更加专注、更加专业地在运输安全、桥隧安全、生产安全等方方面面开展隐患大排查大治理,要成为交通运输事业健康发展的"安全卫士"、"安全医生",确保不发生重特大交通运输安全责任事故。要坚持安全监管分片包干负责制、隐患排查、落实销号制,充分发挥基层干部职工和广大人民群众在交通运输安全生产一线的"前哨"作用,筑牢群众性安全防线,做到超前防范、安全管理无盲区。对待交通运输安全事故和隐患,要坚持"四不放过"(原因未查明不放过、责任未落实不放过、措施未到位不放过、有关人员未受到教育不放过),按照"依法依规、实事求是、注重实效"的原则,以"三

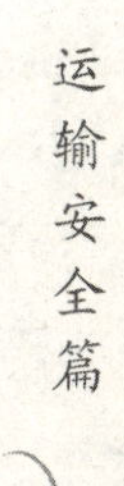

铁”的精神,严格问责、严肃查处,绝不姑息。

三是真正做到交通安全风险防控全覆盖。交通运输安全监督部门不仅要监督道路运输安全,还要监督交通工程安全。因此,必须加强路桥、工程安全等专业力量的配备,以提高工程安全监督的专业水平。当前我省交通建设正处于新一轮大规模建设时期,项目多、线路长、施工环境复杂,安全压力巨大。基础不牢,地动山摇。各建设单位、施工单位、监理单位务必高度重视,认真汲取全国发生的多起重大质量安全事故教训,加强风险(危险)源的全过程分析和辨识,列出风险(危险)源清单,有针对性地制订应急处置预案,采取人防和技防相结合的办法,降低甚至消除风险。要坚持安全工作“从小抓起、从早抓起、从严抓起”,将交通工程隐患和风险消灭在萌芽状态,确保工程安全。安全监督部门要着力加强安全宣传教育,重点监督参建各方质量安全保证体系的有效运行,检查各项质量安全管理制度的落实情况,检查各层次管理人员质量安全责任的落实情况。要切实做到事前监督、源头监督,实现质量、安全、进度的有机统一,促进交通运输生产、工程建设又好又快发展。

四是真正做到交通安全法规全覆盖。各级交通运输部门要全面贯彻落实国务院和省政府《关于进一步加强企业安全生产工作的通知》精神,进一步建立健全交通运输安全法规体系,做到安全工作有章可循、有法可依;要严格依法管理,严格落实交通运输企业安全生产主体责任,严格落实交通运输部门的安全监管责任,严格落实安全生产行政首长负责制,严格落实安全生产“一岗双责”和“一票否决”制度;要深入基层调查研究,准确把握安全管理和应急工作的客观规律,认真研究制订我省交通运输安全“十二五”规划和与其相适应的一系列管理制度,着力实现交通运输安全工作规范化、制度化。

(节选自2010年在全省交通运输安全暨应急管理工作会议上的讲话)

坚持应急谋远抓安全

交通安全的重要性，是由交通运输工作的基础性、普遍性、公共性和服务性所决定的。不管是交通生产安全，还是交通运输安全，都事关广大人民群众的根本利益，事关党和政府的形象。党的十七届五中全会对安全生产和应急工作高度重视，明确要求构建便捷、安全、高效的综合运输体系，强调要求加大公共安全投入，加强安全生产，健全对事故灾难和安全事件的预防预警和应急处置体系。高度重视和切实抓好安全生产工作，是坚持立党为公、执政为民的必然要求，是贯彻落实科学发展观的必然要求，是实现好、维护好、发展好最广大人民的根本利益的必然要求，也是构建社会主义和谐社会的必然要求。各级交通运输部门要充分认识交通安全应急工作的极端重要性，真正把实现安全发展、保障人民群众生命财产安全作为关系交通全局的重大责任，把安全应急管理与交通发展各项工作同步规划、同步部署、同步推进，坚持应急与谋远结合，突出"五个着力"，为实现湖北交通又好又快发展提供坚强的安全保障。

一是着力提升交通应急能力。各级交通部门必须充分认识到提高交通应急管理能力的重要性，主要领导要亲自研究、亲自部署、亲自督办，在机构组织、人员配备、设备装备、资金安排等方面为安全应急工作提供最坚决的保障，把交通运输应急管理当作一个基本的、常态的、重要的工作抓紧抓实抓出成效。特别是交通运输系统的领导干部平时要练好内功、增强本领，确保在危急时刻能够站得出来、担当起来。

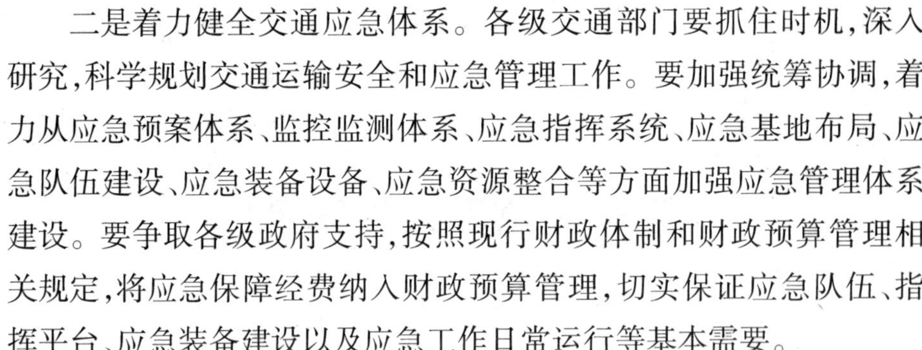

二是着力健全交通应急体系。各级交通部门要抓住时机，深入研究，科学规划交通运输安全和应急管理工作。要加强统筹协调，着力从应急预案体系、监控监测体系、应急指挥系统、应急基地布局、应急队伍建设、应急装备设备、应急资源整合等方面加强应急管理体系建设。要争取各级政府支持，按照现行财政体制和财政预算管理相关规定，将应急保障经费纳入财政预算管理，切实保证应急队伍、指挥平台、应急装备建设以及应急工作日常运行等基本需要。

三是着力整治交通安全隐患。隐患是滋生事故的土壤，是引发灾难的导火索。隐患不除，事故难绝，安全难保。各地各部门必须坚决克服那种对隐患视而不见、熟视无睹、心存侥幸、麻痹大意的思想，坚决纠正在排查治理工作中敷衍搪塞、推诿扯皮，重形式、走过场的行为，必须在彻底治理隐患上狠下功夫，全面落实各项预防措施，消除不安全因素。

四是着力加强现场安全监管。安全管理的重点在现场、在一线。各级交通部门必须认真落实交通一线工作法，切实加强交通运输及生产过程的“细节管理”，确保现场安全管理各项制度和措施落实到位，筑牢现场安全防护网。

五是着力抓好冬季安全生产工作。各级交通部门要及时掌握冬季天气变化情况，把握冬季交通运输安全应急工作的规律，储备好充足的应急物资、设备、人员，提前做好应对准备，重点抓好“六防”，即防雾、防雪、防冻、防滑、防火、防枯水。要进一步强化避险防灾意识，力争把各种风险隐患排除在萌芽状态，要进一步强化应急管理制度的落实，确保值守规范、信息及时、反应敏锐，确保冬季安全生产意识到位、领导到位、措施到位、落实到位，确保交通运输安全态势平稳可控。

（节选自2010年在全省交通运输安全监督和应急管理工作视频会议上的讲话）

低碳交通运输你我同行

低碳交通运输，是经济发展的必然要求，也是交通人肩负的历史使命。湖北省交通运输行业主管部门将严格履行职责，广泛动员交通运输管理部门和企业，发挥政府部门的推动和指导作用，落实企业的主体责任，积极组织参加“车、船、路、港”千家交通运输企业节能减排专项行动，与全国交通运输行业同仁一起，共同打造畅通、高效、绿色、安全的现代交通体系。

一、全面发动，履行节能减排宣传责任

广泛营造“节能减排、低碳交通”活动氛围，开展各种层次宣传活动。以“车、船、路、港”为主要载体，在行业管理的各项工作中体现节能减排的理念和要求，把低碳发展的理念落实到交通运输生产、生活、出行方式的各个环节。在交通系统干部职工中，提高节能减排意识，提高节能减排素质，提高节能减排自觉性。

二、全员参与，履行节能减排组织责任

交通运输主管部门要把“节能减排、低碳交通”贯彻在各级领导工作部署之中，落实在管理干部岗位责任之中，渗透在从业人员的具体行动之中。加强节能减排的政策引导，通过规范标准、市场准入、市场监管等手段，落实节能减排措施；发展公共交通，助推绿色出行，建设一体化综合客运枢纽，完善零距离换乘系统，使用低碳交通运输工具,引导交通出行方式向公共交通转移。

三、全力创新,履行节能减排推广责任

推广"王静工作法"等节能减排示范项目,推广高速公路联网不停车收费,推广货运甩挂运输。加快发展绿色航运,实施道路运输车辆燃料消耗量准入制度,推进节能减排监测考核体系建设。加快建设交通运输信息系统,促进智能交通和运输网络化发展,提高运输效率和效能。鼓励发展技术先进、经济安全、节能环保的运输装备和运输方式,加快淘汰技术落后、污染严重、效能低下的运输装备。

我们将进一步深化认识,进一步增强紧迫感和使命感,立即行动起来,从每一辆车、每一艘船、每一条路、每一个港口做起,从每一个职工、每一个企业做起,积极投身到"节能减排"活动中,为兑现政府的庄严承诺作出应有的贡献。

(节选自2010年在全国"车、船、路、港"千家企业低碳交通运输专项行动仪式上的响应书)

建设是基础 运输是目的

党的十七届三中全会强调，要加强农村公路建设，确保“十一五”期末基本实现乡镇通沥青（水泥）路，进而普遍实现行政村通沥青（水泥）路，逐步形成城乡公交资源相互衔接、方便快捷的客运网络。根据中央、省有关工作部署，我省交通系统坚持“建设是基础，运输是目的”的科学交通发展理念，坚持一手抓农村路网建设，力求通村公路“通达畅、上等级、可循环”；一手抓农村客运发展，力求农村客运班线“开得通、留得住、有效益”，努力打造“网络村镇、人便于行、货畅其流”的新农村交通环境，为服务社会主义新农村建设当好交通先行。

一、牢固树立“建设是基础，运输是目的”的农村交通发展新理念

一是坚持统筹规划发展农村交通。针对农村路、站、运、渡建设衔接不畅、配套不全、效益低下等突出问题，省交通运输厅对新农村交通建设的路站运渡进行了统筹规划、有序衔接和整体推进，编制了《“十一五”新农村交通发展规划》，将农村公路与农村客运站点统一规划、同步建设、同步验收，既保障了资源利用最优化，又避免了二次征地的难度；确立并落实了“因地制宜、合理规划，多方筹资、建养并抓，路基稳固、路面硬化，专群结合、联网畅达”32 字的农村公路建设理念，“车头向下、村口始发，四定一挂、程序简化，通村达户、平安到家”24 字的农村客运发展理念，“渡口建管、乡村主导，坡岸硬化、设施配套，渡船适航、渡工持照，安全渡运、方便可靠”32 字的渡口服务理

念,真正做到农村公路修到哪里、客运站点就建设到哪里、客运车辆就开通到哪里。

二是坚持政策引导发展农村客运。由于广大农村地区路况较差、客流较小、运价较低、效益较差,经营者积极性不高,农村客运是属于市场"缺位"而需要政府"补位"的特定领域,公益性特征极为明显。为切实改变农村客运市场发展落后、基础薄弱的状况,发挥政府政策扶持、提供公共服务的作用,省厅建立了农村客运发展专项导向资金,制定了《湖北省农村客运运力发展政策引导资金使用管理暂行办法》。据统计,全省累计发放农村客运政策引导资金679万元,引导社会运力投资2.5亿元。

三是坚持改革开放发展农村客运。我们充分发挥市场配置资源的基础性作用,积极引导和鼓励符合条件的公司和个体经营户经营农村客运班线,发展农村客运市场;积极降低农村客运经营门槛,改革了市场准入限制,1台车即可从事农村客运;大力简化办事程序,对符合乡村客运线路发展规划、拟投入车辆符合安全技术条件、从业人员符合资格规定的乡村客运班线,一律予以核准;大力推行"四定一挂"的运营要求和灵活机动的运营方式,突出了农村客运的特点,满足了当地人民群众的出行需求。

二、努力构建"政府占主导,市场为主体"的农村客运发展新格局

一是政府多予少取、让利于民。省政府高度重视农村交通,将农村客运发展目标作为交通发展目标的重要内容与各市(州)政府签订了"十一五"交通发展目标责任书,明确了具体目标和政策措施。各级地方政府均成立了农村交通建设领导小组和工作专班,制订了地方路站运一体化发展规划,并在站点规划布局、建设用地、配套资金、费税政策等方面都出台了一系列的优惠政策。各级地方公安、工商、税务、财政、技术监督、物价等部门大力支持,合力加大了运输市场整

顿力度，净化了市场环境。

二是行业服务创新，和谐惠民。各级交通运管部门要坚持客运发展与区域经济发展、城镇化进程、公路建设进度相适应，调整优化结构，加强督导服务，简化审批手续，做到便民利民惠民。要着力将工作重点转移到市场培育、市场管理、运力调整上来，着力加强站点规划布局、建设标准、质量安全、竣工验收等工作的指导和监管。

三是冷线热线搭配、互利双赢。各级交通运管部门要大力推动农村客运市场化，鼓励本地大中型骨干客运企业“车头向下”，积极发展适合本地区的特色经营模式，开拓农村客运市场。重点是改变传统班线客运管理“定点、定线、定班”的经营管理模式，着力实施区域经营，特别是将划定的某个片区农村客运经营权许可给一个经营主体，实行冷线热线搭配许可，以及学生放假、赶场等特殊时段许可自主增加班次、调剂车辆，以充分调动经营主体开行农村客运的积极性；同时，地方政府给予乡镇至行政村、行政村至行政村客运车辆和农村渡运船舶适当补贴，落实低票价制，使农村客运发展的优惠政策更好地惠及广大农村群众。

三、积极探索“差异化发展，规范化经营”的农村客运发展新模式

一是试行“农村班车进城，公交客车下乡”。按照“公共交通服务均等化”的理念，省厅以仙洪新农村试验区为典型示范，积极探索农村公共交通发展新模式。在当地党委、政府的支持下，突破了城乡二元分割的体制性障碍，采取相同或相近的发展政策，使农村客运网络与城市公交网络有效衔接起来，做到“农村班车进城，公交客车下乡”，初步形成了城乡公交资源共享、相互衔接、布局合理、方便快捷、畅通有序的客运网络，促进了城乡客运协调发展。

二是试行“集约化经营，规范化运行”。按照“降价不降标准”的服务理念，大胆试验，打破常规，采用冷热线捆绑招标的方式发展偏

远地区的农村客运班线,大力推行集约化经营、规范化运行模式,引导农村个体经营者采取联营、参股的方式组建农村客运专线运营公司,走公司化、规模化、集约化经营的道路,并以文明示范线创建为载体,不断提升农村公共交通服务新水平。

三是试行“典型示范引路,不拘一格发展”。为促进农村交通持续健康发展,省厅建立了农村交通发展联系点制度,省厅领导、省运管局等单位均对口负责指导相应的镇、村联系点,坚持抓点带面、典型示范,在总结经验的基础上,积极探索、完善“差异化发展、规范化经营”农村客运发展新模式。

(节选自2010年在全省农村公路工作会上的讲话)

交通运输要更加注重调结构、转方式

根据党的十七届五中全会精神，省厅对全省公路水路交通运输发展进行了重新审视和深入思考，在《湖北省公路水路交通运输发展“十二五”规划》中更加注重突出科学发展这一主题和转方式、调结构这一主线，努力在“四个落实、四个坚持、四个注重”上下功夫。

一是认真落实全会关于区域发展总体战略和主体功能区战略，坚持科学发展是硬道理，注重在推进东部加密、西部成网、两圈联通上下功夫，将全省“五纵五横两环”、6 040 公里高速公路规划目标调增为“七纵五横三环”、7 069 公里高速公路，新增神农架至保康、宜都至来凤等高速公路，以解决五峰、鹤峰、神农架等县区高速通达问题，力争实现全省县县通高速。

二是认真落实全会关于加快资源节约型、环境友好型社会建设的重要精神，坚持加快转变经济发展方式、推进经济结构战略性调整，注重在打造武汉长江中游航运中心，推进低碳运输、绿色发展上下功夫。

三是认真落实全会关于加强综合运输体系建设的重要精神，坚持发展现代产业体系，注重在“零距离换乘、无缝衔接”综合运输枢纽和现代物流基地建设、实现传统客货运输向现代交通运输业转变上下功夫。

四是认真落实全会关于加快社会主义新农村基础设施建设的重

要精神,坚持推进公共服务均等化,注重在构建170 000公里安全便捷、畅洁绿美、惠民便民的社会主义新农村公路网,促进城乡交通一体化发展上下功夫,实现湖北交通运输全面、协调、可持续发展。

(节选自2010年在“十二五”交通规划座谈会上的讲话)

交通物流发展的新机遇

“十二五”期间，我省实施一元多层次发展战略，迫切需要加快提升交通供给能力。全省交通物流系统要认清形势、抢抓机遇，坚定发展交通物流的信心。

一、经济发展的新格局为交通物流发展带来新机遇

“十二五”期间，我省国民经济仍将保持较快增长的态势，经济总量不断扩大，市场活力不断增强，人员和物资流动不断加快，区域和城乡经济协调发展不断加速。我省经济发展呈现新的格局，国际产业和沿海产业向中部地区加快转移将促进我省产业结构调整和升级，“武汉城市圈”、“鄂西生态文化旅游圈”和“长江经济带”建设深入推进，给交通物流发展带来了新的机遇。

二、打造全国重要综合交通枢纽为交通物流发展带来新机遇

2005 年 8 月，胡锦涛总书记指示，要把湖北真正建设成为促进中部崛起的重要战略支点。根据省委、省政府“四主一枢纽”的战略部署，全省交通运输发展必须立足大交通，把建设全国重要综合交通运输枢纽提升到构建湖北发展战略支点的高度。

三、现代物流业调整振兴为交通物流发展带来新机遇

国家、湖北省已制订实施了物流业调整和振兴规划，物流业列为十大振兴产业之一。交通运输部提出要做大做强现代物流业，充分发挥现代物流业在发展现代交通运输业中的重要作用，要求加强运输与物流服务的融合，做大做强邮政快递物流，积极拓展港站枢纽服务功能，引导交通运输企业整合、兼并、重组，健全完善有关物流市场规章制度，促进现代物流业发展，为各级交通部门发展现代物流明确了新的方向和任务。湖北“得中独厚”、武汉“九省通衢”的区位优势具有交通物流发展的巨大空间，面临着难得的历史机遇，必须认真借鉴国内外先进经验，以国际视野来审视，用现代思维来思考，开启发展湖北交通物流的新征程。

（节选自2011年在全省运管物流工作会议上的讲话）

加快综合运输枢纽建设

“先行跨越”，是湖北经济社会发展对交通运输事业提出的客观要求。先行跨越，蕴含着一种积极进取、昂扬向上的精神状态，蕴含着一种开拓创新、奋发图强的价值追求。全省运管物流系统要在发展目标、发展进程、发展质量方面，高位运行，精益求精，提升品质，勇创一流。

一、在构建综合枢纽上先行跨越

重点加快综合运输枢纽示范工程建设，为各种运输方式的有效衔接创造条件。进一步完善武汉杨春湖综合客运换乘中心功能，优化铁路、轨道交通、长途客运、城市公交、出租汽车等运输组织，推进公铁售票系统共享，满足铁路旅客疏运需求，提升客运“零换乘”服务水平。着力建设武汉天河机场大型综合交通枢纽中心，努力实现航空、高铁、地铁、长途、公交、出租车、社会车辆等多种运输方式的水平无缝衔接、垂直上、下叠合。加强武汉阳逻港综合物流中心建设，完善集疏运基础设施，着力建设布局合理、无缝衔接、便捷高效的港口物流枢纽示范工程。推动宜昌伍家岗客运换乘中心、咸宁市城际铁路换乘中心等传统的客运站、货运站向区域性综合换乘枢纽转型，打造一批市县的“零距离换乘”示范工程。

二、在发展现代物流上先行跨越

省、市两级物流发展机构成立之后，要进一步深入开展物流调查

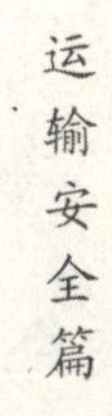

研究,科学制订交通物流发展规划;要积极推进县市物流发展机构的组建,全面加强物流专业知识培训;要全面履行职责,创新体制机制,建立交通物流与道路运输分工明确、相互协作的联动机制。

要确保培育10家物流示范企业,建设10个物流园区,实现传统货物运输向现代物流业跨越。紧紧围绕我省汽车、钢铁、石化、电子信息、纺织和食品六个千亿元产业和农村生产生活需求,积极培育交通物流新的经济增长点,优化物流供应链、降低物流成本,增强交通物流竞争力。重点加快交通物流人才培养和市场主体培育,培育一批采用多式联运、甩挂运输、集装箱运输等先进运输组织方式的企业、农村冷链物流企业、农资物流配送企业等由传统运输企业向现代物流转型的交通物流示范企业,推动交通物流发展水平整体提升。重点推进武汉、宜昌、襄阳等十大物流示范基地建设,鼓励现有货运场站向物流站场特别是物流园区转型。整合邮政物流网络和农村五级客运站,改造、建设100个集客运、小件快运、邮政快递、信息于一体的农村综合运输服务示范站,建立"直通车配送"的农村物流服务网络。重点支持湖北省交通物流公共信息平台和鄂西北物流基地襄阳物流信息中心、三峡物流信息中心建设,力争交通物流企业推广应用率达到40%,不断提高物流标准化程度和信息化水平。

三、在统筹城乡客运上先行跨越

要加快推进城乡公共客运一体化,按照建设"城乡公交资源相互衔接、方便快捷的客运网络"新要求,统筹城乡公共客运网络建设,尽快理顺城乡客运管理体制,实现城乡客运网络统筹规划、统一管理,加快现有农村客运的整合、调整、延伸,不断推动农村客运运输结构优化,逐步实现县级行政区城乡公共客运网络体系之间的资源共享、相互衔接、布局合理、方便快捷、畅通有序。

要加快发展城市公交。城市公共交通是关系国计民生的社会公益事业，与人民群众的生产生活息息相关。优先发展城市公交，是建设资源节约型、环境友好型行业的重要举措。要增强责任意识，全面履行城市公共客运管理职能，积极争取地方政府对公交的支持，落实“公交优先”战略，合理优化、完善城市公交线网布局，严格实行城市公共客运特许经营，加大城市公共交通停车场、首末站、港湾式停靠站建设，完善城市公共交通经济补偿政策，努力提高公共交通服务能力和质量。武汉市重点发展以轨道交通和快速公交为骨架、常规公交为基础、出租车等为辅助的多层次一体化的公共客运交通系统；有条件的大中城市要建设快速公交系统。要进一步优化公交车结构，着力提供多层次的公共交通服务。要积极理顺城市公交管理体制，尽快建立上下一致、职责明确、工作顺畅的城市公交管理体系。要积极抓好城市公交行业文明创建，制定文明车、文明班组、文明示范线考核标准，在全省城市公交行业开展创建文明车、文明班组、文明示范线评比活动，树立城市公交行业良好形象。

四、在优化运力结构上先行跨越

我省道路运输业取得了长足发展，但也面临着运输经营主体规模化经营不够、安全生产压力大、节能减排任务重等问题。全省道路客运发展必须坚持以转变道路客运发展方式为主线，以调整优化道路客运结构为主攻方向，在结构调整中提升服务水平。

要更加注重道路运输集约发展。通过支持运输企业做大做强做优，引导运输企业从弱小、分散向强大、集中转变，从粗放型经营向集约型经营转变。要更加注重道路运输规范发展。全面落实质量信誉和诚信考核制度，对客货运输企业、出租车客运企业、维修企业、驾培学校、检测站等全面开展质量信誉考核，对客货运驾驶员和出租车驾驶员进行诚信考核。要更加注重道路运输安全发展。认真落实安全责任制，以高速公路、山区客运和危险品运输为重点，开展安全检查。

要更加注重道路运输绿色发展。深入推广"王静工作法",倡导节能驾驶、绿色出行,营造节能减排、低碳运输的新环境。

五、在创先争优活动中先行跨越

先进典型的优秀品质和模范事迹,体现着新时代的风貌。襄樊公交27路创先争优文明示范线,充分体现出创先争优的进取精神;"刚毅式交通英模"李豪的先进事迹,充分体现出交通行业的浩然正气。我们学习交通英模李豪和27路创先争优文明示范线,要切实做到以先进为榜样,立足岗位,创先争优,服务乘客,服务社会。要把创先争优与党风廉政建设相结合,进一步加大教育、监督、惩处、纠风力度,健全具有交通运输特色的惩治和预防腐败体系及长效机制,落实领导干部《廉政准则》和各项要求。要把创先争优与干部队伍建设相结合,实施人才强交战略,加强干部职工队伍和执法队伍建设。要让愿干事、真干事的人多起来,会干事、干成事的人红起来。

(节选自2011年在全省运管物流工作会议上的讲话)

网络村镇　人便于行　货畅其流

党的十七届五中全会强调，要加强农村基础设施建设和公共服务，按照推进城乡经济社会发展一体化的要求，加快改善农村生产生活条件。遵循交通运输部、省委、省政府有关指示精神，我省交通运输系统按照“推进城乡基本公共服务均等化”的理念，坚持将农村公共交通作为农村基本公共服务的重要组成部分，强化政策支持，加大资金投入，加快建设步伐，努力让农民群众享受到与城市居民一样的公共交通服务，“网络村镇、人便于行、货畅其流”的社会主义新农村交通服务环境初步形成。

一、坚持交通为民，着力打造一体化服务的农村公共交通网络

针对农村路、站、运、渡等公益性基础设施通达深度不够、衔接不畅、配套不足等突出问题，我省交通运输系统牢固树立“建设是基础、运输是目的、渡口是延伸”的农村交通科学发展理念，推进“路、站、运、渡”四位一体、协调发展，努力做到农村公路修到哪里、候车站亭就建到哪里、客运班车就通到哪里、管理服务就延伸到哪里，真正让农民群众走上沥青（水泥）路，乘上安全方便车、坐上平安放心船。

一是打造“村村通公路”的农村交通网络。为解决农民群众行路难的问题，我省坚持“因地制宜、合理规划，多方筹资、建养并抓，路基稳固、路面硬化，专群结合、联网畅达”的农村公路建设理念，除恩施州外，全省实现100%的行政村通沥青（水泥）路。

二是打造“村村有站亭”的农村站场基础网络。为解决农民群众候车难的问题,我省坚持“科学布局、城乡一体、社会参与、建管合力、创新服务、农民受益”的农村客运站亭建设理念,全省实现100%的行政村建有候车亭、招呼站,并在仙洪试验区、武汉城市圈设置2 500个新型招呼牌,使单一功能的招呼站成为集客运信息牌、公路标志牌、行车指示牌为一体的多功能服务站。

三是打造“村村通客车”的农村客运服务网络。为解决农民群众乘车难的问题,我省坚持“车头向下、村口始发,四定一挂、程序简化,通村达户、平安到家”的农村客运发展理念,全省具备条件的行政村实现了100%通客车。

四是打造“渡运达标准”的乡镇渡口安全网络。湖北省是“千湖之省”,渡口总数居全国第二。为解决农民群众过渡难的问题,我省坚持“渡口建管、乡村主导,坡岸硬化、设施配套,渡船适航、渡工持照,安全渡运、方便可靠”的农村渡运服务理念,全省乡镇渡口达标率达到100%。

二、坚持务实利民,着力探索均等化服务的农村公共交通体系

针对农村经济社会发展不够均衡、自然条件差异明显等实际情况,我省始终坚持因地制宜、以农村人民群众的需求为导向,积极探索各具特色的农村公共交通服务体系。

一是在人口密集的城镇推行城乡客运一体化。我省以仙洪新农村试验区和鄂州城乡一体化示范区为试点,积极探索“农村班车进城,公交客车下乡”新模式,使农村客运网络与城市公交网络有效衔接,初步形成了资源共享、相互衔接、方便快捷的客运网络。沿线的老百姓感慨地说,过去进城是“三部曲”:步行出组,三轮车出村,客车进城,一趟下来得花大半天;如今半个小时就可进城,真正实现了“出家门,上车门,进城门”,城乡客运一体化给农民带来了看得见、摸得

着的实惠。

二是在偏远山区的乡村推行客运服务区域化。针对偏远山区、居住人口分散、客流量不均衡等实际情况，我省参照城市出租车运营方式，在乡镇范围内积极探索农村客运服务区域化新模式，改变传统班线客运管理“定点、定线、定班”的营运方式，对区域营运的车辆，只核定起点和终点，不核定具体运行线路、班次、站点，突出农村客运特点，满足当地人民群众的出行需求。

三是在全省推进农村客运发展差异化、多样化。我省建立了农村交通发展厅、局、处长联系点制度，推广了一系列行之有效的农村公共交通发展新模式。

三、坚持政策惠民，着力完善规范化服务的农村公共交通机制

为促进农村公共交通又好又快发展，省委、省政府连续七年将农村公路建设作为“十件实事”之一向全省人民作出承诺，并结合实际出台了一系列支持政策。

一是建立农村公路养护管理长效机制。省厅按照国家规定标准落实了农村公路管理养护资金；省人大颁布了我国农村公路第一部地方性法规《湖北省农村公路条例》；省政府出台了《湖北省农村公路管理养护体制改革实施方案》，明确县级财政按照标准安排养护管理资金，真正把农村公路日常养护纳入地方公共财政支出范畴，实现公共财政投入的制度化、常态化。

二是建立农村客运发展长效机制。我省建立了农村客运发展专项导向资金，对符合规定要求、为乡镇村组提供连续服务的新增农村客运车辆，按标准实施定额补助；加大了农村客运站点建设力度，探索了“谁用谁建谁管”、“以站养站、租养结合”等农村客运站亭维护管理长效机制。

三是建立公益渡口养护管理长效机制。我省以恩施州为试点，

探索了“公益渡口,政府补助”的渡口管理模式。特别是建始县“信义渡工”万其珍三代重义守信、尽责奉献的百年义渡,作为“中国网事感动2010”年度网络人物、湖北省2010年涌现的新闻人物,在全国、全省引起强烈反响。

(节选自2011年在全国农村公路工作电视电话会议上的发言)

建立健全交通安全应急管理系统的实践探索和理论思考

交通安全应急管理是事关国家经济发展、社会稳定和人民生命财产安全的重大课题。收到交通运输部关于参加"交通安全应急管理实例分析"的邀请函,作为一名在湖北交通系统工作三十多年的"交通人",马上就想到了"雪灾",好像我们的手指还能触摸到雪灾的冰凉,好像我们的耳边还在响起"我要回家"的呼声,好像我们的肩上还压着"安全保通"的重担。2008年1月10日到2月5日,我国南方发生了百年一遇的低温雨雪冰冻灾害。这次灾害持续时间之长、影响范围之广、危害程度之深实属罕见。雨雪冰冻使得我国江南地区部分高速公路相继进入关闭状态,京广线、京九线以及17个受灾省份的高速公路不同程度地中断或关闭,有的省市高速公路甚至全线封闭。恶劣的气候环境导致交通大动脉几乎中断,交通运输几乎瘫痪,车祸、堵塞、人流物流受阻。特别是滞留、受堵在我国南北大通道京珠高速公路的大大小小货车、客车最高峰长达90公里、滞留人员达数万。接踵而来的是重灾区电力中断、供水中断、运输受阻、物资短缺、物价上涨,进而出现生命财产损失、生产生活秩序被打乱,最终由一场自然灾害上升为系统风险并发展成为一场公共危机。在党中央、国务院的领导下,灾区人民众志成城、全力以赴、顽强拼搏,夺取了抗击雨雪冰冻灾害的重大胜利。但是,为什么南方的雨雪冰冻灾害就成了一次巨大灾难、一次公共危机?为什么一段时期内,对气象部门预报不准的猜测、应急响应不畅的指责、电力线路设计标准过低和交通运输应急保障不足的质疑接连不断?应对2008年南方低温雨雪冰冻灾害的主要短板和突出问题是什么?这次南方雪灾已经成为国人心中永恒的记忆,也促使着人们在不断反思除了自然因素以外导致重大损失的主观原因。这次灾害警示我们,越是经济向前发展,越是现代化程度不断提高,越是不能忽视可能发生的风险。要深入总结,举一反三,进一步增强全社会风险防范意识,进一步完善应急管理体制机制,进一步加强各种应急物资储备,进一步提高危机处理水平,真正把这场抗灾救灾斗争的经验转化为抵御风险的措施和能力。

回首抗雨雪冰冻的日日夜夜,回放抗雨雪冰冻的一幕一幕,我们作为组织者、参与者,真是感触万分。下文以湖北交通2008年抗击冰雪灾害为案例,浅谈建立健全交通安全应急管理系统的实践探索和理论思考。

一、2008年湖北交通应对雨雪冰冻灾害的实践探索

2008年1月11日以来,湖北也出现了近50年最严重的低温冰冻雨雪天气,来势猛、强度大、范围广、时间长、破坏性强,成为自1998年特大洪灾、2003年非典以来,我省遭遇的又一场大灾。据气象台资料,此次雨雪天气过程中,1月12日、18日、25日及2月2日连续4波强降雪袭击我省,每次降雪间断时间4天左右,全省持续降雪天数超过20天,成为新中国成立以来我省持续降雪时间最长的年份,并超过1916年、1933年,为百年罕见。武汉市积雪深度最多达到27厘米,全省33个县市积雪深度超过10厘米,日平均气温达到-6~-2℃,很多地方最低气温达到-10℃左右。低温雨雪冰冻给全省交通运输、农业生产及人民生活造成了严重影响,交通告急、电力告急、供水告急、农业告急、物资告急。据统计,全省受灾人口逾2 200万人,因灾

直接死亡13人,直接经济损失超过100亿元,其中交通运输直接经济损失达25.89亿元。

面对这场突如其来的极端雨雪冰冻恶劣天气,确保湖北公路水路大通道的安全畅通,不仅是湖北经济社会自身的内在需求,也是确保全国交通网络顺畅运行、促进全国经济社会健康发展的必然要求。在交通部、省委、省政府领导下,湖北交通系统干部职工树立全国一盘棋思想,全面启动抗灾抢险应急预案,沉着应对,科学组织,精心调度,千方百计保障公路水路安全畅通,千方百计保障人民群众安全便捷出行,千方百计保障鲜活农产品和重要物资绿色运输。对雪灾预报第一时间进行动员部署,对雨雪冰冻第一时间进行清障抢通,对滞留车辆第一时间进行帮扶解困,对路况信息第一时间进行社会公告,大力推行"交通一线工作法",创造了"除雪清障、重车碾压、路警开道、结队通行、限载限速、科学调度"的24字"抗冰雪、保安全、高速公路低速行驶法","刚毅精神"引领着湖北交通人最大限度地保障了交通大动脉和运输生命线的安全畅通。湖北交通抗冰雪保畅通工作得到了中共中央政治局常委李长春同志的充分肯定,得到了交通部,湖北省委、省政府的通令嘉奖。包括湖北省交通厅在内的11个集体、20位个人获得全国交通行业抗灾保通先进集体和先进个人荣誉称号。中央电视台、新华社等中央和省市10多家新闻媒体分别以《他们令风雪动容——交通战线干部职工抗灾谱写感人乐章》报道湖北交通抗灾保通的经验做法和所涌现的众多感人事迹。

(一)科学指挥抗冰雪,沉着应战一盘棋

2008年1月11日,武汉中心气象台和武汉区域气候中心迅速通报了天气趋势与灾害预估,指出后期南方将出现长时间持续低温、雨雪、冰冻天气,强调湖北将出现极端低温天气、大规模雨雪及严重的冰冻灾害。此后,武汉中心气象台每天对雨雪、低温、冰冻的情况进行预报,2008年1月25日11时25分,武汉中心气象台发布了全省大部分地区道路结冰橙色预警信号,提醒市民注意防范。

湖北省委、省政府和交通部领导对此次极端恶劣天气下的交通安全工作高度重视,专门就“两会”期间确保高速公路畅通,确保两会代表按时参会做出重要批示,重点对交通、供电、通信、供水、农业等部门做好各项防护工作特别是高速公路可以低速行驶提出明确要求。2008 年 1 月 12 日以后,省政府先后印发了抗雪灾的紧急通知、《关于认真做好应对新一轮低温冻害工作的紧急通知》等,召开了全省防雪防冻抗灾救灾电视电话会议,启动了《湖北省突发公共事件总体应急预案》二级响应行动,对交通运输安全等方面防雪防冻抗灾救灾做出了具体安排和部署。

“雪情就是号召,雪情就是命令”。湖北省交通安全应急预警系统率先启动。2008 年 1 月 12 日,省交通厅在气象部门发出雪灾预警预报的第一时间就下发了《关于做好防范冬季气候异常影响交通安全工作的紧急通知》《关于加强雨雪天气交通运输安全工作的紧急通知》;之后又先后下发了《关于贯彻落实温家宝总理指示精神确保湖北交通运输安全畅通的紧急通知》《关于应对雨雪恶劣天气做好各项交通工作的紧急通知》等,并当即成立了以厅主要领导任组长的保畅通保安全领导小组。省交通厅连续召开了 7 次动员会、调度会、视频会商会,明确要求各级交通部门一把手负总责,以“及时清障,雪停路通、安全低速、引导通行”为原则,动员和带领全省 24 万交通职工发扬“98 抗洪”精神,全员上岗,全力以赴,领导带头,靠前指挥,有雪就扫,有冰就除,不分昼夜,连续作战,最大限度地将雪灾对交通的不利影响降到最低,最大限度地保障交通不断、运输不停。明确要求全省 2 365 公里高速公路不管是企业投资项目,还是地方管理项目,都无条件地服从交通部门的统一管理,由省高速公路管理局实施行业管理和指挥调度。省高速公路管理局专门成立了全省高速公路联动处置指挥中心和 24 小时值班的“应急办公室”,依托全省各高速公路的信息监控中心成立联动处置指挥分中心，及时掌握路段一线信息，及时进行调度协调，及时准备融雪材料、铲雪设备，及时组织应急演练，全力保障全省高速公路除雪保畅工作的政令畅通和协调联动，积极探索雨雪冰冻期间湖北高速公路“不封闭、低速行、保安全”新路子。

高速公路是主战场，普通公路、港航、运管等交通部门都围绕重点，结合专业特性，依法履职，疏导客流，缓解高速公路压力；地方各级交通部门都围绕省委、省政府的统一部署和要求，各司其职、各负其责，通力协作，科学预防。

省公路系统以各地公路养护段为单位成立抗灾抢险小分队和扫雪防滑、安全保畅应急突击队，以铲雪、除冰、防滑、保畅为目标，加强公路巡查和养护，备好备足防滑材料和机械设备，负责在各自辖区内撒工业盐，铺防滑料和草垫，除雪清障，保障国、省、县、乡道的车辆运行；加强与当地公安、消防、安监、环保、卫生等部门的联系配合，组建普通公路应急保障联动机构，形成快速联动反应机制，以更多的人员、更多的机械、更多的防滑料投入除雪清障安全保畅攻坚战。

省港航系统根据进出重庆、四川、贵州等西部地区的两条主要国道交通严重受阻、进出西部地区的大量重载车辆集中涌向宜昌水路滚装运输、水路交通压力陡然增大的特殊情况，及时会同三峡开发总公司，市交通、公安、交警、地方政府等各相关职能管理部门，紧急研究部署，统一指挥调度，采取一系列措施，保证充足的加班船舶运力，通过水路滚装运输疏运车辆；同时及时成立了8个水上安全应急管理督查组，强化运输调度指挥，根据客流的变化，及时调整班（航）次和班（航）期，合理调配运力，提高运输效率，有效缓解了高速公路运输的压力。

省交通厅直属各单位全部成立了现场指挥专班，坚持指挥前移，集中调动一切人力物力抗击雨雪冰冻，积极做好恶劣天气下的高速公路维修养护、服务工作。楚天公司为保障沪渝高速公路正常运行，迅速订购了4部雪铲,并连夜将4台牵引车和养护工程车全部改装成铲雪车,使汉宜高速公路铲雪车总数达到7台,其中3台新改装的铲雪车最高能以40公里/小时的速度开辟一条宽达3米的通道,有力提升了除雪保畅能力。高速公路部门各岗位人员全部进入24小时戒备状态,积极组织力量对险路、险桥进行维护,备足防滑、防冻物料,保证全省道路安全畅通。

除雪清障、安全保通,需要领导到位、思想到位、人员到位,更需要资金到位、物资到位。省交通厅及时研究迅速启用专项交通应急资金,加大资金投入,加大物资采购,加大调配力度,提高应急保障能力。据统计,2008年抗击冰雪灾害全省交通系统直接投入抗灾应急资金2.27亿元。其中高速公路和普通公路投入应急资金2.1亿元,投入扫雪防滑人员30.3万人次、机械设备2.8万台套、融雪剂3.3万吨、防滑料22.9万立方米,草袋32.5万条,增设临时性标志牌、警示桩等2.6万个,修复路基缺口1.35万立方米/845处,清除坍方4.2万立方米/62处,共抢通公路14 965公里,转运旅客1 978.66万人次,抢运重点物资1 200万吨,确保了交通运输生命线的安全畅通;投入道路运输防雪防滑、港航运输安全保障及为滞留旅客全天候开设空调、提供开水、药品免费供应等应急资金1 670万元。资金的投入给交通安全应急管理提供了有力的保障。

综上所述,抗冰雪保畅通,关键在科学决策、指挥协调、政令畅通、抓早抓实。只有坚持未雨绸缪、科学预防,才能赢得主动权。

科学应急决策:即雪灾期间,交通部、湖北省委、省政府明确要求“两会”期间确保交通畅通;在确保安全的前提下,高速公路可以临时变成低速公路使用。

统筹指挥协调:即全省交通“一盘棋”,统一部署、上下联动,领导带头、靠前指挥,全员上岗、全力以赴,有雪就扫、有冰就除,不分昼夜、连续作战。

(二)高速公路低速行，雪灾无情人有情

2008年南方雪灾恰逢“春运”，在春节前后的40天时间里，全国海、陆、空运量逼近20亿人次，农民工流、学生流、旅游流、探亲流、物资流等“五流合一”，人口的大规模流动、迁徙导致了不确定性的增加。

面对刚性的农民工流、学生流、探亲流等春运需求，公路交通部门充分发挥“兜底”运输保障作用，其他运输方式不能运的交通公路部门承运，其他运输方式走不了的交通公路部门包干。省委、省政府明确要求，在确保安全的前提下，高速公路可以临时变成低速公路使用。鉴于湖北现行的高速公路涉及公安、交通两个部门管，省交通安全应急指挥系统统筹协调、科学调度，紧紧依托交通高速公路路政、公安高速公路交警“路警共建”体系，加强沟通协调，建立联动机制，统一指挥调度，统一值班制度，统一安全疏导，统一现场管理，统一实施“除雪清障、重车碾压、路警开道、结队通行、限载限速、科学调度”的24字“抗冰雪、保安全、高速公路低速行驶法”。在恶劣天气下，全省高速公路早上集中力量组织人员和设备进行除雪除冰，再由重型车辆碾压破冰通行2小时后，采取分时段间断放行、结队放行的方式通行其他货车，由警车开道、路政车压道进行护送，通行过程中路政人员沿路设点警示，通过开启车载信息屏和喊话器等设施，警示驾驶员注意安全和提醒控制车速、顺序，及时提供免费救援。实践证明，这一方法对保障通行、减少滞留车辆发挥了至关重要的作用，全省高速公路交通事故不但没有因此而大幅上升，反而略有下降。据统计，元月以来每百公里千车事故率仅为0.0044‰，较去年12月份的每百公里千车事故率0.0048‰略有下降。这一科学方法对保障冰雪天气高速公路安全通行、减少滞留车辆发挥了至关重要的作用，受到中央首长和交通部、省委、省政府的充分肯定，中央电视台《新闻联播》栏目进行了宣传并向省外推广。

面对滞留在湖北的数万辆车辆、数万名旅客,为确保滞留人员能够喝上水、吃上饭、不受冻,有病能就医,各级交通部门千方百计调购食品,千方百计协调当地医院派出救护人员,千方百计组织交通职工为滞留驾乘人员和旅客送水、送食品,捐棉衣棉被等。时代先锋陈刚毅同志不顾身体重病,与厅领导一起冒着严寒到京珠高速公路给滞留驾乘人员送水送干粮,广大驾乘人员、旅客倍感温暖,发自内心地喊出了"感谢共产党!感谢政府!谢谢交通人!"据不完全统计,我省高速公路、普通公路免费为滞留驾乘人员发放救援食品、药品价值100多万元,免费救助5万多人次。

面对南来北往的驾乘人员和返家心切的旅客,各公路收费站、汽车客运站都变成了"服务站"、"救助站"和"咨询站",竭力拓展服务功能,及时为驾乘人员提供热水、食品、防冻膏、感冒药及出行信息等。各汽车客运站都坚持实行"6个24小时"服务,即站场内清洁卫生24小时清扫、空调24小时开放、热水24小时供应、车站超市24小时营业、车站医护24小时值班、保安24小时巡查,想方设法解决乘客的候车环境、开水供应、就餐等生活需要。

面对鲜活农产品和紧急物资的运输,交通厅全面落实鲜活农产品运输应急机制,全面开放"绿色通道"。除了按国务院办公厅和交通部有关指示要求,自2008年1月26日零时至3月31日零时对运输鲜活农产品车辆一律优先放行,免收路桥通行费外,对因邻省高速公路封闭造成滞留的车辆全部免收通行费、送食品送温暖,进行帮扶解困。同时,还按照省政府应急办调令,紧急调配162辆货车,圆满完成了棉被、军大衣运送到灾区的紧急任务。据统计,全省累计免费放行车辆31.2万台次、免收通行费1.142亿元。全省共投入应急运力3 020辆、13 300吨,抢运重点物资1 200万吨。

面对公众希望了解路况信息的迫切要求,交通厅充分利用交通厅门户网站、交通公众出行服务系统、高速公路视频监控系统、GPS

监控系统、96576 高速公路服务热线和湖北交通音乐频道等综合信息发布平台，严格 24 小时值班制度，坚持每小时发布一次全省高速公路动态路况信息，确保路况动态信息第一时间向社会公布，及时引导车辆通行。在 96576 服务热线值班室里，所有岗位的电话机 24 小时一秒钟都没有停过。有一位已经怀孕 8 个月的女话务员，每天要接听处理这样的来电数千次。领导和同志们劝她休息，她却动情地说，多接几个电话，多发布一些路况信息，就可以让更多的人少堵在路上，也可以让暂时困在路上的人多一份理解和从容。话虽朴实，却代表了奋战在信息服务战线上交通人的共同心声。据统计，自 2008 年 1 月 12 日至 2 月 6 日，累计发布路况信息 1 000 余条，公众出行服务系统、高速公路视频监控系统点击量达到 168 万人次，96576 受理驾乘咨询电话 1 万多人次，为加强信息沟通、驾乘人员和旅客出行发挥了重要作用。

在五十年一遇的低温雨雪冰冻期间，湖北 2 000 多公里高速公路除了京珠高速公路鄂南段湖北、湖南交界处车辆出现滞留拥堵现象于 2008 年 2 月 1 日恢复正常外，其他高速公路均按"24 字"行驶法安全通行无阻，保障了旅客运输、鲜活农产品和重要物资运输的正常运行，实现了抗冰雪保畅通的目标。

综上所述，抗冰雪保畅通，关键在开拓创新、整合力量，服务民生、狠抓落实。只有坚持真情救助、无私奉献，才能赢得大民心。

最有力的保障：高速公路统一管理的体制机制。全省高速公路不管是企业投资项目，还是地方管理项目，都无条件地服从交通部门的统一管理，政令畅通、通力协作；紧紧依托交通高速公路路政、公安高速公路交警"路警共建"体系，建立联动机制，统一指挥调度，统一值班制度，统一安全疏导，统一现场管理，统一行动要求，最大限度地将雪灾对交通的不利影响降到最低，最大限度地保障交通不断、运输不停。

最成功的探索：实施“除雪清障、重车碾压、路警开道、结队通行、限载限速、科学调度”的24字“抗冰雪、保安全、高速公路低速行驶法”。

最自觉的行动：全省客运站、收费站成为“服务站”、“救助站”、“咨询站”，不惜代价、不分昼夜、全员出动、全力以赴、帮扶解困、排忧解难。

（三）全员奋战在一线，无私奉献交通人

在抗灾保畅战役中，省交通厅大力推行“一线工作法”，即坚持在一线现场指挥、检查指导，在一线保障重点、排忧解难，在一线宣传发动、协调服务，在一线培树典型、弘扬“刚毅精神”。厅领导分工负责、分段把守，身先士卒、率先垂范，全部深入到抗灾保通现场，真正做到情况在一线了解、问题在一线解决、矛盾在一线协调、服务在一线体现。交通厅直机关100余名机关干部、组织24个工作组驻扎基层、各路段严格实行领导分段包干责任制，定岗定人、现场督办，确保雪后公路在第一时间抢通，做到雪停路通；确保各种事故在第一时间处理，做到不因车辆原因堵塞交通；确保省际拥堵在第一时间与邻省协调，做到最大限度地减少车辆滞留。各级交通、公路、港航、运输部门各司其职、各负其责，政令畅通、上下联动；广大交通职工召之即来、来之能战、战之能胜，发扬了交通人特别能战斗、特别能吃苦的大无畏精神，在一线涌现了一大批“刚毅式”先进集体和个人。

军山长江大桥是京珠、沪蓉高速公路和武汉市外环高速的交汇点，桥梁全长5公里，昼夜交通量达15 000辆，其特殊的地理位置和巨大的车流量，使军山大桥成为湖北乃至全国的交通网络中的咽喉要道、关键控制点。由于连续的强降雪，加上江风凛冽，桥面气温最低达零下17℃，冰雪厚度达30厘米，一度严重威胁到京珠、沪蓉交通大动脉的安全通行。由于大桥主梁为钢结构，为避免锈蚀，不宜采用融雪剂，为确保大桥安全畅通，大桥除雪保畅突击队不畏严寒、不分昼夜，每天组织机关干部职工、养护路政人员4班运转，连续作战，对表面积雪则用铲雪车铲除，对于冰冻层则有突击队200多人用手中的铁锹、十字镐一点一点的铲，一点一点的挖，通过人工、机械除雪除冰来保障京珠大动脉湖北段的安全畅通。由于气温低、任务重、时间紧、人手少，劳动力严重缺乏，交通人打破了正常的作息时间，取消了节假日，不分昼夜的奋战在除雪除冰一线。湖北京珠路政三大队所辖路段正处在车流量最大的京珠沪蓉共用段，连接京珠和沪蓉的军山长江公路大桥更是保畅工作的重中之重。为了保障车辆的安全通行，路政三队大队长贾雪峰同志坚守岗位连续21天，不畏严寒，顶风冒雪，带领职工奋战在"除雪保畅"第一线，在妻子实施紧急剖腹产时，他都没能到医院签字、守候在身旁，只有请岳母代为签字和照料，直至女儿呱呱坠地，他依然坚守在"除雪保畅"一线。2008年1月31日，中共中央政治局常委李长春视察军山大桥并看望慰问交通职工，首长得知这一感人事迹后，高度赞扬了交通职工"舍小家，为大家"的奉献精神，并风趣地和小贾说：你女儿叫'小雪'啊，应该叫'大雪'吧！还有汉十高速路政大队长郎世海，连续奋战300余小时，17天没有睡过一个安稳觉。还有黄黄高速路政员万建勋，隐瞒自己的肾结石病情，连续坚守岗位5天直至昏倒在岗位。这样的感人事迹还有很多很多……特别值得一提的是：在我省抗冰雪最为紧张的时刻，交通部向交通厅下达了支援湖南省抗冰雪的紧急任务。接到命令，交通厅知难而进、克难而上，立即从抗雪灾一线抽调10台性能最好的除雪机械和18名熟练操作手，组成"刚毅青年突击队"，连夜赶赴湖南支援重灾区。由于时间紧急，灾情告急，"刚毅青年突击队"成员全部乘坐没遮没掩的平板列车，顶风冒雪，历经14个小时率先抵达重灾区湖南衡阳。突击队员都从抗灾一线抽调出来，来不及回家准备行李，来不及与家人辞行、吃晚饭、临时买了一些零食和水就上了平板火车，14个小时大家就靠零食和水充饥。到现场后,突出队克服了难以想像的困难,电话通讯难、机械维修难,特别是吃住难,因停水多天,没有水洗漱,早上吃饼干,中、晚餐在工地上以盒饭为主,由于战线长,盒饭到大家手里基本上都是凉饭了,没有热水大家只能喝矿泉水。在郴州堵塞最严重的地区,突击队员有时在会议室睡地铺,有时甚至就在驾驶室里过夜。6 天 6 夜,突击队员凭靠刚强、毅力支撑、坚持下来了,每天工作近 20 小时,累计清除冰雪路面 600 多公里,圆满完成了抗灾抢险任务。大年三十下午,交通部冯正霖副部长看望慰问湖北“刚毅”突击队员时,赞扬“湖北交通人发扬了一方有难,八方支援的精神,是一支召之即来、来之能战、战之能胜的队伍”。湖南省赠送了“热血化寒冰,大雪显真情”的锦旗。

中共中央政治局常委李长春同志视察湖北,在京珠高速公路一线慰问交通职工时说:“近期南方普降雨雪,持续时间长,覆盖面大,给交通运输带来很大的困难。在这种情况下,交通部门通力协作,克服了很大的困难,保证了交通安全、畅通、无阻,感谢大家,是你们把党中央、国务院对群众的关心、关怀送到了每一位驾乘人员的心坎。我代表党中央、国务院、胡锦涛同志对大家表示亲切问候!”并与交通劳模陈刚毅、路政大队长贾雪峰及收费、路政、养护员工一一握手。交通部徐祖远副部长到湖北检查、指导抗冰雪工作,深为湖北交通人的扎实作风、刚毅精神、典型事迹所感动,他说:“不到现场不知道你们工作的艰辛!不到其他地区,比较不出你们工作的成效;你们现在做到的程度真是不容易!”

综上所述,抗冰雪保畅通,关键在深入一线、公开信息、特事特办、优质高效。只有坚持以人为本、真抓实干,才能赢得攻坚战。

最有效的方法:“交通一线工作法”。即坚持在一线现场指挥、检查指导,在一线保障重点、排忧解难,在一线宣传发动、协调服务,在一线培树典型、弘扬“刚毅精神”。真正做到情况在一线了解、问题在一线解决、矛盾在一线协调、服务在一线体现。

最强大的动力："刚毅精神"。陈刚毅同志最质朴的语言是：快乐在岗位上，生命在事业中；使命高于一切，责任重于泰山；奉献是交通人的美德，质量是交通人的生命；干事业就一定要干出个样来，绝不能半途而废；人要有理想和信念，但不能有权欲和贪念。

最珍贵的纪念：湖南省赠送的"热血化寒冰，大雪显真情"的锦旗。

最根本的因素：召之即来、来之能战、战之能胜的交通人。

二、建立健全交通安全应急管理系统的基本思路

（一）进一步提升交通防灾抗灾能力

2008年我国南方雪灾带给我们新的启示与思考，交通安全应急管理实践留给我们新的经验和教训，分析湖北交通抗冰雪保畅通案例，其成功之关键：是党中央、国务院、交通部和省委、省政府的坚强领导。交通部和省委、省政府主要领导对此次极端恶劣天气下的交通安全工作高度重视，专门作出重要批示，提出明确要求。特别是李盛霖部长等部领导多次组织视频会商会，协调解决湖北京珠高速公路南段拥堵问题；多次深入抗灾一线进行指导和帮助，与交通职工一起除雪除冰，给广大交通职工以极大的鼓舞，对我省抗雪灾保畅通工作以极大的促动，为保障湖北高速公路安全畅通发挥了重要的领导作用。

其教训之反思：

反思之一：2008年南方低温雨雪冰冻灾害何以带来这么大的灾难？可能会有这样的疑问，每年冬天我国北方都是冰天雪地，黑龙江省最低气温达$-40℃$都没出现过严重的灾害，怎么2008年的低温雨雪冰冻会给南方带来这么大的灾害呢？气象专家解释说："低温的灾害实际上是一种冻害。黑龙江省等东北地区因为北方干燥，没有严

重的结冰现象。但是在南方不同,有大量的水汽遇到低温后结冰,使导线结冰,铁塔垮塌,道路结冰车子没法开,还有就是低温造成温度太低,结冰长时间不化,使灾害延续。南方冰雪灾害的原因是:一方面是强冷空气和暖湿气流的共同影响,另一方面是长江流域雨雪天气比较多,在拉尼娜现象影响下,南方便出现了长时间维持低温、降雪和冰冻天气。"从南方的实际情况看,由于地域、气候等的差别,客观上讲南方人、北方人对于低温雨雪冰冻的适应、承受、抵御能力是有差别的。连续的雪情会使人们感到焦虑,因气温低、出行难、事故多、生产不正常、生活不方便……持续的低温雨雪冰冻袭击,更会使人们感到紧张,因一个时期内的铁路、高速公路、民航受阻,旅客大量滞留,生活和生产物资运输中断,交通险情频发,给正常的社会秩序和生产生活带来了巨大的压力。没有见过的严重雪灾,没有想到的严峻形势,没有现成的应急经验,没有适应的铲雪机械,没有足够的思想准备等,这一切都对政府交通运输部门应对突发事件提出了前所未有的挑战和考验。

反思之二:2008 年南方低温雨雪冰冻灾害何以从一场自然灾害上升为一场公共危机?从灾害的层面看,灾害是"风险—灾害—危机"动态过程中的一环。当然,灾害并不必然导致危机,但对灾害的不当处理则必然导致危机。因此,灾害管理通常是一个动态过程,它首先是以"控制事态"为目标的应急管理,其二是以消除对社会的严重威胁为目标的危机管理,然后才是为从根本上消除危险隐患的风险治理。2008 年南方雪灾是近些年全球自然灾害频发的一个典型案例,但其不仅是自然灾害,也是事故灾难、公共危机,如南方雪灾"春运"期间,将近 20 亿人次的大规模流动、迁徙导致了不确定性的增加,加剧了风险;大面积停电、铁路运输中断、公共服务跟不上、人员滞留所导致的社会失序、车站人员过渡集中所致的卫生与健康隐患等等,其社会后果远远超过了雪灾本身,复合了人口、环境、技术、社会经济结构等诸多变量的影响，是一次系统性风险，最终使风险上升为灾害并成为一场公共危机。所有这一切，既为今后自然灾害应急处置增加了新难度，也提出了新挑战。

反思之三：影响和制约2008年南方抗冰雪灾害的主要短板和突出问题是什么？2008年南方雨雪低温冰冻灾害，给人民生命财产安全造成了严重损失，也给工农业生产、群众生活、交通运输等诸多方面带来了严重影响。究其原因，就是缺乏应对南方特大雪灾的公共危机预警、预防机制。突出表现在缺乏对大雪成灾的预防意识，国家和地方层面均没能对大雪成灾形成预案，基础性工作做得不够；缺乏危机管理常设机构，各地应急办只是一种协调性机构，不能真正统一组织、指挥和协调各种突发事件；缺乏应对雪灾的技术准备，包括理论和技术研究、各种监控测试技术、评估指标和预警设施、预防设施、预控设施和救援设施等；缺乏应对雪灾的物资储备，各受灾地区在物资储备方面都存在不同程度的缺陷，尤其是救援物资存在较为严重的短缺等。

突如其来的低温雨雪冰冻灾害，在一定程度上暴露出极端恶劣天气条件下的交通保障能力的不适应问题。灾后反思，要从以下几个方面更新观念，加快建立健全交通抗灾应对机制。

启示之一：树立综合交通理念，进一步加快国家高速公路网建设，以适应交通服务国民经济和社会发展大局的需要。一要更加重视国家高速公路网内项目的前期工作进程。这场雪灾对交通的重要启示，就是在国家实施宏观调控的形势下，国家高速公路作为国民经济的最重要的基础设施和战略资源必须坚持以保为主，必须进一步加快建设、形成网络。二要更加重视国省干线公路建设，确保每一条高速公路附近都有一条与之相通的平行普通公路作为备用线路。三要更加重视综合交通体系建设。充分发挥公路“兜底”运输保障的作用，进一步加强与其他运输方式的衔接。同时要从国家层面积极推进“大交通”体制建设。

启示之二:树立网络管理理念,进一步完善高速公路管理体制,以适应服务人民群众安全便捷出行的需要。一要按照“投资多元化、管理一体化”的原则要求,切实加强高速公路管理体制机制研究,特别是对企业投资项目可全面推行“委托管理”新模式,通过合同委托方式,由省交通主管部门或授权的公路管理机构实施统一行业管理和调度。二要大力推进交通管理理念和管理机制的“高速化、一体化、信息化”。建立全国交通应急调度指挥中心,组建中部地区省际应急调度机构,建立省际道路保通和车辆通行联动机制。

启示之三:树立“大交通”的理念,进一步完善各方协同的快速反应机制,以适应发挥高速公路通行保障能力的需要。一要进一步完善公路交通应急预案。将“高速公路低速行驶法”等行之有效的应急措施充实到预案中,充分发挥预案的指导作用。二要进一步完善交通部门与公安部门的应急协调机制。实行高速公路路政、交警执法一体化,以便实施统一、科学的交通管制。三要进一步加强交通部门与各有关部门的合作,建立完善交通灾害天气预警机制、抢险和生活必需品应急供应保障机制、卫生医疗应急保障机制和新闻媒体抢险救灾应急宣传报道机制。

启示之四:树立科学抗灾理念,进一步加强科研创新、提高技术手段,以适应交通基础设施自身抵御灾害的需要。一要加强公路、桥梁防雪防灾等设计标准、规范的研究。在技术规范中,增加结构物防盐腐蚀性能的要求,提高结构物的防腐性能标准,如使用高性能混凝土,加大混凝土的抗渗性;使用耐腐蚀的钢筋,或者在钢筋上使用防锈剂;增设桥面铺装防水层,完善桥面排水设计;在结构物外涂上防渗的外涂层,提高钢桥防腐涂装质量,提高桥梁抗腐蚀的能力。根据各地实际,合理降低山区高速公路的路线线位高程,以减少雨雪冰冻概率。二要加强新型除雪设备、融雪剂的研究,最大限度提高交通除雪除冰效率，降低对交通基础设施及沿线生态环境的损害。三要制定出台南方公路除雪防冻技术指南，增强交通部门应对极端恶劣天气下的交通保障能力。

启示之五：树立应急保障理念，进一步加大应急投入，以适应建立交通长效应急处置机制的需要。一要建立区域或省级的交通应急物资储备和抢险救灾中心，通过合同或协议方式，选择、鼓励和支持相关企业加强相应的除雪设备、防滑防冻等应急材料储备，或纳入交通战备体系进行统一调度管理。二要各级交通部门要在部门预算中列支应急保障专项资金，在平时就有计划、有步骤地提高交通应急技术手段和保障能力，一旦遭受灾害就提前启动应急资金，及时支持基层交通部门抗灾救灾。

(二)进一步完善交通安全应急管理系统

交通安全应急管理系统是一个以人为主导，以科学的管理理论为指导，在科学的管理制度的基础上，利用计算机硬件、软件、网络通信设备对交通的运行状况进行全天候的监视控制，对突发事件进行快速的检测和判断，并进行科学指挥调度，迅速采取恰当的事件响应措施，以避免交通事故(或二次事故)的发生和保证事故发生后的及时救护与事故排除为目的的管理体系。

简言之，交通安全应急管理系统就是：系统地、明确地实施安全风险预控与管理过程，将运行管理与财务、人力资源系统综合起来，达到预定的安全目标。

交通安全应急管理的总目标是：在交通事件发生前采取预防措施，降低和避免异常交通事件的发生；在发生交通事件时，及时发现并采取合适的应急救援措施，使人员伤亡和财产损失最小，并尽量降低事件导致的交通延误等影响，在最短时间恢复到正常交通状态。

交通安全应急管理系统具有目的性、整体性、层次性、相关性、环境适应性等五个特征，包括应急预警系统、应急指挥系统、应急响应系统、应急保障系统、应急信息系统等五个子系统。

应急预警是交通安全应急管理系统的基础。其基本功能作用是集成各种检测、监测设备,与相关信息部门协调,收集有关气象、道路环境、交通流状况等信息,及时预测、发现、分析交通安全突发事件的发生地点、规模及发展趋势,为应急决策及指挥提供可靠的依据。

应急指挥系统是交通安全应急管理的核心。其主要负责对其他系统的统一指挥调度工作,当交通安全突发事件发生时,立即作出有效决策,宏观把握全局。

应急响应系统是交通安全应急管理的关键。它是一套对指挥与处置系统做出快速反应的体系,其核心任务是对应急决策的贯彻实行,实施具体处置行动,减少交通事故损失,确保交通安全。

应急保障系统是交通安全应急管理的根本。它是一个由人、财、物、法律或预案组成,保证整个系统的正常运行及交通安全事故发生时及时动用相关资源的保障管理体系。

应急信息系统是交通安全应急管理的依据。它是一套通过收集分析交通安全事故本身的具体情况、人力资源、环境、物力、财力和法律或预案保障情况,为应急指挥、处置提供数据信息支持的信息共享平台。

从5个子系统的关系来看,它们是一个有机整体,相互联系,相辅相成,缺一不可,在共同作用下实现交通安全应急管理之目的。

从2008年抗击冰雪的实例中,我们已经可以深刻认识到加快建立高效集中、协调有力的高速公路应急管理体系的重要性、必要性和紧迫性。其重中之重是:

一要加强应急组织体系建设。为解决高速公路应急管理能力不足的问题,必须在交通应急管理体系框架下,根据高速公路的运行特点,建立统一高效、上下衔接的应急管理机构。针对我国高速公路以地方为主的管理体制,高速公路应急管理部门应分为三级,由国家路网管理与应急处置中心、省级公路网管理与应急处置中心以及省级高速公路管理与应急处置分中心组成。

由交通运输部设立国家路网管理与应急处置中心,作为国家级公路应急管理的日常办事机构;

由省级交通主管部门设立省级公路网管理与应急处置中心,作为省级公路网应急管理的日常办事机构;

由各地高速公路管理部门根据本地区高速公路管理体制和高速公路分布状况,设置省级高速公路管理与应急处置分中心。

二要加强应急运行机制建设。重点应建立和完善部际之间、部省之间、区域之间沟通顺畅、衔接有效的运行机制。

部际运行机制建设主要包括:预警信息快速通报与联动响应机制;多部门重大信息联合发布机制。

部省运行机制建设主要包括:高速公路应急信息报送机制;国家区域交通应急物资储备中心建设与代储管理制度;突发事件下区域高速路网协调与指挥机制;资金支持与应急补偿机制;部省培训演练机制。

省内运行机制建设主要包括:应急信息报告、通报和共享机制;省域高速公路统一指挥调度机制;相关部门联动机制;在应急状态下的车辆通行绿色通道机制;特殊条件下高速公路通行机制;建立省级交通应急物资储备调度制度;高速公路应急管理培训与演练机制。

三要加强应急能力建设。包括应急平台、应急队伍建设、物资设备和技术保障。

应急平台建设。这个平台是一个融合地理信息系统(GIS)、全球定位系统(GPS)、呼叫中心(Call Center)、视频监控、视频会议、有线无线通信、数据库等先进技术的综合性集成平台,包括日常监测监控、突发事件预警、动态跟踪、资源调配、调度指挥、多方联动、事后处置等功能。

应急队伍建设。国家级应急抢险保通队伍,由武警交通部队作为国家交通应急抢险救援的专业与突击力量,在执行应急救援任务时,实行武警总部和交通运输部的统一指挥。地方应急抢险保通队伍由高速公路养护管理部门、路政管理部门、养护工程企业等为主组建。

物资设备和技术保障体系建设。根据全国高速公路的分布情况,按照服务范围500~800公里的要求,在部分省份建立国家交通应急物资储备中心,储备公路抢通物资、机械设备、防护器材、救援车辆等。省级交通应急物资储备点,由省级交通主管部门,结合实际进行合理布局、统筹规划。

加强高速公路突发事件技术支撑体系建设,重点加强防灾抗灾和应急抢修技术、智能化应急网络指挥通信技术装备等。

当前,我国乃至世界范围内自然灾害、极端天气进入多发频发期,突发性、复杂性和危害性进一步加重加大;利益诉求、社会矛盾日益多样化多元化,诱发群体性事件的因素在增加,防控难度在增大;安全生产形势仍然严峻,重特大交通事故、安全生产事故时有发生。各级政府必须进一步增强责任意识、忧患意识,完善应急管理体制机制法制,加强应急队伍装备储备体系建设,提升应急保障反应处置能力。

应急管理事关改革发展全局,事关国计民生稳定。加强应急管理,是政府职能的应有之义,是履行社会管理和公共服务职能的重要内容,也是考验各级政府执政能力和执政水平的重要标准。交通运输行业与民生关联度高、社会关注度高,既是加强应急管理的重要领域,也是做好各个领域应急管理的重要保障。交通安全应急管理直接关系到社会和谐稳定、人民生命财产安全。作为各地政府分管交通运输的市长,真可谓重任在肩、责任重大、任重道远啊,务必牢固树立功在平时的意识,注重加强应急管理宣传、教育、培训与演练等基础性工作,锻炼一支"召之即来、来之能战、战之能胜"的安全应急队伍,全面提升应对突发事件的能力;务必牢固树立以人为本的思想,一切以人民利益为根本出发点,妥善处置应急突发事件,有效避免和减少广大人民群众的生命财产损失,为经济社会又好又快发展和广大人民群众安居乐业提供更加安全可靠的保证!

(节选自2012年在交通运输部"提高交通运输安全保障能力专题研究班"上的讲座)

先行

交通科学发展的探索与实践

（下册）

林志慧 著

人民交通出版社
China Communications Press

内 容 提 要

本书共分为:发展历程、发展战略、改革创新、运输安全、工程建设、交通文化六个篇章,全面介绍了湖北省交通运输系统2004年以来的理论探索、实践创新和发展成就。

图书在版编目(CIP)数据

先行:交通科学发展的探索与实践/林志慧著.—北京:人民交通出版社,2012.10

ISBN 978-7-114-10291-2

Ⅰ.①先… Ⅱ.①林… Ⅲ.①交通运输发展—研究—中国 Ⅳ.F512.3

中国版本图书馆CIP数据核字(2012)第315957号

Xianxing
书　　名:先行
交通科学发展的探索与实践(下册)
著 作 者:林志慧
责任编辑:谭　鸿　韩亚楠
出版发行:人民交通出版社
地　　址:(100011)北京市朝阳区安定门外外馆斜街3号
网　　址:http://www.ccpress.com.cn
销售电话:(010)85285966
总 经 销:人民交通出版社发行部
经　　销:各地新华书店
印　　刷:北京市密东印刷有限公司
开　　本:787×980　1/16
印　　张:30
字　　数:375千
版　　次:2012年10月　第1版
印　　次:2013年3月　第2次印刷
书　　号:ISBN 978-7-114-10291-2
印　　数:3001~4000册
定　　价:全套(上下册)96.00元
(有印刷、装订质量问题的图书由本社负责调换)

▲2008年1月5日，参加全国交通工作会议。

▲2005年5月10日，在荆岳长江公路大桥施工现场调研。

▲2006年8月27日，在洪湖市检查仙洪新农村建设试验区交通工作。

▲2007年春节，与京珠高速公路坚守岗位的职工一起包饺子团年。

▲2008年1月27日，在军山长江公路大桥与交通职工一起铲雪，抗击百年一遇的低温雨雪冰冻灾害。

▲2008年春节前夕，看望交通退休职工。

▲2008年5月22日，给汶川大地震公路抢通突击队作出发前动员，全力以赴抗震救灾。

▲2008年6月2日，参加湖北交通刚毅火炬手接力赛，“刚毅精神”在湖北交通系统薪火相传。

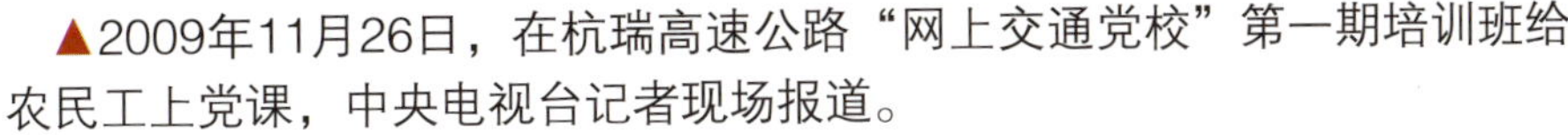

▲2009年11月26日，在杭瑞高速公路“网上交通党校”第一期培训班给农民工上党课，中央电视台记者现场报道。

▲2010年11月3日，乘坐襄樊27路示范线公交车，听取乘客意见。

▲2011年3月2日，在“将军县”红安参加义务植树活动。

目　　录

上　　册

发展历程篇

发展战略篇

改革创新篇

运输安全篇

下　册

工程建设篇

交通文化篇

工程建设篇

百年大计，质量为本。质量是工程的生命，建设高质量工程就是最科学的发展，延长工程使用寿命就是最大的节约。加快构建综合运输主通道、高速公路主骨架、国省公路主干线、高等级主航道、港口集疏运体系和新农村交通网络，统筹工程质量安全与生态环保，建设“两型交通”是必然选择。

在工程建设实践中，湖北交通人秉承“适用就是最好的、自然就是最美的、优质就是最省的”生态文明交通建设新理念，坚持将“两型交通”作为发展的“第一选择”，将“保护好生态环境”作为设计的“第一追求”，将“恢复好生态环境”作为施工的“第一原则”，将“科技创新促进生态环保”作为建设的“第一动力”，将实现“自然环境原生态”作为验收的“第一关口”，为打造资源节约型、环境友好型交通进行了有益的探索。

“五个创新”的成功探索

以崭新面貌展示在人们面前的黄黄高速公路黄梅至小池联络线，于1999年底建成。这是继1998年12月30日黄黄高速公路主线建成通车以后，我省公路交通建设者用全新的建设模式、全新的管理手段、全新的建设技术、全新的精神境界，向新千年献上的力作，向全省人民奉献的一件精品。

黄黄高速公路是湖北省“九五”计划重点建设工程的启动项目，主线全长110公里，黄梅至九江大桥（小池）联络线（黄小高速公路）全长32公里。主要技术标准为4车道，路基宽24.5米（其中，黄梅至界子墩段长18.7公里，路基宽26.5米），设计时速为100公里/小时。设计总概算27.25亿元。

1995年11月28日，省政府在浠水县主持召开黄黄高速公路建设协调动员会，正式拉开了黄黄高速公路建设的序幕。1996年3月，黄黄高速公路征地动迁工作全面开展，控制工程软基段处理和蕲河大桥试开工。1996年11月8日，省政府在武穴市大金镇隆重举行黄黄高速公路开工典礼，工程建设全面启动。在交通部、省委、省政府和沿线地方各级党委、政府的大力支持下，省黄黄高速公路指挥部认真贯彻落实党的十四届五中、六中全会和十五大精神，坚持两个文明一起抓，高举团结、发展、廉政的大旗，坚持以“修建一条优质的高速公路，探索一套成功的管理经验，开发一批有价值的科技成果，培育一支过硬的高速公路建设队伍”为指导思想，以“优质、高效、安全、节资、创全优工程”为建设目标,大力弘扬“团结拼搏、求是创新、抢前争先、实干快上”的湖北精神,在黄黄高速公路建设实践中书写了倡导和塑造湖北精神的新篇章。通过广大建设者的奋力拼搏,黄黄高速公路全线142公里提前建成,累计铺设水泥混凝土路面94公里、沥青混凝土路面38公里,并架设一座9.6公里长的龙感湖特大桥。在三年多的建设过程中,省指挥部坚持做到以下几点。

一、观念创新,大胆借鉴国内外先进经验

我省高速公路始建于1986年,十多年来,我省高速公路建设有了长足的发展,通车里程在全国处于前列,但公路整体水平与先进省份高速公路相比仍有差距。黄黄高速公路的广大建设者清醒地认识到,在社会主义市场经济条件下,要建设高质量的黄黄高速公路,必须把起点建立在逐步与国际接轨的市场经济机制的高度上,必须把着力点放在依靠科技进步、提高劳动者素质上,必须把目标放在瞄准国内外先进水平上。省指挥部坚持以改革为动力,以科技为先导,把学习借鉴国内外先进经验同立足湖北实际、开拓创新有机地结合起来,充分利用“后发效应”优势,高起点地探索、创新,在黄黄高速公路建设中实现了“四个突破、四个转向”:一是突破传统的筑路观念的束缚,由墨守成规转向敢为人先;二是突破陈旧的施工工艺的束缚,由劳动密集型转向技术密集型;三是突破落后的生产方式的束缚,由人工修筑转向大型机械化施工;四是突破僵化的发展模式的束缚,由数量速度型转向质量效益型。思想的解放和观念的创新为省指挥部全面实施工艺创新、技术创新、建设创新、管理创新奠定了坚实基础,使黄黄高速公路建设初步实现了由粗放型向集约型的转变。

二、工艺创新,大胆采用先进设备和施工方式

路面工程以其施工技术难度大、要求高而成为高速公路建设的

关键。省指挥部坚持依靠科技进步，以提高路面施工工艺水平为突破口，在水泥混凝土路面施工中大胆尝试滑模摊铺新工艺，在沥青混凝土路面施工中大胆尝试沥青玛蹄脂混合料（SMA）新结构，在整个黄黄高速公路建设中大胆尝试大标段、机械化施工，从而为我省高速公路建设技术发展的跨越奠定了基础。

黄黄高速公路水泥混凝土路面施工，采用了当今世界上最先进的滑模摊铺技术。在反复调研、论证的基础上，省指挥部投资3 000万元，科学配置并引进了德国维特根的水泥混凝土滑模摊铺机、美国莱克斯康的布料机和中国新津筑机厂研制的两级连续式水泥混凝土拌和机等一批成龙配套的先进设备。抽调专家、总工成立路面施工指导小组，从国内外聘请知名专家担任顾问，共同研究解决了水泥混凝土路面滑模摊铺对原材料的技术要求、高性能道路混凝土配合比设计新技术、粉煤灰利用技术、外加剂使用技术，以及从原材料供应、混凝土拌和、摊铺到拉毛、养生整个生产流程各个工艺环节的质量控制等问题；解决了国内在滑模摊铺施工中只能铺筑路面，不能铺筑缘石，不能摊铺桥面的技术难题，在国内首次采用滑模摊铺机悬臂式施工硬路肩并连体一次铺筑缘石和桥面连续摊铺技术，并获得了成功。1998年10月，交通部在黄黄高速公路主持召开水泥混凝土路面滑模施工技术推广会，对黄黄高速公路创造的日滑模摊铺全国最高纪录和桥面连续摊铺、硬路肩、缘石连体一次铺筑而成的施工技术和工艺给予了充分肯定和较高的评价。

省黄黄高速公路指挥部为确保软基路段施工质量，推进我省高速公路路面结构创新，在黄黄高速公路主线30公里和联络线8公里路段铺筑沥青路面，并在施工中成功采用了沥青玛蹄脂混合料（SMA），填补了我省在这种新型沥青路面结构的空白，实现了我省高速公路沥青混凝土路面零的突破。

龙感湖特大桥是应用新技术和新工艺较多的工程。上构采用宽

板新结构,降低了梁高,增加了净空,减少了梁板数量,既节约了工程造价,又缩短了工期;桥面铺装使用了双层钢筋网,其中上层采用焊接网,提高了桥面抗裂性能;同时使用三辊轴提浆整平施工技术,解决了小型机具施工平整度差的缺陷,大大提高了桥面平整度,经检测平整度标准差达到1.30毫米;桥面混凝土配合比除考虑强度外,兼顾了耐磨和防渗要求,延长了桥面的使用寿命;桥梁中央分隔带还突破了以往只能采用防眩设施的单一模式,在防撞钢板中间种植盆栽花草树木,既增加了防眩效果,又使桥路绿化浑然一体,使行车时感觉更加美观舒适。

三、技术创新,大胆开拓产学研联合之路

高速公路是现代科学技术的结晶。要确保质量、创出精品,就必须依靠科技进步,不断提高公路建设的科技含量。省指挥部积极推广应用了一批新技术、新材料、新工艺。如在沿线大、中桥上部结构中推广运用“预应力空心板宽梁”新技术;在路面基层施工中首次使用粉煤灰,首次使用水泥稳定土路面基层技术,使用粉喷桩处理软基、桥头地基技术,使用喷锚防护边坡技术,使用混凝土路面刻纹技术,部分路段采用新泽西防撞墙滑模摊铺技术,中央设排水暗沟的路面排水技术等。省指挥部高度重视产学研联合机制的建立,组织松散型科技质量攻关队伍,按照优势互补、利益共享的原则,加强与高等院校、科研机构的联合协作。借助外脑,进行路面材料和结构层的物理、化学等试验,开展成套应用技术的开发,共同研究了“软基路段施工观测及控制”、“粉煤灰在公路工程上的综合利用”、“水泥混凝土路面滑模施工技术”、“沥青玛蹄脂混合料(SMA)在高速公路上的应用”和“水泥稳定土”等5个课题,解决了一系列技术上的疑难问题,使技术创新直接转化为现实生产力。对施工中的这些先进经验,及时总结、推广,编撰了水泥混凝土路面滑模施工技术规程等。这批有

价值的科研成果，对指导高速公路建设与施工起到了重要的作用。

四、建设创新，大胆拓展高速公路配套工程新内涵

省指挥部在抓好主体工程建设的同时，注重加强配套工程的建设，拓展了工程内涵。

黄黄高速公路机电工程采用国内外先进技术设备，主要由“光电通信”、“非接触IC卡计算机收费”和“交通信息监控”三大系统组成。通信系统全天候24小时开通紧急电话，在发生交通事故、车辆故障或其他紧急情况时，可以及时提供救助；监控系统能自动进行气象和车流量检测，向驾驶员提供黄黄高速公路全线区域内的交通、气象信息服务，并及时将收费广场交通秩序和道路通行状态通过闭路电视监视系统传送到监控中心；收费系统实行计算机管理，大大提高工作效率，减轻劳动强度，缩短收费时间，堵漏增收，降低误差。

黄黄高速公路机电工程建设在我省尚属首次，系统自动化程度高，设备先进，功能完善，大大提高了高速公路的科技含量，使黄黄高速公路成为我省第一条具备现代化管理手段的高速公路。

综合考虑工程、文化、美学等因素的融合，扩充高速公路的社会功能，把公路建设和沿线人文景观协调起来，在房建设施、美化工程中突出黄冈革命老区特色和时代特色，创造出与现代化高速公路相适应的文化精品，是黄黄高速公路文化工程建设的一大特色。蕲春管理所办公楼如泰坦尼克号游船永久停泊在八里湖；具有欧式建筑风格的黄梅服务区和古色古香的黄梅管理所办公楼遥相呼应；界子墩管理所办公楼和收费雨棚的九头鸟造型别具一格；黄小联络线上边坡绘制的壁画“九骏图”寄寓了湖北高速公路事业兴旺发达、快马加鞭、只争朝夕的美好祝愿，龙感湖大桥两端设置的雕塑“龙翔”成为这座目前国内最长的大桥的忠实守护神；小池收费所耸立的雕塑“金路”高21米，金色的彩带维系3只金色的鸽子，象征迈向21世纪的黄

黄高速公路一路连三省，是一条腾飞之路，致富之路，希望之路……文化工程成为黄黄高速公路一道靓丽风景线，以其赏心悦目的感官享受赋予高速公路配套工程新内涵。

五、管理创新，大胆探索建设新模式

黄黄高速公路建设率先试行高速公路项目法人责任制，成立了以省高管局为主体的指挥部，对工程建设全面负责。积极尝试征地动迁合同管理制，以签订委托协议方式，与地方政府签订征地动迁责任合同，依靠地方政府开展征迁工作。严格执行工程招标投标制，参照菲迪克条款，按照公平、公正、公开的原则，开展招标、评标。实行社会监理制，健全了“政府监督、社会监理、企业自检”三级质量监督体系，成立了省交通建设工程质量监督站黄黄高速公路分站，行使政府质量监督职能，建立了独立的工程监理体系，将监理工作交给资质合格的社会监理公司承担，实现了建设、施工、监理单位的三者分离和相互制约。建立了横向到边、纵向到底的约束、激励机制，层层签订目标责任，以每个人工作的高质量来保证工程建设的高质量。建立质量保证金制度，设立优质工程奖、技术创新奖和指挥长奖励基金，形成人人关心重视质量、个个积极抓好质量的氛围。

省指挥部坚持科技兴路、修路育人的管理指导思想，将重点工程与创建“青年文明号”、“青年突击队”和“岗位建功”活动紧密结合起来，注重培养一支能工能干、能文能武、能上能下的年轻专业队伍，注重对人力资源的投资和开发，不断提高管理者和劳动者的素质。省指挥部大胆启用年轻技术干部，选调高素质的研究生、大中专毕业生组成路面机械操作青年突击队，担负滑模摊铺等路面机械的操作和管理重任。在滑模摊铺施工中，青年突击队与工人们同吃、同住、同劳动，成为高速公路路面机械化施工的行家里手，有效地保证了滑模摊铺的进度和质量。

机制创新、以人为本的管理结出了丰硕成果。省指挥部不仅锻炼了技术和管理人才，而且培育了具有市场竞争能力的施工队伍，出现了潜江公路局、广水公路段、襄樊公路局等一批“提高素质增实力，依靠科技求发展”的先进典型。潜江公路局抢抓重点工程建设的机遇，通过银行贷款、职工集资等方式筹措资金2 200万元，从美、韩等国引进了布鲁克斯大型沥青混凝土摊铺机、沥青混凝土拌和站等世界先进筑路设备，承担了20多公里的沥青混凝土路面施工任务，成为湖北交通系统第一家具有高速公路沥青混凝土路面施工业绩的骨干队伍。襄樊公路局采用滑模摊铺机悬臂式施工硬路肩并连体一次铺筑路缘石的施工技术，属国内首创，一个从国外进口需要20万元的模具，襄樊公路局只花了8 000元就研制出来了。企业的技术创新带来了良好的社会、经济效益，吉林省慕名邀请襄樊公路局去该省承接高速公路施工任务，襄樊公路局安排了1台摊铺机、4个操作手，施工3个月就获利100万元。技术创新使黄黄高速公路施工企业增强了活力和后劲，在激烈的市场竞争中上占有了一席之地，成为全省高速公路建设的骨干力量。

随着信息时代、知识经济新世纪的到来，大到一个国家、民族，小到一个团体、企业，创新都已成为发展的动力。在新的世纪，我们将进一步认真贯彻落实党中央和国务院的指示精神，高举创新的大旗，进一步解放思想，充分发挥科学技术作为第一生产力的推动作用，不断开拓进取，大力推进高速公路技术创新，努力实现我省交通事业的腾飞！

（节选自2000年在黄黄高速公路全线建成通车表彰会上的讲话）

统筹农村公路协调发展

交通作为经济发展的先行官,作为关系国计民生的重要基础设施,在"加快湖北发展,促进中部崛起"的进程中,必须紧紧围绕全省经济社会发展走在中西部前列的要求,实现湖北交通走在中西部前列、成为中西部交通强省的目标,将高速公路和农村公路作为交通发展的两个战略重点,坚持"两个并举",在推进高速公路大通道建设的同时,全力加快农村公路建设,服务社会主义新农村和广大农民群众。为了巩固和保持农村公路发展的良好态势,必须坚持"五个统筹":

一是统筹各层次路网建设协调发展。既要加快高速公路建设,也要加快国省干线路网、县际和通乡公路及通村公路建设,促进全省路网结构的优化和整体水平的提高。

二是统筹农村公路建设速度、质量和效益协调发展。既要在保证质量的前提下加快农村公路建设进度,也要严格按照技术标准组织工程建设,避免盲目提高标准,杜绝不切实际的贪大求洋。

三是统筹农村公路建设、养护、管理协调发展。既要重视农村公路建设工作,也要重视农村公路养护和管理工作,逐步建立农村公路建设养护管理的长效发展机制。

四是统筹农村公路建设和农村客运网络协调发展。既要注重提高农村公路的通达深度,也要注重提高农村客运班车的通达率和覆盖面,着力解决农民群众出行难的问题。

五是统筹农村公路建设与生态环保协调发展。既要重视农村公路建设，也要重视沿线生态环境保护，尽量降低工程建设对当地农业资源和自然景观的影响，促进农村的经济发展和社会文明进步。

（节选自2004年在全省农村公路建设现场会上的讲话）

航电枢纽建设的新突破

水运是综合运输的重要组成部分,我省水运资源丰富,“十一五”将全力实施湖北水运振兴工程,建设“三主一江一网”的航道体系,充分发挥长江、汉江黄金水道作用。

汉江崔家营航电枢纽工程是汉江航道梯级开发的第五级,是湖北水运振兴工程的主要内容之一,是我省“十一五”交通重点建设项目之一。为了落实科学发展观,高标准、高质量、高效率的建设好崔家营航电枢纽工程,我们务必要做到以下几点:

一是坚持质量第一,把崔家营航电枢纽建成“精品工程”。要正确处理质量和进度的关系,坚持把质量放在首位。依靠科技进步和创新,大力推广应用新技术、新设备、新材料、新工艺,努力提高科技含量。建立健全质量监管体系,落实行之有效的质量监管责任制,加强对“源头、过程、现场”的管理,建设“精品工程”。

二是坚持阳光操作,把崔家营航电枢纽建成“廉政工程”。要深刻认识新形势下推进反腐倡廉工作的极端重要性,坚持一手抓工程建设,一手抓廉政建设,建立健全教育、制度、监督并重的惩治和预防腐败体系。要紧紧抓住工程建设招标投标、转包分包、物资采购、设计变更、资金拨付等关键环节和重点部位,加强监督管理和源头治理,建设“廉政工程”。

三是坚持开拓创新,把崔家营航电枢纽建成“创新工程”。崔家营航电枢纽工程是我省第一个水运建设世行项目,是我省探索“航电结合”、“以电促航”的一个新开端。在建设、营运、管理过程中，必须认真学习、借鉴国内外先进经验，结合实际进行制度创新、机制创新、管理创新，探索一套我国国情与世行项目程序相结合的航电枢纽建设和管理的新经验。

四是坚持以人为本，把崔家营航电枢纽工程建成“民心工程”。以人为本是科学发展观的本质和核心，代表人民群众的根本利益、惠民利民是工程建设的出发点和落脚点。要充分考虑社会公众对工程建设的需求，考虑工程建设的综合服务功能，切实让社会公众从工程建设中受益。建设期间，要切实考虑老百姓的切身利益，做好配套工程，做好征迁安置工作，尽量减少工程建设给老百姓带来的不利影响。

五是坚持成本控制，把崔家营航电枢纽工程建成“节约工程”。要把好项目概算关，严格财经纪律，严格预算管理，严格审计监督，严格建设资金监管，严格建设成本控制。要把好质量关，牢固树立“高质量就是最好的节约”理念，在保证安全、满足功能的前提下，提高工程质量，降低工程造价，优化工程细部构造和建设方案，减少不必要的附属工程，增强工程的可靠性和耐久性，延长工程的使用寿命。

六是坚持人才培养，把崔家营航电枢纽工程建成“育才工程”。要以重点工程建设为港航教学大课堂，在工程实践中学习专业知识，在工程建设中争创“三个一流”，积极开展“学习型交通、学习型干部”创建活动，加大干部职工继续教育力度，加强专业技术人才、党政管理人才、企业管理人才队伍建设，打造一支高素质的航电枢纽建设和经营管理队伍。

（节选自2005年在崔家营航电枢纽工程开工新闻发布会上的讲话）

营造和谐建设环境

一、坚持最大程度保护

第一,严格依照国家法律法规,完善征迁手续。要按照国务院颁布的《国务院关于深化改革严格土地管理的决定》和省政府下发的《关于进一步加强用地管理切实保护被征地农民合法权益的通知》等精神抓紧落实征迁政策。

第二,合理节约用地。土地是农民基本的生产资料,也是国家的不可再生资源,建设过程中必须注重节约用地。涉及临时用地,尽可能利用荒山、荒地、荒滩,少占或不占耕地,特别是基本农田。对一些无法避免、确实需要占用耕地的,也要按照要求,在建设期结束时千方百计恢复其功能。保持耕地基本平衡,是各个方面的共同义务和职责。

第三,加强环保,防止污染。环境是关系人民群众生活、生产的重大问题。工程建设要坚持最大程度的保护、最大程度的恢复、最小程度的破坏,进一步加强施工现场管理,把高速公路建设成资源节约型、环保友好型的工程。

二、坚持征迁补偿政策

按照省政府的要求,征地工作采用统征包干方式,由省国土资源厅统一负责,具体标准按照业主单位与省国土资源厅签订的《统征包干协议》标准实施。征迁安置工作、征迁补偿标准按照政府制定的拆迁政策执行。项目业主要负责把征迁包干资金和补偿安置资金及时足额地拨付到位,一方面是国土资源厅负责的征地资金,另一方面是老百姓的拆迁资金。国土资源厅分解下拨征地资金后,各级政府要切实加强领导、强化资金监管,对实施过程和结果进行公示。无论是政府投资的项目还是社会民营投资的项目,都要依据法律法规,按照政策办事,加强建章立制,切实保障资金的安全管理,保障工程建设的顺利实施。

三、坚持以人为本

高速公路建设征地涉及千家万户的切身利益,涉及地方群众的稳定问题,关系到工程能否顺利实施的建设环境。群众利益无小事,要坚持以人为本,切实解决好征地拆迁中的各种具体问题,注重把握好4个结合:一是要把货币补偿与土地调整结合起来,解决好群众生活的实际问题,做好失地农民的调整安置工作。二是要把房屋的重建与小城镇建设结合起来,着力为拆迁群众建设社会主义新农村移民新区。三是要把"三改"工程与农村规划结合起来,促进农村产业化结构的调整。"改沟、改渠、改路"问题与人民群众生产、生活息息相关,也是群众最关心的问题。建设单位一定要高度重视"三改"工程,尽量满足群众合理的要求,为群众排忧解难,以争取地方老百姓的理解、支持,营造良好的建设环境。四是要把施工便道与乡村公路建设结合起来,改善村级公路,为群众办实事,这是一项双赢互利的举措,也是民心工程。

四、坚持宣传发动

高速公路建设需要一个良好的环境来保障。特别是征迁工作,涉及面广,政策性强,各地要利用电视、广播等新闻媒体,广泛开展征地动迁的宣传发动,真正做到征迁政策和补偿标准家喻户晓。各项目业主要紧紧依靠地方政府和群众的支持,组建好协调机构,以合同的形式予以明确。地方政府应该像支持自己的工程一样支持高速公路项目的建设，把各项政策落实到位，营造一个“你投资我服务，你发财我发展”的环境氛围。

（节选自2005年在武荆、大广北、武英高速公路征迁工作动员会上的讲话）

质量是交通的生命

全面加强交通运输质量管理是交通行业深入落实科学发展观、提升交通执政能力的必然要求,也是构建"和谐交通",为湖北构建促进中部崛起的重要战略支点和当好交通先行的重要内涵。

一、质量是交通的生命

(一)质量问题是一个极其重要的问题

1. 党和国家领导人对质量问题历来重视。

邓小平同志多次强调:"质量第一是个重大政策。"

朱镕基同志 1988 年到上海当市长时就提出"质量是上海的生命",到国务院工作时又提出"质量是企业的生命"。

2004 年 7 月 29 日,温家宝总理在视察交通运输工作时,就对交通发展质量提出殷切希望。他指示:"现在,我们的高速公路在总量上已经是世界第二了,将来在质量上也要达到世界一流。"

2. 许多著名的质量管理学家或企业家也都从不同角度对质量的重要意义作过精彩的诠释和论述。

著名的质量管理大师约瑟夫·朱兰博士指出:"20 世纪是生产率的世纪,21 世纪是质量的世纪,质量是和平占领市场最有效的武器。"

管理学大师汤姆·彼得斯提出:质量等于利润。

通用电器公司总裁杰克·韦尔奇指出:质量是维护顾客忠诚的最好保证。

3. 纵观国内外大小企业和公司，因为质量问题引起企业兴衰的例子比比皆是。

爱立信手机事件。有着百年辉煌历史的爱立信与诺基亚、摩托罗拉曾并世称雄于世界移动通信业。但自 1998 年开始的 3 年里，当世界移动电话业务高速增长时，爱立信的移动电话市场份额却从 18% 迅速下降到 5%，在中国市场中，其份额从 1/3 左右迅速滑到 2%。原因就是 T28 手机质量问题引发了爱立信的手机品牌危机，危机的不当处理使爱立信手机在全球市场销量大幅度滑坡，从而被摩托罗拉和诺基亚远远抛在后面，最终被索尼手机部门合并。

冠生园月饼曝光事件。2001 年 9 月 3 日，中央电视台记者在长时间的明察暗访基础上，对“南京冠生园大量使用过期馅料生产月饼”进行了曝光。事后，江苏省及南京市卫生监督部门查封大批成品及过期原料。南京的各大商场、超市纷纷停售冠生园月饼，冠生园月饼一夜之间退出市场。这是我国首例因市场失信而宣告破产的典型案例，而且发生在有百年历史的老字号企业。受这一事件的影响，全国冠以“冠生园”字号的企业大都损失惨重。

海尔“砸冰箱”事件。1985 年，海尔从德国引进了世界一流的冰箱生产线。一年后，有用户反映海尔冰箱存在质量问题。海尔公司在给用户换货后，对全厂冰箱进行了检查，发现库存的 76 台冰箱虽然不影响冰箱的制冷功能，但外观有划痕。时任厂长的张瑞敏决定将这些冰箱当众砸毁，并提出“有缺陷的产品就是不合格产品”的观点，在社会上引起极大的震动。作为海尔创业史上的一个经典镜头，张瑞敏用一把锤子，砸醒了全体干部职工的质量意识，在员工中树立起争创一流的观念。海尔集团能由 1984 年濒临倒闭的集体企业（青岛电冰箱厂）成长为当今最具潜力的中国品牌，就是得益于张瑞敏和其早期创业者们高度重视质量，并将其作为海尔创业时期的最大目标和企业长期生存发展的前提。

总结这些经验教训,我们可以得出一个结论:质量与企业命运紧密相连,凡是取得成功并持续发展的企业,无一不是得益于高度重视质量,始终坚持“质量第一”;凡是不重视质量的企业,无论其规模多么庞大或牌子多么响亮,最终是要垮台的。质量问题是关系经济发展的一个战略问题,它是一个企业的生命,是一个地区、一个行业经济振兴和发展的基石,也是一个国家科技水平和管理水平的综合表征,还是一个民族、一个国家素质的反映。

(二)什么是质量

1. 从对质量管理学科产生重大影响的质量界巨匠对质量的论断中,可以将质量的定义分为两类:

一类是指产品和服务的特性符合给定的规格要求,通常是定量化要求。代表人物有菲利普·克劳士比博士。

另一类是指产品和服务满足顾客期望。代表人物有约瑟夫·朱兰博士,他认为产品质量就是指产品的适用性。

但随着质量管理学科的发展,只说“质量是适用性”、“质量是使顾客满意”或“质量就是符合要求”是片面的,因为它们仅仅表示了质量定义的某些方面。

2. 1994 年,国际标准化组织(ISO)质量管理和质量保证技术委员会(TC176)修订、发布了 ISO 8402《质量管理和质量保证——术语》,形成了质量管理方面的国际术语标准体系。

ISO 8402 对质量的定义是反映实体满足规定和隐含需要能力的特性总和。所以,现代意义上的质量工作不仅仅是要继续抓好产品质量或服务质量,而且还要抓好组织的质量、体系的质量、人的质量,某种程度上来说,后者比前者更重要。

3. 交通质量的内涵。抓行业必须抓质量,抓质量必须抓行业,必须站在行业的全局高度来抓质量,通过不断健全行业质量保证体系,完善质量监督体系,提高队伍素质来带动整个行业质量的全面提高。

抓好交通各项工作质量,不能仅局限于具体的产品和各项工作的质量,更要关注整个行业、整个队伍的质量。

我们关注的交通质量,是指交通行业提供的产品和服务在各方面的综合表现特征,而不是其某方面的附属物。从质量的内涵上讲,交通各项工作质量不仅要满足国家行业标准、规范明确的"规定需要",还要满足顾客日益提升的质量期望等"隐含需要"。比如:公路、水路基础设施作为交通行业向社会提供的特殊产品,既要符合国家标准、行业规范要求,也要不断满足使用者如汽车驾驶员等对行驶的安全性、舒适性及视觉上美观的要求;直接面向消费者(旅客、货主)的交通运输业,既要为大家提供一流硬件设备(站场、车船),更要注重我们的运输工作效率和服务质量是否能够满足顾客或旅客的期望。

(三)为什么讲"质量是交通的生命"

"质量是交通的生命",固然是由于工程质量是交通质量重要的组成部分,但更重要的,是交通质量直接关系到人民群众的生命财产安全,直接关系到国民经济的健康运行,关系到政府交通部门的公信力,关系到"和谐交通"的构建,关系到承载了人类社会文明进步的要求。

1. 交通质量直接关系人民群众的生命财产安全。交通基础设施是一种特殊的公共产品,交通行业是一个直接服务公众出行的社会性行业,其最大的特点就是公共性很强、社会性很强,安全是其最基本的要求。一旦交通建设或运输领域发生质量安全事故,危及人民群众的生命财产安全,就会造成不可挽回的重大损失,影响到人民群众的根本利益。近几年发生的一些重大质量安全事故,令人闻之惊心。

2004 年 5 月 23 日清晨 7 时,出自设计名家保罗·安德勒之手、总投资 7 亿多欧元、投入使用还不到一年的法国戴高乐机场突然发生屋顶坍塌事故,候机厅屋顶的数吨水泥块瞬间跌落,将登机通道的地面砸穿，一下吞噬了至少4个人的生命，整个过程犹如一场地震，在国际上造成了恶劣的影响。

2005年7月31日和8月1日，美国两天之内发生两起桥梁垮塌事件。7月31日，加利福尼亚州奥罗维尔高速路桥垮塌，一辆货运卡车损毁，一名建筑工人从15米处跌落重伤。8月1日下午6时左右，美国明尼苏达州密西西比河上一座桥梁在交通高峰时段突然垮塌，多辆汽车坠入河中，造成4人死亡，数十人受伤。

这一个个触目惊心的质量安全事故，让我们受到强烈的震撼。"三个代表"重要思想强调要始终代表最广大人民群众的根本利益，科学发展观强调要始终坚持以人为本，如果我们交通行业的基础设施和运输服务连公共安全都无法保证，"三个代表"又从何谈起，科学发展观又从何落实呢？确保质量是抓好交通各项工作的根本要求，必须引起大家的高度重视。

2. 交通质量直接关系国民经济的健康运行。公路、水路交通在国民经济发展中始终处于基础战略地位，这就决定了交通发展质量对国民经济运行速度、质量和效益起着先导性、引导性作用，是决定国民经济能否实现良性循环的关键。如果交通发展滞后，运行质量低劣，成为国民经济运行的"瓶颈"，必然会加剧整个国民经济中的产品淤塞、流通不畅，增加运营时间和运输成本，最终导致第一、第二产业的销售困难，随之出现库存积压、成本上升，使生产企业竞争能力大打折扣。而发达、高效的交通运输网络，有利于降低流通费用，从而推动工农业生产成本的下降及销售价格的下调，最终提高整个国民经济效益。同时，交通基础设施作为国家的重要基础设施，是一种特殊的产品，其本身就是国有资产的重要组成部分。交通质量的高低优劣直接关系到国民经济的健康、安全运行和资产质量，关系到经济社会发展的全局。

3. 交通质量直接关系政府交通部门的公信力。党的十六届四中全会向全党提出了一项十分重要而紧迫的任务,即加强党的执政能力建设。作为交通行业来讲,公路水路建设质量、运输服务质量、交通执法质量等都直接服务人民群众,面对社会公众的评判。而社会公众看待交通各项工作质量的优劣,往往是同政府的执政能力、同腐败问题相关联的。对于质量问题,从社会公众角度来看,反映第一位的就是政府职能部门的管理工作没有到位,这将直接影响党和政府的公信力。

可以说,每发生一起重大质量安全事故,媒体、社会、群众都会把目光聚集到交通上来,交通工程建设质量和交通行业管理质量的能力都要经受一次质疑和拷问。我们必须从维护党和政府形象的大局出发,牢固树立强烈的质量意识和高度的历史责任感,千方百计、不遗余力地提高交通质量管理水平和交通执政能力,以我们高质量的工程实体、良好的服务功能和水平为社会公众提供安全、舒适、便捷的出行条件。

4. 交通质量关系到"和谐交通"的构建。党的十六大把"社会更加和谐"作为全面建设小康社会的目标之一提出来,党的十六届四中全会又把"提高构建社会主义和谐社会的能力"作为党执政能力的一个重要方面明确提出来。落实到交通行业,就是要全面落实科学发展观,努力构建"和谐交通"。如果交通建设工程和服务质量不高,甚至十分低劣,就会直接影响到湖北的投资环境和形象,直接影响到人民群众对"和谐交通"、"和谐社会"的切身感知和感受,建设"和谐交通"也就会成为一句空话。

5. 交通质量承载了人类社会文明进步的要求。工程质量水平和技术进步水平是人类文明发展的主要标志之一。

名扬中外的赵州桥距今已有 1 300 多年的历史了,仍坚固完好,为我国古代文明赢得了荣誉。

四川的都江堰更是有 2 200 多年的历史,仍屹立于岷江之上,分流、蓄水、灌溉、泄洪功能仍然完好。

从古至今的建筑物都是世世代代的劳动者、创造者用物质材料写就的立体文献，它是人类漫长文明发展史的见证，是一个时代、一个民族、一个国家经济、技术、文化发展水平以及建造者思想、信仰、智慧和伟大创造力凝聚而成的历史丰碑。抓好工程质量，不仅是交通基础设施建设内在的、本质的要求，更是国民经济社会发展和人类文明进步的客观要求。交通基础设施建设质量的高低直接反映了交通行业建筑技术水平和行业文明建设的成果。

（四）当前交通质量存在的突出问题

总体来看，我省公路水路基础设施建设质量和运输服务质量显著提高，文明执法逐步规范，行业风气明显好转。但从新的形势和社会发展的需要来看，我省交通工作还存在一些突出问题和薄弱环节。

1. 在工程设计方面，设计理念还不够先进，还不能较好适应社会进步和时代发展的要求，考虑工程本身、专业内部问题较多，从全社会、环境保护角度考虑较少，环保意识、服务意识、安全意识、资源忧患意识不足；设计因循守旧，生搬硬套现象较为普遍，在应用新技术、新方法、新工艺上缺乏内在动力，创新意识不强；设计深度不足，有时技术标准掌握不尽合理，前期工作质量还有待于进一步提高。

2. 在工程建设方面，质量控制体系还不完善，建设管理法规和技术标准、强制性规范执行不力，重建设轻规(计)划、重数量轻质量、重主体轻附属、重建设轻环保、重建设轻养护管理等问题还不同程度地存在。

3. 在交通运输方面，服务质量与社会需求的提升还存在较大差距。有的企业以包代管，运输经营流行挂靠，企业疏于质量管理，坑宰甩卖旅客、超载超限经营、沿街揽客、欺行霸市等行为屡禁不止，旅客、货主时有投诉，新闻媒体常有披露。

4. 在交通执法方面，与依法行政的要求还不相适应。交通执法人员素质参差不齐，依法行政、依法管理、依法办事的自觉性不强；有

法不依、执法不严、违法不究,以及执法程序不规范、执法方法简单粗暴等问题在各级交通部门,特别是基层交通部门时有发生;重处罚、轻教育,执法利益化倾向不同程度存在,交通执法队伍的执法能力、执法方式与依法行政、依法治交的要求有较大差距。

从全省看,这些虽然是个别现象,但却不同程度地暴露了我们交通执法、工程建设和运输服务质量方面存在的问题。各级交通部门必须认清形势,正视问题,以科学发展观审视交通工作,切实增强抓好交通质量管理的紧迫感和责任感。

二、以质量为中心,推动全省交通事业更好更快发展

(一)必须全面落实科学发展观,树立新的质量理念

贯彻落实科学发展观,要求我们必须转变传统的发展思维模式,要从注重考虑交通基础设施的功能性和管理的方便性转到充分考虑社会公众、管理对象的实际需求上来,尽量满足使用者和消费者的需求,不断提高交通行业公共服务水平。

1. 设计质量方面。要树立全新的工程设计理念,使工程建设顺应自然,融入自然,人、车、路和自然环境协调发展、和谐相处。要树立安全至上的理念,切实提高公路交通的安全水平和服务水准;要树立节约资源的理念,在满足功能要求的前提下,合理确定建设规模,合理确定建设标准,合理确定路面结构,不片面追求不符合实际需要和经济能力的高标准,不搞不切实际的贪大求洋;要树立尊重自然、保护环境新的"绿色交通"发展理念,使交通发展与自然环境更加和谐;要树立设计创作理念,变设计工作为设计创作,以"更安全、更环保、更经济"为目标,在"精、细、美"上多下功夫。

2. 工程质量方面。要树立全新的科学的工程质量理念。对实体性质量,要注重工程的安全性和耐久性,坚持精益求精,一丝不苟,努力把实体工程做精、做细、做实、做好,确保工程结构科学合理、坚固

耐用,体现人工结构物的建筑艺术美;对功能性要求,要体现以人为本、使用方便的理念;在外观质量上,要高度重视景观、线形及每个局部、细节的技术处理,树立“不破坏就是最大的保护”的建设理念,坚持“设计上最大限度的保护,施工中最小程度的破坏,完成后最大限度的恢复”的建设原则,尽量降低工程建设对生态环境和自然景观的影响,努力实现品质完美、功能完善、外在形象良好的有机结合。通俗讲,就是要“方便、好用、耐久、协调、省钱”。只有树立全新的质量理念,才能创造出具有时代精神,为人民群众所称颂,具有较高水准的精品工程。

3. 客货运输服务质量方面。要树立“运输为民、运输便民”的全新服务理念,变管理旅客为服务旅客。运输经营者要为货主和旅客服务;行业管理部门要为客货运输经营者服务,始终坚持将顾客的满意作为行业的不懈追求,努力实现运输服务的规范化、精细化、特色化和人性化。真诚服务,笑迎天下宾客,情暖万千旅客。

4. 交通行政服务质量方面。要树立“执政为民、执法为民”的新理念。各级交通主管部门工作的出发点,要从过去“方便管理者”向“方便使用者”转变,将交通行政管理职能转到主要为市场主体服务和创造良好发展环境上来,做到规范执法、文明执法、高效便民,努力建设以人为本的服务型机关和负责任行业。

(二)必须落实责任机制,构建立体监督体系

抓好交通各项工作质量,关键是落实行之有效的责任制。要按照部省有关规定,建立健全质量管理责任机制,把责任机制落实到每一个部门、每一个岗位、每一个工作环节,依靠责任机制保证工程质量。责任不清,工作就缺乏动力与压力,就形不成良好的工作机制和工作环境。各相关单位、人员都要针对各自管理的环节,分工负责,依据合同、标准、规范对自己的工作负质量责任。

1. 政府质量监督。各级质量监督机构要建立规范性的监督检查

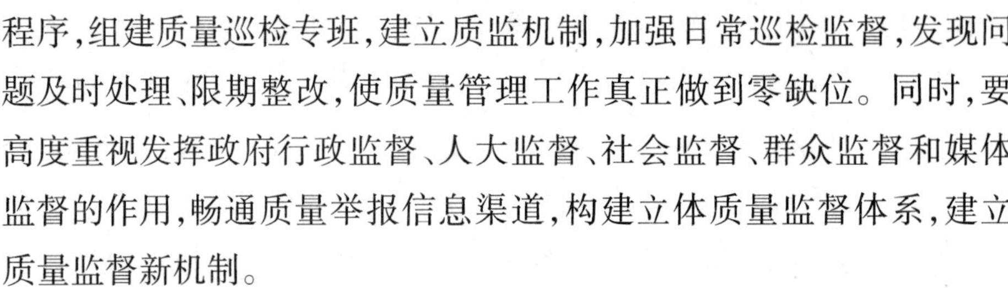

程序,组建质量巡检专班,建立质监机制,加强日常巡检监督,发现问题及时处理、限期整改,使质量管理工作真正做到零缺位。同时,要高度重视发挥政府行政监督、人大监督、社会监督、群众监督和媒体监督的作用,畅通质量举报信息渠道,构建立体质量监督体系,建立质量监督新机制。

2. 重点工程。要把“工程勘察设计质量”、“高速公路建设质量通病”、“高速公路养护质量”作为质量监督工作的重点,切实下大气力解决影响工程质量的突出问题。各建设指挥部和项目公司要切实加大工程质量管理的领导力度,要广泛应用新技术、新材料、新工艺、新手段,开展技术攻关,治理质量通病,增强工程的可靠性和耐久性,提高质量水平,创建“精品工程”。

3. 普通公路。普通公路要以“农村公路”、“安保工程”和“公路治超”工作的质量监管为新的突破口,促进全省普通公路建养管工作质量全面提高。对农村公路建设,各地要按照交通部《农村公路质量管理办法(试行)》要求,全面落实县级质量监督机构或组织,积极引导沿线干部群众参与质量监督,建立适宜的工程监理制度。要及时修改完善普通公路质量巡检办法,按照统一管理、分级巡检的原则,加强工程质量巡检,强化行业监管职能。

4. 设计管理。要严格勘察设计单位质量责任,强化勘察设计单位自律机制,建立健全质量体系,把质量责任逐级分解,落实到人。交通主管部门要加强对勘察设计质量工作的指导力度,建立勘测设计质量报告制度、设计质量监督制度和勘察设计质量事故报告制度。

5. 运输服务。要强化运输质量监管。要在全省客、货运输市场、机动车维修检测市场、驾培市场、出租车客运市场全面推行质量信誉考核制度,建立健全以服务质量招投标制度、服务质量公示制度、服务质量投诉处理制度、服务质量行业自律制度、明察暗访通报制度、交通运输信息定期发布制度为核心的运输服务质量监督体系。要注重引入社会评价与监督机制，促进运输服务质量不断提高。

6. 招商项目。对实施“业主负责、政府服务、行业监管、依法行政”的建设管理新模式的企业投资项目：一方面投资商要按照“谁投资、谁决策、谁受益、谁承担风险”的原则，全面负责项目的投资、建设、营运等全过程管理，严格遵守国家、交通部出台的有关法律、法规和规章，严格执行公路建设行业的强制性标准、各类技术规范及规程的要求，切实履行好业主的质量管理责任；另一方面，交通主管部门和质量监督部门也要严格依法行政，对业主质量管理行为实施监管，确保建设各方质量控制体系完善有效，履行好行业管理与政府监督职责。

（三）必须强化一线质量控制，筑牢质量保证体系

美国质量管理大师威廉·戴明博士有一句名言：产品质量是生产出来的，不是检验出来的。从当前工程质量现状和实际来看，对质量影响最大、影响最为直接的还是直接涉及一线质量控制的施工企业和监理企业，特别是施工企业的质量控制体系对工程质量起着基础性的、决定性的作用，这是最重要的，但往往也正是我们的软肋。

1. 设计一线质量控制。各勘察设计单位要坚持科学设计、精心设计，在合理确定建设标准的基础上，加强对老路的勘察，提高设计的针对性，优化平、纵面设计，合理确定路面结构，降低工程造价。特别是要重视特殊路段和特殊部位的专项设计，严格按设计规范要求，对路基新老路接合部、路基处在中湿状态及排水不良路段、桥涵构造物附近等易发生路面早期破坏的地方，加强路面结构的针对性设计，尽量减少薄弱环节，确保运营质量。要坚持设计回访制度和现场设计代表派驻制度，搞好设计后续服务，及时解决施工中出现的问题，为业主、施工和监理单位当好参谋。

2. 工程一线质量控制。承包商必须给自己建立一套质量控制体系或过程控制去遵守，不断地强化自身技术水平和现场质量控制能

力,配备适当的采样和测试设备。没有规范、有力的质量控制体系,承包商就无法保证他们做的每一步都能达到质量要求。同时,我们的质量监督部门要将施工企业的质量控制体系和监理单位的质量控制能力纳入重要监督检查范围,在企业资质审批、项目资格预审和施工过程等阶段严格把关,不符合要求的必须进行整改,要建立完善的"黑名单"制度。

3. 运输服务一线质量控制。交通运输特别是公路、水路客运工作直接为广大人民群众服务,必须将质量管理工作重心下移,扎实抓好各客货站场和车船班组等一线工作质量和服务质量,建立健全运输服务质量体系,要从"微笑服务"、"礼貌服务"发展到标准化、程序化和规范化服务。每一个客货站场、运输企业都应依据行业服务质量管理标准和本企业、本单位实际情况,编制质量管理手册,制定岗位服务规范,必要时对一些管理岗位和操作岗位制定工作规范和作业规范。使每一个岗位、每一项服务都有标准可依,实现规范化服务。客运管理部门要制定运输服务质量标准和检查评分办法,加强日常监管,对各企业、单位的质量活动过程、质量体系进行审核,以确定其质量体系是否有效运行,或质量活动是否处于受控状态,并针对质量缺陷,实施质量改进。

(四)细节决定成败,抓质量必须从细节入手

汪中求写了一本叫做《细节决定成败》的书,他在书中说:"中国人不缺勤劳不缺智慧,我们最缺的是做细节的精神。"

比如肯德基在中国自 1996 ~ 2000 年的 4 年间增加了 300 家餐厅,2001 年在中国内地的营业额接近 40 亿元人民币,在全球的营业额达到了 220 亿美元,居世界餐饮业之首。肯德基真正优势就在于其产品背后的一套严格的管理制度。这套管理制度有着非常详尽、可操作性极强的细节,在进货、制作、服务等所有环节中都有严格的质量标准,并有着一套严格的规范保证这些标准得到一丝不苟的执行,

包括配送系统的效率与质量、每种作料搭配的精确(而不是大概)分量、切青菜与切肉菜的先后顺序与刀刃精细(而不是随心所欲)、烹煮时间的分秒限定(而不是任意更改)、清洁卫生的具体打扫流程与质量评价量化,乃至点菜、换菜、结账、送客、遇到不同问题的文明规范用语、各日各环节差错检讨与评估等上百道工序都有严格的规定。尽管肯德基餐厅大量使用了新员工,但由于它有严格的可操作性规定和措施,这使它很快就能复制出所需要的产品,保证了肯德基在世界各地每一处餐厅都能严格执行统一规范的操作。

工程建设只有善于抓细节,才能出质量。有一位名人说过:"硬件项目的管理更多地体现在细节的管理,细节到每个设计、每次改动、每天操作。"

"把住细节就是把住一切"。我们要提升交通服务质量,必须在细节上狠下功夫。要特别针对客运服务质量中涉及卫生、厕所、饮水、卧具、空调、待客等6个方面的突出问题集中整治,重点攻关。确保车容整洁,车内空调、卧(座)具、卫生等设备设施完好齐全,卧铺客车卧具要每班进行更换,要根据班线运行时间为旅客提供就餐、休息等服务;车站要确保候车环境卫生,坚持清扫制度和卫生标准,候车室要保证旅客饮用开水供应,站车供应的食品必须达到卫生标准,要制订班车晚点和延误后的服务补偿措施等。要通过对细节的重视,不断提升服务质量,努力打造"名牌服务"、"精品客运",用真诚、优质的服务"笑迎天下宾客,情暖万千旅客"。

(五)必须狠抓质量通病治理,务求取得实效

当前,交通建设质量水平总体稳定,呈上升趋势,但一些地方工程质量通病仍然不同程度存在,如路基压实不足、路面集料级配不良、沥青路面施工温度控制不严、弯道超高加宽不到位、附属工程质量不高、预应力管道压浆不实、小型预制件表面粗糙、圬工工程砂浆不饱满强度不足、沥青路面早期破损和车辙、水泥路面缝养护不及

时、桥头跳车等,都具有通病性质,暴露了我们质量管理上的薄弱环节,也往往容易引起社会和群众的关注,必须进一步集中治理。

对工程质量通病分析,我们可以发现,实体工程质量不佳往往反映着“工艺通病”,落后的工艺、不规范的施工方法是多数质量通病的深层次原因。对工艺通病的分析,又可以发现它的背后还隐藏着“管理通病”,不顾气候、气象条件抢进度,劳务组织中对农民工施工以包代管,往往造成不可挽回的质量缺陷。各级交通部门、项目建设单位要将质量通病治理作为当前加强交通质量管理的重要突破口来抓,分析原因,研究对策,制订措施,认真治理,务求取得实效。比如,针对圬工工程质量问题,就可以采用机拌砂浆工艺,提高砂浆的均匀性,加强砂浆制备质量控制。

(六)必须依靠科技进步,提升交通质量水平

科学技术是第一生产力。全面提升我省交通发展质量,就必须依靠科技进步。最近,交通部出台了《公路水路交通科技发展战略》,对交通科技发展作出了战略性、全局性、前瞻性的部署,规划提出了公路水路交通将实现7项具体目标,明确了今后交通科技发展6个方面的战略重点,即智能化数字交通管理技术(包括智能公路系统、智能航运系统、智能港口系统等)、特殊条件下建养技术、一体化运输技术、交通科学决策支持技术、交通安全保障技术、绿色交通技术。我们要根据交通部的规划,结合湖北交通发展实际,尽快研究制订我省交通科技发展战略规划。

1. 加大科技攻关力度。对当前急需解决又普遍存在的疑难问题,要有针对性地加大科技攻关力度。比如山区高速公路长大隧道施工技术,干线公路路面质量控制技术,危桥检测、诊断、鉴定、加固技术,农村公路典型路面结构,新型养护工艺、养护材料及成套养护施工设备,公路超载超限监控技术,车辆卫星定位技术等,加大研究和攻关力度,争取不断取得新成果和新突破。

2. 要善于分析、引进省内外的适用技术、工艺或理念。比如对于农村公路建设,可以组织大家学习云南省的弹石路面、吉林省的砖块路面、内蒙古的小油路等典型路面结构,以拓宽思路。

3. 要积极将先进技术运用到质量管理工作中来,大力提高各级质量监管部门的质量检测技术装备水平,提高检测技术数据的准确性和科学性,扩大对工程实体质量的检测深度和监测能力。只要有先进的技术装备加上爱岗敬业的质量管理人才,我们就能始终掌握交通质量工作的主动权,把质量状态掌握在手中。

4. 高度重视信息化工作。要及时把提高行业管理信息化水平作为科技进步的重点提上议事日程。张春贤部长对加快交通信息化建设十分重视,提出要尽快实现部与省交通厅的行业应用专网、政务外网的快速连通,先期建成视频会议、网络可视电话系统,进一步提高办公效率和应急反应能力。按照这一精神,我省也要进一步加快交通电子政务建设,积极研制开发面向管理者的行业管理信息系统、面向社会公众的服务信息系统和面向市场的企业经营信息系统组成的信息平台,全面提升行业信息化应用水平,推动行业管理水平提高。

(七)必须坚持典型示范,推动交通行业质量全面提高

实践证明,采取典型示范的方法,以点带面,整体推动,是我们探索积累经验,带动全局工作顺利推进的一项重要的、有效的工作方法。在全省农村公路建设中,我们选择了 4 个层次 8 个示范点,这 8 个示范点分别从不同侧面探索积累了农村公路建设养护管理的经验和做法,为推动全省农村公路建设整体发展起到了重要作用,收到了很好的效果。在安保工程实施中,确定了以"一市一区三线"为全省安保工程的重点示范点或示范线,在政策支持、技术方案和质量监管等方面探索经验,力求取得突破,进而带动全省安保工程整体发展。

神(农架)宜(昌)公路作为我省首条生态环保科技示范路,在建设实践中坚持"四个第一",即坚持将"保护好生态环境"作为设计的

“第一追求”、将“恢复好生态环境”作为施工的“第一原则”、将“科技创新促进生态环保”作为建设的“第一动力”、将实现“自然环境原生态”作为验收的“第一关口”等贯穿到项目设计和施工管理全过程,按照“路景相融、自然神宜”的建设目标,探索了宜路则路、宜桥则桥、宜隧则隧、半路半桥、悬挑帮衬、桥隧相连的公路建设新理念,创造了将工程建设、科技应用与生态环保有机结合的新经验,使“美、诗、圣、野”有机地连为一体。这对引领全省以二级公路为主的“绿色交通”建设,努力提升国省干线公路的环保服务功能具有重大现实意义。各级交通部门要坚持典型示范,认真学习神宜生态公路等项目的建设管理理念,并确立各地区、各部门的示范项目,如精品工程示范项目,质量通病治理示范项目,环保生态示范项目,优质服务客运示范线、示范站、示范场、示范车和示范班组等,在归纳、提炼示范工程成功经验的基础上,将示范工程活动进一步引向深入,努力促进交通由外延式、粗放型增长向内涵式、集约型增长转变,努力实现全面协调可持续发展。

(八)必须扎实开展质量教育,提高队伍素质

建设一支具有较高政治素质、良好职业道德水准和精湛专业素质的干部队伍,是抓好交通工作的根本,也是加强行业管理的基础。基础不牢,地动山摇。各级交通部门必须坚持以人为本,扎实开展质量教育,不断提高队伍素质。

1. 在提高政治素质和职业道德上下功夫。广泛开展学习许振超、赵家富先进事迹活动,提倡“做事要真,做人要真”,确立“讲实话、做实事、敢碰硬、求实效”和“宁当恶人,不当罪人”的工作准则,培养“不唯上、不唯书、只唯实”的良好职业道德,树立起经得住各种诱惑、严于律己、清正廉洁、公正执法的良好形象。

2. 在专业素质上下功夫。要积极创造条件,通过各种形式的技术培训和再教育,不断提高队伍的业务技能,当前特别是要把有关法

律法规、管理办法、标准规范的要点学深学透，提高对问题的判别能力和处理水平；要高度重视对一线人员的知识普及教育，引导企业加强一线人员的培训和管理，普及行业标准和应知应会知识，在全省掀起质量教育、质量知识普及的热潮，为提升质量水平奠定基础。

（九）必须坚持一把手抓质量，一级抓一级

交通质量管理是一个系统工程，具有广泛的群众性、复杂性及艰巨性。不论是公路、水路交通建设质量工作，或是客货运输服务质量工作，都不单纯是企业质量管理部门或交通质量监督部门的工作，仅靠少数部门或少数人是抓不好的。如果我们各级交通部门的一把手不把质量摆在头等重要的地位，不抓质量，光靠质量监督部门或企业来抓，质量工作就抓不上去。我们提出“质量是交通的生命”，目的就是要动员各级交通部门包括交通企业的一把手都要把质量工作摆在首位来抓，真正形成全行业抓质量的氛围。各级交通部门要统一研究，统一部署，统一检查，做到主要领导亲自抓，分管领导具体抓，坚持一级抓一级，一级带一级，确保各项质量措施到位，确保交通质量不断提高。

（节选自2005年在湖北省公路学会会议上的讲话）

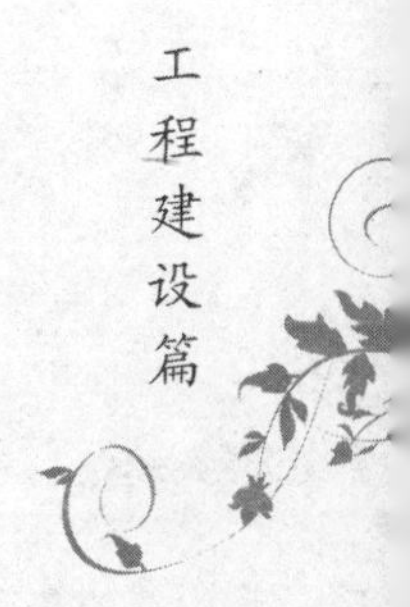

建设是发展　养护也是发展

“十一五”湖北交通发展总体目标“五个翻番”、“五个基本形成”和“五个明显提高”共15个方面的指标中，就有11个指标与公路密切相关，例如投资规模、一级公路、有铺装路面、规费总额实现翻番都与公路直接挂钩；“六纵五横一环”的骨架公路网和社会主义新农村交通网络要基本形成，职工队伍整体素质、交通行政能力、行业自主创新能力、服务质量和效益、安全保障水平要明显提高等都离不开公路部门。公路在交通发展全局中占了举足轻重的地位，“公路建设是发展，养护管理也是发展”成为工作的重中之重。

一、社会主义新农村交通建设要提速创优

加快农村公路建设是建设社会主义新农村的重要内容，是广大人民群众热切期盼、积极拥护的民心工程。为推进农村公路健康发展，省委、省政府在多次组织调研，广泛听取基层政府和农民群众意见的基础上研究决定：2006年继续向全省人民郑重承诺筹措10亿元、建成10 000公里沥青(水泥)路；进一步加大农村公路建设政策扶持力度，统一通村公路建设补助政策，省内规划的通村油路建设补助资金由每公里7万元提高到10万元；继续实施通村公路建设启动资金预拨制度，由省财政部门安排2亿元资金，按照20%的标准对规划项目预拨启动资金；进一步加大财政资金投入，将全省经营性高速公路(含长江大桥)通行费、公路客货附加费缴纳的营业税、交通规费交

纳的水利基金，由财政全额投入专项用于农村公路建设和养护。这一系列含金量很高的政策的出台，充分体现了省委、省政府对农村交通建设高度重视，体现了省委、省政府对建设社会主义新农村交通必须先行的充分肯定。各级交通公路部门一定要以此为新的动力，进一步坚持科学规划，加大宣传力度，加大落实力度，重点要把握好4个方面的工作：

一要尊重民意促发展，"一事一议"抓落实。加快农村交通建设，离不开基层政府和广大农民群众的积极参与和大力支持。在建设过程中，各地一定要积极争取社会各界的理解、支持，正确引导和保护好广大农民群众修路护路的积极性和热情。各地在精心组织农村公路路基、路面"百日大战"中，要紧紧依靠各级地方党委、政府，按照"谁积极就支持谁"的政策，严格依法依规，严格"一事一议"。按照自愿原则和民主程序，通过召开村民代表大会或村民大会，民主决策农村公路建设有关事宜，充分尊重群众意愿，使惠农政策落实为群众的自觉行动。要积极鼓励和支持村民成立农村公路建设养护管理理事会，由群众公选理事长，全面管理筹资、建设和养护等事宜，使通村公路建设和养护的资金来源、用途、结算及质量管理均置于群众监督之下，做到公开、透明。要严格执行减轻农民负担的各项规定，将不准增加农民负担作为农村公路建设的一条高压线，不准乱摊派、乱集资、乱收费，凡是当地群众不需要的路坚决不修，凡是当地群众不愿意修的路坚决不修，凡是当地群众不支持的路坚决不修，坚持实事求是、量力而行、尽力而为。严格禁止村级借债修路，更不能提前收费，推磨转圈。

二要统筹规划讲科学、因地制宜定标准。要结合社会主义新农村建设规划，综合考虑山水林田综合治理、小城镇建设、扶贫开发等因素，及时修订完善本地区农村公路建设规划、客运发展规划和乡镇改造规划。交通公路部门要切实加强农村公路建设规划特别是乡镇路网规划的指导，通过网络优化、利用资源、因势利导，最大程度地发挥农村公路对农村经济社会发展的促进作用。同时，要按照"充分利用旧路资源，着重提高路面等级，完善防护排水设施，增强晴雨通行能力"的建设原则，合理把握技术标准，严格控制工程造价。县道和乡道一般按等级公路标准建设，村道的标准可根据当地实际需要和经济条件确定，通村公路路面一般可按3.5米控制，因地制宜确定路面结构。要在控制工程造价的同时，高度重视排水和防护工程的设置，提高公路抗灾能力。坚决避免盲目追求高标准、高指标，避免贪大求洋。

三要科教普及保质量，建养并重育典型。要组织制定完成农村公路建设、养护、资金、质量管理等制度，争取尽快以省政府名义颁发，以规范农村公路建设养护管理，确保农村公路有序协调发展。各地要将《农村公路水泥路面施工工艺科普片》作为农村公路建设应知应会、实用施工技术和质量监督知识培训的教材，免费培养农村公路建设的农民技术骨干和质量监督人员，借助社会力量和群众监督共同抓好工程质量。要在总结推广潜江市"合同管养模式"和谷城五山镇"协会管养模式"的基础上，结合实践，创新思路，努力推动全省农村公路建设养护提速创优，建立农村公路养护管理的长效机制。特别是谷城县五山镇通过成立乡村公路管理协会，依据协会章程募集建设养护资金，配置专(兼)职乡村公路养护工，落实了养护责任，具有很强的创新性和实效性。

四要客运、渡口抓延伸，服务"三农"办实事。农村客运和乡镇渡口是农村公路建设的延伸，为全面实施社会主义新农村交通建设，要做到:进一步坚持"因地制宜、合理规划，多方筹资、建养并抓，路基稳固、路面硬化，专群结合、联网畅达"的农村公路建设养护的服务理念;进一步坚持"车头向下、村口始发，四定一挂、程序简化，通村达户、平安到家"的"路站运一体化"服务理念，建立农村客运发展导向资金，对符合规定的新增农村客车，按每客座400元标准实施定额补助；进一步坚持“渡口建管、乡村主导，坡岸硬化、设施配套，渡船适航、渡工持照，安全渡运、方便可靠”的服务理念，重点对学生渡口、重要风景旅游区渡口、客流集中的渡口及三峡库区新增渡口实施达标改造，以真正实现农民群众走沥青（水泥）路、乘方便车、过平安渡的目标，使社会主义新农村交通建设真正成为“关注民生、温暖民心、造福民众”的德政工程。

二、公路养护要提速创优

要牢固树立“建设是发展，养护管理也是发展，是更低成本的发展”的理念，把进一步加强公路养护管理作为公路工作提速创优的重要任务，切实抓牢抓实抓好。要进一步加强普通公路建设的行业指导，切实履行行业职能，建立健全质量责任追究制度、目标考核制度和质量举报体系，落实质量责任，加大质量监控，规范工程管理，严把工程质量关。要进一步强化公路养护，切实建立养护生产调度会制度，坚持逐季通报检查情况，强化日常监管和考核，使公路养护常年保持在一个较高的质量水平，努力在提高公路整体服务水平上创品牌、树形象。要进一步坚持以路面养护为中心，以桥梁养护和安保工程为重点，狠抓预防性养护、经常性养护和突击性养护，全面落实公路养护管理规章制度，创新养护管理新机制，提高养护机械化水平，确保2 200公里的国省经济干线路况始终处于良好运营状态，确保国省干线公路好路率达到90%以上，实实在在地实现“畅、洁、绿、美、安、舒”的目标。

要进一步加大安保工程实施力度。公路安保工程总的目标是用3年时间完成全省931处共1 020公里危险路段的整治工作。要在认真总结“一市一区三线”安保工程建设经验的基础上，总结工程建设规律，提升管理服务理念，确保国省干线公路重点危险路段得到全面

整治,真正发挥安保工程保障人民生命、财产安全的作用。要认真抓好车辆超载超限运输治理工作,进一步加大经济调节力度,在收费公路上推广计重收费,规范计重设备,多管齐下,联合治超。

三、行业管理要提速创优

为适应社会经济快速发展的需要,全省公路系统各级领导干部要进一步加强学习研究,用新的思路开创管理新局面。要进一步坚持依法征费,文明稽查,建立健全收费质量考核办法,规范收费行为和管理行为,突出抓好公路通行费的增收节支和精细管理,降低征费成本,确保收之于路、用之于路,努力把收费站建成文明"示范"窗口。要进一步拓展建设资金筹措渠道,加大建设资金筹措力度,规范财务管理行为,严肃财经纪律,特别是要严格遵守公路建设资金、国债使用和管理办法,杜绝违纪违法行为发生。

要进一步深化公路养护体制改革,将公路企业真正推向市场,建立和完善现代企业制度,积极适应市场经济发展的需要。要进一步坚持态度积极、措施坚决、步子稳妥的原则,紧紧依靠地方党委、政府,根据各地的实际,采取切实可行的改革方案,循序而行,有情操作,正确处理好改革与稳定的关系,确保行业和社会稳定。

(节选自2006年在全省公路工作会议上的讲话)

提升公路服务品质　跨入全国先进行列

在新的历史条件下，公路养护管理事业已经迈入“养护转型、管理升级、改革加速、服务提高”的新阶段。新的形势既给公路养护管理工作带来了新机遇，也提出了新要求。深化新认识，建立新机制意义深远、刻不容缓。

一、强化全省公路养护安保工程的重要性

（一）强化公路养护安保工程是构建和谐社会的本质要求

公路建设是积极发展，养护管理是永续发展。加强公路养护安保工程，充分挖掘现有路网通行能力，切实保障公众生命财产安全，对减少土地资源占用、降低能源消耗、加强环境保护和促进人与自然和谐相处等方面都具有积极意义。一是可以改善路网技术状况，提高交通运输效率，发挥公路存量最佳效能，在一定程度上还能弥补公路总量的不足，缓解资源制约、能源紧缺、环境保护等交通发展面临的突出矛盾。二是可以保持公路与周边自然环境的和谐，促进土地和环境保护，符合建设资源节约型、环境友好型社会要求，是贯彻党的十六届六中全会精神，落实科学发展观、推进和谐社会建设的重要举措和具体体现。

（二）强化公路养护安保工程是巩固公路建设成果的重要途径

公路建设是创造财富，养护管理是保护财富。财富的创造和保护均是交通公路部门的重要职责。近年来，我省公路基础设施建设

取得了显著成效,也给公路养护和安全管理工作带来了更大的难度和压力。截至2005年底,全省公路总里程18.3万公里,其中农村公路(包括县道、乡道和村道)里程16.7万公里,占公路总里程的91%。除极少部分农村公路(约16 620公里)纳入列养范围外,绝大部分农村公路没有稳定的资金来源,基本处于"失养"、"失管"状态。随着我省公路向农村和山区延伸,地质地形条件日趋复杂,桥隧比例越来越大,工程质量和安全问题更加牵动人心。各级交通公路部门必须把公路养护安保工程摆在更加突出的位置,像抓公路建设一样花更多的精力、下更大的气力、投入更多的资金,着力实施公路养护、安保工程,巩固来之不易的建设成果。

(三)强化公路养护安保工程是提升公路服务品质的重要基础

随着经济社会的快速发展,社会和群众对公路交通的需求也越来越高。回顾历史,"九五"期间,荆楚行路难,交通发展重点解决的是"通"的问题;"十五"期间,公路通而不畅,重点解决的是"适应"的问题。而"十一五"期,公路快速发展,重点解决的是公路如何更好地为社会和公众服务的问题。各级交通公路部门要将社会公众利益作为公路养护管理事业的核心价值取向,以科学发展观为统领,以保障安全畅通、提升服务品质为目标,以改革创新为动力,以制度、人才、科技、资金为保障,坚持建管养并重、增量与挖潜并重、管理与服务并重,在发展的价值取向上突出用户优先,在发展的目标取向上突出质量、安全优先,在发展的模式上突出效益优先,在发展的手段上突出科技优先,走出一条既符合湖北实际、又适应公众需求的公路养护管理发展之路。

(四)强化公路养护安保工程是促进交通可持续发展的必然选择

当前,社会各界和人民群众对公路交通的需求越来越高,不仅要求走得了、走得快,还要求走得安全、走得舒适。对于交通部门而言,公路发展既要有量的扩张,又要有质的提高;既要大幅度增加全省公路基础设施总量,又要强化养护管理工作。只有这样,才能延长公路的使用寿命,减少公路建设的投入,降低资源能源的消耗,促进交通事业的可持续发展。如果养护管理跟不上,出现"一年修、二年坏、三年大中修"的现象,势必造成巨大资源和能源浪费。因此,加强公路养护和安保工程,提高好路率,充分发挥公路存量资产的最大效益,优化整个路网结构,是促进公路可持续发展的必然选择。

(五)强化公路养护安保工程是保障公众安全出行的迫切需要

随着经济的快速发展、车辆的迅速增多、道路里程的不断延长,道路运输安全面临更严峻的挑战,公路养护和安全管理工作也面临巨大的社会压力。据交警部门统计分析,2006 年上半年全省共发生交通事故4 976起,其中,因驾驶人交通违法行为造成的事故达 3 958 起,致 869 人死亡,分别占总数的 79.6% 和 78.3%。尽管交通公路部门非道路运输安全主管部门,但牵一发而动全身,一旦发生道路运输事故,道路运输通行保障能力首先要接受社会的评判,有关部门必将严查道路技术状况,包括道路技术标准采用是否科学合理,施工是否满足设计要求,安保设施是否满足标准规范,道路养护是否及时达标,甚至路面是否存在坑槽等,公路安全是保障公众安全出行的关键,各级公路养护部门务必引起高度重视并抓好落实。

二、强化公路养护安保工程的总体思路

"十一五"全省公路养护安保工程建设的总体思路:以邓小平理论和"三个代表"重要思想为指导,贯彻落实党的十六届五中、六中全会精神,以科学发展观为统领,以增强公共服务能力为目标,以保障安全畅通、提升服务品质为主题,以改革创新为动力,以依法治路为保障,坚持建管养并重,着力推进"公路养护安保工程",打造"科学养护、规范管理、快速优质、安全畅通"的养护管理机制,构建更安全、更畅通、更和谐、更高效的公路交通网络,更好地满足经济社会发展和

人民群众出行需要。

“十一五”全省普通公路养护安保工程投资规模将达到131亿元。其中,国省干线和农村公路养护73亿元,公路安保工程6亿元。全省公路养护安保工程的主要目标是做到“五个一”:

维护一个安全畅通的公路网络。到2010年,全省普通公路平均好路率达到80%,其中国省干线公路平均好路率达到90%以上,平均IRI值(国际平整度指数)在2.7以下,高速公路平均优等路率达到95%以上;国省干线安保工程全面实施,整治危险路段4 500处、2 600公里,危桥改造全面加强,消灭国省干线公路已有的227座危桥,基本消除国省干线公路和重要旅游公路交通隐患;国省干线公路水毁路段年修复率达95%以上,水毁路段的灾害重复发生率在5%以下,85%国省干线达到GBM工程标准,超限车辆控制在5%以下,路产路权得到有效维护。

构建一个以人为本的公路服务体系。建立健全全省公路信息服务网络,省、市、县均建成“一库一网一系统”(数据库、信息网、公众服务系统),覆盖面达到100%。建立公路交通应急保障机制,国省干线重大交通阻断在3小时内网上发布。公路服务“窗口”90%以上创建成文明“窗口”,其中20%创建成省部级文明“窗口”。在巩固现有省级文明路成果的基础上,新创建4条省级文明路。

建立一套科学合理的养护管理运行机制。加快养护“三化”(养护单位企业化、养护生产市场化、养护用工社会化)进程,推广养护管理“四新”(新技术、新工艺、新材料、新设备)成果,实施养护工程招投标制、小修保养定额管理,建立运作规范、竞争有序的养护市场,建立农村公路养护管理长效机制,实现“有路必养”,全面提高养护效率和质量。

建设一个先进高效的公路管理信息平台。积极推进公路信息化建设,加强湖北公路网站建设,建立和运用湖北省桥梁管理系统、路网建设管理信息系统、车辆通行费票据管理系统，完善一套以公路数据库为平台的业务应用系统，实现公路决策科学化、管理规范化、服务网络化、手段现代化，全面提高公路管理水平和服务质量。

培育一支勤政廉政的公路职工队伍。围绕建立一支“结构合理、数量充足、善于创新、清正廉洁、素质优良”的人才队伍建设目标，培养造就10名在全省有影响力的公路科技领军人才、100名交通主干学科领域的青年拔尖人才，500名较高学术造诣的优秀青年专业人才；实现养护职工培训面达到100%，国省道养护职工普遍轮训2～3遍，国省道40岁以下公路管理站站长大专文化程度和40岁以下养护职工中专以上文化程度占养护职工的比例分别提高5个百分点。全面落实党风廉政建设责任制，加快构建具有湖北交通特色的教育、制度、监督并重的惩治和预防腐败体系。

到2010年，全省公路综合服务功能全面增强，公路养护管理水平跨入全国先进行列，总体适应我省社会经济发展和人民群众出行的需要。

为实现上述总体目标，各级交通公路部门要抓好以下五项重点工作。

(一)加强科学评价，强化预防性养护

要全面建立养护科学评价决策体系，实现检测自动化、分析数字化、管理信息化、决策科学化，不断提高路面病害、路面平整度、车辙、弯沉等各项路面技术指标和桥梁结构、高边坡稳定性的机械化、自动化检测水平，不断完善路面管理系统、桥隧管理系统，依据科学的监控与评定结果编制养护计划、方案，合理安排年度养护经费投入，使有限的养护资金发挥最佳效益。要加强公路日常性养护，落实公路养护巡查、检查、监督、检测和评价制度，提高养护职工上路率，确保职工出工率达到93%以上、出勤率达到95%以上，做到“修补坑槽不过夜，雨后三天无坑槽”，始终保持公路路面整洁完好，边坡稳定，边

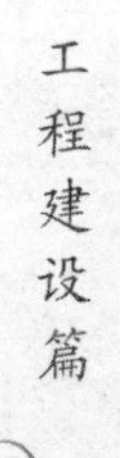

沟排水畅通,标志标线齐全、规范。要全面强化公路预防性养护,加强公路路况检测评定等基础性工作,及时掌握道路及桥梁技术状况,及时实施沥青灌缝、微表处、稀浆封层、中修、大修等养护工程,及时更新和完善公路养护管理数据库,并充分应用计算机技术,科学分析公路桥梁技术状况的衰减规律,分轻重缓急,科学制定预防性养护计划,确保预防性养护的时效性。要着手研究制定针对我省实际情况的《公路灾害整治指南》,指导全省公路灾害治理工作,全面提高我省公路抗灾能力。要加强公路建设项目安全生产管理,重点抓好炸药、雷管、油库及沥青等危险品管理,预防和处置各类养护安保工程施工隐患。

(二)加强资金筹措,建立长效管养机制

各级交通公路必须拓宽资金渠道,采取多种方式筹措养护管理资金。公路养路费主要用于公路养护和管理(含大中修、小修保养及其他管理养护),列养公路的养护资金根据定额测算的结果安排投入;非列养农村公路养护工程实行定额补助,日常养护资金以县市人民政府财政安排为主。要根据《湖北省农村公路条例》,进一步落实中央财政转移支付资金及中央车购税资金安排用于农村公路养护的部分,逐步建立由财政投入、养路费和其他资金多渠道共同组成的、长期的、稳定的农村公路养护管理基金,全额用于农村公路养护;要积极争取县市级人民政府每年从地方财政预算收入中按每年每公里不低于1 000 元安排专项资金用于农村公路日常养护,保障管养资金需求。要力争用三年的时间,全面落实农村公路养护资金,按县道每年每公里不低于7 000元、乡道每年每公里不低于3 500 元、村道每年每公里不低于1 000 元的标准。农村公路养护管理模式,各地可因地制宜,采用灵活多样的方法,按照“民建、民养、民管”的农村公路养护管理思路,学习借鉴兄弟省市先进经验,探索符合本地实际的农村公路养护管理模式,走专业管理和业余管理相结合、专业养护与群众养护相结合的新路子。

（三）加强危桥改造，实施公路安保工程

我省桥梁数量众多，大部分为20世纪60～70年代修建，荷载标准较低，且年久失修。因此，必须高度重视并加快实施危桥改造工程，将其作为“民心工程”、“生命工程”来抓，杜绝重大安全事故发生。要着力实施“年百座危桥改造工程”，自2007年起连续三年每年改造危桥100座以上，力争提前一年实现“十一五”危桥改造计划目标；要抓紧修订完善公路桥（隧）养护管理实施细则，落实桥（隧）养护工程师制度，每个市（州）至少配备2名、县（市）配备1名桥（隧）养护工程师，明确桥（隧）养护管理责任和标准，重点加强二、三类桥梁养护工作，实施“户籍式”动态管理，逐桥逐隧建立养护管理档案，切实做到“有桥（隧）必养”，特别要加强桥梁支座、伸缩缝等关键部位的日常养护，切实保障桥（隧）运营安全；要继续大力实施公路安保工程，按照交通部《公路安全保障工程技术指南》和省厅《实施方案》要求，公路安保工程各类防撞设施要保证有效的基础埋深，满足设计标准的防撞强度，真正建成具有一定防撞能力的“救命工程”；要通过设置一定的紧急停车带、避险车道、抗侧滑护轮带、凸面反光镜、强制减速带等避险设施，以及采取路面抗滑性能等措施，减少因冰雪、路滑等原因引起的交通事故，提高安保工程实施效果。各级交通公路部门要成立相应的质量监管专班，明确质量标准，细化监督措施，加强现场管理，确保施工质量和施工安全，确保把这项“民心工程”建成“优质工程”、“放心工程”。

（四）加强科研攻关，推进科技兴路战略

要继续推进公路养护机械化进程，支持、引导公路养护单位和企业加大养护设备投入，提高机械化养路程度。要联合社会科研力量加快公路应用型科研攻关。重点加大对危桥结构体系与加固方案、公路地质灾害治理、大型桥梁（隧道）养护、高路堑边坡失稳防治、短隧道结构监测、安全预警等课题的研究；积极推广应用沥青路面微表处、病危桥处置等新技术，水泥路面破碎稳压、沥青路面缝处理等新工艺，改性沥青、聚氨酯等新材料，桥梁检测、路面养护等新设备，加大公路桥头跳车、路基不均匀沉降、基层反射裂缝和沥青路面早期破坏等病害的治理，着力解决影响公路发展的技术难题和养护质量通病，全面提高公路养护管理科技含量，全面提高公路的舒适程度和安全系数。要逐步更新和淘汰那些污染高、技术含量低、水平落后的传统工艺和设备，促进公路养护与自然生态的和谐。

（五）加强队伍建设，提升养护管理水平

全省各级交通公路部门要根据“十一五”期公路养护安保工程的新目标、新要求、新任务，大力加强公路养护管理职工队伍建设，深入开展以“学刚毅精神、创文明新风、建和谐交通”为主题的创建活动，大力弘扬“甘当铺路石、奉献在岗位，爱岗敬业、艰苦奋斗”的精神，构建公路行业核心价值体系，培树一批公路行业先进典型，为公路养护管理事业的健康持续发展提供强有力的人才保证和智力支持。

（节选自2006年在全省公路养护安保工程现场会上的讲话）

构建更安全、更畅通、更环保、更高效的公路交通网络

全国公路养护管理工作会议明确提出"十一五"公路养护管理事业发展要以"更好地为公众服务"作为新的价值观,坚持以科学发展观为统领,坚持建养管并重,努力构建更安全、更畅通、更环保、更高效的公路交通网络。对照交通部提出的新理念、新目标、新要求和12个先进省市的新经验,全方位地审视我省公路养护管理工作,深感形势严峻,必须以新的思路、新的举措推进公路养护管理工作,力争通过5年的努力,使湖北进入全国养护管理先进省份。

一、学习先进典型,自查自纠自改

"十五"以来,全省交通系统坚持"建设是发展、养护管理也是发展"的理念,着力实施文明样板路工程、GBM工程、公路安保工程和开展超限超载运输车辆治理,公路服务功能得到增强。2005年底,全省公路干支线平均好路率达到78%,其中干线年均好路率达到88%,分别比"九五"末提高七至八个百分点。与自身相比,我省公路路网技术状况明显改善,公路综合服务功能明显提升,公路交通对国民经济发展的支持和服务能力明显提高。但与交通部山东会议表彰的12个全国养护管理先进省份相比,还存在一些突出问题和薄弱环节亟待解决和加强。其主要表现在6个方面:

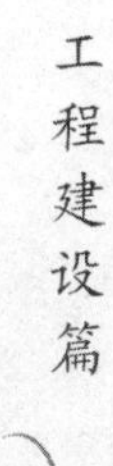

一是养护管理理念相对滞后。从全省看,对主动性养护、预防性

养护普遍重视不足,不同程度地存在重建轻养、只建不养的现象,片面强调建设资金严重不足,养护资金更无保障,以致路面日常养护不到位,路况水平下降。

二是养护管理技术手段相对落后。全省公路养护管理在一定程度上仍然沿袭传统的技术方法和组织方式,养护机械装备水平不高,新材料、新技术、新工艺推广应用不够;不良地质路段的养护处治方法不多,大型桥隧监控检测手段落后,缺乏专业的技术人员和必要的检验检测设备;经营性收费公路日常养护不及时,养护效率和质量有待于进一步提高。

三是公众服务质量不够高。养护施工往往对自身养护作业和管理工作上的方便性考虑得较多,为公路使用者的出行服务考虑得较少,以人为本的理念有待于进一步提升;高速公路服务区脏乱差现象不同程度地存在,规范化管理水平和服务质量有待于进一步提高。

四是应急保障能力不够强。全省公路地质灾害处治和安保工程建设任务仍然十分繁重,公路抗灾能力弱,病危桥梁数量多,对恶劣天气下的突发性抢险防治还缺乏有效的应对措施。

五是养护管理资金投入相对不足。公路部门客观上存在的“养人不养事”的状况依然较为严重,一些地方干线公路大中修工程难以及时安排,养护资金使用效率不高。

六是体制机制亟须进一步完善。特别是抓紧研究建立农村公路长效养护管理机制,将农村公路纳入正常化、经常化养护范围。

这些问题必须引起我们的高度重视,切实增强责任感和紧迫感,对照先进省份,找准薄弱环节,制定有效措施,要努力打造“科学养护、规范管理、快速优质、安全畅通”的养护管理新机制。

二、明确目标方向,实现“四大突破”

“十一五”全省公路养护管理工作的主要思路是以科学交通发展

观为统领，以全面提升公众服务水平为宗旨，以实施预防性养护为重点，坚持建管养并重，坚持以人为本，坚持科教兴交，全面加强公路养护管理，努力实现养护作业规范化、养护生产社会化、公路管理信息化、公路服务人性化。

主要目标是实现“四大突破”：

一是思想观念上要有新突破。要用时代发展的眼光审视公路养护管理工作，充分认识推行预防性养护的重要性和紧迫性，始终坚持建养管并重，不断强化公路养护管理工作的基础性地位，不断增强公路养护管理工作的主动性、前瞻性和服务性。

二是技术方法上要有新突破。要大力推进公路养护机械化进程，积极推广应用沥青路面冷热再生、混凝土路面破碎利用等新工艺，逐步更新淘汰技术含量低、水平落后的传统工艺；加大养护技术的研发投入，对高速公路快速养护、特大桥隧设施监护、公路灾害防治、旧桥维修加固及沥青路面抗车辙问题、钢桥面沥青铺装层变形问题、高边坡失稳问题等关键性技术，确定重点课题进行技术攻关，形成实用科技成果，指导公路养护生产。

三是服务质量上要有新突破。要始终坚持以人为本、以车为本，强调用户至上，真正将公路养护管理工作的出发点，从过去“方便管理者”向“方便使用者”转变，更多地考虑社会公众、管理对象的实际需求，在惠民便民利民上多想办法、多下功夫，不断赋予公路养护管理工作新的内涵。要加强养护施工路段的交通组织，尽可能安排在夜间交通量低时进行，利用机械化手段快速完成，尽量减少对交通的干扰，并采取有效方式及时告知公众；要大力规范高速公路服务区管理，积极筹建高速公路路网管理与应急处置中心，继续组织、实施好公路安保工程和危桥改造工程，规范标志标线设置，提升公路安全保障能力。

四是体制机制上要有新突破。进一步完善高速公路集中统一管

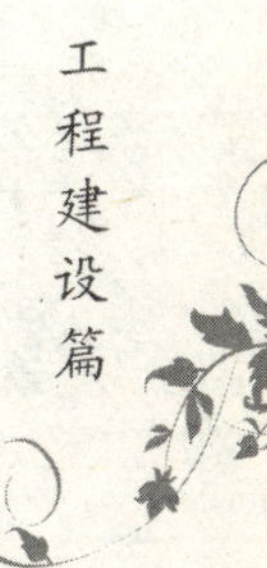

理体制,按照投资来源的不同,划清政府还贷公路和经营性公路的界限。对政府投资形成的资产以及债权债务,作为行政事业性资产全部移交给省高管局;对经营性公路实施政策监管下的特许经营,通过高管局对全省高速公路实施统一规范行业管理。进一步完善收费公路运行机制,建立全省高速公路、普通公路和农村公路建设统贷统还机制,严格规范普通收费公路的设立和管理,严格控制收费标准,增强普通收费公路还贷能力,拓宽农村公路建设筹融资渠道。进一步深化公路养护管理体制改革,坚持"管养分离、事企分开",积极稳妥地推进公路养护市场化、社会化进程。"十一五"期,省厅按每公里县道3 500元、乡道1 000元、村道500元标准安排养护资金,力争通过3年努力,建立"统一领导,分级管理,以县为主,乡村配合"的农村公路管理养护长效机制。

三、弘扬"刚毅精神",奋力赶超先进

一是弘扬"刚毅精神",赶超先进定规划。根据全国会议确定的发展目标,结合湖北实际,"十一五"时期,全省公路平均好路率要确保达到80%以上,其中国省干线公路平均好路率达到90%,平均IRI值(平整度指标)在3.5以下;高速公路平均优等率达到96%,养护质量指数MIQ值保持在95以上,各分项指标保持在85以上;养护工程质量合格率达到100%,优良率达到90%,绿化覆盖率达到95%,努力实现"畅、洁、绿、美、安、舒"的目标。

二是弘扬"刚毅精神",创新管理谋发展。要善于"跳出行业看行业",善于学习借鉴先进的管理理念和技术手段,着力创新公路养护管理,努力推动养护工作从被动型、经验型、粗放型向预防性、科学化、专业化方向转变;要高度重视和加强预防性养护,加强动态管理和病害监测,建立完善公路路况评价机制和桥梁技术状况预警机制,根据公路、桥梁技术状况衰减规律,合理确定最佳

养护时机和周期，落实养护资金，及时安排养护工程；要坚持引进先进技术和自主创新并重，着力提升养护机械化水平、进行关键技术攻关，提高管理科技含量，努力将交通公路行业打造成“学习型、创新型”的行业。

三是弘扬“刚毅精神”，为民服务保安全。“十一五”时期，公路交通部门要唱响公共服务的主旋律，着力加强公共服务能力建设。在思想认识上，要从管理向服务转变，主动适应使用者的需求；在工作方式上，要从方便管理者向方便使用者转变；在管理手段上，要从注重依靠行政手段向综合运用法律、行政、经济等综合手段转变，全面提升公路综合服务功能。要千方百计提高公路建设质量和耐久性，从根本上减少养护周期和作业量；进一步加强养护施工路段的交通组织，尽量缩短养护作业时间，减少对公众出行的影响；进一步提高应急处置能力，提高公路抗灾能力；及时发布公众出行信息，为群众提供出行服务；进一步提高窗口单位和执法人员的服务意识，真正寓管理于服务之中。

四是弘扬“刚毅精神”，打造队伍强素质。刚毅同志出在湖北、出在交通，他的先进事迹和崇高精神，集中体现了新时期共产党员践行“三个代表”重要思想的先进性，体现了交通工程技术干部自主创新、科学严谨的时代感，体现了交通援藏干部心系藏胞、奉献边疆的民族情，具有鲜明的时代特征、行业特点和榜样力量。推进新时期公路建设养护管理工作提速创优、实现又好又快发展，需要千千万万个刚毅式的交通干部职工，我们要认真学习刚毅同志对质量一丝不苟、对诱惑一尘不染、对技术精益求精、对事业无私奉献的优秀品质和崇高精神，努力像刚毅同志那样抓建设、抓养护、抓管理、抓廉政、抓安全，在工程质量管理方面做到“决不留豆腐渣工程，不让群众指着脊梁骨骂”，在廉洁自律方面做到“常在河边走就是不湿鞋”，努力培养更多的刚毅工程队、刚毅养护队和刚毅式工程技术人员，建设一支政治素质高、技术业务精、工作作风正的交通干部职工队伍，以“刚毅精神”促进公路交通工作提速创优。

（节选自2006年在全省公路建设养护管理会议上的讲话）

修好农村路　服务新农村

“十五”以来，根据交通部关于“修好农村路，服务城镇化，让农民兄弟走上油路和水泥路”的要求，我们坚持以“扶持农村、反哺农业、回报农民”为出发点，全面加快了农村公路建设。“十五”期间，全省共完成农村公路投资190亿元，全省基本实现乡乡通沥青(水泥)路，97.1%的行政村通公路，行政村通沥青(水泥)路率达到41.7%，乡(镇)和行政村通客运班车率分别达到98%和69%。农村公路交通体系取得突破性进展。

我们具体做法是科学合理定规划，政策驱动促建设，科教普及保质量，建养并重育典型，扶持引导抓延伸。

一是科学合理定规划。《湖北省“十五”农村公路建设计划》确定了主要以提高通达率为着力点的“十五”农村公路发展目标。2003年，根据农村公路迅猛发展的实际，我们及时调整了目标：到2007年，实现73%的行政村通油(水泥)路。其中，粮食主产区行政村油(水泥)路通达率目标为80%，高于全省平均水平7个百分点。到2010年，实现90%的行政村通油(水泥)路。在规划编制过程中，我们加强了对各市(州)农村公路建设规划编制工作的指导服务，注重做到“四个统筹”，即：统筹农村公路建设速度、质量和效益协调发展，坚持在确保质量的前提下加快进度，坚持因地制宜，避免盲目提高标准；统筹农村公路建设、养护与管理协调发展，坚持建设、养护、管理并重，积极探索农村公路养护管理长效机制；统筹农村公路建设和农村客运网络协调发展，在努力提高农村公路通达深度的同时注重提高农村客运班车的通达率和覆盖面，着力解决农民群众出行难问题；统筹农村公路建设与生态环保协调发展，尽量降低工程建设对农业资源和自然景观的影响，做到建成一条农村公路，繁荣一方城乡经济，美化一片乡村环境，以促进农村经济社会可持续发展。

二是政策驱动促建设。省政府成立了分管省长挂帅的县际及农村公路建设领导小组，把修建农村公路作为省政府为民办实事之一，出台了一系列明确的政策支持。2004年出台了《湖北省人民政府关于加快湖北交通发展的决定》，决定进一步加大对农村公路建设资金投入的倾斜和支持力度，明确了国省干线与县乡公路统贷统还政策。2005年7月1日调整了公路养路费征收标准，专项用于公路安保工程和通村公路建设；明确以2004年全省高速公路通行费营业税为基数，将递增部分的30%用于农村公路建设。省交通厅按照“谁积极就支持谁”的原则，实行了通村公路和候车站（棚）建设以奖代补政策，2005年通村油路补助标准由每公里奖励5万元提高到7万元，并实行资金预拨制度，产生了强大的政策效应。各级地方政府立足于自力更生，纷纷制定出台加快农村公路建设的具体政策。潜江市委、政府决定连续5年由地方财政共拿出1亿元资金用于交通建设；连续5年每年从财政转移支付中拿出600万元用于公路路基建设和农村非列养公路的养护；连续5年执行“一事一议”办交通制度，农村的积累工、义务工全部用于通村公路建设；连续5年免征交通资金调控基金。仙桃市财政对通乡公路每公里补助10万元，通村公路每公里补助2万元，将路基工程建设所需用工纳入全市水利用工计划集中安排，并明确将过境高速公路建设所征税收用于农村公路建设。

三是科教普及保质量。大规模农村公路建设启动后，我们及时组织科研单位，对《水网湖区公路典型路面结构》和《低交通量农村公路路面典型结构》进行研究，积极探索适合湖北不同地形地质条件的农村公路典型路面结构。为提高农村公路机械化施工水平，我们集中了1.79亿元机械设备购置费，购置施工机械1 288台套，配置了79个机械化大道班，为农村公路建设推行机械化施工奠定了基础。针对农村公路建设技术人员缺乏、管理力量薄弱的实际，我们加大了技术培训和指导力度，组织了农村公路项目管理培训班，召开了油路面病害及防治技术研讨会，拍摄了农村公路水泥路面施工工艺科普片，免费发放全省966个乡镇，为广大参与农村公路建设的基层干部和农民群众提供生动直观的技术培训。我们先后制发了湖北省《干线路网及农村公路质量巡检办法》和《关于加强农村公路工程质量监督意见》等一系列规章制度，严格了质量监控，加强了资金监管，并建立了定期调度制度、片区督办制度、质量巡检制度和交叉检查制度，有力促进了全省农村公路建设质量的提高。

四是建养并重育典型。为加强农村公路建设和养护工作，我们在交通部确定仙桃市、潜江市为全国县通乡公路示范工程的基础上，推树了8个单位、4个层次的农村公路建设示范点。经过努力，这8个示范单位分别从不同侧面探索积累了农村公路建设养护管理的经验和做法。其中，潜江市的"委托管养模式"和谷城县五山镇的"协会管养模式"对农村公路养护制度的研究具有较强的借鉴意义。潜江市从财政转移支付中每年安排300万元建立农村公路养护基金，在财政设立专户，由市交通局组建农村公路建设养护管理办公室，指导各乡镇配备的养护人员进行农村公路养护管理，保证了农村公路养护的资金和队伍。谷城县五山镇成立了乡村公路管理协会，各村设立分会，依据协会章程，募集乡村公路建设养护资金，并根据"属地管理，分段负责"的原则，按照水泥路每人管养5公里、油路每人管养4公里、砂石路每人管养2公里的标准配置专(兼)职乡村公路养护工，落实了养护责任。

五是扶持引导抓延伸。按照交通部关于"路通到哪里，车就通到哪里"的要求,我们高度重视农村路运一体化建设,坚持在修好农村公路的同时大力发展农村客运市场,率先在农村公路示范点进行了"把公路修到农民家门口,把车站设到农民家门口,把班车开到农民家门口"的有益尝试,突出"以人为本",在符合技术标准的公路、具备通车条件的地方及时配套服务设施,制定了全省通行公路候车站(棚)、简易招呼站规划图,并按照每建成一个候车站(棚)补助1万元、招呼站补助500元的标准实施以奖代补,并及时投放运力。为促进农村客运发展,潜江市政府制定了"一免、两减、三规范"的农村客运扶持政策,将客运附加费由每客位65~80元降低到10元。近年来,共建设农村客运站点118个、候车站(棚)325个、招呼站940个,开通农村客运班线2 499条。农民群众出行难、乘车难的问题得到了较好解决。

十六届五中全会提出了建设社会主义新农村的重大历史任务。湖北作为全国重要的农业大省,加快社会主义新农村交通建设具有重要意义和作用。"十一五"期,我们将按照交通部和省委、省政府的战略部署,坚持以服务社会主义新农村为全省交通行业的重大战略任务和神圣历史使命,以加快农村公路建设为重点,以反哺农业、回报农民为目标,集中政策、集中资金、集中力量,着力推进社会主义新农村交通建设,努力打造"网络村镇、安全经济、人便于行、货畅其流"的交通环境。

(节选自2006年在全国农村公路建设会议上的发言)

把"实事办实、好事办好"

中共中央政治局委员、省委书记俞正声同志多次深入乡镇一线了解"三最"问题,走访农户、视察工地、与农民交谈、到现场对农村公路建设进行调研,明确提出了"四个控制一个充分"的指示,即控制建设规模、控制建设范围、控制建设标准、控制建设程序,充分尊重农民意愿,明确要求把"实事办实、好事办好",对全省农村公路建设指明了方向,对全省交通部门提出了新的要求。各级交通部门要认真贯彻落实俞正声书记指示精神,坚持为民服务宗旨,了解民情、尊重民意,坚持实事求是、量力而行、因地制宜的原则,努力推进农村公路又好又快发展,真正将新农村交通建设这一实事办实、好事办好。全省交通公路部门要进一步加强行业指导,坚持"六个严格",积极稳妥地推进工程建设。

一、严格按规划推进

随着建设社会主义新农村重大历史任务的提出,基层政府和广大农民群众热情很高,迫切要求多修路、快修路、修好路,特别是目前农村公路发展水平较低的地区,普遍要求进一步加大建设规模,增加建设任务。考虑到各地经济实力和建设需求差异较大,为避免一哄而上,造成负担过重,各地农村公路建设必须严格依据全省农村公路发展规划和年度计划,进一步完善本地农村公路建设发展规划,细化年度建设计划,坚持积极发展和实事求是相结合的原则,既注重引导各地发扬自力更生、艰苦奋斗的精神,最大限度改善农村交通条件,又注重结合当地经济发展需要和资金落实情况,做到量力而行,分步实施,稳步推进。

二、严格按范围实施

为适应社会主义新农村建设总体规划,确保农村公路建设有序协调发展,避免重复建设,农村公路要严格按照国家确定的通建制村(行政村)建设范围组织实施。根据交通部有关规定,结合我省实际和资金情况,现阶段我省通村公路建设重点是解决由乡镇通达行政村公路的路面硬化问题。

三、严格按标准建设

农村公路不在宽而在适用,等级不在高而在实用。农村公路建设要始终坚持"充分利用旧路资源,着重提高路面等级,完善防护排水设施,增强晴雨通行能力"的建设原则,严格控制技术标准,科学选用技术指标。结合我省实际,通村公路路面宽度一般为3.5米、水泥路面厚度为18厘米、沥青碎石(混凝土)路面厚度为3厘米。积极推广就地取材、质量易于控制、利于后期养护的路面结构,以降低工程造价,避免脱离实际的高标准、高指标。

四、严格按程序办事

农村公路建设应按照简便适用、切合实际的原则和国家规定的程序组织建设。符合法定招标条件的,应当依法进行招标,招标结果应当进行公示。根据交通部规定,含群众集资、农民投劳或利用扶贫资金的通村公路建设项目,以及未达到法定招标条件的项目,可以不进行招标。

五、严格质量监管

认真落实工程质量终身负责制，建设单位和施工单位必须依据职责明确质量责任，所有农村公路建设项目必须在施工现场设立公示牌，公告建设、设计、施工、监理单位和责任人，以及主要施工工艺、质量控制措施和举报电话等。加强农村公路建设质量监督，省交通厅对规划内的农村公路建设项目，已由省厅质监站按通村公路每公里100元的标准，从省管质监经费中安排资金对农村公路质量监督工作进行定额补助，各市、县交通部门质量监督机构要切实加强人员配备，加大质量巡检力度。要加强农村公路建设技术指导、培训和服务，发放农村公路建设路基、路面科普教育资料，进一步落实应知应会、实用技术和质量监督知识培训，切实提高交通公路部门行业监管覆盖面；要充分发挥乡镇政府、村委会和理事会（协会）的作用，借助社会力量和群众监督加强质量评检、抓好工程质量。

六、严格"一事一议"

农村公路建设必须充分尊重农民意愿，坚持依法依规组织"一事一议"，按照民主程序和自愿原则，召开村民代表大会或村民大会，民主决策农村公路建设有关事宜，做到不修农民不需要、不愿意修的路。要认真总结借鉴谷城县五山镇和监利县闸上村的建设经验，积极倡导和鼓励通过农村公路建设管理理事会或协会的形式，组织实施农村公路的筹资、建设和管理养护，加强群众监督，做到公开、透明。严防新增村级债务，加重农民负担。

（节选自2007年在全省公路建设养护管理会议上的讲话）

“路、站、运、渡”一体化

农村客运和乡镇渡口是农村公路建设的延伸。各级公路、运管、港航部门按照“车头向下、村口始发,四定一挂、程序简化,通村达户、平安到家”和“渡口建管、乡村主导,坡岸硬化、设施配套,渡船适航、渡工持照,安全渡运、方便可靠”的路、站、运、渡一体化的服务理念,加大了资金投入和组织实施力度,但个别地方仍然存在重路轻站、重路轻渡、重干线运输轻农村运输的现象,工作进展不平衡。各地要采取有力措施,切实加快路、站、运、渡一体化建设步伐。

一、坚持依靠地方政府,统筹客运站点发展

全面推进农村客运站点设施建设,必须坚持地方政府为主体,充分调动县、乡镇政府和村民委员会的积极性,真正使客运站点建设由部门行为转变为政府行为和社会行为。坚持多渠道筹资机制,在省定额投资补助资金外,积极争取地方政府通过税费减免、招商引资、村民“一事一议”等方式落实配套资金;积极探索由运输管理部门、沿线乡镇政府与相关村委会或经营业主签订管理合同的方式,保证客运站点功能的发挥和站点设施的完好。

二、坚持合理规划布局,适应群众出行需求

要按照“路通车通”的原则,科学编制农村客运发展规划,合理布局客运站点。在站点布局规划上,要将农村客运站点纳入农村公路

建设规划，坚持与公路建设同步规划、同步设计、同步施工。在站点选址上，要以便民、利民为原则，遵循农民出行习惯，选择好客源聚散地。在站点建设上，要以安全、畅通为原则，可建造港湾式站点，尽量不占用公路行车道。在站亭式样上，要以简捷、牢固为原则，严格控制标准和造价，不贪大求洋，注重满足农民群众出行的基本需要。

三、坚持政策引导，鼓励农村运力发展

按照"社会投资、政府补助"的理念，省厅将逐年投入资金，支持农村客运车辆更新改造。对符合农村客运运力发展规划，承诺为农民出行提供服务的新增农村客车，按每客座400元标准实施定额补助。省运管局要尽快制定出台具体实施意见；各地交通、运管部门要进一步加大政策宣传力度，简化审批程序，积极创建农村客运示范线，鼓励农村运力发展，确保运力补助资金落实到位。

四、坚持以人为本，全面完成渡口达标改造

根据全省乡镇渡口实际，省厅决定分三年时间实施达标改造。省港航局要进一步加强改造达标渡口的前期工作和工程建设管理；交通港航部门要积极争取县乡政府支持，优先安排改造群众急需又无力更新船舶的渡口、存在严重安全隐患的渡口、学生渡口、旅游渡口及三峡库区蓄水后新增渡口，全面提升渡口渡船安全技术水平，努力让农民群众过上平安渡、乘上放心船。

（节选自2007年在全省公路建设养护管理会议上的讲话）

加快武汉城市圈交通运输一体化建设

一体化是当今世界经济发展的总趋势,实施武汉城市圈发展战略本身就是省委、省政府为应对经济发展一体化和实施“中部崛起”战略的重大决策和部署。2004 年以来,省委、省政府坚持将实现“一体化”作为推进武汉城市圈建设的重要目标和工作抓手,集中政策、集中精力推进“交通基础设施建设一体化、产业一体化、区域市场一体化、通信网络一体化、环境保护与生态建设一体化”顺利发展,其中“以交通基础设施为先导,积极推进基础设施建设一体化”始终是“五个一体化”进程的重中之重。省第九次党代会报告进一步明确要求打造现代物流基地和综合交通运输枢纽。国家《综合交通网中长期发展规划》明确了今后一个时期重点建设的综合运输大通道、国际区域运输通道和全国性综合交通枢纽。构建湖北综合交通运输枢纽就是要深刻认识多种交通运输方式的比较优势和内在联系,努力建设互联互通、优势互补、功能完善、内畅外联的综合交通运输体系。要深入推进“四个一体化”,构建武汉城市圈综合交通运输体系。

一是深入推进公路基础设施一体化,加强城市圈“1 + 8”城际通道建设。武汉 7 条高速出口路是城市圈交通一体化建设的龙头工程,要进一步采取得力措施,进一步加大调度,攻克制约汉蔡、汉麻和汉洪等项目的薄弱环节和控制性工程,确保实现青郑、汉蔡、汉英、汉麻 4 条高速出口路建成通车,汉洪高速出口路基本建成。进一步加大跟踪服务力度,确保麻武、杭瑞、武汉左岭至鄂州花湖公路前期工作步伐。切实增强计划执行的严肃性，加大调度力度，加快项目进展，进一步加强区域道路的联通配套、上等升级。

二是深入推进客货运输一体化，加强现代物流基地建设。国务院《关于加快发展服务业的若干意见》强调优先发展运输业，提升物流的专业化、社会化服务水平，大力发展第三方物流。武汉城市圈要按照构建现代化道路客运服务系统和物流服务体系的目标，进一步加大道路运输一体化推进力度，真正实现客运"零换乘"、货运"无缝衔接"，提高城市圈交通运输综合效益和服务水平。

要进一步加快以武汉、黄石国家公路运输枢纽建设为重点的武汉城市圈公路枢纽站场建设；重点推进武汉杨春湖客运换乘中心建设，该项目是新建的武汉火车站的重要配套项目，要按照以人为本、构建和谐交通的要求，使之建设成为实现铁路、轨道交通、长途客运、城市公交、出租汽车等多种运输方式之间零距离换乘的综合客运换乘中心。要进一步加快城市圈站场建设，积极争取地方政府在项目用地、征地拆迁及税费等方面加大支持力度。进一步加大路站运渡一体化建设力度，加强候车棚等农村客运点管理。在总结经验的基础上，城市圈交通部门要积极推进公交一体化步伐，探索总结出一套行之有效的经验做法。

三是深入推进港航建设一体化，加强武汉航运中心建设。《武汉港总体规划》将武汉港定位为"全国内河主要港口和长江干线主枢纽港"，将236.7公里长江岸线和112.9公里汉江岸线的武汉港区规划为23个港区，其中长江17个，汉江6个，并明确以阳逻、青山、北湖、杨泗、金口等5大板块为主构建武汉港，形成现代化港口集群。要将规划落实到位，加快武汉航运中心建设，就必须进一步牢固树立"前期就是投资"的理念，进一步明确责任、严格奖惩、狠抓落实，以实实在在的前期工作成果抢抓发展机遇。要进一步加大港航工程建设管理力度，进一步加大督办力度，促使各项目单位抓住有利施工季节加

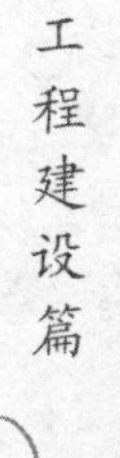

快建设。要进一步加大城市圈港口资源整合力度，积极推进武汉、鄂州等港口资源整合，着力提升武汉城市圈水运辐射能力。

四是深入推进交通服务一体化，着力实施统一规范管理。要将营造统一、公正、公平的交通市场作为推进城市圈交通一体化发展的重要基础。进一步建立完善沟通协调机制，积极探索对城市圈交通政策、运输资源、市场环境进行统一规划、统一管理、统一组织、统一调配，打破市场分割，消除政策壁垒，整合管理资源，推动区域运输资源流动，促进城市圈交通服务的整体优化和协调发展。进一步规范城市圈规费征收政策、清理不平等优惠政策。进一步规范城市圈交通市场管理，建立统一有序、公平竞争、优质高效的运输服务环境。

要突出抓好《武汉城市圈公路水路交通发展规划》的贯彻实施。加快《武汉城市圈公路水路交通发展规划》（下简称《规划》）制定，为率先构建综合交通运输体系提供理论指导和规划保障。依据《规划》，加大对规划项目的支持和实施力度，加强对交通对接工程的指导和协调力度，夯实城市圈交通一体化建设的物质基础。

（节选自2007年在武汉城市圈第四次交通发展联席会上的讲话）

路景相融　自然神宜

探索资源节约型、环境友好型交通发展模式，是贯彻科学发展观、建设交通生态文明的需要，也是创建创新型交通行业、打造现代交通业的需要。全国首条科技环保示范路——神宜公路的建成通车，凝聚了各级领导的关心指导，汇聚了交通行业多年的实践创新。

湖北地处中国腹地、长江中游，在全国交通运输格局中具有承东启西、接南纳北、通江达海、辐射全国的独特交通区位优势，省会武汉素有“九省通衢”的美誉。神农架是全国唯一以“林区”命名的行政区，位于湖北省西北边陲，北顾武当，南镇三峡，西望陕渝，东瞰荆襄，拥有当今世界中纬度地区唯一保持完好的亚热带森林生态系统，是国家级森林公园、地质公园和野生动物保护区，是联合国教科文组织“国际人与生物圈保护区”，是世界自然基金会“生物多样性保护示范点”。在这里发现并整理出版的《黑暗传》被专家学者誉为汉民族的创世纪史诗，填补了汉民族无创世史诗的空白。神宜科技环保示范路是209国道的一段，连接神农架林区木鱼镇和宜昌市兴山县高阳镇昭君桥，全长52.96公里，是由南往北进入神农架核心风景区唯一的公路通道，也是联系湖北长江三峡、神农架、武当山等“一江两山”国际旅游区的重要旅游通道。2006年3月，我省对神宜公路实施保护性改扩建。在建设实践中，省厅按照“路景相融、自然神宜”的建设目标，始终坚持将打造“两型交通”作为发展的“第一选择”，将“保护好生态环境”作为设计的“第一追求”，将“恢复好生态环境”作为施工

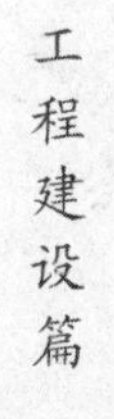

的"第一原则",将"科技创新促进生态环保"作为建设的"第一动力",将实现"自然环境原生态"作为验收的"第一关口",并将"五个第一"理念贯穿到项目设计和施工管理全过程,着力打造"路在林中展、溪在路边流、车在景中行、人在画中游"的神宜公路生态新景观,为服务神农架经济社会又好又快发展尤其是原生态旅游经济发展奠定了坚实的基础,为打造资源节约型、环境友好型交通进行了有益的探索。

一、坚持将打造"两型交通"作为发展的"第一选择"

交通行业作为一个资源依赖型和能源消耗型的传统行业,对不可再生资源的依赖性较强,资源占用、能源消耗、环境污染等问题日益突出,以节约环保可持续的理念重新审视交通发展,打造"资源节约型、环境友好型"交通势在必行,若不加快结构调整、转变发展方式,则资源支撑不住,环境容纳不下,社会承受不起,发展难以为继。为此,我们坚持将打造"两型交通"作为交通发展的第一选择并积极付诸实施,努力实现"五个转向"。

(一)从重工程建设转向重生态环保

神农架茫茫的林海、完好的原始生态系统、丰富的生物多样性,构成它绚丽多彩山水画卷,被称为全球中纬度的"绿色奇迹"。它不仅是整个华中地区的"肺",也是南水北调中线工程的重要水源区和三峡库区的天然绿色屏障,对整个长江和汉江中下游地区的水土保持、涵养水源、改善生态环境和维持生态平衡发挥着不可替代的作用。2004 年 12 月,中共中央政治局常委、全国政协主席贾庆林在中共中央政治局委员、省委书记俞正声,省长罗清泉,交通部部长张春贤等领导陪同下视察神农架林区,对修建林区旅游公路高度重视并提出了明确要求。交通运输部部长李盛霖,副部长翁孟勇、高宏峰、冯正霖,湖北省人大副主任任世茂,副省长李春明等领导同志,多次听取工程的汇报，明确指示将神宜公路创建成为资源节约、环境友好的示范工程，促进神农架林区旅游资源的开发和湖北经济的发展。省厅在现场踏勘和反复论证的基础上，充分认识到神农架林区自然资源的稀缺性、生态环境的脆弱性和神农架林区在全国的唯一性，高度重视生态环境保护，决心着力遏制“先污染、后治理，先破坏、后恢复”的恶性循环，修建一条“路景相融、自然神宜”的生态旅游公路，给子孙后代留下宝贵的社会财富，而不是永久的历史缺憾。

（二）从重项目规模转向重资源节约

项目立项之初，沿线地方党委、政府多次向中央、省有关领导汇报，强烈要求修建高速公路。各级交通部门始终从资源节约、生态环保的角度进行反复宣讲，促进了地方党委、政府公路建设理念的转变。特别是通过实地学习考察川九公路，地方党政领导进一步加深了对资源节约、生态环保的认识，主动将建设标准由原来的高速公路调整为一级公路，又将一级公路调整为二级公路，《人民日报》为此发表了《呵护神农架保护区，生态旅游高速公路改为二级公路》的文章。通过科学决策和优化设计，不仅使工程造价由原来的20多亿元减少到3.84亿元，新征土地从4 000多亩减少到620亩，而且避免了大填大挖对沿线生态资源的大量破坏。

（三）从重服务出行转向重旅游经济

神农架是国家旅游局确定的全国六大生态旅游区之一。20世纪90年代以来，其生态旅游业迅速发展，成为神农架经济社会发展的支柱产业。神宜公路沿线就有香溪河、神农架国家级自然保护区、三峡珍稀树木园、神龙洞、滴水岩、猴子包峡谷和天生桥等10余处自然景区，有昭君故里、神农坛等人文景观，有美人昭君、诗人屈原、圣人神农、野人传说，以及汉文化史诗《黑暗传》等众多文化元素。神宜公路不仅要提供点对点的通道服务，更要一线穿珠、串起通道沿线的知名旅游景点，使人们在行进中领略神农架风光，感受大自然魅力。因此,在神宜公路建设伊始,我们就将项目定位为兼具旅游走廊和交通通道双重功能的生态环保旅游公路,并在工程建设实践中不断加以探索和深化,真正实现人与自然和谐、路与自然和谐。2007年10月1日神宜公路建成通车时,神农架林区党委书记王海涛专门给省厅发来传真:"这是湖北第一条生态景观路,也是一条惠及全区人民的致富路,我代表全区人民对交通部门表示由衷的感谢!"省旅游局局长等纷纷感叹:"神宜公路路景相融,风光旖旎,游客爆满,人气暴涨!景美、路更美!"游客们普遍反映:神农架风景如画,神宜路锦上添花,成为林区一道靓丽的新景观。神宜公路的建成通车,成为神农架旅游的最大亮点。自驾车、自助游的游客日趋增长,呈现出旅游淡季不淡、旺季更旺、冬季旅游不再"冬眠"的新气象。

(四)从重学习借鉴转向重集成创新

在认真贯彻交通运输部"六个坚持、六个树立"的公路勘察设计新理念、学习借鉴川九公路建设经验的基础上,省厅坚持以科技、环保、节约、示范为目标,专程前往日本学习名神公路和北海道公路因地制宜,不刻意追求宽平直,重视资源节约和生态环保的先进经验,联合交通运输部科学研究院、公路院制定了《神宜公路生态环保工作指南》,聘请部规划研究院担任设计咨询单位,委托部科学研究院进行绿化工程咨询,邀请省社科院、湖北美院等省内景观、楚文化方面的专家学者进行评审把关,对标准和方案进行多方咨询和反复论证,以最大限度地集中各领域专家的智慧力量,发挥多领域专家的综合优势。交通运输部专门组成了专家咨询组,部领导和规划司、公路司、科教司等司局领导对项目建设倾注了极大的热情和心血,多次深入工程一线进行咨询指导。在项目建设中,指挥部和各参建单位自觉将学习借鉴、自主创新落实到神宜公路建设管理、生态环保、资源节约、科技创新、设计施工和公路文化等方方面面,为打造路景相融的神宜公路奠定了坚实基础。

（五）从重方便施工转向重安全便民

神宜公路作为一条沿溪线，施工作业面非常狭窄，布设施工便道非常困难，特别是作为进入神农架核心风景区唯一的公路通道，不仅人员车辆进山频繁，而且大型考察接待任务繁重，施工保通的压力异常艰巨。如何在边通车、边改建的复杂条件下又好又快推进交通建设，是建设者面临的一大挑战。为确保项目又好又快推进，省厅将神宜公路建设纳入全省交通重点工程管理，由省公路局组建项目业主，按照修建高速公路的模式选配人员组建指挥部，按照修建高速公路的理念实施精细施工，明确一名厅领导具体联系指导项目建设，选调技术骨干分批驻扎工地进行定期调研督导。同时，紧紧依靠省、市、区党委、政府和神农架、宜昌市兴山县协调指挥部支持，实行每天分时段封闭施工管理，在双休日、节假日和重大接待活动期间开放交通，确保人民群众安全便捷出行。项目指挥部先后组织开展了"百日大战"、"迎春创优杯"等劳动竞赛，组织施工单位充分利用有效施工时段科学安排，交叉作业，夜以继日，平行推进，安全有序，保质保量，努力将更多的时间、更大的便利让给人民、服务社会。工程自2006年3月开工建设，到2007年9月建成通车，历时一年零六个月，未发生一起重大工程安全事故，实现了边通车、边施工、保质量、保安全的建设目标，真正做到了又好又快发展。

二、坚持将"保护好生态环境"作为设计的"第一追求"

设计是工程建设的灵魂。按照以人为本、节约资源、保护环境、协调发展的核心价值，我们成功引入了"灵活性设计理念"和"宽容性设计理念"，真正变设计工作为设计创作，变设计产品为设计作品，努力做到了"四个注重"：

（一）注重灵活掌握技术指标

针对项目特殊的地质地形条件，在确保安全的前提下，我们不一味追求技术指标的严格统一,不一味追求裁弯取直,坚持因地制宜,随弯就弯,易宽则宽,灵活运用,合理掌握。路线平面线形以曲线为主,充分运用对称或非对称基本型、S 型、卵型、复合型等各种线形,对虚拟中线进行精确拟合,以充分利用线形。全线共设置了 94 个弯道,总长 41.06 公里,占总里程的 77.5%,既减少了对环境的破坏,又使路景交融,自然和谐;纵面线形设计中,兼顾桥、隧、平面交叉布置,尽量利用老路,基本做到各标段内土石方填挖基本平衡,力求"零弃方"。同时对于地形条件好的采用高指标,困难路段采用低指标。全线 42% 的路段路基宽度为 9 ~ 10 米,路面宽 8 ~ 9 米,其他路段路基宽 8 ~ 9 米,路面宽 7.5 ~ 8 米。

(二)注重利用老路资源

神宜公路所依托的 209 国道,是 20 世纪 60 年代,我省通过农民工建勤修建的第一条通往神农架的公路,公路标准低、线形差,既窄又险,平均宽度只有 5 ~ 7 米,基本无规则线形可言,局部纵坡大,有的已经超过 8%;道路安全隐患多、抗灾能力弱,遇到雨雪天气,往往只能封闭道路、中断交通。其间,虽几经改建,加强养护,但基本上仍然是"二级路的路面,三级路的平面和四级路的纵面"。为了探索打造"两型交通"的新路子,本着最大程度地保护环境、最大可能地节约资源、最大限度地利用老路的原则,我们突破公路设计的传统思维,创造性地确立了半路半桥、悬挑帮衬、宜路则路、宜桥则桥、宜隧则隧、桥隧相连的公路建设新理念,共新增 11 座半幅桥、6 处悬挑板、20 座全幅桥和 5 座隧道,全线直接改建老路 44.1 公里,老路利用率达 83%。剩余老路全部转为专用道路、集镇街道、乡村道路或停车道、绿化带。

(三)注重保护自然原生态

为避开沿线生态环境敏感的国家珍稀植物园、易发山体滑坡带和红花坪等人口密集区域,神宜公路改线新建路段 17%;为尽量减少开挖量,最小程度地破坏,通过优化设计,全线调整路线平面3.8%,调整纵断面19.9%,调整横断面4.7%,开山炸石比原设计方案减少32处、减少土石方约15万立方米,占设计总量的24.8%;为全力保护自然原生态,实现公路与自然和谐,采用了"露、透、封、清、避、绣"相结合的措施,即对近景好的进行"露",远景好的进行"透",景不好的通过绿化"封",对碍观建筑物、"三杆"和沿线危石进行"清",对险要路段和国家珍稀植物园等敏感区域进行"避",并通过生态绿化和设施美化进行"绣",采取自然敞植灌木、草坪中灌种野花等方法来美化。全长53公里的神宜公路,依山傍水,桥隧连接,曲径通幽,浑然天成,从峡谷到溪边,从山坡到村镇,几乎没有明显的人工痕迹。

(四)注重宽容性安全设计

围绕交通事故"不应以人的生命为代价"的理念,采用"路侧净区"的概念,将路侧净区作为设计的重要组成部分,为驶离路面的车辆提供一个安全返回的空间。路侧净区具体包括净区宽度(主要利用旧路改造后的废弃老路)、净区边坡(边坡坡度不陡于1:3)、净区内排水设施(路缘石和边沟略低于路面)和宽容的交通工程。全线路侧净区设计灵活,不片面追求净区宽度,而是充分利用地形,依山就势。坚持以人为本,注重细节设计,在路线沿溪侧均设置完善的护栏设施,在满足安全的前提下,护栏尽量开阔、通透,减少行车的压抑感。运用运行速度理念,从实际行驶状态出发,针对不同车辆,通过降低相邻路段的容许速度级差,达到线形协调、消除安全隐患。全线设置了57处紧急停车带、2处停车休息区,8处观景台和环保厕所等公益环保型营运管理设施,以充分满足驾乘人员和广大游客的需要。

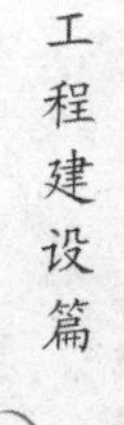

三、坚持将"恢复好生态环境"作为施工的"第一原则"

生态保护是核心,施工管理是关键。山区公路建设总是在依山傍水、穿山越壑中蜿蜒前行,施工过程中难免要开山炸石,会对生态和植被造成不同程度的破坏。在施工中,我们始终坚持最大限度的保护、最小程度的破坏和最强力度的恢复,努力做到"三个结合"。

(一)将恢复公路生态环境与展示"绿色奇迹"有机结合

神农架是地球同一纬度地区唯一一块保存相对完好的原始森林,堪称全球中纬度的"绿色奇迹",其保存相对完好的生态系统具有巨大的生态价值和经济价值。在恢复生态过程中,我们因地制宜采取多种绿化方式,充分考虑当地植物生长和植物群落演替的规律,注重植物景观随时间、季节逐渐变化的效果,力求达到"四季常绿,三季有花,错落有致,色彩丰富"的景观效果。

(二)将恢复公路生态环境和人文景观有机结合

通过游客休息区、观景台、文化墙、步游桥、石刻标志牌等服务设施和公路自身的路容路貌,将项目沿线自然天成的景观元素"橘香"、"茶韵"、"峡幽"、"石趣"、"木秀"、"水灵"等有机"珠链"成为溯源香溪、探秘神农、寻梦百里画廊的公园式通道,并将"美人昭君、诗人屈原、圣人炎帝、野人传说"等"美、诗、圣、野"文化元素有机地融为一体,充分展示了神宜公路丰富的文化内涵。

(三)将恢复公路生态环境与沿线地方环境治理有机结合

在最强力度地恢复公路生态环境的同时,沿线地方政府主动聘请中南规划设计院等部门对沿线建筑物统一进行美化设计,采取以奖代补政策,着力解决长期以来沿线建筑物脏、乱、差等状况,打造协调美观的生态公路环境。

四、坚持将"科技创新促进生态环保"作为建设的"第一动力"

科技是支撑,创新是动力。为充分体现神宜公路"科技创新"、"生态环保"、"资源节约"、"以人为本"、"设施配套"、"功能完善"等示范作用,实践中,我们努力做到"两个坚持"。

(一)坚持科研攻关促进生态环保

承担了"神农架木鱼坪至兴山昭君桥旅游公路环境工程技术研

究与示范”西部交通建设科技项目，开展了公路边坡植物群落诱导技术、公路景观资源质量评价和景观协调技术、公路弃渣等废弃物利用技术等研究，以科技创新成果指导生态环保公路建设。例如：利用废弃沥青材料，就地用于公路交叉道口的路面铺筑；利用建设中产生的伐木、树根等有机材料，作为坡面绿化植生基材或边坡防护材料进行利用；利用填挖平衡设计研究，尽量减少废弃土石方；利用表土资源用于生态环境恢复；利用自然保护区生物多样性的自然群落诱导技术促进人工植被与原生态环境协调相融。

（二）坚持应用“四新”技术促进生态环保

在勘测设计中采用了GPS全球定位系统和先进的地质雷达技术，在隧道施工中应用了超前预报技术，在土建工程中采用了半路半桥、悬挑板等施工工艺，在路面施工中采用了SBS改性沥青现场加工技术，在边坡防护施工中应用了主动和被动柔性防护系统，在绿化施工中应用了三维植被网路基边坡防护技术，在安保工程中采用了太阳能交通标志、防火涂料等。据统计，项目共采用了28项新技术、新材料、新工艺和新设备，创造了将工程建设、科技应用与生态环保有机结合的新经验。

五、坚持将实现“自然环境原生态”作为验收的“第一关口”

建设单位与设计、施工、监理单位统一思想认识，始终将是否实现“自然环境原生态”作为设计资料评审、施工方案报批和工序监理验收等各环节的基本要求和重要内容，真正做到环境保护和工程建设同步设计、同步推进、同步验收。项目指挥部专门成立了环境保护与水土保持领导小组，设计、施工监理及协调单位均成立了工作专班，明确了专管人员，参建各方共同确立了“合理利用、有效保护、全面恢复和不能乱砍、乱挖、乱弃”的行动准则，把“零弃方”要求纳入合同管理，把挖填平衡贯彻到工程建设中的每一个环节，实行严格的施工许可制度,杜绝施工人员的随意性。指挥部对隧道开挖、山体切削和路基降坡等影响生态环境的施工环节,严格实行开工许可。对未纳入设计方案的不准施工;对可能影响生态环境的,优化设计方案未批复前不准施工;对未制定详细妥善用料方案的不准施工。主动与质监部门建立全过程跟踪检测机制,分阶段对神宜路公路工程实体质量进行跟踪检测,确保各分部、分项工程合格率100%。与生态保护、环境监测、水土保持等主管部门联合共建,先后对神宜公路进行跟踪监测56次,形成了合力保护生态环境的浓厚氛围。

神宜公路的探索与实践给我们以深刻的启示。

第一,适用就是最好的。不论是高速公路、一二级公路,还是通乡通村公路建设,都必须坚持以人为本,合理确定公路建设规模和技术标准,做到不随意浪费资源、不牺牲生态环境、不盲目贪大求洋。特别是以二级公路为主的国省干线公路改扩建,不能盲目追求宽平直,不能随意裁弯取直选新线,不能牺牲环境大填挖,要真正做到适用就是最好的。

第二,自然就是最美的。不论是在规划设计环节,还是在工程施工阶段,都必须坚持生态文明,在保质量、保安全的同时,更加注重环境友好、更加注重生态环保、更加注重自然和谐,努力将工程建设重点转到提升安全保障水平和生态环保服务功能上来,要真正做到自然就是最美的。

第三,优质就是最省的。实现交通又好又快发展,必须更加注重交通发展的质量和效益,必须按照构建"两型社会"的新要求,牢固树立生态文明交通新理念,必须着力推进交通发展由"数量扩张型"转向"质量效益型",由"资源消耗型、依赖型"转向"资源节约型、环境友好型",努力以优质高效实现资源节约,以资源环境代价的最小化实现质量效益的最大化。

第四,创新就是最具生命力的。交通行业是科学技术应用的重要领域，科技创新是促进交通实现跨越式发展的巨大动力。交通基础设施并非简单的混凝土圬工结构，必须通过科技创新和人文关怀，赋予其崭新内涵和鲜活生命，实现人与路、路与自然的相互交融。要打造生态环保示范路，必须大胆破除陈旧的建设理念和粗放的建设管理模式，更加重视理念创新、设计创新、工艺创新和体制机制创新，坚持以创新增活力、以创新保质量、以创新促发展。

第五，示范就是最具影响力的。神宜公路作为一条生态环保科技示范二级路，它的成功探索，对引领我省乃至全国二级公路新改扩建、提升环保服务功能具有典型意义。要打造"两型交通"，就必须不断学习借鉴、推广应用生态文明交通新理念，就必须不断丰富完善生态文明交通新模式，就必须不断拓展延伸生态文明交通新领域。我省将以服务"一江两山"国际旅游区为重点，打造"一江两山生态文明交通示范圈"；以水乡园林潜江市为重点，打造"江汉平原生态文明交通示范市"；以红安革命传统教育基地为重点，打造"红色旅游生态文明交通示范线"；以107国道为重点，打造"国省干线生态文明交通示范线"，着力创建"一圈一市两条线"的生态文明交通品牌。

（节选自2008年在神宜科技环保示范工程经验交流会上的发言）

挺进“禁区”

沪蓉西高速公路湖北段东起宜昌长江大桥，西至鄂渝交界的鱼泉口，全长320公里，是国家“7918”网上海至成都公路的重要组成部分，也是翻武陵过秦巴、由东入西进渝川的“蜀道”重要组成部分。沪蓉西高速公路穿越了我国第二道地质阶梯，沿线峰峦起伏、沟壑纵横、崖壁陡峭、溶洞峥嵘，以山高谷深、地形险峻而闻名遐迩，地质条件异常复杂，被地质专家们长期视为工程“禁区”。蜀道之难，难于上青天，而清代的流官在恩施更是曾经望路喟然长叹：施路多崎岖，蜀道之险无逾于此。沪蓉西高速公路正是以其艰难的施工条件和复杂的技术要求成为我国山区高速公路的典型代表，其投资之巨、地质之差、工程之险、难度之大前所未有，是迄今为止我省乃至全国投资规模最大、建设周期最长、地质最为复杂、施工最为艰难的高速公路建设工程。

沪蓉西高速公路全线共设主线桥342座，其中特大桥48座；隧道44座，其中特长隧道10座，桥隧比达51.8%，特别是长阳榔坪至巴东高坪48公里聚集着36座特大桥和10座长隧道，桥梁单幅长37.4公里，隧道单幅长45.4公里，桥隧比高达88%。为确保沪蓉西高速公路又好又快建设，在交通运输部和省委、省政府的正确领导和大力支持下，广大建设者迎难而上、敢为人先，始终坚持以“六个并举、六个统筹”的科学交通发展观为统领，以科技创新为第一生产力，以打造全国科技示范工程为契机，以建设一条适宜人们出行需要的山区高速公路为目标，奋力挺进“禁区”，攻克了一个又一个世界级的技术难题，使沪蓉西高速公路由“地质博物馆、地质病害百科全书”变成了“世界桥梁博物馆、隧道博览会和山区高速公路建造技术的百科全书”，天堑变通途，千里蜀道一日还的梦想终于变成了现实。

一、以理念创新为先导，致力于建设一条适宜人们出行需要的山区高速公路

科学发展观，第一要义是发展，核心是以人为本，基本要求是全面协调可持续，根本方法是统筹兼顾。广大建设者始终坚持将“人民群众得实惠、科学发展上水平”作为工程设计及施工、管理的落脚点和出发点，突破传统的遇山炸山、逢水架桥、人定胜天、征服自然的建设思维，确立了资源节约、环境友好、以人为本、安全和谐的建设新理念，着力将沪蓉西高速公路打造成快速通畅、舒适安全、环境优美、生态和谐，具有浓郁土家族、苗族风情特色和观赏价值的社会公共服务产品，为恩施州人民建设一条优质路、致富路、幸福路。

从重工程施工转向重前期设计。针对鄂西山区地形、地貌、地质、水文、气候、植被等特点，明确提出了“标准选线、地形选线、地质选线、环保选线、运营安全选线及实行最严格的耕地保护选线”的理念，在线位布设上充分结合地形、地质、环保等因素，大范围、多层次、同深度开展了路线方案比选。高度重视地质勘察、技术指标选用对工程自身结构及后期运营安全的决定性作用，积极通过“展线、降高、减跨”提高结构安全性、工程可靠性和施工可行性；多达 468 公里的物探工作量、383.3 公里的地质和实测地层剖面、523.3 公里的工程和水文地绘，以及近 1 500 个钻孔、逾 5 万米的总进尺，均为深入研究并掌握项目走廊现状、科学控制和优化路线方案提供了较为翔实的第一手资料。

从重项目建设转向重生态环保。自觉将“适用就是最好的”、“自然就是最美的”及“施工中最小程度的破坏、施工后最大限度的恢复”等新理念贯彻到设计、施工全过程,坚持环保工程与主体工程同时设计、同时施工、同时投产使用。在设计中尽量避开村镇、环境敏感区和不良地质地段,为保护环境、减少开挖和环境破坏而进行了变更设计,总共减少弃方100多万立方米,减少防护工程量10多万立方米。在施工中始终坚持“先防护再开挖”、“先支挡再倒渣”及“早深埋、早治理、早覆盖、早绿化”等施工原则,严格监理,严格考核,确保项目环保水保始终处于可控状态,真正做到“建设时绿水青山,建成后青山绿水”。

从重方便管理转向重安全便民。率先提出了涵盖设计、施工、构造物、驻地及后期运营的“全寿命整体安全”新概念,第一次在国内对项目设计成果进行了道路安全性审查。开展了项目地质灾害危险性评价,在了解区域地质条件,明确地质灾害可知性、可治性的基础上,通过综合比较论证、科学拟定处治方案,最终合理选择线位和工程方案,从源头把好了设计安全关。同时,针对山区高速公路复杂的地形地质和水文气候特点,在设计中对大于3%的纵坡设置爬坡车道或避险车道,其中恩利段纵坡路段设置避险车道10处、平均间距约12公里。科学、合理配置隧道监控、照明、救援及通风系统,确保隧道运营期间的行车安全。在全线设计了功能齐全的服务区和停车场,以及内实外美、造型各异的470多座桥梁、人行通道和天桥,以满足人们安全出行需求。

从重硬件设施转向重改善民生。在工程建设中,对项目走廊带具有保存和发掘价值的18处民族民间文物遗址,专门委托省文物考古部门超前进行了发掘、搬迁性保护,较好地保护了自然环境和人文景观。通过委托代建,把施工便道建设与农村路网建设结合起来,使沿线农村路网建设水平得到大幅提高;把施工用电线路建设与地方电网改造结合起来，投资新建和改造地方电网农网214公里、变电站6座，提高了地方电网的供电能力。还投入专项资金帮助地方政府解决拆迁户通水、通电、通路的问题，对部分属于征迁范围的学校、福利院实行整体搬迁还建。为充分展示鄂西地区土家族、苗族独特的巴楚民族文化，助推鄂西生态旅游发展，在路线起点处建设了极具土家特色和艺术风情的牌坊，通过景观创建把公路和地域文化巧妙结合起来，在服务区、互通区、监控所等处，因地制宜地兴建了不同类型、风格独特的建筑、绿化广场及景点，在桥头、隧道口、取弃渣场等建设了贴近自然的观景台、临时停车点等，多形式、全方位再现风情万种的土苗文化，努力营造"车在路中走、人在画中游"的生态文化新景观。

二、以科技创新为核心，致力于攻克一批山区高速公路工程建设技术难题

科学技术是第一生产力。如果没有科学技术的支撑，没有广大建设者依托工程建设开展的一个又一个自主创新和集成创新，在工程"禁区"建设一条山区高速公路是不可想象的。省厅以交通运输部将沪蓉西高速公路作为全国第一批科技示范工程为重大契机，紧紧围绕打造科技示范工程的战略目标，明确提出了"坚持科技创新、推进成果应用、确保安全优质、实现环保节约"的指导思想，结合工程特点有针对性地开展了近30项科技攻关项目和专题研究，其中承担6个交通部西部科技项目，参与3个西部科技项目、14个湖北省交通科技项目和5个指挥部专题科技项目，在特长隧道（群）建设、大跨径桥梁建设、高陡边坡防护及"四新"技术的应用等方面大力开展科研攻关和创新成果应用，取得了一大批重大科研成果，攻克了一大批技术难关，对保证工程安全优质提供了强有力的技术支持，为山区高速公路建设创造了宝贵经验。

敢于突破、自主创新,形成了一批具有标志性的技术成果。一是四渡河特大桥攻克了隧道锚建设关键技术,通过开展“四渡河深切峡谷悬索桥关键技术研究”,首次采用火箭抛送先导索飞越深切峡谷不但又准又快,而且节约大量建设资金,又保证了施工安全。二是龙潭特长隧道开展了“特殊地质条件下的关键技术”研究,优化了路线走向,成功地避开了页岩地质条件下高地应力及碳酸盐岩区的强岩溶发育区域,降低了施工安全风险。三是开展高速公路结构健康监测系统关键技术研究,在全线实施高速公路健康监测系统,对重点结构物实现实时、动态、数字化的监控,特别是针对龙潭河特大桥、铁罗坪特大桥、四渡河特大桥、支井河大桥及施家梁子高陡边坡等重点控制性工程进行重点监控,如此大规模地对高速公路重要结构物进行全寿命周期健康监测研究,在我国还是第一次。四是联合开展“机制砂混凝土用于桥梁建设技术研究”,在机制砂 7 个应用领域取得突破,扩大了机制砂的应用范围,解决了当地用砂难、运输难的问题,已取得节约投资 6 000 多万元的经济效益,预计整个工程将节省投资达 2 亿多元。五是“聚合物水泥混凝土在路面中的研究”和“废旧橡胶粉用于筑路的技术”两项最新路面修筑技术的应用,极大地提高了路面质量,特别是“聚合物水泥混凝土路面”技术将会给我国及世界路面结构和施工带来革命性的变革。六是承担了西部项目“高速公路隧道(群)运营安全与节能技术研究”,目前在宜长段隧道内运用新型主动发光的 LED 诱导系统,在保证安全的前提下综合能耗降低 20% 以上,整个科研成果直接运用于沪蓉西项目,将降低能耗 20% ~30%。七是将“公路石质边坡生态防护研究成果”应用于边坡防护工程,将“公路路域生态工程技术研究阶段成果”应用于部分边坡生态恢复工程,将“沥青路面与面层材料组成设计研究阶段成果”应用于路面设计与施工等等,均取得了良好的效果。

学习借鉴、集成创新，应用了一批富有实效的“四新”技术成果。在落实交通运输部“材料节约和循环利用”专项行动计划中，将“机制砂混凝土用于桥梁建设技术的应用”、“废旧橡胶粉用于筑路的技术”、“聚合物水泥混凝土在路面中的研究”三项西部项目成果推广应用在沪蓉西高速公路建设中，并在应用过程中及时总结、提高和完善，为全面推广先进科技成果提供了实践示范。在勘察设计阶段，广泛应用了 GPS、航测遥感、CAD 集成技术及深层地震反射勘探等先进技术，提高了勘测质量。在隧道开挖中，采用 TSP、地质雷达、红外线探水等物探技术结合地质钻探手段做好超前地质预报，为特殊地质条件下的隧道开挖“把脉问路”、“导航保驾”。在桥梁建设上，新技术、新工艺、新设备更是层出不穷，如龙潭河特大桥项目的液压自爬模系统和垂直提升两百米的混凝土泵送技术，榔坪特大桥项目的可移动混凝土泵送系统，花天河大桥项目安全又经济的劲性钢管拱支撑体系，支井河特大桥无支架缆索起重机、主拱肋安装斜拉扣挂系统、泵送钢管混凝土技术等。

尊重人才、鼓励创新，培养了一批高层次、高技术、实用型的科技创新人才。人才是创新的根本。通过举办近百次有关隧道、桥梁、地质灾害防治、建筑材料、填石路基、沥青路面设计与施工、施工监理、施工安全等专题讲座与培训，培养了一批“懂建设、会管理、钻技术”的复合型人才；先后有数十篇论文在国内外刊物上发表，多篇论文在全国公路科技创新高层论坛等学术交流和论文评选中获得优秀论文奖或作为重点论文交流，《岩溶地质特长隧道的关键技术问题及对策》被收入 CPCD 及 CNKI 数据库和《中国当代思想宝库》，同时荣获优秀论文一等奖；各参建单位依托科研课题和“四新成果”推广应用发表论文超过 100 篇，其中，“控制隧道帷幕注浆质量技术”荣获全国工程建设 QC 创新活动成果一等奖；与有关科研院所、大专院校联合培养博士 18 人（含在读博士后 1 人）、硕士 23 人。

三、以体制机制创新为保障,致力于探索一套山区高速公路科技创新管理体系

体制机制创新是推进交通科技创新的重要保障。根据交通运输部建设创新型交通行业的部署要求,省厅将提高交通系统科技创新、管理创新能力作为交通发展的大事来抓,大力提倡创新面前人人平等,不以权威压制人,不以名望排挤人,不以资历轻视人,着力营造尊重劳动、尊重知识、尊重人才、尊重创作的浓厚氛围,积极鼓励广大交通建设者在工作实践中勇于创新、善于创新、勤于创新,努力创造有利于创新、多出成果、多出人才的管理体制和运行机制。

建立完善科技创新组织领导体系。省厅成立了全省创新型交通行业建设领导小组、交通科技开发和成果推广应用领导小组、专家咨询委员会等,有计划、有重点地推进全省交通重点工程科技创新工作。为加强沪蓉西科研项目的组织领导,省厅定期组织专班深入一线指导,定期与部省专家进行沟通协调,定期听取重大课题科研工作汇报,及时进行指导协调督办。指挥部成立了专门的科研领导小组,制定了《湖北沪蓉西高速公路建设科研管理办法》等,建立起一整套科研项目立项、报批、审查、阶段评估、成果鉴定、推广应用的科研项目全过程管理体系,结合实际确定了一系列重大科研课题,明确了攻关目标和方向。

建立上下联动的部省科研管理体系。在国内高速公路建设领域创造性地引入国内顶尖的专业管理机制,联合部公路院开展科研咨询管理工作,成立了专门的科研管理办公室,由部公路院委派专人在建设第一线常年坚守,负责具体的科研咨询工作。在科研项目的研究过程中,特别强化专家的咨询和指导,对工程建设中全过程的科研项目实施进行咨询管理,严格审查可行性研究报告并形成专家咨询意见,定期邀请行业专家等亲临建设一线指导,并形成专家独立审查、异地函审、咨询会、专家会审等多种形式严格的审查制度。

建立开放的重大科研课题合作协作机制。推进沪蓉西科研攻关，既要充分发挥指挥部、施工单位等自身科研力量，又要坚持开放合作、借助外脑，充分利用国际国内知名院校、专家的科研技术和力量。大胆突破以往科研项目僵化的管理模式，打破地方保护、行业保护等条条框框，积极动员和吸收各类社会力量参与重大科研课题的联合攻关、合作攻关，通过采用中外合作、院所合作、跨省合作、跨行业合作、跨项目合作、跨学科合作等多种合作机制，邀请了包括沙庆林、孙钧、王梦恕、姜德生等院士在内的一大批我国交通行业的顶尖专家亲临建设一线指导，凝聚了众多技术人才在沪蓉西大展拳脚、施展才华，吸引了各方面的先进技术和先进成果在沪蓉西碰撞融合、各显神通，使沪蓉西科技示范工程真正成为全国高速公路、桥梁、隧道建造技术的“炼丹炉”。

建立竞争的适用应用科研成果引进机制。通过招标投标，建立竞争激励机制，鼓励各类高等院校、科研院所和企业平等参与承担沪蓉西高速公路的科研、建设，确保“四新”技术成果真正在项目建设中取得实效，使沪蓉西高速公路成为全国交通科研成果、科学技术成果的应用转化平台。为充分利用大专院校、科研院所的技术资源，指挥部专门委托中国地科院桂林岩溶所、山东大学、武汉理工大学、中科院武汉岩土所、湖北省交通科研所、重庆交通科研设计院、华杰工程咨询有限公司、中交桥梁技术有限公司、清华大学等高水平的外部专业机构，承担混凝土质量监测监控、地质边坡综合控制、岩溶水文地质监测监控及机电工程管理、部分材料抽样检测等对人才、技术、设备有特殊要求的工作，对保障项目的安全、质量、进度发挥了重要作用。

建立强制的科研项目中期检查机制。在交通部的大力支持下，指挥部组建了专门的专家咨询团，邀请包括数位院士在内的国内知名专家进行科研课题规划项目咨询,制定了《湖北沪蓉西高速公路科研项目总体规划意见》,明确了研究攻关的总体目标、方向及相关科研课题,并第一次将科研项目中期检查作为项目考核的强制性要求。通过实施中间检查,杜绝了单纯的"为课题而课题"的不良现象,加大了技术服务工程的力度,确保了科研项目质量。为加强科研课题管理,指挥部还成立了岩溶水文地质预报监控、混凝土施工和质量监控、边坡安全性控制和高风险岩溶隧道灾害控制预报等专项技术监管工作组,加强了重点科研项目的指导服务。

建立动态的安全生产视频监控系统。省厅建立了全省高速公路监控管理系统,并将监控范围由运营管理领域向高速公路施工现场监控管理领域拓展延伸,指挥部在部分特大型桥梁重点部位设置了视频监控,部、厅领导在办公室电脑上就可直接查看沪蓉西高速公路特大桥梁等重大工程施工现场的视频图像。项目自开工以来,全线67个危险源一直处于受控状态,没有发生重特大安全责任事故和群死群伤事故,安全事故率、人员伤亡率一直保持在低水平,并逐年下降,零事故单位覆盖率达95%以上,为工程顺利推进提供了保障。

在挺进"禁区"的建设实践中,我们深刻体会到:只有紧紧抓住一个前提,始终坚持思维和理念的创新,才能不断地解放思想、突破传统、开拓进取,引领交通发展的方向;只有紧紧抓住一个根本,始终坚持交通科学技术的创新,才能不断攻克交通发展面临的关键技术和管理难点,确保工程质量安全;只有紧紧抓住一个关键,始终坚持管理体制机制的创新,才能为交通改革开放提供保障,实现交通又好又快发展。

(节选自2008年在沪蓉西科技示范工程经验交流会上的发言)

质量为本　安全至上

“湖北交通质量效益年”的科学内涵和本质要求，就是要更加注重交通发展的质量效益，坚持以质量求效益，以效益促质量，坚持好字优先，好中求快，使交通发展真正建立在结构优化、质量提高、效益提升的基础上，努力实现规模、速度和质量、效益相协调，进一步推进湖北交通又好又快发展。各级交通部门必须充分认识质量和效益的辩证关系，切实增强抓好交通质量安全监督管理工作的责任感和紧迫感，恪尽职守、尽职尽责、尽心尽力，坚持高标准、严要求，全面提升湖北交通发展的质量和效益。

（一）始终绷紧质量安全这根弦，切实履行好质量安全监督职责

质量和安全既是一个国家的实力象征，也是一个民族综合素质的体现，它寄托和反映了一个国家和民族的精神和希望。在一定意义上可以讲，加强质量、安全工作是兴国之道、富国之本、强国之策。一个不重视质量和安全管理的民族，是没有希望的民族；没有质量的发展，不是科学的发展；没有安全的发展，也不是科学的发展。质量、安全问题涉及民生，与人民群众的生命财产息息相关。因此，质量、安全问题，不仅是经济发展的重大战略问题，也是关系社会和谐的重大政治问题。经济社会要又好又快发展，就必须把“以人为本”、“安全第一”、“以质取胜”作为经济社会发展的重大战略措施来落实，就必须始终关注质量、保障安全，确保人民群众的根本利益。

交通基础设施是一种特殊的公共产品，交通行业是一个直接服

务公众出行的社会性行业,最大的特点就是公共性很强、社会性很强,确保质量和安全是其最基本的要求。一旦交通建设、运输领域发生质量安全事故,就会造成不可挽回的重大损失,危及人民群众的生命财产安全。省厅历来高度重视工程建设质量和安全工作,始终把交通工程建设质量安全监督工作放在十分重要的位置,始终将质量安全管理贯彻于交通各项工作的全过程,一刻也不放松。全省各级质量监督机构肩负着捍卫交通工程建设质量安全的重要职责,任务艰巨,使命光荣,责任重大,要始终坚持质量安全就是交通的生命,真正将交通质量安全监督的职能履行好,在任何时候、任何工程、任何环节都必须始终绷紧头脑中质量安全这根弦,真正做到不辱使命,尽最大努力提高交通质量安全水平。

(二)始终念好质量安全这本经,切实落实质量安全责任制

湖南省湘西州正在建设的凤凰县堤溪大桥发生整体垮塌,造成重大人员伤亡和经济损失,引起了党中央、国务院的高度重视和社会的广泛关注。堤溪大桥的垮塌是一个偶发事件,但就该项目建设、施工管理存在的问题而言,具有必然性,也突出反映了当前少数公路建设项目对工程质量重视不够、对安全生产管理不严的问题。湖南凤凰县堤溪大桥垮塌事件发生后,有 32 人受到党纪行政处分,24 人受到刑事处分,充分说明了质量安全责任和责任追究的严肃性。工程建设一旦出了质量安全问题,是谁的责任,就由谁来承担相应的经济责任和法律责任。我们从事质量安全监督工作的同志们,特别要明确自己在从事质量安全监督工作、保护工程质量安全中担负的责任,依法依规地履行好质量安全监督职能,做到不越位、不缺位,不失职。

各交通建设项目,不论是重点工程、普通工程,还是农村公路,都要坚持质量安全责任制,认真落实从施工到监理到建设管理每个环节的质量责任。各级质量监督机构要切实加强对各交通建设项目质

量安全责任制落实情况的检查。对发现的质量安全隐患，要坚决督促整改；对发生质量和安全生产事故的，要按照“四不放过”的原则严肃查处，事故原因要水落石出，责任追究要有切肤之痛，吸取教训要刻骨铭心，整改措施要举一反三，真正使工程建设质量安全管理各环节的责任都得到有效落实，确保交通工程质量和安全。

（三）始终坚持质量安全抓落实，将“交通一线工作法”贯穿到交通质量安全管理的全过程

在抗雪灾保畅通战役中，各级交通部门大力实施“交通一线工作法”，坚持在一线现场指挥、检查指导，在一线保障重点、排忧解难，在一线宣传发动、协调服务，在一线培树典型、弘扬“刚毅精神”，取得了抗灾保通工作的胜利。就加强工程质量安全管理而言，大力推行“交通一线工作法”更具现实意义。工程建设质量是在交通工程施工过程中形成的，绝大部分工程安全事故也是在工程施工中发生的。因此，只有在一线我们才能发现问题，只有在一线我们才能发现隐患，只有在一线我们才能解决问题。这就要求我们各级质量监督部门必须坚持一线工作法，深入一线、现场监督，真正做到在一线监督质量安全，在一线落实质量安全，在一线发现隐患，在一线解决隐患，在一线培树典型，在一线推广经验。全省各级交通质监机构都要进一步将技术力量向工程一线倾斜，对工程质量安全实施精细化管理；专业技术人员全部下到工地一线，把好工程材料进场关、施工工艺关和质量验收关。要做到事前、事中、事后监督相结合，真正将质量安全监督工作的重心放在工程建设现场过程监督上来，通过加强建设过程中的检查和管理，强化施工企业工程质量安全责任主体的地位，强化监理单位现场管理权，严格执行相关标准、规范、规程和设计文件要求，强化监督检查手段，严把质量安全监督关。要通过一线工作法，从根本上解决影响工程质量和安全的突出问题。

要高度重视农村公路质量监督管理。要以交通部2008～2011年

开展“农村公路质量管理年”活动为契机,抓好宣传发动和组织实施,确保通过三年的努力,在我省全面实现农村公路建设质量意识明显增强、监管力度明显加大、质量水平明显提升、安全状况明显改善、群众满意度明显提高的总体目标。各级交通公路部门要精心组织好1 000名农民质量监督员培训,切实增强基层质量监督力量,确保农村公路质量。

全省各级质监机构要认真组织交通安全隐患排查治理“回头看”工作,狠抓交通安全隐患“档案制”、安全隐患整治“销号制”、安全隐患整治“通报制”、桥隧项目“安全风险评估制”、重大事故“第一时间报告制”等交通安全管理“五项制度”的落实,有效防范遏制重特大事故。

(四)始终坚持依法依规严管理,不断提高质量安全监督水平

工程质量监督机构和人员是依据国家有关行政法规和技术法规,受政府委托履行工程质量安全监督职能,属于行政执法、技术执法范畴。在依法行政过程中,必须不断提高依法执政和依法行政能力和水平。全省各级质量监督机构在对工程建设项目依法实施事前、事中、事后的监督和抽查、抽检,检验建设、施工、监理单位的相关工程质量数据,或依法处理质量安全问题时,都必须始终坚持实事求是,凭事实说话,凭数据说话,依法依规办事。要进一步加大监督检查和执法力度,重点监管、查处那些严重危害质量安全的违法行为,不断提高监督的有效性;要进一步建立健全以执法责任制、过错追究制为主的内部监督制约机制,不断提高执法的规范性。

(五)始终坚持以人为本强素质,促进交通质量安全监督工作健康发展

交通工程建设质量安全监督工作因为其本身的特殊性,人员均分散在全省各个项目,工作很辛苦,但也有一些权力。在这样一个分散管理的状态下,各级质监机构领导班子必须坚持以身作则,率先垂

范，积极引导干部职工树立正确的权力观和利益观，时刻保持清醒头脑，正确行使党和人民赋予的权力，自觉抵制各种诱惑，增强拒腐防变能力；必须坚持在干部职工队伍中强化党的建设、强化思想作风建设，强化党风廉政建设，通过内强素质，外树形象，促进交通质量安全监督工作的健康发展。

（节选自2008年在全省交通质量监督工作会议上的讲话）

让设计产品"更踏实"

一、牢固树立风险意识、忧患意识、责任意识和法纪意识，始终坚持如履薄冰抓设计，努力在提高设计安全保障水平上下功夫

沪蓉西高速公路是地质最复杂的、工程最艰巨的、安全风险最大的一个项目，从设计层面看，设计虽然符合技术标准和规范要求，但因地质条件复杂和施工难度大，这个项目的建设有太多的风险，几乎是全线都在风险中干。虽然，广大建设者顽强拼搏，工程基本可控，但是，总体感觉还是三个字——不踏实。因此，必须警钟长鸣、科学严谨，决不能有半点忽视。这是交通运输部冯正霖副部长视察调研沪蓉西高速公路时语重心长的一番话。设计安全、施工安全、行车安全、以人为本、安全至上是他最突出的话题，反复要求、反复强调、反复提醒。我觉得"不踏实"是非常有哲理、有意义的三个字。"不踏实"不是说对我们不信任、不理解、不支持，而要建成这条"天路"，必须是从勘测、设计到施工、管理，每一步、每一个环节、每一个工序、每一个工艺、每一个方案都要兢兢业业、扎扎实实、一丝不苟、精益求精，确保万无一失。每个建设者都要深刻领会，认真反思，要想想在我们设计阶段的哪些方面对地质的复杂性、对工程的艰巨性认识不足，导致工程设计深度不足、设计质量不高；有哪些工程考虑风险性、安全性不够，甚至留有隐患等。现在回过头来，必须认真梳理在设计上、在施工上有哪些不踏实，怎么做才更踏实，让风险最小化，

怎么把不踏实变踏实、让踏实变放心。我们每一个建设者、设计者，都要多一点忧患意识，少一点盲目乐观；多一点自我反省，少一点沾沾自喜；多一点真抓实干，少一点坐而论道；多一点警钟长鸣，少一点侥幸心理，切实增强风险意识，防患于未然，把隐患、苗头消除在萌芽状态。

特别是设计部门，要正确处理好科研设计、技术创新与工程实践的关系，处理好成功与失败的关系。我们搞工程设计，不是在室内搞科研课题。搞科研可以容许失败，但搞工程就只有一个结果，只能成功不能失败。因此，大家一定认真吸取湖南省凤凰县堤溪大桥"8·13"特大垮塌事故教训，牢固树立风险意识、忧患意识、责任意识和法纪意识，始终将安全作为勘察设计工作的第一追求，始终坚持如履薄冰抓设计、精益求精抓设计，切实提高设计安全保障水平。

要严格落实设计安全审查责任制度，做到谁审查、谁签字、谁负责，院主要领导对设计安全负总责，分管领导、处室领导负直接责任，切实提高全员设计风险意识和责任意识。

要进一步建立健全设计安全风险评估制度，重点加强桥梁、隧道等设计安全审查，确保设计安全，并切实加强设计代表服务，为确保施工安全做好服务工作。

要着力做好沪蓉西等在建项目的安全隐患排查工作，对部领导在检查调研中指出的安全风险，以及指挥部、设计单位自查发现的安全隐患，要迅速采取措施进行整改，将可能产生的安全隐患消除在萌芽状态，真正做到万无一失。

要进一步加强在役病危桥梁、隧道的安全隐患排查，认真总结安全隐患排查工作成绩，对设计院自己设计的重大工程进行梳理，组织安全风险后评价工作，总结经验，分析得失，切实改进设计工作，提高设计水平，确保工程安全。

二、牢固树立市场意识、机遇意识、发展意识和质量意识,始终坚持以质取胜、以优取胜,努力在提高设计质量效益上下功夫

今后5年,将是湖北交通发展的重要战略机遇期和黄金发展期。宏伟的交通发展规划给我省公路水路勘察设计市场提供了广阔的发展前景和舞台空间,也对勘察设计质量效益提出了新的更高要求。省厅决定2008年为"湖北交通质量效益年",就是要更加注重交通发展的质量和效益,推进交通发展由"数量扩张型"向"质量效益型"转变,努力适应经济社会发展和人民群众日益丰富和多样化的交通公共服务需求,勘察设计工作作为交通建设管理工作的灵魂和源头,必须始终坚持质量第一、安全至上、精细设计、用心设计,努力提高勘察设计的质量和效益。

近几年来,设计院先后承担了沪蓉西、十漫等山区高速公路和宜昌、荆州、阳逻等长江大桥的设计工作,较好地发挥了主干作用。特别是在神宜公路建设实践中,设计院按照厅党组提出的"路景相融、自然神宜"的建设目标,始终坚持将"保护好生态环境"作为设计的"第一追求",强调细节设计,做到"四个注重":注重科学确定建设标准;注重充分利用老路资源,老路利用率达83%,创造性地确立了半路半桥、悬挑帮衬、宜路则路、宜桥则桥、宜隧则隧、桥隧相连的公路建设新理念;注重灵活掌握技术指标;注重保护自然原生态。通过各方共同努力,打造出了"路在林中展、溪在路边流、车在景中行、人在画中游"的神宜公路生态新景观,为湖北公路交通建设树立了新的典范。

但在总结成绩的同时,必须清醒地看到由于工作不精细,还时常出现这样那样的遗憾与欠缺,甚至出现质量问题,影响了全院的形象和信誉。这说明设计工作还有很大改进余地,反映了部分干部职工责任意识、质量意识和服务意识淡薄,产品不精、服务不优、效益不

高，在一定程度上制约着设计院的发展。因此，必须认真总结教训，严格质量管理，切实提高质量水平，把提高设计产品和后期服务质量作为各项工作的中心任务来抓。

一要着力增强全员质量意识。质量是交通发展的生命，更是设计院赖以生存和发展的根本。要认真总结以往勘察设计的经验教训，不断完善和落实质量管理制度，强化精益求精的质量意识，不断提高全院勘察设计质量水平。

要建立完善质量管理和考评机制，实施技术人员岗位任职资格制度。要从人员合同管理、考核制度上入手，大力培育责任心强、踏实肯钻、技术全面的专业技术人员，积极培树勘察设计质量让人放心、成绩优秀的突出人才。

要努力营造尊重劳动，尊重知识、人才，尊重创造的浓厚氛围，鼓励专业技术人员心无旁骛地苦练基本功，苦练内功，力求把前期工作做深、基础工作做细、本职工作做实，不断增强全员敬业精神，提高工作的质量和效率。

要坚持从具体环节入手，加强勘察设计全程质量控制，严把各阶段、各环节的质量关。项目前期工作阶段，要按照建设环境友好型和资源节约型交通要求，深化走廊研究，努力降低工程造价，最大限度保护环境，减少占地。勘察设计阶段，要着力提高外业工作质量和精度，基础资料力求准确，为提高施工图设计质量奠定基础。初步设计阶段，要以重要控制性工程线位研究比选为重点，加强路线方案优化研究，从根本上提高初步设计质量。加强重点工程方案的比选研究，重点是线路、大桥、特大桥桥位及桥型方案，长大隧道线位，重要互通式立交方案研究，通过优化路线方案和桥隧工程方案，努力做到减少耕地占用，减少环境破坏，降低工程造价。施工图设计阶段，要进一步认真落实“一校三审”的质量过程控制制度，从细节入手，提高施工图设计质量。

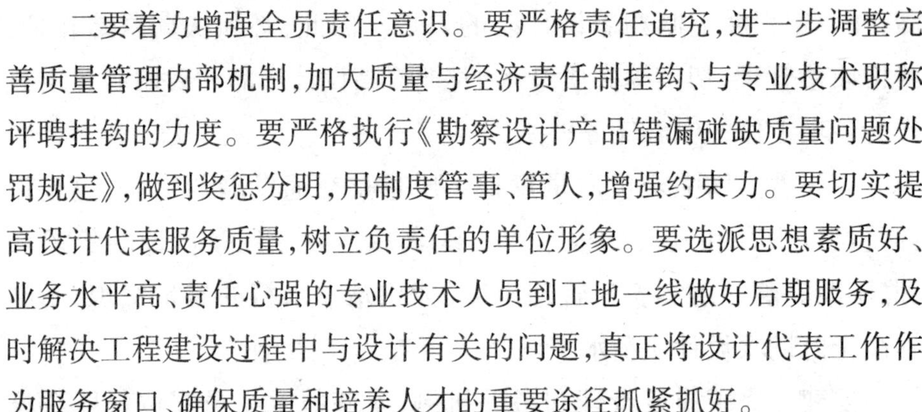

二要着力增强全员责任意识。要严格责任追究,进一步调整完善质量管理内部机制,加大质量与经济责任制挂钩、与专业技术职称评聘挂钩的力度。要严格执行《勘察设计产品错漏碰缺质量问题处罚规定》,做到奖惩分明,用制度管事、管人,增强约束力。要切实提高设计代表服务质量,树立负责任的单位形象。要选派思想素质好、业务水平高、责任心强的专业技术人员到工地一线做好后期服务,及时解决工程建设过程中与设计有关的问题,真正将设计代表工作作为服务窗口、确保质量和培养人才的重要途径抓紧抓好。

三要着力增强全员市场意识、竞争意识。质量意识和责任意识实质上都是市场意识的具体体现,质量水平就是设计单位核心竞争力的最重要的组成部分,直接关系到企业的市场竞争力和企业形象。

未来5年,虽然设计市场前景广阔,但我们也必须看到,受国家宏观调控的影响,高速公路前期工作的周期延长、投资加大,建设理念不断更新,高速公路勘察设计市场发生了深刻的变化,设计院主要创收的业务面临总规模减少、投标报价日渐降低、竞争日趋激烈的局面,生产经营也将面临前所未有的挑战。这些,对勘察设计单位的质量管理水平、市场竞争能力、财务抗风险能力、职工思想业务素质等都提出了更高的要求。如何抓住机遇、应对挑战,需要清醒地分析形势,进一步增强忧患意识、市场意识、竞争意识,要破除"小进即满、小成即安"的思想束缚,克服"贪图享受、不思进取"的思想惰性,纠正"因循守旧、故步自封、自我欣赏、自我陶醉"等不良思想倾向,真正做到居安思危讲忧患,一心一意谋发展。

三、牢固树立品牌意识、形象意识、节俭意识和廉政意识,始终坚持弘扬"刚毅精神",努力在提高干部队伍综合素质上下功夫

设计院在开展学习、推树陈刚毅这一典型的活动中,干部职工的精神面貌上了一个台阶,工作激情明显提升,设计院干部职工队

伍总体素质得到提高。但是,在肯定主流的同时,对少数干部职工中存在的消极情绪和不正确的思想倾向要给予高度重视,要看到在个别人身上仍然存在一些不良的思想作风,部分职工主人翁责任意识淡薄,一味要求不切实际的高收入,而对企业发展漠不关心;对个人不能正确定位,没有立足岗位成才的远大志向;缺乏精益求精的精神,对工作得过且过、敷衍塞责等。这些问题如不及时加以解决,将会严重影响设计院干部职工队伍的稳定,严重影响设计院的健康发展。务必通过进一步加强队伍建设,为设计院进一步发展提供有力支持。

一要以改革创新精神,加强党的建设,按照"讲党性、重品行、做表率"的要求,切实加强干部队伍建设,深入开展"五好"班子建设。班子成员要团结一心,把注意力放在一心一意谋发展上,把精力用在干事创业上。领导班子成员、各个职能部门、中层干部要紧密团结在厅党组、院党委的周围,按照"一线工作法"的要求,切实增强工作的执行力,落实好厅党组和院党委的发展思路和工作目标。

二要以弘扬"刚毅精神"为主线,推进文明创建和思想政治工作,稳定职工队伍,改进职工的精神面貌。设计院要特别注意个别干部职工贪图享受、不思进取,或者片面追求经济利益,责任意识淡薄,对单位发展漠不关心等种种不良倾向。要在设计院继续大张旗鼓地弘扬"刚毅精神",继续深入开展"刚毅设计室"、"刚毅式专业技术人员"等文明创建活动,用先进典型来教育、引导广大职工正确处理国家、集体、个人三者的关系,正确处理长远利益和眼前利益的关系,正确处理发展和积累的关系。

三要加强党风廉政建设,严肃财经纪律和劳动纪律,深入推进"廉政交通三做起"活动。"廉洁自律、干净干事"是对党员干部最起码最基本的要求。党员干部务必始终紧绷廉政建设这根弦,严格遵守党纪国法;领导班子要坚持重大事项集体决策,严格执行各项廉政

规章制度,严格执行财经纪律,严禁滥收滥支,严禁以权谋私,严禁私设小金库,发现有问题的,要迅速自查自改。院务管理要抓住重点环节和重点岗位,特别是要注重加强对外借外调干部、设计代表人员、监理人员的监督和管理,按照“一线工作法”的要求抓廉政、促廉政,确保设计优质、干部优秀。

(节选自2008年在省交规院质量效益年推进会上的讲话)

打造一流的代建制项目

陈刚毅是全国的重大先进典型，是湖北交通的品牌，更是交通规划设计院的品牌。“刚毅”誉满交通、蜚声全国，随之其所在设计院的知名度、影响力、软实力节节攀升，先进的典型效应大大提升。杭瑞高速公路作为省交通规划设计院代建的第一个重点工程，由陈刚毅任党委书记意义深远，厅党组寄予厚望，各个方面关注有加。杭瑞高速公路项目部要以弘扬“刚毅精神”为主线，加强干部队伍建设，提升建设管理水平，努力将杭瑞高速公路打造成一流的代建制项目，在全省乃至全国再次打响“刚毅品牌”。

一是牢固树立“争创一流”的意识，以“刚毅精神”打造武汉城市圈“两型交通”建设示范工程。典型就是旗帜，典型就是榜样。杭瑞项目部要充分发挥好自身技术骨干人员多、勘察技术水平较高的独特优势，充分运用好自身在参与全国科技环保示范路——神宜公路设计施工中积累的宝贵经验，始终坚持高标准、高质量，在科学化、精细化管理上走出一条新路，在高速公路环保、景观、绿化等方面探索新的经验，努力为全省交通建设树立样板。要进一步学习借鉴国内先进项目的成功经验，通过创建“刚毅项目部”、“刚毅突击队”、“刚毅工区”和“刚毅班组”，高度重视资源节约和生态环保，在实践中进一步深化“七个既要、七个又要”的交通科学发展新理念，着力创新思维、提升建设管理水平，努力以“刚毅精神”打造“一流”的交通重点工程示范项目，在全国塑造武汉城市圈“两型交通”建设的示范工程新形象,为湖北交通争光。

二是牢固树立质量第一、安全为本意识,以“刚毅精神”打造高速精品工程。质量安全是交通的生命。越是在加大力度保增长的时候,越是要更加重视质量和安全。项目部和各参建单位必须坚持质量第一、安全为本,真正把实现保增长的目标建立在提高质量、保障安全、增加效益、降低消耗、保护环境的基础之上,确保实现既保持增长又提高质量的双重目标。各单位广大建设管理者、施工、监理单位要高度重视提高一线施工人员的质量安全意识,加强农民工技术培训和职业教育,落实技术工种持证上岗制,提高一线作业人员的质量安全意识和操作技能,为确保质量安全奠定坚实基础。杭瑞高速公路项目部要在加强农民工教育管理、推行全员质量管理上有所举措、有所成效、有新突破;要进一步落实质量安全巡检机制、质量安全通报制度和奖惩制度,下大气力解决质量安全管理中的薄弱环节,提高现场规范管理水平。各施工单位要严格落实企业自检制度、监理旁站制度和质量巡检抽检制度。突出抓好隐蔽工程、重点部位、关键工序的工程监理和监督检查,对质量不合格工程,坚决推倒重来。各监理单位要本着“严格监理、热情服务、公正科学,廉洁自律”的工作原则,对工程进行全过程、全天候、全方位的旁站监理;对每一道工序、每一项工艺、每一个重点部位都进行认真把关,认真执行上道工序未经签认、下道工序不得开工的监理原则,以一流的服务,创造一流的精品工程,真正成为工程质量和安全生产的守护神。要恪守职业道德、提高办事效率。坚决杜绝“吃、拿、卡、要”,严禁徇私舞弊、弄虚作假、以权谋私,严格遵守有关廉政建设规定,自觉抵制一切不正之风的发生。

要按照“杜绝特大事故、遏制重大事故、减少一般事故”的总体要求,进一步夯实工程建设安全基础性工作,进一步落实《交通重点工程安全生产监督管理办法》,层层签订安全生产责任状,落实安全生产责任，开展隐患排查治理，以铁的手腕、铁的面孔、铁的标准进行整改，真正做到思想认识上警钟长鸣、制度保证上严密有效、技术支撑上坚强有力、监督检查上严格细致、事故处理上严肃认真。

三是牢固树立廉洁自律意识，以“刚毅精神”打造阳光工程。交通重点工程建设是全社会关注的焦点，也是防腐倡廉的重点。项目部的管理人员或多或少有点权，时刻面临着各种诱惑，接受着各种考验。从项目部到施工、监理单位都要保持高度的警惕性和敏锐性，做到干干净净做工程，认认真真树丰碑，严格执行党风廉政建设责任制，坚持党风廉政教育常抓不懈、警钟长鸣。要认真落实省交通厅《关于在加快交通基础设施建设中进一步加强廉政交通建设的实施意见》，严格实行工程建设合同与廉政合同双合同管理制度，切实加强对权力运行的制约和监督，从源头上防治腐败。要认真开展与审计、检察机关联合共建工作，设立工程质量和廉政建设监督电话和举报箱，面向社会接受群众和舆论的监督，努力打造安全优质工程和廉政阳光工程。

（节选自2008年在湖北省交通规划设计院质量效益年推进会上的讲话）

武神路——全省普通公路建设的样板

一、培育以武神路为示范的湖北公路样板

武神公路是全国科技环保示范工程——神宜公路的延伸，是省委、省政府确定的重大交通项目，也是鄂西生态文化旅游圈交通建设的重大启动项目。武神公路建设启动以来，十堰、林区交通局和公路部门紧紧围绕“保质量安全、保勤政廉政，超常规运作、超常态发展，创科技示范、创生态文明”的建设指导思想，克服了时间紧、任务重、地形地质复杂、边通车边建设等重重困难，以争分夺秒、只争朝夕的精神抓前期，以超常规、超常态的举措抓管理，以克难攻坚、敢打必胜的优良作风抓建设，在不到一年的时间内创造了优异的成绩，充分体现了交通干部职工特别能吃苦、特别能奉献、特别能战斗、特别能拼搏的精神。

武神公路建设的成功实践，是湖北交通坚持“七个既要、七个又要”又好又快发展新理念的具体体现，是国省干线公路服务功能提档升级、科学设计、科学施工、科学管理的丰硕成果，是公路交通职工和建设大军敢打仗、打硬仗、打胜仗的“铁军”风貌和顽强拼搏精神的充分展示，是“资源节约型、环境友好型”科技环保工程建设的典型示范。

武神公路建设给我们以深刻的启示，那就是细节决定成败、质量决定寿命、创新决定品质、作风决定素质、精神决定超越。武神公路建设的做法,看似是小事,但要干成不容易;看似容易,但干好很难。这充分说明只有真正把事当事干、干事用心干、干事干净干,干事才能成功。交通干部职工和广大建设者在武神公路建设中培育和体现的"求真务实、团结拼搏,克难攻坚、无私奉献,以人为本、超越创新,精益求精、争创一流"的公路精神,浓缩到一点,那就是"刚毅精神"。只要始终坚持以"刚毅精神"为引领,武神公路就一定可以超越自我、超越神宜,再创一条科技环保示范路。

二、全面提升全省普通公路的服务功能

今后一个时期,我省公路交通发展的目标是将高速公路网建设成为"安全畅达的高速骨干网络",将国省干线公路网建设成为"高等级公路网络",将县乡、通村公路网建设成为"社会主义新农村交通网络"。通过努力,在全省建成6 040公里的高速公路骨干网、1.7万公里的高等级公路网和17万公里的社会主义新农村综合交通运输网。要始终坚持以科学交通发展观为统领,以神宜、武神公路为示范,以强基固本为保障,以打造现代公路交通运输网为目标,做到坚定信心不动摇、真抓实干不懈怠、确保稳定不折腾,扎扎实实地推进公路基础设施建设、强化基层组织建设、抓好基本队伍建设,努力提升全省公路交通服务功能和水平。

第一,着力推进基础设施建设,打造"结构合理、通畅成网、安全环保、路况舒适、路貌美化"的现代公路交通运输网。

一要牢固树立"优质就是最省的"发展新理念,像建高速公路那样抓好普通公路建设。全省各级公路部门不仅要成为普通公路建设的主力军,而且要成为高速公路建设的排头兵。要将高速公路建设的理念、技术、管理和要求拓展到全省普通公路建设养护管理中来,着力提升普通公路内在质量、服务水平和服务寿命,真正做到"优质就是最省的"、"适用就是最好的"、"自然就是最美的"。

二要牢固树立“资源节约、环境友好”的两型交通建设新理念,像建神宜、武神公路那样抓好普通公路建设。坚持以神宜公路、武神公路为示范,重点推进赤壁公路建设、大别山红色旅游公路建设和仙洪试验区交通建设,努力将推进武神、仙洪、赤壁公路建设的过程变成创新、总结、应用先进技术的过程,将普通公路建设重点转到提升安全保障水平和生态环保服务功能上来。

三要牢固树立“建设是发展,养护管理也是发展”和“多建路建好路是政绩,养好路管好路也是政绩”的新理念,坚持建养并重,真正做到协调可持续发展。要进一步加强国省干线公路的养护管理,科学确定建设规模和技术方案,全面加强工程技术管理、施工质量管理和原材料质量控制,对出现质量问题的市县,省厅将停止养护建设计划并追究责任。要坚持以地方政府为主,进一步加强县乡公路的养护管理,全面提升路网整体服务水平。要全面建立并落实公路养护巡查、检查、监督、检测和评价等基本制度,加强公路日常性养护。要切实加强路况检测评定等基础性工作,定期开展路面、桥梁技术状况调查,大力推行预防性养护。要坚持以县级人民政府为主加强农村公路管理养护工作,坚持专业养护或群众养护相结合,建立农村公路管理养护长效机制。

第二,着力强化基层组织建设,打造“重根本、重基础、重规范、重长远”的交通支持保障体系。要全面加强养护道班等基层组织建设,在全省组织开展示范道班或示范养护中心创建,通过加强养护职工基本技能培训,加大公路养护机械投入,积极推广应用预防性养护的新设备、新技术和新工艺,提高基层综合服务能力。全面加强治超站点等基层组织建设,要像抓“星级道班”、“星级收费站”那样,切实加强全省治超站点的规范管理和文明创建,确保在“重服务、讲规范”上创出新经验。要牢固树立“以人为本”的交通执法理念,切实规范交通行政执法行为,杜绝执法过程中的不作为、乱作为,树立公路交通行政执法队伍的良好形象。要积极争取地方党委政府支持，学习借鉴咸宁等地的有效做法，创新交通发展筹融资平台，拓宽筹融资渠道，筹措建设养护资金，保障公路交通全面协调可持续发展。

第三，着力抓好基本队伍建设，培养一支“想干事、能干事、善干事、干成事”的交通职工队伍。要认真贯彻党的十七届四中全会关于巩固和加强党的基层组织的精神和省委“健全基本组织、建强基本队伍、开展基本活动、完善基本阵地、提供基本保障”的有关要求，切实抓好基本队伍建设，努力建设一支政治上靠得住、工作上有本事、作风上过得硬、群众信得过的交通队伍；建设一支肯干事、会干事、善共事、不出事的交通队伍。

（节选自2009年在武神公路建设推进会暨全省公路局长座谈会上的讲话）

迎国检　创国优　争一流

一、迎国检、创国优、争一流

突出提升日常养护管理水平,确保路容路貌一流。各单位要对照交通运输部全国国省干线大检查关于路况检查内容、标准,以及干线公路路面损坏(DR)和路面平整度(IRI)逐公里检测评价结果,对路况指标达不到要求的路段及时安排养护工程进行整治,确保本辖区路况水平显著提高。要进一步建立并落实公路养护巡查、检查、监督、检测和评价等基本制度,提高养护职工上路率,做到"修补坑槽晴天不过夜,雨后不过三天",做到"花小钱、防大病,力戒小修变中修、中修变大修",始终保持公路路面整洁完好,边坡稳定,边沟排水畅通,标志标线齐全、规范。

突出提升大中修工程管理水平,确保工程质量一流。各地要以神宜、武神公路为示范,牢固树立"自然是最美的,适用是最好的,优质是最省的"的公路交通发展理念,牢固树立全寿命周期成本理念,真正将高速公路建设理念、技术、管理和要求拓展到全省国省干线公路建设养护管理中来,全面加强工程技术管理、施工质量管理和原材料质量控制,全面推行机械化施工和集中化厂拌施工,着力提升国省干线内在质量、服务水平和服务寿命,确保国省干线大修工程使用寿命达到十年以上。各地要以"千名公务员下工地、送法规、查隐患,万里干线公路建设大巡检"专项行动为载体,突出抓好大中修工程质量通病的治理。对出现质量问题的,省厅将停止养护建设计划并追究责任。

突出提升建设养护成本控制水平,确保资金管理一流。随着燃油税改革,全省政府还贷二级公路、全省普通公路新的融资平台尚未建立,在普通公路建设养护资金十分紧张、来源尚未明确的情况下,厅党组为了迎国检、创国优,结合实际果敢决策,通过高速公路统贷统还机制,积极争取各大银行支持,挤出27.8亿元专款资金用于全省2 000公里的国省干线大修工程,1 000公里的中修工程和834公里的一级、二级公路改建工程,这对各地各部门是一次难得的发展机遇。各级交通公路部门必须坚持多方筹资,积极争取地方优惠政策和配套资金,确保沿线绿化、建筑物外观与路容路貌相匹配;必须倍加珍惜来之不易的资金,坚持依法依规,严格专款专用,严格成本控制,任何单位和个人不得截留、挤占、挪用和超范围使用,确保资金安全,充分发挥投资效益。省公路局要切实加强对资金使用情况的监管,对发现的资金问题和廉政问题必须依法依规追究责任。要大力推广"廉政阳光六同长效"工作法,建立完善大中修工程项目廉政档案制度,确保工程优质、干部优秀、资金安全。

突出提升基础管理规范化水平,确保内业资料一流。养护管理规范化是国检的一项重要内容,内业资料的分值比重高达40%。各地各部门必须按照省印发的规范化管理工作目标责任分解表及编目,认真做好相关资料整理工作,确保内业资料一份不丢。要重点对行业管理、法制建设、发展规划、养护资金、路网结构、服务保畅、日常养护、大中修、桥隧养护、基础和技术管理、路政管理、收费管理等管理工作制度和办法进行自检,查漏补缺,建立、修订和完善各项规章制度,做到内业资料格式标准统一,内容准确完整,归类清楚合理,装订美观整洁,确保内业资料检查不丢分。

突出提升集镇过境路段综合整治水平,确保沿线环境一流。各地各部门要积极争取地方党委、政府的领导和支持,按照"路宅分离、路况良好、标志规范、排水畅通、绿化达标、无集贸市场、无占道经营、镇容镇貌整洁美观"的要求,加强路政管理,以综合治理公路集镇过境路段为着力点,以良好的路域环境提升路网整体服务功能和水平。

突出提升交通服务水平,确保窗口形象一流。要依法依规开展公路超载超限治理,实行24小时不间断检查,严格处罚标准和工作流程,坚决治理车辆超载超限运输。要牢固树立"以人为本"交通执法理念,切实规范交通行政执法行为,坚持文明规范执法,坚决制止重罚轻管、以罚代管、只罚不管等现象。要切实加强收费管理,按照文明收费站的要求,做到收费人员着装统一,仪容良好,文明执勤,依法收费。要重点加强重要干线、城市出入口、高速公路连接线和重要旅游线路的标志、标牌管理,规范公路标志设置。要进一步建立健全全省交通公众出行信息服务系统,扩大电子储值卡和ETC的应用范围,不断提升公众出行服务水平。

二、着力打造"高品质国省干线公路网络"

各地各部门要着力打造"高品质国省干线公路网络",真正做到"路基路肩达标准,路面要上等;边沟边坡洁畅美,边防要完整;标志标线齐顺清,标牌要人本"。具体就是要做到"八化",即路基标准化、路面高级化、路肩实用化、边坡植被化、边沟通畅化、标志标线规范化、施工管理法制化、服务功能优质化。

路基标准化。就是要通过日常保养、局部改建等措施确保路基各部分经常保持完整,各部尺寸保持规定的标准要求,不损坏变形,经常处于完好状态,既有规范的外观,又能保证坚实耐用。

路面高级化。就是要变原来的石灰土、泥结碎石等水稳性较差的基层结构为级配碎石基层或水泥稳定半刚性基层,变原来的沥青表面处治、沥青碎石等面层结构为沥青混凝土、水泥混凝土面层结构，变原来的强基薄面为强基强面，从源头上提高国省干线公路稳定性与耐久性，延长国省干线使用寿命；就是要确保全省高速公路技术状况指数（MQI）、路面损坏指数（PCI）、路面平整度指数（RQI）均达到90以上；国省道平整度指标小于等于3（一级公路小于等于2.3），路面破损指标DR小于等于0.4（水泥路面小于等于0.8）。

路肩实用化。就是要路肩保持平整、坚实，横坡顺适，排水顺畅。有条件的地方鼓励采用硬化路肩，既可以有效提升公路通行能力，又可以保证公路整洁和整体完好；对于土路肩，应种植草皮或利用天然草加固，既加固路肩，减缓水流冲刷，又可以绿化美化行车环境。

边坡植被化。就是要对边坡绿化进行有效整治、补充、修整和培土养护，着力在增加绿植量、提升密度上狠下功夫，切实把国省干线公路打造成美丽的生态园林新景观。

边沟通畅化。就是要完善公路防护排水设施，鼓励边沟硬化，确保边沟、排水沟、截水沟等排水设施无淤塞，排水畅通，进出口完好，保证路基、路面及边沟内不积水。

标志标线规范化。就是要切实抓好国省干线公路标志、标牌管理，规范公路标志设置，改造完善指路标志、人文景观指示标志、诱导标志、警示标志等，做到设置合理、内容准确、指示清晰、用语规范。

施工管理法制化。就是要进一步加强工程质量安全管理，严格按照“四制”规定管理，严格按技术标准规范施工，严格按照安全规章操作，建立健全各项规章制度，深入开展文明工地创建活动，确保施工现场管理规范、安全生产标准可控、工程质量优质、标志标牌设置醒目、绕行设置合理、施工影响最小、过往车辆通畅。

服务功能优质化。就是要确保公路设施齐全、规范，做到公路路面整洁无污染，路缘石完好无缺损，边坡稳固无坍塌，防护栏平顺无变形，防眩板整齐无锈蚀，沿线绿化美观无空白，行车视线范围内无垃圾；确保桥涵构造物及附属设施使用状态良好，桥面铺装无明显病害,桥头无明显跳车;进一步加强普通公路管理站、养护站、超限站及高速公路收费站、收费广场和服务区食堂、卫生间管理,确保服务形象一流,向社会公众提供安全、优质、便捷的出行服务。

(节选自2009年在全省国省干线迎国检推进会上的讲话)

让农民群众走水泥路、乘方便车、过平安渡

根据省委、省政府的决策部署，各级地方政府和交通部门始终将加快农村交通发展作为解决人民群众“最关心、最直接、最现实”问题的着力点，深入宣传发动，强化政策支持，加大资金投入，使“十五”以来的农村交通呈现出“建设力度最大、发展变化最快、社会效益最好”的良好态势。

回顾总结农村交通工作实践，其最有力的保障就是始终坚持“政府推动、政策调动、舆论发动、典型带动”的“四轮驱动”法。省委、省人大、省政府、省政协始终将加快农村交通建设放在全省社会经济发展全局的重要位置予以谋划和推进，连续6年将农村公路建设作为“十件实事”之一向全省人民作出承诺。省人大颁布了我国农村公路第一部地方性法规《湖北省农村公路条例》。各级党委、政府主要领导和分管领导坚持亲自动员部署、亲自组织协调、亲自指挥督战，结合实际出台了一系列以奖代补、多方筹资的优惠政策，培育了一大批示范工程和先进典型，形成了多方联动、合力发展农村交通的新格局。其最有效的经验就是各地在实践中探索创造的“四权工作法”。真正将修路的决策权交给村民大会，做到不修群众不想修的路；将修路的执行权交给理事会，做到不修群众不支持的路；将社会监督权交给群众，做到不修群众不满意的路；将质量检测权交给专业质检部门，做到不修不合格的路。极大地调动了广大人民群众自力更生、修路护路、捐资出力的积极性，由“要我修”转变为“我要修”，广大农

民群众的主力军作用得到充分发挥。其最成功的探索就是始终坚持路、站、运、渡四位一体、协调发展,牢固树立“建设是基础、运输是目的、渡口是延伸”的农村交通服务新理念,将农村公路、候车站点、客运班线和乡镇渡口统一规划、同步建设、同步验收,努力做到农村公路修到哪里、客运站点就建设到哪里、客运车辆就开通到哪里、管理服务就延伸到哪里,真正让农民群众走上沥青(水泥)路,乘上安全方便车、过上平安放心渡。

为了进一步把农村交通这一重大民生工程抓好抓实,全省农村交通建设必须适应新形势,确立新目标,实现新发展。

第一,农村公路建设要与时俱进,科学规划。

一要确立新的发展目标,着力为保增长、扩内需做贡献。根据中央领导和省领导重要指示精神,省厅对全省农村公路建设现状和目标任务进行了认真分析。截至2008年底,全省行政村通沥青(水泥)路比例达到83.3%,虽然超过全国中部地区平均水平(79.8%)3.5个百分点,但与交通运输部确定的“十一五”建设目标(交通运输部内控比例为95%)还差11.7个百分点,建设任务还十分繁重。为了进一步加快农村交通发展,省厅自加压力,将年初建设12 000公里通村沥青(水泥)路的计划调增为25 000公里左右,力争到2009年底全省行政村通沥青(水泥)路比例达到94%,提前一年基本实现中央关于东中部地区农村公路建设目标。全省行政村通客车比例达到94%,乡镇渡口达标率为100%。

二要确立新的发展理念,着力推进农村公路建设由一般适应型转向生态环保型。要坚持不懈地落实“因地制宜、合理规划,多方筹资、建养并抓,路基稳固、路面硬化,专群结合、联网畅达”的农村公路建设理念,着力提高综合服务功能。要遵循“道路等级多标准、路面结构多形式、安保设施多样化”的原则,对经济条件差、交通流量小的地区和一些偏远山区,可以学习借鉴云南等省的经验,采用块石路、弹石路、砖石路等多种形式对路面予以硬化，避免脱离实际的高标准、高指标。要在总结推广全国首条科技环保示范路——神宜公路和江汉平原生态文明交通示范市——潜江市成功经验的基础上，自觉将“适用就是最好的”、“自然就是最美的”等理念贯彻到农村公路设计、施工、管理全过程，坚持农村公路建设与生态环保并举，坚持农村公路建设与村容村貌整治联动，因地制宜种植行道树、建设新农村生态环保公路林，做到土路肩完善、错车台配套、植物防护到位、边沟排水畅通、路旁绿化美化，使农村公路与村镇建设、自然环境相得益彰、和谐统一，合力创造安全、舒适、文明的农村交通环境。要进一步改善农村公路安全设施，进一步加大农村公路安保工程建设，通过试点路段，积极探索适宜的农村公路安保工程建设经验和模式，不断改善农村交通安全设施。

三要确立新的发展方向，着力推进农村公路建设由数量扩张型转向质量效益型。要切实加强农村公路建养技术指导和质量监督。在技术上，要发挥交通运输主管部门的专业优势，抓好“一个培训”，把住“两个关口”，即加强对基层交通部门、乡村一级建设单位和当地农民工的技术培训、指导，把住原材料质量关、把住现场质量控制关。在监管上，要坚持政府为主、群专结合的模式。“群”，就是要充分发挥群众监督作用，保证工程质量。“专”，就是要发挥各级交通公路部门质量监督机构的作用，定期公布工程质量抽检结果，严格落实农村公路竣工验收检评制度，确保通村公路建设项目县市验收比例达到100%、市(州)复检比例达到100%、省农办抽检比例达到30%。对于不合格项目，各地一律不予拨付补助资金。

各地要按照“有路必管、管必到位，有路必养、养必优良”的理念，全力推进农村公路小修保养经常化、大中修工程专业化、养护管理规范化。根据国家要求，省厅在交通规费十分紧张的情况下，自2006年起每年挤出专项资金，按每公里县道7 000元、乡道3 500

元、村道1 000元标准落实了全省非列养农村公路养护工程费。各地交通公路部门必须坚持专款专用,坚持资金跟着项目走、项目跟着计划走,真正将养护资金落实到农村公路大中修养护工程项目。各地必须按照国家规定和《湖北省农村公路条例》关于县级财政按照每年每公里不低于1 000元的标准安排乡道、村道日常养护管理资金的要求,真正把农村公路日常养护纳入地方公共财政支出范畴,实现公共财政投入的制度化、常态化,确保2009年底全省100%县市区落实地方财政专项养护资金。对违规使用农村公路养护工程费和地方财政专项养护资金不落实的地方,省厅将停止拨付农村公路养护工程经费。

四要确立新的支持政策,合力推进农村公路建设。根据《中华人民共和国公路法》,农村公路建设、管理、养护属地方事权,地方政府是责任主体,交通运输部门是执行主体。各地要把农村公路建设纳入政府目标考核管理内容,保证地方财政投入,保证质量安全进度,严格考核奖惩兑现。为支持贫困山区农村公路建设,省厅将进一步加大服务力度,根据交通运输部政策,对我省26个国贫县(含五峰)通行政村沥青(水泥)路补助由每公里10万元提高到15万元,西部地区由每公里15万元提高到20万元。各地一定要抢抓机遇,进一步整合资源,将农村公路建设资金、扶贫开发资金、小城镇建设等专项建设资金和社会各界捐赠资金等捆绑使用,集中精力打好农村公路建设攻坚战。

第二,农村客运发展要顺应民意、服务民生。

要紧紧围绕服务社会主义新农村,积极推进农村交通发展由"建设型"向"服务型"转变,始终坚持"车头向下、村口始发,四定一挂、程序简化,通村达户、平安到家"的农村客运服务新理念,着力引导运输企业"车头向下",支持农村客运发展,提升农村公共交通服务水平。

一要缩小城乡差别，大力推行“农村班车进城，公交客车下乡”。各地要按照“公共交通服务均等化”的理念，积极鼓励本地大中型骨干客运企业“车头向下、村口始发”，改变传统班线客运管理“定点、定线、定班”的经营管理模式，适合开班线的就发展客运班线，不能常规开班的鼓励发展区域经营，实行冷线热线搭配许可，采取开季节班、赶集班、朝发夕归班等多种方式，突出农村客运的特点，满足当地人民群众的出行需求。要采取相同或相近的发展政策，使农村客运网络与城市公交网络有效衔接起来，突破城乡二元分割的体制性障碍，做到“农村班车进城，公交客车下乡”，着力形成城乡公交资源共享、相互衔接、布局合理、方便快捷、畅通有序的客运网络。武汉城市圈、仙洪新农村试验区要充分发挥先行先试的政策优势，积极争取地方党委、政府在政策上支持、在资金上倾斜、在经营上放活、在力度上加大，率先打造农村公共交通发展的新品牌。

为鼓励农村运力发展，省交通厅继续对符合规定要求特别是必须一定三年为乡镇村组提供连续服务的新增农村客运车辆，按每客座400元标准实施定额补助，支持农村客运车辆更新改造，力争用一年时间实现通行政村农村客运全覆盖。将投入资金率先在仙洪试验区，武汉城市圈通村公路村口、交叉路口和文明示范线上设置2 500个新型招呼牌，使过去单一功能的招呼站成为集客运信息牌、公路标志牌、行车指示牌为一体的多功能服务站，充分发挥通村公路候车亭、招呼站资金补助政策的综合效益。

二要坚持典型示范，大力推行“集约化经营，规范化运行”。要按照“降价不降标准”的服务理念，大力推行“四定一挂、程序简化”的灵活机动运营方式，即定标准车型、定服务承诺、定服务价格、定运行区域，挂牌运行。大力推行集约化经营、规范化运行模式，引导农村个体经营者采取联营、参股的方式组建农村客运专线运营公司，走公司化、规模化、集约化经营的道路，不断提升农村公共交通服务新水平。要组织开展农村客运文明示范线和“荆楚新农巴士”品牌创建活动,坚持以点带面,典型示范,力争创建100条省级示范线和100台“荆楚新农巴士”示范车,使农村客运成为社会主义新农村的亮丽风景线。

三要营造发展环境,大力推行“多予少取、让利于民”。由于广大农村地区客流较小、运价较低、效益较差,经营者积极性普遍不高。农村客运作为当前市场“缺位”而需要政府“补位”的特定领域,公益性特征极为明显。为切实改变农村客运市场发展落后、基础薄弱的状况,各级政府要像支持农村公路建设一样支持农村客运发展,按照“多予少取、让利于民”的原则,从站点规划布局、建设用地、配套资金、费税政策等方面制定出台相应的优惠政策,鼓励和扶持民营企业、社会资本积极开拓、发展农村客运市场,减轻经营者负担,让经营者“开得起、留得住、有效益”。要积极探索“通村达户、平安到家”的农村客运发展新模式,建立健全由县乡政府负责,安监、公安、交通等部门参与的农村客运安全管理机制,进一步落实农村客运经营者的安全主体责任。交通运管机构要认真履行“三关一监督”职责,最大限度地为农民群众提供“人便于行、货畅其流”的交通运输发展环境。

第三,农村渡运要以人为本,安全可靠。

湖北是千湖之省,全省现有渡口2 143处,10%分布在长江干线,90%分布在内河支流及库区、湖区,渡口总数、年渡运量位居全国第二,渡口、渡船安全管理责任重大。各地要坚持不懈地落实“渡口建管、乡村主导,坡岸硬化、设施配套,渡船适航、渡工持照,安全渡运、方便可靠”的农村渡运服务新理念,开展渡口、渡船双达标活动,坚持建养并重、标本兼治,从根本上改善人民群众水路出行条件。

一要启动实施乡镇渡船标准化更新改造工程。从2009年起,省交通厅将投入“以奖代补”资金200万~300万元,遵循“谁积极支持谁”的原则，充分调动乡镇政府和船主的积极性，按每船不超过3万元的标准对船舶标准低、安全隐患大、船龄超过20年的老旧渡船进行标准化改造，重点对学生渡口、重要风景区旅游渡口、客流量集中的渡口和库区渡口的渡船进行更新改造，力争年内改造渡船100条，力争用3年左右的时间实现乡镇渡船的钢质化、规范化。

二要建立完善乡镇渡口设施养护管理长效机制。2009年，要确保全省乡镇渡口达标率100%。各地乡镇人民政府要切实加强渡口达标后的日常管理，认真落实后续维护管理的责任单位和责任人，确保达标渡口保持完好，实现可持续发展。要认真总结恩施州政府将渡口渡船纳入公益性财政补贴、建立公益渡口的经验，自2007年起，义渡渡工每人每月补助540元，渡船每艘每年补助500~1 500元维护费，利川市每年从财政经费中列支4.5万元，用于全市义渡船舶乘客人身意外伤害保险。大力推广“市县补贴、乡村负责、船主实施、海事监管”的渡口养护管理新机制，从根本上杜绝“有建无养、建养脱节”现象，县乡政府作为责任主体，要牢固树立长期管养的责任意识，明确管养机构，落实管养资金，强化管养监督，实现达标渡口设施养护管理常态化。

三要全面落实“县、乡、村、船主”四级安全责任制。根据规定，渡口渡船实行“县、乡镇人民政府两级负责，乡镇人民政府直接管理”，县乡政府既是渡口安全管理、渡口达标改造的责任主体，也是渡口养护管理、渡船更新改造的责任主体。要始终坚持“乡镇主管、行业监督、部门协管、齐抓共管”的工作原则，健全渡口渡船安全管理责任制，抓好渡口渡船建管养运。涉渡乡镇要切实落实渡口渡船安全管理机构、人员、制度，每年层层签订县市、乡镇、村组、船主四级目标责任书，把责任制落实到乡镇政府、村委会、每个渡口、每艘船舶，确保乡管员每个月有2/3的时间在现场巡查、检查安全。对超员超载、无证渡运、冒险航行等安全隐患，要按照“政府统一负责，业主落实整改,部门监督检查”的原则,严格整改销号。海事部门要紧紧依靠各级政府,加大执法力度和现场监督管理力度,把好船舶“出生关”、船员“适任关”、航行“签证关”,确保农村渡运安全。

(节选自2009年在全省农村交通工作会议上的讲话)

推进“1+8”交通对接工程

以武汉市为圆心，包括黄石、鄂州、黄冈、孝感、咸宁、仙桃、天门、潜江周边8个城市所组成的城市圈交通部门，自在武汉召开武汉城市圈“1+8”交通发展联席会以来，建立了武汉城市圈交通发展联席会议制度和定期督办协调制度，各城市交通部门紧扣交通发展提速创优目标，围绕省厅确定的“四个转变”，积极创新思路谋发展，紧扣规划目标抓落实，着力推进武汉城市圈“交通对接工程”，努力构建“辐射周边、畅达全国、资源共享、集约高效”的现代化交通网络，城市圈交通建设取得了阶段性成果，呈现出良好的发展态势。

一、加快推进武汉城市圈交通一体化建设面临新的发展机遇

（一）武汉城市圈建设上升为国家战略，为交通带来了新一轮发展契机

党中央、国务院《关于促进中部地区崛起的若干意见》强调指出：要以推进武汉城市圈交通发展为重点，支持城市间及周边地区基础设施建设，引导资源整合，实现共建共享，形成共同发展的合作机制。武汉城市圈交通发展第一次被列入中央文件，上升为国家发展战略，体现了武汉城市圈交通发展在中部崛起战略中的地位和作用。随后，国家发改委等多部委和中部6省人民政府在湖南长沙联合召开了“中部地区崛起：交通先行”高层论坛。国家发改委有关领导在讲话中明确提出：支持武汉城市圈交通建设，着力推进综合交通运输无缝

衔接和道路运输一体化发展。中部6省省委书记、省长等党政主要领导及国家有关部委负责人齐聚郑州,出席中部论坛郑州会议,共谋中部崛起发展大计,共商推进区域交通对接良策。交通部和沿江七省二市在江苏南京召开了长江水运发展协调领导小组第一次会议,讨论通过了《"十一五"期长江黄金水道建设总体推进方案》,该方案明确对我省长江航道、汉江航道、航电枢纽、船舶运力、沿江港口给予项目和资金支持。一系列国家鼓励支持政策的相继出台和国家有关部委实质性调研的全面启动,为推进武汉城市圈交通一体化建设带来了新一轮难得的发展机遇。

(二)制订《武汉城市圈总体规划》,为交通发展提供了更为科学的重要依据

《武汉城市圈总体规划》强调:要突破行政区划体制束缚,加快城市圈一体化进程,逐步实现"八同",即规划同筹、交通同网、信息同享、金融同城、市场同体、产业同链、科技同兴、环保同治,最终实现武汉城市圈经济社会的协调发展;要着力推进基础设施、产业布局、区域市场、城乡建设、环境保护与生态建设五个"一体化"进程。《武汉城市圈总体规划》再一次把基础设施一体化建设列为五个"一体化"建设之首,突出显示了交通作为基础性产业和服务性行业,在推进区域经济一体化建设中的龙头先行作用,也为加快编制武汉城市圈公路水路交通发展规划,促进武汉城市圈"交通对接工程"提供了更为科学的重要依据。

(三)省委、省政府主要领导的重要指示,为交通一体化建设确立了新思维

省委、省政府有关领导多次就加快武汉城市圈交通发展做出重要指示:加快"武汉城市圈"建设,就是要围绕其核心城市武汉,在交通、港口等基础设施上实现一体化,从而推进区域经济一体化。推进武汉城市圈建设要树立科学发展观,顺应城市化发展新趋势,提高认

识，科学规划，谋定而后动”，确立了城市圈建设的新思维。特别是出城公路要为城市圈产业一体化开路。出口高速公路要考虑与城市道路的对接，合理设置连接点，加快出城速度；建成后要合理设置出入口，完善日常管理和收费机制，以提高效率，带动地方经济发展，方便企业和群众。省委、省政府对推进城市圈交通一体化建设高度关注，也对区域交通发展提出了新的更高要求。

（四）行业主管部门推进城市圈交通建设政策措施的出台，为交通发展发挥了强有力的推动作用

按照省委、省政府的要求部署，省厅强力推进武汉城市圈交通建设和发展，强化调度和督办，特别是针对武汉市七条高速出口公路和武汉阳逻长江公路大桥等重点工程项目，派出了厅重点建设调研督导组，长驻项目一线进行现场服务和督办，有效扭转了部分项目进展滞后的局面。省厅规划研究室开展了《武汉城市圈交通发展对策研究》和《武汉城市圈公路水路交通发展规划》等课题研究，形成了《武汉城市圈公路水路交通发展规划》；省厅、武汉理工大学、省运管局、武汉市交委运管处共同组织完成了《武汉城市圈道路运输一体化研究》（中期报告），形成了《关于加快武汉城市圈道路运输一体化建设的若干意见》。武汉城市圈交通运输一体化建设具备了加快发展的良好机遇和外部环境，也具有加快发展的内在要求和基础条件，省市各相关单位要上下联动，合力共建，扎实推进。

二、加快推进武汉城市圈交通一体化向纵深发展

推进武汉城市圈交通一体化发展是一个长期的、复杂的系统工程，需要各有关单位、各部门密切配合，通力协作，共同努力，重点在“五个加快”上抓落实。

（一）围绕科学交通发展观，加快落实发展政策措施

关于《武汉城市圈公路水路交通发展规划》和《关于加快武汉城

市圈道路运输一体化建设的若干意见》,各有关部门要打破地域界限,站在城市圈交通一体化建设的全局高度,认真研究讨论,认真提出建议意见,认真制订实施方案,科学推进武汉城市圈交通一体化建设,更好地服务于武汉城市圈产业一体化发展。

(二)围绕既定规划目标,加快推进各层次路网建设

要紧扣城市出口路建设目标,保质保量、又好又快地推进城市出口路建设。要优先建设武汉城市圈交通对接项目,着力加强前期工作,尽快办理相关报批手续,特别是依法办理建设征地,积极筹措地方配套资金,确保项目如期建成。要加快推进武汉城市圈国省干线和农村公路建设,克服等、靠、要的思想,抓住机遇,全力冲刺,确保全面超额完成各项目标任务。

(三)围绕武汉、黄石主枢纽,加快推进公路客货站场建设

为经济社会发展和人民群众出行提供安全、优质、高效的道路运输服务,始终是交通工作的出发点和落脚点。要以武汉、黄石主枢纽为重点,抓紧做好各种运输方式相互衔接,发挥整体优势,建设便捷、通畅、高效、安全的综合运输体系,加强不同运输方式之间,城市交通与城际交通之间的联系,强化以中心城市为依托的客运综合运输枢纽、客运港口城市为依托的现代物流综合运输枢纽建设,进一步改善运输基础设施条件,降低物流成本,实现运输过程的高效率,逐步建立起客运零距离换乘,货运无缝衔接的综合运输体系。

(四)围绕南京会议精神,加快推进武汉城市圈港航建设

加快水运发展,是交通行业走资源节约型、环境友好型之路,构建和谐社会、实现可持续发展的必然选择。从全国来看,水运已经发展成为铁路、公路、水路、航运和管道五种运输方式之首。城市圈各级交通部门要投入更多的精力和财力,进一步贯彻落实南京会议精神,争取在前期工作、港航建设和港口资源整合上有所突破。

(五)围绕"三最"问题,加快推进和谐交通建设

党的十六届六中全会提出了构建社会主义和谐社会的战略构

想，省委八届十一次全会通过了《中共湖北省委关于解决当前关系群众切身利益若干突出问题，促进和谐社会建设的意见》。交通行业在构建和谐交通的进程中，要创新工作思路和具体举措，深入思考社会需要什么样的交通行业，百姓需要什么样的运输服务，政府需要承担什么样的社会责任等问题，着力构建交通行业与社会公众的和谐关系，构建交通行业与外部行业的和谐关系，构建交通行业内部的和谐关系，构建交通运输与自然的和谐关系。城市圈各级交通部门要从人民群众最关心、最直接、最现实的利益问题入手，着力解决人民群众反映最突出的问题，努力构建"便捷高效、安全优质、公平共享、法治有序、文明诚信、充满活力、环境友善"的和谐交通，为实现武汉城市圈交通运输一体化做出新的更大贡献。

（节选自2006年在武汉城市圈"1+8"交通发展联席会上的讲话）

振兴湖北水运时不我待

为深入贯彻“合力建设黄金水道,促进长江经济发展”高层座谈会精神,根据湖北省委、省政府关于加快水运发展的要求,全省港航海事部门必须增强时不我待的紧迫感、提档升级的使命感和克难奋进的责任感,全力振兴湖北水运,推进湖北由水运大省向水运强省跨越发展。

一、认清形势,统一思想,进一步增强振兴湖北水运的紧迫感

湖北具有“得天独厚、得水独厚”的水运优势,在全国水路交通布局中具有重要的战略地位。全省通航河流229条,通航里程8 385公里,居全国第6位。国家规划的20条水运主通道,在湖北境内有长江、汉江和江汉运河3条,其中长江在湖北境内里程为1 038公里,占长江干线航道的36%;国家规划的长江十一个内河主要港口,湖北就有武汉、宜昌、荆州、黄石等4个主要港口。“十五”以来,我省水运有了较大发展,为促进沿江经济发展做出了积极贡献,水路运输运量大、能耗小、成本低、占地少、污染轻等优势得到较好发挥。

但“跳出部门看行业”、“跳出湖北看全国”,湖北省水运仍呈现与自身条件不相称的明显滞后态势,发展不够、优势不优是我省水运发展面临的主要问题和最大实际。具体表现在四个方面:

(一)通航里程长,但以高等级航道网为基础的现代化航道体系尚未形成

湖北省千吨级以上航道为1 091公里,沿江省(市)中仅次于江苏

省(1 153 公里)。但境内长江武汉以下常年仅能通行 3 000 吨级船舶,武汉至宜昌段仅能通行 1 000 ~ 2 000 吨级船舶,且三峡枢纽船闸通过能力不足;汉江仅河口至蔡甸段可通行 1 000 吨级船舶,蔡甸至天门岳口段只能通行 500 吨级船舶,岳口至襄樊段只能通行 300 吨级船舶,长江、汉江的高等级航道网尚未形成,水运优势难以发挥;江汉平原骨干航道网 80% 以上的航道未达到规划标准;通航水域中,碍航闸坝多,"枯水断航"、"洪水禁航"给航运带来不确定性,难以组织经济、高效的干支直达运输。

(二)港口数量多,但以集装箱为核心的现代化港口集疏运系统尚未形成

全省港口数量(51 个)在全国名列前茅,但港口结构性矛盾突出,特别是武汉港的专业化泊位少,集装箱吞吐能力不适应经济快速发展的需要。2005 年,全省港口吞吐量为 1.4 亿吨,集装箱吞吐量为 27.7 万标箱;其中,武汉港吞吐量为 4 938 万吨,集装箱吞吐量为 23.7 万标箱,但仍远远落后于苏州港(1.19 亿吨、75.3 万标箱)、南京港(1.06 亿吨、60.5 万标箱)和南通港(8 327 万吨、30.1 万标箱)等。全省 749 家港口企业,年吞吐量完成 1 000 万吨以上的港口企业仅武汉港务集团 1 家。大部分港口机械化程度低,集疏运系统不完善,辐射能力弱。

(三)船舶发展快,但以大型化、专业化、标准化为标志的现代化船舶运力系统尚未形成

2005 年底,全省船舶运力达到 285 万载重吨,仍远远落后于安徽(1 378 万载重吨)、江苏(1 335 万载重吨)等省份。全省船舶运力中,集装箱船、液化危险品船、汽车滚装船仅占 5%,大吨位、专业化和环保型船不足 30%。全省航运企业 455 家,运力规模在 10 万载重吨以上的企业仅武汉长江轮船公司一家,缺乏具有较强竞争力的地方龙头航运企业。全省集装箱、煤炭、矿石、石油化工、汽车滚装等专业化运输体系尚未形成。

(四)沿江经济资源丰富,但支撑沿江产业发展的现代化水运体系尚未形成

据统计分析,长江、汉江沿线钢铁、汽车、建材、化工等产业具有大运量、大吞吐量、大进大出的资源优势,全省90%的煤炭和85%以上的石油等大宗货物运输需要水运来保障,但2004年仅有17%的煤炭和58%的石油经由水路运输,全省水路完成货物周转量在综合运输体系中的比重仅为38%,低于江苏(64.9%)、重庆(54.9%)等省(市),水运发展已经成为湖北省综合运输体系中的薄弱环节,水路运输对沿江经济发展的支撑作用亟待进一步加强。

从沿江省市的水运发展情况看,我省水运发展面临着“两头强、中间弱”的严峻态势,特别是与上海、江苏、重庆等省(市)的差距仍呈拉大之势。据了解,“十一五”沿江省(市)纷纷提出了水运发展新的更高目标:江苏省规划投资173亿元,明确提出打造水运强省的目标;重庆市规划投资180亿元,明确要建成重庆长江上游航运中心。湖北作为水运大省,如何在长江上、下游省(市)快速发展水运的新形势下,把握机遇,乘势而上,是我们当前面临的一个严峻课题。各级交通、港航部门要进一步认清形势,统一思想,坚定信心,克难奋进,坚持用发展来解决前进过程中存在的问题和困难;进一步创新理念,凝聚合力,团结拼搏,全面加快港航基础设施建设步伐,力争在“十一五”时期实现湖北水运发展新突破。

二、明确思路,突出重点,进一步增强振兴湖北水运的使命感

“十一五”湖北水运发展的总体思路是:深入贯彻党的十六届五中全会精神,牢固树立科学发展观,坚持科学规划,着力推进水路运输与其他运输方式协调发展;坚持加大投入,着力提高航道、港口、船舶等航运基本要素的服务水平;坚持重点突破,着力打造立足湖北、辐射中部、面向全国的武汉长江航运中心;坚持合力建设,着力构建

政府主导、多方协作、齐抓共建的湖北水运发展新格局。到2010年，基本实现“航道网络化、港口机械化、船舶标准化、管理信息化”的目标，中西部水运强省初具雏形。

“十一五”全省港航建设投资总规模将达到203.4亿元，其中，航道建设53.8亿元，枢纽建设90.6亿元，港口建设59亿元。

总体目标是努力实现“六大突破”和“三个基本形成”：

“六大突破”：一是基础设施建设投资规模实现突破，超过200亿元大关；二是高等级航道建设里程实现突破，建成江汉平原810公里千吨级航道圈，新增300公里千吨级航道；三是集装箱码头建设实现突破，建成武汉阳逻100万标箱的集装箱大港，全省港口集装箱吞吐能力由30万标箱增加到170万标箱；四是船舶运力实现突破，由285万载重吨增加到400万载重吨；五是“航电结合、以电促航”模式实现突破，崔家营航电枢纽建成营运；六是水路规费征收实现突破，总额达到12.4亿元，较“十五”基本翻一番。

“三个基本形成”：一是以“三主一江一网”的高等级航道为骨架，干线畅通、干支直达的航道体系基本形成。重点是：畅通长江中游、渠化整治汉江、打通江汉运河，全面提升水运主通道通过能力。到2010年，长江武汉以下航道水深达到4.5米，较大幅度延长5 000吨级海船通航期；汉江河口至沙洋段和江汉运河均可常年通行1 000吨级船舶；江汉平原骨干航道常年通行500吨级船舶；清江河口至水布垭段通行300吨级船舶。二是以武汉港为核心，功能完善、布局合理的武汉航运中心基本形成。到2010年，武汉港集装箱吞吐能力达到150万标箱，货物吞吐能力达到8 000万吨，成为长江中游地区的内外贸集装箱、大宗散货、商品汽车等重要物资的区域性物流中心。加快建设其他主要港口，逐步建成以武汉港为主、省内其他港口为辅的港口体系。全省港口新增吞吐能力超过4 000万吨，突破2亿吨；集装箱吞吐能力达到170万标箱。三是以船型标准化为重点，结构优化、相互衔接的专业化运输体系基本形成。到2010年,全省船舶总运力达到400万载重吨,其中,标准化船型达到10%,千吨级以上干散货船、集装箱船、液化危险品船和汽车滚装船比重超过50%;长江干线货运船舶平均吨位达到1 000载重吨以上;集装箱、煤炭、矿石、石油化工、汽车滚装等大型化专业化船舶运输体系基本形成。

实现"十一五"规划目标,2006年开好局、起好步至关重要。2006年全省水运发展的主要目标是:完成港航建设总投资17.7亿元。建成港航建设项目11个,新增集装箱吞吐能力25万标箱,船舶运力20万载重吨,完成365处乡镇渡口达标改造。

主要任务是:按照提速创优、又好又快发展的总体要求,以武汉航运中心建设为龙头,着力改善长江中游通航条件,推进汉江梯级开发,实施引江济汉通水、通航工程,完善江汉平原航道网,建设武汉等四个主要港口集装箱集疏运系统,大力发展专业化、大型化、标准化的运输船舶,加快乡镇渡口达标改造。

"四大重点"是:以水运主通道为重点,着力推进航道升级联网工程;以武汉港为重点,着力推进武汉航运中心建设工程;以优化运力结构为重点,着力推进船舶标准化工程;以服务社会主义新农村建设为重点,着力推进乡镇渡口达标改造工程。

为确保"十一五"水运发展规划目标的实现和2006年各项目标任务的完成,各地各部门必须坚持"水陆并举、建养管并重"的科学交通发展观、"整合资源、合力发展"的全局观、"真抓实干、求真务实"的落实观和"迎难而上、奋发有为"的进取观,以新的思维适应新的形势,以新的姿态迎接新的挑战,开拓进取,提速创优,为振兴湖北水运而共同奋斗!

(节选自2006年在合力加快港航建设促进沿江经济发展工作会议上的讲话)

把握历史机遇　加快水运发展

一、准确把握水运发展的历史机遇

水运作为综合运输体系的重要组成部分，与其他运输方式比，在大宗散货、集装箱、汽车滚装、水上旅游客运等方面具有独特的竞争优势。我省位于中西部结合部，水路运输具有承东启西的重要作用，加快湖北水运的发展对促进湖北中部崛起具有十分重要的战略意义。新的时期，湖北水运发展面临新的形势和机遇。

（一）构建社会主义和谐社会对发挥湖北水运优势的要求进一步提高

党的十六届六中全会对构建和谐社会的重大战略任务做出部署，强调坚持以人为本，坚持“五个统筹”，坚持转变增长方式，提高发展质量，形成有利于经济、社会、自然协调发展的长效机制。水运的巨大优势与建设节约型社会、和谐社会的国家战略是完全一致的，加快水运发展，是贯彻落实科学发展观、构建社会主义和谐社会、实现可持续发展的具体体现，是建设节约型交通、环境友好型交通的必然选择。

（二）“中部崛起”战略的实施对湖北水运发展的迫切性进一步提升

在长江、汉江沿线，集中了湖北省75%以上的大城市和绝大多数的生产力布局。特别是以武汉为中心的武汉城市圈，均分布于长江、汉江沿线，武汉城市圈近两年的经济增长幅度都高于全省平均增幅2至

3个百分点,圈内企业合作改造、资产重组明显加强,产业格局呈专业化、规模化、集群化趋势。到2010年,圈内形成以光电子为代表的高新技术产业群、以轿车制造为重点的机械制造产业群、原材料及新材料产业群、轻工纺织及食品产业群、农产品加工产业群。随着湖北中部崛起战略的实施、武汉城市圈的建设,区域经济快速增长,将开辟湖北、武汉"万商云集"的流通业发展新格局,东西中物流将迅猛发展,水路运输将强劲回升。目前我省港口吞吐量和水路运输量已连续四年大幅增长,并且在"十一五"期将一直保持大幅增长的势头,迫切需要进一步加快我省水运的发展,快速提升水运服务能力。

(三)我省经济快速增长对湖北水运的依赖性进一步增强

新中国成立以来,我省长江、汉江沿线已经形成以汽车、钢铁、电力、建材、纺织服装、高新技术等优势产业为代表的门类比较齐全的工农业生产体系。目前全省水运主要运输物资有矿石、石油、天然气及制品、煤炭、钢铁、水泥粮食等,基本都是关系到国民经济基础产业的物资,货运量所占比重为18%,货运周转量约占30%。"十一五"期,武汉至黄石一线长江沿线钢铁走廊,武汉至十堰一线的沿汉江汽车工业走廊,武汉至宜昌一线的沿长江汉宜化工走廊,将得到进一步发展。以大耗水、大耗能、大运量为特征的武钢1 400万吨钢、武汉80万吨乙烯、东风100辆汽车、荆门40万吨石化工程、赤壁电厂和水泥厂、宜昌东阳光电厂、武汉粮食中转中心、黄石电厂等一大批重点工程的建设,都将沿江沿河分布,将使长江、汉江沿线成为湖北省产品最多、需求最大、交通运输最为发达的地带,将对水运的发展和水运市场需求越来越大,对水运的依存度越来越高,发挥水运优势、提高水运服务能力势在必行。

(四)部省合力建设长江黄金水道要求湖北水运发展步伐进一步加快

党中央、国务院非常重视长江航运的发展,已将长江黄金水道的建设列入我国国民经济和社会发展第十一个五年规划纲要。2005年交通部召开了沿江七省二市"合力建设黄金水道,促进长江经济"座谈会,2006年交通部和长江沿线以及周边省(市)共同签署了《"十一五"期长江黄金水道建设总体推进方案》,提出了到2020年,长江水运实现现代化,适应沿江经济社会发展需要,为沿江经济社会协调可持续发展提供高效、畅通和有竞争力的水运服务的总体目标。交通部承诺将进一步加大对长江水运基础设施的投资力度,在"十一五"期安排150亿元投资长江水运基础设施建设和主要支流航道建设,推动内河港口建设,适当支持中西部地区公共码头建设。沿江各省(市)人民政府也承诺将积极筹措资金,保证长江黄金水道规划目标的实现。长江航运步入了历史上最好的发展时期,也为我省营造了快速发展水运的良好外部环境,使我省水运事业步入了黄金发展战略期。

二、全力促进水运新一轮大发展

湖北水运振兴工程建设是一项长期任务,要坚持优先发展水运总体方略,继续围绕湖北交通"十一五"发展规划、湖北水运发展规划纲要以及"三个基本形成"的湖北水运发展目标,突出港航基础设施和渡口达标改造建设、推进港口资源整合和运输方式转变、营造良好的水运发展环境,促使我省水运服务能力明显提升,为湖北水运全面振兴奠定坚实基础。

(一)因地制宜,全面落实港航发展政策措施

《湖北省人民政府关于加快全省长江水运业发展的意见》(简称《意见》)的出台,是加快湖北水运发展的重大举措。《意见》提出了一系列加快全省长江水运业发展的优惠政策,从深化企业改革改制、支持企业联合做强,到发挥船舶工业优势,加快建设现代造船工业基地;从加强岸线利用规划和岸线资源保护,到加快港航基础设施建

设;从实行优惠的税费政策和用地政策,到大力拓展航运资金渠道、增加政府资金投入;从资源综合开发利用、建立航运工作协调机制,到提升水运市场竞争力等,涉及范围广、针对性强、含金量高,当务之急就是用好用足相关政策,全面落实政策措施。各级交通、港航海事部门要认真学习,深刻理解和全面把握文件精神;要立即行动起来,加大宣传力度,争取各级政府和部门支持,将政策措施明晰化、具体化,变成现实的生产力;要组织力量深入调研,跟踪政策落实进展情况。

港航基础设施特别是航道设施具有明显的公用设施的性质。《"十一五"湖北交通发展实施方案》明确规定:各级政府对纳入省规划的水运主通道三级航道、四级航道和非主通道三级航道、五级航道,分别按超过项目总投资的60%、70%、80%进行配套;地方政府和企业对纳入规划的主要港口、重要港口分别按超过项目总投资的85%、90%自筹。各相关地方人民政府要全面落实相关承诺,确保工程顺利进行。

(二)创优提速,全面完成"十一五"前期工作目标

前期就是投资。2007年,全省要全面完成"十一五"港航规划中21个项目的前期工作,推进9个预备项目的前期工作。

为加快前期工作,各级交通、港航部门要牢固树立"前期就是投资"的理念,坚持实行逐季进行形势分析、逐月进行调度检查、逐旬进行跟踪督办、逐个问题进行协调研究的工作方法,进一步加强对项目前期工作的组织、指导、协调、服务、督办,切实提高前期工作质量。要成立前期工作领导小组和工作专班,责任到人、把握宏观、跟踪细节,进一步加大与水利、国土、环境保护等部门协调沟通力度。要积极支持和指导不利用政府投资,实行核准制和备案制的港航建设项目前期工作,以进一步鼓励社会资金投资港航基础设施,加大项目储备,形成项目前期和后期建设的紧密衔接。

（三）以点带面，全面加强港航在建工程和航道维护管理

全面推进港航建设必须认清新形势、新任务，研究新思路、新措施，抓龙头、带一般。

一是着力推进以崔家营航电枢纽工程为重点的航道建设。要继续加快崔家营航电枢纽工程进度，确保工程质量。对于跨行政区域航道项目，要提前从项目业主、标段划分、资金拨付、工程管理、交工竣工验收等方面提出完善的工程建设组织方案，为开工建设奠定基础。

二是着力推进以武汉航运中心为重点的港口建设。武汉港汉阳集装箱二期工程、武汉港阳逻港区二期工程、荆州港盐卡二期综合码头、黄石港外贸综合码头、宜昌港云池港区综合码头，要作为武汉航运中心的核心项目加以高度重视并抓紧建设。各个项目单位在落实各项建设责任方面，要以全面实行项目法人责任制为重点；在执行建设程序管理方面，要以项目审批、验收为重点；在提高工程质量方面，要以完善质量保证体系、明确质量责任、严格追究制度为重点；在进度安排方面要倒排时间表，一周一分析、一月一总结，采取一系列有效措施，加快项目的工程进度。

三是着力推进以汉江航道为重点的航道养护。汉江是我省主要通航河流，确保航道畅通对于促进我省水运事业和汉江流域经济发展具有重要作用。针对汉江航道的特点，要克服重建轻养的倾向，重点提升汉江航道养护管理水平。要从基础抓起、从基层抓起，采取循序渐进、由下游向上游逐步提高航道维护类别，投入必要的疏浚应急资金，解决浅滩航道碍航问题。要加强监管和考核，提高维护质量，确保航标设置正确与日常保养工作及时到位。要建立航道信息测报机制，重点解决航道浅滩水深、航宽不足问题，确保船舶通行安全。

（四）严格标准，全面推动渡口达标改造任务的完成

我省渡口达标改造工作要在"十一五"期前三年全面完成。

一要坚持“三个优先”。即:对渡口基础薄弱、整体达标率低的地区优先发展,对任务明确、技术基础较好的渡口优先建设,对学生渡口、旅游流量大的渡口、安全隐患突出的渡口优先安排,确保申报一处就建设一处,建设一处就达标一处。

二要坚持渡口达标改造32字理念,确保进度和质量。要将渡口改造任务逐一分解落实到相关地区和具体执行部门,切实加强事前、事中、事后的跟踪管理,做到明确责任抓落实。交通、港航海事机构领导要坚持沉到底抓到位,建专班定责任,排工期定方案,勤调度勤督办,保质量保工期,确保为民办实事取得实实在在的成效。

三要切实加强渡口渡船达标改造的指导和服务。要积极推动和增强县乡政府责任主体意识,建立完善渡口改造分片包干和联系点制度。根据各地实际情况,市(州)交通、港航海事部门领导要坚持对口负责一个乡镇,县市交通、港航海事部门领导要坚持对口负责一个渡口,确保渡口改造在强有力的指导和服务下顺利实施。

四要确保渡口渡船质量达标,将好事办实,实事办好。加强施工质量监管,认真检查影响工程结构安全和使用功能的工序和部位,努力把渡口达标工程建设成质量过硬、老百姓信得过的优质工程。坚持“先验收后拨付”原则,按照要求严格组织验收,确保渡口真正达标。要加强监督和审计,确保资金有效使用,在醒目位置对渡口改造达标施工及资金使用情况进行公示,主动接受当地老百姓的公开监督。

五要落实达标渡口后期安全管理长效机制。各地在抓好渡口渡船更新改造的同时,积极探索建立乡镇渡口渡船管理的长效机制。渡口改造达标项目验收合格后,要及时移交当地乡镇人民政府负责日常管理,落实好后续安全管理和维护的具体责任单位和责任人。

(五)抓住机遇,全面提升湖北水运服务能力

全面提升湖北航运服务能力,要重点做好以下几项工作:

一是拓展新的运输方式。要继续推进长江中下游滚装运输市场的开发,继续促成汽油车滚装运输和客滚船运输市场的开放,以进一步拓展滚装运输市场,提高长江内河滚装运输能力。要进一步引导和规范长江中游过驳减载转运,保障长江中游航道的畅通,增强我省航道通过能力,缓解“两大瓶颈”(三峡船闸通过能力不足、长江中游浅险水道卡口)对我省航运发展的制约,以充分挖掘长江航运潜力,提高长江运输能力。

二是优化船舶运力结构。根据省政府关于“坚持强制性与鼓励性相结合”船舶运力发展原则,省厅出台了《湖北省船舶发展政策引导资金管理暂行办法(试行)》,对在湖北省入籍的新建造的船舶予以补助,引导和支持内河大吨位干散货船、集装箱船、液货危险品船、江海直达船、汽车滚装船等重点船舶更快更好地发展,推进全省运力结构的优化与升级,力争提前实现长江干线货运船舶平均吨位达到1 000吨。

三是推进集装箱多式联运发展。要制定水路运输与其他多种运输方式无缝连接专项规划,构建综合交通运输体系。要在港口预留货运码头的建设空间,并积极协调配合有关部门优化通港道路、铁路线路规划,建设与港口相适应的无缝连接的公路、铁路快速通道,以对接公路、铁路集装箱转运枢纽工程,加快推进我省集装箱多式联运的发展。

四是引导水运企业做大做强。要鼓励和支持水运企业向责权清晰、管理科学的公司化方向发展,鼓励和支持水运企业自创品牌,做大做强,通过各种形式,实现优势互补,避免恶性竞争,提高行业整体服务水平和效益。

(六)着眼未来,全面推行“四项制度”为核心的水运行业管理

一是严格港口岸线审批制度。要按照《中华人民共和国港口法》的要求和港口布局规划、港口总体规划、岸线利用规划,建立起港口

岸线资源统一管理的有效机制,强化港口总体规划区内港口岸线使用审批制度,积极引导集装箱、煤炭、金属矿石、钢铁、石油及制品、滚装汽车等重点港口项目使用优良岸线。

二是建立和完善港口现场管理制度。按照《中华人民共和国港口法》、《湖北省港口管理办法》的要求,认真推行港口经营人报港、港口经营行为定期审验、港口装卸作业方案检查等三项工作机制,保护合法经营,打击非法经营,确保水上运输生产经营秩序。

三是建立水运企业诚信水平评估制度。要加强对水运企业的资质管理,实行统一、严格的市场准入制度,在加强运政现场检查登记的基础上,强化港航现场管理,督促水运企业增强自我约束的机制。要鼓励和支持水运企业做大做强,对拥有万吨以上运力的水运企业试行信誉考核和经营资质跟踪管理制度,把水运企业的资质跟踪检查和水运企业的信誉考核有机地结合起来,着力提高水运企业的诚信水平。

四是建立重点港航企业联系制度。以现有的20家重点联系企业为基础,加强与重点航运企业的联系,了解航运企业的生产经营状况,了解航运企业对管理部门的服务需求,为港口企业间资源整合创造条件。

(节选自2007年在全省港航海事工作会议上的讲话)

坚定信心　奋力先行

应对金融危机，最重要的就是要坚定信心，信心比黄金更重要。中央在不同场合反复强调，坚持实施积极的财政政策和适度宽松的货币政策，这就给交通运输行业继续抢抓机遇、乘势而上注入了新的强大动力。各级交通部门一定要进一步坚定信心，创新思维，奋力先行，真正做到不松劲、不懈怠、不畏难，为上项目、保增长继续作贡献。

一、公路建设要迎难而上，真正做到坚定信心保发展

（一）高速公路建设要坚持建成559公里、开工1 000公里的目标不动摇

一要创新理念抓前期。即：打破规划年限，凡是纳入省规划的项目，都可以打破年限规定，齐头并进向前推，积极支持各地超前启动前期工作，打破"十二五"、"十三五"等规划项目的年限规定，只要前期工作到位，就可以开工建设，谁积极就支持谁；打破地域分割，对跨市（州）的项目，鼓励市与市之间联合推进前期工作、联合组织招商、联合实施建设，建立协调机制，实现资源共享和信息互通；打破常规常态，对规模较大、技术较为复杂的项目，积极鼓励项目建设业主探索先期推进控制性工程的设计、招标和建设，做到控制性工程先期开工、分段逐步推进；打破传统观念，对因招商周期较长、难度较大而制约前期工作的项目，鼓励各地积极探索如何通过协调

地方城投公司或交投公司先期介入,做到一边推进前期工作、先保证控制性工程开工,一边继续开展招商引资,依法依规运作,各地要积极争取联发投、鄂西圈投等政府性投资公司积极支持、投资省内高速公路建设;打破墨守成规,凡是有利于加快前期工作的政策,凡是有利于招商的措施,在合乎国家法律法规的前提下,各地都要积极争取,积极探索。

二要坚韧不拔抓招商。实现各市(州)政府与省政府签订的目标责任书,其关键在于招商引资,难点和控制点也在于招商引资。为破解招商引资这道难题,各地各部门要抓紧组织招商引资专项调查。针对招商引资工作出现的新情况、新问题,及时分析情况、及时调整思路、及时加大力度,做到奋起直追、弯道超越,为地方党委、政府决策提供第一手的参考和建议。要争取政府全力聚焦招商,各地交通部门要进一步争取党委、政府主要领导的全力支持,争取分管领导全情投入、全力聚焦,建立政府领导招商包干负责制,做到一个领导负责一个项目,在抢项目上出硬招,在抓落地上下苦工,力争一月有一个项目落地,掀起一浪高过一浪的招商热潮。要坚持走出去主动招商。省厅将进一步加强地方招商项目的组织协调,适时组织、推介地方招商项目走深圳、赴沿海进行联合招商;适时组织参加第十三届中国国际投资贸易洽谈会,做到内资外资一起招,力求实效。

三要打破常规抓建设。项目指挥部或业主要切实增强紧迫感和责任意识,迅速组织开展"百日攻坚"劳动竞赛,抢抓晴好天气,合理交叉施工,向内挖潜增效,为确保目标实现奠定坚实基础。要严格领导分工负责制,继续推进领导分段包干、分工协作机制,真正做到心往一处想,劲往一处使,聚精会神抓建设,一心一意保目标。要严格施工单位法人协调制,督促各施工单位严格履行合同,最大限度地投入人财物力,提高施工效率,确保工程质量。要严格环境保障责任制,越是到工程收尾,协调单位越要切实加强环境协调,想工程之所想、急工程之所急，为工程建设创造良好环境。要严格企业诚信承诺制，和左、随岳南和武荆高速公路等项目都要保质保量完成年度计划，增强诚信意识，为确保全省高速公路突破3 200公里而冲刺。

（二）农村公路建设要坚持建成通村沥青（水泥）路25 000公里的目标不动摇

一要对照目标抓落实。各地交通部门要对照省政府确定的25 000公里建设任务，逐个县（市）、逐个乡（镇）检查项目进展情况，重点抓好滞后区域、滞后项目的检查调度和技术指导。省公路局要进一步充实力量，组织工作专班，提高质量抽检频率，加快交工验收进程，确保通村公路建设项目县市验收比例达到100%、市（州）复检比例达到100%、厅农办抽检比例达到30%。对于不合格项目，各地一律不予拨付补助资金。

二要突出重点抓落实。根据省委、省政府部署，要重点抓好仙洪新农村试验区交通建设、7个脱贫致富奔小康试点县（市）交通建设和大别山红色生态文化旅游公路建设。仙桃、洪湖、监利交通部门要倍加珍惜机遇，坚持在发挥试验区规模效益上下功夫，集中力量完成新的规划及任务，率先在全省打造"网络村镇、人便于行、货畅其流"的交通环境。7个试点县（市）要全力落实规划建设的87个交通项目，力争到2013年，国省干线基本达到二级以上公路标准，重要县乡道省际出口及断头路全面打通，100%乡镇及行政村通沥青（水泥）路，80%自然村通砂石路。黄冈市交通局、公路局及大别山沿线县市交通公路部门要进一步增强责任感、紧迫感，通过政府带动、市场推进、多元筹资，充分调动各方积极性，抓紧建设420多公里的"红色旅游交通示范线"，力争用一到两年的时间建设完成沿线的路面及安保工程，2010年全线贯通主线工程，尽快取得实效。

三要服务民生抓落实。积极推进农村交通发展由"建设型"向

"服务型"转变,始终坚持"车头向下、村口始发,四定一挂、程序简化,通村达户、平安到家"的农村客运服务新理念,着力引导运输企业"车头向下",支持农村客运发展,提升农村公共交通服务水平。要大力推行"农村班车进城,公交客车下乡",大力推行"集约化经营,规范化运行",着力形成城乡公交资源共享、相互衔接、布局合理、方便快捷、畅通有序的客运网络。要进一步加大新型招呼牌的建设力度,使过去单一功能的招呼站成为集客运信息牌、公路标志牌、行车指示牌为一体的多功能服务站,充分发挥通村公路候车亭、招呼站资金补助政策的综合效益。要切实加大农村客运文明示范线和"荆楚新农巴士"品牌创建力度,坚持以点带面,典型示范,力争2009年底创建100条省级示范线和100台"荆楚新农巴士"示范车。要全面启动乡镇渡船标准化更新改造工程,投入"以奖代补"资金200万~300万元,按每船不超过3万元的标准对船舶标准低、安全隐患大、船龄超过20年的老旧渡船进行标准化改造补助,其中2009年改造渡船100条,力争用3年左右的时间实现乡镇渡船钢质化、规范化,使农村客运和农村渡口成为社会主义新农村的靓丽风景线。

二、水运发展要开放联动,真正做到创新思维求突破

一要思想上更加重视,真正像抓公路建设那样抓水运发展,努力在政府抓水运、社会合力发展水运上有新突破。面对加快长江航运发展的新机遇,各级交通部门要进一步坚持以大开放促水运大发展,以大联动促水运大突破,高度重视水运资源综合效能的充分发挥,要像抓公路建设那样抓港航建设,做到"宜水则水、宜陆则陆",着力提高水运生产力水平。要进一步落实地方政府责任主体,着力构建"政府主导、部门推动、社会联动、多元融资"的振兴水运发展新格局,最大限度地争取各级政府在产业布局、土地、税费、筹融资等方面出台优惠政策,落实地方配套资金。要进一步争取省政府制定颁发《进一步促进湖北水运又好又快发展的决定》,真正将更多的资金、资本、资源配置到水运发展上来,促进湖北水运又好又快发展。

二要观念上更加创新,努力在长江上中下游对接联动、部省联动上有新突破。要进一步深化落实沪鄂、渝鄂、皖鄂航运业交流与合作协议,努力在长江上中下游联动发展上取得实质性进展。抓紧建立完善联动合作机制,坚持以港航联动、口岸联通、江海联运、信息联网为重点,努力实现沪鄂港口、航运及口岸、信息的全面合作对接。当前,要力争在先行试点启运港退税政策上取得突破,积极协调武汉海关、省国税局制定推动武汉先行试点启运港退税政策的工作方案和监管措施,报请海关总署、国税总局批准试点实施启运港退税。届时从武汉新港发往洋山保税港区的国内货物,只要确认离港发往洋山港区中转至境外,即可办理退税手续,极大缩短货主获得退税的时间,加速企业资金流动,促进湖北集装箱水路中转运输发展。同时要进一步加大力度,力争在部省共建上有新突破,省厅积极与交通运输部长江航务管理局加强沟通,达成共建协议,部省联手加快长江航道建设。

三要市场上更加开放,努力在整合资源、做大做强湖北港航企业上有新突破。港航企业是港航建设和经营市场的主体。省厅将继续实施船舶发展政策引导资金补助政策,加大船舶运力发展扶持力度,引导航运企业壮大规模、优化运力结构。武汉、荆州、黄石和宜昌港务(口)集团、长航集团、华中航运等是我省骨干港航企业,要充分发挥市场资源配置的作用,积极建立现代企业制度,优化经营主体结构,提高合资合作水平,实现规模化、集约化经营,进一步提升市场竞争力。

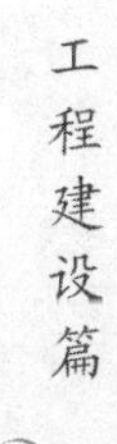

三、综合交通要拓展视野,真正做到转变职能开新局

一要强化综合协调服务意识。充分发挥各种交通运输方式的整体优势和综合效率,是省委、省政府赋予新组建的交通运输厅的重要职责,也是今后交通运输厅的中心任务。为履行好这一重要职责,我们既要重点加强综合交通运输体系的规划协调,更要强化自身的服务意识,最大限度地争取理解与支持,形成发展合力;既要加强铁、水、公、空、管等重点建设项目信息的掌握,又要切实加强综合交通基础资料及统计信息的掌握,认真落实综合交通发展联席会议制度、定期报送制度等6项综合交通发展协调机制,为省委、省政府决策提供支撑和参考。

二要强化"零换乘"和"无缝衔接"意识。要更加重视综合交通枢纽建设,立足大交通,促进一体化,切实加快武汉、襄樊、荆州、宜昌、黄石、十堰、恩施等7个国家公路主枢纽建设,以建设武汉杨春湖综合客运换乘中心和宜昌、襄樊两个省域副中心物流基地为示范,着力推进客运"零换乘"、货运"无缝衔接",充分发挥综合交通运输集并转运功能。要大力发展多式联运,积极推行公铁联运、公水联运、江海联运、水陆空联运等,让多种运输方式之间的内畅外联更加紧密,真正实现"无缝对接、零距离换乘"。

三要强化现代交通物流意识。要破现代交通物流开局之难,就必须进一步加强综合交通运输体系的理论学习、政策研究和规划协调,积极引导现代交通物流发展,提高物流的专业化、社会化水平。各级交通部门要以构建现代化道路客运服务系统和物流服务体系为目标,以信息和管理技术为手段,重点加快物流园区(中心)的布局建设,积极引导、发展第三方物流,大力推进集约高效的现代物流业发展,实现客运便捷化、货运物流化、管理智能化。

四、质量安全要狠抓落实,真正做到精益求精上水平

(一)对待质量要一丝不苟,敢于较真

质量是交通的生命。各重点工程指挥部和各级交通部门必须始

终坚持工程进度服从质量安全，对发现的质量问题，不要怕得罪人，不能怕麻烦，必须及时处理、限期整改，做到没有质量的进度不要，不合格的工程坚决推倒重来，对待质量一丝不苟。特别是各级交通质量监督机构要坚持用数据说话，督促监理单位健全质保体系，加强旁站力量，实施事前、事中和事后全程有效监控，真正当好质量安全的保护神。

在抓好工程建设质量的同时，还要高度重视交通窗口服务质量。我和高宏峰副部长在接受中国文明网访谈时，网友对公交车等交通窗口的服务质量给予高度关注。大部制改革以后指导城市客运的职能划归到交通运输部门，各级交通运输部门要坚持从调查研究入手，推行一线工作法，了解新情况、研究新问题、制定新的思路，切实加强客运市场整顿和出租车行业专项整治，重点解决群众反映强烈的倒客、宰客、甩客、拒载、绕道等不良行为。要聘请一批行风监督员，开展运输服务质量"微服私访万里行"活动。要创新服务方式，大力推广 GPS 系统、电子监督系统等。要深入开展文明窗口的创建活动，在全省公交系统深入开展学习"王静工作法"活动，以此来提高我们运输服务质量。同时，要建立运输质量的投诉考核体系，畅通投诉渠道，充分发挥厅长信箱、局长信箱和投诉电话的作用，努力为公众提供文明、优质、规范的交通服务。

（二）对待安全要板着面孔，敢于碰硬

交通无小事，责任大如天。交通安全的重要性，是由交通运输工作的基础性、普遍性、公共性和服务性所决定的。胡锦涛总书记曾经指出，人的生命是最宝贵的。我国是社会主义国家，我们的发展不能以牺牲精神文明为代价，不能以牺牲生态环境为代价，更不能以牺牲人的生命为代价。交通经济越发展，越是要求交通安全有保障；交通安全越加强，越是促进交通经济发展有质量。从目前来看，全国、全省的交通安全生产形势还十分严峻。各级交通部门一定要痛定思痛，深刻吸取血的教训，始终保持清醒头脑，真正做到思想上的弦绷得紧而又紧，工作上的各项措施抓得实而又实，确保安全万无一失。

湖北是千湖之省，也是万桥之省，全省普通公路在役桥梁多达2.1万多座，据统计，病危桥梁达7 609座，占全省桥梁总数的35.7%。其中相当部分桥梁建于20世纪60～70年代，原设计标准低、荷载等级低，随着社会经济的快速发展，大部分桥梁长期超载运行成为危桥。全面取消政府还贷二级公路收费站后，超限超载大型货车绕避高速公路行驶国省干线公路和农村公路的现象明显增多，给公路和桥梁安全带来极大隐患。一是全力打好治超攻坚战，各级交通公路部门要真正以“铁腕治超”的果敢措施和雷厉风行的扎实作风，形成政府治超、部门治超、社会治超的强大合力。各高速公路管理处（公司）和各市县政府要组建治超专项稽查队伍，加大军民联查、路警联动的稽查力度，积极推行路政、运政、交警等队伍联合办公、联合执法模式，始终保持依法严管态势，严厉打击非法超限超载行为，形成执法合力，共同维护公路通行秩序；要坚持严管重罚，对所有经检测确定的超限超载车辆，一律先卸载、后处罚，坚决消除违法行为，决不能放任通行。二是要全力抓好隐患排查整治攻坚战。各级交通部门要下决心、动真格地抓好质量安全隐患的整治，切实加强病危桥改造、危险路段改造和防汛通道建设。要确保各项部署不折不扣落实到位，确保交通安全隐患排查治理“六大机制”不折不扣得到落实，即责任制、档案制、销号制、通报制、安全风险评估制和重大事故第一时间报告制。要将这“六大机制”的落实与否作为安全隐患排查的重要内容之一加强督办，坚决纠正在排查治理工作中敷衍搪塞，图形式、走过场的行为，坚决预防重大事故的发生。

（节选自2009年在交通运输经济形势分析会上的讲话）

巴山不再高　蜀道不再难

全长320公里的沪渝高速宜恩段建成通车，从此，巴山不再高，蜀道不再难，千里川江一日还，几代人梦寐以求的愿望终于实现了。

沪渝高速公路宜恩段是迄今为止我省乃至全国建设难度最大、工程最为艰巨、地质最为复杂的山区高速公路，集地质病害之大成，被地质专家们长期视为工程禁区。2004年8月，宜恩段正式开工建设，从此宣告我省高速公路建设由平原走向山区，闯入禁区。6年，栉风沐雨；6年，顽强拼搏；6年，创新超越。全体建设者以惊人的毅力和勇气，用自己的智慧和汗水，建成了世界第一高墩、世界第一高桥、世界第一上承式钢管混凝土拱桥、亚洲第二的龙潭隧道等经典力作，成功地在工程禁区打造出“桥梁博物馆”、“隧道博览会”和“路桥专业大学堂”，打造出全国科技示范工程和廉政建设示范工程。回顾全国科技示范工程建设历程，最宝贵的财富就是拼搏进取、实干奉献的“沪蓉西”精神。这就是敢闯禁区、敢为人先、敢于担当的拼搏精神，勇于创造、勇于创新、勇于实践的进取精神；精心谋划、精细管理、精益求精的实干精神；不畏艰险、不怕吃苦、不计得失的奉献精神。最有力的保障就是开放式合作机制，这就是中外合作、部省合作、院所合作、跨行业合作、跨项目合作、跨学科合作，联合攻关、联合试验、联合开发、联合推广、联合检测、联合评估。最成功的探索就是产学研一体化，这就是坚持工程科研同向、科技生产同力，科技服务工程、工程依靠科研，坚持理论与实践结合，创新与应用结合，科学技术引领，科技研究先行。最显著的成效就是4个“一批”,这就是攻克了一批技术难题,取得了一批科研成果,培养了一批懂专业、善管理的专业队伍,集聚了一批多学科、多层次的专家院士。沪蓉西全国科技示范工程是我省高速公路建设史上的一个巅峰之作,也是一个山区高速公路建设科技创新之作,标志着我省高速公路20年发展达到了一个新的高度。1991年,全长70公里的武黄公路建成通车,拉开了我省高速公路建设的序幕。2009年,我省高速公路里程达到了3 282公里,位列全国第六位;全省已建、在建的高速公路里程达到4 764公里,“四纵三横一环”高速公路网基本形成,承东启西,接南纳北,内畅外联,辐射全国的支点作用日益凸显。20年,弹指挥间;20年,梦想成真。20年物质精神硕果给予了我们深刻启示:实现创新超越、历史跨越,必须始终坚持交通发展第一要务,始终坚持改革创新第一动力,始终坚持质量安全第一生命,始终坚持生态环保第一标准,始终坚持紧紧依靠各级党委政府的领导,始终坚持紧紧依靠人民群众的支持,合力推进湖北交通又好又快发展。

千帆竞发,百舸争流,激流勇进,不进则退。湖北交通人将百倍珍惜当前交通发展的大好机遇;百倍珍惜部省合建、合力发展的良好机制;坚持以省政府的嘉奖令为动员令、开工令、攻坚令,力争2010年再开工高速公路18条、总里程1 044公里,已建和在建高速公路达到5 000公里,全省高速公路里程突破3 500公里,力争达到3 600公里;到2015年,全省高速公路力争突破5 500公里,力争达到6 040公里,提前五年实现“五纵五横两环”的高速公路建设目标,使湖北真正实现全国重要的综合交通运输枢纽和现代物流基地,成为促进中部崛起的重要战略支点。

(节选自2010年在沪渝高速公路宜恩段建设表彰会暨全省高速公路建设20年回眸与展望会上的发言)

沪蓉西科技创新之亮点

湖北沪蓉西高速公路建设得到了中央、部省领导的高度重视和关心。中共中央政治局常委、国务院副总理李克强，中共中央政治局委员、湖北省原省委书记俞正声，原省委书记罗清泉，省委书记李鸿忠，交通运输部部长李盛霖，副部长冯正霖等领导多次亲临现场检查指导，明确指示"头等大事是确保安全"，并深情感慨：建成这条路，就是个奇迹！实践中，我们坚持科技引领、创新驱动，着力打造沪蓉西全国科技示范工程。

一是以科技创新打造"平安沪蓉西"。沪蓉西高速公路位于我省鄂西高原、秦巴山脉，全线峰峦起伏、沟壑纵横，穿越14座高山，跨越13道深谷；沿线滑坡、岩堆、危岩体、岩溶、岩溶塌陷、地下暗河、崩塌、断裂带、冲积扇等不良地质一应俱全，堪称集地质病害之大成，被地质专家们长期视为工程"禁区"。全线桥隧里程占总里程的2/3，尤其是技术复杂的高墩大跨桥梁、特长隧道、高危边坡众多，且工程施工通道狭窄，施工场地缺乏，地质灾害易发频发，存在大规模岩溶突泥突水、高地应力、软岩变形等重大地质灾害风险，工程地质状况之差、施工条件之难、工程建设之险、技术难度之大前所未有，被称为山区高速公路"地质病害百科全书"。

为打造"平安沪蓉西"，我们牢固树立整体安全理念并贯穿于设计、施工、营运、维护等全过程，紧紧依靠科技创新，采用先进技术，利用信息手段，建立了全线320公里范围内特大桥梁、特长隧道等控制性工程视频实时监控系统,将施工生产安全过程纳入视频监控范围,只要登录湖北高速公路视频监控系统,就能看到施工现场的实时实景。我们在全线所有隧道均配备了瓦斯监测仪、电子监控仪,推行了TSP综合预报、地质雷达探测、RPD-150C高速钻机钻探技术;在全线组织开展了"大规模山区高速公路建设安全控制与预警系统研究",自主开发了事故严重程度(MLES)危险源评价系统,建立了施工现场安全评价指标体系及预警防控机制,总结形成了山区高速公路隧道、桥梁、边坡施工安全操作规程和安全管理防控机制,有效化解了工程建设不放心、不踏实、不安全因素,有力促进了质量安全平稳可控。工程建设六年间,全线未发生重特大安全事故,项目安全管理工作连年获省政府表彰。2006年10月,国家七部委安全督察组评价指出,沪蓉西高速公路安全生产管理代表了我国山岭重丘地区高速公路建设安全生产管理先进水平。

二是以科技创新打造"桥梁博物馆"。沪蓉西高速公路全线建有桥梁370座,拥有"世界第一高墩"、"世界第一高桥"、"世界第一上承式钢管混凝土拱桥",斜拉桥、悬索桥、钢管混凝土拱桥、大跨径连续刚构桥等各种桥型齐全,可谓"桥梁博物馆"。

四渡河大桥。主跨为900米加劲钢桁梁悬索桥,桥面距谷底达560米,这是目前世界第一高桥,也是一座"科技创新之桥"。大桥建设首次将军用技术应用于工程建设,成功利用火箭抛送先导索,有效解决了先导索穿越峡谷的技术难题;首次在900米跨径悬索桥上使用隧道锚,减少水泥混凝土用量近2/3,节约投资约2 000万元;首次采用了可单根抽换无黏结预应力锚固系统,提高了锚固系统可维护性;首次利用地形微缩模型进行风动试验,研究山区风环境和风特性对大桥影响,增加了中央扣,优化了桥梁受力结构。

龙潭河大桥。主桥为(106 + 3 × 200 + 106)米五跨预应力混凝土连续刚构桥,主桥墩高178米,这是目前世界第一高墩连续刚构桥梁。为确保质量安全,我们紧紧依靠科技创新,有效解决了高墩泵送混凝土技术难题,直接将水泥混凝土泵送至178米以上高度;有效解决了高墩泵送混凝土性能和高墩稳定、抗风、施工控制等关键技术难题;有效预防了腹板开裂和跨中下挠等质量通病。

支井河大桥。主跨为430米的上承式钢管混凝土拱桥,是目前世界同类桥型第一拱桥。成功采用了无支架缆索起重系统,直接将缆索锚在基岩上,起吊达300吨,跨径达756米,为同类起吊系统世界之最;成功实现主拱肋在无风缆条件下吊装,合龙误差仅9毫米。

三是以科技创新打造"隧道博览会"。沪蓉西高速全线建有各类隧道46座,其中拥有华中第一、亚洲第二的龙潭隧道等10座特长隧道,形成了全国目前规模最大的特长公路隧道群,连拱隧道、小间距隧道、分离式隧道、分岔式隧道等结构形式多样,被誉为"隧道博览会"。

龙潭隧道。上下行分离式隧道,左洞长8 694米,右洞长8 599米;属高风险岩溶地质隧道,穿越高地应力软岩、断层和地下暗河,施工通风困难,软岩变形大,水文地质异常复杂;在龙潭隧道建设中,首次采用U形新式通风方式,解决了施工通风难题;首次采用大格栅支护,克服了高地应力软岩变形作用;首次在公路隧道中采用前进式注浆新工法,解决了突泥突水难题;并大胆采用了侧壁导坑工法,成功穿越了断层。

乌池坝隧道。上下行分离式双洞隧道,左洞长6 710米,右洞长6 695米;穿越两条暗河且暗河水量大、水位高、水压大;为确保工程质量安全,我们广泛采用了红外线探水、瞬变电磁、地质雷达、TSP203等物理探测和地质钻探相结合的综合超前地质预报手段,有效避免了高风险岩溶隧道突泥突水事件发生。

八字岭隧道。分岔式隧道,左洞长3 521米,右洞长3 544米;分岔式隧道在公路隧道建设中尚属首例,其采用了从小间距段过渡到连拱再过渡到四车道大拱的设计施工;通过数字模拟、现场实测,解决了分岔式隧道夹心隔墙最小厚度的施工难题，为分岔式隧道在公路建设领域推广应用积累了经验。

四是以科技创新打造“路桥专业大学堂”。回顾湖北沪蓉西全国科技示范工程建设历程，最宝贵的财富就是拼搏、进取、实干、奉献的“沪蓉西精神”。即敢闯禁区、敢为人先、敢于担当的拼搏精神，勇于探索、勇于创新、勇于实践的进取精神，精心谋划、精细管理、精益求精的实干精神，不畏艰险、不怕吃苦、不计得失的奉献精神。最有力的保障就是开放式合作机制。即中外合作、院所合作、部省合作，跨行业合作、跨项目合作、跨学科合作，联合攻关、联合试验、联合开发、联合推广、联合检测、联合评估。最成功的探索就是产学研一体化。即：坚持工程科研同向、科技生产同力，科研服务工程，工程依靠科研；坚持理论实践结合、创新应用结合，科学技术引领，科技研究先行。最显著的成效就是“四个一批”。即攻克了一批技术难题，取得了一批科研成果，培养了一批懂技术善管理的专业队伍，集聚了一批多学科高层次专家院士。据统计，先后荣获了“四渡河深切峡谷特大跨悬索桥关键技术研究”等2项部省级科学技术一等奖；“分岔式隧道设计施工关键技术研究”等5项部省级科学技术二等奖；“大跨度悬索桥先导索火箭抛送技术”等3项部省级科学技术三等奖；国家工程建设QC创新奖5项；工法创新20项；专利技术15项；《公路隧道施工地质预报技术规程》等专著3部。联合培养博士30余人（其中在读博士后4人）、硕士50余人；为2 000多名大中专毕业生提供了实习基地，为我省交通重点工程建设项目输送了5名指挥长、3名总工程师、10余名技术骨干及市长、教授各1名。

沪蓉西全国科技示范工程是我省高速公路建设史上的巅峰之作，也是我省高速公路20年创新发展的丰富积淀。

（节选自2010年交通工作汇报）

天堑变通途

一桥飞架南北，天堑变通途！自 1957 年万里长江第一桥——武汉长江大桥建成以来，我省已规划建设的长江大桥达 39 座，其中已建成 17 座，在建 6 座，待建 16 座，平均每隔 27 公里就有一座长江大桥，长江已经成为现代桥梁艺术的“长廊”。特别是 2001 年我省交通部门自主设计、建成宜昌长江公路大桥以来，短短 10 年间，已累计建成 8 座长江公路大桥，无论是规模、速度、质量，还是效应，都取得了备受瞩目的成就，取得了“大跨度公路桥钢箱梁桥面板的横向支撑”、“大跨度公路桥梁钢质支座”等多项专利技术，荣获了一批省科技进步一等奖、詹天佑奖和鲁班奖。鄂东长江公路大桥的建成通车，标志着湖北由桥梁大省向桥梁强省迈出了铿锵步伐。大桥建设处处彰显创新理念、质量观念和美学素养，处处彰显原始创新、集成创新和引进消化吸收再创新的科技魅力。4 年来，鄂东长江公路大桥建设者团结拼搏，克难奋进，以特别能吃苦、特别能创新、特别能攻坚、特别能奉献的湖北交通精神，成功打造了世界级精品桥梁工程！这是完全由国内自主设计、自主施工、自主建设管理的千米级混合梁斜拉桥，在同类桥梁中以 926 米的主跨位居世界第二、内陆第一，并创造了特大型桥梁建设多项“首次”的佳绩。即首次在国内大型桥梁中将全寿命设计理念及周期成本分析贯穿于桥梁设计、施工、养护管理等整个寿命周期全过程，首次进行超大跨径混合梁斜拉桥钢混结合段刚度损伤、残余变形、滑移分布和混凝土内部应力分布试验，首次进行索塔锚固区节段模型竖向传力机理研究,首次设置PC箱梁索梁锚固构造除湿防腐系统,首次在国内采用钢管围堰壁板结构深水承台围堰施工并列入第十三批中国企业新纪录。成功攻克了千米级混合梁斜拉桥施工控制、主桥钢混结合段设计施工、主桥边跨宽幅PC箱梁裂缝综合控制及大直径长嵌岩桩基施工、大体积承台混凝土温度控制、超长索塔施工等一系列关键技术难题,为联通黄石、黄冈、鄂州三地,对接武黄、黄黄、大广北、大广南、汉鄂等5条高速公路,助推湖北新一轮经济社会腾飞具有重大意义。

(节选自2010年在鄂东长江大桥创新技术发布会暨湖北交通运输业"创新争优迎国庆"成果展上的讲话)

迈向桥梁强省的新标志

2010年12月9日，首座跨越湖北、湖南两省的荆岳长江公路大桥建成通车，我省千公里的长江江面上，已建成17座长江大桥。荆岳长江公路大桥是湖北继鄂东长江公路大桥之后建成的又一座世界级桥梁。这两座桥梁的通车，标志着我省从桥梁大省向桥梁强省的新跨越。

一、水网密布造就桥梁大省

湖北是千湖之省，长江横贯东西，汉水蜿蜒南北，其独特的地理条件决定了桥梁数量多、跨径大。

1957年，我国集全国之力，在我省建成新中国成立后的首座长江大桥——武汉长江大桥，华夏儿女千百年来跨越天堑的梦想得以实现。

改革开放以来，随着长江沿线经济的高速发展，全省掀起了交通基础设施建设前所未有的高潮，长江大桥如雨后春笋般纷纷修建起来。迄今为止，湖北在长江沿线除建成的17座特大桥外，还有3座正在建设，13座已经列入初步规划，长江已经成为我国现代桥梁艺术的“长廊”。与此同时，我省在千里汉江上也建成24座特大桥梁，全省公路桥梁已达24 000余座。

桥梁不仅仅是跨越江河的通道，更是一个时代的政治、经济、科技和文化的缩影。最近10年，我省桥梁事业进入飞速发展的黄金期，湖北在长江上建成了11座特大桥,成就了5座长江大桥同时建设的桥梁建设辉煌。以这样的速度建设特大桥梁,在中国乃至世界上都是绝无仅有的,我省大跨径桥梁的建设进入了一个空前辉煌的时期。一座座跨越天堑、气势雄伟、造型优美的桥梁,成为大江两岸和全国经济发展的命脉。

二、技术创新引领桥梁建设方向

我省不仅桥梁建设历史悠久,数量众多,而且桥型丰富,从古老的拱桥到现代桥梁中的斜拉桥、悬索桥等各种桥梁,我省涵盖了世界上所有主要桥型。尤其在长江、汉江上,湖北桥梁建设不断推陈出新,处处彰显创新理念、质量观念和美学素养。依靠技术攻关,一座座不同类型的大桥不断开创世界桥梁规模新纪录,不断彰显世界桥梁建设新亮点,不断拓宽桥梁建设新视野,不断引领桥梁建设新方向。一座桥梁就是一部教科书,两条大江成为两座桥梁博物馆。

回眸湖北长江公路大桥建设历史,我省经历了从无到有、从弱到强的发展历程。一批长江公路大桥荣获全国性工程大奖,其中宜昌大桥、军山大桥、荆州大桥分别荣获詹天佑奖和鲁班奖,以及湖北省优秀设计一等奖、科技进步二等奖等,为促进我省由桥梁大省向桥梁强省的迈进奠定了基础。

2010年是湖北桥梁建设史上特别值得铭记的一年。鄂东、荆岳两座世界级长江大桥同时建成。鄂东长江公路大桥以926米的主跨位居同类桥梁世界第二、内陆第一,是完全由国内自主设计、自主施工、自主建设管理的千米级混合梁斜拉桥,它成功攻克了千米级混合梁斜拉桥施工控制、主桥钢混结合段设计施工、主桥边跨宽幅PC箱梁裂缝综合控制及超长索塔施工等一系列关键技术难题,并创造了特大型桥梁建设“零死亡”的安全佳绩,为我国大型钢混结构桥梁向主跨1 200~1 500米的超大跨度进军奠定了坚实的技术基础。荆岳长江公路大桥则以主跨816米的高低塔不对称混合梁斜拉桥，成为高低塔斜拉桥“世界第一跨”。在这座世界级大桥建设中，建设者研发并应用了众多新技术、新工艺和新工法，创新了北主塔分离式双一大直径钢围堰深水基础施工技术、陡立破碎基岩大直径钻孔桩施工技术、超高索塔施工及钢锚梁安装技术、钢箱梁无支架全悬拼技术、南边跨超宽PC箱梁分段预制逐段拼装施工技术、大跨度连续梁桥控制开裂的施工技术、自适应无应力构形控制体系、超长超重斜拉索全软牵引安装技术等一大批具有自主知识产权的前沿桥梁技术成果。

这些创新成果，不仅开创了特大桥梁设计的新领域，有效解决了施工中的各种地质病害和技术障碍，从而保证了工程建设质量，也为我省规划建设的嘉鱼、赤壁、香溪等长江公路大桥建设积累了理论和实践经验，得到桥梁界有关院士和专家的高度评价。

除了长江、汉江大桥建设，湖北在山区绝壁深壑也在不断创造着世界桥梁建设的奇迹。全国首批科技示范工程——湖北沪蓉西高速公路全线共建有桥梁370座，拥有“世界第一高墩”、“世界第一高桥”、“世界第一上承式钢管混凝土拱桥”，百米以上的高墩大跨大桥就达6座，包括斜拉桥、悬索桥、钢管混凝土拱桥、大跨径连续刚构桥等各种桥型一应俱全，可谓“桥梁博物馆”，构成了我国山区高速公路的独特桥梁风景线。

三、人才辈出凝练桥梁强省基础

一个个技术难关被攻克，一项项纪录被打破，一道道彩虹飞越江河，显示我省在特大桥自主设计、科研、建设、管理能力的不断增强。湖北省交通规划设计院、中交第二勘察设计院成为我国大桥设计实力雄厚的甲级设计院。湖北省交通规划设计院完成了8座长江大桥的设计，在全国各省级交通规划设计院中，是最早进行长江大桥设计，并且是设计数量最多、实力最强的，该院设计的军山长江大桥荣获第四届詹天佑土木工程大奖、交通运输部优秀勘察设计奖、省优秀勘察设计一等奖。该院在特大桥设计上获得的国家和省优秀设计银奖、铜奖、优秀奖、科技进步奖多达十多个。

桥梁建设的创新实际上是技术的创新。我省桥梁能够不断推陈出新,关键在于湖北交通人执着的创新精神和对科学技术孜孜不倦的追求,努力实现桥梁强省的梦想。每建一座桥,都针对工程技术难点,聚集一批技术人才,开展一系列课题攻关。湖北不但具有雄厚的科技教育综合实力,拥有一批在实践中迅速成长起来的技术人才队伍,而且善于集合全国乃至世界桥梁专家的智慧。鄂东大桥、荆岳大桥建设之初都特聘了国内外十余位桥梁界的院士和专家作为顾问,在设计、施工中发挥了举足轻重的指导作用。此外,国内知名院校的教授带领研究团队长期在现场进行施工监测和健康监测,为建设精品工程保驾护航。在武汉国家大型施工企业,如中交二公局、中交二航局、中铁大桥局,及湖北路桥公司,都是我国桥梁建设劲旅,实践中,一批中青年桥梁建设管理人才茁壮成长,积累了丰富的桥梁建设组织管理的经验。为适应长江、汉江汛期特点,他们探索出利用一个枯水期确保大桥承台出水、三年多建成一座世界级大桥的施工组织管理模式。湖北在钢箱、钢缆等大桥设备制造上已居全国前列。

完美是人的天性。作为交通建设者,美化生活也是我们的责任。源远流长的荆楚文化孕育着现代桥梁美学。一座座桥梁,不仅是一座座现代工程结构物,一道道跨越江河山川的彩虹,而且是一件件凝固的艺术品。近年来,我省桥梁建设发展异常迅猛,桥梁美学方面也取得了长足进步。先后建造的长江特大桥梁,以荆楚文化元素为基础,从桥型选择、合理布局、材料和色彩的运用,体、面、线的配合和环境协调、文化传统等方面综合考虑桥梁的美学要求,造就了一大批令人惊叹赞赏、流连忘返的艺术精品。荆岳大桥北岸的湖北荆州是三国文化诞生和繁衍的历史胜地,湘鄂西红色旅游线和洪湖风景区分布在监利、洪湖境内,南岸的湖南岳阳集名山、名水、名楼、名人于一体,以洞庭水乡和龙舟文化为特色。除满足使用功能外,荆岳大桥的桥型设计更多地考虑了安全、经济、美观、耐久、和谐等因素。在景观设计方面,通过优化线形结构,提高绿化面积,建设桥头公园,使荆岳大桥尽量与古老的"湘鄂文化"相融合,成为一个承古启今的人文景点。

(节选自2010年在荆岳长江公路大桥建成通车新闻发布会上的讲话)

感悟新增高速公路 2 300 公里

回顾湖北高速公路发展历程,1991 年,全长 70 公里的武黄公路建成通车,拉开了我省高速公路建设的序幕。2005 年 8 月 21 日,胡锦涛总书记在我省汉十高速公路襄樊枢纽互通,亲自听取了湖北骨架公路网规划汇报,对我省 2010 年达到 3 500 公里的目标留下了深刻印象。湖北交通人以总书记视察交通为巨大动力,坚持超常规发展,超常态工作,6 年新增高速公路突破 2 300 公里,全省高速公路通车里程由全国第 11 位跃居第 6 位;到 2010 年底,全省高速公路通车里程将突破 3 600 公里,达到 3 657 公里,全省已通车高速公路及在建高速公路总里程将达到 5 192 公里;“四纵四横一环”高速公路网基本建成,辐射了全省 94% 的县市区、90% 左右的人口和 96% 左右的经济总量,湖北承东启西、接南纳北、内畅外联、辐射全国的支点作用日益凸现。实践中,我们始终做到“五个坚持”:

一是坚持科学发展,牢固树立“七个既要、七个又要”新理念:既要依法依规,又要超常规、超常态;既要严格程序,又要好中求快;既要解放思想,又要脚踏实地;既要超越创新,又要尊重科学;既要敢闯敢冒,又要遵章守纪;既要保质保量,又要安全有序;既要做大交通,又要青山绿水,努力推动高速公路建设又好又快发展。

二是坚持开放市场,全面深化高速公路投融资体制改革。在省委、省政府的领导下,我省在全国率先全面开放交通建设领域,积极鼓励社会资金、境内外资本投资高速公路建设。据统计,全省累计招商引资建设高速公路项目达33个、1 977公里，投资金额达1 000多亿元。目前，企业投资高速公路占全省高速公路通车里程的48%，占在建高速公路里程的44%。省厅对企业投资项目建立并实施了“业主负责、政府服务、行业监管、依法行政”的建设管理模式；对政府投资项目积极试行“代建制”；对咸通高速等项目探索了BOT（建设—运营—移交）+EPC（设计—采购—施工）投资建设新模式；对鄂西地区相对集中的宜巴、谷竹、十白、十房高速公路和引江济汉通航工程等项目探索了项目群管理新模式；对企业投资运营项目探索了“委托管理”新模式，在全国率先实现了高速公路“投资多元化、管理一体化”的突破，在应对雨雪冰冻严重自然灾害中，实践创造了“除雪清障、重车碾压、路警开道、结队通行、限载限速、科学调度”二十四字“抗冰雪、保安全、高速公路低速行驶法”，得到了中央领导、交通运输部的充分肯定，并在全国推广。

三是坚持固本强基，全面加强农民工产业大军培训。在全省交通重点项目组织了产业大军大培训专项行动，坚持将支部建到工地一线、把党建拓展到参建各方、将教育覆盖到农民工，通过在一线开办“网上交通党校”、创办“农民工夜校”、开设“农民工讲堂”、印发《刚毅工法》等实用教材，累计培训农民工38 766人，培养发展8名农民工党员，使农民工能够看得懂施工图，学得懂新技术，用得了新工艺，探索了质量安全抓源头的新机制。

四是坚持创新驱动，着力打造全国科技示范工程。为推进高速公路建设又好又快发展，省厅始终坚持以科技创新为动力，建成了以沪渝高速宜恩段、鄂东长江公路大桥等为代表的一批全国科技示范工程。其中，宜昌长江公路大桥荣获了省科技进步一等奖、詹天佑奖和鲁班奖，军山长江公路大桥获得了省优秀设计一等奖和詹天佑奖，荆州长江公路大桥获得了省科技进步二等奖等。世界级长江公路大桥——鄂东长江公路大桥，主跨926米，居世界同类桥梁第二、我国内陆第一,是一座完全由国内自主设计、自主施工、自主建设管理的千米级混合梁斜拉桥。荆岳长江公路大桥,主跨816米,位列同类桥型世界第六。这两座世界级桥梁的成功建设,标志着我省由桥梁大省向桥梁强省迈出了坚实步伐。

五是坚持干净干事,着力创建"廉政阳光示范工程"。为确保"工程优质、干部优秀",厅党组跳出"就工程抓工程"的传统思维,牢固树立抓建设必须抓廉政、抓廉政就是抓建设的新理念,创造性地探索了湖北交通"廉政阳光六同长效"工作法,培育了"想干事、敢干事、会干事、干成事、不出事"的交通干部"干净干事文化",打造了杭瑞高速公路、汉江崔家营航电枢纽工程等"廉政阳光示范工程"。中纪委副书记、监察部部长兼国家预防腐败局局长马馼在调研杭瑞高速公路专项治理工作中,对我省交通建设领域廉政建设给予了充分肯定。省纪委监察厅在崔家营航电枢纽工程召开了全省交通运输系统"廉政阳光工程"建设推进会,省委常委、省纪委书记黄先耀充分肯定了交通"廉政阳光示范工程"的创新成果和经验,并要求在全省交通建设领域全面拓展延伸。

(节选自2010年交通工作汇报)

力推高速公路标准化建设

全面推行高速公路施工标准化建设是规范管理、确保质量、实现交通工程建设新跨越的重要举措,意义重大。

一、形成共识

目前,我省高速公路建设规模越来越大,战线越来越长,任务越来越重,管理越来越难,给交通建设管理带来了巨大的压力和挑战。创新管理模式、全面推行施工标准化是确保高速公路质量安全、建设优质工程的客观需要,是促进高速公路又好又快发展的必然要求。要通过开展高速公路施工标准化建设,建立科学系统的施工标准化体系,将标准化要求贯穿工程施工各个环节,促进规章制度更加完善,现场管理更加规范,人员技能更加精湛,材料加工更加精细,试验检测更加可靠,从业人员标准化意识更加强化,以进一步提高工程质量、安全水平,创造一流的施工工艺、一流的技术装备、一流的作业环境、一流的管理水平、一流的建设成果。

二、付诸行动

各参建单位要高度重视高速公路施工标准化建设,以强烈的事业心和责任感,大力推行高速公路施工标准化建设,自觉贯彻落实到建设过程的各个环节中去,真正变"要我干"为"我要干"。要高度重视标准化施工技术培训,积极组织工程技术人员尤其是一线施工人员开展技术比武等。尤其是新上岗的人员，一定要坚持岗前培训，做到出工前技术交底到位，明确每天的工作内容及注意事项，收工后及时总结经验，查找问题，分析原因，将施工标准化真正落实到建设的每个环节。要高度重视建设中存在的质量问题，以标准化的技术、工艺要求来抓整改，消除质量通病，真正使“标准成为习惯，习惯符合标准，结果达到标准”。

三、务求实效

要以全面推行高速公路施工标准化建设作为高速公路建设的新起点、新要求，提高整个参建队伍、全体员工的综合素质，提升高速公路建设管理水平，塑造高速公路建设新形象。实践证明，全面推行“五个标准”、“三个集中”，即勘察设计标准化、工地建设标准化、工艺工法标准化、安全生产标准化和工程管理标准化，钢筋集中加工、混凝土集中拌和、构件集中预制，做到大力实施工厂化生产，是工程“达到标准、保证质量、提高工效、节约成本”的根本保证。

四、奖优罚劣

要建立严格的考核评价及奖惩制度，加大检查监督力度，对贯彻落实施工标准化建设成绩突出的给予表彰、奖励；对效果差、达不到要求的严厉处罚，该停工就停工、该清场就清场，绝不手软，以促使标准化建设真正落到实处，不流于形式。

2010 年以来，宜巴、十房、十白、谷竹等高速公路建设指挥部按照要求，逐步推进施工标准化建设，特别是谷竹高速公路指挥部将建设标准化的要求写入招标文件，促使施工单位主动贯彻落实标准化施工，对工程质量安全工作起到了很好的推动作用。目前，全省规定所有新开工高速公路项目要 100% 开展施工标准化活动，各项目驻地建设、施工工艺和现场管理要 100% 达到标准化，工程实体关键指标全部达到规范要求。各建设单位必须制定标准化具体实施方案，督促施工、监理、设计等单位抓好落实；采用有利于标准化施工的大标段招标方式，将标准化要求纳入招标文件，评标办法与合同条款将标准化要求作为评标与计量的要件。施工单位必须具体落实建设标准化活动要求，鼓励结合本单位施工能力和技术优势，积极采用有利于标准化施工的组织方式和工艺流程，加强工地建设、工艺控制、人员管理和内业资料管理，强化对施工一线操作人员的培训，改善职工生产生活条件。设计单位必须结合工程实际，推荐有利于标准化施工和组织管理的设计方案，推广成熟有效的技术科研成果，不断提高标准化活动的深度和广度。监理单位必须对照建设标准化实施方案和合同要求，督促施工单位落实各项工作，对施工单位驻地建设、施工组织、工艺方案、施工质量等加强监理，确保建设标准化活动有序推进。

（节选自2010年在第三次全省交通重点工程调度会暨标准化建设推进会上的讲话）

基础不牢　地动山摇

固本超越,就是要固本强基、创新超越。基础不牢,地动山摇;百舸争流,不进则退。对质量安全工作而言,固本超越,就是要强质量安全之基、固交通发展之本;强农民工队伍之基、固人才素质之本;就是要超越自我,永不自满、永不懈怠、永争一流,不断创新质量安全理念、夯实质量安全基础、建强质量安全队伍,努力为新一轮交通大建设提供坚强保障。

第一,要始终牢记"质量安全是交通的生命"这一根本理念,切实履行好质量安全监督职责。质量安全事关交通发展大局,不仅关系到交通运输事业的可持续发展,而且直接关系到人民群众生命财产安全,直接关系到党和政府的形象,备受社会各界的广泛关注。质监机构行使的政府监督职责是保证工程建设质量安全的重要一环。我们必须始终牢记"质量安全是交通的生命"这一根本理念,必须始终坚持质量安全终身负责制,站在服务经济和民生发展大局的高度,充分认识确保工程建设质量安全的重要性,不断增强做好工程建设质量安全工作的责任感和紧迫感,进一步强化质量安全意识和责任意识,始终坚持把质量安全放在第一位。要按照创新超越的要求,进一步拓展工作思路,创新工作方法,落实监督责任,强化监督措施,扎扎实实做好质量安全监督工作,坚决杜绝质量隐患工程,努力推进交通又好又快发展。

第二,要始终牢记"我修的高速公路有质量问题"这一深刻教训,下大气力提升农民工的基本素质。在工程建设领域，农民工作为新兴的劳动力和工人阶级的生力军，在推进工程又好又快建设中正发挥着日益重要的作用，他们既是工程建设的生力军，也是质量安全的主心骨，对工程建设质量安全进度举足轻重。2006年6月24日，中央电视台焦点访谈栏目以“高速路下的真相”对上瑞高速公路湖南邵怀段施工项目质量问题进行了曝光。该项目第四标段包工头向记者反映：“我修的高速公路有质量问题，承包方欺上瞒下，套取国家建设资金，不顾国家重点工程质量，然而有关部门却听之任之。”这一事例足以说明：一线建设者特别是农民工对工程建设质量安全进度举足轻重，加强农民工质量安全意识和操作技能培训至关重要。基础不牢，质量难保。推进交通又好又快发展，必须将质量安全教育拓展到基层一线，延伸到农民工队伍。各级质监部门一定要始终以邵怀高速公路“我修的高速公路有质量问题”这一案例为警示，清醒认识一线建设者特别是农民工对于工程建设质量安全的重大影响，要在全省形成重视农民工、关爱农民工、培训农民工的浓厚氛围，切实加强具有针对性的农民工技术培训和职业教育，落实技术工种持证上岗制度；要在全省交通重点工程组织“网上农民工专题培训”，开办“网上农民工夜校”、“网上农民工讲堂”，通过组织身边的“能工巧匠”，制作“农民工操作规程示范光碟”，让优秀的农民工传经送宝、网上示范、以点带面，让更多的农民工看得懂施工图、学得会新技术、干得了新工艺，不断提高各项技能。各级质监部门要牢固树立质量安全必须从源头抓起、必须从基础抓起、必须从基层抓起的理念，切实关心农民工的生活、维护他们的权益，不断增强广大农民工的归属感、荣誉感，促使这支队伍真正成为维护工程建设质量安全的重要力量。

第三，要始终牢记“铁的面孔、铁的手腕、铁的标准”这一基本原则，下决心整治质量通病和安全隐患。质量安全问题来不得半点马虎，各级质量监督机构必须始终把对事故的“零容忍”作为工程质量安全管理的核心理念,在质量安全监督工作中始终坚持“铁的面孔、铁的手腕、铁的标准”,严格履行质量安全监督工作职责,严格落实质量安全监督责任,狠抓质量薄弱环节、狠抓安全隐患排查,对发现的质量安全问题必须严肃查处,跟踪督察,做到质量安全不留一丝情面。要高度重视质量通病问题,以“钢筋混凝土保护层厚度”、“桥面铺装平整度”等质量通病治理为重点内容,以技术风险高、质量安全隐患大的大型桥梁、隧道、水下工程,以及桥梁隧道等结构工程比例较高的工程项目为重点对象,下大气力推动质量通病的治理,加大对现场质量管理松懈、施工工艺管理混乱等行为的检查和处理力度。要认真开展隐患排查,治理公路水运工程的各类重大危险源,从源头上杜绝重特大事故的发生。各地交通部门、质监机构要建立黑名单制度,强化对相关责任单位和责任人的处罚,通过奖优罚劣,对于严重失信以及质量安全违法、违规的从业单位和个人,落实行业准入限制和经济处罚措施,进一步规范建设市场环境。质监局要选择若干项目,像部质监总站那样严格检查、严格整顿,着力在治理通病,消除隐患,提高质量合格率、优良率上取得新突破。

第四,要始终牢记“全面质量管理”这一理论内涵,建立健全交通质量安全立体监督网络。20 世纪 50 年代末,美国通用电气公司的费根堡姆和质量管理专家约瑟夫·朱兰博士提出了“全面质量管理”(Total Quality Management,TQM)的概念,就是一个组织以质量为中心,以全员参与为基础,目的在于通过让顾客满意和本组织所有成员及社会受益而达到长期成功的管理途径。全面质量管理就是用全面的方法管理全面的质量,其主要特点就在于“全”字。它包含三层含义:(1)管理的对象是全面的,这是就横向而言。(2)管理的范围是全面的,这是就纵向而言。(3)参加管理的人员是全面的。全面质量管理还强调以下观点:一是用户第一的观点,并将用户的概念扩充到企业内部,即下道工序就是上道工序的用户,不将问题留给用户;二是预防的观点,即在设计和加工过程中消除质量隐患;三是定量分析的观点,只有定量化才能获得质量控制的最佳效果;四是以工作质量为重点的观点,因为产品质量和服务均取决于工作质量。从交通建设实际看,工程质量安全管理是一个系统工程,质量从根本上讲是建设、设计、施工、监理、检测、协调等众多从业单位干出来的,既是所有从业单位、从业人员干出来的,也是建设单位管出来的。因此,抓好工程质量安全,必须认真领会"全面质量管理"内涵,着力强化全员的工程质量安全意识,强化全过程的质量安全监督,强化全天候的工程现场监理,充分发挥工程参建各方的积极性、主动性,努力建立全方位的立体质量安全监督体系。各市(州)交通主管部门、质监部门要落实建设单位对工程全过程全面监管的责任,进一步发挥他们在质量安全管理方面的主导和基础作用。要进一步强调过程控制,强化工序质量管理与控制,减少质量问题发生。进一步加强对监理工作的考核,全面开展以"监理企业讲诚信、讲正气、讲规范、讲大局,监理人员讲道德、讲数据、讲原则、讲奉献"为主要内容的"优质金路奖、优质金桥奖、优质金锚奖"创建活动,强化监理责任和纪律,充分发挥质量监理的保障作用。对于不负责任的监理单位和个人,要严肃处理;负有重大质量安全责任的,要坚决清理出监理市场。要进一步加强试验检测行业管理,提高人员业务素养,严格人员持证要求,提升试验检测水平,真正实现"以数据说话",确保质量监督检测结果和试验数据真实、准确、科学。要开展试验检测信用评价,对试验检测工作质量进行考核,做到奖优罚劣。

第五,要始终牢记"党政干部52条廉政准则"这一红线,争当"秉公执法"的质量安全"保护神"。交通质监部门是行政执法单位,从事质量监督工作的同志手中都掌握着一定的权力,这个权力是党和人民给的,要取之于民、用之于民,决不能以权谋私,贪赃枉法,要切记手莫伸、伸手必被捉。最近,中央印发了《中国共产党党员领导干部廉洁从政若干准则》,详细规定了领导干部从政行为八大方面的“禁止”,并详细列出52种“不准”的行为,涵盖的范围更广,规范的条目更细,处罚的力度更严,对公务人员的从政行为进行了严格而全面的规范。各级质量监督站要认真组织党风廉政教育和廉政学习,不断提高拒腐防变能力,清正廉洁,忠于职守,正确行使权力,始终保持职务行为的廉洁性。对于以权谋私,吃、拿、卡、要的监督人员,一经发现,要依法依规严肃处理,坚决予以清退。从事质监工作,责任非常重大,在廉政问题上不能存有一丝一毫的侥幸心理,要警钟长鸣,始终保持责任心、事业心和平常心,不要因一时糊涂而自毁前程、追悔莫及。要守得住清贫,耐得住寂寞。在管好自己的同时,还要以自身的正气引领监理、检测等从业单位和从业人员,对自己负责、对家庭和社会负责、对交通事业负责,切实为推进我省交通事业又好又快发展创造风清气正的良好环境。

(节选自2010年在全省交通质量监督工作会议上的讲话)

工程质量安全的可控路径

随着交通投资规模越来越大，建设项目越来越多，工程质量安全监管的责任越来越重。各级交通质量监督部门必须始终保持清醒头脑，在看到成绩的同时，必须清醒地认识到工程质量安全监管的问题不容忽视，进一步找准质量安全监督定位，明确质量安全监督重点，创新质量安全监督理念，确保工程质量安全可控，奋力提升新一轮交通大建设质量安全水平。

一、工程质量监督要聚焦两大重点

一要聚焦重大风险（危险）源。质监机构要督促施工单位对工程进行全过程的风险源分析、辨识，列出本项目可能存在的风险（危险）源清单，采取相应措施予以防范。各级质监机构、各级交通部门要高度重视、聚焦重大风险（危险）源，制定各种有效的技术管理防范措施，防范和降低甚至消除风险。二要聚焦工程质量通病治理。由于工程的复杂性、不可预见性，具有难度高、风险大、工期紧等特点，在施工中易发生质量通病，我们必须对此高度重视，应结合工程特点，实施质量预控，对易发生的质量通病，事前研究制定控制措施，避免和减少质量通病的发生。

二、工程质量监督要落实两项基本制度

一是由市场准入拓展到现场准入制度。施工监理企业都是大企

业,资质市场准入一般不会有大问题,问题是企业中标后委派的项目经理、技术负责人、管理人员个人资格是否满足要求、是否称职,进入施工现场机械设备是否满足工程建设需求,分包劳务方资质如何,这些都要通过现场准入来查实。当前建设规模巨大,资源有限,要把落实现场准入制度作为重中之重。二是质量安全保证体系的监督制度。各级监督机构要找准工作定位,改变监督模式,建立健全质量安全保证体系,在制度规章的执行落实上下功夫,落实各层次管理人员质量安全责任,确保质量安全保证体系有效运行。

三、工程质量监督要抓好两大管理

一是质监人员队伍管理。质监人员要熟悉国家相关法律、地方的法规和规章,以及行政主管部门规范性文件,掌握政策要求,同时对相关交通工程建设的规范、规程、技术标准要熟练掌握和理解。在质量管理工作中,要讲标准、讲规范,及时发现、处理和解决问题,履行好自己的职责。要在质监人员中树立业务熟练、严格管理的典型。二是管理制度。要进一步加大以制度管人、管事的落实力度,创新制度管理模式,严格监督参建各方依据规章制度办事;要强化质量巡检和抽检的力度,加强关键环节、关键部位的检查,加大巡检频率,检测要有数据。

四、工程质量监督要夯实两个支撑力量

一是技术专家的理论支撑力量。分专业、分单位建立专家库,建立专家评审制度,专家评审意见要在施工现场落实到位。特别是对于专家评审意见,要督促有关方面整改落实,有效发挥专家作用。二是先进科学的技术支撑力量。要运用信息网络技术,加强质量安全的监控。各级质监部门要在质量安全监控信息网络技术上下功夫,要运用监测检测技术,运用先进监测仪器设备,运用远程监控技术,

加强质量安全监控；还要从视频监控拓展到数字监控，使远程监控系统成为风险自动报警平台，及时发现险情，及时组织抢险，消灭险情。在当前大建设环境下，我们在技术管理、质量安全监控等方面一定要借用现代化手段，确保质量安全处于可控状态。

五、工程质量监督要创新四个理念

一是全生命周期的理念。对质量监督不能仅停留在施工阶段，应从规划、设计、施工、竣工、运行、合理使用年限等全过程、全方位、全覆盖、全生命周期监督，切实推行设计监督制度。二是“三从”理念。对于交通高风险工程质量应“从小抓起、从早抓起、从严抓起”，将隐患和险情消灭在萌芽阶段，确保工程质量。三是差别化监督理念。工程差别化是指对每个工程应实施多方面差别化监督，工程规模大小不一样，监督不一样。企业差别化是指企业大小不一样，施工工程多少不一样，监管不一样。风险差别化是指工程风险大小不一样，监督不一样。人员差别化是指现场管理人员施工经验不一样，资格资历不一样，监管不一样。环境差别化是指工程周边环境影响不一样，条件不一样，监管不一样。四是综合监督的理念。工程质量和安全管理是一个系统工程，要切实做到事前监督、源头监督，切实做到质量、安全、进度有机统一，促进交通建设又好又快发展。

（节选自2010年在全省交通质量监督工作会议上的讲话）

打造“刚毅设计院”

对设计院而言,固本超越,就是要固科学发展之本、固质量安全之本、固人才队伍之本;就是要超越自我,永不自满、永不懈怠、永争一流,不断创新发展理念、拓展发展领域、转变发展方式、调整发展结构;就是要不断加强基础建设、建强基本队伍、完善基本规范、夯实基础保障,努力推动勘测设计工作上台阶;就是要不断弘扬“刚毅精神”,发挥“刚毅效应”,打造“刚毅设计院”。

一、要在转变发展方式上自我超越,着力创新发展理念

设计是整个建设项目的“纲”。纲举才能目张。没有好的设计,就没有好的工程作品。好的设计要以先进的理念为前提,已经建成的神宜公路,就是在新理念下的创新之作。创新交通发展方式,首先就是设计理念的创新。设计院要充分发挥自身作为知识密集型、技术密集型科技企业的独特优势,率先在转变发展方式上自我超越,着力创新发展理念,真正做到“六个坚持,六个树立”,即:坚持以人为本,树立安全至上的理念;坚持人与自然相和谐,树立尊重自然、保护环境的理念;坚持可持续发展,树立节约资源的理念;坚持质量第一,树立让公众满意的理念;坚持合理选用技术指标,树立设计创作的理念;坚持系统论的思想,树立全寿命周期成本的理念,以引领全省交通持续健康发展。

一要着力创新“绿色发展”理念。设计院要在认真总结、提炼

"适用就是最好的"、"自然就是最美的"、"优质就是最省的"的新理念的基础上，会同省公路局编制出台《湖北省干线公路大中修工程"绿色设计、绿色施工"指南》，通过创新的设计，着力建设一大批"生态路、环保路、景观路、安全路"，着力提升全省公路网的内在质量、外观形象和服务功能，真正做到资源节约、环境友好。

二要着力创新"内涵发展"理念。要以"设施更完善、工程更耐久、质量更可靠、资源更节约、群众更满意"为目标，牢固树立全寿命周期成本的理念，着力提高设计深度，深化设计内涵。设计院一定要高度重视，坚持以项目为依托，加强设计全过程的指导，认真做好设计总结和科研攻关，不断研究新技术，提高科技含量，提高建设的质量和耐久性。

三要着力创新"安全发展"理念。要认真总结设计经验，通过设计合理的线形、宽容的路侧和完善的交通安全措施，着力降低交通事故发生率。比如：在线形设计上，尽可能做到运行速度均衡，改善长大纵坡设计；在安全措施上，有条件的路段尽可能改传统的梯形、矩形砌石边沟为浅碟式植草边沟，探索使用柔性护栏的可行性。

四要着力创新"文化发展"理念。在设计中，要注重突出地域和民俗风情，通过交通设计创作，进一步发掘沿线地域文化特色，打造独具特色的交通文化，树立湖北交通品牌。

二、要在加快发展上自我超越，着力创新发展领域

设计院要始终坚持发展第一要义，进一步强化机遇意识、服务意识，不断扩大市场份额，提升设计水平，打造新的品牌，努力实现跨越发展。

一要举全院之力，全力推进杭瑞高速公路建设。杭瑞代建项目的工作已进入关键阶段，必须举全院之力，着力加快杭瑞工程现场进度，着力加强质量安全管理，着力创新"两型交通"示范工程，真正建设一条“内在质量优,外在形象美,资源节约,环境友好”的示范路。

二要做大做强规模,全力拓展勘测设计市场。目前,设计院占有省内交通勘察设计市场的大部分份额。但当前整个国内勘察设计行业的竞争是非常激烈的,如果我们满足于现状,满足于支持和依赖,那就有可能被淘汰。要抢抓这一轮大发展的新机遇,结合交通发展的要求,积极拓展试验检测、加固工程、项目咨询、项目代建等业务,把已经开展起来的业务继续做大做强,把握住市场的主动权。

三要集中优势资源,全力服务重点工程建设。目前,全省已经启动了新一批高速公路建设,又好又快做好项目前期工作是设计院的职责所在,要加强调配、统筹协调,确保有充足的人力、设备资源投入新项目的前期工作。

三、要在质量安全管理上自我超越,着力创新发展思路

企业要发展,就必须具有强大的市场生存能力和竞争能力。这些年设计院任务一直比较饱满,虽然有一定的市场参与经验,但抵御市场风险的机制还没有真正建立起来:企业的产值和职工的收入有较大幅度增长,但企业积累和财务抗风险能力有待增强;设计院的产品和服务在不断的改进,但离完美、离精品还有一定的差距;职工队伍整体素质得到提高,但少数人身上仍然存在着责任意识不强、服务意识薄弱等问题。对此,设计院必须有清醒的认识,切实增强质量意识、市场意识和忧患意识,变压力为动力,着力提高市场竞争力;切实吸取外省“问题桥”事件经验教训,始终绷紧质量安全这根弦,念好质量安全这本经,坚持质量安全抓落实。

一要狠抓质量管理,进一步强化设计的质量意识,完善质量保证体系,落实工作责任,在“精、细、美”上下功夫,精心设计,精细管理,多出精品,少出差错。要认真落实勘测设计“错漏碰缺处罚办法”、完善质量管理制度、开展质量剖析、设计汇报竞赛、质量示范评比等活

动，提高一线设计人员、操作人员的职业道德意识、质量安全意识和技术水平，确保勘测设计从线形的选择到前期各方面工作的深度具体每个环节的设计，都要经得起推敲，确保向业主提供满意的、负责任的产品。要牢固树立起精品意识，落实质量奖罚规定，对设计质量低劣、因设计造成工程质量问题的领导、人员要严肃追究责任。

二要狠抓技术创新。要始终坚持科研与生产实践相结合，科研为生产一线服务，在勘察设计工作中不断提高科研的服务能力和水平。要结合重点项目建设开展产学研联合攻关，突破技术瓶颈，解决实际问题。在完成设计工作的同时，要鼓励技术人员结合设计实践搞课题研究，记录数据，收集信息，获取资料。对经过实践检验的新技术、新工艺、新材料等技术成果，要尽快转化成生产力，尽快投入应用，发挥科技对项目建设的支撑保障作用，提高科技贡献率。

三要狠抓后期服务。在项目推进中，要努力对业主讲诚信，对业主高度负责，为业主着想。签订了责任书，就要认真履行职责。对后期服务人员要加强大局意识、技术服务、沟通协调能力等方面的培训，提高调查研究、现场办公的能力，变被动服务为主动服务。

四、要在基本队伍建设上自我超越，着力创新“刚毅品牌”

基层扎实，坚如磐石。实现交通发展目标关键在于强有力的领导班子和高素质的干部职工队伍。

一要与时俱进，大力推动“刚毅品牌”经济社会效应最大化。设计院的干部职工有能打硬仗、吃苦耐劳的光荣传统，有“刚毅精神”的宝贵财富。要不断培育和发掘“刚毅品牌”的新亮点，以打造“刚毅设计院”为目标，着力深化刚毅同志作为工程技术人员的楷模这一品牌形象，在加强技术创新、质量通病治理和农民工培训上探索新经验。要紧紧围绕“学习好、团结好、纪律好、作风好、政绩好”的要求，加强各级领导班子建设，加强学习交流和素质教育，大力弘扬刚毅精神，培养一批刚毅式的技术人员和团队,真正把“刚毅品牌”效应维护好、发挥好。尤其是年轻干部要增强艰苦奋斗、艰苦创业的意识,加强爱岗敬业、创业奉献精神的教育,争做学习和弘扬“刚毅精神”的标兵。

二要勇于实践,大力推行“网上党建”新模式。要针对设计院党员分散、集中学习困难的问题,积极践行湖北交通“强基固本、六位一体”党建工作法,利用网络平台,办好“网上党校”、过好“网上组织生活”、建好“网上党员论坛”,确保党的工作全覆盖,真正做到设计任务拓展到哪里,党的组织就建到哪里;人员流动到哪里,党的建设就跟到哪里。

三要严于律己,大力倡导廉洁自律新风尚。《中国共产党党员领导干部廉洁从政若干准则》(简称《廉政准则》)明确了“8 大禁止”、“52 个不准”。《廉政准则》是规范党员领导干部从政行为的党内基础性法规,是推进党员领导干部廉洁自律的重要制度。各级党组织和党员领导干部要充分认识贯彻实施《廉政准则》的重要意义,切实增强政治责任感和历史使命感,做自觉遵纪守法的楷模。

(节选自2010年在省交规院固本超越年推进会上的讲话)

福荫汉江、惠及民生的崔家营航电枢纽

汉江崔家营航电枢纽是湖北交通发展史上建设的第一个航电枢纽，是交通运输部、湖北省政府合力共建发展湖北内河航运的丰硕成果，是湖北水运提速增效、武汉长江航运中心加快建设的时代缩影，也是福荫汉江、惠及人民的重大民生工程。5 年来，全体建设者以敢为人先的勇气、科学严谨的态度、创新拼搏的作风、廉洁自律的操守，成功地将崔家营航电枢纽工程打造成为我省水运第一个"两型交通"示范基地，第一个"以电养航"示范基地，第一个集港航建设、水利水电、人文景观于一体的科普教育示范基地。5 年间，筚路蓝缕；5 年间，风雨同舟；5 年间，创新超越，其中最显著的成效是提升了地方经济社会可持续发展的综合竞争力。它的建成，不仅有效解决了南水北调后突出面临的水源短缺问题，而且将崔家营坝址以上 33 公里汉江航道通航标准由 300 吨级提升到 1 000 吨级，改造良田 14 754 亩，形成生态库区 71.56 平方公里，改善农田灌溉 177 万亩，显著提升了襄樊的生态环境和城市魅力，拓宽了省域副中心城市的空间布局，增强了城市综合竞争力；最成功的探索是开辟了一条航电结合、以电养航、滚动开发、良性发展的新路子。创造了 6 台机组均一次成功并网发电的佳绩，总装机容量达 9 万千瓦，年发电量有望突破 4.5 亿度，实现年发电收入过 2 亿元；最宝贵的财富是打造了一个内在质量优、外观形象美、环保功能强、综合效益好的精品示范工程。建成了国内自动化程度最高的航电枢纽、汉江流域首座千吨级船闸和首个供鱼类洄游的鱼道，创下了月开挖强度200万立方米的国内同类工程之最，经受了汉江流域近20年一遇特大洪峰的考验，开创了工程无重大安全质量事故、无违法乱纪举报的先河，培养了一批高素质的工程建设和经营管理优秀团队，对加快建设武汉长江中游航运中心、构建湖北现代内河航运体系、实施"两圈一带"发展战略具有重大意义！

"十二五"是湖北交通运输新一轮大建设大发展的战略机遇期，加快转变发展方式、调整交通运输结构的转型关键期，构建综合交通运输枢纽、发展现代交通运输业的重要成长期。振兴湖北水运，促进绿色发展则是"十二五"交通运输发展的战略重点和突出亮点。"十二五"我省水运投资规模将突破269亿元，将紧紧围绕畅通大通道、建设大港口、发展大运能、培育大企业、完善大枢纽、构建大物流、集聚大产业、保障大安全的发展目标，全力建设航运资源高度集聚、航运服务功能健全、航运市场环境优良、现代物流便捷高效的武汉长江中游航运中心。到2015年，全省港口吞吐能力将达到3亿吨，集装箱吞吐能力达到400万标箱；全省高等级航道里程突破2 000公里；全省船舶运力突破1 000万载重吨。

建设武汉长江中游航运中心，需要动员各级政府精心组织、政策支持、多方筹资，真正像抓铁路、高速公路建设那样抓湖北水运发展，积极探索建立港口腹地土地开发收益反哺港航建设的循环机制，着力做实做优水运发展这篇大文章，真正把湖北水运优势变为经济优势、发展胜势；需要动员各级交通港航部门抢抓机遇、提速创优、实干快上，真正像抓崔家营航电枢纽建设那样抓湖北水运发展，每年上一批成规模的水运发展重点项目，培育一批运力规模在10万载重吨以上和吞吐能力达到2 000万吨以上的航运企业和港口物流企业，积极对接上海国际航运中心和重庆长江上游航运中心，加快形成以武汉新港为龙头，以长江、汉江、湘江、赣江等流域为腹地的武汉长江中游航运中心;需要动员社会各界关心、支持、参与,真正像抓发展方式转型那样抓湖北水运发展,着力创造新一轮水运大建设大发展的政策环境、体制机制、舆论氛围,促进资金、资产、资本、资源向水运集聚,彰显内河航运畅通、高效、平安、绿色发展优势。

(节选自2010年在武汉长江中游航运中心建设总动员暨崔家营航电枢纽工程建成运营发布会上的讲话)

当好交通质量安全"保护神"

质量安全是交通运输事业的生命线,是衡量交通运输发展成效的重要标准,是建设交通运输工程的核心目标。认真规划我省交通质监工作,就是要以科学发展观为引领,以创先争优为载体,以固本强基为基础,保障我省交通建设事业的先行跨越。

一、固本强基,"十一五"湖北交通质监工作成效显著

"十一五"时期是我省交通发展史上投资规模最大、发展速度最快、经济社会效益最好、人民群众受益最多、发展环境最佳的历史时期,极大提升了湖北的区位优势和综合竞争力,使湖北省由区域性的"九省通衢"提升为全局性的"九州通衢",为促进全省经济社会发展作出了重要贡献。面对建设规模大、发展速度快、工程项目多、施工难度高、监督人员少等现实困难,湖北交通质监系统不畏艰险,克难攻坚,兢兢业业,恪尽职守,顺利地完成了工程质量安全监督任务。

一是交通工程质量安全水平稳中有升,有力保障了交通建设又好又快发展。

"十一五"期,湖北质监系统在各级交通运输主管部门的领导下,始终把"质量为本、安全至上"作为贯彻落实科学发展观的核心理念,我省公路水运工程质量安全水平稳步提升,没有出现重大安全生产事故。公路工程质量水平总体稳定,高速公路抽检指标总体合格率稳定在90%以上。水运工程质量稳步提高,工程外观和细部质量有

长足进步，大中型水运项目检测合格率稳定在94%左右，农村公路检测合格率在85%以上。特别是凤凰堤溪沱江大桥垮塌事故后，痛定思痛，加强安全生产责任制的落实，重大生产安全事故得到有效控制，没有出现重大安全生产事故，交通建设百亿元投资死亡率指标低于全国建筑业平均水平，有力地促进了我省交通运输快速发展、科学发展、安全发展、协调发展。

二是切实履行了政府监督管理职责，质量监督和安全监管工作扎实有效。

深入一线开展质量安全监督，创新质量安全监管方式。加大了对重点项目进行跟踪管理的力度，坚持现场监督，发现问题，立即督促整改，进一步提高了监督工作的质量和效果；坚持“四不放过”，即事故原因不查清不放过、责任人员未处理不放过、整改措施未落实不放过、有关人员未受到教育不放过，有效地保障了质量安全；坚持用数据说话，以工程质量鉴定办法为依据，采用先进的检测仪器、设备进行全面、科学的检测，客观地反映工程质量状况，为工程项目安全运营和养护管理提供了科学依据；坚持综合督察，实现对市（州）全覆盖，对建设规模大的市（州）和重大项目至少督察两次以上。对督察发现的问题，迅速提出整改建议，要求建设单位及时整改，举一反三，使质量安全管理责任得到落实。

大力开展公路水运工程混凝土质量通病治理活动。组织开展“事故隐患排查治理行动”、“平安工地”建设活动，安全生产常抓不懈；组织开展公路水运工程试验检测专项治理活动，严肃查处数据造假行为；组织开展“监理企业树品牌、监理人员讲责任”新风建设活动，促进监理行业健康发展。

不断出台质量安全管理制度，大力推进制度法规体系建设。先后出台了《湖北省公路水运重点工程施工安全监督管理实施细则（试行）》、《湖北省水运工程质量监督检查暂行办法》、《湖北省公路工程质量监督检查实施细则》等多项制度办法,并且编制形成了《质量安全管理法规文件汇编》,在全省交通建设大力宣传贯彻,有效地规范了建设行为和监督行为。

三是加大了市场管理力度,监理检测市场保持健康有序发展。截至2010年底,我省共有监理企业61家,其中交通部甲级资质监理企业23家,交通部乙级资质监理企业14家,丙级资质监理企业9家,专项资质15家,注册监理工程师800余人,专业监理工程师1 000余人;我省共有等级检测机构77家,其中具有公路资质的75家,水运资质的7家;公路检测机构中,综合甲级4家,桥隧专项2家;水运检测机构中材料甲级、结构甲级1家;检测工程师2 000余人,检测员3 000余人。甲级和专项检测机构数量在全国处于前列,等级机构总量也位于全国中等以上水平。

监理和检测行业的制度化管理不断加强。出台了《公路水运工程监理企业工作报告制度》、《湖北省公路水运工程试验检测管理实施细则》及修订版、《湖北省公路水运工程工地试验室管理办法》等,开展了试验检测机构等级评定,承办了全国试验检测大比武活动,开展了公路水运工程试验检测专项治理活动,加强了工地试验室管理,规范了监理和试验检测的信用评价工作。全面开展监理、检测从业单位和人员信用评价,对有失信行为的单位和人员的纳入记录,绝不姑且放过,净化了监理和试验检测市场。监理和试验检测市场呈现出专业化、规范化的良性发展势头。

四是大力开展了"学强比创"活动,建设监管队伍能力素质快速提升。"十一五"以来,我省质监系统连续深入开展"学强比创"("学刚毅精神、强责任意识、比诚信敬业、创一流业绩")和创"刚毅式监督站(办、组)"活动,各地质监系统积极开展学习刚毅精神,将学先进融入监督工作实际,做到远学有标兵,近学有榜样,广大干部职工爱岗敬业、岗位成才,呈现出了"比、学、赶、帮、超"的良好氛围。

重点开展了农民工技能培训，组织编印了钢筋工、混凝土工、吊装工等重点工种培训教材，分送各重点建设项目组织农民工学习，并联系了实践和教学经验丰富的师资，在全省各在建重点工程项目相继开展农民工培训。

在肯定成绩的同时，我们也要清醒地认识到，制约交通质监工作发展的问题仍然存在：质量通病问题还未得到彻底解决，有些项目施工原料问题较大，有些施工单位不顾客观规律，不按科学办事，盲目抢工期。监理市场整顿依然任重道远，检测市场诚信缺失现象严重，安全形势依然严峻。

对此，既要客观评估，也要从发展机遇的视角来认识新形势、研究新政策、解决新问题，把加强政府安全质量监管队伍建设作为全面提高基础保障能力来抓，切实抓出成效。

二、好中求快，实现"十二五"湖北交通质量安全先行跨越

展望"十二五"，湖北交通运输将迎来新一轮大建设大发展的战略机遇期，我们必须毫不动摇地坚持以科学发展观为统领，以振兴湖北水运、构建全国重要综合交通运输枢纽为目标，以质量为本、安全至上为原则，把质量安全效益摆在更加突出的位置，质量先行，安全先行，优质跨越，平安跨越。科学制定生产标准，严格执行标准规范，健全质量安全保证体系，推行现代工程管理，开展质量安全隐患专项排查治理，把安全生产法律法规、技术标准和操作规程贯彻落实到工程建设的各环节、全过程。严格质量安全监管，创新工作模式，突出重点环节和部位，充分运用现代科技和信息化手段，实行远程实时现场监控；质监系统要与相关部门密切配合，组织开展交通重点建设项目质量安全监督检查；各市（州）要根据工作需要，加强资金、人力和设备保障，整合运用社会和市场力量，切实加强工程质量控制；要完善建设监理、质量检测机制，督促监理、检测等机构依法履行好职责。

严格落实责任，探索实行交通工程质量安全终身负责制，严格责任追究制度。要统筹抓好水运项目、港航建设安全，完善安全监管和应急保障长效机制，坚决遏制重特大安全生产责任事故的发生，不断提高防范和处置突发事件的应急保障能力，努力实现交通运输建设优质安全稳定发展。

一是要以参公管理为机遇，敢于担当，实现监管工作职能的先行跨越。质量监督与安全生产监管是政府行为，是行使政府监督职能的行政执法行为，是落实科学发展观、坚持以人为本理念、实践交通“三个服务”的根本保障之一，体现着政府的公信力和权威性。参照公务员法管理，是对厅质监局依法履行行政执法和质量监管职能的明确界定，是对十几年来交通质监工作成绩的充分肯定，也是对质监工作提出的更高要求。参公管理充分体现了省委、省政府对交通质量的高度重视，充分体现了交通厅对交通质量监督工作的支持力度，充分体现了交通质监工作的重要作用，它标志着我省交通质量监督工作已揭开新的篇章，并将以更强有力的职能为我省交通建设事业先行跨越发展保驾护航。

因此，各级交通质监部门必须坚持依法监督、严格执法，严肃纠正违法违规行为，充分发挥政府监督、行政执法的职能作用和权威性、强制力，以高度的责任心和使命感，向党和国家负责，向全行业和人民生命财产负责。必须坚持敢抓敢管，敢于说真话，敢于坚持原则，敢于碰硬，发现问题及时处理，重大问题及时上报。在质量问题上，“宁当恶人，勿当罪人”。

二是要严格行政执法程序，建立规范标准，实现监管工作模式的先行跨越。进一步转变监督观念，探索质量监督与安全监管的新思路和新方法。要坚持依法监督，坚持现场监督，坚持“三从”理念和差别化管理，从源头抓起，避免险情滋生蔓延，确保工程质量。要坚持治理质量通病，强化混凝土构件的首件验收制度，加强工地试验室建设和规范化管理，规范开展混凝土施工各环节和工程实体的质量自检和控制。要坚持惩治不法行为，加大处罚力度。对不重视安全生产，忽视工程质量，造成重大质量安全事故的有关责任单位和责任人，要重拳出击，果断出手，严格按照“四不放过”原则查明真相，严肃追究，让责任主体付出昂贵代价，真正受到触动。

要大力推行工程建设“三个集中”和“五个标准化”。三个集中就是钢筋集中加工、混凝土集中拌和、构件集中预制；五个标准化就是勘察设计标准化、工地建设标准化、工艺工法标准化、安全生产标准化和工程管理标准化。用标准来规范工作，用标准来鉴定品质，用标准来提升质量，用标准来保障安全，用标准来促进发展。

要建立工程建设质量安全终身负责制，建立健全交通质量安全立体监督网络，施行工程生命全周期质量监督管理机制，不仅监督工程设计、施工、验收等环节的质量安全，还要监督评估工程使用直到报废过程中的质量安全，将质量监督工作贯穿工程的整个生命周期。

三是要切实加强安全监管，防患于未然，实现工程安全水平的先行跨越。蚁穴虽小，溃堤千里。牢记凤凰桥垮塌的教训，进一步做好各项安全管理措施。要全面加强安全监管组织体系建设，认真履行安全监管职责。要认真开展隐患排查治理，从源头上杜绝重特大事故的发生。要保证安全投入，推行工地安全标准化建设。要稳步推进重点工程特别是桥隧工程的风险评估工作。

继续大力推进“平安工地”建设活动。平安工地建设活动是施工安全监管工作的重要载体，要进一步提高认识，精心组织，完善达标考核标准，加强安全队伍建设和培训，提升行业安全意识，夯实安全监管工作基础，争取出经验、出典型，以点带面，全面促进本地区施工现场安全生产标准化。

继续积极推进施工安全风险评估工作。风险评估是行之有效的感知风险的良方。要以施工安全风险评估工作为抓手，切实加强重大项目、危险部位和事故高发环节的安全预控预警,完善评估机制,优化评估方法,全面提高评估水平,使交通建设项目生产安全始终处在可控状态。

着力推行施工安全应急标准化工作。标准化是最大的集约化和高效化。做好事故统计报表制度,充分利用公路水运工程安全生产管理信息系统,推动施工安全应急管理标准化,进一步加强施工安全应急联络机制建设。

四是要有效监管监理检测行业,评价诚信,实现市场管理工作的先行跨越。要利用现代信息技术手段加强动态监管。充分利用网站对监理和试验检测企业、人员进行管理,通过网络公开监理企业的基本情况、主要业绩、在建项目、不良记录等信息,供项目法人选择监理单位时参考。

要切实加强市场动态信用监管。通过信息报送,规范监理人员无序流动;通过"黑名单"制度,严惩监理、试验检测人员弄虚作假、吃拿卡要、胡作非为等违法违规行为;通过信用评价、奖优惩劣、剩优汰劣,积极引导监理检测机构和人员认真履行职责、忠实职业操守、严守职业道德、树立行业诚信,充分发挥监理和检测的功能,进一步保障工程质量。

要进一步加强市场培育。积极探索第三方试验检测制度,研究试验检测运行新机制,合理配置检测资源;严格规范试验检测从业行为,巩固专项治理成果,建立遏制试验检测数据造假行为的长效机制;一如既往地做好工程监理、检测工程师考试的组织工作。

五是要着力开展廉政建设,创先争优,实现队伍素质能力的先行跨越。"打铁必先自身硬",稳定监督队伍,开展业务培训,练好硬功夫,提升软实力,提高人员素质是当务之急。必须进一步发扬"传、帮、带"精神,大力培训农民工,传承监督经验,打造专家型队伍,切实提升工程建设者的技术水平。

要不断加强作风建设，以党风廉政教育为抓手，牢记“党政干部52条廉政准则”，牢固树立质量安全监管队伍的良好形象。要进一步增强政府监督公信力，树正气、敢碰硬，严格履行政府监督职责，用真心、使实劲，为建设各方排忧解难。要进一步加强廉政教育，坚持严格自律，保持廉洁的工作作风，认真落实好党风廉政建设各项制度，坚决做到廉政“高压线”不能碰，坚决杜绝索、拿、卡、要等违规违纪行为，自觉接受社会监督，树立廉洁为民、规范高效的行业形象。

要进一步开展“学强比创”活动，树学习之风、廉洁勤政之风、团结协作之风；树埋头苦干、任劳任怨的奉献之风；树秉公执法，铁的标准、铁的面孔、铁的手腕的“三铁”之风；树精益求精、一丝不苟的工匠之风；树勇于探索、不断进取的开拓之风。

交通建设事业的高速发展对质量监督工作既是机遇也是挑战。在当前社会诚信体系还不健全，质量与安全行为尚不规范的情况下，履行好监督职责，加强质量监督和安全监管尤为重要，质监工作任重而道远，行百里者半九十。交通质监工作者必须抓住机遇，牢记使命，尽职尽责，开拓创新，先行跨越，真正当好质量“保护神”，保质保量地修好湖北的每一条路，架好湖北的每一座桥，筑好湖北的每一个港，治好湖北的每一条河，让湖北的交通运输事业又好又快发展。

（节选自2011年在全省交通质量监督工作会议上的讲话）

交通文化篇

人总是要有点精神的，精神的涵养在文化。文化，无论对个人还是行业而言，既是血脉和灵魂，也是精神区位和家园，更是事业进步的精神动力和智力支持。古人云：法乎其上，则得其中；法乎其中，则得其下。始终保持精神高位，方能推动跨越发展。

湖北交通积极倡导并培育了以“份内事、马上办，厅内事、主动办，突发事、高效办，重大事、跟踪办，经办事、精细办，交通事、干净办”为主要内容的新型交通办事文化，引导干部职工真正把心思集中在“想干事”上、把责任体现在“敢干事”上、把才气展现在“会干事”上、把目标落实到“干成事”上、把底线把握在“不出事”上，自觉坚持“研究问题先学法，决策问题遵循法，解决问题依据法，言论行为符合法”，探索形成了“廉政阳光六同长效”反腐倡廉工作法和“强基固本、六位一体”基层党建工作法，培树了时代先锋、全国重大先进典型陈刚毅，“节油大王”王静，“见义勇为英雄”蒋雪峰、“平民英雄”李豪为代表的先进群体。

我和黄黄高速公路

作为一名女干部，我也是一个热爱生活、热爱事业的普通女性。1995年，受命担任黄石至黄梅高速公路建设指挥部常务副指挥长，成为一名交通重点工程的组织者和建设者。我和我的同事们，在湖北省委、省政府和厅党组领导下，在地方政府大力支持下，经过整整四年的奋力拼搏，在鄂东这块曾被烈士的鲜血染红的土地上，优质、高效地建成了全长142公里、总投资27亿元的黄黄高速公路，把黄冈昔日窄小的门户向祖国东部敞开，让宽阔的坦途连接鄂皖赣三省，为湖北的改革开放，扩大对外交流，促进经济发展做出了我们交通人应有的贡献。

常言说，做人难，做女人更难，难就难在干一番事业。尽管时代不同了，但男女终究有别。特别是我们搞公路工程建设这个行当，由于长期流动在外，并在艰苦恶劣的环境下工作，被人称之为男人的事业。

而我，一个女同志，第一次从机关走向工地，从管理宜黄高速公路到修建黄黄高速公路，从湖北省高等级公路管理局书记、局长到黄黄公路建设现场指挥，面临的是一个全新的领域，是一个需要用勇气和智慧铸造的未来，其工作的艰巨性、复杂性、风险性是不言而喻的。

一时间，各种说法和议论沸沸扬扬，有人为我担心，有人心存疑虑。同学劝告我：你已在高管局搞得红红火火了，评上了最佳省级文明单位，人到中年，见好就收，何况你又不是学路桥专业的，如果在黄黄公路干失败了将前功尽弃,这样值得吗?亲戚朋友对我说:一个女同志,家里上有80多岁的婆婆,下有即将考大学的女儿,在工地一干就得是四年,风险那么大,你顶得住吗?甚至有位老领导关心地叮嘱我:小林啊,你干什么都行,但这修路建桥的常务副指挥长,你可要三思而行啊!

是挑战更是机遇。是厅党组的正确领导和高度信任,给我提供了一个广阔的天地。我和我的同事们坚信:路,是人走出来的;事,是人干出来的。别人能干的事,我们也能干;别人能干好的事,我们要力争干得更好。面对一个陌生的、未知的领域,我充满了自信。

1996年1月18日,黄黄高速公路建设指挥部在湖北省蕲春县挂牌成立。我们抓住当时国家在重点工程项目试行业主责任制的契机,把目标瞄准国内外先进水平,把学习借鉴国内外先进经验同立足湖北实际、改革创新有机结合,确立了"修建一条优质的高速公路,探索一套成功的管理经验,开发一批有价值的科研成果,培养一支过硬的高速公路建设队伍"的指导思想和"优质、高效、安全、节资、创全优工程"的建设目标,实行了工程建设项目法人责任制、征地动迁委托合同制、工程招标投标制和质量控制社会监理制,在高速公路建设体制改革中迈出了坚实的第一步。

古人云:不谋全局者不足谋一隅。黄黄高速公路建设是一个庞大的系统工程,作为常务副指挥长,我深知:实现科学决策,培养创新人才,依靠高新科技,是争创优质工程的根本。在建设工地这个"特殊"的环境里,什么样的人才,摆在什么样的位置,如何发挥能量?给我出难题的,首先是我自己。

交通系统内一批高学历,但实践经验不足的年轻人,我大胆起用他们到工程第一线扛大梁、挑重担;国内的一些知名专家,被请到指挥部当顾问,我虚心请教;省内的一批六、七十岁的老专家、老工程师请来了,他们长期驻扎在工地,形成指挥部的高级智囊团,他们既是我的同事、朋友，也是我的老师；省内外的一批优秀施工队伍中标了，他们战天斗地，精心施工，在湖北，填补了新型沥青路面结构的空白，实现了高速公路沥青混凝土路面零的突破；在全国，创造了水泥混凝土路面滑模日摊铺1 600米的最高纪录，创下了桥面连续摊铺、硬路肩和路缘石连体一次摊铺而成等多项全国第一。交通部为此专门在黄黄高速公路现场召开水泥混凝土路面滑模摊铺技术推广会。来自交通部和全国15个省市的专家、代表对黄黄高速公路水泥混凝土路面的滑模摊铺施工工艺和施工质量给予了充分肯定和较高评价。正是这批可亲可敬的建设者，给了我智慧和力量，那些生动而感人的故事真是刻骨铭心。

看见正在操作德国维特根滑模摊铺机的黄洪涛，你决不会相信他是个硕士。这位西安公路交通大学筑路机械专业的研究生，1988年毕业后分配在黄冈市公路总段从事机械零件销售、沥青加温工作，他和他的专业一直处于半冷冻状态。黄黄路发现了他，大标段、机械化施工给他提供了一个新的舞台。我把他从黄冈公路总段借调到黄黄指挥部，并先后挑选了十名高学历专业技术人员组成了“滑模施工青年突击队”，组建了由老专家、高级工程师参加的“水泥混凝土路面滑模施工指导小组”，无论是四十度的烈日炙烤，还是冰封的寒冬，天天和他们摸爬滚打在一起，开展岗前培训，摊铺试验路段，组织技术攻关，研究工艺创新。看着运转欢腾的洋机械、新设备，望着硕士操作手、“大本”水泥工——一支能文能武、能工能干、能上能下的新型施工队伍，拿着省内省外发来的施工、讲学的邀请电函，我心里感到无比的欣慰，对江泽民总书记论述的“综合国力的竞争，说到底就是人才的竞争”有了更为深刻的理解和认识。

创新是民族进步的灵魂。湖北省高速公路建设始于1986年，在全国起步较早，全长350公路的宜黄高速公路建成后，高速公路总里程在全国居于前列。但由于资金、技术等方面的局限，总体质量水平同京津塘、济青、沪宁等高速公路相比,还存在距离。作为常务副指挥长,我非常清楚,黄黄高速公路建设作为湖北省“九五”计划重点工程的龙头启动项目,要与国际接轨,必须在观念上创新,大胆借鉴国内外先进经验,突破传统的筑路观念束缚,由墨守成规转向敢为人先;突破陈旧的施工工艺束缚,由劳动密集型转向技术密集型;突破落后的生产方式束缚,由人工修筑转向大型机械化施工;突破僵化的发展模式的束缚,由数量型转向质量效益型。必须在工艺上创新,大胆采用先进设备和施工方式;必须在技术上创新,大胆开拓产、学、研联合之路;必须在管理上创新,大胆探索建设新模式。然而,要集中投入3000万资金,引进和采用当今世界上新技术、新工艺、新材料、新设备,率先在黄黄高速公路上实行大标段、机械化施工,首次在我省修建38公里沥青混凝土路面,首次采用世界最先进的水泥混凝土路面滑模摊铺技术,是要冒极大风险的。

这一系列决策从出台到实施,曾经使我多少个夜晚难以入眠。很多朋友劝我:过去我省高速公路建设大多采用小标段、人工、半机械化施工,路照样修成了,你何必傻帽呢?很多同事告诫我:十年前,我省一家施工企业曾购买了一台一流的美国滑模摊铺机,因使用不顺一直沉睡至今,这一教训难道你不怕吗?还有些知心者直言相告:坚持科技兴路是正确的方针,引进设备、技术,提高科技含量,干成了是应该的,干砸了你如何交代?作为一名现场指挥者,我深知决策的责任重大,深知决策如果失误意味着什么,将是什么后果。我和同事们提出的响亮口号是:背水一战,只能成功,不能失败!

实践的力量来自理论,勇气的力量来自智慧。我给自己定的原则是:在学中干、在干中学。工作中出现疑问,怎么办?学习邓小平理论和党的方针政策,解放思想,实事求是,坚持看准了的事,就大胆地试、大胆地闯,决策上实行民主集中,坚持原则不主观武断,博采众长不优柔寡断,充分发挥领导一班人和老专家的作用。

专业知识不足,怎么办?坚持自学路桥专业知识、工程管理知识,坚持利用指挥部每月每个职工仅四天的休息时间,完成了省委党校行政管理研究生三年的全部学业,结合高速公路管理和建设实践撰写的《应急决策研究》毕业论文被评为优秀论文。知识的更新,充实了自我,拓宽了视野,提高了科学决策和驾驭全局的能力。

技术上遇到难题,怎么办?除了向书本请教外,我恭恭敬敬地拜专家、内行为师。刘遵纪、尹其潜都已经是六七十岁高龄,具有50多年公路建设经验的高级工程师,我把他们请来当高级顾问,组织他们到国外考察、学习,更新知识,激发活力。在黄黄高速公路建设工艺、技术创新中,他们立下了赫赫战功,被大家称为最具水泥混凝土路面滑模摊铺权威和沥青混凝土路面摊铺权威的"白猫警长"和"黑猫警长"。

环境协调中碰到困难,怎么办?我虚心向当地领导和沿线群众请教,积极争取地方政府的支持与合作,哪里矛盾突出,必然是亲自到现场面对面地做工作,及时协调解决。

在科学理论的指导下,在省委、省政府、各级地方党委政府和厅党组的支持下,有广大建设者作强大的后盾,我坚信:坚持科技兴交,修路育人;坚持走创新之路,黄黄高速公路建设在社会主义市场经济条件下必定取得新的突破和发展。

质量是工程的生命,是检验建设成败与否的核心。黄黄公路建设第一次实行公开招标投标制度,施工队伍、施工材料都由招投标决定,并请具有资质的公证处监督全过程;第一次实行政府监督、社会监理、企业自检的三级质量保证体系;第一次实行质量终身负责制,党风廉政责任制,大力倡导:质量面前半点人情不讲,没有质量的进度半点不要。记得有一次,指挥部正在组织施工竞赛,省高管局工程养护队承接的一座中桥质量、进度都不错,很有希望获奖。正在此时,监理处检测发现有两个桥墩因使用黄梅水泥厂生产的水泥稳定

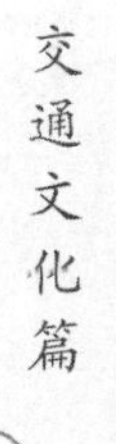

性问题,造成桥墩混凝土强度略微不够,这不仅影响到评奖,而且还要炸掉重新返工。一时间,不少同志前来说情:桥墩设计比较保守,混凝土强度差一点算不得什么大问题,何况又是内部单位,通融一下算了。为了使每个建设者牢固树立"百年大计,质量第一"的意识,我及时召集工程项目经理、技术负责人、监理人员一起座谈,反复宣传质量第一,质量面前一视同仁的观点,无论内部单位还是外来施工企业,质量检测不能有丝毫之差,只要有质量隐患坚决推倒重来,特别是这座创建青年文明号的共青桥,更要严格质量标准。逐渐地,大家的思想统一了,一群年轻的施工人员流着眼泪炸掉了自己日夜加班、亲手浇筑的桥墩。半年后,一座优质桥建成了,这座桥被命名为共青桥,这支首次承担建桥任务的施工队被命名为全国青年文明号。

法则是无情的,黄黄路上金玉与泥沙很快全然分离开来。某中央级施工队因摊铺不达标,被淘汰出局;某省级施工队因机制运转不灵,也忍痛割爱。动真格抓质量,虽然得罪了一些部门,得罪了一些人,但它对得起子孙后代,经得起检验,黄黄高速公路全线142公里经过交工验收被评为优良工程。省委书记贾志杰、省长蒋祝平先后视察了黄黄高速公路,对这条科技含量高的创新之路给予了充分肯定。

"为国者,终不顾家"。回首在工地的四年,这1400多个日日夜夜,我已记不清有多少个深夜,和同事们一起思考、决策,讨论技术方案,研究施工组织……我已记不清有多少个节假日,在工地上接到远在武汉的丈夫和女儿打来的电话,我知道这是他们对我的关心、理解和支持。黄黄高速公路已成为我生命的一部分,它在我心中的分量有时甚至超过了家庭。1996年7月,女儿考大学,我没能像其他望子成龙的父母一样,在家照顾她、鼓励她、到考场接送她。1997年丈夫经常发低烧,几次住院,我也不能天天陪伴在他身边。1998年我受重伤,住院治疗一个多月就返回了工地。远在上海、80多岁的老母亲,天天惦记着我这个离家最远的小女儿,特地在上海定制了一个大蛋糕带来武汉，途中不慎摔倒，头部和胳膊受伤，蛋糕摔成了几瓣。当我从工地匆匆赶到机场接到母亲时，看着她手捧蛋糕、颤巍巍的样子，我心里真是百感交集。由于当时工程正值通车之前最关键的时候，我也只能把母亲接回家中稍作安顿，又急忙赶回了工地。

作为一名女性，有时我为自己难以对家庭尽到应尽的责任而愧疚，但更多的则是为家庭的理解、支持而感动、鼓舞。我只能在工地上遥祝家人平安，祝愿女儿学业有成。

在我们交通系统担任高速公路建设常务副指挥长的女干部，我是第一个，但和我一样在工地上忘我工作的女性还有很多，我只是她们中的一个代表。四年的工地生活，四年的火热实践，黄黄高速公路的建设者们已把他们的全部奉献升华为一种威力无比的精神，它就是"自信自强、科学严谨、坚韧不拔、无私奉献"的黄黄精神。它将激励我们继续奋发向上，为湖北交通建设和湖北经济社会发展再作新贡献。

（节选自2000年在全省巾帼建功报告会上的发言）

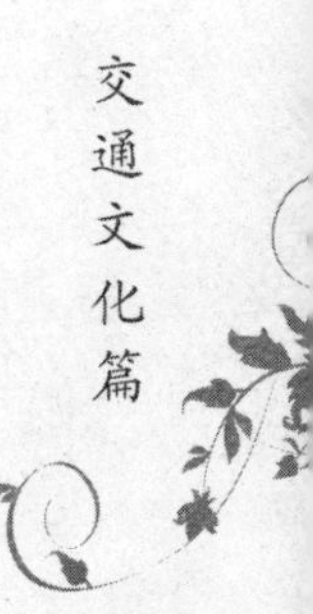

领导班子建设是永恒的主题

提高领导干部执政能力和水平,建设高素质的领导班子,是实现我省交通又好又快发展的关键。各级交通部门要把领导班子建设纳入永恒的主题,做到"五个坚持":

一、坚持民主集中制

各级交通部门要不断完善党委会、局(处)长办公会议事规则,严格执行民主集中制,大事集体研究,小事相互通气,做到民主决策、科学决策、依法决策,充分发挥领导班子的集体合力。各级交通部门党政主要领导要带头增强民主意识,班长要带头讲民主,做到在广开言路中集中智慧,在民主讨论中凝聚共识,真正形成既有集中又有民主,既有纪律又有自由,既有统一意志又有个人心情舒畅、生动活泼的政治局面。

二、坚持学习实践

各级交通部门要继续坚持和完善党委(总支、支部)中心组学习、领导干部在职培训、党校(行政学院)学习、上挂下派实践锻炼等制度,进一步加强领导干部经常性教育培训工作,着力提高各级干部领导交通科学发展的能力、应对复杂局面、突发事件的能力。特别是要紧密结合工作实际,加大行政干部、党务干部、专业技术干部交流后的培训力度。各级领导班子和领导干部都要按照党章的要求认认真真学习，老老实实做人，干干净净做事，勇于实践、勇于创新、勇于担当，在推进交通改革发展中充分发挥领导核心作用。

三、坚持团结统一

团结是干部的基本素质和能力。在团结问题上，最能体现一个干部的党性和品行。懂团结是大智慧，会团结是大本事，真团结是大境界。领导干部要自觉把维护团结作为己任，争当增进团结、促进和谐的表率，要按照"学习好、团结好、纪律好、作风好、政绩好"的要求，深入开展"五好"班子创建。各级交通部门党政主要领导是班子团结统一的关键所在。解决好党政一把手团结协作的问题，最根本的要靠制度建设。当前，部分厅直单位分设配备了党委（支部）书记和行政负责人，这是厅党组加强班子建设、党风廉政建设而采取的重要措施。党委书记作为党建工作第一责任人，首先要牢固树立"抓好党建是本职、不抓党建是失职，抓不好党建是不称职"的观念，提高做思想工作、做人事工作的本领，发挥总揽全局、协调各方的作用，支持行政负责人大胆工作；行政负责人要自觉在党委统一领导下工作，紧扣目标责任，切实履行"一岗双责"，推动交通事业又好又快发展。

四、坚持依法行政

依法行政是干部的工作准则。领导干部一定要增强依法行政的意识，认真学习《干部任用条例》、《中华人民共和国公务员法》、《中华人民共和国劳动合同法》及交通规范性政策文件，并熟练运用。各级交通部门要建立健全干部任前法律知识考试制度，进一步增强干部的法律意识、廉政意识，提高干部把握政策、依法行政的能力，营造学法、守法、用法的良好氛围；要进一步规范组织人事工作流程，将民主推荐工作的组织形式、人员范围制度化，将机构编制作为录用、聘用、调配工作人员和配备领导的基本依据，严格"出一进一"和"凡进

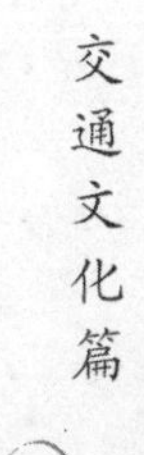

必考”的进人原则,切实增强依法管理意识。

五、坚持民主生活会制度

坚持领导干部民主生活会制度,是加强党组织思想政治建设,增强领导干部廉洁自律意识,强化党内监督,提高领导班子整体素质的必然要求。各级领导班子要进一步探索改进民主生活会的方式,本着相互尊重、坦诚相待、加强团结、促进工作的目的,开展谈心交心,及时沟通思想,以促进党内的团结和谐,提高领导班子解决自身问题的能力。班子成员之间要切实加强沟通和交心谈心,一把手要主动与副职谈心沟通思想,充分发挥和调动他们的积极性;副职要主动向一把手汇报,积极主动做好分管的工作,主动为一把手分忧担责,自觉维护班子的整体形象。

(节选自2004年在全省交通局长座谈会上的讲话)

提高领导交通改革发展的执政能力

一、坚持交通发展第一要务，提高领导交通改革发展的能力

加强执政能力建设，从交通行业来说首要的是要加快交通发展，这是提高交通执政能力的根本基础目标。

当前我省交通面临难得的发展机遇，良好的发展环境前所未有。但与此同时，我们必须清醒地看到交通发展仍面临着严峻的挑战，湖北交通发展主要指标在中西部地区的排位不容乐观。根据交通部2003年统计资料，固定资产投资湖北居中西部第2位；公路对国土面积的密度湖北居中西部第2位；公路对人口的密度居中西部第10位；高速公路居中西部第5位；二级以上公路居中西部第2位；等级公路居中西部第3位；行政村公路通达率居中西部第6位；公路运输各项指标在中西部地区居第5至第10位。统计数据表明，近几年湖北交通发展取得了长足的进步，但与东部地区差距仍有明显的拉大之势，与中西部20个省市区相比，呈前有标兵、后有追兵之势，标兵正在加速前进，追兵离湖北越来越近，如稍有松懈，就有落伍的危险。发展不够仍是湖北交通面临的主要问题和最大实际。因此，奋起直追，加快湖北交通发展，在促进中部崛起战略中当好先行，是湖北交通必然的选择。我们新一届领导班子要进一步增强交通发展的紧迫感和责任感，居安思危，未雨绸缪，巩固交通发展形势；要贴近经济建设中心，找准自身的定位，合上时代的节拍，把握工作的着力点；要把湖北

交通放在全省、全国交通发展的大格局、大背景、大竞争中再审视、再定位、再谋划,站高一步、看远一步、想深一步,制定符合经济发展规律,经得起历史检验的科学的交通发展思路;要带领全省各级交通部门克难奋进,努力在促进中部地区崛起中当好交通先行。一是要进一步解放思想、与时俱进,超前谋划、开拓创新,彻底抛弃"等、靠、要"的旧观念,用发展的眼光看形势,用发展的思维干事业,用发展的办法解难题,实现交通跨越发展。二是要落实科学交通发展观,坚持"五个并举",结合实际制定交通发展战略规划,明确奋斗目标。三是要在规划指导下加快交通建设,形成"在建一批、规划一批、论证一批、储备一批、招商一批"的良性循环机制,建立交通项目库,集中人力、财力和物力,加快交通重点项目建设,真正实现到2007年交通运输与国民经济的关系由瓶颈制约向基本缓解转变,到2010年由基本缓解向总体适应转变,到2020年由总体适应向交通现代化跨越的分阶段目标。

改革是发展的动力。各级交通部门要坚持以改革的办法去解决发展中的困难和问题,以改革的思路去谋求交通发展。重点抓好以下几项改革:

一是公路行业改革。高路集团、交通运输、勘察设计、施工、科研等企业,要按照主业与辅业分离、优良资产与不良资产分离、企业职能与社会职能分离、养建分离,进行业务、资产、债权债务、机构和人员五个方面的重组改制,从体制机制上进行改革,以获得长足发展。

二是人事制度改革。交通各事业单位要全面实行人员聘用制度,基本建立起以聘用制和岗位管理为基本内容的事业单位新型用人制度,初步形成以能力和业绩为导向、科学化社会化的专业技术人才评价体系。要本着分类指导、分类推进的原则,加快事业单位人事制度改革步伐。

三是加快政府职能转变。政府管理的核心是公共管理。各级交通主管部门要加快职能转变的步伐，由行政命令型、审批收费型转变为公共服务型；要转变行政管理模式，创立以服务为中心的管理机制；要改革交通行政审批制度，精简审批事项，规范审批行为，减少审批环节，提高审批效率，实行一条龙审批、开放式办公和一站式服务；要推行首问负责制、限期办理制、社会承诺制。

与此同时，交通行业要探索中介组织的管理方法和服务形式，加强市场研究和信息发布，引导企业正确投资和决策，使各交通行业协会等中介组织真正成为全行业权益的代表者，成为政府正确决策的助手，成为沟通企业与政府的桥梁。

二、改革和完善领导方式，提高科学决策和和依法执政能力

交通改革发展任务十分艰巨，必须改革和完善领导方式，提高科学决策和依法执政的能力。

一是推进决策的科学化、民主化。交通系统各级领导干部要深入调研、联系实际、集中民智、建言献策，提出一批具有科学性、前瞻性、针对性和可操作性的建议，促进交通发展。要加强决策咨询工作，发挥参谋智囊作用，巧借外力，服务科学决策。要健全决策机制，进一步完善交通工作的各项议事规则，明确议事范围和议事程序，凡重大问题一定要注重专家咨询，注重走群众路线，注重科学论证，做到不调研不决策，不论证不决策，不盲目决策。

二是坚持依法行政，提高执法水平。将依法行政贯穿于交通管理工作的方方面面。搞好“四五”普法。认真贯彻执行《中华人民共和国行政许可法》，大力推进行政许可制度创新，充分运用经济和法律手段全面履行服务职能，切实做到权力与责任挂钩，权力与利益脱钩。坚持执法“四制”，创造依法治交的良好环境。

三是强化管理服务，提升服务水平。管理是交通永恒的主题。各级交通部门要把加强行业管理作为一项基础性工作抓深、抓实、抓

牢,提倡精细化、规范化管理,注重从重结果到重过程的转变,通过工作过程控制、数据分析等手段,将管理关口前移,随时将问题解决在萌芽状态,使管理过程始终处于受控状态。要坚持寓管理于服务之中,以服务求生存,以信誉促发展,持之以恒地改进和提高服务水平,为管理对象、为社会提供全方位的服务。

四是建立交通工作督办落实机制。落实、落实、再落实,对加快交通发展至关重要。要在全系统形成抓落实、重执行的优良传统,着力将一系列战略决策落实到每位职工的日常工作,将规划目标落实到实际行动,要强化求实、务实、抓实意识,严格目标管理,注重目标考核的科学性和可操作性,确保做到凡事有章可循,凡事有人负责,凡事有人检查,凡事有据可查,使考评工作有规划,有标准,责权清晰,奖罚分明,管理到位,考核到人,形成贯通畅达的组织架构、制度体系和保障交通发展目标实现的决策和沟通网络。

五是要加快交通政务公开进程。要紧密结合交通行业实际,深化政务公开内容,丰富政务公开载体,强化政务公开考评。采用现代信息技术,建立以交通运输服务为基础,覆盖交通主要业务的全省交通管理信息网络系统和全省交通系统电子政务平台,开展网上办公,实现政务公开,提高监督管理实效,提高交通工作效率,提高为民服务水平。

三、培育交通行业先进文化,提高新时期思想政治工作能力

一是牢固树立人才是第一资源的指导思想。要加快人事、收入分配制度的改革,实行职工能上能下、能高能低、能进能出,公平竞争,注重实绩,建立健全有利于人尽其才的使用机制和有利于调动人才积极性的激励机制;要采取多种形式、多种渠道,不拘一格引进和选聘优秀人才,为人才的脱颖而出和施展才能营造良好的环境;要建立完善学习培训、轮训机制,通过对交通职工特别是业务骨干开展全

方位、多学科的知识培训、技术比武、劳动竞赛、岗位练兵等，提高干部职工综合业务素质，使其成为本职工作的行家里手，做到一专多能，一岗多用，造就一大批复合型人才，创建学习型交通行业；要紧紧抓住培养、吸引、用好人才三个环节，在工作实践中培育人才，在事业发展中凝聚人才，在工作生活中关爱人才，形成多通道的人才成长空间。

二是融炼交通行业文化。文化建设是形成向心力，凝聚力和战斗力的源泉。全省交通行业要结合争创“三个一流”活动，大力加强交通行业文化建设，科学、系统地提炼出交通使命、交通精神、服务理念等先进的价值文化体系。要坚持在继承中创新，在创新中发展。以交通发展目标和优秀文化凝聚人心，统一意志，建立和完善行业先进文化传播体系，培育交通职工奋发进取，争创一流的敬业和创业精神。

三是加强和改进思想政治工作。要坚持以人为本，从交通工作实际出发，采取多种形式，不断提高新时期思想政治工作的感召力、渗透力、凝聚力，使深入细致的思想政治工作与具体的交通业务工作有机地结合起来，相互渗透，相互促进。要紧紧围绕交通经济建设中心，把全行业的思想政治工作做得可亲可信、入情入理，推动交通各项工作的全面协调可持续发展。

四、调动一切积极因素，提高营造和谐交通环境的能力

一是大力加强交通环境建设。各级交通部门要围绕交通发展的需要提供“优惠的政策、优质的服务、优越的环境、优良的办事效益”。要进一步强化大局意识和宗旨意识，转变职能，转变作风，提高效率，强化服务，促使交通政策环境、法制环境、投资环境等都有明显的改善，真正做到内有凝聚力，外有吸引力。要全面贯彻落实《省人民政府关于加快交通发展的决定》精神，加强部门协调、配合、联动，为加

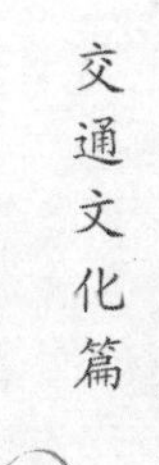

快交通发展营造和谐的环境。

二是充分发挥交通职工的积极性、主动性和创造性。要做到人尽其才,才尽其用,给交通职工一个广阔的发展空间、一个宽松和谐的工作、生活环境、一个充分展示自身才华的最佳位置,使其心情舒畅,精神愉悦,从而把工作不仅看做一种谋生的手段,更是一种人生的乐趣。要进一步坚持以人为本,注重人文关怀,以交流为途径,以沟通为方法,切实"用好人、放心人、善待人、关心人、爱护人、体贴人",最大限度地发挥每个职工的创造性、能动性,重视发挥团队的作用,形成为实现交通发展目标而团结拼搏的巨大合力。

五、加强党的建设,提高拒腐防变能力

加强党的建设是不断提高执政能力的坚强保证。各级党委、各单位要高度重视抓班子、带队伍、重学习、强素质,切实改进领导作风,克服官僚主义,避免主观主义,以职工的认同程度、社会的满意程度、上级的信任程度、部门的支持程度作为检验领导班子工作的标准。

一是大力加强各级领导班子建设。要贯彻落实民主集中制原则,完善集体领导和个人分工负责制,坚持交心谈心制度,加强领导班子成员的沟通,相互尊重、相互支持,心往一处想,劲往一处使,切实增强领导班子的团结和凝聚力、战斗力。要严肃党的组织生活,提高民主生活会质量。要发挥基层党组织的战斗堡垒作用,发挥工、青、团、妇的作用,形成齐抓共管的局面。要坚持深入基层,贴近群众,领导干部要心系群众,掌权为民、立得直、行得正、站得稳,时时刻刻为人民干实事,谋利益。

二是大力加强交通精神文明建设。要以争创"三个一流"活动为载体,提高职工参与程度,创新服务理念,坚持清正廉明,弘扬科学精神,传承和发展优秀交通文化,丰富职工的精神文化生活,培育良好

的职工精神风貌。

三是大力加强高素质干部队伍建设。要进一步落实中央、省关于加强干部工作的一系列文件精神，积极推行公开选拔和竞争上岗，严格德才兼备，实绩突出和群众公认的原则，按照规定程序运作，真正变在少数人中选人为在多数人中选人，在实践的竞争中选人，使优秀的人才脱颖而出。要进一步扩大职工群众的参与程度，落实干部职工对干部选拔任用的知情权、参与权、选择权和监督权。要加大干部培训、轮岗、交流和实践锻炼工作力度，构建科学的交通政绩考核体系，正确评价和引导干部，提高领导改革发展的执政能力。

四是大力加强廉政建设。要牢固树立执政为民和廉洁自律的思想观念，从强化反腐倡廉教育入手，加强廉政勤政典型的宣传，尤其是要突出先进人物及优秀事迹的宣传、示范，使之成为干部职工身边看得见、摸得着、学得好、用得上的人和事，以提升广大干部职工拒腐防变能力。要加强反腐败工作制度和机制建设，加强廉政监督，建立落实保障机制，做到廉政监督无时不在，无处不在，真正解决一些部门和环节疏于管理、淡化责任、腐败案件易发、多发的问题。要认真落实厅党组五项承诺和厅机关工作人员廉政手则，自觉接受广大干部群众监督和全社会监督，进一步增强反腐倡廉工作的紧迫感、责任感。

（节选自2004年在厅党组中心组（扩大）十六届四中全会专题学习会上的讲话）

争创"三个一流" 塑造交通形象

"个人创一流业绩、单位创一流品牌、行业创一流环境"的争创"三个一流"活动,是打造学习型、服务型、清廉型、负责任的交通行业的有效载体。各级交通部门必须从观念和认识入手,把争创"三个一流"、塑造交通形象贯穿于加快交通发展、提高交通执政能力的始终。

一、争创"三个一流",塑造交通形象,必须坚持科学的发展观,统筹交通建设和运输管理协调发展

交通基础设施建设是发展交通运输的根本和基础,交通运输发展是交通基础设施建设的最终目的,两者互为整体,不可偏废。各级交通部门必须坚持和落实科学发展观,做到"建设和运输并举",统筹基础设施建设与客货运输网络协调发展,做到"建养管并举",统筹交通建设、养护、管理协调发展。

二、争创"三个一流",塑造交通形象,必须坚持以人为本,始终把最广大人民群众的根本利益放在首位

国民经济和社会发展的最终目的是为了满足人民群众日益增长的物质和文化需要,交通发展要为国民经济和社会发展服务,运输经营者要为货主和旅客服务,行业管理部门要为客货运输经营者服务。在这个庞大的"服务链"中,最广大人民群众的根本利益始终处于最重要的位置,群众满不满意、高不高兴、正当合法权益是否得到保护,是所有交通工作的根本点和出发点，是评判交通整体服务质量的最高标准。

作为交通运输企业和经营者而言，优质服务是宗旨，运输质量是生命。交通运输企业发展必须建立在以服务对象为中心、创新服务手段、提高服务质量的基础之上，以优质服务树立企业品牌，以优质服务促进自身发展。交通运输经营者必须加强学习，依法经营，诚信服务，以优取胜。

作为交通行业管理部门而言，规范执法是重点，文明创建是载体。维护道路运输市场秩序，保障道路运输安全，保护道路运输有关各方当事人的合法权益，是各级交通行业管理部门的主要职责；坚持依法行政，提高监管能力，增强服务意识，是其执政能力的具体体现。各级交通行业管理部门必须通过开展“三个一流”创建活动，强化和提升以人为本、执政为民的服务理念，进一步转变管理职能，改善服务方法，改进工作作风，努力为基层、为经营者、为群众、为全社会提供安全、优质、便利、高效的服务。

三、争创“三个一流”，塑造交通形象，必须坚持质量第一的理念，提高交通行业的整体服务水平

交通是国民经济的基础和先导行业，是从业人员较多、社会性较强、涉及面较广、灵敏度较高的服务行业，也是人民群众感受党风、政风、行风和社会风气的“窗口”行业。交通系统干部职工和从业人员的一言一行，一举一动，无不对构建“和谐湖北”产生直接影响。

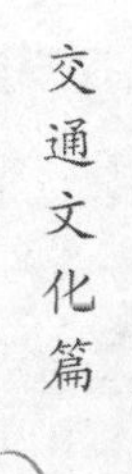

提高服务质量，讲求社会信誉，注重社会效益，既是交通运输工作的宗旨，又是交通运输行业赖以生存和发展的根基。各级交通部门在加快基础设施建设的同时，必须高度重视并全力以赴地抓紧抓好以提高服务质量为主的软环境建设，必须高度重视并坚持不懈地抓紧抓好以规范执法、优质服务、文明创建为重点的行风建设，努力

提高全行业的整体服务素质，塑造交通行业新形象。

四、争创“三个一流”，塑造交通形象，必须坚持依法行政，推进全省交通行业管理法制化进程

无论是交通体制改革、交通运输结构调整、交通基础设施建设，还是交通运输市场的培育和监管，都离不开交通法规的引导、规范和保障。各级交通部门要从立党为公、执政为民的高度，从建设社会主义和谐社会的高度，切实加强交通行政执法工作，提高依法执政能力，加快交通行业管理法制化进程，着力建设法治交通。

（节选自2004年在全省交通系统文明创建工作会上的讲话）

先进性教育 “首”在强化五种意识

交通是国民经济的基础产业，搞好先进性教育活动，对于贯彻落实“三个代表”重要思想，提高加快交通发展的执政能力，促进全省交通全面、协调、可持续发展，为实现湖北“中部崛起”战略当好交通先行具有十分重要的意义。作为先进性教育的主体，交通行业的党员同志们首要的任务是强化“五种意识”：

一、宗旨意识

党的宗旨是全心全意为人民服务。共产党员要保持先进性，就必须强化宗旨意识，并把这种意识体现在自己的全部言行中。在新的形势下，坚持党的宗旨，重要一条就是保持和发扬艰苦奋斗的精神，用这种精神净化我们的灵魂，鼓舞我们的斗志，监督我们的行为；就是看我们每个党员是否真正把人民群众的利益放在第一位，是否真正把全心全意为人民服务的思想贯彻实际工作始终，是否经得起权力、金钱和美色的诱惑，居安思危，保持清醒的头脑。

二、责任意识

党的基层组织是党的全部战斗力的基础，党组织的战斗堡垒作用与党员的先锋模范作用是相辅相成的统一整体。一个党员就是一面旗帜，一个岗位就是一份责任。共产党员先进性不是挂在嘴边上的华丽辞藻，而要充分体现在日常的工作责任心和先锋模范作用上。

如果缺少责任心、先进性,就不可能在工作中做到实事求是,真抓实干,就不可能事事处处以先进模范作用带动和影响周围的群众,也不可能全心全意为群众谋利益,保持党的先进性也就是一句空话。

三、自律意识

在新的历史条件下,我们党面临着执政党的各种考验,特别需要警惕脱离人民群众现象发生。这就要求我们每一个党员必须自觉遵守党的纪律,不断强化诚信守法、廉洁奉公的自律意识,筑牢党纪国法和思想道德防线,做到自重、自省、自警、自励,把好自我约束关,正确处理好自律与他律的关系,时刻保持警觉性,自觉接受监督,严格依法依规办事,绝不违背党的先进性要求,永不背叛党的根本宗旨。

四、创新意识

创新是一个民族进步的不竭动力,也是党的事业兴旺发达的动力源泉。每个共产党员都要以实现党的奋斗目标为己任,立足本职,胸怀全局,面向未来,开拓创新,在观念创新上下功夫,在机制创新上下功夫,在方法创新上下功夫,不断研究新情况,解决新问题,多出新思路,多创新经验,充分发挥积极性、主动性和创造性,为推进党的各项工作,奋发进取,建功立业。

五、学习意识

党的十六大要求"形成全民学习、终身学习的学习型社会,促进人的全面发展"。每个共产党员必须高度重视学习,把学习作为社会发展的需要,作为个人追求进步的阶梯,作为健康生活的标志,争做学习先进知识的模范,争做运用先进手段的模范,争做创造先进成果的模范。在先进性教育活动中,每个共产党员都要认真学习马克思列宁主义、毛泽东思想、邓小平理论和"三个代表"重要思想,做到真学、真懂、真信、真用。真学，就是埋下头来学、下苦功夫学。真懂，就是主要观点懂、精神实质懂。真信，就是思想深处信、灵魂深处信。最重要的是，在真学、真懂、真信的基础上做到真用。真用，就是联系实际用、针对问题用，努力运用“三个代表”重要思想的立场、观点、方法来观察形势、分析问题、指导工作，坚持改造客观世界和改造主观世界的统一，切实把“三个代表”重要思想落实在工作岗位上，体现在实际行动中，不断促进先进生产力和先进文化的发展，实现好维护好发展好最广大人民的根本利益。只有这样，才能不落后于形势，永远站在时代前列，成为群众的楷模。

（节选自2005年在先进性教育活动专题党课上的讲话）

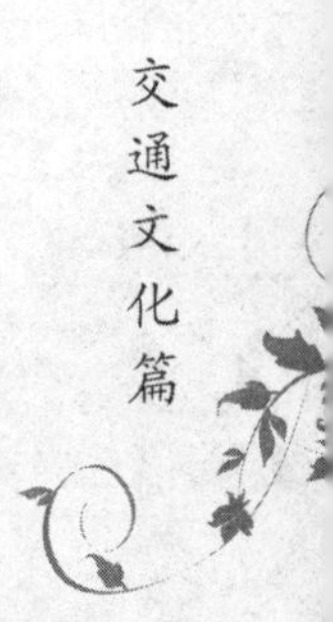

先进性教育 “旨”在提高交通执政能力

提高党的执政能力是开展先进性教育的着眼点。交通系统的党员干部要通过开展先进性教育的学习培训、分析评议和整改提高，努力提高五个方面的能力。

一、着力提高交通发展适应经济社会发展需求的能力

交通与经济社会发展的关系经历了一个发展的动态过程。20世纪80年代，交通严重制约我国经济发展，成为国民经济和社会发展的“瓶颈”。经过数十年的加快建设，交通紧张状况基本得到缓解。到2010年，全省公路水路交通与经济社会发展的关系将由“基本缓解”向“总体适应”跨越，武汉市和江汉平原地区率先基本实现公路交通现代化；到2020年，全省公路水路交通与经济社会发展的关系由“总体适应”向“全面适应”跨越，全省基本实现公路水路交通现代化，湖北将成为中西部地区交通强省之一。

“十一五”及今后相当长的一段时期内，随着国民经济平稳较快的增长，运输需求将保持较快的增长速度。经济社会和人民群众日益增长的交通运输需求与交通运输生产力滞后的矛盾，仍然是当前和今后一个时期突出的矛盾。解决这一主要矛盾，必须加快交通发展，建设便捷、安全、高效、舒适、环保的交通运输体系，必须提高交通适应经济社会发展的能力，牢固树立和落实科学发展观，更加注重人

本需求。把坚持以人为本作为交通工作的出发点和落脚点，在设计、建设、运营、管理等诸多环节体现人文关怀；更加注重经济需求。服从和服务于国家经济发展大局，加快建设，为经济社会发展做好交通运输保障；更加注重安全需求。着力提高交通基础设施的质量和服务水平，保障经济、国防安全和人民群众的生命财产安全；更加注重自然需求。做到交通发展与自然生态环境的和谐统一，合理开发、利用、保护和节约自然资源，实现交通可持续发展。

二、着力提高交通统筹规划和协调发展的能力

促进交通统筹规划、协调发展涉及方方面面。特别是建设规模、速度与质量、效益问题，区域交通发展不平衡问题，资金短缺、资源约束等很多制约交通运输发展的矛盾，都需要进一步加强统筹规划，不断提高协调发展能力。

坚持科学规划、协调发展，必须坚持"五个并举、五个统筹"的协调发展理念，实行区域交通、城乡交通一体化发展、区域交通差异化发展战略。必须坚持抓点带面，抓龙头带周边，进一步加快武汉城市圈"1+8"交通建设步伐，确保武汉和江汉平原率先实现交通现代化。必须坚持高速公路、农村公路建设统筹发展，支持革命老区、边远地区和少数民族地区解决出行难问题，让农民群众尽早走上沥青、水泥路。必须坚持人与自然和谐、交通建设与生态环保的和谐统一，转变传统的发展思维，科学、合理、高效地利用资源，合理确定建设规模和技术标准，合理确定路线走向和主要控制点，在设计、施工中最大限度节约土地，保护、利用自然环境和资源，做到节油、节能、节地、节约建设成本，努力建设节约型、集约型和循环经济型交通行业。

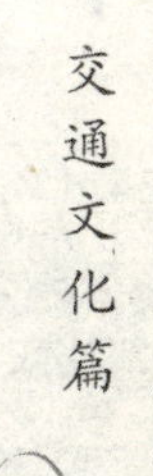

三、着力提高交通运输公共服务和组织保障的能力

面对经济社会和人民群众日益增长的交通运输需求，各级交通

部门必须切实提高交通公共服务水平和运输组织保障水平,突出体现四条原则:

一要体现服务原则。加强公共基础设施建设,为社会和公众提供优质便捷、成本低廉、经久耐用的交通公共产品,提升交通运输服务的整体功能。二要体现安全原则。实施公路"安保工程",加大危桥维修改造力度,不断提高公共产品的安全性,让人民群众放心,这是交通部门强化公共服务的重点和方向。三要体现通畅原则。既要保"通"、又要保"畅"。特别是要加强公路养护,确保基础设施的完好状态,保障正常运行。四要体现效能效率原则。提高行政透明度和工作效率,建设管理服务型交通行业,为社会公众及时提供交通信息,不断提高交通公共服务的有效性和针对性。

四、着力提高交通建设市场依法监管的能力

培育和建立统一开放、竞争有序的交通建设市场,依法行政,依法监管,是建立和完善社会主义市场经济体制的要求。各级领导干部要牢固树立"为官要学法、为政要用法"的观念,在学习法律法规和法制实践中不断提高依法办事的能力和水平。各执法单位要实行严格的执法人员资格管理,开展经常性的专业培训,提高执法人员素质,对不合格的,要坚决调离执法队伍。各执法单位和执法人员要审慎行使行政处罚、行政强制措施,认真贯彻《全面推进依法行政实施纲要》,提高交通法律法规的执行效力。要强化执法便民措施,进一步推进行政审批制度改革,严格按照《交通行政许可实施程序规定》等规章,建立和完善"一个窗口"对外、行政许可实施程序、行政许可公示等工作制度,努力提高执法为民的服务水平。

五、着力提高交通安全管理和重大突发事件应急处置的能力

交通行业与经济社会和人民群众生产生活密切相关。加强交通

安全管理，应对社会公共突发事件、提高重大突发事件应急处置的能力和水平，是政府交通部门加强社会管理的重要职责。

当前和今后，道路交通安全管理及预防和处置公共交通突发事件，要继续履行“三关一监督”职责，进一步加强公路和桥梁险情的排查，把危桥诊断和维修加固技术、高速公路路面快速修复技术纳入应急处置体系。公路一旦发生拥堵，要与有关部门密切配合，迅速启动疏通预案，提供必要的紧急救援和有序疏导。

（节选自2005年在先进性教育活动专题党课上的讲话）

先进性教育 “实”在解决突出问题

开展党员先进性教育活动的根本目的，就是提高党员素质、加强基层组织建设、服务人民群众、促进各项工作。结合交通实际，厅直系统开展党员先进性教育活动的总体目标是：围绕“一个中心”，达到“五个进一步增强”，实现“五个明显提高”。围绕“一个中心”，就是要围绕全面建设小康社会、实现湖北交通全面协调可持续发展这个中心。达到“五个进一步增强”，即：党建创新的意识进一步增强、执政为民的意识进一步增强、求真务实的意识进一步增强、依法行政的意识进一步增强、勤政廉政的意识进一步增强。实现“五个明显提高”，即：工程建设和道路养护质量明显提高，道路、水路运输服务质量明显提高，依法征稽和资金监管能力明显提高，依法行政能力明显提高，职工队伍综合素质明显提高。

为了使先进性教育活动取得实效，必须在调研分析基础上，着力解决厅直系统党员队伍中存在的五个方面的突出问题。

一、解决好“三个代表”重要思想“入脑入心”的问题

目前，党员队伍中，有的党员对于“三个代表”重要思想是马克思主义中国化的最新理论成果，是我们党必须长期坚持的指导思想，在认识和理解上还存在着一些误区和盲区。个别党员认为“三个代表”重要思想只是重复了毛泽东思想和邓小平理论，把“三个代表”重要思想写进《党章》没有必要或说不清楚。这就说明，个别党员对“三个

代表”重要思想还没有真正做到“入脑入心”，与学习实践“三个代表”重要思想和保持党员先进性的要求差距较大。不解决“入脑入心”的问题，理想信念就会发生动摇，世界观、人生观和价值观就会发生偏差，执政为民的服务宗旨就会淡薄，人民群众就会不满意，我们的事业就有迷失方向的危险。要通过开展保持党员先进性教育活动，使“三个代表”重要思想在党员的头脑中深深扎根，成为党员的思想指南和行为准则，始终保持先进性。

二、解决好综合素质与执政能力要求不适应的问题

交通厅作为主管公路水路交通的省政府组成部门，是党和国家路线方针政策的执行者和实践者。不断提高执政能力和领导水平，不仅关系到党的执政意志在国家机关的体现，而且也关系到党和政府在人民群众中的威望。为了贯彻落实党的十六大精神，厅党组提出要在本世纪头20年实现交通新的跨越式发展。实现这一目标，要求厅机关及厅直单位的党员队伍具有强烈的政治觉悟和责任意识，不断提高决策水平、领导水平和管理水平，组织、协调和指导全行业的工作。从调查了解的情况看，少数单位在提高工作质量和工作效率方面，还存在着一定的差距；少数单位办事程序缺乏透明度，在决策前缺乏深入的调查研究等。这说明在党员队伍中，执政为民的意识有待进一步增强，领导水平有待进一步提高。要通过教育活动，使广大党员自觉地把“三个代表”重要思想作为在工作中必须遵循的原则和标准，促进执政能力和领导水平不断提高。

三、解决好开拓创新不够的问题

全面建设小康社会，实现湖北交通新的跨越式发展，关键是要解放思想、实事求是、与时俱进。当前，少数党员包括少数党员领导干部的思想解放不够，对交通改革发展的重大问题缺乏前瞻性、战略性的深入思考,习惯于凭老经验、老办法处理新情况、新问题,工作中缺乏预见性、主动性和创造性;少数党员干部不注重知识积累和更新,创新意识和创新能力不强,工作效率和工作质量难以提高。这种状况,与践行"三个代表"的要求很不适应。要通过这次教育活动,积极引导党员以"三个代表"重要思想为武器,不断推进观念创新和管理创新,使党员队伍不断增强建设中国特色社会主义事业的本领。

四、解决好行业管理水平与交通经济快速发展不相适应的问题

交通行业作为国民经济和社会发展的基础性、先导性产业,要想适应全面建设小康社会的新形势新任务新要求,必须不断更新服务理念,提高行业管理水平。当前,省厅及厅直单位机关与这一客观要求还存在着差距。其主要表现在:少数机关干部缺乏为基层服务的意识,深入基层调查研究不够,办事拖拉、效率不高。要通过这次教育活动,使机关全体党员强化服务理念,提高服务水平。对交通行业改革发展中的重点和难点问题,要勇于深入研究、积极创造条件去解决;要坚持科学务实的态度,多干实事,不搞形式主义的"花架子";为基层办事,既要满腔热情,又要提高效率;在各自工作岗位履行职责,要以事业为追求,以大局为重,力求工作高质量、高效率。

五、解决好人民群众关注和社会反映强烈的突出问题

近年来,我省交通事业的快速发展得到了社会和人民群众的认同。但是,目前还存在着一些人民群众关注和反映强烈的突出问题,主要表现为:一是交通基础设施建设的质量通病不同程度地存在;二是交通执法队伍的执法行为还存在着不规范、不公正的现象;三是运输服务行业的服务水平有待进一步加强和改善;四是个别党员理想信念淡薄,党性观念和大局意识不强,纪律松弛。这些问题直接关系到广大人民群众生产生活以及生命财产安全,关系到交通行业的整

体形象，要通过党员先进性教育活动，下大力气来解决，维护好和实现好人民群众的根本利益；要通过党员先进性教育活动，积极探索和健全“三项机制”，即健全党员教育管理和增强基层党组织创造力、凝聚力和战斗力的长效机制，使基层党组织成为贯彻“三个代表”重要思想的组织者、推动者和实践者；健全党风廉政建设的长效机制，建设勤政廉洁、务实高效的政府机关；健全持续创新的长效机制，不断提高执政能力和领导水平，为实现湖北交通健康有序发展提供有力保障。

（节选自2005年在保持共产党先进性教育活动动员会上的讲话）

先进性教育 “重”在提高交通服务质量

交通行业是一个社会性很强、服务面很广、灵敏度很高的行业，更需要增强服务意识，更需要提高硬件和软件服务水平，努力打造“以人为本”的服务型交通。交通部门要通过开展先进性教育活动，促进党员干部进一步增强为人民服务的宗旨观念，密切党群、干群关系，真正做到为民、务实、清廉；进一步改进作风，提高组织群众、宣传群众、教育群众、服务群众的本领。

一、增强服务意识

相信谁、依靠谁、为了谁，是否始终站在最广大人民的立场上，是区分唯物史观和唯心史观的分水岭，也是判断马克思主义政党的试金石。我们党是立党为公、执政为民的执政党。党员干部要全心全意为人民服务，诚心诚意为人民谋利益，“深怀爱民之心，恪守为民之责，善谋富民之策，多办利民之事”。交通行业是服务行业，增强服务意识是交通发展的内在要求。近几年来，我省交通取得长足的进步，始终保持快速发展的良好态势，但在交通经济运行中，质量意识淡薄、质量监管不力、质量通病较多、服务质量不高等问题还不同程度地存在，成为社会关注、群众关注、媒体关注的热点、难点和焦点，成为制约交通发展的关键因素。改变这种状况，必须不断增强服务意识。

二、创新服务理念

广大交通党员干部必须坚持“以人为本”，把代表人民群众的根本利益作为交通工作的出发点和落脚点，通过提高统筹规划水平、运输装备水平、运输保障水平、信息服务水平和行政服务水平，不断提高交通行业公共服务水平。必须从注重考虑交通基础设施的功能性和管理的方便性，转到充分考虑社会公众、管理对象的实际需求上来，以多层次、多样化的交通产品以及安全、便捷、可靠、经济的运输服务，尽力满足使用者和消费者的需求，切实解决关系人民群众切身利益的突出问题，促进社会和谐与文明进步。

三、强化服务措施

围绕“五个明显提高”的目标，在工程建设和养护、运输服务、规费征收、行政执法等方面全面提升服务水平。一方面，要提高交通硬件服务水平。采取综合治理和系统管理的方法，把交通基础设施建设好、养护好，管理好、服务好、经营好，使人民群众切实得到交通基础设施建设发展所提供的社会效益。另一方面，要改善交通软件服务水平。做到内强素质、外树形象。路、站、所、车和交通行政执法部门等“窗口”部位要建设成为服务群众、奉献社会、文明执法、热情服务的文明“窗口”，真正实现树交通形象，创文明行业。特别是要加强职业道德教育；推行服务承诺制，公开服务承诺内容，认真实践承诺，接受社会监督；实行政务、事务公开，实施“阳光操作”；加强内部管理，建立相关管理制度，建立内控机制，防范违纪违法事件的发生；加强执法队伍建设，加强对执法人员的教育，切实解决执法不规范等损害群众利益的突出问题。

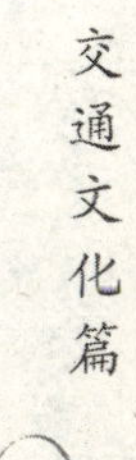

四、争创“三个一流”

国民经济和社会发展的最终目的是满足人民群众日益增长的物

质和文化需要,交通经济发展必须为国民经济和社会发展服务,必须为广大人民群众服务。要积极开展“个人创一流业绩、单位创一流品牌、行业创一流环境”的“三个一流”争创活动,深入学习和弘扬“振超精神”、“家富精神”,全面加强交通质量管理,提升行业各项工作质量,努力打造一个质量型、服务型、清廉型、负责任的交通行业。要全方位开展创建文明行业、文明单位、星级服务单位、文明建设样板路、文明示范窗口工作,广泛组织岗位练兵、技术比武、便民活动,掀起比、学、赶、超先进的热潮,形成争创一流的工作氛围。要实施品牌战略,全力打造管理品牌、工程品牌和服务品牌,发现、培养在全省范围有一定影响的先进人物和先进集体,树立良好的交通新形象。

(节选自2005年在先进性教育活动专题党课上的讲话)

交通廉政建设重在抓落实、见成效

加强交通廉政建设,关键是抓落实,见成效。各级交通部门要把工作重点和着力点放在加强教育、完善制度、强化监督上,放在解决实际问题上;要围绕“一个中心”,坚持“两手抓”,注重“三个形成”,突出“四个重点”,抓好“五个环节”,全力推进“廉政阳光工程”。

围绕“一个中心”:紧紧围绕加快交通发展这个中心。

坚持“两手抓”:坚持一手抓交通建设,锁定加快发展不动摇;坚持一手抓党风廉政建设,遏制交通腐败不松懈。

注重“三个形成”:形成廉政建设的“大宣教”格局,形成教育、制度、监督并重的反腐倡廉惩防体系,形成不敢腐败、不能腐败、不愿腐败的交通廉政环境。

突出“四个重点”:重点之一,严格责任制,实施“一岗双责”。项目法人、施工、监理、设计单位在工程建设、廉政建设上都有各自的责任,要层层落实,严格考核,实行责任追究制。重点之二,健全规章制度,坚持依法管理。把制度建设贯穿于反腐倡廉工作的各个环节,体现到各个方面,形成用制度规范行为、按制度办事、靠制度管人管事的机制。保障建设项目决策正确、管理规范、质量可靠、资金安全,防止权力失控、决策失误和行为失范。重点之三,加强监督制约,预防职务犯罪。要建立健全权力运行的监控机制,坚持把监督的重点放在对权力的制约、资金的监控和干部的监管上,针对权利和资金运行的关键环节,建立公开透明的工作机制和有效的监督机制。基建管

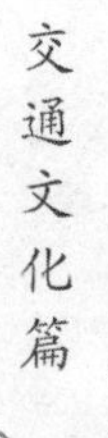

理、质量监督、审计和纪检监察部门要依法履行职责，把事前、事中、事后监督紧密结合起来，关口前移，防患于未然。重点之四，抓好政务公开，实施阳光操作。坚持公开、公平、公正的原则，重大问题必须经领导班子集体研究，实行阳光操作，根据规定需要公示的事项必须公示。

抓好“五个环节”：一是严格工程招投标管理。认真落实交通部《公路建设市场管理办法》和国务院、交通部关于加强公路建设项目招投标管理的9条意见，进一步完善工程招投标、专家评审和政府投资项目决策、公示等制度，加强对招标文件、招标信息发布、资格预审、投标、开标、评标、中标等招标活动全过程的监督，做到公开、公平、公正。加强对评标专家的监督，保证评标专家正确履行职责、权利和义务。要积极推行合理低价和最低价中标，鼓励无标底招标，进一步规范招投标活动。要严格实行项目法人责任制，严格按照有关规定和要求运作，各级领导干部不得违规干预和插手招投标。

二是严格设计变更。交通部出台的《公路工程设计变更管理办法》，明确了重大设计变更、较大设计变更、一般设计变更的有关程序和要求，要严格遵照执行。不仅高速公路建设项目，其他项目如工程养护、路面加铺工程都要严格依法履行审批手续，按规定规范操作。

三是严格资金拨付管理。各级交通部门要管好用好交通建设资金，为国家切实把好资金关。要严格按照国家有关规定落实资金专款专用，专户储存，不得挤占、挪用建设资金；要严格按照工程进度，拨付工程款。

四是严格工程管理。要把工程违法分包问题作为重点，加强监督管理。根据工程管理的规定，施工单位对分包工程负连带责任。要严禁违法分包，严禁转包，严禁层层分包。任何单位和个人不得违反规定指定分包或者分割工程。项目法人和监理单位要切实履行责任，加强对施工单位工程分包的管理。

五是严格设备和材料采购合同管理。交通部印发的《关于对部机关和部属单位基本建设及大宗物资采购活动加强廉政监督工作的意见》,各单位要认真遵照执行。不准任何人利用职权强行推销物资设备,严禁领导干部的配偶、子女及其亲属利用领导干部职权和职务影响供应物资设备。要加强对材料采购的监督,定期走访工程承包商、物资供应商、设备维修商,了解采购、维修合同的签订和执行情况,发现问题及时纠正。各级纪检监察部门和重点项目派驻纪检监察员应加强对重点工程项目和重大设备招标采购的监督,发现违规行为及时纠正,责令整改。

(节选自2005年在厅直单位纪检监察工作座谈会上的讲话)

全力打造交通执法新形象

交通执法形象是交通执法人员在执法意识、执法方式、执法质量、执法水平、执法艺术等方面的综合反映。各级交通部门要坚持“严格、公正、文明、廉洁”执法,全力打造交通执法新形象。

一、树立严格执法形象

交通执法必须从严,对每一个案件、每一个执法对象,都要从忠实于法律、忠实于事实的原则出发,不偏不倚,不枉不纵,秉公执法,严格执法,树立和维护交通部门的执法权威。

二、树立公正执法形象

公正是执法工作永恒的主题,只有确保程序的公正,才能实现实体的公正。各级交通部门要进一步树立程序意识,彻底改变重实体轻程序的倾向,以程序的公正促结果的公正;要坚持实事求是的工作作风,重调研,重证据,真正做到以事实为依据,以法律为准绳,确保执法行为准确高效。

三、树立文明执法形象

文明执法的核心就是要坚持执法为民,全心全意为人民服务。各级交通部门要把坚持执法为民作为实践“三个代表”重要思想的出发点和落脚点,丰富执法为民的内涵,改进执法为民的方式,提高执法为民的水平；要妥善处理好管理与服务、执法与便民的关系，在执法观念上牢记为民宗旨，在执法过程中落实便民措施，在执法效果上体现利民目标，真正做到权为民所用、情为民所系、利为民所谋。

四、树立廉洁执法形象

权力是人民赋予的，权力必须用来为人民服务，决不能谋取私利。各级交通部门要切实解决好"为谁执法、如何执法"的问题，坚决克服各种拜金主义、享乐主义，切实解决乱执法、乱收费、乱罚款、吃拿卡要、刁难群众等损害群众利益的一系列问题，以廉洁执法取信于民，塑造交通执法新形象。

（节选自2005年在全省交通系统"实施形象素质工程，创一流法治环境"推进会上的讲话）

学习“刚毅精神”

陈刚毅同志是湖北省交通规划设计院的一名高级工程师，是我省交通行业涌现出来的一位无私奉献的优秀共产党员。自1986年以来，他先后参加了武黄、宜黄、黄黄、京珠等高速公路的建设。他立足本职，扎实工作，勤奋刻苦，开拓进取，为湖北交通发展做出了突出贡献。2001年，他担任总工程师兼工程技术部主任的湖北大道工程建设项目，创造了西藏城市道路建设历史上设计、质量、工期等十个第一，被评为2002年度全国公路建设优质工程。2003年，他担任西藏昌都地区芒康县角笼坝大桥的项目法人代表。角笼坝大桥是西藏地区跨径最长的特大桥，人称“西藏第一跨”，技术难度大，结构复杂，环境恶劣。在他的领导下，工程进展顺利，实现了安全优质、廉洁高效的目标。西藏自治区交通厅、山南地区行署、芒康县政府和交通局对陈刚毅同志给予了高度评价。

陈刚毅同志作为交通行业一名基层专业技术干部，近四年来，始终坚持工作和生活在技术援藏第一线。2003年底，他不幸身患结肠癌，在手术后的7次化疗期间，先后4次进藏，至今坚持在援藏工地一线。陈刚毅同志以恪尽职守、求实创新、科学严谨的工作作风，履行了一名高级工程师和项目法人的神圣职责；以乐观向上、拼搏奋斗、献身交通的敬业精神，在技术援藏的实践中谱写了一曲可歌可泣的共产党员的奋斗之歌、奉献之歌。他的先进事迹和崇高精神，集中体现了新时期我省交通行业共产党员“立党为公、执政为民”的优秀品质，集中体现了新时期湖北交通干部职工艰苦奋斗、奋发向上、甘于奉献、勇于牺牲的精神风貌，具有鲜明的时代特征、行业特点和榜样力量，是全省交通系统广大干部职工和专业技术人员的学习楷模。厅党组授予陈刚毅同志“无私奉献的优秀共产党员”称号，并号召全省交通干部职工广泛开展学习陈刚毅同志先进事迹的活动。

学习“刚毅精神”，就是要学习他爱岗敬业、刻苦钻研、争创一流的优秀品格，学习他面对困难和挫折自强不息、乐观向上、积极进取的人生态度，学习他艰苦奋斗、乐于奉献的高尚情操，学习他生命不息、奋斗不止的拼搏精神，学习他淡泊名利、清正廉洁的思想品德。

学习“刚毅精神”，必须落实到科学谋划“十一五”交通发展规划上来。各级交通部门要按照中央和省委、省政府要求，以十六届五中全会精神为指引，站在促进交通更好更快发展的战略高度，从服务中部崛起战略的全局出发，全面总结“十五”交通发展的成绩、经验和不足，准确分析“十一五”交通发展面临的形势和任务，认真研究推进交通发展的政策措施和建议，进一步落实“五个并举、五个统筹”的科学交通发展观，集中精力，科学编制好“十一五”交通发展规划。

学习“刚毅精神”，必须落实到抢抓历史机遇、着力加快交通发展上来。2005年8月21日，胡锦涛总书记视察湖北交通，听取了我省“十一五”骨架公路网规划和农村公路建设情况的汇报，对我省高速公路发展和规划前景给予了充分肯定，对我省农村公路建设提出了新的更高要求。总书记视察湖北时强调，湖北地处我国中部腹心地带，具有巨大的发展潜力和广阔的发展前景，要推动湖北经济社会发展不断跨上新台阶，真正使湖北成为促进中部地区崛起的重要战略支点。湖北具有得天独厚的交通区位优势，加快湖北交通建设不仅是湖北自身发展的需要，也是提高全国交通网络通行能力的需要。

湖北交通发展进入了“为促进中部崛起当好交通先行”的关键时期，面临着前所未有的历史发展机遇期。各级交通部门必须牢牢把握前所未有的历史机遇，努力在行动上先人一步，在措施上先人一招；必须进一步增强抢抓机遇、加快发展的紧迫感和使命感，努力将当前的重大历史机遇转化为加快发展的巨大动力，努力将加快发展的巨大动力转化为加快发展的实际行动，聚精会神搞建设，一心一意谋发展，努力实现湖北交通更好更快发展。

学习“刚毅精神”，必须落实到狠抓党风廉政建设、始终坚持廉政建设与交通建设良性互动上来。各级交通部门要结合交通行业的实际，着力提高廉政工作能力，构筑具有交通特色的教育、制度、监督并重的惩治和预防腐败体系；努力建设一支“为民、务实、清廉”的高素质交通干部队伍，举全行业之力，打造廉政交通，为维护交通改革发展稳定的大局提供坚强的政治保证。要进一步推进制度创新，坚持廉政建设与交通建设良性互动，努力构建责任交通、廉政交通，为促进中部崛起当好交通先行。

学习“刚毅精神”，必须落实到全面完成“2005——湖北交通质量管理年”各项任务上来。2005 年是“十五”计划实施的最后一年，是我省交通发展承前启后的关键一年，294 公里的高速公路要全面交付使用，历时六年的国省干线路网建设任务要全面收网，等等。全面完成今年的各项工作目标，对确保全省“十一五”交通发展顺利推进具有十分重要的作用。各级交通部门要紧扣目标，精心部署，狠抓落实，确保“2005——湖北交通质量管理年”，“八大工程”全面推进。

学习“刚毅精神”，必须落实到建设一支政治素质高、技术业务精、工作作风正的交通职工队伍上来。培养树立交通先进典型，是时代的要求与呼唤，是促进交通更好更快发展的重要精神动力和思想保障。各级领导的重要批示，既是对陈刚毅同志的高度评价，也是对我省交通职工队伍主流的充分肯定，更是对加快交通发展的殷切期望，为湖北交通积极培育典型、强化精神文明建设指明了方向。

（节选自2005年在无私奉献的优秀共产党员陈刚毅同志先进事迹报告会上的讲话）

落实党风廉政责任制

交通行业的性质和特点,决定了各级交通部门必须坚持科学发展观,坚持“一手抓交通建设,咬定发展不放松,一手抓党风廉政建设,遏制交通腐败不松懈”,必须紧紧围绕交通发展中心,深入开展“学刚毅精神,创文明新风,建和谐交通”活动,着力推进“廉政阳光工程”,在抓落实、见成效上狠下功夫,确保交通事业又好又快发展。

一、加强组织领导,严格落实党风廉政建设责任制

党风廉政建设责任制是一项管总的、带有全局性的党的基本制度。党风廉政工作的根本目的是:促进交通又好又快发展。工作思路是:在战略上总体规划,在战术上分阶段部署,警钟长鸣,常抓不懈。领导体制和工作机制是:党委统一领导,党政齐抓共管,纪委组织协调,部门各负其责,群众支持参与。

抓党风廉政建设责任制重在抓落实,关键是领导落实。各级党委和班子要高度重视,将党风廉政建设纳入重要议事日程。主要领导亲自抓,切实担负起反腐倡廉的政治责任,把落实责任制统筹纳入党委和行政工作的整体格局中,通盘考虑,与业务工作一起部署、一起检查、一起考核。要抓好责任分解,把任务分解到相关职能部门,明确分管领导和具体责任人,提出具体目标和要求。要抓好责任考核,考核结果要作为单位和个人业绩评定、奖励惩处、选拔任用的重要依据。要抓好责任追究,严格执行纪律。对屡屡出现问题的单位,

要追究主要领导的责任。

二、加强教育监督，领导带头廉洁自律

交通系统的廉政工作好不好，关键看领导。各市(州)县交通部门和厅机关、厅直单位的主要负责同志，手中掌握着党和人民赋予的权力，肩负着促进交通发展和抓好党风廉政建设的双重责任，务必进一步加强廉洁自律。

领导干部要带头廉洁自律，务必做到以下几条：一是要把促进交通事业又好又快发展作为最高追求。领导干部要把对交通事业的执着追求和无私奉献作为人生价值的定位，把党和人民的利益作为最高目标，以党和人民满意的工作实绩来书写自己的人生答卷。二是要牢固树立正确的权力观，永葆交通人的政治本色；正确对待亲情友情，净化个人的生活圈和社交圈。领导干部要正确运用手中的权力，正确对待亲情友情，坚持“八个坚持、八个反对”，把权力所蕴涵的责任充分聚集到合力推进交通又好又快发展，全面建设小康社会的宏伟事业上来，做一个既有本事、又靠得住，既干事、又干净的干部。三是要学会并习惯在被监督的环境下工作和生活。自觉接受监督是一种胸襟气度，更是领导干部政治上成熟的重要标志之一，拒绝接受监督的干部很容易走向腐败。四是要学习法纪知识，守住“底线”。“底线”就是中纪委规定的“五个不许”。要管住自己的脑，不该想的不想；管住自己的嘴，不该吃的不吃；管住自己的手，不该拿的不拿；管住自己的脚，不该去的地方不去。五是要带头发扬党内民主，带头执行民主集中制，依法依规依程序办事。尤其是在招投标问题上，作为机关领导干部和工作人员不能干预资格预审，不能泄露标底，不能以权掌握评标，不能规避招投标，更不能让家属和亲友插手招投标。

三、加强作风建设，率先“当公仆、讲奉献、创一流、舞龙头”

良好的思想、工作作风是成就交通事业的基本前提。各级交通

部门要进一步巩固和扩大党员先进性教育的成果,在“实、俭、和、敢、廉、严”六个字上下功夫。“实”:就是要实事求是,求真务实,真抓实干。要坚持说实话、报实情,不尚空谈、多办实事。“俭”:就是要树立艰苦奋斗的作风,勤俭办交通事业,把有限的财力用在基层群众生活生产最急需的交通建设项目,走“节约型”发展新路。“和”:就是要讲团结,和衷共济谋发展。领导干部尤其是“一把手”要做团结的表率,心胸开阔,光明磊落,有容人容事的雅量和气度。“敢”:就是敢于探索、敢于负责、敢于硬碰,始终保持昂扬的锐气。“廉”:就是要廉洁自律,切实做到廉政为民,勤政为民,执政为民。“严”:就是要严肃执行纪律,最重要的是严肃政治纪律、群众纪律、法制和政策纪律、财经纪律以及廉政纪律,对违纪者必须严肃处理,通过转变作风保证交通各项工作的落实。

全省各级交通部门机关和领导干部要结合“学刚毅精神,创文明新风、建和谐交通”活动,率先“当公仆、讲奉献、创一流、舞龙头”。“当公仆”,就是要“权为民所用、利为民所谋、情为民所系”,廉洁奉公,服务基层,服务群众,为老百姓办实事;“讲奉献”,就是要像陈刚毅同志那样忘我工作、献身事业,廉洁自律、淡泊名利,生命不息、奋斗不止;“创一流”就是要不断提高工作效率、工作质量,努力做到“个人创一流业绩、单位创一流品牌、行业创一流环境”;“舞龙头”就是要发挥各级交通部门机关和领导干部的龙头表率作用,抓班子,带队伍,树形象,真正在全行业起到模范带头作用。

四、适应新形势新任务,建设高素质纪检监察队伍

建设一支政治坚强、公正清廉、纪律严明、业务精通、作风优良的高素质交通纪检监察干部队伍,是新形势下抓好反腐倡廉工作的客观要求。交通系统各级党政组织要重视纪检监察队伍建设,加强对纪检监察工作的组织领导,配齐配强纪检监察干部特别是领导干部,

充实和加强力量，适应反腐倡廉工作的需要。要充分信任、大力支持纪检监察干部，为纪检监察工作的顺利开展创造良好的环境和条件。

广大纪检监察干部身处反腐败斗争的第一线，责任重大，使命光荣。广大纪检监察干部要进一步增强政治责任感，围绕交通改革发展大局，创新工作方式方法，切实履行纪检监察职能，更好地发挥组织协调作用。要按照胡锦涛总书记的要求，加强学习、增强本领，坚持原则、秉公执纪，严于律己、以身作则，坚决贯彻中央关于反腐倡廉工作的各项决策和部署，不断提高做好本职工作的能力和水平，经受住各种诱惑和考验，切实履行党和人民赋予的神圣职责，展现纪检监察干部的良好形象。

（节选自2006年在全省交通系统工作会议上的讲话）

把握交通规律　坚持“一岗双责”

党中央、国务院和中纪委始终高度重视和关心交通行业的党风廉政建设和反腐败工作，为我们更加清醒地认识形势，更加主动地落实各项政策规定，更加注重研究把握交通行业廉政建设的特点和规律，指明了方向。各级交通部门要在“六个必须”上下功夫。

一、必须抓住一根主线，认真贯彻落实中央领导同志的重要批示，全力推进“廉政阳光工程”

结合交通系统在快速发展过程中面临的高投入、高难度、高风险、高压力的“四高”特点，各级交通部门要紧紧围绕贯彻落实中央领导同志重要批示这根主线，认真调查研究新形势、新问题，分析把握新特点、新规律，明确交通廉政工作的思路、目标和重点，采取积极有效的措施抓调研、抓部署、抓督办、抓落实，坚持每年举行四次以上全省性交通廉政教育的制度，全面实施“廉政阳光工程”，按照分片包干、抓点带面、定期督办的方式狠抓工作的推进，做到“廉政阳光工程”有安排部署，有检查落实，有总结表彰。

二、必须突出一个重点，抓住交通基础设施建设领域，加大源头治腐的力度

交通基础设施建设领域是最容易滋生腐败的部位和环节，也是交通系统反腐倡廉工作的重点和难点。为了切实加大源头预防的力度，务必重点抓好三项工作：一是加强对重点部位和关键环节的监管。重点规范招投标、物资采购、设计变更、资金拨付等行为，积极探索和推行最低评标法、设备材料采购全面招标制、工程资金双系统控制、农村公路建设巡查制等一批管理办法和规定。二是严肃查处工程建设违法分包、转包行为。按照省委、省政府领导对交通工程违法分包、转包问题的重要批示，在深入调研分析的基础上，制定颁发了《湖北省公路水运工程施工分包管理办法》、《关于规范交通工程建设领域分包行为的通知》等多项管理制度；以省政府名义召开新闻发布会，严肃查处和通报了违法分包、转包单位，净化了建设市场，规范了从业行为。三是积极开展联手预防。针对我省工程项目多、管理难度大的特点，改由过去注重抓业主向业主、设计、施工、监理等参建各方齐抓并进转变。全省近30家重点项目单位都与当地检察机关联合开展预防职务犯罪工作，收到积极的预防效果。

三、必须夯实一个基础，加强党员干部廉政教育，筑牢思想道德防线

加强交通系统党员干部的廉政教育，是抓好交通廉政工作的重要基础。厅党组坚持以党员领导干部和工程建设管理人员作为重点，坚持廉政教育逢会必讲；坚持在全省交通系统深入开展向曹广辉同志学习和向身边的优秀共产党员学习的活动，推出了"无私奉献的优秀共产党员"陈刚毅这个先进典型，并在全省交通系统和省直机关组织了多场报告会。陈刚毅同志既是奉献典型，也是廉政典型。在先进典型感召下，各级领导在保持共产党员先进性教育活动中坚持带头上党课，讲廉政，坚持干部廉政谈话、廉政谈心和警示教育，切实增强了交通廉政教育的针对性和实效性。

四、必须抓住一个根本，着眼于长效机制建设，构建具有交通特色的惩防体系

厅党组从长效机制建设入手，在构建具有交通特色的惩防体系上进行了积极的探索。一是狠抓中央《建立健全教育、制度、监督并重的惩治和预防腐败体系实施纲要》的学习贯彻。先后多次邀请省纪委领导到厅机关、厅直单位和重点工程指挥部作学习《实施纲要》辅导报告，对全系统学习贯彻省委《具体意见》作出具体安排和部署。二是认真研究制定具有交通行业特点的《实施意见》。先后制定颁发了《关于建立健全交通系统预防和惩治腐败体系的实施意见》、《新任正副处级领导干部任职廉政谈话实施办法》、《基本建设及大宗物资采购活动加强廉政监督工作的意见》等10余项制度规定，受到了省纪委和交通部的肯定。三是着力抓了直属单位和全行业的惩防体系建设。各厅直单位、重点工程指挥部已制定了落实《实施意见》的具体办法和细则，制定和完善了一批规章制度，在制权、管钱、用人等基础性制度建设上迈出了坚实步伐。

五、必须抓住一个载体，坚持"一岗双责"，确保党风廉政建设责任制落到实处

交通系统反腐倡廉工作要以落实党风廉政建设责任制为载体，重点是"三抓"：一是抓领导，坚持实行"一岗双责"。党委统一领导是核心，党政齐抓共管是关键，要通过签订《目标责任书》，明确一把手负总责，分管领导各负其责，使"一岗双责"的责任目标真正落实到位。二是抓细则，明确责任制考核内容。坚持做到年初按责任内容制定具体《考核细则》，明确责任部门和责任人，做到进度有要求，实施有措施，考核有标准。三是抓检查，实行奖优罚劣。严格季度抽查、半年检查、年底交叉检查制度，严格对照责任制的目标要求，进行

全面检查考核，对优胜单位予以表彰，对工作不力的予以责任追究，坚决实行"一票否决"，并通报考核结果，以真正促进责任制的落实。

六、必须抓住一个关键，身先士卒，充分发挥领导机关、领导干部的表率作用

厅党组高度重视发挥机关和领导的龙头表率作用，制定了《五项廉政承诺》和《机关工作人员廉政守则》，要求厅领导和机关工作人员自觉带头遵守和执行。各地各单位也结合实际，制定了班子成员廉政承诺和机关工作人员廉政守则。明确提出：要求群众做到的领导首先做到，从领导做起，从机关做起，从我做起，从现在做起要在交通系统形成浓厚氛围。

（节选自2006年在全省交通系统廉政工作会议上的讲话）

严于律己　干净做人

作为交通系统的领导干部,要自觉地学廉、讲廉、践廉,要激活自身拒腐防变的内在动力,始终坚持严于律己,干净做人。

一、坚定理想信念

古人云:“富贵不能淫,贫贱不能移,威武不能屈”、“三军可以夺帅,匹夫不可夺志”等,指的就是理想信念的力量。事实证明,一个人犯错误常常是一念之差。这个“念”不是一个简单的念头,是受理想信念支配的。理想信念一旦出现偏差,主梁一歪,暴风雨就容易进来,就没有不出问题的。有位领导干部在临刑前的忏悔之言更形象:“人一旦丧失信念,就像一头疯狂的野兽,不是掉进深谷自取灭亡,就是被猎人开枪打死。”

作为一名交通系统党员领导干部,时刻面临着各种诱惑,接受着各种考验,要善于在日益复杂的环境中进一步坚定理想信念,加强党性修养,学会做“五种人”:一要做政治上的“明白人”。大事不糊涂,小事不马虎,讲政治,顾大局,做践行“三个代表”重要思想的模范。二要做经济上的“清白人”。要多想想“我是谁,为了谁”,铭记古今中外腐败的历史教训,常修为政之德,常怀律己之心,常思贪欲之害,模范遵守廉政规定,主动接受群众监督,做廉洁自律的模范。三要做作风上的“正派人”。做事情不能“左”,也不能“右”,更不可夸夸其谈,要一步一个脚印地抓工作,要用工作实绩取信于民,做求真务实的模范。四要做工作上的“带头人”。不断提升领导和驾驭工作的能力，讲究工作方法和领导艺术，敢于说“向我看齐”，做“想干事、能干事、干成事”的模范。五要做群众的“贴心人”。要牢固树立为基层群众服务的思想，想基层和群众之所想，急基层和群众之所急，一切为了基层和群众、一切服务于基层和群众，做基层和群众都满意的模范。

二、树立正确的权力观

权力是把双刃剑，不同的人用它，就会产生不同的效用。领导干部或多或少都掌握着一定的权力。能不能树立正确的权力观，是一个极为严肃的大问题。有一名领导干部因贪污受贿被关到监狱以后说：“我从一名党的领导干部堕落成为一名罪犯，下场是可悲的，代价是惨痛的。人不可能把金钱带进坟墓中，但金钱却可以把人送进坟墓。我之所以不惜用生命、自由，去把权力变为资本，从根本上讲，就是我没有树立正确的权力观，错误地把党和人民赋予的权力当作贪欲的筹码，变为资本。”这个反面教训是极其深刻的。

树立正确的权力观，首先必须弄清楚权从何来，权为谁用？我们交通系统的党员领导干部手中的权力，是公共权力，是人民给的。人民之所以把权力交给我们，是对我们的信任，应当知恩图报。要树立“挑夫”意识，要懂得你的权力越大，责任就越大，肩负的担子就越重，要通过交通发展提供的大舞台，干出一番利国利民的事业，做一个既有本事又靠得住，既干事又干净的干部。这里，大家可以算算“四笔账”：一是政治账。贪污腐败，既对不起党和国家，也对不起人民；既损害党和政府的形象，也损害国家和人民的利益。二是经济账。作为党员干部，人民给了我们稳定的工资福利，我们衣食无忧，应该好好地为人民服务，切记“莫伸手，伸手必被捉”，一旦东窗事发就什么都没了。三是亲情账。谁没有父母亲朋，谁没有妻子儿女，你一个人出了事，将会给多少亲人带来痛苦。四是自由账。“生命诚可贵，爱

情价更高,若为自由故,二者皆可抛。”为了几个钱,连自由都没了,值得吗?所以,认真算算“四笔账”,对我们党员领导干部树立正确的权力观大有好处。

三、坚持学法、用法、守法

前事不忘,后事之师。各级领导干部要防微杜渐、未雨绸缪,时刻牢记组织的关心、培养和期望,时刻牢记自己的努力、奋斗和前程,时刻牢记自己作为儿子、丈夫、父亲或者是女儿、妻子、母亲的社会角色,自己承担的社会责任,不要一失足酿成千古恨。厅直单位曾经有一位30岁出头的高级工程师因腐败锒铛入狱。他在监狱这样忏悔:“由于一时的鬼使神差、鬼迷心窍和利欲熏心,使自己走向了一条不归路。曾经的荣耀、旁人的羡慕、家人的期待、女儿的骄傲,一夜之间荡然无存。走进铁窗,才发现外面的自由是多么可贵,自己的行为是多么的愚蠢。”这样的结果,既毁了自己,害了家庭,还害了单位。深刻的教训提醒我们各级领导干部,要严于律己、洁身自好,要时刻保持清醒的头脑,决不能因为职位高了、环境变了、应酬多了而放松、放弃对自己的要求、对组织的承诺、对党的誓言。一定要把遵纪守法、依法办事作为自己安身立命的最基本要求和最基本素养。

四、正确对待亲情友情

每一名领导干部都有亲情友情,这是人之常情。但亲情友情再深亦应有度,家庭利益、亲人利益、朋友利益再高,也决不能超越法律和道德的范畴。一个领导干部只要他手中有权,他及其家人都存在着拒腐防变的考验。当别有用心的人对领导干部本人的正面进攻不奏效时,就可能迂回从领导干部的家庭成员身上寻找突破口。因此,各级领导干部必须对配偶子女及亲属严格要求、严格管理,发现问题苗头及时提醒、制止和纠正,确实把家庭防线筑牢。必须慎交朋友,俗话说:“近朱者赤,近墨者黑”,交了好的朋友,可以互相促进、互相理解、互相支持;交了坏的朋友,则无异于“引狼入室”。在亲情友情上,各级领导干部不仅要管好配偶、子女,还要带好身边工作人员,管住“八小时以外”的活动圈,不徇私情,秉公办事,经受考验。

五、习惯在被监督的环境下工作和生活

一位领导干部在退休后总结自己的心得认为,从政当官“他觉”比“自觉”好。他认为,当领导干部,再行也得群众说你行,没有“他觉”,再有当官的“自觉”也是白扯。交通建设任务重,项目多,投资大,各级交通部门必须加强监督、严格监督,防止小问题酿成大问题。必须正确认识监督、自觉接受监督,对于有的党员领导干部认为上级的监督检查是对自己的不信任,上级有关部门来审计、调查转分包等问题是给基层找麻烦,甚至思想上有些不耐烦或抵触情绪等错误言行,必须及时进行严肃的批评、帮助、教育。俗话说:“严是爱,松是害,真正监督是关爱。”监督不是与谁过不去,而是对人的一种关心、一种爱护。要牢记:对你阿谀奉承的人,是在害你,是最不可靠的。敢于对你的不良行为说“不”的人,经常提醒你的人,才是真正关心你的人,爱护你的人。

(节选自2006年在沪蓉西指挥部廉政会议上的讲话)

构建治理商业贿赂的长效机制

治理商业贿赂工作是一项长期而又艰巨的任务,难度大,不可能一蹴而就,必须抓反复,反复抓,关键是要建立长效机制。

一、进一步加强制度建设,提高制度执行力

抓好治理商业贿赂工作,要以制度创新为核心内容,重点在规范性上做文章,在执行力上下功夫。

(一)制定规范、统一的重点工程建设管理制度

要建立和完善项目立项、融资、招投标、工程转包分包、材料设备采购、工程设计变更、计量支付、竣工验收等"八大环节"的监管制度,从内外两个层面上强化源头监管制度,加强对重点工程的指导与管理,加大对商业贿赂和转包、违法分包的查处力度。通过不断健全和完善各项制度,清除商业贿赂赖以滋生的土壤,逐步形成行为规范、程序合法、监管到位、廉洁高效的交通建设新局面。

(二)建立我省公路建设市场信用体系

主要内容:一是在规范管理方面,建立比较完善的公路建设市场信用监管体系、征信制度、信用评价制度、发布制度和奖惩制度,使我省公路建设市场信用体系有法可依,有章可循;二是在信息共享方面,加快建立全省共享的公路建设市场信用信息平台,不断提高信息管理和服务水平,基本满足信息使用者的查询和使用需求;三是在信用活动方面,通过宣传教育、褒奖诚信、惩戒失信,全面提高公路从业单位和人员的信用意识。

二、进一步坚持惩防并举,积极探索长效管理机制

抓好治理商业贿赂工作,要坚持用制度管权、用制度管事、用制度管人,坚持标本兼治、惩防并举,建立健全防治商业贿赂的长效机制。

(一)完善交通建设市场管理制度

要围绕交通建设市场的准入、退出,企业资质管理,企业诚信体系,工程建设关键环节,国家工作人员廉政准则等方面建立健全各项管理制度,加大对廉政合同的执行力度,建立交通工程建设项目信用管理系统和企业信用档案;继续配合各级检察院推行"行贿犯罪档案查询"制度,加大对失信行为的惩戒力度。

(二)深化交通管理体制改革

实行投资人招标制,规范投资人招标管理。开展建设项目代建制等试点工作。深化招标投标制度改革,加强对招标人和评标专家的管理,进一步规范招标评标行为。深化交通行政审批制度改革,进一步清理和规范交通行政审批事项,转变政府职能,规范行政行为。加强交通行业社团管理,完善行规、行约以及行业标准等,充分发挥社团对企业会员的约束作用。

(三)建立企事业单位自律机制

加强对生产经营、采购销售、项目预决算等重点环节和项目管理、财务管理等重点人员的监管。加强内控机制和企业文化建设,树立以守法诚信、优质服务为核心的经营理念,制定我省交通行业从业人员行为准则和职业规范,严格遵循公平竞争规则。坚持依法经营,国有和国有控股企业以及国有事业单位要带头遵守相关法律法规,自觉抵制商业贿赂。

(节选自2006年在全省纠风暨治理商业贿赂工作会上的发言)

“刚毅精神”的形成与内涵

陈刚毅同志是湖北省交通规划设计院的一名高级工程师。在他的人生历程中,有身患癌症,7 次化疗,4 次进藏的感人事迹;有热爱边疆,2 次技术援藏长达 4 年的民族情怀;有情系藏胞,深夜抢救车祸藏民,雪夜组织团队献血的佳话;有孜孜不倦学习,从一名普通技术人员,成长为一名高级工程师的奋斗经历;有淡泊名利,不徇私情的高尚情操;有 20 年如一日兢兢业业的工作,足迹踏遍荆楚大地,印上雪域高原,这就是刚毅同志的点滴人生。刚毅的感人事迹,源于他的崇高信念,一如他质朴的语言:使命高于一切,责任重于泰山;快乐在岗位上,生命在事业中;奉献是交通人的美德,质量是交通人的生命;干事业就一定要干出个样来,绝不能半途而废;人要有理想和信念,但不能有权欲和贪念。

在实际工作中,刚毅同志不断践行自己的诺言,坚守自己的信念。2001 年,由他担任总工程师兼工程技术部主任的湖北大道工程建设项目,被评为全国公路建设优质工程,创造了西藏城市道路建设历史上设计、质量、工期等十个第一。2003 年,由他担任项目法人代表的西藏昌都地区芒康县角笼坝大桥,在高寒危岩地带,创造性地修建了隧道式预应力锚碇悬索桥。人称“西藏第一跨”的角笼坝大桥的提前建成通车,畅通了茶马古道的咽喉要塞,便利了藏汉民族的交流往来,促进了藏东区域的经济发展。西藏自治区交通厅、昌都地区行署、芒康县政府和交通局对陈刚毅同志给予了高度评价。昌都交通局泽洛局长曾动情地说:"陈刚毅把一座雄伟的大桥和一份深厚的藏汉情谊留给了我们,自己却带着一身病痛离开,他有着大山一样的胸怀,一颗菩萨般的心!"

走进高寒缺氧、人迹罕见、山无点绿的雪域高原,常人都免不了头晕、目眩、脑涨甚至呕吐,而陈刚毅同志每次听到援藏任务后,总是争先报名,先后两次技术援藏,一呆就是四年。更难能可贵的是,在自己身患癌症、手术化疗的生死关头,他凭着对事业的执着和忠诚,病情稍稍稳定,就一再恳请领导和家人让他回到魂牵梦萦的大桥工地,圆他可能的最后一个路桥梦。为了铺路架桥,他历尽艰辛、呕心沥血,这就是我们的刚毅!在座的各位新闻界的朋友们,3 天之后,你们将亲赴西藏,在感受西藏旷野的同时,将历经两次转机,然后乘车沿滇藏公路西行,跨越金沙江、澜沧江,翻过海拔近 5 000 米的白马雪山,转过上千个弯道,才能到达角笼坝大桥。在这次旅程中,你们将切身感受一个重症患者在化疗期间往返颠簸 8 次的艰辛与不易,感受技术援藏所需的胆略和勇气。

一、先进典型的形成与发展

(一)陈刚毅是在开展先进性教育活动中涌现出来的先进典型

从 2005 年 1 月起,中央在全党开展了以实践"三个代表"重要思想为主要内容的保持共产党员先进性教育活动。交通厅党组根据"树立和宣传先进典型,弘扬正气"的要求,在全省交通系统广泛开展了培树先进典型的活动。湖北省交通规划设计院是厅党组主要领导先进性教育联系点。在参加先进性教育学习动员、分析评议和整改提高过程中,陈刚毅以其在平凡的岗位做出的不平凡业绩,赢得了群众的广泛赞誉。特别是在角笼坝大桥通车仪式上,藏族同胞和西藏交通厅对建桥功臣给予了高度评价,并建议省厅进行表彰。群众的口碑、生动的事迹、刚毅的精神,得到了交通厅党组的高度关注。为

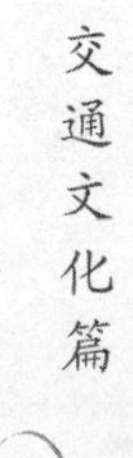

了使先进典型立得起、站得稳、靠得住、树得牢，厅党组派出多个调查组到陈刚毅同志学习、工作、生活过的地方进行了全面地考察和了解，一个拼搏进取、自强不息、清正廉洁、无私奉献的鲜活典型脱颖而出。

(二)陈刚毅是在交通建设实践中成长起来的先进典型

交通是国民经济的基础产业和先行行业。随着1991年我省第一条高速公路——武黄高速公路的开通，到2006年我省高速公路已达1 649公里。交通加快发展的过程，也是先进典型不断成长的过程。陈刚毅同志1986年从湖北交通学校毕业后，分配到湖北省交通规划设计院工作，从参加我省第一条高速公路——武黄高速公路的建设，到参加宜黄、黄黄、京珠高速公路建设，他一直奋战在交通重点工程第一线。在交通建设实践中，刚毅同志忘我工作、精益求精的敬业精神和勤奋好学、追求上进的进取精神逐步形成。随着西部大开发战略的实施，我省援藏任务不断增加。2001年，陈刚毅第一个报名援藏，担任了西藏湖北大道建设项目总工程师；2003年，他再次积极报名技术援藏，担任了214国道角笼坝大桥的项目法人代表。在援藏期间，刚毅同志克服了自然条件恶劣的困难，顶住了癌症病痛的折磨，思想境界得到进一步净化和升华，形成了拼搏、进取、创新、爱国、敬业、自律的“刚毅精神”。交通这片沃土养育了先进典型，民族团结、社会和谐的浓厚氛围成就了刚毅的事业。

(三)陈刚毅是在省委、省政府和交通部领导下培树起来的先进典型

湖北省委、省政府和交通部始终坚持两手抓、两手都要硬的方针，坚持物质文明和精神文明一起抓、坚持两个任务一起下、两个成果一起要，湖北省先后涌现出周国知、郑琦等先进典型，交通行业先后培育出许振超、赵家富、曹广辉等先进典型。目前，交通行业正处于投资大、进度快、任务重的发展期，也处于一个滋生腐败的易发、多

发期。围绕构建“责任交通、和谐交通、廉政交通”的目标，厅党组坚持以人为本，大力加强精神文明建设，努力培养政治素质高、工作作风实、业务技能精的交通职工，得到了各级领导的支持和指导。省委书记俞正声对陈刚毅同志的先进事迹先后四次作出重要批示，原交通部张春贤部长、李盛霖部长对典型的培树给予了大力支持，并亲自接见了陈刚毅同志，陈刚毅同志是在省委、省政府和交通部领导下培树起来的先进典型。

二、“刚毅精神”的实质与特征

（一）“刚毅精神”集中体现了新时期共产党员践行“三个代表”重要思想的先进性

陈刚毅对党的事业、对社会主义交通事业有着深厚的感情和坚定的信念，在生与死、进与退、家庭与事业的人生抉择面前，他始终把人生追求的坐标定位在党的事业上，把人生追求融入党的事业之中。当刚毅得知自己的病情时，曾一度情绪消沉、低落，几乎崩溃，但当他在病床上接到角笼坝工地的电话，听到战友熟悉的声音和大桥工程的消息时，强烈的事业心使他重燃起生命的信念：一个人活着应当有个信仰——人的生命是有限的，而党的事业是永存的；对于交通人来说，路和桥就是人生价值的体现，是生命的象征，没有事业的生命就丧失了意义。出乎所有人意料之外的是，在手术、化疗的三个月后，陈刚毅又再次回到了工地，和同事们携手解决了一项项工程难题，圆满完成了角笼坝大桥的建设任务，在雪域高原上打造起一座交通人的巍然丰碑。将生死置之度外的陈刚毅，对事业一丝不苟，对名利十分淡薄，他癌症手术后第一次进藏时，施工单位听说指挥长抱病回到了工地，又是敬佩又是感动，都争着请他吃饭，要给他接风，有的单位还送来了慰问金。陈刚毅都一一谢绝了，他说：“这些客套就免了吧，把工程建设好，就是你们对我最好的招待！”和他打过交道的人都评价说,他就像那洁白的哈达一样纯洁,根本不搞歪门邪道。陈刚毅用自己不懈地追求和奋斗,战胜了自我,超越了自我。在事业和生命的考卷上,他用理想和信念书写出一份共产党员的完美答卷,用自己对生与死的抉择生动诠释了新时期共产党员先进性的深刻内涵。

(二)"刚毅精神"集中体现了交通工程技术干部自主创新、科学严谨的时代感

20年的工程实践和磨炼,陈刚毅同志由一名普通的中专生逐渐成长为具有大学本科学历的青年技术骨干,成为一名懂设计、会施工、善管理的复合型人才。在角笼坝大桥建设期间,面对复杂的地质情况、特殊的技术工艺和繁杂的施工流程,他经过严谨的理论研究和试验分析,提出了在锚碇围岩中注浆并在锚碇后增加预应力锚索的方案,有效解决了在复杂地质岩层中采用隧道式锚碇建桥的技术难题。在"湖北大道"施工期间,面对西藏昼夜温差大、养生控制难、断板现象多的施工难题,陈刚毅同志每天晚上裹着棉大衣、打着手电筒赶到施工现场观察温度,优化养生方案。对待质量,陈刚毅一丝不苟。当他发现一段200米的水泥稳定层强度不合格时,坚决要求施工单位打掉重来。对施工单位的说情送礼,他毫不含糊地指出:我们修路要对老百姓负责,千万不能留下豆腐渣工程。

(三)"刚毅精神"集中展现了交通援藏干部心系藏胞、奉献边疆的民族情

在四年援藏的实践中,陈刚毅心中始终装着藏汉人民的情谊,急藏民之所急,想藏民之所想,竭尽所能为藏族群众排忧解难。2003年春节,为了及时兑现工资,他亲自组织人员到100多公里之外的德钦县城取款,到现场督促造册、发钱,直到最后一位藏胞农民工领到了自己的血汗钱。2003年9月,一辆载着藏民的卡车掉下了100多米深的山谷,陈刚毅立即组织现场抢救,下雨路滑,他就跪着抬担架,膝

盖都磨出了血，最终9名伤员全部脱险。2004年春节前夕，项目办的藏族司机旺久突然胃部大出血，由于找不到献血的人，医院下达了病危通知书。陈刚毅火速带领项目办的3个年轻人赶往医院献血，但血型都不符合要求。他不顾山高路险、天下大雪，连夜摸黑赶到施工单位组织人员去医院献血，硬是把旺久从死亡线上拉了回来。陈刚毅用自己的真情挚感为藏汉人民架起了一座友谊的金桥。离开西藏的前夜，陈刚毅深情地说："如果病好了，西藏还需要我的话，我愿意再来这里架桥，为藏区再添一道风景。"

"刚毅精神"具有突出的先进性、鲜明的时代感和深厚的民族情。从他的先进事迹中，我们看到了一个坚持不懈与病魔抗争的坚强汉子，看到了一个不断进取、追求卓越的交通工程技术干部的楷模，一个舍小家顾大家、视事业为生命的无私奉献的共产党员。

三、"刚毅精神"的反响与效果

刚毅事迹感人至深、催人奋进。去年以来，我省交通系统全面开展了向陈刚毅同志学习的活动。"陈刚毅事迹报告团"巡回报告近30场，逐步从交通系统内部走向省直委办厅局，从省内走向省外、走进交通部海事局，影响之广，反响之好，令人始料不及。目前，"刚毅精神"已日益深入人心，"学刚毅精神，树文明新风，建和谐交通"已成为新时期湖北交通精神文明建设的重要载体，创建"刚毅班"、"刚毅所"、"刚毅突击队"，学先进、赶先进、争先进的浓厚氛围已逐步形成高潮。社会各界普遍反映：陈刚毅同志的事迹，平凡中显现出伟大的精神，他的精神可信、可学、可达。"刚毅精神"的社会效应不亚于修一条高速公路、建一座长江大桥！

（节选自2006年在陈刚毅事迹新闻协调会上的讲话）

先进典型效应不亚于修路架桥

先进典型是时代精神的引领者,是主流价值观的代表者,是社会主义荣辱观的践行者。长期以来,在省委、省政府和交通部的领导下,厅党组始终坚持“两手抓、两手都要硬”的方针,把培树先进典型作为行业精神文明建设的重要内容,作为推进交通又好又快发展的重要抓手。“十五”以来,我省建成全国精神文明建设先进单位、国家级文明单位等35个,省级创建文明行业工作先进单位、最佳省级文明单位等308个,涌现出全国劳动模范9人,省部级劳动模范64人,全国五一劳动奖状(章)16人,省级五一劳动奖状(章)31人等,特别是陈刚毅同志作为全国重大先进典型的推出,使以“刚毅精神”为标志的行业精神文明建设进一步深化,广大交通职工的积极性、主动性、创造性得到充分发挥。

一、培树先进典型是推进交通事业发展的迫切需要

培树先进典型,发挥示范作用,引领价值导向,既是新时期交通事业发展的动力之源,更是创建交通文明行业的现实需要。

(一)实现交通又好又快发展需要培树先进典型

“十一五”是实施中部崛起战略的重要机遇期,也是落实胡锦涛总书记视察湖北交通重要指示精神、为使湖北真正成为中部崛起重要战略支点当好交通先行的关键期。我省交通将努力实现投资规模、高速公路、一级公路、有铺装路面、规费总额“五个翻番”,骨架公

路网、骨架航运体系、港口布局、公路运输体系、农村路网“五个基本形成”和职工素质、行政能力、自主创新能力、服务质量和效益、安全保障水平“五个明显提高”的总体目标，进一步加快交通建设发展的任务十分繁重，进一步加强交通行业反腐倡廉的形势十分严峻。伟大的事业需要伟大的精神，伟大的精神支撑和推动着伟大的事业。实现交通又好又快发展，迫切要求我们培树先进典型，以弘扬正气、振奋精神、凝聚人心、开拓创新，营造健康有序、宽松和谐的发展环境。

（二）创建交通文明行业需要培树先进典型

交通是国民经济发展的重要基础，也是一个公益性、服务性、社会性很强的“窗口”行业。从业人员多、涉及面广、灵敏度高。每修建一条公路、发送一班车船、装运一批货物、收取一笔规费，都涉及社会各界、千家万户，都与人民群众生产生活息息相关，直接关系着广大人民群众的根本利益，直接体现着党和国家的形象，是人民群众直接感受党风、政风、行风和社会风气的重要“窗口”。交通“窗口”行业需要先进典型不断涌现，需要“劳模精神”代代相传和发扬光大。

（三）践行社会主义荣辱观需要培树先进典型

先进典型集中体现着时代的价值取向，是社会发展的宝贵精神财富。新中国成立以来，从中央到各级领导对树典型、学典型非常重视。从雷锋、焦裕禄，到孔繁森、郑培民、任长霞、牛玉儒等一大批时代先锋，影响了几代人，激励着人们去奋斗、去拼搏、去奉献。全国交通行业的包起帆、陈德华、许振超、陈刚毅等一批先进典型，为塑造交通文明形象、促进交通发展起到了积极的推动作用。新形势下，实践社会主义荣辱观，需要我们积极培树先进典型，倡导正确的荣辱观念，弘扬高尚的时代精神，促进广大干部职工树立正确的人生观和价值观，努力形成“知荣辱、讲正气、树新风、促和谐”的新风尚。

二、坚持典型引路是创建交通文明行业的重要抓手

坚持典型引路,是我们党历来高度重视的科学工作方法,也是我们党的优良传统。1940 年延安整风时期,中共中央推出一系列劳动模范和战斗英雄,这是实践典型引路工作方法的开端;1960 年毛泽东同志亲笔题写"向雷锋同志学习",典型引路工作方法得到广泛运用;1990 年江泽民同志在同"奋斗者的足迹"知识分子报告团成员座谈时强调:"榜样的力量是无穷的……我们要以先进模范人物为楷模,把我们的工作推向前进";2006 年胡锦涛同志要求我们善于发现和运用先进典型,树立可亲、可敬、可信、可学的道德楷模,让广大群众见贤思齐,建立健全社会主义荣辱观的示范机制。

长期以来,省厅始终把坚持典型引路作为精神文明建设的重要内容,作为交通运输事业协调发展的结合点,作为创建交通文明行业的重要切入点,通过营造环境、搭建平台、创新机制等方面的积极探索和实践,不断丰富和深化交通行业文明创建工作。

(一)坚持"五个同步",为培树先进典型营造软环境

一是坚持双文明规划同步制定。我省"十五"、"十一五"交通发展规划均包括了行业精神文明建设的重要内容,并专门制定了湖北交通行业精神文明建设两个五年计划,做到了"两个文明一起抓、两个任务一起下、两个成果一起要"。二是坚持目标责任同步签订。每年在全省交通工作会上与各市(州)交通局(委)、厅直各单位签订目标责任书,其内容涵盖了交通行业精神文明建设的主要方面。三是坚持"一岗双责"同步考核。每年都对各单位"一把手两手抓、一班人抓两手"落实情况进行督察,无论是政工干部还是业务干部都要坚持"两手抓",做到领导分工不分家,"下去一把抓,回来再分家",并把行业精神文明建设纳入领导班子综合考核范畴,依据《年度目标管理考核办法》和《全省交通行业精神文明建设管理办法》一并检查,奖惩兑

现。四是坚持优胜劣汰同步落实。把“以人为本”、实现人的全面发展、提升交通文明创建质量作为推进“两个文明”建设的立足点和出发点，每年通过明察暗访，对先进单位、文明“窗口”进行动态管理，保证创建质量。五是坚持继承、创新同步推进。我省行业精神文明建设，始终围绕交通经济建设中心，坚持“每年一个新内涵、每年一个新载体、每年一个新台阶”，使交通行业精神文明建设充满生机活力。

（二）坚持“四个结合”，为培树先进典型搭建硬平台

一是结合文明创建搭建平台。根据交通行业特点，厅党组坚持开展争创“费收状元”、“养护能手”、“高路卫士”、“执法标兵”、“文明样板路”、“文明航道”、“文明车、船、港、站”、“文明客运（公交）示范线”、“出租车创十佳企业”、“文明示范岗”、“青年岗位能手”等活动，激励广大交通职工扎根基层、岗位建功。二是结合交通重点工程搭建平台。厅党组坚持在全省高速公路、长江大桥、航电枢纽、港站等基础设施建设指挥部，开展“青年突击队”、“廉政示范工程”、“生态环保工程”、“精品工程”等活动，激励广大交通职工立足本职、争创一流。三是结合交流挂职搭建平台。厅党组坚持每年选派一大批科、处级干部到重点工程交流挂职，并多次选派干部和专业技术人员援藏、援疆、扶贫和支持小康建设等，激励机关干部和专业技术干部乐于奉献、岗位成才。四是结合人力资源开发搭建平台。厅党组坚持每年选派一批后备干部、中青年干部到党校（行政学院）学习，选派德才兼备的中青年技术骨干赴国内外高等学府深造，激励广大交通职工开拓进取、创新成才。

（三）坚持“三个注重”，为培树先进典型构建新机制

一是注重在基层一线中培树典型。在交通援藏工程和先进性教育活动中，涌现出了陈刚毅这一全国重大先进典型；在道路运输管理中，涌现出了“全国见义勇为英雄”蒋雪峰；在公交服务一线，涌现出了创建节约型交通的“节油大王”王静。这些先进典型来自于基层、

来自于一线,在平凡的岗位上做出不平凡的业绩,具有广泛的群众性。二是注重在调查研究中挖掘典型。为了让先进典型立得住、树得牢、叫得响、推得开,厅党组高度重视对典型的全面考察和深度挖掘。在推树陈刚毅这个典型之初,厅党组安排相关部门组成调查组,深入基层,对其思想、工作、生活、廉政等多方面进行考察调研,确保典型可信、可敬、可学、可达。三是注重在学习实践中宣传典型。厅党组以简报、报告会、座谈会、《湖北交通报》等形式,对先进典型进行学习推广,并创新推出了"刚毅礼赞"博客、"刚毅人生"在线交流群等网络宣传方式,激发了交通职工"比、学、赶、超"先进的热情,形成了多角度、多层次、全方位的宣传氛围。同时积极配合中宣部、交通部等中央有关部委,组织中央电视台、《人民日报》、新华网等30余家中央新闻媒体和省市媒体对陈刚毅事迹进行了集中采访和强势宣传报道;中组部、中宣部等8部委在人民大会堂隆重举行了陈刚毅先进事迹报告会,会前,曾庆红副主席亲切接见了报告团成员,并作了重要讲话,在全国各地、各行各业引起了强烈反响,掀起了学习陈刚毅的新热潮。

三、发挥典型引路作用是促进交通又好又快发展的巨大动力

长期以来,厅党组始终坚持发挥典型引路作用,借助榜样的力量,把精神的感召变成具体的行动,对交通又好又快发展产生了巨大的推动作用。陈刚毅这一重大先进典型在全国推出后,有人评论说,先进典型效应不亚于修一条高速公路,不亚于建一座长江大桥。这是因为,典型引路产生了四个显著效应:

一是典型引路产生了强大的凝聚效应。一个典型一面旗帜。随着陈刚毅先进事迹的深入学习宣传,既增强了交通行业的凝聚力、向心力和战斗力,而且在社会上产生了强大的反响,人民群众更加理解交通,相关部门更加支持交通,交通工作环境不断改善。

二是典型引路产生了广泛的示范效应。一个典型一根标杆。先进典型激发了广大交通职工争先创优的工作热情,从而催生了一批又一批新的先进群体。在学习陈刚毅活动中,又一批“刚毅班”、“刚毅所”、“刚毅工程队”和“刚毅青年突击队”脱颖而出,“争创一流单位、一流业绩、一流品牌”的浓厚氛围初步形成。

三是典型引路产生了深刻的教化效应。一个典型一种导向。通过学习先进典型,广大交通职工心灵受到震撼、思想得到净化、境界得到提升,“知荣辱、明是非、辨美丑、树正气”的风尚蔚然成风。

四是典型引路产生了显著的品牌效应。一个典型一个品牌。先进典型展示了交通行业风采,提升了交通行业知名度,塑造了交通行业良好社会形象。陈刚毅先进典型推树以后,全国交通人艰苦奋斗、奉献交通、修路架桥、造福人民的主流意识得到社会各界和全国人民的广泛认同和高度赞誉,交通行业社会经济效益得到明显提高。

(节选自2006年在全国交通行业精神文明建设工作会上的发言)

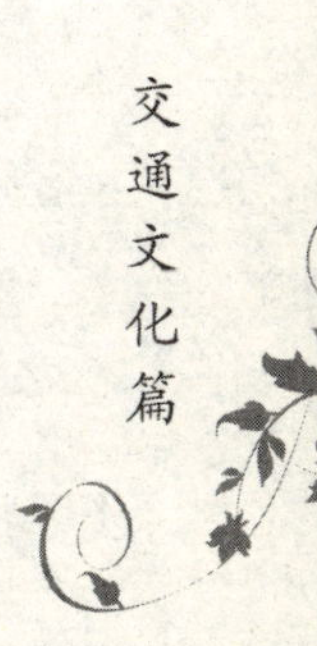

弘扬“刚毅精神” 创建文明行业

曾庆红副主席在接见陈刚毅事迹报告团讲话中指出:党和政府各有关部门和新闻媒体要进一步总结好、深入宣传好陈刚毅同志的事迹和精神,广大党员、干部、职工,特别是交通战线的同志们要认真学习陈刚毅同志的崇高精神,希望有更多的陈刚毅式的先进典型不断涌现出来。各级交通部门要认真学习落实中央领导重要讲话精神,进一步把“学、创、建”活动引向深入,全面加强交通行业精神文明建设。

一、深入开展“学、创、建”活动,做到“四个结合”

各级交通部门要深入持久地开展“学刚毅精神,创文明新风,建和谐交通”活动,努力做到“四个结合”:

一是与党员先进性教育活动紧密结合,把开展“宣传刚毅事迹、弘扬刚毅精神、做刚毅式职工”作为党的先进性建设的一项重要内容,进一步巩固和扩大先进性教育成果。

二是与学习实践社会主义荣辱观紧密结合,激励广大职工积极实践社会主义荣辱观,努力形成“知荣辱、讲正气、树新风、促和谐”的文明风尚。

三是与建设创新型交通紧密结合,培育创新意识,倡导创新精神,积极推进科技创新、管理创新和体制机制创新。

四是与加强干部职工队伍建设紧密结合,引导广大干部职工努力做刚毅式的优秀公务员、优秀执法人员、优秀建设者、优秀职工。

要通过进一步的学习宣传，让“刚毅精神”深入基层、深入站所、深入人心，转化为加快湖北发展的强大动力和自觉行动。

二、全面加强行业精神文明建设，做到“四个坚持”

交通行业是一个窗口行业，进一步加强行业精神文明建设，为经济社会发展提供优质服务，是我们的根本宗旨。加强交通行业精神文明建设，必须做到“四个坚持”：

一是只有始终坚持以经济建设为中心，行业精神文明建设才会有旺盛的生命力。精神文明建设如果脱离了交通经济建设中心，就会出现“空对空”、“两张皮”现象。只有牢牢把握交通经济建设这个中心，把加强交通行业精神文明建设与加快湖北交通发展、努力为真正使湖北成为促进中部地区崛起的重要战略支点当好交通先行这一重大战略目标和历史任务紧密结合起来，坚持两个文明一起抓、两个任务一起下、两个成果一起要，才能真正做到相互促进、相互作用、相互发展，精神文明建设才会具有旺盛和持久的生命力。各级领导必须牢固树立“两手抓”意识，无论是抓物质文明、交通建设的专业技术干部，还是抓政治工作、精神文明的政工干部，都要牢固树立“两手抓、两手硬”意识，真正真抓真干。

二是只有始终坚持紧扣交通发展目标，行业精神文明建设才能发挥强大的思想保障作用。加强交通行业精神文明建设，要与服务交通发展大局、确保“十一五”交通发展规划和年度工作目标的全面实现紧密结合起来，只有将精神文明建设贯穿于交通各项工作的始终，渗透到各个工作岗位，覆盖交通行业的方方面面，坚持多位一体、齐抓共建、常抓不懈，才能引导交通干部职工聚精会神搞建设、一心一意谋发展，为确保规划目标的全面实现提供强大的思想保证和精神动力。

三是只有始终坚持以人为本,行业精神文明建设才能为增强交通发展后劲提供有力支撑。人是社会关系中最活跃的因素,也是物质文明和精神文明建设的主体。如果离开了科学发展观所倡导的以人为本的原则,忽视人的全面发展,忽视职工队伍建设,精神文明建设就失去了根本。只有将培育一支政治强、业务精、作风好的交通职工队伍作为加强交通行业精神文明建设的核心任务来抓,充分激发人们的积极性、主动性和创造性,才能使交通行业充满生机和活力,为增强交通发展后劲提供有力人才保障和智力支持。

四是只有始终坚持开拓创新,行业精神文明建设才能创造更大的经济社会效益。创新是一个国家兴旺发达的源泉,是一个民族发展的不竭动力。加强交通行业精神文明建设,必须坚持在继承中求创新,在创新中求发展,在发展中求突破,努力把握时代脉搏,掌握发展动向,总结新鲜经验,选准活动载体,只有不断增强文明创建和思想政治工作的凝聚力、吸引力、感染力,才能充分调动交通干部的潜能,为交通发展创造更大的经济社会效益。

三、深入贯彻中央领导讲话精神,做到“四个到位”

深入学习贯彻中央领导讲话精神,是全省交通系统当前和今后一个时期极其重要的政治任务。各地各部门都要迅速组织开展学习、实践活动,做到“四个到位”:

一是思想认识到位。曾庆红副主席的重要讲话,既是对陈刚毅同志的高度评价和充分肯定,也是对全国广大工程技术人员尤其是对交通行业干部职工的极大鼓舞和鞭策,更是我们推动新时期交通又好又快发展的巨大动力。各级交通部门要把交通干部职工的思想统一到曾庆红副主席讲话精神上来,进一步团结和动员全省交通职工弘扬“刚毅精神”,立足本职,争创一流。

二是带头学习到位。陈刚毅同志是我们身边的先进典型,他出在湖北、出在交通，在当前全社会广泛开展学习宣传陈刚毅同志先进事迹活动中，我们交通部门必须坚持带头学习、带头实践，坚持真学真干、争做表率，特别是各级交通领导班子、领导机关、领导干部要通过先学一步，深学一层，领会精神，掌握实质，真正使“刚毅精神”在交通行业生根、开花、结果，成为新时期引领全省交通干部职工顽强拼搏、开拓创新、无私奉献，实现交通发展新跨越的强大精神动力。交通厅党组成员将深入基层调研“学创建”活动和精神文明建设情况，做到“两手抓、两手硬”、“下去一把抓、回来再分家”，做到两个文明建设融为一体，相互促进。

三是措施落实到位。全省各级交通部门要紧扣“十一五”交通发展开好局起好步，紧扣提速创优年各项工作目标，紧扣促进湖北交通又好又快发展，深入基层，调查研究，狠抓落实，进一步深化“刚毅班”、“刚毅所”、“刚毅班组”、“刚毅工程队”、“刚毅青年突击队”创建，全面提升文明窗口、文明单位、文明行业创建水平，努力打造一批高标准、高质量的文明路、桥、港、站、车、船，树立交通行业新形象。

四是典型宣传到位。各级交通部门要高度重视典型培树和宣传工作，特别是交通系统的宣传部门和政工干部，一定要以强烈的事业心和责任感，坚持贴近基层、贴近生活、贴近实际，培树好典型、总结好典型、宣传好典型，充分发挥榜样的示范作用，让身边的先进典型感染和激励广大干部职工积极投身交通事业，形成“比、学、赶、超”的浓厚氛围。

（节选自2006年在全省交通行业精神文明建设工作会上的讲话）

青年兴则交通兴　青年强则交通强

青春,是人生中最美好的黄金岁月;青年,是最富创业激情、最具创造活力的希望之星;青年,更是一个民族、一个国家、一个地区、一个行业最活跃、最有生命力的群体,青年兴则交通兴,青年强则交通强。当前,加快湖北交通发展面临着前所未有的历史机遇和良好环境,为我省交通青年展示了灿烂前景和美好明天,也为广大交通青年施展才华和实现抱负提供了广阔舞台。全省交通团员青年要进一步认清形势,坚定信念,深入学习"刚毅精神",大力开展"学刚毅精神,创文明新风,建和谐交通"活动,立足本职,扎实工作,在湖北交通改革发展实践中充分发挥生力军作用。

第一,希望广大交通青年提高综合素质,努力成为交通"能力建设"的排头兵。当前正处推进湖北交通新一轮大发展大建设的关键期,也是交通改革、发展、稳定等各种深层次矛盾的凸显期,更是实现湖北交通科学发展的重要机遇期。能否抓住机遇、化危为机,推动湖北交通又好又快发展,关键取决于交通干部职工素质能力的高低和发挥作用的大小。广大团员青年要与时俱进,加强交通能力建设,切实增强"能力恐慌"的危机感和"能力席位"的责任感,不断提高"刻苦钻研、学以致用"的学习力,"政治坚定、反应高效"的敏锐力,"超越自我、攻坚克难"的创新力,"顾全大局、弹好钢琴"的组织力,"民主和谐、凝心聚神"的团结力,"克己慎行、清正廉洁"的自律力,"优质高效、雷厉风行"的执行力,"恪守宗旨、以人为本"的服务力,努力以能力建设的新成效展示交通青年的新气象、新风貌。

第二,希望广大交通青年发挥创造活力,努力成为推动交通运输科学发展的先行者。当前,交通系统处处涌动着推动科学发展、促进中部崛起的滚滚洪流。交通青年生逢其时,理应成为时代的弄潮儿。全省交通团员青年要充分激发自身蕴藏的创新激情和创造潜能,以敢为人先的志气、超越前人的勇气、革故鼎新的锐气,立足岗位,大胆创新,力争有所发现、有所创造、有所作为。以只争朝夕的精神抢抓前所未有的机遇,以锐意进取的姿态应对前所未有的挑战,在推进交通改革中展示才华,在投身交通建设中大显身手,在促进行业和谐中奉献智慧,为全力推进交通科学发展上水平作出新的贡献。

第三,希望广大交通青年励志岗位成才,努力成为行业文明创建的生力军。作为时代骄子、行业先锋,交通青年要有一股子冲劲,一股子闯劲,一股子干劲,一股子韧劲,敢于在艰苦的条件下打头阵,在创新的前沿当尖兵,在平凡的工作中出实绩,用火热的青春和高昂的激情为交通事业添砖加瓦、锦上添花。要坚持开展争创"费收状元"、"养护能手"、"高路卫士"、"执法标兵"、"文明样板路"、"文明航道"、"文明车、船、港、站"、"文明客运(公交)示范线"、"出租车十佳企业"、"文明示范岗"、"青年文明号"、"青年岗位能手"等争创活动,激励团员青年扎根基层、立足本职、乐于奉献、争创一流、岗位建功、励志成才。

第四,希望广大交通青年培养高尚品德,努力成为时代新风正气的实践者。修身是立业之本、成才之基。青年时期的可塑性强,是人生的起步阶段,是品德养成的关键时期。全省交通系统团员青年要切实加强思想道德修养,自觉抵制拜金主义、享乐主义和极端个人主义等腐朽思想的侵蚀,增强明辨是非能力,陶冶高尚情操,塑造健全人格,努力成为新风正气的传承者、道德规范的实践者、良好风尚的倡导者,大力发扬团结互助、扶贫济困、平等友爱、诚信和谐的社会风尚,从我做起,从小事做起,从身边做起,身体力行社会主义核心价值体系,积极参与志愿服务,热情关心帮助他人,使奉献、友爱、互助、进步的青年志愿者精神进一步发扬光大,充分展现当代青年的良好精神风貌。

共青团是党领导下的先进青年的群众组织,是党的助手和后备军,是团结教育青年的坚强核心。各级团组织要发扬“党有号召、团有行动”的优良传统,不断完善工作思路,全面履行职能作用,大力加强自身建设,力争使团的基层组织网络覆盖全体青年,使团的各项工作和活动影响全体青年,把广大青年紧紧团结在党的周围;要认真学习贯彻党的路线方针政策,把握新形势,研究新情况,总结新经验,解决新问题,充分发挥组织青年、引导青年、服务青年和维护青年合法权益的职能作用,最大限度地调动青年的主动性、积极性和创造性,最大程度地增强团组织的吸引力、凝聚力和战斗力,使共青团工作始终保持蓬勃的生机和旺盛的活力。团干部队伍是共青团工作的骨干力量。要按照“让党放心、让青年满意”的要求,真正做到政治上过硬、作风上扎实、自律上严格,耐得住寂寞,经得住诱惑,管得住小节,切实走好人生每一步。

青年是国家的未来。各级党委要从党的事业薪火相传、后继有人的战略高度,充分认识做好新形势下青年工作的重大意义,坚持党建带团建,把团的建设纳入党的建设总体规划,主动为共青团发挥作用提供平台,使共青团真正成为我省交通运输建设主战场的生力军和突击队。各级领导干部要主动与青年交朋友,想青年之所想,急青年之所急,多为青年办好事、办实事。要认真做好团干部的培养、选拔和任用工作,切实让想干事的人有机会、能干事的人有平台、干成事的人有荣誉,促进优秀团干部脱颖而出。

时代召唤青年,青年创造未来。交通改革发展的广阔天地,为广大交通青年提供了建功立业的舞台。希望广大青年朋友们把握机遇、珍惜环境、立足本职,为推动湖北交通快速、科学、安全、协调发展,挥洒自己的激情与汗水,贡献自己的智慧和力量,创造出无愧于时代、无愧于青春的全新业绩!

(节选自2006年在共青团湖北省交通厅第六次团员代表大会上的讲话)

重温入党誓词 牢记服务宗旨

在中国共产党86周年诞辰之际,我们全省交通系统干部职工以千人重温入党誓词的庄严形式,纪念党的生日;以千人体操表演的实际行动,迎接"一节一会"在我省举行。

在省委、省政府的正确领导下,湖北交通继"十五"取得"六个历史性突破"后,又迎来了"十一五"的良好开局:交通固定资产投资规模再创历史新高,高速公路骨架网进一步完善,社会主义新农村交通建设形势喜人,水运振兴工程全面启动。"学创建"活动得到进一步深化,"刚毅班"、"刚毅桥"、"刚毅班组"、"刚毅支部"如雨后春笋般涌现,蒋雪峰、王静等一批"刚毅式交通英模"代表,充分展现了广大共产党员奋力拼搏、无私奉献的先进性和交通行业的良好形象,陈刚毅同志当选为党的十七大代表,成为全省交通人的光荣和骄傲!

省第九次党代会报告指出,将现代物流基地和综合交通运输枢纽作为构建促进中部崛起重要战略支点的"四基地一枢纽"的重要内容,明确要求以铁路、公路、航空和水运特别是长江黄金水道等建设为重点,加快形成更加便捷、通畅、安全的综合交通运输体系,增强运输能力,不断提升湖北的交通枢纽地位,基本实现农村道路"村村通",为湖北交通勾画了更加宏伟的发展蓝图,充分体现了省委、省政府对进一步加快交通发展的信心和决心,是对交通干部职工巨大的鼓舞、有力的鞭策,是难得的机遇、严峻的挑战,更是前进的动力、努力的方向,我们要以前所未有的决心和毅力奋力争先、奋力创新、奋力实干、奋力迈向新的高峰！

要实现宏伟目标，任务艰巨而繁重。全省交通系统各级党组织和广大共产党员要重温入党誓词、牢记党的宗旨，发扬优良传统、坚持与时俱进，认真学习胡锦涛总书记在中央党校省部级干部进修班发表的“四个坚定不移”（即坚定不移地坚持解放思想、推进改革开放、落实科学发展、为全面建设小康社会而奋斗）重要讲话精神，切实增强忧患意识、公仆意识和节俭意识，认真贯彻落实省第九次党代会精神，进一步坚定理想信念，进一步坚持发展第一要务，夯实交通基础，努力实现“五大突破”、为民办好“十件实事”、推进“四项工程”。要以求真务实的态度、扎实过硬的作风和对党、对人民高度负责的精神，克服一切麻痹思想和侥幸心理，积极应对多种灾害性天气，增强防汛抗灾的责任感和紧迫感，深入细致地做好防大汛、抗大涝的各项准备工作，抓好交通运输安全，确保长江、汉江及内河水库安全度汛。要以“迎、讲、树”活动为重要契机，进一步弘扬“刚毅精神”，通过开展劳动竞赛、信息化建设，创建“刚毅桥”、“刚毅路”、“刚毅突击队”、“刚毅志愿服务队”等途径，为“一节一会”营造良好的环境，着力提升交通窗口服务形象。要坚持锻炼身体，陶冶情操，积极参加各种文化体育活动，以健康的体魄实践交通“三个服务”，展示交通行业新风貌。

站在新的历史起点上，广大交通干部职工要牢记使命和宗旨，把誓言变成行动，勇于实践、狠抓落实，同心同德、开拓进取，努力构建创新交通、法治交通、文明交通、和谐交通，为构建促进中部地区崛起的重要战略支点当好先行，用优异成绩向党的十七大献礼！

（节选自2007年在建党86周年暨千人体操活动上的讲话）

讲党性　重品行　作表率

胡锦涛总书记在十七大报告中强调,全心全意为人民服务是党的根本宗旨。要以改革创新精神全面推进党的建设新的伟大工程,突出抓好“五大重点”,即:以坚定理想信念为重点加强思想建设,以造就高素质党员、干部队伍为重点加强组织建设,以保持党同人民群众的血肉联系为重点加强作风建设,以健全民主集中制为重点加强制度建设,以完善惩治和预防腐败体系为重点加强反腐倡廉建设。学习贯彻十七大精神,就必须将加强党的建设始终放在交通工作的重要位置,坚持党要管党、从严治党,贯彻为民、务实、清廉的要求,切实加强各级交通干部队伍建设,努力创建“五好班子”,真正做到“讲党性、重品行、作表率”。

“讲党性”,首先表现为讲政治。各级党员干部必须时刻绷紧政治这根弦,严守政治纪律,提高政治敏锐性,增强政治鉴别力,善于从政治上认识和判断形势,思考和处理问题。十六大以来中央提出了科学发展观等重大战略思想,并且随着实践的发展不断进行丰富和充实。开始提出要实现又快又好发展,后来又把“又快又好”调整为“又好又快”。这个重要调整,强调的是更加注重发展质量和效益,走生产发展、生活富裕、生态良好的文明发展道路。遵循中央、省委指示精神,厅党组始终坚持“六个并举、六个统筹”的科学交通发展观,着力推进交通又好又快发展。针对工程实践中,有的同志动辄把“又好”与“又快”对立起来,认为“好”、“快”难以同时兼顾,认为工程建设难以做到又好又快等片面认识，开展大学习、大讨论，把思想和行动统一到党的大政方针上来，统一到省委、省政府的决策部署上，统一到厅党组的各项工作安排上来，牢固树立正确的发展观和政绩观，始终以认真负责、奋发有为的精神状态，推进交通又好又快发展。

“重品行”，就是要始终牢记为民服务宗旨，牢记入党誓言，牢记党和人民的重托，真正树立和践行共产党人高尚的从政品格。品行是一个人的道德水准、立身做人的综合体现。品行不是建立在职位、权力的基础之上，而是在德育的教化和熏陶、法纪的约束、工作的磨砺中逐步形成的。众所周知，腐败是党和国家健康肌体的腐化剂。中国共产党的性质和宗旨，决定了党同各种消极腐败现象是水火不相容的。十六大以来，党风廉政建设和反腐败斗争成效明显，在查办大案要案、深挖腐败分子、纠正损害群利益的不正之风等方面都取得了重要进展，陈良宇、杜世成、郑筱萸等名字成为反腐败成果的“标示物”，赢得了人民群众的拥护和赞赏。十七大报告对反腐倡廉建设作出了全面部署，即在坚决惩治腐败的同时，更加注重治本，更加注重预防，更加注重制度建设，拓展从源头上防治腐败工作领域。多年来的反腐倡廉实践告诉我们，教育不扎实、制度不完善、监督不得力，是腐败现象滋生蔓延的重要原因。加强对权力的制约和监督，形成用制度规范从政行为、按制度办事、靠制度管人的机制，努力使领导干部不犯错误、少犯错误，在有错误苗头或者小错误时就要及时加以提醒、制止，在新形势下尤显紧迫和重要。我们每个领导干部，都面临着形形色色的诱惑，只有以“如履薄冰，如临深渊”的心态去不断磨炼升华自己，始终牢记一个“慎”字，即慎初、慎微、慎欲、慎交、慎权、慎独，模范遵守各项规章制度，诚恳接受群众的监督，才能真正做一个高尚的人，一个脱离低级趣味的人，一个有益于人民的人。

“作表率”，就是要始终保持共产党员的先进性。“一个党员就是一面旗帜”。作为党员干部，就是要在工作、学习和日常社会生活中作表率，以自己的表率影响群众、带动群众、服务群众。按照《干部选拔任用工作条例》规定，省厅将适时组织开展厅直单位中层干部竞争上岗和干部选配及干部交流，积极鼓励在岗职工参加学历教育、上挂下派、岗位培训等，促进专业技术人才的成长。但少数干部害怕艰苦复杂的环境，有的存在等待观望的心态，思迁思调的心态，担心焦虑的心态；有的干部怕竞争、不愿竞争，有的干部怕交流、不想交流等种种复杂的心态。"讲党性、重品行、作表率"，不仅是一种高尚的情操，一种无私的品格，更是一种责任，一种义务，全省交通系统广大党员领导干部，特别是各单位、各部门领导班子，要切实加强和改进党的思想建设，做好深入细致的工作；各级党员干部要正确对待个人的升降去留和进退留转，正确对待群众、正确对待组织、正确对待自己，积极投身交通改革发展事业。

（节选自2007年在厅党组中心组十七大专题学习会上的总结讲话）

火车跑得快　全靠车头带

加强“五好”班子建设，培育一支政治强、业务精、作风好的交通职工队伍，是永葆交通行业生机、活力，确保交通又好又快发展的根本。厅直各单位、各建设指挥部要着力抓好“四大建设”：

一、要加强“五好”班子建设

“火车跑得快，全靠车头带”。各级领导班子是一个单位的核心和灵魂，是事业发展的关键。党员领导干部的一言一行、一举一动都有很强的示范带动作用。各单位要以迎接党的十七大为契机，继续深入扎实有效地开展以“学习好、团结好、纪律好、作风好、政绩好”为主要内容的“五好”班子创建。全省交通系统各级党组织要以学习贯彻落实十七大会议精神为重点，召开民主生活会，开展交心谈心，开展批评和自我批评，促进班子团结，提高班子执政能力。特别是要加强各重点工程建设指挥部干部队伍建设，克服临时观念和厌战情绪，制定加强重点工程干部队伍管理的指导意见，实现干部队伍动态管理，切实增强班子的战斗力和凝聚力。

二、要加强党员干部队伍建设

党的路线方针政策的制定和贯彻落实，要靠广大党员积极参与；党的生机和活力，要靠广大党员自觉履行党章赋予的权利和义务；党的战斗力凝聚力的提高，要靠广大党员卓有成效的工作；党的良好形象，要靠广大党员用行动去树立和维护。全省交通系统的广大共产

党员要以陈刚毅为榜样,立足本职岗位,以科学的态度,奉献的精神,务实的作风,过硬的本领,努力在各自岗位上创造一流的业绩。按照《干部选拔任用工作条例》规定,省厅将适时组织开展厅直单位中层干部竞争上岗和干部选配及干部交流,将积极鼓励在岗职工参加学历教育、上挂下派、岗位培训等,促进专业技术人才的成长。

三、要加强基层党组织建设

交通战线点多、线长、面广,部分收费站所、建设项目部党的基层组织和干部职工远离城市,长期在艰苦复杂的环境中工作、生活,也面临各种形形色色的诱惑,因此,加强党的基层组织建设,增强基层党支部的凝聚力、战斗力势在必行、刻不容缓。厅直各单位党委要重心下移,高度重视基层党支部建设,充分发挥其组织党员的凝聚作用、桥梁作用。各基层党支部要深入开展"五好党支部"、"红旗党支部"等创建活动,规范党员教育、管理工作,最大限度地调动广大党员和群众建设交通、奉献社会的积极性和创造性,不断增强党组织的创造力、凝聚力和战斗力,永葆党的生机和活力。

四、要深入开展反腐倡廉工作

加强党的建设,必须坚持党要管党的原则和从严治党的方针,使每一个党员都处于党组织的管理和监督之下。党的作风,关系党的形象、关系人心向背、关系党的生命。厅直各单位要坚持廉政交通主题教育制度化、交通建设管理规范化和部门共建联动长效化。要严格贯彻落实《湖北省防治工程建设领域商业贿赂行为暂行办法》,加大对交通建设领域转包、违法分包查处力度,努力构建惩防、教育、治理并重和部门联动的长效机制,推动交通建设和党风廉政建设良性互动。

(节选自2007年在"学习陈刚毅、喜迎十七大"座谈会上的讲话)

坚持正确的用人导向

干部队伍是我们党执政的中坚力量。要按照改革创新的精神，围绕树立导向、扩大民主、完善考核、推进交流、加强监督，严肃纪律，深化干部人事制度改革，加强干部队伍建设。

一、必须坚持正确的用人导向

导向问题至关重要。用什么样的人，不用什么样的人，是无声的导向、公开的标杆。要树立注重品行的导向，注重选拔政治坚定、原则性强、清正廉洁、道德高尚、情趣健康的干部；要树立科学发展的导向，注重选拔自觉贯彻落实科学发展观、坚持又好又快发展、工作实绩突出的干部；要树立崇尚实干的导向，注重选拔求真务实、埋头苦干、默默奉献的干部；要树立重视基层的导向，注重选拔在基层和生产一线的优秀干部，选拔长期在条件艰苦、工作困难地方努力工作的优秀干部；要树立鼓励创新的导向，注重选拔思想解放、作风扎实、勇于创新、锐意进取的干部；要树立群众公认的导向，注重选拔想干事、能干事、干成事，能为人民造福、得到群众拥护的干部，真正把那些政治上靠得住、工作上有本事、作风上过得硬、人民群众信得过的干部选拔到领导岗位上来。

各级交通部门必须通过正确的用人导向，引导干部注重练内功、打基础、干实事，把心思用在工作中，把才干放在事业上，着力营造一心一意谋发展、聚精会神抓建设的干事创业环境。各单位主要领导和组织人事干部要坚持五湖四海、任人唯贤、公道正派的组织原则，坚持用好的作风选作风好的人，坚决反对选人用人上的不正之风，不让德才兼备的干部受委屈，不让埋头干事、政绩突出的干部失去提拔机会，不让老实人吃亏，不让投机钻营者得利，进一步营造风清气正的选人用人氛围。

二、必须扩大民主

民主是干部制度改革的核心，也是《党政领导干部选拔任用工作条例》的突出特点。实际工作中，要继续扩大干部选拔任用工作中的民主，普遍推行民主推荐、任前公示、差额考察等措施，完善民主推荐的方式方法，进一步提高推荐、测评的科学性、真实性，防止并切实解决拉票问题的发生。要不断推进干部组织人事工作的科学化、民主化、制度化。要善于总结干部工作中好的经验和做法，并加以完善和推广。2007 年，省厅在省公路局、省运管局、省港航局和省高管局四局班子副职配备过程中，采取民主推荐与竞争上岗相结合的方式，运用综合测评法，纪检监察全过程监督，将信息技术手段运用到面试环节，保证了公正公开，创新了选人用人机制。

三、必须完善考核

要按照科学发展观的要求，健全完善干部考核评价体系，使干部考评工作的内容更合理、程序更科学、方法更管用。要善于听取群众的意见，通过多种途径，对干部客观、全面、深入地了解，全面考察干部的道德品行、能力水平、综合素质等，做到对优秀者重用、对有潜力者培养、对落后者鞭策。要正确处理好选人与用人的关系，既要选好人，也要用好人。各单位要把用好人作为事业兴旺的根本，要根据岗位要求及干部自身特点，坚持用人所长，用人适时，充分发挥干部的优势和潜能。要把经常性考察与干部任前考察结合起来，通过年度考核、述职述廉、参加民主生活会等形式，加强对干部的日常了解，使任前考察情况与日常了解相互补充、相互印证。认真实行试用期制度，加强对新提拔干部的跟踪考察，把好干部选拔任用的最后一到关口。

四、必须推进交流

干部交流制度是我党加强干部管理的重要制度，也是《党政领导干部选拔任用工作条例》的法定要求。要继续按照《党政领导干部交流工作规定》，加大干部上下交流和横向交流力度，促进干部多岗位锻炼和能力提高。在同一岗位上任职满10年的一般应交流；在涉及人、财、物等关键岗位上任职满5年的，一般应交流。要加大对权力部门、关键岗位和新提任干部的交流力度，增强干部工作活力。要加强干部交流工作的宣传与管理，鼓励干部交流到基层单位和艰苦岗位上工作，形成有利于干部成长的政策导向，防止和克服“不提拔、不重用不愿去”、“艰苦地区和岗位不愿去”、“派不进、调不出”的错误思想和动向。

五、必须加强监督

要加强对领导干部特别是党政主要领导的监督，落实廉政谈话制度、诫勉谈话制度、述职述廉制度、个人重大事项报告制度。要认真落实领导干部函询制度，凡是反映领导干部在选拔任用、廉政建设、作风建设等方面存在问题的，领导干部必须按要求作出书面答复。这既是对干部的监督，更是对干部的关心和爱护。要继续坚持提拔干部前征求监察部门意见的制度，坚持对拟任干部述职述廉材料进行公示的创新举措，广泛接受群众监督。要加强与审计部门的配合，坚决落实干部离任审计制度，运用好审计成果。要加强对厅直单位干部选拔任用工作的监督检查，重点是对各单位干部选拔任用

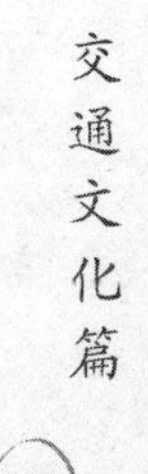

的组织程序、集体研究、关键岗位交流轮岗的情况开展专项检查。

六、必须严肃干部人事工作纪律

坚持不懈地抓好干部选拔任用工作法规执行情况的监督检查，有效预防和严肃整治选人用人上的不正之风和腐败现象，切实做到“七严禁”，即严禁“跑官要官”、严禁“买官卖官”、严禁拉票贿选、严禁封官许愿、严禁任人唯亲、严禁跑风漏气、严禁有案不查。

严格干部选拔任用程序，创新干部选拔任用机制，实施干部任前法律知识考试制度，强化干部监督管理。坚持挂职调研制度，有计划选派干部到省委党校学习；选派专业人员赴我国香港地区和德国培训学习，选派干部任副县长、到小康工作队工作。关心交通专家，充分发挥交通专家作用。通过网络、简报等方式，积极宣传贯彻尊重劳动、尊重知识、尊重人才、尊重创造的方针，激发各类人才创造活力和创业热情，营造尊重人才的浓厚氛围。牢固树立“交通大业，人才为本”、“人人都能成才”、“人才资源是第一资源”的观念，把促进人才健康发展和充分发挥人才作用放在首位，努力营造鼓励人才干事业、支持人才干成事业、帮助人才干好事业的环境。

（节选自2007年在述职报告中的发言）

浅谈巡视工作与交通发展良性互动

“如何实现两者良性互动”，是省委第二巡视组对交通厅进行为期两个月的巡视中确定的重要课题，实践中，双方进行了有益的尝试和探讨并达成了共识。

一、“二十字”巡视工作法是推进交通又好又快发展的强大动力

巡视工作是《中国共产党党内监督条例》规定的一种十分重要的党内监督形式，是党中央在新的历史时期为加强党内监督、推进党的建设采取的一项重大举措。开展巡视工作既是对领导干部的有力监督，也是对领导干部的关心和爱护；既有利于发现和解决一些突出问题，又可以促进各项工作的开展。省委第二巡视组进驻交通厅以来，以严明的工作纪律、扎实的工作作风、创新的工作思路，在实践中摸索出了“二十字”巡视工作法，即广泛交谈、深入查看、全面考核、综合分析、指导服务，对保证巡视工作顺利进行、推进交通又好又快发展发挥了重要作用。

一是广泛交谈。巡视组认真听取了交通厅党组以及监察、人事、党办等部门的交通情况汇报，与厅机关处级以上干部、厅直单位（含各工程建设指挥部）班子成员、市（州）交通局主要负责人、离退休厅级干部及相关人员共计205人进行了个别谈话，广泛听取意见。

二是深入查看。巡视组认真查阅了厅党组会讨论干部的记录，厅领导班子成员先进性教育期间党性分析材料、党组民主生活会发

言材料、厅领导个人述职报告、信访举报材料、交通工作总结、财务报表等相关材料,共计500余份。

三是全面考核。巡视组不仅组织了对厅领导班子成员的民主测评,而且还深入到厅属业务管理局、学院、设计院、重点工程建设指挥部、高速公路管理处等16个基层单位进行实地考察。对厅党组贯彻落实"三个代表"重要思想和党的路线、方针、政策、贯彻省委、省政府决议、决定及工作部署、执行民主集中制、落实党风廉政建设责任制和廉政勤政、选拔任用干部以及改革发展稳定等情况进行了全方位的调查和考核。

四是综合分析。巡视组坚持每周碰头会制度,对民主测评、个别谈话、查阅材料、实地考察中掌握的情况进行及时的归纳总结,既查找存在的突出问题,又实事求是、客观公正地进行综合分析,并有的放矢地研究解决问题的对策措施。

五是指导服务。通过实地考察、深入调研,巡视组对如何加强高速公路、长江公路大桥、航电枢纽等重点工程建设质量和安全管理,如何进一步处理交通建设、养护、管理的关系,如何加快乡镇交管站改革步伐,如何提高农村公路建设质量,如何深化反腐败斗争等事关交通发展的重大问题,提出了很多具有前瞻性、针对性、指导性的意见和建议,对于改进交通工作、提高工作质量有着重要的意义。

"二十字"工作法,作为巡视的重要创新方式,有效地促进了科学交通发展观的全面落实,有效地促进了交通事业的又好又快发展。

二、"四个转变"是实现巡视工作、交通发展"两促进"的重要前提

根据省委的决策部署,厅党组从抓思想认识入手,明确提出了"四个转变":一是变一般性提高认识为创造性付诸实施,精心组织好巡视相关工作,提高服务保障水平,以交通发展目标的新突破来体现巡视工作的新成效;二是变接受监督的压力为促进工作的动力,正确

处理巡视工作与交通工作的关系，切实增强发展的机遇意识，以巡视工作为契机，不断提高交通工作的质量和效率；三是变常态工作法为良性互动法，坚持一手抓巡视工作，一手抓交通发展，把巡视工作与交通工作有机结合起来，实现巡视工作、交通工作“两不误、两促进”；四是变被动接受监督为主动自查自纠，紧密结合领导干部作风建设，查找自身存在的薄弱环节，坚持“边巡视、边整改”，着力解决人民群众最关心、最直接、最现实的交通问题。实践中，省厅坚持做到：

（一）善于抓住机遇

2007年是确保全省交通规划阶段目标实现的攻坚之年，也是湖北交通“服务创新年”。全省交通固定资产投资规模要力争突破300亿元，高速公路通车总里程要力争突破2 300公里，交通建设发展任务十分艰巨。为牢牢把握工作主动权，我们紧紧抓住省委巡视组来厅进行巡视监督之契机，围绕交通发展中心，确定了“五结合、五促进”新的工作目标：一是将巡视工作与交通发展结合起来，促进上半年全省交通工作“时间、任务双过半”；二是将巡视工作与队伍建设结合起来，促进领导干部综合素质得到提高；三是将巡视工作与廉政建设结合起来，促进“廉洁从政、从我做起”浓厚氛围的形成；四是将巡视工作与作风建设结合起来，促进领导干部“廉洁、高效、实干”作风的培养；五是将巡视工作与关注民生结合起来，促进先进性教育成果的巩固，切实解决人民群众最关心、最直接、最现实的交通问题。

（二）敢于自我剖析

在巡视工作见面汇报会上，厅党组开诚布公，重点对交通发展和工作中存在的问题进行了认真梳理和深刻剖析，敢于揭短亮丑，向省委巡视组、厅机关全体干部、厅直单位党政领导班子成员、市（州）交通局主要负责人分析了交通工作存在的14个问题，其中有长期存在的历史遗留问题，有交通发展中的深层次矛盾，有涉及干部职工切身利益的敏感问题，也有社会各界反映的突出问题，等等。厅党组主动查找薄弱环节,对照先进找差距,切实增强忧患意识,在广大交通干部职工中引起了强烈反响。大家普遍反映:这次厅党组的报告是历史上讲问题最多的一次,而当前又是湖北交通发展最快、环境最好的历史时期之一,越是形势好越是讲问题,体现了厅党组对交通事业的责任感和使命感,体现了厅党组正视矛盾的勇气和解决问题的决心,体现了交通人实事求是、真抓实干的工作作风,对"边巡视、边整改"奠定了重要基础。

(三)勇于克难攻坚

省厅坚持将开展巡视的过程,变成整改解决交通突出问题的过程,变成又好又快推进交通发展的过程,乘势借力、克难攻坚,实现了巡视工作和交通发展"两促进"。

——着力加强重点工程质量安全管理。省厅在全省交通系统组织开展了以"比规范有序、比管理创新、比服务奉献,保质量安全、保规划目标、保勤政廉政"为主要内容的劳动竞赛,全面落实了重点工程厅长分工负责制、重点建设项目定期调度制和派驻工程一线调研督办制,并先后从厅机关处室和厅直单位选派41名干部及技术骨干,深入重点工程建设一线进行为期三个月的协调服务、督办指导。巡视组全体成员先后到沪蓉西高速公路、十漫、随岳中高速公路、荆岳长江公路大桥、神农架旅游公路、崔家营航电枢纽等6个重点工程巡视,亲自爬"猫道"、看隧道,查资料、听汇报,吴组长针对不同项目现场指导,有力地促进了工程质量安全管理,保障了上半年"时间、任务双过半"目标的顺利实现。

——着力解决群众"三最"问题。巡视组深入襄樊、十堰等市县、乡镇,认真调研指导农村公路和路站运渡一体化建设等;省厅组织了5个"送教下乡"工作队,深入到70多个乡镇、150多个村组,培养了近千名农民技术员和义务监督员,制定颁发了《湖北省农村公路条例》《湖北省农村公路管理养护体制改革实施方案》,促使农村公路建设养护管理逐步规范化、制度化。

——着力加强干部队伍建设。在省委组织部的统一领导和巡视组的大力支持下,省公路局、运管征稽局、港航海事局、高速公路管理局等四局班子副职配备工作全面启动。厅党组紧密结合交通行业的性质和特点,制定了切实可行的工作方案,特别是在竞争上岗中,采取了全程视频直播、电子语音提示和手机屏蔽、全程纪检监察监督、保密等措施,运用了综合测评法来选拔干部,创新了选人用人机制。在面试过程中,巡视组组长吴威先同志作为专家评委,自始至终参与并进行指导;省委组织部组织经济口省直单位人事处长进行现场观摩,并召开了干部竞争上岗专题研讨会,有力地促进了省厅干部人事制度改革和干部队伍建设。

——着力推进交通服务创新。在巡视组指导下,省厅坚持将推进电子政务建设作为提升公共服务质量、促进交通管理创新的重要抓手,建立了公众出行服务系统、厅(局)长信箱、投诉举报、留言咨询等网上公众交流栏目,为群众出行和广大驾乘人员提供了方便。全省电子政务工作会在省厅成功召开,省厅在会上作了交流发言和现场演示,其中,公众出行服务信息由图文显示向图文、语音一体化服务的新突破,以及高速公路视频监控范围由京珠向汉十、汉宜和武黄等高速公路、沪蓉西特大桥和荆岳长江公路大桥等施工现场的延伸,为实现交通现代化管理和服务创新探索了有效途径。

——着力加强党风廉政建设。巡视组坚持逢会必讲交通反腐倡廉;厅党组坚持廉政交通主题教育制度化,先后邀请省委常委、省纪委书记宋育英同志、省检察院王铁民副检察长等领导为交通干部职工作廉政交通主题报告;多次组织机关、直属单位、重点工程建设指挥部的干部到武汉洪山监狱等接受警示教育;认真落实中纪委《关于严格禁止利用职务上的便利谋取不正当利益的若干规定》,依法严肃查处交通建设领域中的商业贿赂、转包和违法分包行为,对7家施工单位给予了取消一年或两年内参与交通工程投标资格的处罚,坚持反复抓、抓反复,取得了一定成效。

——着力深化"学、创、建"活动。巡视期间,巡视组全体成员看望、慰问了全国先进典型陈刚毅,并听取了陈刚毅事迹报告;"学刚毅精神,创文明新风,建和谐交通"活动在基层一线广泛开展,以荆岳长江公路大桥为载体的"刚毅桥"创建活动全面启动;陈刚毅同志光荣当选党的十七大代表和千名党员重温入党誓词、庆祝建党86周年暨交通系统千人体操"迎节会"活动的成功举行,极大地调动了广大交通干部职工的积极性、创造性,极大地增强了交通职工队伍的凝聚力、战斗力。

三、关于"良性互动"的思考和建议

巡视是一种监督形式,巡视与被巡视之间良性互动,真正形成"两不误、两促进"的局面,必须树立新理念、建立新机制。

一是被巡视单位要变被动受检为主动迎检。

在巡视工作中,被巡视单位处于被监督地位,是巡视工作的主阵地,也是巡视工作成效检验地。被巡视单位在巡视工作中是被动接受监督,还是主动抓住巡视机遇,直接关系到巡视工作的效果。我们认为:对巡视工作,不能就事论事,不能敷衍了事,更不能应付差事。作为被巡视单位必须创新理念、深化认识,站在全局的高度一手抓经济工作,一手抓迎检工作,坚持以"边巡视、边整改"、"两不误、两促进"为切入点和落脚点,自觉把巡视工作与业务工作融为一体,以良好的工作业绩来验证巡视工作新成果。

二是建立新型规范的巡视工作长效机制。

在巡视监督制度的框架下,巡视与被巡视是监督与被监督的关系,建议通过制度建设,在巡视与被巡视单位之间建立规范化、经常化的谈话交流机制,做到双方相互理解、相互信任、相互支持。

建议在巡视方式上，坚持集中座谈与一线调研相结合，以一线调研为主；在巡视工作上，坚持综合汇总与科学分析相结合，以科学分析为主；在巡视时间上，可针对不同行业对象的性质和特点实行弹性工作制，特别是针对交通建设等重点行业，为防止、避免重大腐败案件的发生，建议实施长期跟踪巡视，真正做到警钟长鸣、常抓不懈，为交通质量、安全、廉政建设提供有力保障。

（节选自2007年在省委第二巡视组工作座谈会上的发言）

建立和完善反腐倡廉长效机制

交通要发展,廉政是保证。全省各级交通部门要建立和完善反腐倡廉各项制度,切实保障交通事业又好又快发展。

一、要坚持廉政交通主题教育制度化

各级交通部门要立足于教育、着眼于防范,坚持每季度一次的廉政交通主题教育报告会制度、党政主要负责人定期讲党课制度、廉政谈心和任前谈话制度,大力培树廉政交通典型,深入开展警示教育活动,着力营造"廉政教育大家抓,反腐倡廉大家谈,党纪国法大家守"的浓厚氛围。

二、要坚持交通建设管理规范化

全省各级交通部门要建立健全项目立项、融资、招投标、工程转包分包、材料设备采购、工程设计变更、计量支付、竣工验收等"八大环节"的监管制度,着力解决招投标中的围标、串标、规避招标,工程转包和违法分包等问题,依法规范交通工程建设管理。

三、要坚持交通市场信用建设系统化

省厅制定了《湖北省公路建设市场信用体系实施方案》,力争用一年左右的时间,逐步建立和完善我省公路建设市场信用信息平台,以不断加强对公路建设从业单位和人员行为的行政监管和社会监督，大力营造依法建设、严格自律、诚信经营的浓厚氛围。

四、要坚持部门共建联动长效化

省厅与省检察院联合制定《关于进一步加强全省交通系统预防职务犯罪工作的意见》，重点建立和完善联席会议、情况通报、调查研究、查办案件协调配合、行贿犯罪档案查询、联合法制宣传和督察落实等七个方面的制度。与审计署武汉特派办、省审计厅进一步认真落实共同签订的审计工作共建协议，从内外两个层面上强化源头监管，建立治理交通领域商业贿赂行为的部门联动惩防新机制。

（节选自2007年在全省“廉政交通”主题教育活动报告会上的讲话）

联合预防职务犯罪

省交通厅、省检察院联合开展预防职务犯罪工作,积极探索新形势下预防职务犯罪的新途径、新举措,不断深化教育、制度、惩防体系建设,预防工作取得了新的明显成效。

一、党组高度重视,坚持常抓不懈

一是加强预防工作的组织领导和协调指导。成立了由省检、省厅两家单位有关领导任正、副组长,相关处室负责人为成员的交通系统预防职务犯罪工作领导小组和协调小组,具体承担开展预防工作的业务指导和日常事务。二是把预防工作摆到突出位置来抓。每年,省厅里都定期召开党组会、厅长办公会,研究预防职务犯罪工作,坚持主要领导逢会必讲,厅领导逢会必到,真正把预防工作拿在手上,抓部署抓落实。三是开展廉政交通“四项活动”。创新工作载体,加大工作力度,推进交通廉政阳光工程建设,促进交通系统预防工作的深入开展。四是领导带头作表率。2004 年、2007 年厅党组两次公开向全社会作出廉政承诺,制定了机关工作人员廉政守则,诚恳地接受全行业和全社会监督;带头深入重点工程和基层一线调研预防工作,带头讲廉政党课,带头参加警示教育活动,形成了交通预防职务犯罪工作“领导带头、齐抓共管”的氛围。

二、注重制度建设,着力抓源治本

依靠制度建设预防和遏制腐败,是抓好预防职务犯罪工作的重要保证。一是省厅、省检先后制定了《关于在工程建设领域共同开展预防职务犯罪工作中加强联系配合的通知》、《关于在全省高速公路工程建设中开展专项预防职务犯罪工作的实施意见》、《关于在我省建设、金融、教育、医药卫生和政府采购领域开展行贿犯罪档案查询工作的通知》、《关于进一步加强全省交通系统预防职务犯罪工作的意见》等近10项制度。省厅积极主动会同审计等部门开展联防共建,与审计署武汉特派办、省审计厅先后签订了共建协议,建立了跟踪审计机制,做到变被动接受审计为主动争取监督,积极探索主动介入、事前监督、综合治理的新路子。二是省厅坚持以开展"交通基础设施建设领域廉政工作推进年"活动为载体,以交通重点工程建设为预防工作的重点领域,以业主、施工、监理、设计单位和地方指挥部为重点对象,以工程招投标、设计变更、工程监理、材料设备采购和资金拨付为重点环节;以制度的创新性、规范性和执行力为重点保障,预防工作实现了"两个延伸",即:从过去偏重抓业主,向业主、施工、监理、设计单位、地方指挥部一起抓的"五位一体"管理延伸;从过去偏重抓工程招投标,向工程招投标、设计变更、工程监理、材料设备采购、资金拨付一起抓的"五大环节"监督延伸,使工程建设领域的预防工作朝着制约权力、公开规范、监管有力的方向发展。省厅专门组建了由在职和离退休纪检、政工干部组成的交通反腐倡廉工作督察组,不定期深入重点工程一线进行明察暗访,重点督察领导干部、工程招投标等重点对象、重点环节的廉政建设情况,及时纠正苗头性、倾向性问题和违规违纪问题,以防患于未然。三是省厅结合交通建设领域商业贿赂专项治理工作,在全省交通重点工程深入开展了"宣传教育月"活动,组织参建单位和从业人员认真学习《湖北省防治工程建设领域商业贿赂行为暂行办法》,对照《湖北省防治工程建设领域商业贿赂行为暂行办法》查找薄弱环节,制定和完善防治商业贿赂的制度和措施,努力探索惩防、教育、治理并重的长效机制。省厅先后对7

家施工单位给予了取消一年或两年内参与湖北交通工程投标资格的处罚,严肃查处和清退了26名违规监理人员,得到了省委、省政府的充分肯定。

三、加强廉政教育,筑牢思想防线

教育是交通反腐倡廉工作的基础,也是预防职务犯罪工作的基础。厅党组坚持在全省交通系统开展廉政交通主题教育活动,明确提出:把立足点放在教育上,着眼点放在防范上,强调以党员领导干部和工程建设管理人员为重点对象,把领导干部作风建设作为重点内容,更加注重针对性和有效性;强调各级领导干部一定要带头抓,带头讲,不走过场,不流于形式。一是坚持每季度举办一场全省交通系统的廉政交通主题教育报告会。先后邀请时任省委副书记、省纪委书记的黄远志同志,时任省委常委、省纪委书记宋育英同志,省委常委、省纪委书记黄先耀同志,省纪委、省检察院的领导和专家以及陈刚毅等廉政典型作廉政报告。富有声势的主题教育活动,呈现出场次多、规格高、覆盖广、效果好的特点,发挥了重要的教育作用。二是坚持抓领导干部讲廉政党课制度的落实。省、市(州)、县市各级交通部门主要领导带头讲廉政党课已经形成制度,《交通局长话廉政》一书已印发全系统学习,交通系统上下营造了"以廉为荣、以贪为耻、廉洁从政、从我做起"的浓厚氛围。三是坚持开展以案促廉警示教育。各地各单位通过参观监狱,观看反腐倡廉电教片,组织案例讨论等多种形式,大力开展警示教育。仅厅机关、厅直单位和重点工程建设指挥部到洪山监狱、沙洋监狱等警示教育基地接受警示教育达6 000多人次,市(州)交通部门开展以案促廉警示教育约3万人次。警示教育活动的开展,使广大交通干部职工心灵受到了很大震撼,廉洁自律的意识得到了明显增强。

四、培树廉政典型，展示交通形象

大力培树廉政典型，弘扬正气，既是交通改革发展的需要，也是加强预防职务犯罪工作，树立廉政交通新形象的需要。交通系统不仅要有全国重大先进典型陈刚毅，还要有更多的廉政典型；不仅要有改革发展成果，还要有廉政建设成果。省厅结合“学刚毅精神、创文明新风、建和谐交通”活动，有重点、分层次地开展了全省廉政交通典型评学活动，召开了全省廉政交通典型事迹报告会，请陈刚毅、程家振、王同庆、涂建文等四位同志作了报告；编印了《全省廉政交通典型先进事迹汇编》，掀起了学习廉政典型的热潮。各级交通部门也组织了本单位廉政典型巡回演讲，坚持用廉政典型教育人、塑造人、激励人，在全行业形成学习廉政典型、争当廉政干部职工的良好风气；并通过广播、电视、报刊等新闻媒体进行集中宣传，让廉政交通典型走向社会，充分展示广大交通干部职工的精神面貌和时代风采。

五、强化检查考核，务求取得实效

开展预防职务犯罪工作，关键是“抓落实，见成效”。省厅始终把检查考核作为一个重要“抓手”，加大预防工作的落实力度。一是开展联合检查。省厅和省检察院每年联合开展一次专项检查，先后组织对十漫、随岳中、荆岳桥等重点建设项目进行检查，加强对重点部位和重要人员的监督，取得明显效果。二是组织考核评比。省厅坚持每年初制定工作部署，年终组织考核评比。定期对各地各单位包括预防工作在内的各项反腐倡廉工作情况进行交叉检查，检查结果在全省交通系统进行通报。对工作落实好的单位，进行表彰奖励；对没有完成任务的单位，必须说明原因；对工作不到位、出了严重问题的单位，年终考核实行“一票否决”。

随着省厅和省检、厅直各单位和重点工程建设指挥部与各级检

察机关联合开展预防职务犯罪工作力度的进一步加大，交通重点工程源头治腐工作得到了进一步加强，联动共建既加强了检察机关和交通部门的联系和沟通，增进了相互理解，又增强了工程项目领导干部和从业人员的廉政意识，有力地推动了交通重点工程建设的健康发展。

（节选自2007年在与省检察院交流座谈会上的讲话）

防“病”于未发　治“病”于初起

相对惩治腐败而言，预防腐败的工作难度更大，这就要求我们必须加强对预防腐败重要性的认识，不断提升我们的工作理念。

一是要牢固树立以人为本的理念。坚持以人为本，要从两个方面来理解：第一，要始终把实现好、维护好、发展好最广大人民群众的根本利益放在首位，作为我们一切工作的出发点和落脚点；第二，要把提高广大党员干部的思想政治素质，增强拒腐防变的能力摆在突出位置，做到想问题、作决策、处理问题都有利于教育、关心、帮助、挽救干部，把工作的着力点放在提高党员干部的拒腐防变能力上。

二是要牢固树立重在预防的理念。树立惩治腐败是成绩、预防腐败也是成绩的观念，坚持防微杜渐、预防在先，关口前移、着眼防范。“祸患常积于忽微”，“靡不有初，鲜克有终”。因此，要防“病”于未发，治“病”于初起，使交通行业的党员干部不犯或少犯错误。

三是要牢固树立综合治理的理念。要把预防腐败作为一个系统工程，立足当前，着眼长远，注重做打基础、利长远的工作；要坚持综合治理，整体推进，做到惩治与预防两加强、两促进，不能顾此失彼。党中央关于“坚持方针、构建体系、拓展领域”的总体思路和“一个坚决、三个更加注重”的根本要求，再次表明了惩治腐败的坚定决心和坚强信心，进一步回答了反腐倡廉坚持什么、抓什么、怎么抓的问题，为当前和今后一个时期的反腐倡廉建设指明了方向，具有很强的针对性和极端重要的指导意义。全省交通系统各级党组织和党员干部，尤其是党员领导干部要深刻学习领会，抓好贯彻落实。

（节选自2007年在全省交通重点工程源头治腐工作推进会上的讲话）

以廉洁高效实干的作风解决“三最”问题

全省交通系统要学习发扬“刚毅精神”，在实现“两个着力”上狠下功夫，从“四个必须”着手，下决心、下大气力将干部作风建设抓实、抓好、抓出成效。

一、实现“两个着力”，必须勤奋好学，学以致用

学习是领导干部增长才干、提高素质的重要途径，是做好各项工作的重要基础。交通领导干部必须牢固树立终身学习的思想，始终把学习摆在第一位，坚持学以修身，学以养德，学以增智，学以致用。要认真学习马克思主义理论和党的路线方针政策、现代经济知识、交通知识、科技知识、社会管理知识、法律知识等。要将学习成果转化为交通领导干部驾驭市场经济的能力，转化为对交通建设和运输市场监管的能力和依法治交、依法办事的能力，做到发展有新思路，改革有新突破，工作有新举措，作风有新转变，方法有新创造，以新理念、新思维、新方法解决人民群众“三最”问题，为推进交通又好又快发展、做好“三个服务”不断注入新的活力和动力。

二、实现“两个着力”，必须真抓实干，务求实效

交通基础设施是干出来的，坚持求真务实，真抓实干，对于交通发展至关重要。各级交通领导干部要把求真务实作为党性观念来增强、作为思想境界来追求、作为领导原则来坚持；要立足本职、脚踏实地，在“真”字上做文章，在“实”字上下功夫；要深入实际、深入基层、深入一线，围绕交通改革发展稳定的重点问题和群众反映强烈的突出问题开展调查研究，找出、找准问题的症结所在，提出解决问题的具体办法；要在抓好落实上狠下功夫，定下来的事情就要雷厉风行、抓紧实施，部署了的工作就要督促检查、一抓到底，每一项工作务必有头有尾，善始善终，真正把全年各项工作目标任务落到实处。

三、实现“两个着力”，必须秉公用权，廉洁从政

权力是一把“双刃剑”，有时也能无情地刺向自己。权力就是责任，权力就是服务，权力有多大，责任就有多重，有一份权力就有一份责任。各级领导必须有强烈的“守土有责”意识，真正看好自己的门，管好自己的人。各级领导班子和管人、管钱，有行政审批权力的部门都要保持清醒的头脑，要建章立制，实行阳光政务，对工程招标、财政支出、干部提拔等做到每件事、每个账目、每个干部都说得清、道得明，都要符合政策。厅党组带头再次向全省交通系统作出“十不准”承诺，请大家监督。千里之堤，溃于蚁穴。各级领导干部要牢记“两个务必”，做到“权为民所用、情为民所系、利为民所谋”，坚持勤俭办一切事情，严于律己，管好家属、子女和身边工作人员，自觉接受监督，充分发挥表率作用。要自觉加强思想道德修养，培养积极健康的生活情趣，保持高尚的精神追求，净化社交圈，纯洁生活圈，规范工作圈，以交通系统干部队伍的文明之风和清廉之风取信于民。

四、实现“两个着力”，必须心系群众、服务民生

领导作风的实质，就是党群关系、干群关系。湖北交通服务创新年的目标任务已经明确，全省公路、运管、征稽、港航各有关部门要坚

持服务为民、惠民利民，坚持从交通最薄弱的地方抓起，以解决群众最关心、最直接、最现实的切身利益为出发点和落脚点，突出抓好社会主义新农村交通建设，修利民路，建惠民站，开便民车，造安全渡，真正解决群众最迫切的交通问题，为建设社会主义新农村提供基础保障。

（节选自2007年在全省交通系统廉政工作会议暨“廉政交通”主题教育报告会上的讲话）

研究问题先学法

交通与社会经济发展、与人民群众生产生活密切相关,具有管理门类多、社会接触面广、执法要求高等特点,无论是公路、水路建设管理,还是运管、征稽管理,政策性、服务性都很强。交通行业的性质和特点,必然要求各级交通部门高度重视法制建设,坚持把法制工作贯穿于交通行业的方方面面,服务于交通经济工作的全过程,为交通又好又快发展营造良好的法治环境。依法治交与科教兴交并举是交通科学发展观的重要组成部分,法制建设越加强,交通经济发展就越有保障;交通经济越发展,对法制建设的要求就越高,交通经济发展与交通法制建设相辅相成,互相推动,互相促进。随着改革开放的深入发展,交通领域新情况、新问题层出不穷,交通法制工作还与其不相适应,特别是交通建设领域,大量社会民营资本的进入,对交通法制工作提出了新的更高的要求,既需要我们健全市场规则,用制度来规范市场各方的行为;又需要我们依法行政,用法律法规来维护好各方的利益,来创造公平竞争的市场环境。各级交通部门要紧扣交通行业的特点,勇于正视不足,坚持以新的理念推动交通法制工作,努力营造交通部门依法行政的法制环境。

一、要牢固地树立"研究问题先学法,决策问题遵循法,解决问题依据法,言论行为符合法"的理念

各级交通部门在工作决策、行业管理、现场办公、解决问题的实

践中要想到的第一点就是“有没有法律依据”,是不是存在法律障碍,是不是依法依规,必须首先从法律层面上思考和研究问题,做到依法决策、依法行政、依法办事。省厅和直属单位坚持常年聘请法律顾问,经常请法律专家进行咨询、指导、讲课,交通厅直单位和机关干部职工坚持学法、用法、执法,自觉地将“研究问题先学法,决策问题遵循法,解决问题依据法,言论行为符合法”的理念,作为衡量广大交通干部职工法制观念的基本准则。“五五”普法期间,要进一步推进交通干部职工法制教育的制度化、规范化,努力构建“办事依法、群众信法、为官学法、行政用法”的浓厚氛围;要按照合法行政、合理行政、程序正当、高效便民、诚实守信、权责统一的要求,加快交通部门职能转变,真正把“有权必有责、用权受监督、违法要追究、侵权要赔偿”的理念转化为广大交通执法人员的自觉行动。各级交通部门要高度重视解决管理过程中的利益驱动问题,认真地清理本单位的管理和执法行为,千万不能将完成罚款任务写进目标责任、下达到计划工作中去,一定要切实做到权力与责任挂钩,权力与利益脱钩,努力建立权责明确、行为规范、监督有效、保障有力的执法体制。

二、要牢固树立执法为民的理念

执法为民是社会主义法治的本质特征。坚持执法为民,就是要把实现好、维护好、发展好广大人民群众的根本利益,作为交通法制工作的根本出发点和落脚点,始终做到心中装有群众,凡事想着群众,工作依靠群众,一切为了群众。各级交通部门和行政执法人员要牢固树立全心全意为人民服务的宗旨意识,切实解决好“为谁执法”和“怎样执法”的问题,真心实意地为人民群众办实事、解难事、做好事,争做刚毅式执法标兵。

三、要牢固树立文明执法的理念

交通执法部门的执法行为、执法人员的言行举止,直接影响到一个行业、一个单位的形象,甚至影响到一个省、一个国家的形象。长期以来,交通执法机关的执法作风备受新闻媒体、社会各界关注,特别是个别野蛮执法、徇私枉法等问题曝光后,不同程度地影响了交通执法机关和执法队伍的整体形象。务必引起各级交通部门的高度重视,必须通过加强学习教育,端正执法观念,严格依法依规、依法行政,坚决遏制野蛮执法、关系执法、人情执法等不良行为,把执法岗位作为为人民服务的平台。在查处违法违章行为的时候,做到文明用语在先,亮明身份在先,指明违法事实在先,告知权利义务在先,在工作当中要充满真情,在环节上要规范清晰,坚持从点滴小事做起,从现在做起。

四、要牢固树立和谐执法的理念

第一,必须做到依法行使职权和保护人民群众合法权益的和谐统一。要坚持寓执法于服务之中,改进执法方式,采取多种执法便民措施,尽可能的方便管理相对人,实现执法的利民、便民、护民,决不能以老百姓的不便换取自己管理的方便,更不能为了部门管理的方便而增加老百姓的负担。第二,必须做到执法效果和社会效果的和谐统一。交通快速发展的时期,也是各种矛盾凸现的时期。各级交通部门和行政执法人员都要学会运用法律手段,来妥善解决各种矛盾和纠纷,化解各种不利因素,既要维护好法律的尊严,又不致引起社会负面影响,这是对我们执法能力的一个检验。第三,必须做到严格执法与友情操作的和谐统一。要正确处理好管理者与被管理者的关系,坚持处罚和教育相结合、以教育为主的导向,不能简单地以罚代管,一罚了之,而要罚当其过,罚教结合,在管理和执法中要体现指导、服务、解难。对初次违法、情节轻微、没有造成危害后果的，经教育可以及时纠正的，尽可能不予处罚；对有一定困难的管理相对人，要给予力所能及的帮助，做到既严格执法，又有情操作，实现执法的最佳效果。

（节选自2007年在全省交通系统"五五"普法依法治理法制工作会上的讲话）

依法治交 文明执法

交通行业是与人民群众生产生活息息相关的“窗口”服务行业，是人民群众直接感受党风、政风、行风和社会风气的重要“窗口”。近年来，我省交通执法逐步规范，行业风气明显好转。但随着改革开放的深入，交通领域出现了不少新情况、新问题，交通服务质量与社会需求的提升还存在较大差距。有的企业以包代管，运输经营流行挂靠，企业疏于质量管理，坑宰甩卖旅客、超载超限经营、沿街揽客、欺行霸市等行为屡禁不止，旅客、货主时有投诉，新闻媒体常有披露。从全省看，这些虽然是个别现象，但却不同程度地暴露了我们交通执法、工程建设和运输服务质量方面存在的问题，是交通经济发展过程中薄弱环节的集中反映。各级交通部门必须认清形势，正视问题，坚持从执法管理方面找原因，举一反三，全面分析，认真反思，坚持以新的理念推动交通法制建设，维护人民群众合法权益，保障和推动交通经济健康有序发展。

一、始终坚持“研究问题先学法，决策问题遵循法，解决问题依据法，言论行为符合法”，牢固树立依法行政的理念

厅党组历来高度重视法制建设，坚持将法制工作贯穿于交通工作的方方面面。最近几年，我们遇到问题，首先想到的就是，是否有法律依据，是否存在法律障碍，是否依法依规，首先坚持从法律层面上思考和研究问题。为此，省厅不但聘请了常年法律顾问，而且经常

请法律专家进行指导，努力将“研究问题先学法，决策问题遵循法，解决问题依据法，言论行为符合法”作为衡量广大交通干部职工法制观念的基本准则，努力构建“办事依法、群众信法、为官学法、行政用法”的浓厚氛围。

依法实施养护路政管理。要按照合法行政、合理行政、程序正当、高效便民、诚实守信、权责统一的要求，坚持依法办事，真正把“有权必有责、用权受监督、违法要追究、侵权要赔偿”的理念转化为广大交通执法人员的自觉行动。近年来，各地涉及公路管理的诉讼案件日渐增多，比如错误的公路标识（标志标线）设置，以及未及时更换清理酿成惨案；公路路面坑洞、边坡落石致人伤亡案件；施工路段隔离设施、安全标志、灯饰的原因导致交通事故等。这些案件，警示我们必须高度重视高速公路路政、养护的规范化管理，要严格按规范设置急弯、陡坡、匝道、隧道等路段的交通标志、提示牌、警示标志，要注重日常维护管理，及时修复破损的标志、标牌和防护网等。这些案件，启示我们必须在实施路政、养护巡查时注重规范记录巡查日志，记录要有巡道时间、线路、地点、巡查人员、事由、处理结果等要素；公路桥梁、公路标志标线也应当建立相关登记台账；公路两侧的建筑控制区的有关建筑物和构筑物应当建立相关登记案卷。完善这些工作的登记制度，规范、及时、准确地记录相关信息，对我们完善公路路权和管护机制，打击侵害公路行为，保护好路产路权，依法维护管理主体的利益都具有重要的法律意义。

依法实施公路治超。要立足于打持久战，努力做到路面专项治理与源头长效治理相结合，部门联手与区域联动相结合，行政手段、经济手段和法律手段相结合，治理力度与社会可接受的程度相结合，严格处罚与人性化管理相结合。

依法实施规费征收。要严格执行《湖北省公路规费征收管理条例》，从源头上制止随意减免和乱收费行为。要强化执法为民观念，做到文明规范执法,提高化解矛盾纠纷的能力,防止恶性事件的再度发生。对粗暴执法、严重侵犯当事人合法权益的行为,依法严肃处理。特别要高度重视解决管理过程中的利益驱动问题。各级交通部门要认真清理本单位的管理和执法行为,不得有罚款指标,不得有纠违指标,更不能把完成罚款任务写进目标责任,切实做到权力与责任挂钩,权力与利益脱钩,努力建立权责明确、行为规范、监督有效、保障有力的执法体制。

依法规范运输市场。要认真贯彻《中华人民共和国港口法》、《中华人民共和国道路运输条例》以及《湖北省维修业管理办法》和《湖北省出租车客运管理办法》等各项交通法律、法规、规章,加大推行客运线路经营权招投标和农村客运线路经营权核准制的力度,促进运输市场主体公平竞争和资源优化配置。要遵循处罚与教育相结合、过罚相当的行政处罚原则,审慎行使行政处罚权和行政强制措施权,绝不容许乱罚款、乱收费。

依法推进职能转变和管理创新。要切实转变政府职能,凡是公民、法人和其他组织能够自主解决的,市场竞争机制能够调节的,行业组织或者中介机构通过自律能够解决的事项,不要通过行政手段去解决。要充分利用经济和法律手段全面履行经济调节、市场监管、社会管理和公共服务的职能,切实做到权力与责任挂钩,权力与利益脱钩,既不能失职不作为,又不能越权乱作为。要大力推行行政许可制度创新,为社会提供方便快捷的服务。

二、始终坚持将实现好、维护好、发展好广大人民群众的根本利益作为搞好交通执法工作的根本出发点和落脚点,牢固树立文明执法、执法为民的理念

执法为民是社会主义法治的本质特征。各级交通部门和行政执法人员都要牢固树立全心全意为人民服务的宗旨意识,大力弘扬刚毅精神，争做刚毅式执法标兵，切实解决好“为谁执法”和“怎样执法”的问题，真心实意为群众办实事、解难事、做好事。要坚持寓执法于服务之中，改进行政执法方式，采取执法便民措施，尽可能地方便管理相对人，实现执法的利民、便民、护民，决不能为了部门管理的方便而增加老百姓的负担。要加强学习教育，端正执法观念，严格依照法律规定，对违法行为敢于纠正并依法处罚，不搞态度执法、关系执法、人情执法，要把执法岗位作为为人民服务的平台，在查处违法违章行为时，做到文明用语在先，亮明身份在先，指明违法事实在先，告知权利义务在先，在工作中充满真情，在环节上规范清晰，坚持文明执法。

要正确处理好管理者与被管理者的关系，坚持处罚与教育相结合、以教育为主的导向，在管理和执法中体现指导、服务、解难。对初次违法，情节轻微，没有造成危害后果，经教育可以及时改正的，尽可能不予处罚；对有一定困难的相对人，要给予力所能及的帮助，做到既严格执法，又有情操作，实现执法的最佳效果，着力打造交通执法服务品牌，千方百计地满足群众安全便捷舒适出行的需求。

（节选自2007年在全省交通局长培训班上的讲话）

拓展典型路　创建“刚毅桥”

在陈刚毅先进事迹报告团走进人民大会堂一周年之际,我们来到火热的荆岳长江大桥施工现场,组织召开全省交通系统“学刚毅精神,创文明新风,建和谐交通”推进会暨创建“刚毅桥”启动仪式,其主要目的是:进一步弘扬刚毅精神,深化学创建活动,促进服务创新,变强大的精神动力为新的生产力,推进湖北交通又好又快发展,以优异成绩迎接省九次党代会、建党86周年和党的十七大胜利召开。

一、与时俱进,深化认识

一是深化对学创建的认识。“学刚毅精神,创文明新风,建和谐交通”是实现湖北交通又好又快发展的必然要求。2006年,陈刚毅同志作为全国重大先进典型推出后,在全省、全国得到广泛而深入的学习宣传,极大地增强了交通行业的凝聚力、向心力和战斗力。全省交通行业涌现出一大批“刚毅所”、“刚毅班”、“刚毅青年突击队”和“刚毅式交通英模”等。在交通建设任务日益繁重,交通环境日益复杂,科技进步日新月异,群众需求日趋多元的新形势下,学创建的内涵需要不断丰富,载体与形式需要不断拓展。举行学创建活动推进会及创建“刚毅桥”启动仪式,本身就是一种深化和发展,更是对这一新课题的探索和实践,即为学创建活动注入了新的时代特征、行业特色,使其常抓常新,更具有鲜活的生命力和强大的带动力。

二是深化向陈刚毅学习的认识。典型就是旗帜,榜样就是力量。

先进典型带给人民群众的感觉直观而真实，释放的正面效应强烈而持久。不少同志说，先进典型效应不亚于修一条高速公路，不亚于建一座长江大桥。陈刚毅这一全国重大先进典型推树以后，全国交通人艰苦奋斗、奉献交通、修路架桥、造福人民的主流意识得到社会各界和全国人民的广泛认同和高度赞誉，交通行业社会经济效益得到明显提高。更难能可贵的是，面对社会的充分肯定和高度赞誉，陈刚毅同志并未躺在昔日的功劳簿上，而是怀着对路桥的深厚感情来到荆岳大桥建设工地，践行他“为老百姓铺更多、更好的路，架更多、更好的桥”的夙愿，践行他“唱响三个服务主旋律，做推动交通事业又好又快发展的排头兵”的倡议，这种勇往直前、奋发进取、挑战自我、完善自我的精神和举动，是新时期时代先锋与时俱进的充分体现，是交通人无私奉献的真实写照，是值得我们深入学习的典型示范。

三是深化对创建“刚毅桥”的认识。大桥，一直承载着陈刚毅的梦想，见证着陈刚毅的成长。陈刚毅同志在援藏期间身患重症，七次化疗四次进藏，以无私奉献的刚毅精神架起了感动藏汉民族的连心桥——角笼坝大桥。2006 年 10 月 24 日，在浙江绍兴举行的首届中国桥梁文化周上，陈刚毅同志被授予唯一的“桥梁建设楷模人物”。陈刚毅同志昔日建设藏汉人民的连心桥，今日情系家乡，决心为两湖人民再建连心桥。陈刚毅同志心系工程建设，几次到荆岳长江大桥等重点工程为建设者上党课，为工程建设出谋划策，荆岳大桥指挥部聘请陈刚毅同志作为大桥名誉指挥长，开展了“弘扬刚毅精神，创建刚毅大桥”活动。今天“刚毅桥”创建仪式的启动，就是要借助榜样的力量，把抽象的说教变成形象的示范，把空泛的概念变成实在的样板，把精神的感召变成具体的行动；就是要以创建“刚毅桥”为新的标志，在全省交通行业特别是交通重点工程领域，广泛开展“刚毅桥”、“刚毅路”、“刚毅站场”等一系列创建活动，通过不懈的努力，打造出一批名副其实的刚毅品牌。

二、拓展延伸,深化内涵

深化学创建活动,创建"刚毅桥",就是要把刚毅精神转化为推动交通事业又好又快发展的新的生产力,就是要将刚毅精神与交通建设结合起来,以刚毅精神推动交通精品工程建设;就是要在交通建设中,像陈刚毅那样,对质量一丝不苟、对诱惑一尘不染、对技术精益求精、对事业无私奉献,着力把我省交通基础设施建设成为质量零缺陷、安全零死亡、廉政零案件、环保零破坏、和谐零拖欠的民心工程。

一是着力提升交通建设质量。质量与安全是交通的生命,也是深化学创建活动的核心。深化学创建活动,创建"刚毅桥",必须进一步增强交通质量安全意识,始终把质量安全放在生产首位,着力为人民群众提供安全牢固的交通设施,为百姓出行提供安全可靠的运输保障。所有在建工程项目必须加强基础资料微机管理,能上网的要公开上网,自觉接受社会监督;所有工程变更、计量支付等关键环节,都要制定明确的规章制度和操作流程,建立有效的监督制约机制;特大桥梁和特长隧道等重点工程、重点部位都要建立视频监控系统,充分发挥电子监察在工程建设质量安全监控领域的独特作用。

二是着力做好"三个服务"。交通是国民经济发展的重要基础,也是一个公益性、服务性、社会性很强的"窗口"服务行业。今年是湖北交通"服务创新年"。深化学创建活动,必须突出服务为民这个宗旨,牢牢把握服务创新这个重点。交通行业每修建一条公路、发送一班车船、装运一批货物、收取一笔规费,都涉及社会各界、千家万户,都与人民群众生产生活息息相关,直接关系着广大人民群众的根本利益,直接体现着党和国家的形象,是人民群众直接感受党风、政风、行风和社会风气的重要"窗口"。深化学创建活动,创建"刚毅桥",必须唱响"三个服务"主旋律,始终围绕交通发展中心,创造性开展工作,变方便管理者为方便使用者,让人民群众真正感受到"舒适在路途、满意在费亭、服务在沿线、安全到终点”。

三是着力强化党风廉政建设。交通建设点多、线长、面广，各级交通部门任务艰巨、责任重大。目前，既是交通发展的黄金机遇期，也是腐败易发、多发期。各级交通部门要针对交通领域商业贿赂和违法违纪案件，狠抓源头治腐，牢牢绷紧廉政建设这根弦，坚持惩防并举、标本兼治，坚持每季度开展一次廉政交通主题教育，扎实开展商业贿赂专项治理，努力实现架一座桥、修一条路，铸一座丰碑；服务社会经济、服务公众出行，留下一个好的口碑。

四是着力提高职工队伍素质。人是社会关系中最活跃的因素，也是物质文明和精神文明建设的主体。如果离开了科学发展观所倡导的以人为本的原则，忽视人的全面发展，忽视职工队伍建设，精神文明建设就失去了根本。深化学创建活动，创建“刚毅桥”，就是要大力加强干部职工队伍建设，建立能进能出的动态管理机制、科学系统的教育培训机制和宽严相济的监督制约机制，打造一支政治强、业务精、作风好的交通建设大军；就是要充分挖掘和激发广大交通职工的潜能，培养千万个刚毅式职工，使交通行业充满生机和活力，为交通发展提供强有力的人才保障和智力支持。

（节选自2007年在全省交通系统创新推进会暨创建“刚毅桥”启动仪式上的讲话）

让“半边天”更加靓丽夺目

湖北交通新一轮的大建设大发展,需要全省交通系统干部职工的共同努力,更需要充分发挥妇女的“半边天”作用。全省交通战线的广大妇女姐妹们要发扬不让须眉的优良传统,尽显巾帼风范,为交通发展贡献力量。

一是勤奋好学,学以致用,增强全面参与经济建设和社会发展的能力。“知识改变命运,学习成就未来”,学习可以使人生价值得到最充分展现。当今时代,科技进步日新月异,知识更新不断加快,交通改革发展稳定面临的新情况新问题层出不穷。广大妇女一定要增强学习的紧迫感,牢固树立主动学习、超前学习、终身学习的观念;以进取的精神、顽强的毅力抓好学习,既要学理论、学政策、学专业,又要学法律、学经济、学管理,既要向书本学习,又要向实践学习,既注重拓宽视野、开阔思路,更注重提高解决问题的能力,努力成为学以致用、用有所成的表率。要进一步增强竞争意识和参与意识,克服依赖和自卑心理,发扬自尊、自信、自立、自强的精神,在实践中长才干、求发展,增强全面参与经济建设和社会发展的能力。

二是真抓实干,务求实效,为实现“十一五”交通发展目标建功立业。广大妇女要把个人理想同社会需求、交通实际相结合,立足本职,真抓实干,把工作岗位作为奋斗的舞台,为实现“十一五”交通发展规划目标挥洒汗水、收获成功。女性肩挑事业和家庭的责任,要有所作为,将比男性多付出“三分汗水、五分勇气、七分毅力、十二分艰辛”。然而只要我们始终保持一种奋发有为、坚忍不拔,“不干则已、干则一流”的精神状态,充分发挥女性细致敏锐、严谨稳重、吃苦耐劳、善于沟通等优势,男同志能做到的,女同志一定能做到,男同志能做好的,女同志一定也能做好,共同享受成功的喜悦,收获丰硕的人生。

三是生活正派,情趣健康,为推动三个文明建设和和谐社会构建做出更大的贡献。构建和谐社会,和谐家庭是基础,而女性是构建和谐家庭的主导力量。妇女在家庭建设、社区建设中发挥着不可替代的作用,要更加注重培养健康的生活情趣,保持高尚的精神追求,树立“以德治家、以爱暖家、以学兴家、以廉守家”的和谐家庭建设理念,立足家庭和谐,带动社区和谐,服务于社会和谐。妇女要带头大力弘扬社会新风,成为社会公德、职业道德、家庭美德的宣传者、实践者;要发挥性别优势,化解矛盾、稳定大局,营造良好的家庭文化和道德氛围。

我国著名作家冰心有句名言:如果没有女性,我们将失掉生活百分之五十的真,百分之六十的善,百分之七十的美。希望广大的妇女姐妹们焕发精神、施展才智、自信自强,在岗位建功活动中求真,在和谐社会建设中求善,在自我全面发展中求美,让这“半边天”的风景更加靓丽夺目!

(节选自2007年在庆“三八”巾帼建功演讲报告会上的讲话)

先 行 颂

"先行颂"文艺汇演，是省委宣传部、省文明办、省文化厅、省交通厅联合举办的喜迎八艺节系列活动之一，是全省交通职工展示昂扬风貌、引领时代新风的文艺盛会。

"中部崛起，交通先行"。围绕这一重大战略目标，我省广大交通职工日夜奋战在如火如荼的建设工地，昼夜服务在繁忙有序的车船站所，扎根奉献在偏僻艰苦的养护一线，用豪迈情怀谱写了一曲曲时代赞歌，以实际行动铸就了一幕幕时代新风，用优异业绩绘就了一幅幅壮美画卷，涌现出了"时代先锋"陈刚毅、"节油大王"王静、"见义勇为英雄"蒋雪峰等时代英模，不仅创造了令人瞩目的交通物质文明，而且催生了蓬勃向上的交通精神文明，更为繁荣交通文化艺术提供了生动的原形和鲜活的素材。

"先行颂"自 1991 年创办以来，每四年一届，2007 年已是第五届。十六载春秋，十六载情怀，十六载风华，我们始终秉承歌颂党、歌颂祖国，始终秉承传承文化、传递文明，始终秉承颂扬交通发展、弘扬新风正气，诠释着为民的理念，唱响着时代的旋律，讴歌着行业的新风。所有文艺节目大多都由交通职工自编自演，贴近职工生活，充满时代气息，集中体现了以陈刚毅为代表的广大交通职工克难奋进、无私奉献的时代风采和永不言败、再创辉煌的雄心壮志。

全省交通职工将进一步坚持以科学发展观为统领，坚持发展第一要义,以更加昂扬的斗志,更加饱满的热情,更加务实的作风,谱写交通发展更加灿烂的篇章,以实际行动迎接党的十七大胜利召开!

(2007 年在第五届全省交通“先行颂”文艺汇演的致辞)

依法治交促发展

我省交通执法门类包括公路路政管理、水路交通管理、道路运输管理、船舶安全管理、维修辅助业管理等11种,执法单位1 500个,执法人员达15 000多人。交通法制建设水平、交通文明执法程度、交通行政执法队伍素质一定程度上体现了交通发展水平、交通行业社会形象。长期以来,厅党组坚持将"研究问题先学法,决策问题遵循法,解决问题依据法,言论行为符合法"作为对交通干部职工的基本要求,将为民执法、依法行政、依法治交贯穿于交通工作各个环节,努力构建"办事依法、群众信法、为官学法、行政用法"的浓厚法治氛围。

一、服务发展抓立法

立法是行业之基、管理之本。我们坚持围绕中心、服务大局,与时俱进、超越创新,及时跟踪、跟进做好交通法规规章的立、改、废工作,着力为交通科学发展创造有法可依的法治环境。目前我省交通系统初步形成了适应交通发展需要的行业法规体系,最大限度发挥了交通法制工作服务、支撑、保障交通科学发展作用。

一是呼应农村交通发展需要,制定出台了我国首部全面规范农村公路工作的地方性法规。近年来,我省农村交通发展突飞猛进,变化翻天覆地,有效解决了农民群众"出行难、乘车难、过渡难"等问题,为改善农民生产生活条件,促进农民增产增收发挥了重要作用。但随着农村公路建设规模的扩张,突出面临农村公路建养管责任主体不明确、地方配套资金不到位，特别是农村公路管理法律法规体系不健全等突出矛盾，省厅及时争取省人大出台了《湖北省农村公路条例》，成为全国首部全面规范农村公路工作的地方性法规。《湖北省农村公路条例》首次明确了农村公路建设管理主体以及资金来源等问题，解决了农村公路建、养、管方面的法律空白，促进了我省农村公路建设法制化、规范化水平。

二是呼应投资体制改革，修订出台了《湖北省高速公路管理条例》。随着交通基础设施建设投资规模的不断加大、建设项目的不断增多和投资主体的多元化，交通建设市场管理中的矛盾和问题不断凸现，特别是针对经营性收费公路公司股东转让股权事件，省厅积极争取省人大修订出台了《湖北省高速公路管理条例》。《湖北省高速公路管理条例》首次以法律条文形式对特许经营权转让等问题做了严格界定，第一次设专章对服务区设定、管理进行了规定，填补了我国地方立法在这方面的空白；对高速公路施救主体进行了明确，避免了高速公路清障施救多头执法等问题；吸收了我省抗雪灾、保畅通的成功经验，赋予路政管理机构在交通管制上的参与权。

三是呼应综合道路运输管理需要，修订出台了《湖北省道路运输条例》。及时将汽车租赁、商品车发送、货物代理等辅助业务纳入管理范畴，使之成为目前涵盖面最广的道路运输管理地方性法规，在探索综合道路运输管理方面迈出了重要一步，推动了湖北道路运输市场的发展完善。

四是呼应交通文明规范执法需要，建立健全了具有交通地方特色的配套法规体系。出台了《湖北省出租汽车客运管理办法》、《湖北省机动车维修业管理办法》、《湖北省港口管理办法》、《湖北省公路规费征收管理实施办法》四部政府规章，初步形成了具有地方特色、较为健全的交通法规体系，增强了交通法规的针对性、时效性和可操作性。

二、教育培训抓普法

只有学法懂法,才能信法守法。只有通过深入持久地开展普法宣传、教育、培训,才能促进交通干部职工执法为民、依法行政,依法办事、文明执法;也才能促使社会公众依法维权、反映合理诉求,维护正当利益,履行应尽义务。结合交通行业特点,省厅创造性地提出了普法工作"四个一"的要求,收到了良好效果。

一是所有新提拔干部任职前必须首先接受一次系统的法律知识学习并通过相关法律知识考试。厅党组专门研究建立了领导干部法制讲座制度、中心组学法制度、公务员法律知识考试考核制度、执法人员岗位培训制度等,将各级交通领导干部、公务员和执法人员作为普法重点,特别是对新提拔干部在任职前必须经过法律知识考试,5年来共有77名处级干部在正式任职前进行了系统的法律知识学习和考试,并由厅主要领导对考试结果进行点评,促进了整个机关自觉学法氛围的形成。

二是所有新进交通局处长必须首先参加一次法律知识培训。省厅率先垂范,定期举办全省交通局长法制培训班,所有新进交通局处长全部参加培训,厅主要领导和三个业务局的"一把手"亲临授课,首先对交通局长进行深刻的交通法制教育。2008年,厅党组采取集中时间、集中人员、集中学习的方式,组织拟任处级干部培训班,厅领导分别结合各自分管的工作,就学法用法、遵纪守法、依法行政、规范财务管理、严肃财经纪律、遵守基建程序、履行行业监管、保障交通安全、维护行业稳定、加强廉政建设、构建廉政交通等方面进行专题讲课,夯实依法行政基础。

三是各单位坚持每年集中开展一次法制宣传教育活动。省厅注重发挥交通宣传阵地的作用,在《湖北交通报》和湖北交通网上开辟了"交通与法"专栏,开展了送法上工地、送法下乡、以案说法等系列宣传活动。特别是每年“12·4”法制宣传日都由厅主要领导、分管领导等亲自带队走上街头、奔赴基层宣讲交通法律法规,解答群众疑问,增强了交通法制工作的辐射面和影响力。

四是省厅坚持每年开展一次交通执法大检查。在交通系统开展以贯彻落实行政处罚法、行政许可法、行政执法责任制以及文明执法为重点的执法大检查,严肃查处交通执法过程中不文明、不规范行为,针对存在的突出问题有针对性地开展专项整治活动,促进了交通发展环境的进一步改善。

三、规范管理抓执法

法律是准绳,执法是关键。规范执法是依法治交的重要内容和具体体现。针对交通建设、运输管理方面存在的突出问题,省厅不断加大执法力度,坚持标本兼治、专项治理,规范交通市场,健全市场机制,有效提高了交通法制化水平。

一是依法实施招商项目管理。根据国务院《关于投资体制改革的决定》和《收费公路管理条例》,省厅对高速公路招商项目实施了“业主负责、政府服务、行业监管、依法行政”的建设管理新模式,顺利回撤了随岳南、武荆高速公路等8个招商项目筹备组的交通人员,实现了政企分开;依法协商解除了杭瑞、武英高速公路和荆岳长江大桥的投资意向,并及时争取交通部给予了项目投资;依法加强了在建招商项目的指导协调及质量、资金监管,促其步入规范化管理轨道。

二是依法整治工程转包和违法分包。厅党组制定了《湖北省公路水运工程分包管理规定》,确定了疏堵结合、标本兼治的工作思路;与省监察厅、建设厅联合颁发了《关于进一步清理整顿违法分包、转包的通知》,在全省高速公路建设范围内开展了专项集中清理整顿工作。

三是依法治理超限运输和运输市场。根据《国务院办公厅关于加强车辆超限超载治理工作的通知》,省厅公路部门通过运用行政、法律手段和实行计重收费等经济手段,因超限超载车辆引起的道路安全事故由治超前的80%下降到8%。根据国务院《中华人民共和国道路运输条例》和《中华人民共和国内河交通安全管理条例》,省厅道路运输管理部门组织开展了"查客运站、查客运车辆、查运输服务质量、打击(黑车)非法经营"的运输市场环境整治;省厅港航海事部门依法整治了"三无"船舶、船舶超载等行为,开展了乡镇渡口达标活动。全省船舶安全率达99.92%。

四是依法理顺交通管理体制。根据国务院《收费公路管理条例》,经省编委批准成立了湖北省京珠、汉十高速公路管理处,将政府投资建设的高速公路纳入到全省收费还贷公路实施统一管理;批准成立了湖北省交通厅高速公路管理局,对全省高速公路路政、养护、费收、资产、投资等实行统一管理;批准成立了沪蓉西、随岳中、崔家营建设管理处为项目法人。2005年3月,交通部与省政府签订了《湖北长江干线水上安全监督机构划转交通部管理交接协议》,圆满完成了湖北长江水监体制改革。

四、创新惠民抓效能

效能是交通执法的生命。省厅始终把提高交通效能作为执法工作不懈追求的目标,把政务公开作为依法行政的重要内容,把简政放权作为依法行政的有效途径,把推进综合执法、联合执法作为依法行政的主攻方向,把网络化、信息化作为提高依法行政能力的实践载体,着力打造交通依法行政的电子信息平台,促进交通法制工作创新,提升交通执法效能。

一是加强电子政务建设。省厅积极推进网上办公、网上办事、网上审批,开发了行政许可系统,实施了行政许可电子监察,所有交通行政许可的办事依据、办事职责、办事程序、办事标准、办事时限均已全部向社会公布,并按照“网站受理、后台办理、网站反馈”的原则深入推进交通行政许可在线办理。同时开辟了表格资料下载、常见问题解答、在线访谈、公众交流等专栏,高速公路和运管部门相继开通了服务热线,建立了快速反映网络,对投诉举报在第一时间响应、第一时间启动、第一时间反馈。省厅还依托交通政务网,开通了公众交流平台,完善了厅(局)长信箱等网上投诉机制,对投诉定期进行督办,重大案件办理情况及时向厅主要领导汇报,切实做到每一起投诉、举报、咨询有处理、有结果、有回复,加强了与群众的联系与沟通,强化了对基层执法的有效监控。

二是积极推进简政放权。省厅多次对交通审批事项进行清理、精简和规范,将15项省级管理权限下放和委托地方管理,真正做到简政放权,还权于基层。在所有具有行政许可权的交通部门全面推行行政许可“一个窗口对外”制度,逐步扩大网上审批范围,不断提高行政效能和便民服务水平,目前已有98%以上的基层交通执法部门实现了“一个窗口”对外,90%以上的行政许可时间得到了压缩,切实方便了当事人。

三是实施“六个一”的路警共建执法机制。省厅率先在全国积极探索建立路警共建机制,与省公安厅签订了“平安交通”共建协议,实行高速公路路政与交警联合宣传、联动执法、联勤指挥、联合考核,构建了“一个声音调度、一个窗口办事、一张表格审批、一套制度体系、一流执法形象、一条道路畅通”路警联合执法体系,有效解决了高速公路管理中执法交叉问题,执法效率明显提高。省厅在黄冈武穴交通局、十堰武当山交通局积极开展交通综合执法试点,试行多上门、多疏导、多服务、多教育,少上路、少处罚、少扣车、少扣证,有效避免、减少或化解多头多重执法等人民群众反映强烈的突出问题。

五、以人为本抓队伍

交通执法队伍是交通法律法规的具体执行者,抓好交通职工队伍建设的突破口就是抓执法队伍建设,这是提高交通文明执法能力的根本。

一是严把“三关”。即严把执法人员准入关、学历关和上岗关,建立执法人员资格考试制度和动态管理制度,形成了严格的执法人员进出机制。截至2008年底,全省持证交通行政执法人员大专以上学历比例由2004年底的74.3%提高到100%,提前实现“十一五”目标要求。

二是抓好“三前”教育。即新调入人员上岗前、换岗人员工作前、新法律法规实施前,所有执法人员都要进行系统培训,并对培训情况实施考核。5年来,全省共培训人员达32 000人次,基本实现行政执法人员3年轮训一遍的目标;积极培育了以“份内事、马上办,厅内事、主动办,突发事、高效办,重大事、跟踪办,经办事、精细办,交通事、干净办”为主要内容的“新型交通办事文化”,提高了交通各级领导干部特别是交通行政执法人员的“学习力、敏锐力、创新力、组织力、团结力、自律力、执行力、服务力”。

三是强化“三个落实”。即落实文明执法教育成果、落实机构经费保障、落实组织领导。各级交通部门普遍成立了以主要负责人为组长的普法依法治理工作领导小组,各单位“一把手”对本部门及其所辖区域交通系统的行政执法负总责,并将交通法制工作纳入了部门目标管理的范畴,与部门年度工作目标一并考核,对有严重执法过错的单位和部门实行“一票否决”。各级交通部门都成立了专门的法制工作机构,人员编制足额到位,各县(市)交通部门也都配备了专、兼职法制工作人员,逐步形成了全省交通法制工作网络,为法制工作的顺利开展奠定了良好基础。

四是健全“三项”制度。建立健全了交通行政执法评议考核和执法过错责任追究制、行政执法案卷评查制度以及行政处罚自由裁量基准制度。省厅深入贯彻落实交通行政执法责任制，连续三年对全省交通各门类的执法案卷进行评查，对执法单位和执法人员进行评议考核，实行奖优罚劣。省厅作为省政府法制办规范行政处罚自由裁量权的试点单位，研究制订了交通行政处罚自由裁量执行标准，有效解决了执法随意性大的问题。

坚持依法治交是促进交通科学发展的动力保障，严格依法办事是彰显交通科学发展的具体体现。解决实际问题，破解发展难题，推动交通科学发展，永远是交通法制工作的出发点、着力点和落脚点。

（节选自2008年在全省交通局长依法治交培训班上的讲话）

交通大发展　法制大加强

依法治交，是引领、支撑、推动交通科学发展的重要基础，也是服务、规范、促进交通科学发展的根本保障。交通运输经济越是大发展，法制建设越要大加强；法制建设越是大加强，交通运输发展越是有保障。长期以来，湖北交通运输系统始终坚持交通发展与法制建设两手抓、两促进，为推动交通又好又快发展提供了有力保障。

一、坚持学法用法规范化，促交通队伍素质大提高

一是领导干部学法用法成为制度。各级政府及部门自觉接受人大监督，是国家政治制度的基本要求，是宪法对政府行为规定的一项基本义务和责任。各级领导干部带头学法用法是增强法制观念、推进依法行政和依法决策的重要前提。厅党组大力倡导"研究问题先学法，决策问题遵循法，解决问题依据法，言论行为符合法"的交通法制新理念，印发了《关于加强湖北交通系统领导干部学法用法工作的实施意见》，制定了领导干部法制讲座制度、中心组学法培训制度等，建立了"四个一"的领导学法用法工作机制，即：所有新提拔干部任职前必须首先接受一次系统的法律知识学习并通过相关法律知识考试，所有新进交通局长必须首先参加一次法律知识培训，各级交通领导干部每年必须参加一次法制宣传教育活动，每年必须带队开展一次交通执法大检查。

二是机关公务员学法用法氛围浓厚。为强化机关公务员"有权

必有责、用权受监督、违法要追究”的法律观念，省厅把公务员学法用法工作纳入重要议事日程，多次举办法制专题讲座，系统学习了《中华人民共和国行政许可法》、《中华人民共和国公务员法》、《中华人民共和国物权法》、《中华人民共和国劳动合同法》、《中华人民共和国政府信息公开条例》等法律法规，建立了公务员法律知识考试考核制度，在厅机关和厅直单位形成了“办事依法、群众信法、为官学法、行政用法”的浓厚法治氛围。

三是执法人员学法用法常抓不懈。省厅在全省交通运输系统深入开展了以“依法行政、执法为民”为主要内容的文明执法教育活动，将《交通行政执法禁令》、《交通行政执法忌语》和《湖北省交通文明执法行为规范》作为培训重点，着力扭转交通执法中存在的文明执法意识淡薄、执法方式简单粗暴、执法程序不规范等问题。为提高依法治交水平，省厅坚持严把执法人员准入关、学历关和上岗关，建立了执法人员岗位培训制度，要求新调入人员在上岗前、换岗人员在工作前、新法律法规实施前必须进行系统的法律知识学习，经考试合格方可上岗执法。

二、坚持交通发展法制化，促交通运输环境大改善

一是服务发展抓立法。坚持立足三个“着眼”，即：着眼于交通经济发展、着眼于人民群众的根本利益、着眼于调整各方关系，注重提高交通立法的针对性、实效性和创新性，目前我省共有《湖北省道路运输条例》、《湖北省水路交通管理条例》、《湖北省交通建设管理条例》、《湖北省农村公路条例》、《湖北省高速公路管理条例》等12部地方性交通法规和《湖北省出租汽车客运管理办法》、《湖北省机动车维修业管理办法》、《湖北省港口管理办法》等9部政府规章，初步形成了适应交通发展需要的法规体系，成为全国交通行业立法最多的省份之一。二是规范管理抓执法。针对交通建设、运输管理方面存在

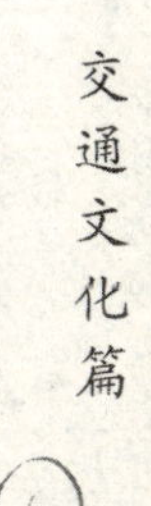

的突出问题,省厅始终坚持标本兼治、专项治理,着力提高交通法制化水平。三是找准载体抓普法。做好法制宣传工作,关键在发现亮点,找准着力点。依托千名公务员“进村入户走村路、十万公里大巡访”专项行动,深入开展了《湖北省农村公路条例》宣传教育活动,使每名公务员在“走百公里村路、查百公里路情”的同时,进行了一次大范围的法制宣传教育,将农村公路的建、管、养的法律知识宣传到村、普及到组、送法到村民手中。

三、坚持立体监督常态化,促交通资金管理大加强

一是自觉接受人大监督。对人大负责,自觉接受人大监督,是对政府组成部门的基本要求,也是做好交通工作的重要保证。省厅严格贯彻落实《中华人民共和国监督法》,注重向人大报告工作,认真办理人大建议,不断提高交通发展、依法行政和资金管理水平。二是主动接受外部监督。为确保政府投资效益,省厅坚持主动会同纪检、检察、审计、公安等部门建立联合监督沟通协调机制,先后与审计署武汉特派办、省审计厅在全国率先签订了交通财务管理与审计工作共建协议;与省检察院联合开展了重点建设项目预防职务犯罪活动,积极探索主动介入、事前监督、综合治理的监督管理新机制。三是着力加强内部监督。为规范交通资金管理,省厅修订完善了《建设资金管理办法》、《工程费用变更实施细则》等规章制度,各重点工程建设指挥部与银行签订了建设资金监管协议,与施工、监理单位和协调部门签订了服从指挥部及银行对其专项资金进行监管的协议,并专门开发了财务支付监控系统,实行银行监管和业主监管相结合的“双系统”监控管理模式,并试行网上申请、网上审核、网上认定和网上支付流程,切实提高资金支付环节透明度。

四、坚持执法服务便民化,促交通行政效能大提升

一是积极探索电子行政许可。省厅将交通行政许可的办事依据、办事职责、办事程序、办事标准、办事时限全部通过网络向社会公布，并按照“网站受理、后台办理、网站反馈”的原则，积极推进网上办公、网上审批和绩效评估。二是积极推进简政放权。省厅严格按要求对现有的交通行政审批事项进行清理、精简和规范，省级行政审批项目由原有的36项精简为15项；规范了交通行政许可项目的设定、办理期限、收费标准、办事流程等，实行阳光操作；建立了行政服务中心，直接受理由省交通运输厅办理的行政审批事项，处理行政执法投诉和受理交通行政复议申请，切实方便了当事人。目前全省已有90%的基层交通执法部门实现了“一个窗口”对外、“一站式”服务目标。三是积极建立联合执法机制。省厅与省公安厅签订了“平安交通”共建协议，实行高速公路路政与交警联合宣传、联动执法、联勤指挥、联合考核，构建了“一个声音调度、一个窗口办事、一张表格审批、一套制度体系、一流执法形象、一条道路畅通”路警联合执法体系和共建机制，有效解决了高速公路管理中执法交叉问题，执法效率明显提高。

（节选自2008年在全省交通法制工作会上的讲话）

交通无小事　责任大于天

交通管理门类多,社会接触面广,执法要求高,交通运输与人民群众生产生活息息相关。每修建一条公路、发送一班车船、装运一批货物、收取一笔规费,都涉及社会各界、千家万户,直接关系着广大人民群众的根本利益,直接体现着党和国家的形象,是人民群众直接感受党风、政风、行风和社会风气的重要"窗口"。交通无小事,责任大于天。无论是公路、水路建设管理,还是运管、征稽管理工作,政策性、服务性都很强。各级交通部门必须高度重视法制建设,把法制工作贯穿于交通工作的方方面面,为交通又好又快发展营造良好的法治环境。

随着改革开放的深入发展,交通服务质量与社会需求的提升还不相适应。有的企业以包代管,运输经营流行挂靠,企业疏于质量管理,坑宰甩卖旅客、超载超限经营、沿街揽客、欺行霸市等行为屡禁不止,旅客、货主时有投诉,新闻媒体常有披露。个别基层交通部门执法程序不规范、执法方法简单粗暴等问题时有发生,重处罚、轻教育,执法利益化倾向不同程度存在,交通执法队伍的执法能力、执法方式与依法行政、依法治交的要求有较大差距。各级交通部门必须认清形势,正视问题,全面分析,认真反思,以科学的发展观审视交通工作,牢固树立依法行政的理念,真正把"有权必有责、用权受监督、违法要追究、侵权要赔偿"的理念落实到工作实践中,努力营造依法治交的良好环境。

——依法推进职能转变和管理创新。要切实转变政府职能,凡是公民、法人和其他组织能够自主解决的,市场竞争机制能够调节的,行业组织或者中介机构通过自律能够解决的事项,不要通过行政手段去解决。要充分利用经济和法律手段全面履行经济调节、市场监管、社会管理和公共服务的职能,切实做到权力与责任挂钩,权力与利益脱钩,既不能失职不作为,又不能越权乱作为。要大力推行行政许可制度创新,为社会提供方便快捷的服务。

——依法规范运输市场。要认真贯彻《中华人民共和国港口法》、《中华人民共和国道路运输条例》以及《湖北省维修业管理办法》和《湖北省出租车客运管理办法》等各项交通法律、法规、规章,制定道路、水路运输配套工作规范。要培育和规范农村运输市场,制定颁发《关于加快培育和发展乡村道路旅客运输的意见》。要加强对重点水域、重点船舶的安全管理,依法整治"三无"船舶、船舶超载等行为,确保水上安全态势稳定。要大力推行客运线路经营权招投标和农村客运线路经营权核准制,促进运输市场主体公平竞争和资源优化配置。要遵循处罚与教育相结合、过罚相当的行政处罚原则,审慎行使行政处罚权和行政强制措施权,绝不容许乱罚款、乱收费。

——依法实施规费征收。要严格执行《湖北省公路规费征收管理条例》,从源头上制止随意减免和乱收费行为。要加强和改进费收稽查工作,加强与有关部门的沟通配合,形成执法合力。要强化执法为民观念,做到文明规范执法,提高化解矛盾纠纷的能力,防止恶性事件的再度发生。对粗暴执法、野蛮征费、严重侵犯当事人合法权益的行为,依法严肃处理,要切实做到权力与责任挂钩,权力与利益脱钩,努力建立权责明确、行为规范、监督有效、保障有力的执法体制。

——依法抓好公路治超。要立足于打持久战,努力做到路面专项治理与源头长效治理相结合,部门联手与区域联动相结合,行政手

段、经济手段和法律手段相结合,治理力度与社会可接受的程度相结合,严格处罚与人性化管理相结合。严格政策、规范执法,确保运输畅通。

(节选自2008年在全省交通执法暨高速公路路政管理工作会议上的讲话)

“知到位”更要“行到位”

制度建设,分为“立”与“行”。反腐倡廉的成效,取决于制度的科学制定,更取决于制度的有效执行。制定制度是为了执行,而不是为了“写在纸上、挂在墙上、说在嘴上”。制度如果执行不力,必然形同虚设,难以发挥制约和监督权力的功能。就反腐倡廉建设而言,制定制度是为了制约和监督权力,规范权力运行,确保党的十七大提出的“保证人民赋予的权力始终用来为人民谋利益”真正落到实处,以防止权力被滥用、被用来牟取私利。

“天下之事,不难于立法,而难于法之必行。”新中国成立以来尤其是改革开放以来,我们党一直高度重视反腐倡廉制度建设。但从制度执行的效果上看,并不十分理想:有的人选择性执行,对自己有利的就执行,对自己不利的就绕开;有的人把制度当摆设,制度写在纸上、贴在墙上,检查起来制度齐全,具体操作则我行我素;有的人甚至用强权破坏制度,谋取个人私利。制度得不到贯彻执行,权力则失范;权力被滥用,腐败则滋生。有的人一旦出了问题,就把责任往“制度”上推,埋怨制度的不科学不严密、有缺陷有漏洞,听起来“是那么回事”,但他们却不曾反省自己是否带头执行了制度。不可否认,制度上确实还存在一些漏洞和缺陷,但总体而言,在制度的“立”和“行”上,更应该在执行上狠下功夫。

与制度漏洞造成的损害相比,那些不执行制度而另搞一套的行为所造成的损害是难以估量的。不执行制度的特权现象直接引发人们对制度的不信任。一边是制度建设的步伐加快，一边是对制度执行的不良预期，大大降低了人们对制度的敬畏。制度面前的特权和"下不为例"，让人们怀疑制度的权威和效率，进而希望自己在制度面前也有特权，希望自己在制度面前也能"下不为例"。因此，解决制度执行力问题，从思想上来说，关键是要树立"制度面前没有特权"、"制度约束没有例外"的制度观念和平等意识，自觉遵守制度；从体制上来说，要把权力运行置于阳光下，保障公民的知情权、参与权、表达权和监督权，扩大和强化监督，使权力无法破坏制度；从警示上来说，要加大对破坏制度行为的惩处力度，使破坏制度的人感到害怕和畏惧，不敢破坏制度。

提高制度执行力，关键在领导干部。要让制度执行到位、让执行"掷地有声"，党员干部必须先带头。要建立廉政制度执行责任制，使广大党员干部了解制度、崇尚制度、敬畏制度、维护制度、自觉执行制度。50多年前，毛主席曾说，"世界上怕就怕'认真'二字，共产党就最讲'认真'"，让我们以此共勉！

（节选自2010年在厅党组中心组学习暨"廉政交通"主题报告会上的讲话）

执行力是交通工作生命力

执行力是领导干部综合素质的反映，体现为总揽全面、深谋远虑的洞察能力，锐意创新、善于突破的思维方式，锁定目标、咬住不放的工作态度，顽强拼搏、埋头苦干的务实作风，团结协作、理解包容的人格力量。省政府第一次廉政工作暨加强政府执行力建设工作会议强调指出，执行力是政府工作的生命力。各级政府要有一种"等不起"的紧迫感、"慢不得"的危机感、"坐不住"的责任感，建立健全工作机制，把廉政建设和执行力建设纳入目标责任管理，以更加坚决的态度、更加有力的措施，将服务政府、法治政府、责任政府、效能政府、廉洁政府建设不断推向深入。

厅机关、厅直各单位要认真贯彻落实省政府决策部署，切实转变工作作风，在狠抓落实、提高执行力上下功夫。要以能不能抓落实，来检验决策的科学性、工作的实效性；以是不是抓落实，来判断干部队伍思想作风、工作作风转变的程度；以会不会抓落实，来考核领导干部的执政能力和领导水平，真正使提高执行力成为干部的实际行动和追求目标，着力营造坚决执行、主动执行的良好氛围。

第一，坚持勤政、廉政，提高执行力。厅机关、厅直各单位要按照李鸿忠省长提出的"勤政、廉政、善政，提质、提效、提神"的要求，针对不同程度存在的执行不力、落实不够，作风不实、效率不高，纪律不严、热情缺乏等现象，在交通系统认真组织开展"如何提高执行力"大讨论，要在提高认识上下功夫；在转变作风上下功夫；在提高本领上下功夫;在开拓创新上下功夫;在完善制度上下功夫;在营造干事创业环境上下功夫。要通过大讨论,牢固树立"执行力是交通工作生命力"的理念,进一步查找思想上、工作中存在的突出问题,进一步采取措施认真整改,务求实效。

第二,坚持依法行政,规范运作。提高执行力,必须坚持依法行政的原则,始终将坚持"研究问题先学法,决策问题遵循法,解决问题依据法,言论行为符合法"作为每个交通干部的基本准则,坚持"办事依法、群众信法、为官学法、行政用法",杜绝行政行为的盲目性和随意性。要建立和完善行政机关职能执行机制,形成行为规范、有章可循的执行制度和责任明确、高效执行的执行机制。各部门、各单位要根据省政府要求,建立完善一把手督办副职、副职督办分管处长,一级督办一级、一级对一级负责的执行落实机制。进一步完善监督考核和责任追究制度,真正做到有权必有责、用权受监督、侵权要赔偿、违法受追究。要进一步加强交通电子政务建设,积极推进网上审批。

第三,坚持敢抓敢管,提高效能。提高工作质量和效率,实行严格科学的管理是根本。厅机关、厅直各单位要进一步加强运行程序的规范化、内部管理的制度化,真正做到职责分明、有章可循、有始有终。要切实精简会议和文件,进一步改进会风文风,并认真抓好落实。

第四,坚持主动协调,狠抓落实。要更加注重部门间、单位间、处室间的工作协调,解决好日常工作中出现的扯皮、推诿现象,使各部门高效运转、各项工作顺利实施。厅机关要带头将厅党组各项部署和具体工作目标落到实处,在抓落实上下力气,在抓落实上作表率,在抓落实上创实绩。

第五,坚持加强学习,提高全员素质。干部的素质和能力问题,是决定政府执行力高低的关键。每个干部职工都要通过理论学习指导实践，不断提高自身综合素质，并在实际工作中做到融会贯通，创造性地加以落实。

第六，坚持交通一线工作法，深入调查研究。厅机关、厅直单位各级领导干部都要沉下身子、深入基层、深入调研，要善于从全局的高度把握问题、发现问题、研究问题，找出规律。要在吃透精神、摸清情况的基础上，找准上级方针政策与交通工作实际的结合点，提出具有较高政策理论水平而且切实可行的措施、建议。

（节选自2008年在全省交通系统提高执行力大讨论经验交流暨民主评议政风行风工作动员会上的讲话）

人是要有一点精神的

毛泽东同志说过，人是要一点精神的。“神居胸臆，而志气统其关键。”在客观物质条件已经具备的前提下，对于成就一项事业来说，精神的力量往往具有决定性意义。站在新的历史起点，面对新的形势要求，实现湖北交通的科学发展，必须培育一支具有良好“精、气、神”的队伍。

一是注重知识更新，提高学习力。对领导干部来说，学习就是工作，就是必须承担的责任和使命。领导干部只有树立良好的学风，坚持勤奋学习，才能保持积极向上的精神状态，具备适应发展要求的认知水平，从而有所创造、有所建树、有所作为。面对湖北交通发展的新形势新任务，各级交通干部必须牢固树立终身学习的思想，认真学习、深刻领会党的十七大、省第九次党代会精神，真正学懂弄通，掌握精神实质，提高理论素养，真正解放思想，开动脑筋，认真研讨，入脑入心。要结合工作实际，自觉学习现代科学、经济、法律和专业技能等知识，本着缺什么、补什么的原则，加快知识更新，优化知识结构，做学以致用、用有所成的表率。

二是注重身先士卒，提高凝聚力。各级领导班子和主要领导干部在任何时候都必须有强烈的责任意识和忧患意识，有一种永不懈怠的昂扬斗志，有一股蓬勃向上的朝气、敢闯敢试的勇气、开拓进取的锐气，有一种负责任的精神、敢抓敢管的精神、奋发有为的精神。必须善于充分调动一切积极因素，团结带领广大干部职工迎难而上、克难奋进，为实现湖北交通又好又快发展而顽强拼搏，以真抓实干、惠民利民的交通发展实绩取信于民，增强凝聚力、向心力。必须把不断增强政治意识、大局意识、发展意识、服务意识，作为加强领导班子建设的基本要求，认真执行民主集中制，真正做到讲学习、讲政治、讲正气、讲原则、讲团结、讲和谐，努力建设高素质的干部队伍。

三是注重狠抓落实，提高执行力。执行力就是抓落实的能力。从根本上讲就是贯彻落实党的理论、路线、方针、政策和省委、省政府决策部署的能力。不讲执行就是不讲政治。提高领导干部执行力，必须增强自觉性、创造性和实效性。面对前所未有的发展机遇和挑战，各级领导干部必须牢固树立实干兴交的理念，始终坚持察实情、讲实话、办实事、求实效，坚持在攻坚克难上狠下功夫，在改革创新上狠下功夫，在抓好落实上狠下功夫，真正做到把心思用在干事业上，把精力投到抓落实中。

四是注重党性修养，提高自律力。秉公用权，廉洁从政，是党的光荣传统和优良作风，也是对党的各级领导干部的基本要求。每一名领导干部都要经常想一想自己手中的权力是谁给的？应该为谁所用？必须自觉加强党性修养，常修为政之德，常思贪欲之害，常怀律己之心，必须自觉遵守党的纪律和国家的法律法规，严格执行领导干部廉洁从政的各项规定，时刻警惕权力、金钱、美色的诱惑，防止手中的权力商品化、庸俗化，决不能把权力变成以权谋私的工具。

68年前，毛泽东同志在《纪念白求恩》一文中，号召共产党员做“一个高尚的人，一个纯粹的人，一个有道德的人，一个脱离了低级趣味的人，一个有益于人民的人”。各级领导干部要自觉加强思想道德修养，模范遵守社会公德、职业道德、家庭美德，讲操守，重品行，作表率，真正做到台上和台下一个样，工作时间和业余时间一个样，有监督和没有监督一个样，始终保持共产党员的政治本色。

（节选自2008年在“湖北交通迎春创优行动”动员仪式上的讲话）

打造新型交通办事文化

提高执行力,就是要树立落实第一、结果第一的观念;就是要树立求真务实、讲求实效、雷厉风行、一抓到底的作风;就是要树立开拓进取、勇挑重担、奋发有为、乐于奉献的精神;就是要提高效能,力戒优柔寡断、办事拖拉或推诿扯皮。提高执行力,领导干部必须坚持一线工作法,靠前指挥、率先垂范,真抓实干、执行到位。在四川汶川抗震救灾一线,我们再次感受到“灾情就是命令,时间就是生命”的深刻内涵。对关乎民生、涉及民利的事,我们要马上办;对事关发展、影响稳定的事,我们要及时办;对表现突出、反映迫切的事,我们要限期办,真正做到能及时办的马上办,有期限的按时办,最大限度地给人民群众提供便利,真正体现交通发展便民、利民、为民、惠民。

提高执行力,必须破除旧传统的“路径依赖”,切实增强“六种办事意识”,营造新型“交通办事文化”。一是“份内事,马上办”的责任意识,二是“厅内事,主动办”的大局意识,三是“突发事,高效办”的紧迫意识,四是“重大事,跟踪办”的督察意识,五是“经办事,精细办”的质量意识,六是“交通事,干净办”的廉政意识,努力为交通执行力建设提供新的环境和土壤。

各级交通部门要着力培育“交通办事文化”,树立“立即行动、马上就办、办就办好”的工作理念,注重察实情、讲实话、办实事、求实效,真正做到把心思用在干事业上,把精力投到抓落实中。要进一步建立健全领导负责制、跟踪督办制、行政问责制、主办负责制、交通执法监督制和目标管理制，建立完善一级督办一级、一级对一级负责的执行落实机制。要大力推行“交通一线工作法”，组织机关干部和技术骨干到重点工程挂职调研督导，深入车船港站和工程建设一线抓质量安全、抓反腐倡廉，集中精力解决一批直接制约经济发展、直接影响民生和群众反映最突出的交通问题，推进湖北交通科学发展提质提效。

（节选自2008年在全省交通运输系统提高执行力大讨论经验交流会上的讲话）

点燃激情　传递梦想

带着对百年奥运的热切期盼，凝聚着对灾区人民的深情厚谊，熊熊燃烧的奥运圣火照亮了荆楚大地。陈刚毅——湖北交通系统优秀代表的奥运火炬手，承载着全省 24 万交通人对北京奥运的共同美好祝愿，光荣地点燃了象征友谊、和平、梦想的奥运火炬，这是湖北交通的骄傲与自豪！

点燃激情，传递梦想。陈刚毅是湖北交通千千万万奥运火炬手的代表，胸怀祖国、敬业奉献，团结拼搏、不懈探索，清正廉洁、无私奉献的湖北交通人在平凡的岗位上传递着光荣与责任，传递着爱与和谐。

交通运输厅厅直系统举行湖北交通“刚毅火炬手”接力赛，就是要接过陈刚毅手中的奥运火炬，以争先创优的态势大力弘扬“刚毅精神”，用优异成绩为北京奥运献礼；就是要接过陈刚毅手中的奥运火炬，以又好又快的标准全力建设湖北交通，为人民群众提供安全便捷的交通运输服务；就是要接过陈刚毅手中的奥运火炬，以鄂川人民心连心的胸怀倾力支持灾区人民，为他们重建美好家园增添力量。

圣火在荆楚大地熊熊燃烧，激情在交通人心中澎湃激荡。让我们以百倍的信心做好本职工作，以百倍的干劲推动交通事业又好又快地发展，以百倍的努力实现伟大祖国的百年梦想！

(2008 年在“刚毅火炬手”传递活动上的讲话)

“刚毅精神”薪火相传

中央文明网、央视网、新华网、人民网就交通运输行业问题，邀请湖北省交通运输厅厅长林志慧在北京与网民互动交流。

主持人：说到典型、说到先进，我们自然而然会想到“刚毅精神”，说的就是湖北省交通规划设计院高级工程师陈刚毅，他身患癌症，仍坚守在西藏高原的工地上，靠着这种精神和信念，他走出了一条平民英雄路。林厅长，陈刚毅的先进事迹是不是在湖北当地引起了相当大的反响？

林志慧：主持人您好，各位网友好。刚才主持人的问题勾起了我很多回忆，陈刚毅同志是新时期援藏技术干部的楷模，是交通运输部、湖北省委、省政府培养树立的全国重大先进典型，也是第二届全国道德模范评选和“双百”评选的候选人，刚毅的精神、刚毅的事迹在湖北，在全国交通人中具有强大的典型示范效应。

从我们省直机关、企事业单位、院校、社区以及到我们各级交通部门都在深入学习、宣传“刚毅精神”。特别是2006年5月29日国家副主席曾庆红同志和中组部部长贺国强同志在人民大会堂接见了陈刚毅事迹报告团，中组部、中宣部等8个部委在人民大会堂组织了陈刚毅事迹报告会，此后不少省、市学校都邀请陈刚毅同志做报告，受到普遍欢迎，有了不少粉丝，收到了良好反响。

从中央、各级省市、各级领导到社会各界人民群众都十分关心、十分关注陈刚毅同志。特别是我们几乎每天都可以从中央电视台

《新闻联播》的节目上看到我们共产党员的时代先锋——陈刚毅在西藏角笼坝大桥的工作形象:头戴安全帽、神采奕奕。现在"刚毅精神"已经家喻户晓,具有强大的影响力、感召力,已经成为全省交通系统乃至全国交通系统的一面旗帜。很多人深有感触地说:先进典型的效应不亚于修一条高速公路,不亚于建一座长江大桥。

主持人:模范的精神影响力这么大,那咱们湖北在学习和宣传他的事迹的过程中有什么具体的做法呢?

林志慧:陈刚毅同志成为全国重大先进典型以后,交通运输部、省委省政府各有关方面从政治上、工作上、生活上,特别是对他的身体健康情况给予了无微不至的关心、爱护和培养。陈刚毅同志已拥有党的十七大代表、奥运火炬手、全国先进共产党员等一系列荣誉称号,但他并没有安于现状,而是勇于进取,勇于担当,陈刚毅同志现在是交通规划设计院的党委副书记,同时他还担任了荆岳长江公路大桥名誉指挥长,兼任着我们交通职业技术学院的客座教授和兼职辅导员等。刚毅同志坚持深入一线忘我工作,不断挑战自我,超越自我,以生命不息、奉献不止的实际行动践行共产党员的先进性。

为弘扬刚毅精神,交通运输厅党组始终坚持"四个突出":一是突出学习刚毅精神的实质——快乐就在岗位上,生命就在事业中;二是突出创新学习实践的载体。创造性地运用刚毅礼赞博客、刚毅人生在线交流群等网络宣传模式,开展刚毅式班组、刚毅路、刚毅桥文明创建等举措;三是突出典型引领作用,坚持以"刚毅精神"引领交通职工在扩内需、保增长当中当好主力军,推动湖北交通又好又快发展;四是突出发扬奉献精神,在急、难、险、重关键时刻发挥交通主力军作用,在抗雪灾实践中探索总结了24字高速公路低速行驶法,即"除雪清障、重车碾压、警车开道、结队放行、限载限速、科学调度",保障了经济大动脉的顺畅。在抗震救灾的重要时刻我们及时组织刚毅突击队,按照交通部要求提前20多个小时把250吨钢桥运送到灾区,打通公路9.5公里,运输救灾物资3万多吨。为解决好人民群众最关心、最现实、最迫切的交通问题,全省交通系统组织开展了千名公务员进村入户走村路,10万公里大巡访的专项行动;开展了湖北交通刚毅火炬手接力比赛,以真正实现刚毅精神星火相传,发扬光大。

主持人:林厅长,网友提到公交服务质量问题,您能不能给我们说说在湖北的城市公交系统当中或者说整个交通运输系统当中是否也存在这种情况?

林志慧:刚才网友提到了公交服务质量问题,湖北也不同程度地存在,可以说是“质量通病”吧。实事求是地讲,这几年城市客运有明显的改观和长足的进步,但是与人民群众的需求还是有相当距离,交通运输部门必须牢固树立宗旨意识,提升服务水平。

网友们提出了很好的意见,就是设立意见箱、举报电话,这有利于提高交通服务质量和水平。大部制改革以后指导城市客运的职能划归到交通运输部门,作为地方交通运输部门,首先,要从调查研究入手,推行一线工作法,了解新情况、研究新问题、制定新的思路。其二,要聘请一批行风监督员,开展运输服务质量“微服私访万里行”活动,掌握日常动态情况。三是创新服务方式,大力推广GPS系统、电子监督系统等。四是深入开展文明窗口的创建活动,王静是武汉公交集团578路公交车普通驾驶员,她在近20年的工作时间中创造了安全、节油的很多优秀记录,我们在公交系统大力推广王静工作法,以此来提高交通运输服务能力。五是建立运输质量的投诉考核体系,湖北交通网设立了厅长信箱、局长信箱等,畅通了投诉渠道,开通了热线电话,实行24小时跟踪服务。我们热忱欢迎广大网友进行监督。

(2008年接受中央文明网、央视网、新华网、人民网联合访谈录)

学习推广“王静工作法”

王静同志是武汉公交集团578路的一名普通驾驶员,在近20年的工作中创造了安全行车58万公里、节油4万余升、发动机运行40万公里无大修的骄人纪录。先后荣获全国“五一”劳动奖章、全国交通系统文明职工标兵、全国十大节油王等多项荣誉。2008年,还光荣当选为十一届全国人大代表。

王静同志在多年的工作中,摸索总结出了“节能、安全、服务、创新”四位一体的“王静工作法”,其实质是以人为本、安全优质;以车为本、节能降耗;以质量效益为本、自主创新,完全符合交通发展“三个服务”的理念以及建设“两型社会”的要求。大力宣传推广“王静工作法”,其目的就是要倡议“节能减排、优质服务”,在全社会掀起学习推广“王静工作法”的热潮,促进湖北交通运输业健康有序发展。

王静同志从一名普通的驾驶员成长为一名节油大王、服务明星,这是王静同志几十年如一日刻苦钻研、持之以恒的硕果。开展学习“王静工作法”活动,就是要求全省交通系统干部职工全面领会、准确把握王静工作法的内涵和实质;就是要通过学习推广“王静工作法”,增强交通运输从业人员的节能意识、安全意识、服务意识和创新意识,提高交通运输行业的节能水平、服务水平和质量效益。学习王静,就是要学习她安全第一、以人为本的责任意识;立足岗位、乐于奉献的敬业精神;点滴做起、细微入手的职业习惯;边学边干、钻研创新的工作方法。学习王静,就是要坚持从小事做起、从身边做起、从自身做起，领导干部身先士卒，广大职工付诸行动，立足岗位建功立业，个个争做服务标兵、人人争做节约能手。各级交通部门要精心组织、常抓不懈、学以致用，务求实效；要贴近交通运输实际，营造浓厚的学习氛围，使“王静工作法”在全省交通系统开花结果。

在成品油价格上涨、全社会更加注重节能减排的新形势下，各级交通部门要进一步深化认识，深入开展“学习王静工作法、争做王静式标兵”活动，大力推广“王静工作法”科普片，印发“王静节油法”明信片，进行“节油技术大比武、大交流”，培育一大批王静式节油标兵和节能降耗示范企业，真正把“以人为本、安全优质；以车为本、节能降耗；以质量效益为本、自主创新”的交通运输服务理念落到实处，推动交通运输行业从资源消耗依赖型向资源节约环保型转变。

（节选自2008年在全省运管工作会上的讲话）

盛世修志存史　传承交通文明

交通运输是国民经济社会发展的重要基础性、先导性产业。马克思在《德意志意识形态》中说:“人类历史始终是和产业史、交通史关联着。”他还曾说:“历史不过是追求着自己目的的人的活动而已。”改革开放30年间,湖北交通运输事业发展迅猛,印证了革命导师马克思100多年前论述的前瞻性、科学性。这30年来,我省公路建设突飞猛进,铁路运输提速扩能,水运发展方兴未艾,民用航空蓬勃发展,管道运输稳步增长,交通综合服务能力大幅提高。特别是近年来,湖北交通运输投资规模最大、发展速度最快、经济社会效益最好、人民群众受益最多,为扩内需保增长发挥了主力军作用,为湖北构建中部崛起重要战略支点发挥了交通先行作用。为存史、资治、教化,交通运输部门积极开展了第二届地方志编纂工作,在修志过程中对30年来综合交通的大事作了系统收集整理,形成了《湖北交通运输大事记(1978～2008年)》(以下简称《大事记》)。在发展现代综合交通运输的新形势下,编印《大事记》,对于我们全面了解湖北综合交通运输的发展历程,总结综合交通运输内在规律,谋划综合交通运输的发展未来,具有重要的参考借鉴意义。

《大事记》以年为序,以事设条,全面、客观、真实地记载了改革开放30年来公路、铁路、水路、航空、管道等运输方式的大事、要事、新事。《大事记》纵不断线、横不漏项,见证了改革开放30年来湖北综合交通运输的辉煌历史,展示了改革开放30年来湖北综合交通运输的伟大成就,是一部了解、认识、研究湖北综合交通运输发展的权威性、知识性、可读性的工具书。

盛世修志,传承文明。《大事记》是新方志的重要组成部分,囿于体例,《大事记》未能列入《湖北省志·交通》。省交通运输厅史志部门的同志们在编写《湖北省志·交通》的过程中,怀着对综合交通运输事业高度使命感和责任感,不辞辛劳,无私奉献,独具匠心地将湖北综合交通大事记单独编辑成册。铁路、民航、长航、管道等各部门对大事记的资料收集整理修订做了大量工作。《大事记》是全省综合交通各部门集体努力的科学成果,我们特向每一位为编纂出版付出了劳动的同志表示深切的谢意。

在浩如烟海的史志中,《大事记》虽只是小小的一朵花絮,但她却是湖北交通运输系统广大干部职工向改革开放的丰功伟绩谱写的一首赞歌,向共和国60华诞献上的一份厚礼。相信在中国共产党十七届四中全会精神的指引下,全省综合交通各部门必将紧紧围绕"两圈一带"重大发展战略,为推进湖北交通新一轮大建设大发展,使湖北真正建成促进中部崛起的重要战略支点作出新的更大的贡献!

(2008年《湖北交通运输大事记》的序言)

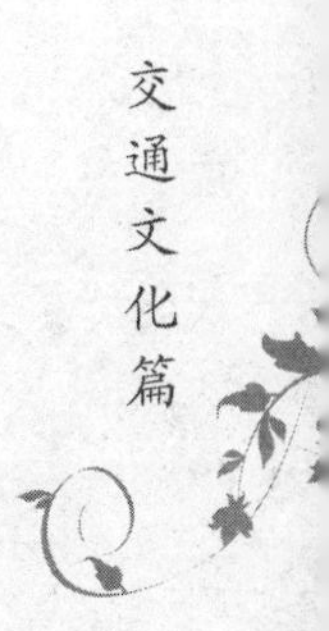

筑牢党建基础工程

党的十七届四中全会,就加强和改进新形势下党的建设作出了全面部署,着重强调抓基层打基础工作。“基层基础”作用在交通运输行业显得尤为重要。交通运输行业广大建设、路政、运管、港航、海事、费收、养护等人员常年集中在基层、工作在一线,且来源广泛、流动分散。全省28万名交通职工中现有9万多名党员,分布在荆楚大地的3 200多个交通基层党组织中。以我省在建的杭瑞高速公路为例,工程参建人员达2万多人,其中党员426人,来自建设、施工、监理、设计、协调等40余个不同单位,工作在沿线2市4县201公里建设工地。全省交通建设领域汇聚了来自全国各地、各行各业的100多万建设大军,加强交通领域基层党的建设,全面实现党组织和党的工作全覆盖,确保各项部署落到基层、落到实处,切实把党的政治优势和组织优势转化为推动交通又好又快发展的强大力量,是全力推进交通新一轮大建设大发展的必然选择和重要途径。

一、夯实基层党建,创新工地网络党建工作新途径

基础不牢,地动山摇;基层扎实,坚如磐石。当前,交通运输行业正处于新一轮大建设、大发展的黄金机遇期,交通基础设施建设领域党员跨区域、跨行业流动日益频繁,分散性明显增强,呈现出从业方式多样、活动地点多变等特点。交通部门各级党组织牢固树立“抓基层就是强根本、抓基层就是聚民心、抓基层就是增活力、抓基层就是

打基础”的理念，坚持重心下移、扎根基层、服务一线，积极探索网络党建新途径，推进党建工作全方位全覆盖。

一是把支部建到工地一线，创新“网上支部生活”。1927年9月，毛泽东同志在“三湾改编”时创造性地提出了“支部建在连上”的原则，确立了党对军队的领导，在人民军队建设史上具有重要的里程碑意义。结合交通实际，省厅探索建立了支部随党员延伸的基层党建新机制。在工地一线成立了工地党委、党支部或党小组，选配政治素质高、工作经验丰富的同志担任党委书记、支部书记、党小组长，真正做到工程建设到哪里，党的组织就跟进到哪里，思想政治工作就推进到哪里，党的方针政策就宣传普及到哪里，党的先锋模范作用就发挥到哪里，充分发挥党的基层组织的战斗堡垒作用。不断创新组织生活方式，开发推广了“湖北省交通运输厅网上党员组织生活学习系统”，将党组织生活的会场延伸到互联网视频系统，让出差在外的党员坐在电脑前就能进行实时的学习和交流，切实解决了以往较多党员过组织生活时普遍存在的“地域上”和“时间上”的困难，使组织生活突破了空间和时间的限制，有力保障和促进了组织生活的规范化、制度化、网络化。

二是把党建拓展到参建各方，创办“网上交通党校”。交通基础设施建设是一项系统工程、社会工程，涉及物质文明、政治文明、精神文明和生态文明，事关民生、民情、民意、质量、安全、进度、廉政、环保、征迁、环境等方方面面。省厅积极探索工程建设、施工、监理、设计、协调等单位党建工作“一盘棋”的工作机制，全面落实党委抓基层党建工作的责任，实行联责、联建、联考，切实做到一手抓工程建设一手抓党的建设，以党的建设推动工程建设，以党委自身建设带动基层党的建设，实行同部署、同推进、同考评、同奖惩。同时充分利用各级交通门户网站、交通视频会议系统、工程项目视频调度系统等网络媒介，建立了“网上交通党校”，形成了集多媒体制作、播放、同步教学、网上辅导、交流互动、在线讨论于一体的教学体系，为交通建设领域参建单位党员干部学习党务知识、开拓工作视野、更新思想观念、提高理论水平和业务素质提供方便快捷的服务,较好解决了党员分散、集中学习困难的问题,使每个党员能随时随地、原汁原味地学习党的知识,倾听党的声音、感受到组织的关心和爱护。

三是把教育覆盖到农民工队伍,创建“网上农民工论坛”。农民工队伍在工程建设领域占有相当比重,从一定意义讲,工程是农民工队伍一点一滴实干出来的。农民工队伍的整体素质、责任意识、质量意识、安全意识、效率意识,直接影响工程建设的方方面面。2006 年 6 月 24 日,中央电视台焦点访谈栏目以“高速路下的真相”对上瑞高速公路湖南邵怀段施工质量问题进行了曝光。该项目第四标段包工头向记者反映:“我修的高速公路有质量问题,承包方欺上瞒下,套取国家建设资金,不顾国家重点工程质量,然而有关部门却听之任之。”这一事例足以说明:推进交通又好又快发展,必须将党员教育和职业教育拓展到基层一线,延伸到农民工队伍,通过创建“网上农民工论坛”倾听他们的声音,关心他们的诉求,维护他们的权益,提高他们的素养,增强他们的质量意识、安全意识、责任意识和归属感、荣誉感、成就感,不断探索完善流入地党组织为主、流出地党组织配合的流动党员教育管理服务工作机制,切实加强行业农民工党员等交通从业人员的管理,真正将党建工作覆盖到全行业,使党的基层组织充分发挥推动发展、服务群众、凝聚人心、促进和谐的作用。

二、建强基本队伍,创新农民工党员队伍教育新机制

农民工作为新兴的劳动力和工人阶级的生力军,在推进工程又好又快建设中正发挥着日益重要的作用。他们既是工程建设的主力军,也是质量安全的主心骨,对工程建设质量安全进度举足轻重。抓好农民工队伍的职业教育、技能培训,是提高工程建设质量效益的源头,也是事关科学发展的“牛鼻子”,亟待重点突破、整体推进。

一是创建学习型工地，开办“农民工夜校”。学习力作为个人和组织最可贵的生命力、最活跃的创造力、最本质的竞争力，已经成为衡量一个人或组织的综合素质和竞争能力的重要尺度。毛泽东同志在延安时期就指出：“我们队伍里边有一种恐慌，不是经济恐慌，也不是政治恐慌，而是本领恐慌。”他发起全党读书运动和学习运动，开展学习竞赛，把马克思的生日定为学习日，提出把全党建成一个终身学习的“无期大学”，大大提高了全党的马克思主义水平，最终取得了中国新民主主义革命的胜利。交通基础设施建设领域，新技术、新材料、新工艺、新设备层出不穷，只有不断增强全员的学习动力、学习毅力和学习能力，坚持学习与创新相结合、与工作相结合、与生活相融合，掌握应知应会常识，努力成为各自岗位、相关行业的行家里手、专家权威，才能为实现交通又好又快发展提供坚强的人才保障。针对农民工队伍普遍存在基础教育偏低、年龄偏大、流动分散，缺乏必要的技能、技术培训，干事往往只凭经验、想当然的实际情况，为提高农民工这支基本队伍的整体素质，省厅积极支持各重点工程指挥部组织开办“工地农民工夜校”，解决工学矛盾，开展继续教育和技能培训，使他们提高文化水平，看得懂施工图、学得懂新技术、干得了新工艺，从源头上夯实工程质量基础。

二是创建学习型农民工，培育“能工巧匠”。为增强农民工教育的针对性、生动性，省厅坚持典型引路、着力挖掘和培养技艺精湛、操作娴熟、优质高效的农民工代表、操作能手，广泛开展“十佳农民工”、“十佳操作能手”、“十佳工区长”等一线先进典型群体评比表彰，让他们传经送宝、以身说法，并把相关施工工艺制成视频上网交流，以一带十、以点带面，经常性组织开展技术比武、技能竞赛、争先创优等劳动竞赛，着力营造“比、学、赶、帮、超”的浓厚氛围，全面提高农民工队伍基本素质。

三是创建学习型环境，培育“农民工党员”。省厅坚持从政治上关怀、工作上关心、生活上关爱农民工队伍，不断建立健全基层激励、关

怀、帮扶机制,积极探索基层党组织一方为主、接续培养、两地考察、相互衔接的优秀农民工入党办法,培养推荐一批优秀基层员工、基层农民工加入党的组织、增强党的活力,切实增强农民工队伍的归属感、荣誉感、成就感,调动和激发他们的积极性、主动性和创造性。

三、筑牢基础工程,创新湖北交通建设管理新模式

交通要发展,廉政是保障。我们跳出“就工程抓工程”的传统管理模式,坚持多位一体、齐抓共建,实践创新了湖北交通“廉政阳光六同长效”建设新模式,着力推进交通运输事业又好又快发展。

一是优质高效目标与廉政阳光目标同确立。按照“服务发展抓廉政、抓好廉政促发展”的总体思路,始终坚持好中求快、好中创优、又好又快的发展理念,坚持一手抓加快发展不动摇,一手抓遏制腐败不松懈,着力提高政府投资效益和放大经济社会综合效应,着力推进“双创双优”工程建设,即:创建优质高效精品工程、创建廉政阳光示范工程,确保工程优质、干部优秀。

二是基础设施建设与党风廉政建设合同同签订。坚持工程建设与廉政建设目标同步确立、责任同步明确、合同同步签订。主管部门与建设单位,建设单位与设计、施工、监理、协调等各参建单位,各参建单位与管理人员层层签订双合同,实行全员廉政风险抵押金制度,按季度组织考核,严格奖惩兑现,着力推进权责合同化、制度系统化、管理网络化、教育经常化、轮岗常态化、监督社会化。

三是建设、施工、监理、设计单位与纪检、检察、司法、审计部门联动机制同建立。坚持全线覆盖、全员参与、全面创建、全程监督,发挥建设、施工、监理、设计、协调合力,形成规模效应和整体效果;各参建单位主动与纪检、检察、审计、公安等部门建立联动共建长效机制,与省纪委监察厅建立创建廉政阳光示范工程、构建交通特色腐败风险防控长效机制;与省检察院建立联席会议、情况通报、调查研究、查办案件协调配合、行贿犯罪档案查询、联合法制宣传和督察落实等七个方面的制度;与审计署武汉特派办、省审计厅共同签订审计工作共建协议,从内外两个层面上强化源头监管,变被动接受审计为主动接受监督;与省公安厅签订“平安交通”共建协议,积极探索主动介入、事前监督、综合治理的新路子。

四是工地党的建设与“两型交通”建设同探索。坚持把支部建到工地一线,把党建拓展到参建各方,把教育覆盖到农民工队伍,着力加强职业教育、技术比武,建设学习型工地、学习型队伍、学习型农民工;坚持广泛宣传、贯彻落实“自然就是最美的、适用就是最好的、优质就是最省的”交通发展理念,充分调动广大农民工的积极性、主动性、创造性,着力打造“资源节约型、环境友好型”交通示范工程。

五是质量安全进度与廉政阳光公开同考核。按照保质量、保安全、保廉政、保目标的总体要求,将质量安全进度廉政目标责任逐项分解、逐月考核,以日保旬、以旬保月、以月保季、以季保年;坚持事前预防与全程跟踪监督相结合,防控关键部位与防控关键环节相结合,严格执行制度与创新制度相结合,落实责任与实施责任追究相结合,全面推进阳光决策、阳光招标、阳光征迁、阳光采购、阳光计量、阳光财务、阳光建设。

六是经济社会效应与“刚毅品牌效应”同发挥。突出交通运输基础产业、服务行业、公益事业的经济属性,牢固树立交通发展为了人民、依靠人民、服务人民的宗旨意识。大力弘扬刚毅精神,全面创建“刚毅示范路”、“刚毅指挥部”、“刚毅示范岗”和“刚毅突击队”,大力培树“刚毅式农民工”、“刚毅式岗位能手”、“刚毅式工区长”等基层一线先进群体,充分发挥先进典型强大的凝聚效应、广泛的示范效应、深刻的教化效应和显著的品牌效应。

(节选自2009年在贯彻党的十七届四中全会精神中心组学习会上的讲话)

交通大发展　党建大加强

湖北交通大发展,交通党建大加强,主要标志为形成了为“六个第一,注重六性”的党建大环境。

一、坚持把学习作为第一需要,注重理论武装的科学性

一是坚持厅党组中心组学习制度,保持和发扬了每年春节长假后一上班就组织中心组理论学习的传统,每年组织中心组学习6~8次,参加学习的干部达3 000多人次,真正做到党的理论创新每前进一步,党的理论武装就跟进一步。二是注重理论思考。在学习实践活动中,厅党组针对部分干部存在的“好”与“快”难以同时兼顾,甚至以“好”否“快”等模糊观念和片面认识,深入开展解放思想大讨论,明确提出了“七个既要、七个又要”的交通科学发展新理念,引导交通职工正确认识“好”与“快”的关系,进一步丰富和深化了“六个并举、六个统筹”的科学交通发展观,为推动湖北交通又好又快发展奠定了坚实理论基础。三是创新学习方式,为调动大家学习的积极性和创造性,厅党组通过组织理论知识问答、网上测试、现场答辩等,提升领导干部履职能力,并创新干部任前综合培训和法律知识考试制度,营造了创建“学习型机关”、“学习型干部”的浓厚氛围。

二、坚持把典型作为第一导向,注重共产党人的先进性

在中央、省各级领导的关心支持下,省厅培树了时代先锋、全国

重大先进典型陈刚毅、全国“见义勇为英雄”蒋雪峰、“节油大王”王静等，在全省、全国产生了强大的典型示范效应。在国庆60周年阅兵式上，陈刚毅同志代表湖北交通人、全国交通人参加了群众游行，站在交通运输彩车上接受党和国家领导人的检阅，使交通人倍感自豪和骄傲。陈刚毅同志作为党的十七大代表、奥运火炬手、全国先进共产党员，坚持学习创新、与时俱进，特别是担任杭瑞指挥部党委书记、荆岳大桥名誉指挥长、交职院客座教授期间，坚持深入一线、忘我工作，以生命不息、奉献不止的实际行动践行着共产党员的先进性。2009年，陈刚毅同志又光荣当选“新中国成立以来最具影响的劳动模范”，并和王静同志一起荣获“全国道德模范提名奖”和“新中国成立以来感动荆楚人物”称号，“刚毅精神”家喻户晓，已经成为全省乃至全国交通系统的一面旗帜。在“刚毅精神”的引领下，一大批“刚毅班”、“刚毅所”、“刚毅站”、“刚毅青年突击队”、“刚毅桥”、“刚毅路”相继涌现。特别是在抗击冰雪、抗震救灾、奥运安保和神宜公路、武神公路、仙洪试验区等交通建设中，交通系统共产党员的先锋模范作用充分发挥，全省交通干部职工特别能吃苦、特别能奉献、特别能战斗、特别能拼搏的精神得到充分体现。截至2009年，全省交通累计创建了9个国家级文明单位、10个省部级文明行业、125个省部级文明单位、22个全国青年文明号、198个省部级青年文明号，彰显了交通党建的丰硕成果。

三、坚持把基层作为第一阵地，注重党建工作的创造性

一是建立了支部随党员延伸的基层党建新机制，厅党组高度重视党的基层组织建设，在重点工程建设指挥部、设计施工监理一线、抗震救灾突击队中均成立了党委、党支部、党小组，选配政治素质高、工作经验丰富的同志担任党的书记、党小组长，努力做到工程建设到哪里、党的组织就跟进到哪里。二是探索了远程管理的基层党建新模式，针对开通运营的高速公路里程长，2 042名党员分布在3 000多

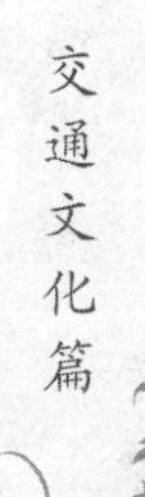

公里高速公路沿线所、站、队的实际情况，积极探索了以所、站、队为党小组、以片区为党支部的区域管理、远程管理的基层党建新模式，通过加强25个党委（总支）、127个党支部建设，将党建工作覆盖到全线每一个基层单位、每一名党员，增强了党建工作的凝聚力。三是创新了基层职工培育管理新途径。为提升一线参建职工的素质，夯实工程质量安全管理基础，省厅在全省开展了“十佳农民工”、“十佳工区长”评比表彰活动，并组织开展了公路工程试验检测技术大比武、机械养护业务技能大比武等一系列活动，充分调动了一线交通职工的积极性、主动性和创造性。

四、坚持把人才作为第一资源，注重干部队伍建设的规范性

一是深入开展“五好班子”创建。厅党组印发了《关于加强领导班子和干部队伍建设提高执政能力的意见》，深入开展了以学习好、团结好、纪律好、作风好、政绩好为内容的“五好”班子创建，努力提高交通各级领导班子驾驭全局和领导加快发展的执政能力。二是坚持正确的选人用人导向。厅党组严格按照《干部选拔任用工作条例》的规定，始终坚持注重品行、科学发展、崇尚实干、重视基层、鼓励创新、群众公认的选人用人导向；始终坚持选拔想干事、能干事、干成事的优秀干部，注重向艰苦的地方倾斜，对长期在基层一线埋头苦干、默默奉献的干部格外关注。近几年提拔的厅级干部、处级干部，民主推荐票均名列前茅，得到了群众公认，其中参加重点工程建设和援藏、小康工作队的干部占33%，营造了谋事不谋人、专心干事业、风清气正的选人用人环境。

五、坚持把为民作为第一标准，注重能力作风建设的实效性

一是倡导和培育了以“份内事、马上办，厅内事、主动办，突发事、高效办，重大事、跟踪办，经办事、精细办，交通事、干净办”为核心的“新型交通办事文化”，交通各级领导干部学习力、敏锐力、创新力、组

织力、团结力、自律力、执行力和服务力明显增强。二是创造性地开展了千名公务员“进村入户走村路、十万公里大巡访”专项行动，坚持在一线锤炼干部作风、在实践中提高能力，对干部作风、业务能力和综合素养进行了一次大检验、大培训。三是成功组织了一系列文明创建活动，特别是举办的高路执法综合训练、与省直机关工委等六部门联合举办的首届全省综合交通运输行业“祖国颂、交通情”文艺汇演、厅机关党委组织的省直机关职工迎国庆60周年歌咏比赛汇演等，充分展示了交通职工良好的综合素质和精神面貌。

六、坚持把廉政作为第一要求，注重共产党人的纯洁性

厅党组始终坚持一手抓交通建设、锁定加快发展不动摇，一手抓廉政建设、遏制交通腐败不松懈。一是深入开展“廉政交通三做起”主题实践活动，厅党组坚持每季度一次“廉政交通”主题教育报告会并形成制度，坚持定期与厅直单位、交通重点工程建设指挥部班子成员进行勤政廉政谈话，坚持开展廉政警示教育活动，营造了“廉政教育大家抓，反腐倡廉大家谈，党纪国法大家守”的浓厚氛围。二是深入开展“廉政阳光示范工程”创建活动，厅党组坚持以省纪委、省监察厅领导对口联系交通重点项目为重大契机，在全省交通重点项目深入开展了“双创双优”活动，产生了良好的规模效应和示范效应。三是深入开展交通重点工程源头治腐，省厅与省检察院联合开展了预防职务犯罪共建工作，与审计署武汉特派办、省审计厅广泛开展了审计共建工作，与省公安厅签订了“平安交通”共建协议，着力推进交通、检察、审计、公安部门联动长效化。交通各级领导干部反腐倡廉、警钟长鸣的忧患意识、法纪意识普遍增强。

（节选自2009年在全省交通运输系统党建工作会暨省交通运输厅“网上交通党校”开班仪式上的讲话）

“强基固本、六位一体”党建工作法

各级交通部门要深刻认识党的建设重心在基层,创新在基层,活力在基层,各级交通部门全面践行湖北交通“强基固本、六位一体”党建工作法,即:把握基本规律,促进交通发展、交通党建一体化;健全基本组织,促进机关建设、基层建设一体化;完善基本阵地,促进理论学习、实践创新一体化;建强基本队伍,促进班子建设、队伍建设一体化;提升基本素养,促进党风建设、行风建设一体化;提供基本保障,促进统筹兼顾、齐抓共建一体化,为推进湖北交通科学发展上水平提供坚强政治保障。

一、把握基本规律,促进交通发展、交通党建一体化

十七届四中全会指出:办好中国的事情,关键在党。交通各级领导干部要深刻理解这一重要论断,始终把党建工作摆在促进交通又好又快发展的大局中去思考、去谋划,努力实现党建工作和交通发展“两结合、两促进”。

一是坚持以大视角诠释大党建。交通运输点多线长面广,从业单位众多、人员高度分散,基础性、服务性、公益性、敏感性、流动性很强,涉及百年大计、民生大计,涉及物质文明、政治文明、精神文明和生态文明,是一项复杂的系统工程、社会工程。常规上,大家更多的是注重工程技术水平、运输质量安全、执法规范与否等,而往往忽视人的主观能动性、创造性。推进交通运输又好又快、科学发展,就必

须坚持以党的建设伟大工程推动交通发展，按照总揽全局、协调各方的原则充分发挥交通各级党委的领导核心作用，充分激发广大交通党员特别是基层党员的积极性、主动性和创造性，真正把党建工作扎根于交通运输的方方面面，把全行业的力量和智慧凝聚起来，将工程建设、运输管理、行政执法、基层党建、文明服务和反腐倡廉等各项工作融为一体、齐抓共建，将党的政治优势、思想优势和组织优势转化为推进交通科学发展的强大力量。

二是坚持以大党建促进大发展。发展是硬道理，党建是硬保障。交通各级领导要牢固树立“抓党建就是抓发展，抓发展必须抓党建”的理念，始终坚持把推动新一轮交通大建设大发展作为党建工作的出发点和落脚点，将党建工作目标和交通经济指标层层分解，责任落实到岗位、落实到每一名党员。要坚持在加快高速公路网建设中发挥基层党组织战斗堡垒作用和共产党员先锋模范作用，确保建设项目早开工、多开工，确保明年再开工 1 000 公里高速公路；坚持在开发长江黄金水道、建设武汉长江航运中心中发挥基层党组织战斗堡垒作用和共产党员先锋模范作用，确保崔家营航电枢纽工程、引江济江通航工程、高等级航道圈和武汉、黄石、宜昌、荆州港口建设又好又快；坚持在服务社会主义新农村中发挥基层党组织战斗堡垒作用和共产党员先锋模范作用，确保明年再建通村沥青（水泥）路 12 000 公里，除恩施土家族苗族自治州外全面实现全省行政村通达沥青（水泥）路的目标；坚持在发展综合交通运输、现代物流业中发挥基层党组织战斗堡垒作用和共产党员先锋模范作用，着力打造零距离换乘、无缝衔接的运输枢纽，确保武汉高桥保税物流中心、宜昌三峡物流中心、襄樊西北物流基地等三大物流示范园区抓有成效，真正使交通党建与交通发展目标同向、工作同力、发展同步。

二、健全基本组织，促进机关建设、基层建设一体化

党的基层组织是党全部工作和战斗力的基础，是落实党的路线

方针政策和各项工作任务的战斗堡垒。交通各级机关是党员最集中、骨干最集中、党建资源最集中的部门,机关党建对基层党建具有重要的示范导向作用。加强交通党建工作,必须坚持抓龙头带系统、抓机关带基层,使机关建设和基层建设上下联动、同步推进。

一是将机关建成龙头示范。交通各级领导干部一定要深刻领会胡锦涛总书记关于机关党建工作要"走在党的基层组织建设的前头"的重要指示精神,牢固树立"抓好党建是尽职、不抓党建是失职、抓不好党建是不称职"的观念,切实增强抓好机关党建工作的自觉性、主动性,使机关党建工作始终走在交通系统党的基层组织建设的前头,充分发挥交通各级机关的龙头表率作用。

二是将支部建到工地站所。各级交通党组织必须牢固树立"抓基层就是强根本、抓基层就是聚民心、抓基层就是增活力、抓基层就是打基础"的理念,坚持重心下移、扎根一线,充分发挥党的基层组织的战斗堡垒作用。目前,杭瑞高速公路指挥部在基层党建方面已经作了积极的探索,发挥了良好的综合效应。据统计,杭瑞高速公路参建人员2万多人中有党员426人。为实现党组织和党的工作全覆盖,厅党组在指挥部设立了工地党委,全线各参建单位设有31个党支部、2个党小组,真正做到工程建设到哪里,党的组织就跟进到哪里,思想政治工作就推进到哪里,党的方针政策就宣传普及到哪里,党的先锋模范作用就发挥到哪里。各地各单位要认真学习杭瑞高速公路建设指挥部的成功经验,将支部建到工地一线、将支部建到基层站所、将支部建到车船港站,做到一个支部一个堡垒,一个党员一面旗帜,确保党的建设各项部署真正落到实处、落到基层。

三是将教育覆盖到一线农民工。"基层基础"在交通运输系统从来都不是一个空洞的概念。交通基层一线的广大收费员、护路工、路政员、农民工等等,都是我们交通系统的重要基本队伍,一条条公路,一座座桥梁,一道道隧洞,都离不开他们的辛勤建设和管养。特别是在工程建设领域，农民工作为新兴的劳动力和工人阶级的生力军，在推进工程又好又快建设中正发挥着日益重要的作用，他们既是工程建设的生力军，也是质量安全的主心骨，对工程建设质量安全进度举足轻重，必须将党的教育和职业教育拓展到基层一线，延伸到农民工队伍，通过开办农民工学校、建立农民工支部，创建学习型农民工，培育“能工巧匠”，评选和树立“十佳农民工”、“十佳操作能手”、“十佳工区长”等先进典型；通过开设农民工讲堂，让优秀农民工传经送宝、网上交流、以点带面，形成学习新技术、技能大比武、竞争创一流的浓厚氛围；通过关心他们的诉求，维护他们的权益，提高他们的素质，增强他们的归属感、荣誉感、成就感和质量意识、安全意识、责任意识；通过积极探索完善流入地党组织为主、流出地党组织配合的流动党员教育管理服务工作机制，切实加强农民工等交通从业党员的管理，真正将党建工作覆盖到全行业。

三、完善基本阵地，促进理论学习、实践创新一体化

党的基层组织要适应新形势、新任务、新要求，创新活动内容方式，在扩大党员参与面、提高实效性上下功夫，并明确要求推进基层党组织工作信息化。交通运输行业人员分散、流动性强，客观上造成党员集中学习时效性不强、集中学习成本高等问题。各级交通部门要进一步创新理念，以信息技术为依托，将互联网作为开展党的组织建设和支部生活的新途径、新载体，充分发挥互联网覆盖面广、方便快捷、生动直观的优势，积极探索交通党建新方式、新途径。

一是创办“网上交通党校”。网上党校是加强新形势下党员教育的新平台，也是展示党的形象的新窗口。为着力解决交通运输系统党员分散、集中学习困难的问题，省厅利用交通门户网站、交通视频会议系统等网络平台建立了湖北省交通运输厅“网上交通党校”，形成了集多媒体制作、播放、同步教学、网上辅导、交流互动、在线讨论

于一体的教学体系,使每个党员随时随地都能学到原汁原味的党的知识,感受到组织的关心和爱护。省委组织部潘立刚部长将为全省交通系统启动“网上交通党校”开通按钮,并通过“网上交通党校”与基层一线的党员进行互动。全省交通运输系统党员干部都要以“网上交通党校”为平台,积极学习党务知识、开拓工作视野、更新思想观念,不断提高自身理论水平和业务素质。

二是创新“网上组织生活”。为了破解传统的组织生活存在的“地域上”和“时间上”的限制,省厅开发建立了“湖北省交通运输厅网上党员组织生活学习系统”,将党组织生活的会场延伸到互联网、延伸到视频系统,今后我们出差在外、工作在一线的党员,只要有电脑、有网络,就可以与同志们进行远程、实时的学习和交流。

三是创建“网上党员论坛”。为了增强党的凝聚力、吸引力,省厅充分发挥网络的开放性,建立了“网上党员论坛”,以充分激发党员的话语权,通过网络这一开放式平台畅所欲言、集思广益,真正把网上党员论坛建设成为密切党群关系、推动党的工作、展现党的形象的平台。

四、建强基本队伍,促进班子建设、队伍建设一体化

各级党组织要坚持德才兼备、以德为先用人标准,提高领导班子和领导干部推动科学发展、促进社会和谐能力,培养造就大批优秀年轻干部。推动新一轮交通大建设大发展,必须高度重视交通基本队伍建设,努力培养一支“想干事、能干事、善干事、干成事、不出事”的交通队伍,切实增强交通发展后劲。

一是着力加强领导班子建设。各级交通部门要进一步增强政治意识、忧患意识、责任意识,要以高举旗帜、坚定信念、践行宗旨为根本,以提高领导水平和执政能力为核心,以贯彻执行民主集中制、树立正确用人导向、改进领导作风为重点,努力把交通各级领导班子建设成为坚定

贯彻党的理论和路线方针政策、善于领导科学发展的坚强集体。要进一步落实领导干部重大事项报告制度、民主集中制度、述职述廉制度、民主生活会制度。特别是加强交通重点工程指挥部领导班子建设，建立健全指挥长定期学习交流、教育培训和述职述廉制度，培育一支政治强、业务精、作风实的高素质复合型领导干部队伍。

二是着力加强交通队伍建设。始终坚持正确的用人导向，坚持德才兼备、以德为先，重用那些政治坚定，有开拓创新精神，工作有实绩，清正廉洁，群众公认的优秀干部，不用那些以权谋私、投机钻营的人，不用那些不干实事、无所作为混日子的人。要重视关心老实人、正派人、不巴结领导的人。要让吃苦的人吃香、让实干的人实惠、让有为的人有位。要继续选派机关和厅直单位干部、业务骨干到重点工程一线挂职锻炼。鼓励年轻干部到基层工作，到艰苦地区、复杂环境、关键岗位锤炼作风、增长才干。要高起点、高质量地做好人才队伍规划编制工作，以高层次人才为重点统筹抓好交通人才队伍建设，不断创新人才培养、吸引、使用、评价和激励机制。

五、提升基本素养，促进党风建设、行风建设一体化

各级党组织要以坚强党性保证党的作风建设，要把加强党性修养作为优良作风养成的重要基础和动力，使广大党员永葆蓬勃朝气、昂扬锐气、浩然正气。全省交通系统要继续深入开展讲党性、重品行、作表率活动，锲而不舍地加强党性修养，以促进良好作风的养成。

一是坚持交通一线工作法。各级交通部门要大兴密切联系群众之风，大兴求真务实之风，大兴艰苦奋斗之风，坚持情况在一线了解、问题在一线解决、矛盾在一线调解、服务在一线体现、任务在一线落实，坚持以优良的党风促政风带行风，以坚强的党性和优良的作风确保交通各项任务全面完成。

二是坚持廉洁从政。廉洁从政既是纪律规范，也是作风要求，是

广大党员干部必须坚守、不能逾越的一条红线。交通各级领导和党员干部要把廉洁从政作为党建工作的重中之重,引导党员干部纯洁社交圈、净化生活圈、规范工作圈、管住活动圈,多坐书桌、少坐酒桌、远离赌桌,培养健康的生活情趣,筑牢拒腐防变的思想防线,永世自觉做到"警钟长鸣",充分发挥党员的先锋模范作用。要大力推广湖北高速公路建设"廉政阳光六同长效"新模式,确保湖北交通发展又好又快。

六、提供基本保障,促进统筹兼顾、齐抓共建一体化

四中全会强调,各级党组织要认真贯彻全会决定精神,坚持党要管党、从严治党,全面落实党建工作责任制,确保党的建设各项部署落到实处。各级交通部门要建立健全党委统一领导、党政工团齐抓共管、一级抓一级、层层抓落实的党建工作新格局,切实增强领导干部"一岗双责"的责任意识,坚持多位一体、齐抓共建,统筹规划、整体推进,完善党建工作考核综合评价体系,建立党建工作长效机制。要注重加强党务干部的业务培训,配齐配强交通各级党务干部。要坚持以党建带团建,积极探索以党带团、党团互动的有效举措,通过搭建平台、创新团员队伍建设方式,充分发挥团组织的助手和后备军作用,充分调动广大青年团员的积极性、创造性,最大限度地发挥交通青年队伍建设在促进交通大建设大发展中的生力军作用,促使交通党建和交通发展始终保持蓬勃生机与旺盛活力。

(节选自2009年在全省交通运输系统党建工作会暨省交通运输厅"网上交通党校"开班仪式上的讲话)

探索实践“开放式”党建工作新机制

党的十七届四中全会，就全面加强和改进新形势下党的建设作出了决策部署。这是在世情、国情、党情深刻变化，经济社会大发展大变革大调整，思想文化大交流大交融大交锋的关键时刻召开的一次重要会议。全会强调，应对复杂多变的国际形势、完成艰巨繁重的改革发展任务，必须加强和改进新形势下党的建设，着力推进党的理论创新、实践创新和方法创新，切实以科学理论指导党的建设、以科学制度保障党的建设、以科学方法推进党的建设，不断提高党的建设科学化水平。交通运输行业点多、线长、面广，人员分散、流动性强，从业人员众多，党员比例较高。全省交通运输行业现有 28 万名交通职工，逾 100 万名来自全国各地、各行各业的建设大军，70 多万名从事现代物流和传统公路水路运输的从业人员。其中，仅 28 万名交通职工队伍中就有基层党组织 3 200 多个，党员 94 000 余人，党员比例达 33.6%，且 73% 的党员集中在基层、工作在一线。充分发挥现代网络技术，积极探索“开放式”基层党建新机制，加快形成资源共享、优势互补、相互融合、协调发展的大党建格局，有利于保障和促进交通运输事业又好又快发展。

一、创新工作方式，拓展基层党建领域

党的基层组织是党全部工作和战斗力的基础，是落实党的路线方针政策和各项工作任务的战斗堡垒。进一步巩固和加强党的基层

组织,着力扩大覆盖面,推进基层党建工作创新,增强党员队伍生机活力,建设高素质基层党组织带头人队伍,是党的十七届四中全会对基层党建工作提出的新要求新任务。

(一)将支部建到工地

在交通大建设、大发展、大开放、大融合的趋势下,党员跨区域、跨行业流动日益频繁,分散性明显增强,呈现出从业方式多样、活动地点多变等特点。为充分发挥各级党组织的领导核心、基层党组织的战斗堡垒和共产党员的先锋模范作用,省厅及时在各重点工程建设指挥部、工程突击队成立了党组织,做到哪里有党员,哪里就有党的组织,哪里就有党的组织生活;做到工程建设到哪里,党的组织就跟进到哪里,思想政治工作就推进到哪里,党的方针政策、党的声音就宣传普及到哪里。

(二)将教育普及到农民工

农民工作为新兴的劳动力和工人阶级的生力军,在推进经济和社会发展中正发挥着日益重要的作用。特别是在工程建设领域,技术娴熟、思想稳定、敬业创业精神强烈的农民工队伍既是工程建设的生力军,也是质量安全的主心骨,他们作为一线的建设者、劳动者,工作状况直接关系工程进度、决定质量安全。加强农民工队伍职业教育、思想教育、政治教育,增强他们的责任意识和组织观念,既是现实需要,也是长远之策,必须高度重视农民工队伍建设,褒奖他们的贡献,扩大社会的认同,关心他们的诉求,维护他们的权益,充分发挥农民工队伍的积极性、主动性和创造性,增强他们的归属感、荣誉感和成就感。

(三)将组织生活延伸到视频

网络技术正渗透着人类社会的各个领域,改变着人们的工作、生活和思维方式。互联网正日益成为人们生活中不可或缺的获取信息的重要手段和交往工具。作为一种信息传播手段,互联网具有高效、迅捷、交互性强等特点，越来越多的党员干部通过互联网获得信息资源已是不争的事实。利用现代网络技术，打造主流意识形态宣传新阵地，抢占网络宣传交流制高点，彰显主流意识形态的思想和声音，增强党的凝聚力、吸引力和战斗力，是简化繁琐的日常党务工作，提高工作时效，降低执政成本，提高党建水平的重要途径，省厅积极探索“网络视频支部生活”，有效利用交通系统视频会议系统、工程建设视频调度系统等新型媒介组织支部生活、进行党员教育，推进党的组织生活便捷化、经常化、视频化，不仅身临其境，而且形象直观。

二、创新学习途径，提升党员综合素养

学习是一个人获取知识、提高素质、增长本领的重要方式，也是一个民族和国家传承文明、繁荣进步的重要途径。重视学习、崇尚学习、认真学习，不仅是一种政治责任、精神追求，也是一种生活方式、生存需求。按照科学理论武装、具有世界眼光、善于把握规律、富有创新精神的要求，建设学习型支部、学习型行业是一项重大而紧迫的战略任务。

（一）创建“流动党校”

按照借助外力、挖掘潜力、凝聚合力的工作思路，省厅组建了党建工作宣讲队、师训队、辅导队等“三支队伍”。即：从全省交通运输行业选调了一批政策理论水平高、实践工作能力强、善于分析研究解决问题的政工干部和专业人才，组建四中全会精神学习贯彻宣讲团，深入各地各单位送学上门、送教上门，将学习读本、辅导资料、教育光碟特别是党的方针政策送到基层一线，帮助基层及时准确了解党的方针政策；充分依托湖北交通党校和湖北交通职业技术学院的现有师资力量，组建一支具有较高专业素养的师训队伍，对厅直单位支部书记、科级干部为学习贯彻十七届四中全会精神进行培训，并坚持每年有组织、有计划地选派一批党政领导干部到省委党校、行政学院学

习;积极争取省委党校、行政学院和高等学府支持,邀请外聘专家、教授、学者组建辅导队伍,就党的方针政策、法律法规和业务知识进行专场授课、理论辅导、实践研讨,对交通党员干部进行全方位、全覆盖教育培训。

(二)培树先进典型

先进典型是时代精神的引领者,是主流价值观的代表者,是社会主义荣辱观的践行者。培树先进典型,发挥示范作用,引领价值导向,既是新时期交通运输事业蓬勃发展的动力之源,更是新形势下加强和改进党建工作的现实需要。近年来,省厅坚持典型引路,先后培树了时代先锋、全国重大先进典型陈刚毅,“节油大王”王静,“见义勇为”英雄蒋雪峰等一大批先进典型群体。有人评论说,先进典型效应不亚于修一条高速公路,不亚于建一座长江大桥。这是因为,典型引路具有强大的凝聚效应、广泛的示范效应、深刻的教化效应和显著的品牌效。2006 年 5 月 29 日,中组部、中宣部等 8 部委在人民大会堂隆重举行了陈刚毅先进事迹报告会,国家副主席曾庆红、中组部部长贺国强亲切接见了报告团成员,并作了重要讲话,在全国各地、各行各业掀起了学习陈刚毅的热潮,“刚毅精神”成为新时期引领湖北交通人乃至全国交通人奋勇前行的一面旗帜。

(三)深化岗位创建

夯实基层基础工作,练好基本功,事关党的执政能力,体现党的执政效力。省厅坚持“每年一个新内涵、每年一个新载体、每年一个新台阶”,结合交通行业工作实际,深入持久地开展“学刚毅精神,创文明新风、建和谐交通”、争创“费收状元”、“养护能手”、“高路卫士”、“执法标兵”、“文明样板路”、“文明航道”、“文明车、船、港、站”、“文明客运(公交)示范线”、“出租车创十佳企业”、“文明示范岗”、“青年岗位能手”等文明创建活动;结合交通重点工程搭建平台,在全省高速公路、长江大桥、航电枢纽、港站等建设指挥部,开展“青年突击队”、“廉政示范工程”、“生态环保工程”、“精品工程”等活动；结合交流挂职搭建平台，每年选派一大批科、处级干部到重点工程交流挂职，并多次选派干部和专业技术人员援藏、援疆、扶贫和支持小康建设等；结合人力资源开发搭建平台，每年选派一批后备干部、中青年干部到党校（行政学院）学习，选派德才兼备的中青年技术骨干赴国内外高等学府深造等等，立足交通建功立业。

（四）强化部门共建

加强和改进新形势下党的建设，是一项系统工程，需要部门同心，社会合力，着力营造干净干事业、勤廉铸丰碑的干事创业环境。近年来，省厅着力推进交通、检察、审计、公安等部门的联动共建长效机制建设，通过与省检察院制定《关于进一步加强全省交通系统预防职务犯罪工作的意见》，建立和完善联席会议等七项制度；通过与审计署武汉特派办、省审计厅共同签订审计工作共建协议，与省公安厅签订“平安交通”共建协议等，积极探索主动介入、事前监督、综合治理的新路子，着力构建交通特色惩防腐败风险防控体系。

三、创新制度保障，建立党建长效机制

加强学习管理，完善激励机制，推进学习制度化、规范化、常态化，关键要有一套符合实际、切实可行、行之有效的学习制度。要创新学习制度设计，建立健全学习考勤、学习档案、学习通报等各项制度，努力形成党员干部全员学习、持续学习、终身学习的长效机制。

（一）实行学员实名制

开放式远程网络教育平台，有效突破了时空限制，但作为虚拟空间，实时监督不可或缺。通过强大后台实施有序的实名制注册，有利于促进网络教育从无序的个性化状态转向有序的实名制状态。每名党员干部进行实名制注册，进行唯一授权，建立健全支部、党员网络管理和党员干部个人教育数据库，及时将党员干部每次上机操作时

间、浏览操作内容、撰写心得体会等信息自动生成数据文件，定期生成考评文件，对照周期学习计划，实时跟踪考评，并及时将学习动态通过前台反馈党员干部，有利于督促本人及时落实计划、修正计划、评估计划。

(二)开辟网上大讲堂

依托交通门户网站建立相对独立的学习教育系统，开辟网上大讲堂，建立党建知识库，制作专题教育多媒体，采用互联网直播方式进行远程培训，实现优秀教师资源和优质培训教材资源共享；开辟党建网站，集中发布有关思想政治教育、形势分析、政策理论宣讲以及党课等方面的视频、录音、文字报告、图片资料等，切实把党建网络平台建成党建工作信息化、交流工作网络化、党务工作科学化的重要载体。党员可通过网上观看视频报告、撰写观后感、体会文章、读书笔记和提出意见及建议等方式进行学习，有利于缓解机关、基层党员干部工学矛盾，降低学习成本，提高学习效果。

(三)构建大党建格局

紧扣加强组织领导建设这个关键，发挥党政工团和纪检监察合力，着重加强党组织领导班子和党务工作队伍建设，着力构建党组(党委)领导、党政工团齐抓共管，以专职党务工作者为骨干、以各类管理人员为主体的“大党建”工作格局，始终坚持党务工作与行政工作相结合，统筹制定符合实际的学习计划，明确具体要求，保证学习时间和质量。进一步探索完善各种学习形式，加强日常学习、脱产学习、短期集中培训相结合，不断增强学习的针对性和实效性；加强专职党务工作队伍建设和复合型人才培育相结合，不断选拔政治素质好、工作热情高、责任心强的同志充实到党务工作队伍，努力建设一支政治强、技术精、作风好的党建网站工作队伍。

(四)推行开放式党建

在按照地域、单位为主设置党组织的基础上，积极推行开放式

"组织联建"模式,不断创新城乡党组织设置形式,改变过去相对封闭设置党组织的状况,逐步形成全面覆盖、全员参与的新型党组织网络;积极推行开放式"活动互联"模式,引导流动党员参加所在单位组织生活,参加党组织的评选推荐,让所有党员长期感受党的温暖,接受党的教育;积极推行开放式"党内互助"模式,积极构建党内和谐,特别是对生活困难党员真正做到在政治上关心,在生活上关爱,在事业上关注;积极推行开放式"党员互动"模式,为基层组织提供人才保障;积极推行开放式"资源共享"模式,充分发挥支部公共服务中心的作用;积极推行开放式"信息共享"模式,着力构建网络信息平台,实施远程教育,进行动态跟踪管理。

(五)强化跟踪性考核

加强学习过程的管理,强化督促检查和考核,健全"四学"(述学、评学、督学、考学)机制。即:领导带头抓"述学",做到"述学与述职结合",规定各级班子成员年终不仅述职、述廉,而且要"述学";上下联动抓"评学",做到"评学与评议结合",把领导班子和干部理论学习情况纳入各级党组织民主生活会和各单位工作总结会,在党内和群众中进行评议;包片带线抓"督学",做到"督学与督察结合"。党组成员采取"包片带线"的做法,结合各自分管的工作和联系点,加强指导、检查督促;提升素质抓"考学",做到"考学与考核结合",把考核结果纳入领导干部综合评价体系和领导班子建设目标管理体系,作为考核领导班子和选拔任用领导干部的重要依据,鼓励先进,鞭策后进。

(节选自2009年在湖北杭瑞高速公路网络推进会暨"网上交通党校"第一期培训班上的讲话)

把支部建到工地　把教育覆盖到农民工

交通运输行业点多、线长、面广，人员分散、流动性强，从业人员多、党员比例高，湖北省交通运输厅结合实际创造性地学习贯彻十七届四中全会精神，积极指导基层一线深入开展学习实践活动，创新探索基层党建工作的新方式、新途径，着力活跃基层、夯实基础并取得实效。

一是把握交通建设领域党员流动分散的新特点，探索工地网络党建工作新途径。省厅坚持把支部建到工地、创新“网上支部生活”；把党建拓展到参建各方，创办“网上交通党校”；把教育覆盖到农民工队伍，创建“网上农民工论坛”。在交通大建设、大发展、大开放、大融合的趋势下，交通基础设施建设领域党员跨区域、跨行业流动日益频繁，分散性明显增强，呈现出从业方式多样、活动地点多变等特点。特别是随着交通系统建设任务的日益加重，很多党员干部常年出差在外，分散在不同工地上，客观上存在党员学习不便于集中、学习时效性不强、集中学习成本高等问题。据不完全统计，我省交通运输行业现有100多万名来自全国各地、各行各业的建设大军，涉及工程建设管理、施工、监理、设计、协调等方方面面。为实现党组织和党的工作全社会覆盖，省厅在指挥部设立了工地党委，全线各参建单位设立了31个党支部、2个党小组，并充分利用先进便捷的网络技术，开发了“湖北省交通运输厅网上党员组织生活学习系统”，将党组织生活的会场延伸到互联网、到视频系统，让工地一线的党员随时随地坐在电脑前就能进行实时的学习和交流，突破了传统组织生活地域和时间上的限制。据统计，一个月内杭瑞高速公路项目全线通过网络支部过组织生活31次，参与政治和业务技术学习人数达2 000余人次，学习交流文章200余篇，献计献策58条。通过"网上交通党校"，厅长与杭瑞高速公路沿线22个标段和6个驻地办的400余名党员，分别在阳新、通山、通城等各自标段的会议室里，一起过网上组织生活，上了一堂网络党课，收到了特殊的效果，充分显现了工程建设到哪里，党的组织就跟进到哪里，思想政治工作就推进到哪里，党的方针政策就宣传普及到哪里，党的先锋模范作用就发挥到哪里的极端重要性和必要性。

二是把握交通建设领域农民工队伍的新态势，探索农民工队伍素质建设新机制。省厅坚持建学习型工地，开辟"农民工大讲堂"；育学习型农民工，开办"农民工夜校"；树先进典型，评选"十佳农民工"。交通工程基础设施是工程专业技术人员精心设计的作品，更是农民工队伍一点一滴干出来的成果。农民工队伍的基本素质、责任意识、操作技能、精细程度，直接决定工程质量安全、进度目标、投资效益的实现。加强农民工队伍职业教育、继续教育，是打基础、管长远的最好体现和实现途径。省厅依托交通门户网站建立开放式学习教育系统，开辟网上大讲堂，建立技能知识库，制作专题教育多媒体，采用互联网直播方式进行远程培训。特别是注重发挥农民工技术骨干的带头作用，把他们的操作实务、心得体会制成多媒体教学片上网推介，通过开办农民工夜校、组织技能培训、开展技术比武等形式多样、内涵丰富、行之有效的途径加强教育培训，在全线形成讲政治、讲质量、讲廉政、保安全的氛围，营造良好的工地学习环境，使农民工党员干部得到教育培养，技术人才得到锻炼提高。省厅在农民工队伍中广泛开展"十佳农民工"、"十佳操作能手"、"十佳工区长"等一线先进典型群体评比表彰，坚持典型引路，积极培育优秀基层员工、基层农民工加入党组织，真正让农民工朋友得到了关心、尊重，得到了双重实惠——既丰富了钱袋，又丰富了脑袋。

三是突出把握交通建设领域又好又快发展的新要求，探索湖北交通建设"廉政阳光六同长效"新模式。交通要发展，廉政是保障。重点工程项目具有资金密集、管理权集中、施工环节多等特点。面对建设项目增多、管理难度加大的新情况，省厅把加强工程建设指挥部党的建设，作为促进项目建设优质高效、廉洁安全的一项重要工作来抓。通过对杭瑞高速公路建设的实践创新，探索形成了湖北高速公路"廉政阳光六同长效"建设管理新模式，即：优质高效目标与廉政阳光目标同确立；高速公路建设与党风廉政建设合同同签订；质量安全进度与廉政阳光公开同考核；基层党建模式与"两型交通"建设同探索；建设施工监理设计与纪检检察司法审计联动机制同建立；工程经济效益与"刚毅品牌效应"同发挥，对促进湖北交通又好又快发展提供了有力保障。

（节选自2009年在贯彻党的十七届四中全会精神中心组学习会上的讲话）

加强党性修养　推进交通党建

岁月如歌,历史永恒。在人类历史长河中,88 年只不过是白驹过隙,但对中国共产党和中国人民来说,却是勇往直前的 88 年,翻天覆地的 88 年,灿烂辉煌的 88 年。88 年来,我们党由小到大,由弱到强,历经风风雨雨,饱尝千辛万苦,不断从胜利走向胜利,赢得了广大人民群众的拥护和信赖。

重温党的光辉历史,就是要始终牢记党的宗旨观念,坚定正确的政治方向,坚持崇高的理想信念,培养高尚的道德情操,永葆共产党员的先进性和纯洁性;就是要始终保持共产党员的政治本色和革命气节,牢固树立党员干部讲党性、重品行、作表率的良好形象;就是要始终坚持解放思想、实事求是的思想路线,创造性做好当前改革、发展、稳定各项工作;就是要始终弘扬理论联系实际、密切联系群众的优良作风,求真务实,真抓实干,奋勇争先;就是要发扬自力更生、艰苦奋斗的创业精神,迎难而上、锐意改革、共克时艰。当前,湖北交通正处于提档进位、弯道超越的重大历史机遇期,推进湖北交通又好又快发展,取决于广大党员干部的群策群力,取决于全省交通干部职工的不懈努力,关键是要培养锻炼一支高素质的干部职工队伍。全体党员干部和广大干部职工,都要把对党的深深热爱切实转化为推进交通事业又好又快发展的强大动力和实际行动,积极投身发展交通运输事业的火热熔炉中去,真正在实践中体现出党的先进性、发挥好党组织的战斗堡垒作用和党员的先锋模范作用。

一、推进新一轮交通大发展是时代赋予我们的使命

党员领导干部处在重要岗位,是党的各项事业的实践者、组织者、推动者,负有重大责任,起着关键作用。全面落实科学发展观,关键在党员干部特别是党员领导干部。当前,国际金融危机正伴随着经济发展的"弯道"期,这一时期既是生产要素重新组合、产业资本转移的关键期,也是后发赶超、科学跨越的重要机遇期。"弯道机遇"稍纵即逝,"弯道挑战"催人奋进。弯道转得好,就会赢得新一轮发展机遇,掌控新一轮发展的主动权。弯道转不好,就只能成为被动的跟跑者甚至落伍者。作为国民经济的重要基础产业和拉动经济增长的主力军,湖北交通必须坚持发展第一要务,奋力抢抓"弯道"机遇,推进全省新一轮高速公路大发展。

二、自觉加强党性修养是党员领导干部的终身生活主题

加强党性修养,要坚持理论和实践相统一。提高理论修养,增强理论指导实践的能力,是各级交通领导干部加强党性修养最重要的一个方面。各级领导干部一定要牢固树立马克思主义的实践观点,把党的科学理论与改革发展稳定实践紧密结合起来,认真研究解决实际问题,尤其是要认真解决影响改革稳定的深层次矛盾和问题、影响群众生活的突出矛盾和问题,不断提高干事创业能力,不断增强应对复杂局面能力,创造性地贯彻落实中央、省决策部署,扎扎实实推动科学发展,促进社会和谐。

加强党性修养,要坚持继承光荣传统和弘扬时代精神相统一。艰苦奋斗是中华民族的传统美德,是我们党的传家宝,是凝聚人心、战胜困难的强大力量。各级领导干部要牢记"两个务必",大力发扬艰苦奋斗的精神,牢固树立过紧日子的观念,勤俭办一切事业,带头执行中央、省有关精简经费开支的要求,带头反对铺张浪费和大手大

脚，带头抵制享乐主义和奢靡之风，带头改进作风、砥砺意志，在推动科学发展、促进社会和谐的伟大实践中奋发有为、建功立业。

加强党性修养，要坚持改造客观世界和改造主观世界相统一。人作为自觉能动的实践主体，对于怎样改造客观世界及其成效大小具有决定性意义。各级领导干部要牢固树立正确的政绩观、工作观、事业观，正确对待群众、对待组织、对待自己，正确看待个人利益、个人得失，不为私心所扰，不为名利所累，不为物欲所惑。

加强党性修养，要坚持加强个人修养和接受教育监督相统一。领导就是责任，就是义务。各级领导干部不但要有市场意识，更要有国家意识、社会意识、公众意识。要以科学发展观为指导，不断开阔眼界、开阔思路、开阔胸襟，成为党性强，作风正、纪律严的干部，认认真真学习、老老实实做人、干干净净做事。

三、以改革创新精神全面推进党的建设

一要全面加强党的思想建设。我们的党是执政党，党的建设事关全局、涉及长远，是事业兴衰成败的保证。党建工作是一项统揽全局的工作，各级党组织一定要自觉把党建工作融入贯穿到各项业务工作之中，使党建工作和业务工作贴得更紧，从根本上解决就党建抓党建或党建工作与业务工作相分离的“两张皮”问题。各单位的“一把手”在党建工作中，要牢固树立“抓好党建是尽职、不抓党建是失职，抓不好党建是不称职”的观念，增强抓好党建工作的自觉性，用足够的时间和精力抓党的建设，带动和督促班子成员认真履行好党建工作的职责，不管工作多忙，都不能荒废党建工作这块“责任田”。分管业务工作的领导，既要对分管领域的业务工作负责，也要对分管领域的党建工作、廉政建设工作负责，做到“一岗三责”，克服党建工作与业务工作相互游离和只靠书记抓党建的弊端。

二要全面加强党的组织建设。“基础不牢，地动山摇”，党建工作

的基础就是基层组织和党员队伍,我们要把加强基层、夯实基础作为党建工作的重中之重,抓紧抓好抓出实效。要进一步加强班子建设,切实按照科学执政、民主执政、依法执政的要求,改进领导班子思想作风,改善领导方式和执政方式,健全领导体制,完善工作机制,把各单位领导班子建设成为坚定贯彻党的路线方针政策、善于领导科学发展的坚强领导集体。要进一步加强基层组织建设,经常深入到基层组织中开展调查研究,掌握基层组织建设的第一手资料,找准存在的突出问题,拿出有针对性的措施,在增强基层党组织创造力、凝聚力、战斗力上下功夫。要进一步加强党员队伍建设。重点做好在生产一线、业务骨干和知识分子中发展党员的工作,有计划地吸收高层次高技能人才入党,争取把更多的业务骨干培养成党员,把更多的党员培养成业务骨干,不断优化党员队伍结构,不断提高党员队伍的综合素质。

三要全面加强党的制度建设。制度是根本,完善健全的制度是推动工作开展、提高工作效率的有力保证。要切实加强党建工作的制度建设,使党建工作常态化、制度化。各单位在制定年初目标任务时,要把党建工作纳入年度考核的内容,与业务工作通盘考虑,做到年初有计划,年终有总结、有检查、有考核、有奖惩。要坚持民主、公开、竞争、择优的原则,坚定不移地深化干部人事制度改革,努力形成科学的选人用人机制和干部管理监督机制,让想干事、能干事、会干事的干部脱颖而出,形成干事创业的生动局面。对那些不图虚名,踏实干事的干部要多加留意,对那些埋头苦干、注重长远发展打基础的干部不能亏待,不让综合素质高的人吃亏、不让干事的人吃亏、不让老实的人吃亏,真正使想干事的人有机会,能干事的人有舞台,会干事的人有地位,干净干事的人有掌声。

四要全面加强党的文化建设。党建工作要具体化、实在化,必须以各种活动的开展为载体。在全省交通运输系统开展了争创“五好班子”、“费收状元”、“养护能手”、“高路卫士”、“执法标兵”、“文明样板路”、“文明航道”、“文明车、船、港、站”、“文明客运(公交)示范线”、“出租车创十佳企业”、“文明示范岗”、“青年岗位能手”等活动，在全省高速公路、长江大桥、航电枢纽、港站等基础设施建设指挥部开展“青年突击队”、“廉政阳光工程”、“生态环保工程”、“精品工程”等创建活动，培树出了陈刚毅这一全国重大先进典型，涌现出了“全国见义勇为英雄”蒋雪峰、“节油大王”王静等。这些先进典型来自基层、来自一线，在平凡的岗位上做出不平凡的业绩，具有广泛的群众性，他们的事迹可信、可学、可敬。我们要不断赋予文明创建活动新的内涵，使活动和载体更富有针对性和时代性，更富有生命力和感染力。

（节选自2009年在厅直系统庆祝建党88周年纪念大会上的讲话）

“能力恐慌”和“能力建设”

加快湖北交通大建设,推进湖北交通大发展,关键取决于全省交通各级领导干部的能力和素质。有什么样的能力,就会有什么样的工作局面和工作成效。因此,加强交通能力建设,全面提高交通干部的能力和素质,对推动交通科学发展至关重要,也是确保“党员干部受教育、科学发展上水平、人民群众得实惠”的一项重要举措。

一、切实增强“能力恐慌”的危机感和“能力席位”的责任感

所谓能力,是指完成一定活动的才能和本领。按照马克思的说法,能力是“体力和智力的总和”。“人力资本”理论的创立者、诺贝尔奖获得者舒尔茨说:“当代高收入国家的财富是什么构成的?主要是人的能力。”《中共中央、国务院关于进一步加强人才工作的决定》指出:“人才资源能力建设是人才培养的核心。”这充分说明了能力建设的极端重要性。

第一,切实增强“能力恐慌”的危机感。早在1939年毛主席就曾说过:“我们队伍里边有一种恐慌,不是经济恐慌,也不是政治恐慌,而是本领恐慌。”本领恐慌就是能力恐慌,其实质是一种本领危机。在今天,随着科技发展的日新月异,知识信息的迅猛增长,能力危机比以往任何一个时代都备受关注,能力恐慌也比任何时代都可怕;随着市场经济的平等竞争、优胜劣汰,使能力越来越能决定事业的成败,能力的地位比以往任何时候都重要。可以讲,今天,任何人都存

在着能力恐慌,任何人都不可能在自己的岗位上一劳永逸,不可能永远躺在功劳簿上睡大觉。目前,能力恐慌的表现比较常见。比如,有的干部怕竞争上岗,不敢参加公开选拔;有的干部怕轮岗交流,不敢轻易尝试新岗位;有的干部怕动脑动笔,一遇到总结材料、工作汇报、调研论文、信息新闻就躲着跑;有的干部怕矛盾问题,遇到实际问题就束手无策、不知所措等等。这些表象看似普遍,但不容忽视,它警示每个人,如果自身能力跟不上形势发展的要求和事业的需要,就将面临淘汰出局的危险。只有不断加强学习,不断加强自身建设,努力冲破本领恐慌、能力恐慌的束缚,坚持与时俱进,才能适应不断变化的新形势、新要求。

第二,切实增强"能力席位"的责任感。职务岗位就是"能力席位"。有些干部"能力席位"意识淡薄、责任意识淡薄,担当精神不够。有的只把责任挂在嘴上,工作只求过得去,不求过得硬,抱着完成任务、应付差事的态度;有的对自己职责范围以内的事,怕担风险,不管大事小事,不分轻重缓急,不愿主动协调,不敢果断处置、上推下卸,贻误战机;有的抓工作重形式轻实效,满足于发文件、开会,不检查、不监督、不指导;有的遇到问题束手无策绕道走,遇到矛盾刻意回避往后退,习惯于摆客观理由,缺乏敢闯敢试的改革创新精神;有的把兴奋点和着力点不放在"做事"上而是放在"谋人"上等等。这些问题,充分说明了加强交通各级领导干部能力建设、提高全员整体素质的重要性和紧迫性。

当前,正是推进湖北交通新一轮大发展的关键期,也是交通改革、发展、稳定等各种深层次矛盾的凸显期,更是实现湖北交通科学发展的重要机遇期。能否真正抢抓机遇、化危为机、推动湖北交通实现快速、安全、科学、协调发展,关键取决于我们各级领导干部的素质能力的高低和发挥作用的大小。各级交通部门要切实增强"能力恐慌"的危机感、"能力席位"的责任感和推进湖北交通科学发展的紧迫感，真正以更加勤政务实的工作、更加开拓创新的举措、更加廉政为民的作风和更加优质高效的行政效能，确保“2009——湖北交通改革攻坚年”各项目标任务的全面落实。

二、提高“八大能力”，全面推进湖北交通科学发展

2008年以来，通过深入开展交通执行力建设、民主评议政风行风和学习实践活动，以“份内事、马上办，厅内事、主动办，突发事、高效办，重大事、跟踪办，经办事、精细办，交通事、干净办”等“六种意识”为主要内容的“新型交通办事文化”深入人心，干部作风有了明显转变，得到了省委、省政府领导和社会各界的肯定和好评。加强交通能力建设，就是要以深化“新型交通办事文化”为基础，以提高“推动科学发展的能力、应急和谋远能力、创造性工作的能力、统筹协调的能力、团结和谐的能力、廉洁从政的能力、化常为专的能力、服务基层和企业的能力”等八大能力为目标，以增强交通各级领导干部的“学习力、敏锐力、创新力、组织力、团结力、自律力、执行力、服务力”为重点，进一步深化学习实践活动整改工作，着力破解交通高素质人才匮乏之难，奋力推进湖北交通科学发展上水平。

第一，提高推动科学发展的能力，必须增强“刻苦钻研、学以致用”的学习力。面对能力恐慌，唯一的出路在于学习。只有不断地学习，才能不断地克服能力恐慌；只要有愿意学习的动力、善于学习的能力，就没有克服不了的困难。学习力是最本质的竞争力，也是领导干部最核心的能力。只有把学习当作终身追求，才能在工作中避免知识透支、克服“本领恐慌”。目前，在各单位存在某种共性现象，应引起各级领导干部高度重视，比如：起点一样、职务相当的干部，有的能力强、水平高，工作成绩突出；有的能力弱、水平低，工作成绩不明显。究其原因，就在学习的差异上。有的同志对学习重视不够，认为自己有文化、有经验、有资历、有能力，不用学习可以照样干好工作，自我感觉良好。这实际上

是在吃老本。“学如逆水行舟、不进则退”。每一位交通干部都要牢固树立学习就是工作、学习就是责任、学习就是进步的意识，坚持在学中干、干中学。除了要具备政治理论、政策法规以及本部门、本岗位专业知识外，还应当具备接受新事物、吸收新知识的能力；具备学习借鉴、理论思考、创新思维的能力；具备利用网络工具进行查询检索、归纳分析的能力，要通过学习不断优化自己的知识结构，提高工作能力和综合素质，使自己真正成为熟悉法规的“政策通”，精通本职工作的“业务通”。当前，交通各级领导干部要着力增强刻苦钻研、学以致用的学习力，着力转变影响和制约交通科学发展的思想观念，切实增强推动交通科学发展的自觉性、系统性、原则性和创造性，不断提高用科学发展观统领交通又好又快发展的能力和水平。

第二，提高应急和谋远能力，必须增强“政治坚定、反应高效”的敏锐力。各级交通领导干部只有政治上坚定、理论上清醒，才能真正在行动上与党中央、省委、省政府保持高度一致，确保中央、省各项重大决策在交通行业不折不扣地落实。为应对金融危机的不利影响，促进经济社会平稳较快发展，各级交通部门要以高度的政治责任感和历史使命感，采取一切有力有效的措施，坚决贯彻落实中央、省关于上项目、扩内需、保增长的重大战略部署，严格落实市（州）政府和省交通厅联合共建机制，迅速推进重点工程项目前期工作和招商引资，迅速推进交通在建重点项目建设；确保交通行业安全稳定，有效应对各类交通突发公共事件、群体性事件，着力提高交通处置能力，真正做到科学决策、快速反应、高效应急、依法行政，为推进交通又好又快发展营造良好的环境。

第三，提高创造性工作的能力，必须增强“超越自我、攻坚破难”的创新力。创新是交通发展的引擎，是破解发展难题、攻克发展瓶颈的强大动力。要大胆探索创新，以开拓求突破，以创新求发展，于困境中找到出路、于困难中找到办法、于无望中创造可能、于可能中办成事情。提高创新力,就是要勇于超常规、敢于超常态,真正把“三个有利于”作为一把鲜明的尺子,大胆解放思想,率先解放自己,追求闭环效应,着力破解思想解放之难、体制机制创新之难。各单位、各部门要坚持不懈地开展“思想大解放、交通大发展”讨论活动,进一步开阔眼界、开阔思路、开阔胸襟,勇于变革、勇于创新、勇于实践,永不僵化、永不停滞、永不落后,不为任何风险所惧,不被任何干扰所惑,着力构建充满活力、富有效率、更加开放、有利于交通科学发展的体制机制。要善于把中央、省里的精神同交通实际结合起来,把实施决策的原则性与解决问题的灵活性统一起来,把上级精神和决策转化为切实可行的操作方案、转化为实实在在的工作举措,创造性地推动工作,始终保持开拓进取、奋发有为的工作激情,不断适应新形势、认识新事物、应对新挑战,不断推进交通各项工作的创新发展。

第四,提高统筹协调的能力,必须增强“顾全大局、弹好钢琴”的组织力。统筹兼顾、协调发展,是领导干部能力建设的重要方面,也是领导干部综合素质的重要体现。各级交通领导干部一定要按科学发展观的要求,牢固树立全局观念、大局意识,顾全大局,统筹兼顾,善于沟通,善于协调,既要突出重点,又要兼顾一般,学会“弹钢琴”,统筹协调好交通与各相关部门之间,交通系统内各部门、各直属单位之间的关系,努力为交通大建设大发展创造更加良好的内外环境。要提高把握全局、统筹协调的组织能力,一个很重要的途径就是要加大培训、轮岗和交流力度,通过多岗位、多层次的学习和锻炼,让交通干部特别是年轻干部更多地接受考验、提高能力。要按照“能力席位”的要求,进一步加大干部的轮岗、交流和竞争上岗力度,真正形成“能者上、庸者让、劣者汰”机制和干事创业、争先创优的浓厚氛围。

第五,提高团结和谐的能力,必须增强“民主和谐、凝心聚神”的团结力。团结是凝聚力,是战斗力,是生产力,是竞争力。只有不断加强班子自身建设,讲团结,谋事业,促发展,才能更好地完成党和人民所赋予交通人的神圣使命。各级领导班子只有搞好团结，心往一处想、劲往一处使，才有成就事业的平台，才能出实绩、出干部、出人才。各级班子成员要自觉换位思考、相互理解，以诚待人、相互关心，各尽所能、相互支持，荣辱与共、相互尊重，努力做到思想上合心、工作上合力、行动上合拍，真正把团结作为一种素质来培养，作为一种境界来提升，作为一种能力来强化。各级交通领导干部要倍加珍惜和带头维护当前交通团结发展、和谐发展的大好局面，真正做到谋事不谋人、谋公不谋私，一心一意谋发展，聚精会神抓建设，着力构建团结和谐、风清气正、干事创业的良好交通发展环境。

第六，提高廉洁从政的能力，必须增强“克己慎行、清正廉洁”的自律力。廉洁从政，干净干事，是对政府机关工作人员最基本的要求。交通干部职工一定要牢固树立“交通建设大发展、廉政教育大加强”的责任意识，带头树立“克己慎行、清正廉洁”的廉洁自律观，切实做到“四慎”：“慎初”，就是要在廉洁自律上坚决不破首例。“慎独”，就是要耐得住寂寞、顶得住诱惑、守得住原则。“慎微”，就是要从小节做起，从小事防起，要守得住阵地。“慎交”，就是要慎重交友、注重生活小节，不正之风不染、不法之事不干，真正把好政治上的高压线、法纪上的警戒线、道德上的保底线。要严格遵守机关工作人员“十不准”廉政守则，自觉做到秉公用权、依法用权、廉洁用权，努力建设一支“勤政为民、务实清廉”的交通干部队伍，为推进交通又好又快发展提供坚强政治保障。

第七，提高化常为专的能力，必须增强“雷厉风行、优质高效”的执行力。“常”，是指常规性的工作。在机关办文、办事、办会，包括文秘、档案、信访、公文、机要等工作，大都是常规性的工作，但工作常规，并非意味着责任常规。相反，这些常规性工作的正常有序、高效运转，事关政府这台机器能否正常、高效运转，事关政府的执行力和落实力。因此，每一名交通干部都必须把“负责任”作为自己的核心价值观,要以专业精神加强自身业务能力建设,做到化常为专、以专促常。每一名机关干部都要清楚地知道自己这个岗位的职责,做到知其责、践其责、担其责,做到在其位、谋其政,任其职、尽其责。要进一步深化和落实"份内事、马上办,厅内事、主动办,突发事、高效办,重大事、跟踪办,经办事、精细办,交通事、干净办"等"六种意识"为主要内容的"交通办事文化",做到雷厉风行、优质高效,努力形成"马上就办、办必办好"的良好氛围。同时,要按照"工作程序简化、召开会议简短、文字材料简练、汇报工作简洁、语言表达简明、深入基层简从"的要求,切实提高工作效率,降低行政成本。

第八,提高服务基层和企业的能力,必须增强"恪守宗旨、以人为本"的服务力。政府机关的核心价值就体现在"服务"两字,一切工作都要以服务对象的满意为标准。各级交通机关的工作任务,就是要为基层和企业服好务、为人民群众办好事。各级交通部门要始终牢记立党为公、执政为民宗旨,自觉摆正自身与人民群众的关系,始终把服务基层、服务企业、服务群众作为为政之本。凡是有利于发展和群众利益的事,一定要多讲怎么办、不讲不能办,在服务群众、服务基层中比奉献、比业绩。要始终坚持以人为本,本着服务至上、发展优先、优质高效的原则,进一步改善服务态度,优化服务环境,规范服务行为,坚决杜绝"门难进、脸难看、话难听、事难办"的现象,努力实现机关服务的科学化、制度化、规范化和人性化。要大力推行电子政务、首问负责制、一站式服务,实行政务公开,不断提高工作质量和工作效率。要将强化公共服务职能作为交通行业的不懈追求,推动交通行业由"管理型"转向"服务型",努力建设以人为本的服务型机关和负责任部门。

(节选自 2009 年在厅党组中心组学习会上的讲话)

聚焦“干”字　创先争优

各级党组织要深入开展创建先进基层党组织、争做优秀共产党员活动，在基层党组织和广大党员中营造学先进、赶先进、作贡献、当表率的良好风气。要按照中央、省的部署要求，紧紧围绕科学发展中心任务，充分发挥基层党组织的战斗堡垒作用和共产党员的先锋模范作用，充分激发基层党组织和党员干事创业的热情，做到“想干事、敢干事、会干事、干成事、不出事”。

一是要把心思集中在“想干事”上。“想干事”是一个人的思想品行、职业道德的表现，也是党和人民对党员干部的起码要求和基本规范。“想干事”，就是要把干事创业作为人生追求。实干兴邦，空谈误国。一打纲领不如一个行动。清代学者陈廷敬说：“与其言而不行，宁行而不言”，“欲知其人，观其行而已。”因此，要有强烈的事业心，把岗位作为实现自我价值的舞台，把事业作为自我追求的最高境界，勤勤恳恳，任劳任怨，专心致志，精益求精，一心一意想干事，聚精会神干工作，在平凡的岗位上创造不平凡的业绩。交通广大党员干部要在创先争优中把心思集中在“想干事”上，把自己的工作岗位当作施展才华、干事创业、服务群众、奉献社会的平台，做到不负党心、不违民心、不愧良心，让人生价值发热和闪光。

二是要把责任体现在“敢干事”上。“敢干事”是党员干部工作态度、工作作风的表现，体现党员干部的品格和情怀。“敢干事”就要敢于争先,敢于破难,力争上游,勇创一流。交通广大党员干部在创先争优中要把广大干部群众的积极力量凝聚起来,敢干实干,做到知难而进不言难,迎难而上不畏难,攻坚克难解难题。

三是要把才气展现在“会干事”上。“会干事”是一种素质,一种能力,一种才气。“会干事”是党员干部理论政策水平、综合决策能力、组织协调能力、文化专业水平的表现,是一个党员干部有没有才气的标志。交通广大党员干部在创先争优中要做到“会干事”,就必须善于谋事,深入基层,深入群众,深入实际,着力找准工作的结合点、把握切入点、抓住着力点,不断提高工作的科学化水平,增强干事创业的实效。

四是要把目标落实到“干成事”上。“干成事”则是党员干部价值的表现,是党员干部德才的反映。交通广大党员干部在深入推进创先争优活动中,要把精力放在解决问题上,把功夫下在推动工作上,把本领用在促进发展上,把目标定在服务群众上,坚决克服决而不行、说而不做、抓而不紧的不良倾向,努力使一切工作都经得起实践、群众和历史的检验。

五是要把底线把握在“不出事”上。“不出事”是党员干部成长进步的基本保证,也是党和人民对党员的起码要求。“不出事”,就是要做到清正廉洁,以廉为荣,以贪为耻,把清正廉洁作为基本操守。堂堂正正做人,干干净净干事,这是各级领导干部必须具备的道德品格。各级交通干部要争做干净干事的模范、廉洁从政的模范,始终坚持严格廉洁自律,不被金钱所惑,不被美色所迷,不被人情所困,常修为政之德,常思贪欲之害,常怀律己之心,做到全心全意为人民服务,干干净净为人民干事,不辜负党和人民的期盼。

交通各级党组织要把“想干事、敢干事、会干事、干成事、不出事”的交通干事文化推广到全行业,要积极组织开展“交通干事模范”培树、评选活动,要念好“五字诀”,即:一要“挖”、二要“育”、三要“扬”、四要"引"、五要"用",以科学的方法发现典型、培养典型、宣传典型、教育典型、运用典型,在交通基层党组织和广大党员中营造学先进、赶先进、作贡献、当表率的良好风气。

(节选自2009年在厅直单位纪念建党89周年表彰大会上的讲话)

大力推广"廉政阳光六同长效"工作法

工程建设是一项系统的社会工程,涉及政治文明、物质文明、精神文明和生态文明,事关民生、民情、民意、质量、安全、进度、廉政、生态、环保、征拆、协调、环境等方方面面,既需要各方面的积极作为与协调配合,更需要合力推动与阳光保障。常规来讲,人们习惯于将工程建设视作单一技术工作,注重于施工工艺、工序和工法,而忽视调动和激发人的主观能动性和创造性。我们充分运用现代管理学、系统学和组织学的知识和方法,跳出"就工程抓工程"的传统思维模式,将工程建设、基层党建、反腐倡廉、两型交通、典型示范有机结合、切实发挥政治的影响力、党建的凝聚力、基层的创造力、改革的推动力和廉政的保障力,变精神动力为现实生产力,在不断总结、反思、提炼的基础上,探索总结了湖北交通重点工程"廉政阳光六同长效"工作法:

一、优质高效目标与廉政阳光目标同确立

坚持以质量零事故、安全零伤亡、环保零投诉、资金零拖欠、成本零超支、进度零拖延、拆迁零群访、廉政零案件的要求为目标,锁定加快发展不动摇、遏制交通腐败不松懈,保障工程建设好中求快、又好又快,促进廉政建设公开透明、阳光运作。

二、高速公路建设与党风廉政建设合同同签订

项目启动伊始,省厅即与工程建设指挥部、指挥部与设计、施工、

监理、协调等各参建单位层层签订工程建设合同与廉政建设合同。参建单位与管理人员也层层签订目标责任书与廉政建设责任状，实行全员廉政风险抵押金制度。每人每月从工地津贴中扣除一定比例金额作为廉政风险抵押金，参建单位梯度缴纳廉政风险抵押金，按季度组织考核，严格奖惩兑现。

三、质量安全进度与廉政阳光公开同考核

按照保质量、保安全、保廉政、保目标的总体要求，持续不断地开展劳动竞赛，做到以日保旬、以旬保月、以月保季、以季保年；着力促进阳光决策、阳光管理、阳光招标、阳光征拆、阳光采购、阳光计量、阳光验收、阳光财务，把是否诚信履约、公开透明、阳光运作作为重要评价标准和内容。

四、"两型交通"建设与基层党的建设同探索

秉承"优质、安全、廉洁、高效、惠民"的建设理念，坚持自然就是最美的、适用就是最好的、优质就是最省的，着力打造廉政阳光、"两型交通"等典型示范工程；着力健全基本组织、建强基本队伍、开展基本活动、完善基本阵地、提供基本保障，全面推进基层组织建设。

五、建设施工监理设计与纪检检察审计联动机制同建立

主动与纪检、检察、审计、公安等部门建立联动共建长效机制，与省纪委监察厅建立创建廉政阳光示范工程、构建交通特色腐败风险防控长效机制；建立和完善联席会议、联合法制宣传、联合学习教育、联合调查研究、联合督察落实、联合路警执法等联动机制，从内外两个层面上强化源头监管，积极探索主动介入、事前监督、综合治理的新路子。

六、坚持经济社会效应与“刚毅品牌效应”同发挥

突出交通运输基础产业、服务行业、公益事业的特性，服务经济社会发展全局、服务人民群众安全出行，践行交通发展为了人民、依靠人民、交通成果由人民共建共享。大力弘扬刚毅精神，全面创建刚毅示范路、刚毅服务指挥部、刚毅廉政示范岗和刚毅青年突击队，充分发挥先进典型强大的凝聚效应、广泛的示范效应、深刻的教化效应和显著的品牌效应。

（节选自2009年在湖北杭瑞高速公路网络推进会暨“网上交通党校”第一期培训班上的讲话）

打造阳光交通　功在不舍

预防职务犯罪，是深化源头治腐的重要内容，是推进反腐倡廉建设的必然要求，也是深入学习实践科学发展观的现实需要。围绕打造阳光交通，省厅坚持开展预防职务犯罪工作，着力为交通新一轮大建设大发展提供法纪保障。

一、深化改革，健全市场机制

职务犯罪的主因是利益驱动。目前，建设领域投资较大，建设项目较多，但符合条件、有资质的企业有限，供需不平衡现象比较突出，竞争十分激烈。部分企业采用非法手段力图在竞争中胜出，衍生了权钱交易等违法违纪问题。为从根本上减少职务犯罪的土壤，省厅坚持从改革入手，充分发挥市场机制在资源配置中的基础性作用。

（一）深化交通投资体制改革

省厅全面开放交通建设市场，积极鼓励社会资金、境内外资本投资我省高速公路建设，企业投资高速公路项目已占全省在建高速公路的47%。对企业投资项目，省厅建立并实施了“业主负责、政府服务、行业监管、依法行政”的建设管理新模式，进一步从体制机制上理顺了关系、明确了职责，真正体现并落实了谁投资、谁受益、谁负责的基本原则，形成了多元化投资的新格局，实现了由政府投资为主向政府、社会投资并举的战略性转移，既破解了交通建设资金短缺的难题，又充分发挥了市场配置资源的基础性作用，从根本上减少了权力寻租、权钱交易。

(二)深化交通行业管理改革

按照“整合资源,合力发展;统筹规划,科学预算;政策引导,分级管理;依法行政,公平和谐”的交通发展新理念,省厅确立并落实了“四个转变”的改革举措,即:变“部门办交通”为“社会办交通”、变“大包干”为“资金跟着项目走、项目跟着规划走”、变交通厅一级预算管理为交通厅与市(州)交通专项资金分级预算管理、变粗放型管理为集约精细化管理,积极推进高速公路招商引资及建设由“以省为主”转向“以市(州)为主”。省厅全力抓好国高网项目的组织实施,并全力支持各市(州)政府组建项目业主提前实施境内“十二五”、“十三五”规划建设的高速公路项目。对政府投资项目,省厅积极探索推行代建制管理模式,制定项目代建制管理办法,经省政府批准,武英、麻武、杭瑞高速公路建设已全面开展代建制试点,有效解决了以往公务员既当运动员、又当裁判员的弊病。

(三)深化行政审批制度改革

按照《中华人民共和国行政许可法》和行政审批制度改革要求,省厅大力推行交通行政审批“在线办理”、“电子监察”、“一站式审批”和“一条龙服务”。同时把深化招投标制度改革作为预防职务犯罪的重中之重,所有省管交通建设和养护项目全部进入省综合招投标中心开展招投标活动,所有交通部专家库和省交通专家子库全部移交给省招投标中心管理,所有评标专家均由省招投标中心从相应的专家库中随机抽取。并在公路建设项目施工招标中大力推行无标底招标和合理低价法的评标办法,评标专家不再对投标单位的人员设备经验等打分,评标价计算方法在招标文件中事先约定,开标完毕即可自动算出得分,大大减少了人为因素影响和自由裁量空间,保证了招标过程的公开、公平和公正。

二、建章立制，规范权力运行

职务犯罪的另一个重要原因是“权力观”错位，或者以权谋私、中饱私囊，或者权钱交易，腐化堕落，或者公共权力部门化、部门权力个人化、个人权力商品化。为促进权力与责任挂钩、权利与利益脱钩机制的形成，省厅坚持创新制度设计，着力规范权力运行。

（一）深化干部人事制度改革

厅党组认真贯彻《干部选拔任用工作条例》，实践探索了多轮推荐、分层选拔和差额推荐考察等方式，扩大参与面，保证了选拔任用干部的质量；坚持将平时考察干部与关键时刻考察干部有机结合，注重在抗击冰雪、抗震救灾、执行急难险重任务中的实际表现，将考核结果作为干部任用的重要参考依据，着力提高选人用人的公信度和满意率；坚持采取集中时间、集中人员、集中学习的方式，对拟任处级干部就学法用法、遵纪守法、依法行政、规范财务管理、严肃财经纪律、遵守基建程序、履行行业监管、保障交通安全、维护行业稳定、加强廉政建设、构建廉政交通等进行专题培训；坚持所有干部在提任前，都要经过法律知识考试，同时充分征求纪检部门的意见，并在干部公示环节特别增加了述廉内容，诚恳接受社会监督，进一步加强了干部选拔、任用、考核及监督工作，保持了干部队伍的纯洁性。

（二）规范领导干部从政行为

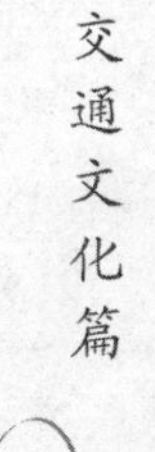

一是公开廉政承诺，主动接受监督。厅党组向社会公开作出了“五不准”、“十不准”廉政承诺，并制定了厅机关公务员从政行为廉政守则，全省交通系统各级领导班子都出台了约束性规定，诚恳接受全社会监督。二是强化廉政教育，培树廉政典型。厅党组坚持每季度一次的“廉政交通”主题教育报告会并形成制度，营造了“廉政教育大家抓，反腐倡廉大家谈，党纪国法大家守”的浓厚氛围，并在全省交通系统推出了陈刚毅、程家振、王同庆、涂建文等廉政交通典型，在全省交通运输系统广泛开展了“廉政阳光工程”创建主题实践活动。三是明确约束机制，实施专项治理。出台了《交通基础设施建设领域领导干部八项规定》等规章制度，针对招投标、物资采购、工程分包、设计变更、计量支付、试验检测、资金管理等设定了“八个不准”，明确领导干部一旦违反，先给予停职、调离岗位、免职、责令辞职等组织处理，再追究党纪政纪责任，并深入开展了治理商业贿赂等专项行动。

(三)推进市场诚信体系建设

一是推行诚信建设，净化市场环境。制定出台了公路水路建设、监理市场信用体系建设实施方案，明确了评价标准，坚持每年对在我省从事交通建设、监理的从业单位的市场行为、投标情况、履约状况、质量安全、廉洁自律表现等方面进行综合评价，评定从业单位信用等级，并将结果在交通门户网站进行公示公告。二是严格奖惩兑现，促进诚信履约。省厅联合省招投标管理办公室发布了《湖北省高速公路施工招标信用奖惩暂行规定》，切实将信用评价结果与工程招投标和市场准入挂钩，使信誉好、有实力的企业以较高的信用等级赢得市场；对失信市场主体依法进行处罚，并将不良行为记录在案，使失信企业“一处受罚，处处受制”。

三、齐抓共建，严格监管落实

职务犯罪的另一个关键因素就是监督缺位、乏力，特别是在制度执行、责任追究上失之于宽、失之于软。预防职务犯罪，是一项复杂的系统工程，需要各有关部门共同参与、齐抓共建，从各个层面同步构筑起预防职务犯罪的“权力防线、动机防线和机会防线”。省厅紧扣责任分解、责任考核和责任追究，强化领导负责、多管齐下、明察暗访、部门联动，确保千斤重担众人挑，人人身上有指标。

(一)坚持阳光创建,落实领导责任

公开透明、阳光运作,既是预防职务犯罪的需要,也是推进科学发展的需要。省厅大力推行阳光创建“十公开”,即:建设项目规划计划公开、项目审查批复公开、招标投标公开、征地拆迁管理公开、施工过程公开、设计变更公开、质量安全监督公开、交工竣工验收公开、资金使用公开和建设市场监管公开,真正让工程阳光、让权力透明。省纪委监察厅领导亲自联系交通在建重点工程项目,经常深入一线,协调服务,检查指导;厅领导在各自分工的基础上具体负责联系若干个交通重点工程项目,实行“一定四保”,即定项目、保廉政、保质量、保安全、保目标。各市(州)、县市区交通部门也层层建立联系点,落实目标责任制,形成全方位、全过程、全覆盖的监督检查体系,为预防职务犯罪提供了有力保证。

(二)组建督察专班,深入明察暗访

厅党组制定了《关于在交通基础设施建设中加强对“一把手”廉政监督的实施意见》,组建了交通反腐倡廉工作督察组,定期不定期深入重点工程一线进行明察暗访,重点督察领导干部、工程招投标等重点对象、重点环节,及时纠正苗头性、倾向性问题,治病于未发之时,防患于未然。定期分批抽调厅机关和厅直单位领导干部、工程技术人员组成调研督导组,深入重点工程和基层一线开展专项督察。

(三)建立联动机制,实施综合治理

省厅主动会同纪检、监察、司法、检察、审计等部门不断强化源头治腐联动机制,积极探索主动介入、事前监督、综合治理的新路子。与省检察院联合开展了重点建设项目预防职务犯罪活动,共同建立了交通基础设施建设领域行贿犯罪档案查询制度;与省审计厅、审计署特派办签署了财务和审计共建协议,建立了交通建设项目全程跟踪审计制度;与省公安厅签署了“平安交通”共建协议,建立了路警协调联动机制。

预防职务犯罪任重道远,功在不舍。我们将坚持与时俱进、创新制度设计,严格制度执行,推进预防职务犯罪工作深入持久、扎实有效开展,着力打造阳光交通,为促进全省经济社会又好又快发展当好先行。

(节选自2009年在全省预防职务犯罪经验交流会上的发言)

进村入户走村路　十万公里大巡访

为巩固和扩大学习实践科学发展观活动成果，落实学习实践科学发展观活动整改方案，深化交通执行能力建设和机关作风建设，提高全省交通系统公务员队伍整体素质，全力推进农村交通科学发展上水平，省厅决定，在全省交通系统深入开展千名公务员“进村入户走村路，十万公里大巡访”专项行动。

一、充分认识开展“大巡访”专项行动的重要意义，巩固和扩大学习实践科学发展观活动成果

推进农村路站运渡一体化建设，服务社会主义新农村交通发展，是交通行业强农支农惠农富农的具体行动和重要体现。组织开展全省交通系统千名公务员“进村入户走村路，十万公里大巡访”专项行动，既是交通行业“扶持农村、反哺农业、回报农民”实践行动的拓展延伸，也是“改善民生、温暖民心、造福民众”的爱民实践行动；既是问需于民、问政于民、问计于民的现实需要，也是解决问题、破解难题、纠正偏题的有效途径。开展“十万公里农村公路大巡访”不是策略安排、偶然之作、权宜之计，而是价值取向、政治责任、长远大计。

（一）“大巡访”专项行动是对农村交通发展的一次大普查

“十五”以来，我省农村交通发展突飞猛进，变化翻天覆地。截至2008年底，全省累计新增通村沥青（水泥）路逾10万公里，83.3%的行政村通沥青（水泥）路，20%的县市区实现村村通沥青（水泥）路，

88%的行政村通客车,建成乡镇五级站306个、通村公路候车亭6 203个、招呼站11 655个,基本做到"农村公路修到哪里,客运站点就建设到哪里,客运车辆就开通到哪里",使农村交通发展成为改善农民群众生产生活条件、服务社会主义新农村建设的一大亮点。如果按20万元每公里标准测算,10万公里农村公路投资就高达200亿元。这200亿元的投资,解决了农村多少人口的出行需求,发挥了怎样的经济社会效益,工程建设质量是否可靠,农民群众出行是否方便,社会公众是否满意,都需要我们静下心来、回过头去,认真查一查、理一理,以便总结成绩,学习借鉴,推进新农村交通又好又快发展。尤其是2009年,国家进一步加大农村交通等基础设施建设,我省农村公路建设规模将达56亿元,新增通村沥青(水泥)路约25 000公里,使2009年成为我省农村交通建设投资规模最大、建设任务最重的一年。可以说,此时开展"十万公里大巡访"专项行动适逢其时,非常必要。

(二)"大巡访"专项行动是对公务员交通能力建设的一次大培训

"大巡访"专项行动既是一次社情民意、规模效益、质量安全的大普查,更是一次干部作风、业务能力、综合素养的大培训。参加这次"大巡访"专项行动的都是长期从事机关工作的公务员,既有专职从事公路建设、管理、养护的领导干部,也有从事运管、港航的领导干部,既有从事路桥专业的业务干部,也有从事党、政、工、团和纪检监察的专业干部。有道是"隔行如隔山",看似简单的一次农村公路"大巡访",但所包含的信息、涉及的专业是非常宽泛的。曾经有一位长期从事政工党建工作近30年的老同志在参加完省厅组织的派驻重点工程挂职督导后,深有感触地说:虽然从事交通工作近30个春秋,对交通专业、基层情况的了解仍然是一知半解、一筹莫展。要不是这次有机会到重点工程挂职调研三个月,可能就抱着遗憾稀里糊涂退休了。这次开展千名公务员"十万公里"大巡访就明确要求,无论你在哪个岗位,从事什么工作,都要紧紧围绕农村公路"大巡访"这个课题，深入调查研究，掌握相关政策，涉猎相关知识，完成相关工作，并将大巡访的体会、实践的成果转化为谋划工作的思路、促进工作的措施和推动工作的本领，进而全面提升交通干部职工的学习力、敏锐力、创新力、组织力、团结力、自律力、执行力和服务力，为全力推进交通又好又快发展提供智力支持和人才保障。

（三）“大巡访”专项行动是推动科学发展的一次大实践

我省农村交通的大投入、大建设、大发展，为改善农民群众生产生活条件，促进农业增产、农村增效、农民增收发挥了巨大作用，积累了宝贵经验。但也存在一些不容忽视的问题，如农村公路建设、管理、养护基础薄弱，长效机制亟待建立，特别是如何保障农村客运班线“开得通、留得住、有效益”，有待研究和突破。党的十七届三中全会审议通过的《中共中央关于推进农村改革发展若干重大问题的决定》，明确要求加强农村公路建设，确保“十一五”期末基本实现乡镇通沥青（水泥）路，进而普遍实现行政村通沥青（水泥）路，逐步形成城乡公交资源相互衔接、方便快捷的客运网络。如何乘势而上，抢抓国家积极应对国际金融危机、加快农村交通等基础设施建设的新机遇；如何呼应民意，真心诚意把农村公路这一重大民生工程好事办好、实事办实；如何广开言路，真诚倾听新形势、新条件下农民群众的新期待、新要求；如何又好又快，推进农村公路建设，构建农村客运网络，毋庸置疑都必将成为交通行业深入学习实践科学发展观的重大课题和实践载体，成为学习实践活动的切入点、着力点和落脚点。

简而言之，在全省交通系统开展千名公务员“进村入户走村路，十万公里大巡访”专项行动不仅是巩固和扩大学习实践科学发展观活动成果，落实学习实践科学发展观活动整改方案，加强机关干部能力建设和作风建设的一项重要举措，也是全面提升交通系统公务员执行能力和工作水平，增强机关干部与人民群众密切联系，更好地服务人民群众的有效载体。全省交通系统每名公务员，都要以饱满的精神、认真的态度、扎实的作风,积极投入到"大巡访"行动中去,努力在实践中提高能力,在实践中推动发展,在实践中普惠民生。

二、全面把握开展"大巡访"专项行动的目标任务,调研和解决农村交通发展面临的紧迫课题

开展"大巡访"专项行动,是新时期交通行业坚持群众路线,积极探索交通工作服务新农村建设的重大实践,是交通部门深入学习实践科学发展观,推动农村交通又好又快发展的重大举措。各地各单位要把会不会抓落实,有没有抓落实,怎么样抓落实作为检验深入学习实践活动成效,提高交通职工队伍综合素质的重要评价标准,要把"大巡访"专项行动转化为利民惠民的实际行动。主要任务是:

1. 调查了解我省农村交通特别是农村公路建管养运的现状。组织省厅、省公路局、运管局、港航局、高管局,市(州)交通局、县市区交通局千名公务员,深入乡村,深入群众,深入田间地头,做到每名公务员"走百公里村路,察百公里路情",对途经百公里农村公路建设、管理、养护及沿线客运情况、渡运情况进行一次普查,重点检查工程质量是否达标,安全是否可靠,资金是否落实,养护是否到位,路况是否完好,班车是否开通,出行是否便捷,群众是否满意。

2. 宣讲普及交通行业推进新农村交通建设的惠民政策措施。宣传贯彻和推动落实《湖北省农村公路条例》、《湖北省人民政府关于农村公路管理养护改革实施方案》,"送教下乡、科技下乡"和"农村'三大员'培训专项行动",宣传解释和督促检查农村公路建设"以奖代补"政策、资金预拨及验收合格资金兑现政策以及非列养农村公路养护资金补助政策等。

3. 真诚倾听沿线农民群众对农村交通发展的新要求、新期待。通过进村入户、调研座谈访农民,了解农村公路沿线社情民意、村情民意、企情民意，深入了解他们的出行要求和普遍需求，尤其是农民群众最关心、最直接、最现实、最迫切的农村交通发展需求。

4. 分析研究农村交通大投入、大建设、大发展面临的突出问题。分析研究沿线农村公路建设成本构成及地方配套资金筹措渠道，看是否落实民主议事规则，是否违背农民意愿，是否加重农民负担；分析研究农村公路建设、管理、养护模式，看质量安全是否监管到位、验收合格，养护管理是否专群结合，路产路权是否得到有效维护，养护资金是否落实到位，长效机制是否建立健全。重点要针对巡访梳理出的问题，立足当前，着眼长远，提出有针对性、可操作性并切实管用的意见建议或政策措施。

5. 综合评价农村公路服务新农村建设的经济社会边际效应。重点了解农村公路建设对新增农民就业，特别是返乡农民再就业的促进作用和实际容量；对农业机具、地材使用需求情况，特别是对农民投工投劳创造的实际收益；对降低运输成本、扩大内外需求、促进农村产业发展的拉动和刺激作用；以及对乡风文明、村容整洁、方便出行、改善民生的促进和带动作用。

三、突出重点抓落实，确保"大巡访"行动取得实效

开展"大巡访"爱民实践行动，重点是"三巡"，即巡查公路资金筹措使用情况，巡查农村公路建设养护质量，巡查农村公路客运通达通畅情况；方法是"三访"，即重点走访乡镇党委政府和村委、村支部，走访当地农民群众，走访农村公路沿线乡镇企业；要求是"三落实"，即推行"交通一线工作法"，落实在一线了解情况，在一线解决问题，在一线指导服务；目的是"三保"，即抓项目、保增长，抓质量、保民生，抓稳定、保廉洁，着力推进农村公路科学发展上水平，着力推进交通执行能力大建设。具体要求是：

1. 参加大巡访的每名公务员都要亲自撰写一篇调研报告或典型

案例剖析,撰写一篇加强执行能力建设的心得体会,拍摄一组生动反映农村交通新貌的照片。

2.《专项行动》一律统筹安排,以省、市(州)、县市区为单位,统筹兼顾、有序安排,确保巡访、发展两手抓、两不误、两促进;一律轻车简从,不干扰基层正常工作;一律食宿自理,不增加基层负担;一律遵章守纪,不违反廉政规定;一律按期完成,为期一个月。

3. 各地各部门要切实做好"大巡访"成果的转化应用工作,对基层一线的新情况、新问题,对农民群众的新期待、新要求,要积极加以研究,认真协调解决;对推进农村交通又好又快发展的好经验、好做法要广泛进行宣传,认真总结推广,使"大巡访"真正成为利民惠民的实际行动,成为改进机关作风、提高综合能力素质的实践载体。

4. 各地各部门主要领导要亲自组织部署,亲自深入一线调查研究,亲自走村入户巡查走访,身先士卒,务求实效。《专项行动》分省厅、局、市(州)、县市区三个层面依次开展,由厅机关党委办公室、基建处统筹协调。

这次"大巡访"专项行动,涉及全省农村公路总里程 102 338 公里、项目 34 020 个,涵盖 17 个市(州)98 个县市区 1 343 个乡镇的 18 288个行政村。每名公务员平均要走访 1.3 个乡镇 18 个行政村的 34 个项目、累计 100 公里农村公路。这次"大巡访"有别于我们平时走高速公路和国道省道,而是通村达户的村道,具有项目多、里程短、不循环等特点。为做好这次"大巡访"的组织协调工作,省公路局制定了全省交通系统千名公务员"进村入户走村路,十万公里大巡访"专项行动巡访路线安排表,将逾 10 万公里农村公路划分为 1 000 个工作包,将巡访项目细化、量化、具体化到单位、到部门、到个人,每名公务员要不折不扣创造性抓好贯彻落实,确保不重复、不遗漏,不留盲区死角,走遍荆楚大地,巡访乡村角落,走出惠民生、保增长的新天地。省厅将组织"大巡访"专项行动总结评比表彰活动,对组织得力、方法得当、工作扎实、成果显著的单位、个人将进行通令嘉奖、交流示范。

民心工程惠民生，专项行动显峥嵘。全省交通系统广大公务员要大兴调查研究之风和督办落实之举，进村入户听民声、访民意、察民情、排民忧、解民难，千方百计送温暖、送政策、送技术、送服务，以实际行动和卓有成效的工作服务新农村交通发展，进一步加强交通系统公务员能力建设，推动新农村交通科学发展，以实际行动迎接新中国成立60周年。

（节选自2009年在全省交通系统千名公务员“进村入户走村路，十万公里大巡访”专项行动动员会上的讲话）

作风建设常抓常新常效

作风是世界观、人生观、价值观的直接反映,是党性修养、政治品质、道德境界的具体体现。作风是一种无形的巨大力量,是威信之源,力量之本,事业之基,战斗之力。实践证明,党性决定党风,党风决定作风,作风决定事业的成败。好的作风能够产生无穷的创造力,形成巨大的凝聚力,造就顽强的战斗力。

各级交通部门一定要从党和人民事业兴衰成败的高度,从全面建设小康社会、构建社会主义和谐社会的全局出发,充分认识新时期加强党员干部党性修养、树立和弘扬良好作风的极端重要性和紧迫性,弘扬新风正气,营造心齐、气顺、风正、劲足、人和的干事创业环境,把优良作风转化为推动交通又好又快发展的强大动力,为实现既定目标提供有力支撑保障。

一、坚持发展第一要义,着力锤炼"克难攻坚、敢打必胜"的交通作风

为实现年底全省高速公路达到3 200公里的目标,全省各级交通部门要全力推进省厅组织开展的"通车559公里,开工千公里"高速公路专项行动,确保目标实现。

其一,要发扬"重信守诺、诚信履约"的传统作风,扎实开展以诚信建设为重点的"诚信杯"劳动竞赛,鼓励和引导在建交通重点工程建设项目,特别是企业投资项目以诚立业、以诚兴业,真正做到言必

行、行必果。

其二，要发扬“联合共建、合力推进”的传统作风，全面落实前期工作市（州）政府、省交通厅联合共建新机制，着力抓前期、上项目、保增长。各地各部门要认真落实共建责任制，以争分夺秒、只争朝夕的精神推进前期工作，建立健全规划内工程前期工作项目库。要坚持前期工作和招商引资合理交叉、平行推进，做到几套锣鼓一起打，倒排工期，超前谋划，超前推进。

其三，要发扬“分片包干、一定四保”的传统作风，建立并落实交通重点项目“服务直通车”，对工程进展明显滞后的项目，要及时约见项目法人、投资人，着力帮助企业投资项目破解资金困境、增强技术管理能力、协调建设环境、解决征地迁拆等实际问题。政府投资项目要充分发挥自身技术、管理方面的优势，抢抓机遇，乘势而上，当好排头兵；企业投资项目，要咬定目标不动摇，真抓实干保质量。

二、坚持建设又好又快，着力锤炼“创业争先、奋发有为”的交通作风

全省各级交通部门要紧紧围绕全年完成交通固定资产投资350亿元的目标，全力推进省厅组织开展的“大战200天，一天一亿三”专项行动。

其一，要把交通作为拉动需求、扩大固定资产投入的重点，重中之重；交通部门在这场扩大投资需求、抢抓发展机遇的战役中要发挥好主力军作用，唱好主角戏的指示要求，结合实际创造性地抓好落实。

其二，要发扬奋力实干、奋勇争先的传统作风，在建重点工程，要切实增强大局意识、责任意识、质量意识，保质保量保安全保廉政完成年度计划任务，为确保完成全省交通投资350亿元而奋力实干，多做贡献。

其三，要发扬敢打敢拼、决战决胜的传统作风，按照“保质量安

全、保勤政廉政、超常规运作、超常态发展、创科技示范、创生态文明”的重点工程建设指导思想,抢抓机遇,自我加压,排除万难,创造业绩,确保目标按期实现。

三、坚持围绕“三最问题”,着力锤炼“深入一线、调查研究”的交通作风

为切实把新农村交通建设这一重大民生工程好事办好、实事办实,首先,要进一步发扬调查研究和督办落实的传统作风,继续组织交通系统广大公务员深入乡村,深入群众,深入田间地头,确保“三巡”、“三访”取得实实在在的效果,真正做到工作在一线推进、问题在一线解决、服务在一线体现、业绩在一线创造,努力促进交通干部职工在实践大课堂中增长才干、提升能力。

其二,要发扬自我加压、负重前行的传统作风,在及时总结梳理大巡访、大普查专项行动成果的同时,要把25 000公里农村公路建设目标任务分解到月、细化到旬、落实到周,切实把项目落实到市(州)、县市、乡镇,落实到部门,落实到责任人,掀起通村沥青(水泥)路的建设热潮。

其三,要发扬典型引路、整体推进的传统作风,全省各级交通部门要牢固树立“建设是基础,运输是目的”的农村交通发展新理念,努力构建“政府占主导,市场为主体”的农村交通发展新格局,积极探索“差异化发展,规范化经营”的农村交通发展新模式,坚持一手抓农村路网建设,力求通村公路“通达畅、上等级、可循环”;一手抓农村客运发展,力求农村客运班线“开得通、留得住、有效益”,努力打造“网络村镇、人便于行、货畅其流”的新农村交通环境。

四、坚持行业安全稳定,着力锤炼“恪尽职守、令行禁止”的交通作风

交通无小事,责任重如天。全省交通部门一定要真正做到:始终绷紧质量安全这根弦，始终念好质量安全这本经，始终坚持质量安全抓落实，扎实有效地抓好全省交通安全监管工作。

其一，要发扬以“铁的手腕、铁的面孔、铁的标准”抓安全的传统作风，各级交通部门要全面加强车辆、驾驶员管理，严格执行“三不进站、五不出站制度”，切实加强道路客货运输安全源头管理；要进一步强化对乡镇客渡码头的现场监督检查，定期检查渡船救生设备的配置和完好情况，特别是在恶劣气候条件下和涨水期时要加强安全管理，千方百计地杜绝重特大安全事件发生。

其二，要发扬对党和人民高度负责的传统作风，全力做好相关疫情的防控工作。各级交通部门要迅速建立相应的工作机构，由一把手总负责，全面落实各项措施，认真督促运输企业、客运站做好车辆、站场、码头的清洁、消毒和通风等工作，有效预防各类疾病的发生和传播。

其三，要发扬爱岗敬业、优质高效的传统作风，确保全省取消政府还贷二级公路收费工作平稳有序。全省 103 个政府还贷二级公路收费站取消收费已顺利实施，各级交通部门要积极争取当地党委、政府的领导和支持，按照省政府的统一部署和安排，确保广大费收人员“转岗不下岗，人人有去向”，在新的岗位上为湖北公路交通事业做出新的更大贡献。

五、坚持常抓常新常效，着力锤炼“勤政廉政、务实高效”的交通作风

作风建设是一项长期任务。各级交通部门要一以贯之地落实好各项规章制度，结合交通能力建设，培育勤政廉政善政、求实务实扎实、确责履责问责的良好风气。

其一，要坚持作风建设常抓不懈，省厅坚持每年组织 6 次中心组学习，每季度举办一次全省“廉政交通”主题教育报告会；每年组织市

(州)、县市交通局长、农民"三大员"培训;每年组织四批厅直机关干部调研督导组;每年开展具有交通特色的精神文明创建;每年组织"12·4"法制宣传日活动和法制教育等的交通传统作风,努力营造"马上就办、办就办好"的交通执行文化和"聚精会神抓建设、一心一意谋发展"的干事创业环境。

其二,要坚持作风建设常抓常新,进一步深化"份内事、马上办,厅内事、主动办,突发事、高效办,重大事、跟踪办,经办事、精细办,交通事、干净办"的"新型交通办事文化",着力增强全省交通干部职工"刻苦钻研、学以致用"的学习力、"政治坚定、反应高效"的敏锐力、"超越自我、攻坚克难"的创新力、"顾全大局、弹好钢琴"的组织力、"民主和谐、凝心聚神"的团结力、"克己慎行、清正廉洁"的自律力、"令行禁止、雷厉风行"的执行力和"恪守宗旨、以人为本"的服务力。

其三,要坚持作风建设常抓常效,着力以优良的作风抓党风促政风带行风,深入贯彻落实全国交通运输系统纠风工作会议精神,以实施燃油税费改革为重点,巩固和扩大公路"三乱"治理成果;以畅通绿色通道为重点,全面贯彻落实中央强农惠农各项政策;以规范执法为重点,治理损害群众利益突出问题;以抓制度落实为重点,强化交通执法队伍作风建设;切实把纠风工作寓于交通运输服务之中,体现在为民办实事、解难事、做好事之中,把纠风治乱与树立行业新风有机结合,相得益彰。

(节选自2009年在全省交通系统"作风建设年"动员会上的讲话)

祖国颂　交通情

全省铁、水、公、空和邮政的千余名干部职工欢聚一堂，以和谐大交通的方式展示交通运输风采、庆祝祖国六十华诞，以队伍大检阅的方式彰显交通干部职工蓬勃生机、豪迈激情，以革命歌曲大家唱的方式唱响时代主旋律，抒发热爱祖国、热爱党的赤子情怀，以共话大交通的方式描绘交通发展宏图，掀起新一轮大建设大发展的热潮。

六十年沧桑巨变，六十年辉煌发展。新中国成立60年来，在省委省政府和国家有关部委的正确领导和大力支持下，全体交通人以战天斗地、开拓进取的昂扬斗志，以事在人为、业在人创的坚定信心，以锐意改革、攻坚克难的实际行动，谱写了服务经济社会发展的华彩乐章，全省交通运输事业发展日新月异，变化翻天覆地。回眸注目，那一条条跨越时空、超越世界的高速铁路，一张张纵横交错、四通八达的公路网络，一座座横波飞跃、气贯长虹的长大桥梁，一处处星罗棋布、货如轮转的车船港站，一艘艘遨游大洋、通达五洲的中国巨轮，一班班连通世界、便捷高效的空港航线，一辆辆通村达户、服务到家的邮政车辆，见证了社会的和谐进步，折射了交通职工的奋斗历程，展现了湖北综合交通运输体系建设的累累硕果。

湖北交通运输的跨越式发展，得益于省委、省人大、省政府、省政协的正确领导和省直相关部门的大力支持；得益于全省交通干部职工和广大交通建设者的辛勤劳动、忘我工作、恪尽职守、无私奉献；得益于交通系统老领导、老干部、老专家的悉心指导和关心支持。“经

济发展,交通先行”,这是社会的共识;“要想富,先修路”,这是百姓的心声;“与经济社会发展相伴,与改革开放同行”,这是交通人永远不变的承诺。风正潮平,自当扬帆破浪;任重道远,更需策马扬鞭。湖北交通人将以交通运输事业的新发展、新跨越,服务经济,服务百姓生活,为新中国成立60周年谱写更加绚丽的华彩篇章!

(2009年在全省交通运输行业庆祝建国60周年大会上的致辞)

塑造可信、可靠、可敬、可亲的新形象

胡锦涛总书记强调指出：要真正把组织部门建设成为高举中国特色社会主义伟大旗帜、深入贯彻落实科学发展观的模范部门，把组工干部队伍建设成为讲党性、重品行、作表率的过硬队伍。根据中央、省统一部署，省交通厅在厅直单位人事部门开展了“讲党性、重品行、作表率”活动，塑造人事干部可信、可靠、可敬、可亲的新形象，把人事部门建设成为“党员之家、干部之家、人才之家、文明之家”。各级交通部门要进一步加强人事部门自身建设，自觉加强修养，解决好政治上的坚定性、思想道德上的纯洁性和行为上的先进性问题，树立“五种形象”：

一、树立党性坚定、业务过硬的形象

组织人事工作主要是做人的工作，思想性、政策性、原则性都很强。这要求各级人事工作干部政治上要强，理论素养要高，有坚定的政治信念和全局观念；要熟练掌握干部人事工作的一系列方针政策，了解上情，熟悉下情，把握实情，努力成为求真务实、德才兼备的人事工作行家里手。

二、树立公道正派、清正廉洁的形象

在工作中，特别是在人的评价、使用上，要坚持实事求是，敢于讲真话、讲实话，不人云亦云，文过饰非，做到公道正派地用人，用公道

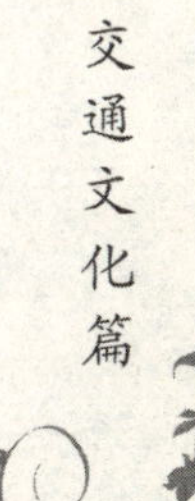

正派的人。要坚持党的根本宗旨,讲政治、讲大局、讲纪律,严格按党的规定和《党政领导干部选拔任用工作条例》办事。尤其是在干部提拔任用、人员招考、机构设置等方面,更要严格遵守国家政策规定和党组织决定,严肃组织工作纪律。要坚持原则,慎权慎微,敢于抵制不正之风,不搞以权谋私,做到清正廉洁。

三、树立奋发进取、开拓创新的形象

要积极参加"思想大解放、交通大发展"大讨论活动,从交通工作的实际出发,不断推进干部人事工作理论和实践、体制和机制、内容和方法的改革创新,营造鼓励创新、尊重个性、宽容失误的环境和氛围。要不断学习新知识,主动研究新问题,促进交通新发展。

四、树立求真务实、服务为民的形象

干部组织人事工作涉及职工方方面面的切身利益。要大兴调查研究之风,重点研究科学合理的分配机制的建设、高层次领军型人才的培养、重点工程借调人员的管理等重难点问题,形成一批有价值的调研成果。要真抓实干,扎扎实实做好干部思想工作,关心每一个干部职工,没有被遗忘的角落,充分发挥各年龄段干部的积极性、主动性、创造性。要结合"执行力大讨论"活动,采取多种形式查找自身存在的问题,制定有效的整改措施,在抓落实力、提高执行力上下功夫,培育良好的工作作风,全心全意为干部职工服务,切实解决干部职工最关心、最直接、最现实的利益问题。

五、树立团结协作、艰苦奋斗的形象

要加强部门之间、上下级之间和干部之间的团结协作,形成齐抓共管的工作合力,不断提高干部人事工作的公信度。要坚持大事讲原则、小事讲风格、任劳任怨、无私奉献的思想工作作风，做到不怕苦、不怕累、埋头苦干、辛勤耕耘，在广大干部职工中树立可信、可靠、可敬、可亲的新形象。

（节选自2010年在全省交通系统劳动人事工作会上的讲话）

人才是第一资源

事业要发展,关键在人才。人才是事业之基、动力之源,也是事业所需、后劲所在。根据《湖北省人民政府办公厅关于印发湖北省交通运输厅主要职责内设机构和人员编制规定的通知》要求和省委组织部关于做好全省干部培养选拔"六个一批"(大胆选拔一批、集中交流任职一批、从基层选拔一批、挂职锻炼一批、公开选拔一批、重点培训一批)工作的文件精神,省厅决定,实施贯彻落实省委组织部"六个一批"专项行动。实施贯彻落实省委组织部"六个一批"专项行动,是贯彻落实中央、省机构改革、加强人才队伍建设的创新行动,是加大干部培养选拔力度、增强干部队伍活力的重大举措,是拓宽选人用人渠道、改善干部队伍结构的必然要求,也是湖北交通固本强基、创新超越的现实需要。

交通各级党组织全面贯彻落实科学发展观要求,牢固树立"人才是第一资源"的理念,大力推进人才强交战略,以落实"六个一批"为契机,全面实施人才培养工程,切实加强人才队伍建设和人力资源开发,改善干部队伍结构、提升干部队伍素质、激发干部队伍活力、发挥干部队伍效能,着力营造人才辈出、人尽其才的浓厚氛围。

——建立基层优秀干部培养选拔链。按照党的十七届四中全会精神,牢固树立重视基层的用人导向,直接从交通重点工程、行业管理部门、交通科研院校等基层和生产一线选拔优秀干部充实机关干部队伍,让机关干部到基层去,让基层干部到机关来。

——推进机关基层干部交流常态化。坚持多岗位锻炼、多环境历练、多渠道磨炼，促进优质干部资源、重要岗位资源在更广范围、更大空间优化配置，努力实现“人得其位、事得其人”。厅机关带头实现三分之一的编制、职数直接向基层公开选拔，直接从直属单位选拔一批干部担任机关职能部门正职。

——健全干部竞争上岗岗位匹配度。根据《党政领导干部选拔任用工作条例》《党政机关竞争上岗工作暂行规定》，量化、细化、优化德、能、勤、绩、廉考察指标，健全岗位匹配度量化标准，并率先在厅机关、厅直单位干部竞争上岗中先行先试、及时总结，并进一步充实完善、推广应用。

——加大年轻干部培养选拔力度。立足交通运输事业未来发展需求和干部成长需要，大胆培养选拔一批二十世纪七八十年代出生的处级后备干部，选拔若干35岁左右的正处级干部、30岁左右的副处级干部，着力培养和造就一支素质优良、数量充足、门类齐全、结构合理，能够担当重任的年轻优秀后备干部队伍。

——扩大干部挂职锻炼实践范围。按照省委组织部的要求，继续选派交通干部挂职锻炼，继续实施交通重点工程建设挂职督导和援藏、援疆、新农村建设工作队等工作；继续结合交通运输行业发展的新特点、新任务、新需求，采取上挂、下挂、外挂等多种形式，重点针对综合交通、内河航运、现代物流发展等开展各种行业管理方面的挂职锻炼。

——创新领导干部从严管理机制。按照勤政廉政善政、提质提效提神、求实务实落实、尽心尽力尽职、思责履责问责的总体要求，落实领导干部函询回复制度、谈话制度、重大事项报告制度、述职述廉制度、民主生活会制度，教育引导干部砥砺品质、锤炼作风、增长才干，着力营造人才辈出、人尽其才的良好风尚，让想干事的人有机会、能干事的人有舞台、干成事的人有地位。

（节选自2010年在厅直系统组织干部暨精神文明建设工作会议上的讲话）

强化反腐倡廉制度建设

反腐倡廉制度建设是惩治和预防腐败体系建设的重要内容,是加强反腐倡廉建设的紧迫任务。各级交通部门要不折不扣地狠抓落实,突出抓好反腐倡廉教育制度、监督制度、预防制度、惩治制度四大建设。

众所周知,无论是教育、监督、预防还是惩治,都要通过制度形成可操作性的机制来实施。加强制度建设,构建内容科学、程序严密、配套完整、有效管用的反腐倡廉制度体系,坚持用制度管权、按制度办事、靠制度管人,是从源头上防治腐败的根本途径。胡锦涛总书记关于"干部在制度面前没有特权"、"制度约束没有例外"等重要指示和刚性词语让人耳目一新,给人以掷地有声的强烈震慑,传递了中央高层致力"消除特权"、"强化制度执行力"、"加强监督"的反腐新信号。

改革开放30多年,是制度建党原则、制度反腐方略从认知到深化、再到确立的过程。制度一词有两层含义:一是浅层意义上的规章、守则,二是深层意义上的组织体系。反腐倡廉建设的实践证明,反腐败目标的实现,最终要靠制度。制度的本质功能在于分工,将不同的政治监督职能不断分解、细化,是反腐败进入制度化进程的重要标志。加强制度化建设,从不明确到明确,从定性化到定量化,本质上就是对原有旧习惯、旧体制的突破的一种体制治理。目前,我国反腐败已进入依靠制度攻坚的重要阶段。2008年5月,中共中央印发了《建立健全惩治和预防腐败体系2008～2012年工作规划》，明确提出建成惩治和预防腐败体系基本框架的目标。这种框架必然是一种制度化为标志的框架。2009年下半年以来，中共中央连续印发了《中国共产党巡视工作条例（试行）》《关于实行党政领导干部问责的暂行规定》《中国共产党党员领导干部廉洁从政若干准则》《国有企业领导人员廉洁从业若干规定》《关于开展工程建设领域突出问题专项治理工作的意见》《设立"小金库"和使用"小金库"款项违纪行为适用〈中国共产党纪律处分条例〉若干问题的解释》《关于坚决制止公款出国（境）旅游的通知》《关于党政机关厉行节约若干问题的通知》等一系列反腐倡廉制度，并要求各单位各部门紧密结合各自实际，抓紧研究出台实施细则。随着一系列党风廉政建设制度在党内的层层落实，制度的监督力、执行力和约束力将进一步增强，党风廉政建设必将达到一个新的高度，即以制度建设为基本标志的体制治理新阶段。但我们也必须清醒地看到，反腐倡廉形势依然严峻，一些领域腐败现象仍然易发多发，一些腐败分子集政治蜕变、经济腐败、生活腐化于一身；腐败案件类型、性质和作案手段日趋复杂化、隐蔽化、智能化；腐败问题引发的群体性事件和重大责任事故有所上升。在新的历史时期，必须从制度上构建遏制腐败蔓延的堤防。只有从建立健全各项制度，保证用制度管权、按制度办事、靠制度管人，到与时俱进推动反腐倡廉制度创新，让制度行得通、管得住、用得好；从不断提高制度执行力，确保反腐倡廉有纪必依、执纪必严、违纪必究，到进一步落实党风廉政建设责任制，增强各级党政部门的政治责任和领导责任，才能有效防治腐败。

各级交通部门要坚持以建立健全惩治和预防腐败体系各项制度为重点，以制约和监督权力为核心，以提高制度执行力为抓手，加强整体规划，实施重点突破，逐步建成内容科学、程序严密、配套完备、有效管用的交通反腐倡廉制度体系，切实提高制度执行力、增强制度实效。一是要进一步加强反腐倡廉教育制度建设,加强和改进反腐倡廉宣传教育工作,提高反腐倡廉教育的科学性、规范性、有效性;二是要进一步加强监督制度建设,认真执行各项监督制度,改革和完善党内监督体制,健全权力运行监控机制,拓宽监督渠道,增强监督合力,建立健全决策权、执行权、监督权既相互制约又相互协调的权力结构和运行机制;三是要进一步加强预防制度建设,推进廉政风险防控机制建设,建立健全预防腐败信息系统,建立健全防止利益冲突制度,形成有效预防腐败的长效机制;四是要进一步加强惩治制度建设,建立健全腐败案件及时揭露、发现、查处机制,建立腐败现象易发多发领域调查分析和专项治理制度,健全党风廉政建设责任制及其配套制度。

(节选自2010年在厅党组中心组学习暨“廉政交通”主题报告会上的讲话)

拒腐重在戒初

世间万事万物始于初。“初次”是万物的起点，一切坏习气、坏作风也是从“初次”开始的。把住第一次，守住第一关，对一个人来说，这是一个严峻的考验，有的甚至可能会影响其一生。明人张瀚《松窗梦语》中有这样一个故事。明代哲学家王廷相一天乘轿刚好遇到大雨，轿夫恰巧穿了双新鞋，从灰厂到长安街时，轿夫非常小心，总是“择地而行”，怕弄脏新鞋。进城后，轿夫一不小心，踏进了泥水中，把鞋弄脏了，之后轿夫便“不复顾惜”了，无所顾忌地在泥水中走下去。王感叹道：“居身之道，亦犹是耳，倘一失足，将无所不至矣！”行路有一个警惕“慎湿第一脚”的问题，为官行政，做人做事又何尝不是如此呢？现在，有关领导干部腐化堕落的报道屡见报端，而纵观其蜕化变质的过程，无不与第一次的思想松懈有关。

任何事物的发展变化都有一个由小到大、由量变到质变的过程。做人也好，做官也好，开始都是十分爱惜自己的名声的，干什么事都要考虑再三，生怕有什么负面影响。但是，只要有一次不小心落入“污垢”，就极有可能“破罐破摔”，从而难以自拔。纵观腐败分子蜕变的轨迹，许多人上任伊始，曾经很有抱负，也做出了成绩，曾经有过光荣的过去，但随着客观条件的变化，便渐渐地偏离了前进的方向，面对各种诱惑，心存侥幸，认为偶尔“放松”一次，只要“下不为例”，不会有多大的危险。继而放松了对自己的严格要求，自律意识淡化，在金钱、权力、女色面前，经不起诱惑，不慎“下水”湿了第一脚后，被“初恶”所误，致使

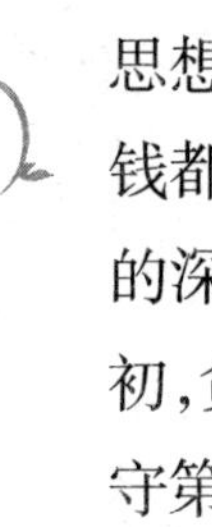

思想信念和精神意志的防线全线崩溃,结果一发难收,一败涂地,什么钱都敢要,什么事都敢做,什么后果都不顾,最终一步一步地陷入罪恶的深渊,越陷越深,难以自拔,葬送了自己的前途乃至生命。万事皆有初,贪官落马无一不与当初不慎而湿了"第一脚"有直接关系。可见,严守第一关,慎重对待"第一次"是防患于未然的关键。

对于领导干部来说,要保持清正廉洁的思想作风,就要做到拒腐戒初。首先,要树立正确的"官位"思想。当官,起码得明白自己手中的权力是党和人民给的。无论官大官小,都是靠党的培养,都是人民的公仆,要对党负责,要为人民服务,要把一切权力用在为群众谋利益上,一切言行举止,必须合乎人民的利益,为人民所拥护,而绝不能用来为个人牟利。其次,要强化自律意识。领导干部地位越高,监督就越要靠自觉,在这种情况下如果不注意个人修养和世界观的改造,就会有犯错误的危险。所以,领导干部要视"初"为"高压线",必须在素日就防微杜渐,凡是党纪国法禁止的,就要自觉"画地为牢"、"不越雷池一步"。做到言正行廉,永葆共产党员和人民公仆的本色。其三,要克服侥幸心理,不搞"下不为例"。要知道,这"下不为例"的第一次,往往就是某些人走向犯罪的第一步,要很好地管住自己,死守自己的第一道防线,做到不悔之于后,而要慎之于初。其四,要戒初,要警惕拜金主义、享乐主义和极端个人主义的侵蚀,防微杜渐,构筑起反腐倡廉的思想防线,做到廉洁自律。

(节选自2010年在厅党组中心组学习暨"廉政交通"主题报告会上的讲话)

读书学习是安身立业之本

工欲善其事，必先利其器。中国最早的教育学经典《学记》，开宗明义强调“玉不琢，不成器；人不学，不知道”，认为学习就是为了知“道”。这个“道”，乃做人之道、谋生之道、成器之道。学习，可以增长知识、增加智慧、增强本领。只有用学而不厌的毅力，力戒浮躁，减少应酬，挤出时间多看书，才能从根本上捋清思想迷雾，明辨是非曲直，划清荣辱界限；只有用学而乐思的精神，认真琢磨，反复思量，总结心得，汲取营养，才能更好地坚定理想信念、提高政治素养、锤炼道德操守、提升思想境界；只有用学以致用的态度，学以修身、学以资政、学以经世，才能更好地把握人生道理、领悟人生真谛、体会人生价值、实践人生追求。党员领导干部要争作崇尚读书、热爱学习、乐于思考的表率，努力实现从单一型向复合型、从经验型向知识型、从事务型向谋略型、从保守型向创造型的转变。

一、把健全学习长效机制作为固本超越的支撑保障

强基固本、创新超越，仅仅有良好的愿望和高昂的激情是不够的，还必须具备较好的知识结构、较高的政策水平和较强的业务能力。党员领导干部要把学习作为一种修养、一种精神和一种境界，坚持在学中干、在干中学，坚持学以致用、学用相长，真正做到工作学习化，学习工作化；生活学习化，学习生活化。要建立健全教育培训机制，大力推行初任培训、任职培训、业务培训、挂职培训和交流培训；建立健全规范管

理机制,不断完善领导干部学习档案制度、学习考勤制度、定期学习制度、学习测评制度和述学制度;建立健全监督检查机制,把学习情况纳入党员领导干部工作考核的重要范畴,变集体考核为个人考核、年终考核为平时考核;建立健全激励引导机制,注重选拔那些理论素养高、学习能力强、学用结合好、善于解决实际问题的干部,形成倡导学习的用人导向,引导交通干部职工树牢重视学习、坚持学习、终身学习的观念,使大家更加自觉做到学以立德、学以增智、学以创业。

二、把创新学习方法作为固本超越的重要课题

针对交通运输点多线长面广,从业单位众多、人员高度分散的特点,我们以信息技术为依托,创办了"网上交通党校",有效解决了交通运输系统党员分散、集中学习困难的问题;创新了"网上组织生活",将互联网作为开展党的组织生活的主阵地,让出差在外、工作在一线的党员,能随时随地参加党的组织生活;创建了"网上党员论坛",把网上党员论坛建成密切党群关系、推动党的工作、展现党的形象的平台。各单位各部门要进一步创新学习方法,坚持集体学习与个人自学相结合,把专家辅导和个人自学、重点发言和集体研讨、专题学习与系统学习有机结合起来,确保集体学习研讨和个人自学的质量;坚持理论学习与专题调研相结合,通过开设讲坛论坛、组织知识测试、编印学习文集、进行电化教育和外出学习考察等形式,不断丰富学习的平台和载体。

三、把提高农民工这一产业大军综合素质作为固本超越的关键所在

农民工作为新兴的劳动力和工人阶级的生力军,在推进工程又好又快建设中正发挥着日益重要的作用,他们既是工程建设的主力军,也是质量安全的主心骨,对工程建设质量安全进度举足轻重。为抓好农民工这一产业大军整体素质的提升和工程建设质量效益的提升,我们组织编写

了《农民工应知应会》、《混凝土工》、《钢筋工》、《桥梁装吊工》、《电焊工》等工种基本技能培训教材和《标准工艺》多媒体。各地各项目要通过组织"网上农民工专题培训"，开办"网上农民工夜校"、"网上农民工讲堂"，组织身边的"能工巧匠"传经送宝，制作"农民工操作规程示范光碟"，让优秀农民工言传身教、网上示范、以点带面，让更多的农民工看得懂施工图、学得会新技术、干得了新工艺，大力提高一线操作人员的职业道德意识、质量安全意识和操作技能，努力从源头上防治质量通病，夯实质量安全基础，增强交通发展后劲。

四、把创建学习型党员领导干部作为固本超越的根本任务

要想火车跑得快，全靠车头带。美国管理学权威彼得·德鲁克认为："在现代经济中，知识已成为真正的资本与首要的财富。"面对知识日新月异的当今时代，我们只有勤于学习、不断学习、善于学习，才能始终走在前列，才能不断提高学习、实践和创新能力，才能不断提高领导科学发展的水平。党员领导干部要以身作则，减少应酬，挤出时间抓学习，以自己的示范作用带动本单位本部门形成良好的学习风气。要坚持和完善理论中心组学习制度，以理论中心组的带头示范作用推动创学习型党员干部活动的深入开展；要充分发挥党支部的基础性作用，将支部学习和单位学习、集中学习与个人学习相结合；要引导党员带着问题学习、围绕工作钻研，使工作过程成为努力学习、增长才干过程；要坚持学习与思考相统一，在广泛学习的基础上开动脑筋，对现实中的疑惑进行深入思考，力求把零散的东西变为系统的、孤立的东西变为相互联系的、粗浅的东西变为精深的、感性的东西变为理性的；要坚持读书与运用相结合，紧密联系实际，坚持知行合一，通过理论的指导、利用知识的积累来洞察客观事物发展的规律，增强运用能力；要坚持锲而不舍、持之以恒，发扬挤劲、钻劲、韧劲，先易后难，由浅入深，循序渐进，专心致志，心无旁骛。

五、把创建学习型交通运输行业作为固本超越的重中之重

发展的竞争,归根结底是人才的竞争。基础不牢,地动山摇;百舸争流,不进则退。2010年是湖北交通"固本超越年",围绕高速公路加快发展、国省干线提档进位、内河航运重点突破、现代物流破题上路、综合运输开创新局的既定目标,全年要力争完成交通固定资产投资规模450亿元;续建"十九路两桥"1 481公里,新开工高速公路18条、1 044公里,建成鄂东、荆岳两座世界级长江公路大桥和麻武、三峡翻坝、杭瑞等高速公路,全省高速公路总里程突破3 500公里,力争达到3 600公里;新增通村沥青(水泥)路12 000公里;完成国省干线路网改造、建设3 834公里,省际出口路、断头路及县乡道改造1 435公里;续建武汉新港、引江济汉通航工程等,汉江崔家营航电枢纽工程建成投产,新开工汉江兴隆至汉川等航道整治工程;完成交通规费收入75.1亿元等等。机遇要靠人来抓,事业要靠人来干。在确保全面超额完成"十一五"任务,科学谋划"十二五"规划的关键期,拥有一大批综合素质高、德才兼备、作风正派、埋头苦干、敢于负责、勇于创新的干部,并不断激发和调动他们的积极性、主动性和创造性,充分发挥他们的潜能和智慧,是推动交通事业又好又快发展的根本保证和关键所在。

学习是一种修养,也是一种境界;是一种责任,也是一种需要;是一种能力,也是一种品质。深入推进学习型交通运输行业建设,既是一个崭新的命题,也是一个永恒的课题。全省各级交通部门特别是党员领导干部,要坚持学习学习再学习、落实落实再落实、创新创新再创新,固本强基、弯道超越,为推进湖北交通发展再上新台阶作出新的更大贡献!

(节选自2010年在厅党组中心组学习暨"廉政交通"主题报告会上的讲话)

廉政阳光示范工程的样板

湖北杭瑞高速公路是国家重点工程，全长200公里，概算投资97.13亿元。杭瑞指挥部党委认真贯彻中央、省的工作部署，坚持把开展创先争优活动作为推动工程又好又快建设的强大动力，着力夯实基层党建、建强基本队伍，打造廉政阳光示范工程。

一、坚持把支部建到工地，着力夯实基层党建

当前，交通运输正处于新一轮大建设大发展的黄金机遇期，交通建设领域党员跨区域、跨行业流动日益频繁，分散性明显增强。杭瑞高速公路建设高峰时，全线参建单位就达90多个，参建人员3万多人，其中党员630名。指挥党委按照厅党组关于“工程建设到哪里，党的组织就跟进到哪里，党的方针政策就宣传普及到哪里，思想政治工作就推进到哪里，党的先锋模范作用就发挥到哪里”的指示要求，探索建立了支部随党员延伸的基层党建新机制，在工地一线设立了6个党(工)委、85个党支部、47个党小组，努力实现党组织在工程建设一线的全覆盖。针对高速公路建设点多、线长、党员流动性强的特点，指挥部充分运用网络平台，把“湖北省交通运输厅网上党员组织生活学习系统”延伸到工地一线，开办了“杭瑞网上支部”，建立了支部生活、学习教育、信息交流、建言献策、廉政监督等五大平台；广泛开展“党员示范岗”、“党员先锋队”争创活动，做到哪里有困难、有硬仗，党员和入党积极分子就冲锋在前。指挥部按照组织培养、两地考察、相互衔接的思路，积极发展一线农民工党员，2010年“七一”前夕，3名农民工在党旗下庄严宣誓入党，一批优秀农民工党员受到交通运输厅党组表彰，一批农民工被聘为工程质量安全廉政监督员，在广大农民工中激起了强烈反响。

二、坚持把教育覆盖到一线农民工，着力培训产业大军

人才资源是交通发展的支撑和保障，产业大军是交通人才的骨干和中坚，特别是广大一线农民工队伍的综合素质直接影响工程质量和安全。根据省交通运输厅组织开展“2010年·湖北交通固本超越年”产业大军大培训专项行动的要求，杭瑞指挥部开办了农民工培训班、“农民工夜校”，发放《钢筋工》、《混凝土工》、《桥梁吊装工》基本技能培训材料5 000套，大力推广《防撞护栏》、《小型构件预制》等五套“刚毅工法”，努力使一线农民工看得懂施工图、学得懂新技术、干得了新工艺，从源头上夯实工程质量基础；积极组织农民工技术比武、劳动竞赛，评选“十佳农民工”、“十佳操作能手”、“十佳工区长”等先进典型，共有10名项目经理、22名工区长和22名农民工在劳动竞赛中获奖，全体参建人员在施工一线创先争优的积极性、创造性充分发挥，广大农民工的质量意识、安全意识、责任意识明显增强，有力促进了工程质量安全管理水平的提高。

三、坚持弘扬“刚毅精神”，着力推进“双创双优”

指挥部一班人率先学习“刚毅精神”，积极转变作风，加强能力建设，全力打造刚毅式服务型指挥部；各施工单位组建了以党员为骨干的“刚毅突击队”180多个，积极承担急难险重任务；各监理单位认真学习刚毅同志扎根高原、不畏艰险、忘我奉公、认真负责的敬业精神，当好质量“保护神”，协助指挥部对有缺陷的9道小构节段、38片梁板、56个墩柱推倒重来，清退不合格水泥310吨，消除了质量和安全隐患。我们要认

真践行湖北交通“廉政阳光六同长效”建设新模式，始终坚持“优质高效目标与廉政阳光目标同确立，交通建设与党风廉政建设合同同签订，建设、施工、监理、设计单位与纪检、检察、司法、审计部门联动机制同建立，基层党建与”两型交通“建设模式同探索，质量、安全、进度与廉政阳光公开同考核，经济社会效应与刚毅品牌效应同发挥”；认真开展突出问题专项治理，查出工程建设领域突出问题255个并全部督促整改到位；认真实施腐败风险预警防控全覆盖行动，重点加强对“征地拆迁、招标投标、材料采购、分包管理、质量控制、安全生产、工程计量、设计变更、资金拨付、交工验收”等10个重点环节的腐败风险防控，着力打造廉政阳光示范工程，确保工程优质、干部优秀。

四、坚持为民服务宗旨，着力彰显创先争优实效

在创先争优活动中，指挥部党委始终坚持把群众得实惠作为检验活动成效的试金石，让党组织在为民服务中发挥作用，使党员在为民服务中体现先进性。为确保征迁资金及时到位，我们将“征拆补偿数量、标准、金额”公示到自然村组，通过“一户一卡”直接向农户兑付；在工程建设中，新增投资6 000多万元，用于改水渠、改道路、改水沟等“三改”设施100多处，尽量保护古树、古井、生态环境和历史文物；为妥善安置拆迁户，我们安排近2 000万元用于集中安置点的“三通一平”建设，为群众修通“致富路”；为切实解决部分村民饮水难的问题，修建大型深井56口，被农民兄弟誉为“惠民井”、“幸福泉”；指挥部全体党员还自愿捐款建立了“农民工特困基金”，组织党员开展“手拉手”、“一帮一”送温暖活动，经常看望孤寡老人和困难征迁户。“惠民工程”建设，使党的凝聚力进一步提升，人民群众得到了实惠，彰显了创先争优活动的实效。

（节选自2010年在杭瑞高速公路调研时的讲话）

严格专项治理 规范建设秩序

开展工程建设领域突出问题专项治理工作,是中央从党和国家工作大局出发作出的一项重大的战略决策,也是优化市场经济秩序、维护人民群众根本利益、完善惩治和预防腐败体系、推进交通运输又好又快发展的迫切需要。抓好交通工程建设领域的突出问题专项治理工作,不仅是对我们贯彻落实中央方针政策自觉性、坚定性的重要考验,也是对交通执行力建设的一个重要的检验。全省各级交通运输部门特别是各级党员领导干部要牢固树立"抓发展必须抓廉政、抓廉政就是抓发展"的思想意识,变要我抓为我要抓、我应该抓、我主动抓、我要抓好。抓廉政就是正风气、聚合力、创环境、促发展。好的风气能够激发无穷的创造力,产生巨大的凝聚力,造就顽强的战斗力,形成强大的生产力。各级交通部门要始终坚持把专项治理摆在促进交通又好又快发展的大局中去思考、去谋划、去落实,着力推进专项治理、交通发展、交通建设"两手抓、两手硬;两结合、两促进"。

专项治理工作是一项严肃的政治任务,也是一项紧迫的中心工作。专项治理工作时间紧、任务重、难度大、要求高,必须进一步加强领导,强化措施,创新推进,确保各项工作落到实处、落到基层、取得实效。

一、坚持多位一体,齐抓共建

交通基础设施建设是一项系统的社会工程,涉及物质文明、政治文明、精神文明和生态文明方方面面,事关民生、民情、民意、质量、安全、进度、廉政、环保、征迁、环境等方方面面。交通建设必须跳出“就工程抓工程”的传统管理模式，秉承“优质、安全、廉洁、高效、惠民”的建设理念，坚持多位一体、齐抓共建，着力推进专项治理、阳光创建、基层党建、“两型交通”相互融合、相互促进。必须深入广泛开展“廉政阳光示范工程”建设，实践创新“廉政阳光六同长效”工作法。进一步推进“廉政阳光六同长效”工作法由高速公路拓展到普通公路，由公路工程延伸到水运工程，由建设领域普及到管理领域，努力在全省交通运输系统达成共识并自觉付诸实施。

二、坚持突出重点，明确目标

结合交通工程建设的实际情况，省厅确定了“十查十治”的专项治理工作重点，即：以落实《交通基础设施建设领域领导干部八项规定》为重点，严格规范领导干部从政行为；以建立健全交通建设市场诚信体系为重点，规范交通建设市场行为；以治理规避招标、虚假招标、围标串标、违法分包为重点，加强招标投标监督管理；以提倡合理标价、保证合理工期、合理划分标段为重点，提升交通建设工程质量；以选好项目法人、项目经理、项目总监为重点，全面提升项目管理水平；以提高交通建设项目勘察设计质量为重点，建立健全设计质量责任制，建立桥梁隧道等建设方案评估制度，完善设计质量责任追究办法，筑牢建设项目工程质量和安全基础；以开展行业新风建设为重点，全面推动监理行业的职业化进程，充分发挥工程监理机构的专业监督作用；以“不出假数据”为重点，严格规范工程试验检测工作；以权责一致为重点，创新完善质量安全监督工作的体制与机制；以开展建设项目跟踪审计和加强财务管理为重点，保证资金安全使用。

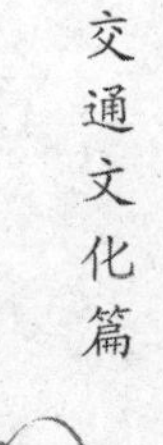

三、坚持分级负责，分类指导

目前，专项治理工作已进入重点排查阶段，问题找不找得出、找不找得准,事关专项治理的成效。各单位各项目要严格按照《湖北省交通运输厅工程建设领域突出问题排查工作方案》,对2008年以来立项、在建和竣工的项目进行全面排查,摸清底数,建立台账,确保无一遗漏。省厅负责组织对全省高速公路建设项目进行排查;省公路局、省港航局、省运管局分别负责组织对5 000万元以上的普通公路建设项目、港航建设项目、站场建设项目进行排查;省高管局负责组织对高速公路管理系统500万元以上建设项目进行排查;各市(州)交通运输主管部门按照本地区的统一组织和本方案的有关要求,负责组织对3 000万元以上的建设项目进行排查,对辖区内建设的500万元以上的项目排查情况汇总上报。厅直其他单位按照厅的部署和安排,负责对本单位组织实施的总投资额在500万元以上的建设项目进行排查。对于其他投资项目(非政府投资和未使用国有资金的项目),总投资额在3 000万元以上的,也要对核准、备案、用地、规划、环评、质量、安全生产等情况进行排查。

四、坚持强化措施,跟踪督察

要加强对专项治理工作的督办检查,尤其是要加强对重点项目、重点部位、关键环节的督办检查,掌握工作进度,督促工作落实。省厅将继续抽调厅机关、厅直单位负责人组成调研督导组,深入各重点工程建设指挥单位、各市(州)交通部门协调服务、检查指导、督办落实。各地各单位各部门特别是各指挥部也要组织工作专班、开展专项督察。对治理工作迟缓的,要重点督察,促其整改;对自查不力、掩盖问题或弄虚作假的,要严肃追究责任。省厅将把专项治理纳入年度目标责任考核、党风廉政建设责任制工作考核范畴,认真检查考核,严格奖惩兑现。

五、坚持纠建并重,注重实效

深入推进交通工程建设领域突出问题专项治理工作,关键在排查，重点在治理。对查找出的问题，要认真分析原因，查找诱因，始终坚持边查边改、纠建并举，对于工程项目决策和履行基本建设程序、招标投标、工程建设实施和质量管理、物资采购和资金安排使用、工程监管五个环节的突出问题，要做到发现一起、及时纠正一起；对于复杂的问题要认真研究，吃透搞准政策，妥善加以解决。要高度重视质量安全隐患排查和通病治理工作，严肃查处质量安全事故背后的腐败问题，严肃查处因失职渎职造成国家财产损失和人民生命财产安全的责任事故。要高度重视投诉信访案件的查处，认真分析产生问题的原因，举一反三，防微杜渐，防患于未然。

六、坚持严格执纪，严肃查处

查办违纪违法案件是惩治腐败的有力手段，也是保证专项治理工作取得成效的重要途径。各单位各部门要高度重视信访举报件的办理工作，对上级交办的重要信访件，要及时调查处理，及时查办在落实中央保增长、保民生、保稳定一系列重大决策部署过程中搞上有政策、下有对策、严重违反党纪的案件；重点查办国家工作人员特别是领导干部利用手中的职权插手干预招投标的大案要案；重点查办商业贿赂、干扰市场经济秩序的案件，既坚决惩处受贿行为，又严厉惩处行贿行为。

七、坚持落实责任，形成合力

全省各级交通部门要切实把专项治理工作摆在重要位置，加强领导，精心组织，全面实施。各级行政主要领导要对专项治理工作负总责，对专项治理工作要亲自部署，对重大问题要及时协调解决，要经常听取专项治理工作情况汇报，及时掌握相关工作动态。有关职能部门要各司其职，各负其责，充分发挥各自的职能作用，加强协调配合，齐心协力抓好工作。

八、坚持总结提高,强化宣传

要注重巩固和扩大专项治理成果,加强对重点部位和关键环节的制度建设,坚持实体性制度与程序性制度并重,注重制度间的配套衔接,增强制度的针对性、系统性和可操作性。要及时总结、提炼专项治理工作实践中探索形成的好做法,并转化为规章制度;要继续大胆推进改革创新,促进工程建设市场体系的规范、透明和完善,形成统一、开放、竞争、有序的市场体系;要深入推进诚信体系建设,构建统一的信息平台,严格实行"黑名单"制度、市场准入和退出制度,建立健全失信惩戒和守信激励的市场机制,形成诚实守信的良好氛围;要扩大宣传,及时总结经验,上报信息;及时交流推广,指导实践。

(节选自2010年在全省交通工程建设领域突出问题专项治理工作推进会上的讲话)

交通发展无止境　廉政建设无穷期

“十一五”是交通运输事业大发展的五年，也是反腐倡廉建设常抓不懈、常抓常新的五年。厅党组按照“抓发展必须抓廉政、抓廉政就是抓发展”的理念，始终坚持两手抓，交通运输发展与党风廉政建设呈现出齐抓并进、良性互动的良好局面。主要特点为五个“始终坚持”：

第一，始终坚持强有力的组织领导。把反腐倡廉建设与交通运输改革发展工作同部署、同检查、同落实，形成了条块结合、上下联动、齐抓共管的领导体制和工作机制。第二，始终坚持服务于交通运输改革发展大局。认真落实交通运输科学发展观，认真解决党风、政风、行风方面存在的突出问题，保证了交通重点工程项目的顺利实施，保证了交通干部队伍的廉政勤政。第三，始终坚持突出行业特色。坚持每季度组织廉政交通主题教育报告、每年开展“廉政教育月”活动，在交通建设领域全面开展创建“廉政阳光示范工程”活动，推行“廉政阳光六同长效”工作法。第四，始终坚持从源头上预防和治理腐败。制订完善反腐倡廉规章制度，坚持用制度管人、管事、管权，建立腐败风险预警防控体系。第五，始终坚持严肃纪律。对于消极腐败现象，坚持发现一起、查处一起，不姑息、不迁就、不放松，着力遏制消极腐败现象的发生。

在总结成绩的同时，我们必须清醒地看到，交通运输系统党风廉政建设和反腐败斗争仍然面临严峻形势：一是个别党员领导干部宗旨意识淡漠，群众观念缺乏，自律意识不够强。二是基础设施建设领域还存在一些薄弱环节,仍然是腐败现象易发多发的重点领域。三是群众反映强烈的突出问题还没有得到根本治理,损害群众利益的问题还时有发生。四是少数单位对反腐倡廉建设重视不够,措施不力,党风廉政建设责任制没有得到有效落实。这些问题务必引起各级党组织的高度重视,采取有力措施,努力加以解决。当前最关键、最核心、最紧迫的任务,就是交通运输系统各级领导干部要深刻理解和全面把握胡锦涛总书记在十七大中央纪委第六次会议上关于以人为本、执政为民思想的精神实质,切实把思想和行动统一到胡锦涛总书记重要讲话精神上来,坚决把以人为本、执政为民贯彻落实到交通运输发展和反腐倡廉建设各项工作中去。重点抓好以下方面:

一要加强宗旨教育,大力弘扬密切联系群众的优良作风。贯彻落实以人为本、执政为民的要求,需要我们牢固树立宗旨意识、群众观点和以人为本的理念。各级党组织要教育引导党员干部牢固树立公仆意识和服务意识,树立正确的权力观、地位观和利益观;切实增强群众观念,坚持思想上尊重群众、感情上贴近群众、工作上依靠群众;转变工作作风,推行"一线工作法",推广交通干部"办事文化"和"干净干事文化",深入基层、深入群众调查研究,问需于民、问计于民;树立正确的政绩观,多做顺民意、解民忧、惠民生的事。

二要建立健全保障群众利益的决策机制,进一步提高交通运输决策科学化民主化水平。贯彻以人为本、执政为民的要求,需要我们树立群众利益至上意识,坚持科学决策、民主决策、依法决策。各级交通部门要完善保障群众利益的决策机制,在作决策、定政策时必须充分考虑群众利益、充分尊重群众意愿,统筹协调各方面利益关系,认真落实政府重大投资项目公示制度,提高政府投资公路水运工程项目决策科学化、民主化水平,防止因决策不当带来损害群众利益问题。

三要坚持依法行政,进一步规范交通运输行政执法行为。贯彻以人为本、执政为民的要求,需要我们坚持依法行政、依法治交。在起草制定法规、规章、规范性文件时，要让公众有序参与，保证人民群众的意见得到充分表达，合理诉求和合法利益得到充分体现。各级领导干部要带头学法、遵法、守法、用法，牢固树立法治理念，自觉养成依法办事的习惯。进一步加强交通行政执法队伍建设，完善交通运输行政处罚自由裁量权基准制度，落实行政执法责任制。进一步深化行政审批制度改革，全面推进政务公开，保障人民群众知情权、参与权和监督权。

四要坚持纠建并举，切实纠正损害群众利益的不正之风。贯彻以人为本、执政为民的要求，需要我们切实履行治理公路"三乱"牵头部门责任，加强组织领导和监督检查，严格查处违规问题，巩固治理成果。要坚决贯彻落实好"绿色通道"政策，规范公路收费行为，加强道路运输市场行业监管和超限运输管理，着力治理一些单位存在的庸懒散问题，以治庸提能力、以治懒增效益、以治散正风气。

五要认真解决交通建设领域损害群众利益的突出问题，着力维护人民群众合法权益。贯彻落实以人为本、执政为民的要求，需要我们在工程建设过程中切实维护好群众利益。要加强与有关部门的沟通协调，强化依法征地意识，认真落实先征后用、依法补偿、资金到位等各项措施，完善公开制度，保证征地拆迁款足额、及时发放。要规范工程分包和劳务分包管理，完善农民工用工和工资支付管理制度，维护农民工利益。对恶意拖欠农民工工资的施工企业，在市场准人、招投标等方面予以制裁。继续推进"平安工地"建设，保证参建人员的人身安全，注重改善农民工生产生活条件，积极创办、充分用好"农民工夜校"、"网上交通党校"，组织开展对农民工的培训，维护劳动者的合法权益。在农村公路建设中，要坚决防止和纠正违反"一事一议"原则强行集资或摊派农村公路建设资金等加重农民负担的行为。

六要做好信访工作，严肃查处损害群众利益的违纪违法案件。落实以人为本、执政为民的要求，需要我们进一步加强对信访工作的组织领导，健全信访工作责任制。各级领导班子要定期听取信访工作汇报,研究分析形势,认真解决群众反映强烈的信访问题。要充分利用现代信息技术,完善厅(局)长信箱、网上投诉受理机制,拓宽群众反映问题、表达诉求的渠道。坚决查处损害群众切身利益的违纪违法案件,加大对损害群众权益行为的问责力度。

七要做清正廉洁的表率,坚持全心全意为人民服务。落实以人为本、执政为民的要求,需要我们进一步遵守党纪条规和法律法规,保持为民执纪、文明执纪的良好形象。交通运输各级领导干部公职在身,公权在手,面对“十二五”交通运输的新任务,面对人民群众的新期待,要充分认识清正廉洁对于自己从政生涯的极端重要性。要更加自觉地把《廉政准则》作为一面镜子,经常对照检查,明晰公与私的“警戒线”,切实做到执行标准不走样,遵守纪律不放松。要懂得敬畏,敬畏群众,把人民赋予的权力用于为人民谋利益上;要敬畏法纪,决不触纪律“红线”和法律“高压线”;要敬畏人生,将来回首往事的时候不会感到后悔;要敬畏自然,保护环境,勤俭节约,节能降耗,不要铺张浪费。要懂得感恩,感恩组织的培养,感恩人民的信任,感恩时代的惠顾,感恩交通运输事业发展提供的平台。要懂得自珍,珍重自己的人格,珍爱自己的声誉,珍惜自己的幸福家庭。努力用科学理论和文化知识净化灵魂、陶冶情操,在交通运输事业改革发展的生动实践中磨炼意志、砥砺品质,在践行党的宗旨,为交通运输先行跨越作出应有的贡献。

廉政关系着民心的向背,关系着党的事业的成败,关系着国家的兴衰,关系着交通部门的荣辱,关系着每个交通干部的祸福。交通发展无止境,廉政建设无穷期。

(节选自2010年在全省交通运输系统廉政工作会暨厅党组中心组学习会上的讲话)

廉政也是生产力

近年来,交通建设项目聚集,投资规模剧增,资金数额巨大,客观上加大了滋生腐败的风险。如果防范不到位、治理不及时,就可能出现工程质量和腐败等问题,将严重影响制约建设发展进程,并造成恶劣社会影响。各级交通部门务必在对廉政建设的认识上进一步深化,落实上进一步强化。

一、要深刻认识"廉政也是生产力"

抓廉政建设是从更深层次、更高阶段上抓生产力发展,是从人这个生产力中最活跃的要素入手来提高生产力水平。实践证明,一个单位、一个部门风清则气正、气正则心齐、心齐则劲足、劲足则业兴。杭瑞、麻武、三峡翻坝高速公路,鄂东、荆岳长江公路大桥和崔家营航电枢纽等"三路两桥一枢纽"的提前建成运营,就是得益于省纪委监察厅建立的交通重点工程服务直通车和领导对口联系点制度,得益于省委、省纪委、省监察厅领导的亲力亲为、率先垂范、排忧解难,为工程又好又快建设营造了凝心聚力、风清气正、干净干事的人心思齐、人心思进的良好环境。

二、要深刻认识"抓发展必须抓廉政"

"质量、安全、廉政"是交通运输事业发展的"基石",也是不可触碰的三根"高压线"。实践证明,绝大多数质量安全事故背后,除了

“天灾”因素外,都与“人祸”有关,主要表现为贪污贿赂、失职渎职等违法违纪腐败案件。全省交通运输系统要牢固树立抓廉政就是抓发展、抓发展必须抓廉政的发展理念,真正做到交通发展与廉政建设齐抓共建、相互融合、相互促进。

三、要深刻认识“廉政建设是社会系统工程”

廉政建设是一项系统的社会工程,涉及物质文明、政治文明、精神文明和生态文明,事关民生、民情、民意、质量、安全、进度、廉政、环保、征迁、环境等方方面面,必须跳出“就工程抓工程”传统管理模式,坚持多位一体、齐抓共建。省厅积极争取省纪委监察厅确定谷竹、宜巴、十白、十房高速公路、引江济汉工程等鄂西交通重点工程项目群为联系点,就是要把纪检优势转化为发展优势,把纪检资源转化为发展资源,把纪检成果转化为发展成果。谚语说:一个人的努力,是加法效应;一个团队的努力,是乘法效应。我们要善于综合运用“加减乘除”法则,加强交通运输系统反腐倡廉建设,推动交通运输又好又快发展。

深入推进“廉政阳光工程”建设,就是要把廉政建设的推动力、保障力转变为现实生产力、强大影响力;就是要像杭瑞高速公路一样,坚决跳出“就工程抓工程”的传统管理模式,创新工地党建,开通“网上交通党校”,开办“网上农民工夜校”,创建“廉政阳光工程”,培育农民工党员,培训产业大军,夯实质量安全廉政基础,认真查找“腐败风险点”,监控“腐败风险源”,实现腐败风险预警防控全覆盖;就是要学习崔家营的有效做法,牢固树立抓建设必须抓廉政、抓廉政就是抓发展的创新理念,全面落实湖北交通“廉政阳光六同长效”工作法,努力做到质量安全零事故、廉政投诉零举报。

深化质量安全廉政抓源头。精品工程是靠基层一线干出来的,一线建设者特别是农民工对工程建设质量安全进度举足轻重,加强农民工质量安全意识和操作技能培训至关重要。省厅组织相关专家编写了全国交通系统首套《钢筋工》、《混凝土工》、《桥梁吊装工》基本技能培训教材，举办培训班1 073期、培训农民工38 766人，广大农民工的质量意识、安全意识、责任意识明显提高；按照组织培养、两地考察、相互衔接的思路，培养发展了8名农民工党员，在广大农民工中激起了强烈反响。特别是针对一线监督渠道不宽，苗头性、倾向性问题发现不及时等问题，省厅在全省13个重点工程项目中聘请了首批农民工质量安全廉政监督员，向他们颁发了聘书，印发了《关于充分发挥农民工廉政监督员职能作用的通知》，明确了农民工廉政监督员的两大职责（宣传、监督）和五项权利（查阅资料、列席会议、参加培训、反映问题、跟踪办理），促进了预警防控建设的全覆盖。中央电视台、湖北电视台对此进行了专题报道。

（节选自2010年在全省交通重点工程廉政工作座谈会上的讲话）

加快交通法制化进程

交通行业是服务性的窗口行业。交通依法行政水平的高低,直接影响着交通执法为民的声誉,直接影响着交通在人民心目中的形象。各级交通部门必须按照依法行政要求,加强自身素质建设,强化交通规范管理,全面加快交通法制化进程。

一、严格依法依规,全面推进交通工作法制化

改革开放以来,从"有法可依、有法必依、执法必严、违法必究"的法制原则的确立,到"依法治国,建设社会主义法治国家"基本方略的提出,法治的基本精神已经深入人心。依法执政,对于交通部门来讲,最基本的要求就是要依法行政、依法办事、依法管理、依法履职,切实将交通管理全面纳入法制化轨道。任何行政不作为、慢作为、乱作为都会带来行政风险,甚至是诉讼风险,都要坚决制止和严肃处理。

二、严格依法依规,全面推进行业管理法制化

各级交通部门要结合"五五"普法检查验收,认真组织开展行政执法大检查,举一反三,自查自纠自改;要抓紧理顺运政执法体制,切实解决多家上路、多头执法的问题;要切实加强执法队伍和执法人员培训,规范行政执法行为,提高行政执法水平;要加强与新闻媒体的沟通联系,主动接受媒体监督,善待媒体,善用媒体,努力为交通发展创造良好的舆论环境。

三、严格依法依规，全面推进超限治理法制化

为保证治超工作规范有序，交通部正在建设治超地点全程视频监控系统，推行高速预检，并实现四级网络互联互通。各级公路管理部门、高速公路管理部门要加强行业指导，严格超限超载治理，加强新形势下推广 ETC 系统和科学治超的研究。

四、严格依法依规，全面推进安全管理法制化

各级交通部门要组织开展水上安全大排查、隐患大治理专项行动，加大水上交通安全执法力度，严厉打击船舶非法营运、超载等违法行为，以有效遏制重特大水上交通事故发生；要始终紧绷安全这根弦，念好安全这本经，坚持以“三铁”（铁的手腕、铁的面孔、铁的标准）要求抓好安全生产；要按照“四不放过”（原因未查清不放过、责任人员未处理不放过、整改措施未落实不放过、有关人员未受到教育不放过）的原则，严肃查处事故，加大责任追究力度。

五、严格依法依规，全面推进工程建设法制化

各级交通主管部门要牢固树立法纪意识，正确处理严格程序与好中求快的关系，在依法依规的基础上追求超常规超常态。一是严格制度，着力规范招标投标的管理。重点要规范投资人、勘察设计及施工招投标工作，每一个环节都要严格遵循国家和部省相关法律法规的规定。二是严格程序，着力规范前期工作的运作。法定的程序一个也不能少，必要的程序要逐个到位，核准的要件要全部完备，通过合理交叉和提高前期工作质量来减少运作周期。三是严格监管，着力优化交通重点工程建设环境。环境越复杂，任务越艰巨，越要加强规范管理，尤其是要加大招投标、建设质量等关键重点环节的监管力度，着力深化工程建设市场诚信建设，营造良好的工程建设市场环境。各级交通部门要始终牢固树立“七个既要、七个又要”的科学理

念,即:既要依法依规,又要超常规、超常态;既要严格程序,又要好中求快;既要解放思想,又要脚踏实地;既要超越创新,又要尊重科学;既要敢闯敢冒,又要遵章守纪;既要保质保量,又要安全有序;既要青山绿水,又要做大交通,引导交通职工正确认识"好"与"快"的关系,努力实现"量的突破"与"质的提升"。

六、严格依法依规,全面推进节能减排法制化

节能减排,是衡量交通科学发展的重要标志,是转变发展方式的必然要求,是实现经济社会可持续发展的支撑保障,是我们共同的需要、共同的责任、共同的使命和共同的事业。各级交通部门要做低碳交通先行者、创新者、有为者!要率先行动,大力营造"节能减排、低碳交通"我承诺、我行动、我受益、我快乐的浓厚氛围和社会环境,真正把低碳交通贯彻落实到交通运输规划、建设、运营各个领域,市场准入、评估、监管各个方面,人民生产、生活、出行各个环节;创新行动,创造性推进"车、船、路、港"千家企业低碳交通运输专项行动,大力推广节能驾驶经验,加强营运车辆用油定额考核,严格执行车辆燃料消耗量限值标准,淘汰高耗能车辆,推广新能源和清洁燃料车辆;大力推广船型标准化,靠港船舶提倡使用岸电;大力推广高速公路不停车收费,优化运输组织,推广甩挂运输,公路隧道节能和路面材料再生技术,推进太阳能在公路系统的应用;大力推广轮胎式集装箱门式起重机"油改电"和船舶使用的岸电建设等;全面行动,以发展"低碳交通"为己任,以实现结构性减排为目标,以打造无缝衔接的综合运输枢纽和现代物流为基础,以构建"零距离"换乘中心为重点,以推广新能源、清洁燃料车船为抓手、以普及"王静工作法"为载体,全面建设低碳交通运输体系,做到交通发展与节能减排目标同向、工作同力、成效同步。

(节选自2010年在全省交通运输系统法治交通暨低碳交通建设推进会上的讲话)

严格“确责、履责、问责”

责任是法治政府建设的核心所在。只有责任落实了，才能真正构建以“确责、履责、问责”为核心的法治政府。就交通部门而言，“确责”，就是以岗定责。要加快交通运输立法，促使交通运输行业管理有法可依、有章可循；加快交通运输科学发展，促使交通干部职工依法行政。“履责”，就是依法行政，提升执行力、落实力。各级交通运输部门要按照有法必依、执法必严、违法必究的要求，从体制、机制和队伍建设等方面入手，进一步加强和改善交通运输行政执法工作，真正做到严格执法、文明执法、公正执法、廉洁执法。“问责”，就是实行行政责任追究制度。各级交通部门要切实增强法治交通建设的紧迫感、责任感和使命感，对照法治交通建设的各项目标、任务，创新举措，优化服务，依法行政，执法为民。要严格实行依法决策、科学决策、民主决策，建立健全交通运输行政决策的监督机制和责任追究制度，创新各类监督机制和载体，真正把“有权必有责、用权受监督、违法要追究、侵权要赔偿”的理念转化为广大交通执法人员的自觉行动，着力打造“责任交通”，为促进我省交通运输事业又好又快发展提供法制保障。

（节选自2010年在全省交通运输系统“12·4”法制讲座上的讲话）

感天动地的交通人

“刚毅式交通英模”李豪和襄樊[1]公交27路“创先争优文明示范线”,是全省交通运输系统创先争优活动热潮中涌现出来的先进典型,他们的事迹具有鲜明的时代性,显著的先进性和突出的示范性。

李豪同志面对犯罪分子挺身而出,用年仅33岁的生命和鲜血捍卫了人民群众的切身利益,用实际行动弘扬了中华民族见义勇为的传统美德,用感天动地的英雄壮举谱写了交通运输人可歌可泣的奉献之歌。李豪同志不愧为一位“平时工作就能看出来、关键时刻就能站出来、生死关头就能豁出来”的创先争优交通英模。

襄樊公交27路“创先争优文明示范线”全体驾驶人员,坚持数年如一日,把节能降耗、安全优质作为公交人的天职,把服务民生、乘客满意作为公交人永恒的追求,把乘客当亲人,把十米车厢打造成“乘客温馨之家”,连续五年实现了零事故、零投诉、零减趟、零违章“四个零”的佳绩,为人民群众提供了安全、便捷、优质、舒适的公共交通服务,受到了社会各界的高度赞扬,塑造了新时期湖北交通运输行业崭新的社会形象。

李豪同志和襄樊27路公交线不愧为湖北交通运输人的优秀代表。全省各级交通运输部门要把学习李豪和27路公交线先进事迹纳

---

[1]现已更名为襄阳,下同。

入到当前正在开展的创先争优活动中，深刻把握先进典型蕴含的时代精神，不断掀起学先进、赶先进、当先进的新高潮。

学习李豪，就是要学习他牢记宗旨、一心为民的崇高精神；学习他见义勇为、舍己为人的英雄气概；学习他乐于助人、无私奉献的高尚情操；学习他勤俭自强、尊老爱幼的优秀品质；学习他积极进取、奋发向上的思想境界。

学习27路创先争优文明示范线，就是要学习他们坚持低碳运输的科学理念，学习他们全心全意为人民服务的宗旨意识，学习他们创先争优比奉献的团队精神，学习他们精细管理的工作态度。

学习宣传李豪和27路公交线的先进事迹，必将进一步增强全省交通运输党员干部的宗旨意识，始终把群众利益放在第一位，全心全意为人民服务，不断提升交通运输“三个服务”能力和水平。

学习宣传李豪和27路公交线的先进事迹，必将在全行业树立起创先争优的生动典范，引导广大交通运输干部职工进一步加强党性修养和作风养成，在本职岗位上努力实践交通运输人高尚的人生价值。

学习宣传李豪和27路公交线的先进事迹，必将进一步增强广大交通运输干部职工的责任意识、进取意识，坚定战胜各种艰难险阻的信心和决心，激发干事创业、开拓进取的昂扬斗志，不断开创湖北交通运输事业的新局面。

全省交通运输系统要以“刚毅式交通英模”李豪同志和襄樊公交27路“创先争优文明示范线”为榜样，进一步加强党性修养、树立良好作风，恪守对党忠诚、服务人民的坚定信念，做促进发展的模范；恪守艰苦奋斗、甘于奉献的公仆本色，做艰苦创业的模范；恪守坚韧执着、开拓进取的创新意识，做爱岗敬业的模范；恪守清正廉洁、公道正派的自律要求，做反腐倡廉的模范。

学习李豪和27路公交线，一定要从事迹中见精神，用典型对照自

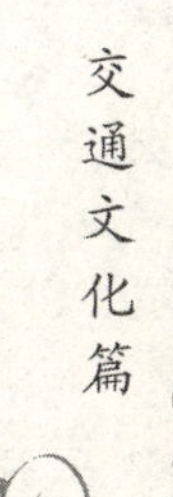

己，变感动为行动，把先进典型的崇高精神融入思想和工作实际，推进工作见成效。要进一步认清和把握形势，把思想和行动统一到中央、省委省政府和厅党组的决策部署上来，贯彻到圆满完成“十一五”任务和科学规划“十二五”目标的各项工作之中，带头苦干、带头实干、带头创新，以示范和引导推动工作，全力推进我省交通运输事业大发展、大跨越。

（节选自2010年在全省交通运输系统“创先争优”工作交流会上的讲话）

交通之家

工会是党领导下的工人阶级群众组织，是党联系职工群众的桥梁和纽带，是职工利益的代表者和维护者。各级交通运输工会组织要充分发挥党紧密联系群众的桥梁纽带作用，围绕中心，服务大局，结合实际，突出重点，坚持自主创新，着力提高新时期交通运输工会工作水平。

一是牢牢把握科学发展这个主题，在促进交通职工建功立业上下功夫。各级工会组织要始终服务交通发展这个大局，自觉把工会工作放到实施交通"十一五"规划的大局中去思考、研究和部署。要进一步增强广大职工为实现交通运输"十一五"发展目标而奋斗的责任意识，教育、引导、激励职工立足本职岗位、创造一流业绩，聚精会神抓建设，齐心协力地为实现"十一五"规划开好头、起好步。

二是始终坚持以人为本这个核心，在提升交通职工队伍素质上下功夫。各级交通运输工会要紧紧围绕交通发展，全面组织实施好产业大军大培训专项行动，开展好"创建学习型交通、争做知识型职工"活动，坚持用社会主义核心价值体系武装职工，用现代科学技术充实职工，进一步在全省交通运输系统掀起学技术、练本领、比技能、创一流的热潮，下气力提升交通产业大军特别是农民工建设者的基本素质，努力形成一支结构合理、素质优良、作风过硬、适应科学进步要求的技能人才队伍和高素质劳动大军。

三是不断深化典型引路这个载体，在培树交通品牌上下功夫。

各级交通运输工会要深入开展“学创建”活动，广泛宣传以陈刚毅为代表的交通系统各个时期劳模的先进事迹、优秀品质和高尚情操，努力营造培树劳模、尊重劳模、关心劳模、学习劳模的浓厚氛围。深入开展“工人先锋号”创建活动，进一步加强基层班组建设，推动“工人先锋号”创建活动由交通基础设施建设领域向交通行业的窗口服务单位延伸。通过“工人先锋号”这面凝聚奋斗和光荣的旗帜，带动行业职工立足本职、勤奋工作、学赶先进、争创一流、甘于奉献，成为新一轮交通大建设大发展的中坚力量。

四是努力实践“构建和谐交通”这个战略，在维护职工合法权益上下功夫。各级交通运输工会组织和广大工会干部要深入了解职工意愿，竭诚关心职工疾苦，努力维护好职工的经济权益、民主政治权利和精神文化权益。教育引导职工正确对待改革中利益关系的调整，以理性合法的方式表达利益诉求。要针对职工群众最关心、最直接、最现实的利益问题，主动维权、依法维权、科学维权。要抓住劳动合同、集体合同和职代会三大关键，突出解决职工就业、分配、保障、劳动安全等问题。工会要协助党委行政妥善处理好群体事件，理顺情绪，化解矛盾，推动和谐稳定新型劳动关系的建立，努力把工会组织建设成为组织健全、维权到位、工作活跃、作用明显、职工信赖的工人阶级群众组织。

（节选自2010年在全省交通运输工作会议上的讲话）

先行跨越的铿锵足音

回眸“十一五”，是湖北交通人认真贯彻落实交通运输部、省委省政府“科学发展、快速发展、安全发展、绿色发展”的五年，是湖北交通运输发展变化最大、便民惠民利民最多、经济社会效益最好、“三个服务”理念体现最充分的五年。为“十五”期间 2.4 倍、1 900 亿元的交通固定资产投资；跃居全国第 6 位、3 673 公里的“四纵四横一环”高速公路网；新增的 10 万公里通村沥青（水泥）路，特别是 2010 年全省交通固定资产投资首次突破500 亿元大关，这一组组数据，浓墨重彩，描绘了硕果累累；全国科技示范工程沪蓉西高速公路，全国廉政阳光示范工程崔家营航电枢纽，居世界同类桥梁跨度第一、第二位的鄂东、荆岳长江大桥，“亿吨大港、千万标箱”的武汉新港，这一座座巅峰，卓然耸立，引领着创新跨越；“时代先锋”陈刚毅，“节油大王”王静，“见义勇为英雄”蒋雪峰，“平民英雄”李豪，这一批批英模，群英荟萃，点染着春色满园。

麻武高速、三峡翻坝高速、杭瑞高速、大随高速公路示范段和荆岳长江公路大桥等“四路一桥”的胜利建成，为“十一五”交上了一份圆满的答卷，为“十二五”送上了一份新年的厚礼。麻武高速的通车，标志着大别山革命老区黄冈提前实现了“县县通高速”；三峡翻坝高速的竣工，打通了服务三峡翻坝运输的大通道；杭瑞高速的开通，催生了咸宁旅游经济热；大随高速示范段的建成，开启了社会合力办交通的新篇章；荆岳长江公路大桥的贯通，使洪湖、监利从此由内陆走向开放开发的前沿。

“十一五”的画卷，壮美而宏阔；“十二五”的蓝图，绚丽而磅礴。站在新的历史起点，湖北交通人将百倍珍惜良好的交通发展环境，百倍珍惜部省合力共建的发展机制，百倍珍惜蓬勃向上的发展态势；湖北交通人将高举跨越发展的旗帜，以“十二五”首批港航项目提前开工的实际行动，拉开“2011——湖北交通先行跨越年”的序幕，以向全省港口吞吐能力突破2.6亿吨、高速公路里程突破4 000公里冲刺的实际行动，喜迎党的90周年华诞！

（节选自2010年在麻武高速等“四路一桥”建成仪式上的发言）

教书育人　服务交通

教育兴则人才兴,人才强则国家强。大力加强交通职业教育,是推动湖北交通先行跨越、科学发展的重要保障。湖北交通职业技术学院从建校至今已走过了近60年的辉煌历程,建立高职院校也已10年了。从过去条件简陋的校舍到今天的多功能教学大楼、标准化田径运动场和现代化实训基地……从第一次走出校门参与省内第一条高速公路黄黄高速公路建设,到今天社会服务合同产值过亿元,等等,学院的变化和发展可谓翻天覆地。特别是学院培养了一大批交通战线的佼佼者,成为我省交通事业发展中一支不可或缺的突击队和生力军,为区域经济和交通运输事业跨越式发展发挥了突出的作用,充分彰显了学院作为湖北交通人才培养基地的重要地位,无愧于"交通黄埔路校"美誉。

"十二五"是湖北交通运输新一轮大建设大发展的战略机遇期,加快转变发展方式、调整交通运输结构的转型关键期,构建综合交通运输枢纽、发展现代交通运输业的重要成长期,也是我们湖北交通的黄金发展期。交通职业教育发展必须紧紧围绕湖北交通发展的"十二五"规划,确定目标,主动适应、主动超前地为大交通发展做好服务。

一要始终坚持服务交通,着力打造交通实用人才培育基地、交通产业大军培训基地和交通干部培训基地。交通运输事业全面、协调、可持续发展,关键在人才。我省交通职业教育要坚持置身于社会发展大局之中,置身于交通行业发展大环境之中,抢抓湖北交通新一轮大建设、大发展的历史机遇,创新办学模式,提高办学质量,着力打造交通实用人才培训基地。组织农民工的培训直接关系到工程质量、安全、廉政、效率,怎样管理这支劳务队伍在企业中始终是一个难题。湖北交通职业技术学院要在农民工产业大军培训方面总结摸索出一套成熟经验,将产业大军培训作为一个新的发展空间和新的增长点,进一步抓好抓实。在交通干部培训方面,要进一步发挥优势,以提高交通行业职工队伍素质为目标,有针对性地加强教育培训,主动服务交通工程,着力把湖北交通职业技术学院打造成"交通产业大军和交通干部培训基地",以满足交通职工接受各类教育培训的需求,为建设学习型机关、学习型行业提供支持保障。

二要始终坚持理论联系实际,以全国高职骨干示范院校建设为目标和要求,改革创新,开创职业教育事业新局面。"十二五"学院要以申报建设全国高职骨干示范院校为动力,找准差距,积极整改,瞄准先进,迎头追赶,更加明确方向,更加奋发努力,更加团结拼搏,把自身工作做得更扎实、更到位、更全面,争创名副其实的全国高职骨干示范院校。要继续加强与重点工程项目的交流与合作,结合重点工程建设和重大科研项目,深入推进产、学、研紧密结合,优质高效地完成援疆代建连霍高速 G30 乌苏—赛里木湖一级改高速公路项目,以锻炼人才、积蓄力量,加快交通行业技术领军人才的培养。要按照"优秀人才,优先培养;重点人才,重点培养"原则,深入实施"十百千人才工程",重点加强中青年学术、技术骨干和高新技术人才培养,为交通现代化建设培养数量充足、门类齐全、结构合理、质量优秀的技术人才。要始终坚持以服务为宗旨,以就业为导向,积极推行工学结合、校企合作、顶岗实习的人才培养模式,推进教育教学改革,提升职业教育基础能力。

三要始终坚持以人为本,着力加强师资队伍建设。温家宝总理在全国教育工作会议上指出:“在全社会弘扬尊师重教的良好风尚,让教师成为全社会最受人尊敬、最值得羡慕的职业”,充分体现了教师的重要地位。学院要始终坚持以教师为本,把提高教师能力,提升师资力量作为确保教学质量的根本。年轻教师在搞好教学的同时,要主动到重点工程去实习、锻炼,将来再回到教学岗位时,理论和实践相结合的教学对学生的影响作用必将更大更好。要进一步加大“双师型”教师培养和引进力度,提高“双师型”教师比重,在教师培养特别是青年骨干教师培养上下功夫。要关心关注教职工的学习、工作和生活,为他们排忧解难、营造环境,充分挖掘教职工的工作潜能和积极性、创造性。

四要始终坚持围绕中心、服务大局,着力加强新形势下学院党建工作。高校是汇聚人才的高地,是培养人才的基地,在国家经济社会发展全局中居于重要地位。进一步加强和改进新形势下高校党的建设,是坚持社会主义办学方向、促进高校改革发展、培养社会主义合格建设者和可靠接班人的根本政治保证。学院领导班子要进一步加强思想政治建设,提高依法办学治校能力;进一步加强师德师风建设,培育大学文化,建设好大学生的精神家园,形成良好校风教风学风。要围绕“争科学发展之先、创校园和谐之优”这个课题,进一步创新基层党建设置形式和活动方式,充分发挥基层党组织的战斗堡垒作用和党员的先锋模范作用,全面加强学生党建和思想政治工作。要进一步加强党风廉政建设,严格学院基建程序,严格依法依规建设、严格项目规范管理,严格质量监督,坚持阳光运作,确保资金安全;要深刻吸取一些高校腐败案件的教训,建立健全长效管理机制,着力打造廉政阳光工程。

古往今来,人们把教师比作蜡烛,比作春蚕,比作人梯,比作园丁。没有其他任何一种职业,能在人身上留下这么深刻的印记;没有其他任何一种职业,能对人的灵魂产生这么大的触动;没有其他任何一种职业，能对人类未来产生这么深远的影响。交通教育工作者，使命光荣、责任重大；交通职业技术学院发展前程远大、任重道远。站在新的历史起点，我省交通职业教育又迎来一个新的春天，希望全省交通职业教育系统抢抓机遇，进一步解放思想、创新思维、求真务实，为推动湖北交通新一轮跨越式大建设、大发展提供人才保障。

（节选自2011年在湖北交通职业技术学院交通职业教育工作会暨二届二次教职工代表大会上的讲话）

实 干 兴 交

交通行业是一个求实、务实的行业，每一里路、每一座桥都是实实在在干出来的，来不得半点虚假，就是凡事都要踏踏实实去做，不驰于空想，不骛于虚声，而唯以求真的态度作踏实的功夫，专注于埋头做实事。

一是聚焦“干”字，大力倡导和践行“想干事、敢干事、会干事、干成事、不出事”的“干净干事文化”。百舸争流，奋楫者先；弯道超越，先行者胜；奋勇争先，实干者兴。全省交通运输系统干部职工要争做“干净干事文化”的表率，争做“先行其言，而后从之”的实干者，真正把心思集中在“想干事”上、把责任体现在“敢干事”上、把才气展现在“会干事”上、把目标落实到“干成事”上、把底线把握在“不出事”上，把实干作为过硬的领导能力来锤炼，做到知难而进不言难、迎难而上不畏难；要坚持“交通一线工作法”，做到情况在一线了解、问题在一线解决、服务在一线体现、任务在一线落实。从根本上解决不同程度存在的工作要求不严、效率不高、作风飘浮、推诿扯皮，不求过得硬、只求过得去，以及搞形式主义、做表面文章等问题。真正做到把事当事干、干事用心干、干事干净干，为实现湖北交通先行跨越而真抓实干。

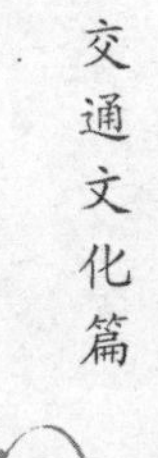

二是聚焦“廉”字，坚持交通发展和党风廉政建设两手抓、两手硬。古人云：“不受曰廉，不污曰洁。”面对交通投资体制日益多元化、市场化、社会化的新形势，各级交通部门必须认真贯彻十七届中纪委六次全会精神和国务院第四次廉政工作会议精神，认真践行湖北交通"廉政阳光六同长效"、"强基固本、六位一体"工作法，认真治理领导干部以权谋私和渎职侵权问题，切实加强领导干部廉洁自律，做到不负党心、不违民心、不愧良心，不辜负党和人民的期盼，确保工程优质、干部优秀。必须在队伍建设上狠下功夫，牢固树立执法为民观念，坚持依法行政、依法建设、依法管理，规范行政行为，推行政务公开，做到老老实实做人，干干净净做事；坚持用制度管权、管人、管事，做到研究问题先学法，决策问题遵循法，解决问题依据法，言论行为符合法，着力打造廉政交通，为湖北交通先行跨越提供有力保障。

（节选自2011年在省交通运输厅党组中心组学习会上的讲话）

湖北交通发展理念

1. 湖北交通“六个并举、六个统筹”的科学交通发展观

坚持高速公路建设和农村公路建设并举，统筹高速公路、国省干线和各层次路网建设协调发展；坚持水陆并举，统筹公路建设和港航建设协调发展；坚持建设和运输并举，统筹基础设施建设和客货运输协调发展；坚持建养管并举，统筹交通建设、养护和管理协调发展；坚持交通建设与生态环保并举，统筹人和自然协调发展；坚持科教兴交和依法治交并举，统筹交通全面协调可持续发展。“六个并举、六个统筹”的科学交通发展观，为推进湖北交通又好又快发展奠定了坚实的思想理论基础。

2. 湖北交通“七个既要、七个又要”交通建设新理念

既要依法依规，又要超常规、超常态；既要严格程序，又要好中求快；既要解放思想，又要脚踏实地；既要超越创新，又要尊重科学；既要敢闯敢冒，又要遵章守纪；既要保质保量，又要安全有序；既要做大交通，又要青山绿水，引导交通职工正确认识和处理“好”与“快”的辩证关系，不断丰富和深化科学交通发展观的理论内涵，为进一步推进湖北交通又好又快发展提供了有力思想理论保障。

3. 湖北交通科学发展“八个转向”的新思路

交通发展由“数量扩张型”转向“质量效益型”；交通建设由“资源消耗型、依赖型”转向“资源节约型、环境友好型”；交通管理思维由“立足本部门”转向“立足大交通”；高速公路招商引资及建设由“以

省为主”转向“以市(州)为主”;港航建设由“以部省投资为主”转向“多元化筹资”;交通筹融资由“招商引资”转向“招商选资”;交通建设管理由以“指挥部为主”转向“项目代建制”等多种模式;交通行业管理由“方便管理部门”转向“服务社会公众”,努力为促进中部崛起当好交通先行。

4. 湖北交通“四个转变”的体制机制改革

变“部门办交通”为“社会办交通”,鼓励和支持以地方政府为主体加快交通建设;变“大包干”为“资金跟着项目走、项目跟着规划走”,实施以“规划项目管理”为核心的交通规费投资体制;变“交通厅一级预算管理”为“交通厅、市(州)交通专项资金分级预算管理”,认真落实财政四项制度改革;变“粗放型管理”为“精细化管理”,严格依法实施交通建设市场监管。

5. 生态文明交通建设新理念

适用就是最好的、自然就是最美的、优质就是最省的。

坚持将“打造‘两型交通’”作为发展的“第一选择”。

坚持将“保持好生态环境”作为设计的“第一追求”。

坚持将“恢复好生态环境”作为施工的“第一原则”。

坚持将“科技创新促进生态环保”作为建设的“第一动力”。

坚持将“实现自然环境原生态”作为湖北的“第一关口”。

不盲目追求宽平直,不轻易裁弯取直选新线,不牺牲环境大填挖。

6. 湖北农村公路建设养护理念

因地制宜、合理规划,多方筹资、建养并抓,路基稳固、路面硬化,专群结合、联网畅达。

7. 湖北农村渡口建管理念

渡口建管、乡村主导,坡岸硬化、设施配套,渡船适航、渡工持照,安全渡运、方便可靠。

8. 湖北农村客运服务理念

车头向下、村口始发,四定一挂、程序简化,通村达户、平安到家。

9. 湖北交通 24 字的“抗冰雪、保安全、高速公路低速行驶法”

除雪清障、重车碾压、路警开道、结队通行、限载限速、科学调度。

10. 湖北交通“一线工作法”

在一线调查研究,在一线解决问题,在一线服务指导,在一线培树典型。

11. 湖北交通“强基固本、六位一体”党建工作法

把握基本规律,促进交通发展、交通党建一体化;健全基本组织,促进机关建设、基层建设一体化;完善基本阵地,促进理论学习、实践创新一体化;建强基本队伍,促进班子建设、队伍建设一体化;提升基本素养,促进党风建设、行风建设一体化;提供基本保障,促进统筹兼顾、齐抓共建一体化。

12. 湖北交通“廉政阳光六同长效”工作法

优质高效目标与廉政阳光目标同确立;交通运输工作与党风廉政建设合同同签订;交通、公路、运管、港航与纪检、检察、司法、审计部门联动机制同建立;基层党建与“两型交通”建设同探索;质量安全进度与廉政阳光公开同考核;经济社会效应与“刚毅”品牌效应同发挥。

13. 湖北交通新型办事文化

份内事、马上办,厅内事、主动办,突发事、高效办,重大事、跟踪办,经办事、精细办,交通事、干净办。

14. 湖北交通干部干净干事文化

想干事、敢干事、会干事、干成事、不出事。

想干是德、会干是能、多干是勤、干成是绩、干净是廉。

把心思集中在“想干事”上、把责任体现在“敢干事”上、把才气展现在“会干事”上、把目标落实到“干成事”上、把底线把握在“不出事”上。

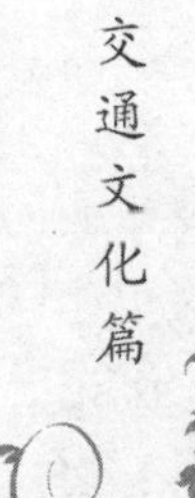

15. 依法治交理念

研究问题先学法，决策问题遵循法，解决问题依据法，言论行为符合法。

16. 湖北高速公路文明创建理念

满意在费亭、舒适在路途、服务在沿线、安全到终点。

后　记

作为"十五"、"十一五"湖北交通发展的建设者和亲历者,回眸这十年,我眼前浮现的是与同事们拼搏奋斗的一幕一幕。炎炎烈日下,我们来往奔波于施工现场克难攻关;风霜雪雨中,我们奋战在高速公路上除雪清障;突发事件时,我们不分昼夜驱车奔赴一线;除夕团圆夜,我们共同坚守在岗位确保安全……历程难忘,刻录在湖北交通跨越发展的年轮上,激荡在感慨万千的心海中,我想,我应该用集结成书的方式,把它们呈现出来,并以那些记录着湖北交通人"十五"、"十一五"克难奋进的历程和体会,总结部省共建、省市共建、部门同心、社会合力办交通的经验和成就,用凝聚湖北交通人智慧和心血的笔墨,为成长致礼,向岁月致敬。

于是,不大的书桌上,一口气堆出了沉甸甸的数十万字的文稿,我逐字逐句地品读着、体味着,内心充满了感慨和感激。

感谢时代!是这个壮怀激烈、崇尚创造的伟大时代,为我们开启了挥洒才干、拥抱奇迹的跑道。

感谢湖北!是这方积淀深厚、充满生机的红色沃土,激励着我们的奋发与思索;是省委、省人大、省政府、省政协的正确领导,引领着我们改革发展的方向;是省直有关部门的通力协作,催发着我们砥砺前行的步伐。

感谢交通运输部和各有关单位!是你们对湖北交通的鼎力支持和精心指导,给予我们奋发有为的动力。

感谢为湖北交通奠定良好基础的老前辈、老专家,感谢团结拼搏、风雨同舟的省交通厅党组一班人,感谢默默奉献在一线的市(州)、县(市)交通运输部门和全省交通干部职工;你们是成就湖北交通十载辉煌的主人翁,是这套书的智慧和力量源泉。

尤其要衷心感谢的是,陈至立副委员长百忙之中亲自题写了书名并作序,对本书的编写予以悉心指导,给了我巨大鼓舞和力量。

此书出版,人民交通出版社的领导和编审人员十分重视支持,集中力量完成了本书的编辑工作。湖北省交通运输厅、湖北省公路管理局、湖北省运管(物流)局、湖北省港航(海事)局、湖北省高速公路管理局、湖北省交通规划设计院、湖北交通职业技术学院、湖北省交通运输厅通信信息中心等交通运输系统各有关单位做了大量协助工作,在此,一并致以诚挚谢意。

鲁迅说:"感谢命运,感谢人民,感谢思想,感谢一切我要感谢的人。"我热爱交通事业,倍感珍惜这数十载的职业生涯;我热爱交通职工,倍感珍惜这数十载的朝夕相处;我谨以《先行——交通科学发展的探索与实践》这凝聚全省交通职工辛勤汗水的文字,献给我一生钟爱的交通事业和交通人。

不当之处,谨请读者批评指正。

作　者

2012 年 10 月